吴中年鉴

2020

苏州市吴中区人民政府　主办
吴中区年鉴编纂委员会　编

古吴轩出版社

图书在版编目（CIP）数据

吴中年鉴．2020 / 吴中区年鉴编纂委员会编．-- 苏州：古吴轩出版社，2020.11
ISBN 978-7-5546-1612-3

Ⅰ．①吴…　Ⅱ．①吴…　Ⅲ．①区（城市）－苏州－2020－年鉴　Ⅳ．①Z525.33

中国版本图书馆CIP数据核字（2020）第188955号

责任编辑：李爱华
见习编辑：任佳佳
责任校对：周　娇
装帧设计：吴　静
责任照排：吴　静

书　　名：吴中年鉴（2020）
编　　者：吴中区年鉴编纂委员会
出版发行：古吴轩出版社
地址：苏州市八达街118号苏州新闻大厦30F　　邮编：215123
电话：0512-65233679　　传真：0512-65220750
出 版 人：尹剑峰
印　　刷：南京凯德印刷有限公司
开　　本：889×1194　1/16
印　　张：25　　插页：40
版　　次：2020年11月第1版　第1次印刷
书　　号：ISBN 978-7-5546-1612-3
定　　价：180.00元

如有印装质量问题，请与印刷厂联系。025-84713186

吴中区年鉴编纂委员会

《吴中年鉴》编辑部

编辑部地址：苏州市吴中区东苑路1号公共文化中心D栋

电　　话：0512-65643180

邮　　编：215128

编辑说明

一、《吴中年鉴》是由苏州市吴中区人民政府主办，吴中区年鉴编纂委员会编纂，吴中区档案局和档案馆组织编辑的综合性地方资料工具书，旨在全面、系统、翔实地记载吴中区政治、经济、文化、社会等方面的基本面貌及发展情况，为各机关、团体、企事业单位和社会各界及时提供信息资料。《吴中年鉴》于2002年创刊，每年编印一卷，本卷为第十九卷。

二、《吴中年鉴》编纂出版坚持以马克思列宁主义、毛泽东思想、邓小平理论、“三个代表”重要思想、科学发展观和习近平新时代中国特色社会主义思想为指导。《吴中年鉴（2020）》采用分类编辑法，分为类目、分目、条目3个层次，以条目为基本组成单位，标题用【】引出，以便查阅。全书设吴中概况、大事记、中共苏州市吴中区委、苏州市吴中区人民代表大会、吴中区人民政府、政协吴中区委员会、纪检监察、民主党派·工商联·人民团体、法治·军事、综合管理、财税·金融、农业、工业、商贸服务、城乡建设与管理、生态环境、休闲旅游、教育·科技、文化·卫生·体育、社会民生、度假区·开发区·高新区、镇（区）·街道、附录、索引等类目24个，分目160个，条目917个，附表55张，随文插图39幅。卷首图片专题选用图片72幅。

三、本年鉴选材围绕全区经济建设、政治建设、文化建设、社会建设和生态文明建设，以新情况、新事物、新经验为重点，兼顾地方特色与创新增益，努力推陈出新。《吴中年鉴（2020）》采用的稿件由全区各部门和镇（区、街道）提供，并经过各单位领导和年鉴编纂委员会的审核，以保证其准确性、可靠性。

四、本期年鉴资料收录时间为2019年1月1日至12月31日，人事名单以上年底组织部门年报为准，主要统计数据以区统计局提供为准。

“不忘初心、牢记使命”主题教育

2019年5月，苏州乡村振兴学堂入选江苏省首批党性教育基地　　区委宣传部　供稿

2019年9月12日，吴中区召开“不忘初心、牢记使命”主题教育动员大会　　王永康　摄

2019年9月20日，区委常委会全体成员、区人大常委会主要领导赴新四军太湖游击队纪念馆和初心馆现场学习　　王永康　摄

2019年11月2日，区委副书记、区长陈嵘以“深入贯彻落实习近平生态文明思想，坚定不移走好‘绿水青山就是金山银山’发展道路”为题为党员干部讲授专题党课

王永康　摄

2019年11月16日，吴中区举行以“同心追梦说初心”为主题的初心故事分享会

王永康　摄

2019年6月23日，吴中高新区“不忘初心、牢记使命”初心铸魂之路研学启动仪式在五龙桥公园举行

吴中高新区　供稿

2019年6月14日，临湖镇党员干部“不忘初心、牢记使命”百人插秧竞赛暨首届“江南味稻”插秧节开幕式在苏州太湖现代农业示范园高标准农田核心区举办

临湖镇　供稿

主题教育成果选编

2019年7月28日，郭巷街道一站式党群驿站尹山湖站成立，提供“全能、全时、全域”服务　　郭巷街道　供稿

2019年11月，吴中区入选“第二批全省现代社区治理创新实验区”名单
吴中高新区　供稿

2019年，城南街道推动“红色驻家”全面融入基层治理　　城南街道　供稿

乡村振兴

2019年3月22日，吴中区召开全区乡村振兴工作会议

王永康　摄

2019年6月5日，全国农村集体产权制度改革培训班在苏州乡村振兴学堂开班

临湖镇　供稿

2019年5月，吴中区荣获江苏省首批“四好农村路”建设示范县称号　沈铮泓　摄

2019年2月15日，苏州香雪养蜂专业合作社获“国家农民合作社示范社”称号　光福镇　供稿

2019年11月，临湖镇黄墅村被命名为首批江苏省特色田园乡村　区住建局　供稿

2019年12月24日，甪直镇瑶盛村获评全国乡村治理示范村　甪直镇　供稿

太湖之美，吴中最美

2019年12月14—15日，苏州生态涵养发展实验区规划发布会在太湖国际会议中心召开，苏州生态涵养发展实验区落户吴中　　王永康　摄

2019年6月，吴中所辖太湖水域1800公顷围网养殖全部拆除并通过验收

席时超　摄

2019年12月，基本完成太湖沿岸3千米范围养殖池塘标准化改造工程

2019年打捞太湖蓝藻49142.5吨（数据含水计）　　华晓忠　摄

西山鸟群　　俞学友　摄

湖滨湿地　　区委宣传部　供稿

环太湖大道　　白如云　摄

2019年，通过收割芦苇、蒿草等完成湿地养护851.53公顷　戚振林　摄

山水金庭　　顾娟　摄

2019年1月17日，洞庭山碧螺春产区被农业农村部等9部委认定为中国特色农产品优势区　何月华　摄

2019年12月28日，吴中区委四届十一次全体（扩大）会议召开 王永康 摄

2020年1月4—6日，吴中区第四届人民代表大会第四次会议在太湖国际会议中心召开 王永康 摄

2019年2月13日，吴中区机

2020年1月3—5日，中国人民政治协商会议苏州市吴中区第四届委员会第四次会议在太湖国际会议中心召开　　吴宇杰　摄

革动员部署会召开　　王永康　摄

2019年4月1日，吴中区"一窗通办、一号办通"政务服务模式正式推行
区行政审批局　供稿

2019年5月，宝带桥在江苏省2019年度“寻找大运河江苏记忆”活动中，获“江苏最美运河地标”称号　　陆惠祥　摄

2019年2月27日，区委书记唐晓东会见辉瑞健康药物全球供应高级副总裁罗伯·布罗斯一行

吴中高新区　供稿

2019年4月12—14日，“悦动江苏结谊五洲”——在江苏外国人定向越野大赛在苏州吴中区东山镇举办

区政府办　供稿

2019年4月16日，2019年中国俄罗斯电影节在位于吴中木渎的苏州国际影视娱乐城开幕

区委宣传部　供稿

2019年5月27—31日，韩国大邱广域市东区栗琴小学和栗园中学师生到访吴中区。图为栗琴小学师生在苏苑小学上美术课

区政府办　供稿

2019年10月8日，《人民日报》公布的《2019年中国中小

高质量发展指数研究成果》中，吴中区位列2019年度全国综合实力百强区第9名，全国绿色发展百强区第9名　　秦建民　摄

2019年3月21日，2019苏州吴中洞庭山碧螺春茶叶节暨太湖文化旅游节开幕式在吴中万达广场举行

王永康　摄

2019年7月11日，2019年苏州国际精英创业周吴中分会场暨东吴双创峰会在吴中区举办。图为吴中高新区一站式科技服务中心揭牌成立　王永康　摄

2019年8月7日，苏州太湖旅游服务股份有限公司挂牌新三板，成为苏州市首家登陆新三板的旅游国企

区金融监管局　供稿

2019年10月18日，2019苏州吴中·太湖经贸合作洽谈会在太湖国际会议中心举行　　吴宇杰　摄

2019年2月，吴中大道东段暨南湖路快速路工程蠡墅立交建成通车
查亚明　摄

2019年10月21日，苏州浪潮智能科技有限公司暨服务器智能制造基地开业投产　区委宣传部　供稿

2019年11月，苏州太湖新城地下空间项目通过住建部绿色施工科技示范工程验收　　张成龙　摄

2019年11月18日，吴中区举行科技人才企业信贷风险补偿型金融产品（简称“东吴贷”）发布会

区金融监管局　供稿

2019年12月3日，2019“智造中国”峰会在太湖国际会议中心举行　　王永康　摄

2019年12月21日，科沃斯机器人有限公司成为苏州首家入选“新华社民族品牌工程”企业

科沃斯　供稿

2019年12月25日，苏州轨道交通3号线正式开通，3号线吴中区段设置盘蠡路站、宝带路站、迎春路站、北港路站4个站点　孙诗帆　摄

2019年12月25日，吴中区举行人才乐居工作现场推进会暨甪直镇you+人才公寓人才入住仪式

王兴林　摄

2019年12月31日，“江苏吴中碧螺春茶果复合系统”入选第五批中国重要农业文化遗产名单

区委宣传部　供稿

高望太湖千万顷　　沈铮泓　摄

2019年4月17—18日，全国第六届中小学生艺术展演活动的器乐展演项目在苏州保利大剧院举行

苏州保利大剧院　供稿

2019年9月19日，以“诗意大运河”为主题的全国油画作品展在尹山湖美术馆开幕　　区委宣传部　供稿

2019年4月27日，吴中高新区科文中心开馆仪式暨全民文体嘉年华活动正式启幕

区委宣传部　供稿

2019年7月27日，吴中区新时代文明实践中心揭牌

吴鉴　摄

2019年9月1日，吴淞江实验小学建成投用

郭巷街道　供稿

2019年9月21日，2019苏作文创峰会暨长三角友好城市青年手工匠人发展大会在吴中区开幕　王永康　摄

2019年9月27日，“我和我的祖国”——吴中区庆祝中华人民共和国成立70周年主题歌会在苏州保利大剧院举办

王永康　摄

2019年5月19日，2019苏州湾国际马拉松比赛在吴中区太湖新城举行

太湖街道　供稿

2019年10月24日，吴中区智慧健康养老示范基地入选全国第三批智慧健康养老应用试点示范名单

区民政局　供稿

2019年12月22日，首届东吴文学奖颁奖典礼暨长三角文学发展研讨会在吴中区举行

王永康　摄

2019年10月20日，2019苏州吴中环太湖国际竞走多日赛暨太湖蓝半程马拉松在苏州太湖国际会议中心南广场开赛

区委宣传部　供稿

朱耕原《渔归》

施忠元《太湖雨花古景》

邵文君《洞庭初晓》

沈默《日月光华》

陆增亮
《春暖》

费松伟
《年来有暇觅游迹》

吴中培《梅花香自苦寒来》

曹仁容《绿荫深处》

蒯惠中《古韵今风》

倪林才
《炊烟》

要　目

目　录

吴中概况

大事记

中共苏州市吴中区委

政协吴中区委员会

纪检监察

民主党派·工商联·人民团体

法治·军事

综合管理

财税·金融

农 业

工　业

商贸服务

城乡建设与管理

生态环境

休闲旅游

教育·科技

文化·卫生·体育

镇（区）·街道

附　录

索　引

区情概况

【位置】 吴中区位于苏州的地理中心，北与苏州古城、苏州工业园区、苏州高新区接壤，南临苏州吴江区，东接昆山市，西衔太湖，与无锡市、浙江省湖州市隔湖相望。地理坐标为东经119°55'~120°54'，北纬30°56'~31°21'。全境东西长92.95千米，南北宽48.1千米。区域面积（含太湖水域）2231平方千米；太湖水域面积1486平方千米，约占太湖总面积的五分之三。

【地貌】 吴中区地处长江下游，为太湖水网平原的一部分。整个地势自西向东微微倾斜，平原海拔高度由6.5米降至2米左右，略呈西高东低态势。境内水网密布，江、河、湖泊众多，20多条骨干河道纵横交错，沟通太湖、澄湖、独墅湖、镬底潭、九里湖、黄泥兜、石湖、黄家荡等湖荡。吴淞江自西向东串联太湖、京杭大运河，流经上海市区（苏州河），与黄浦江交汇后入海；浒光运河由北至南联结京杭大运河和太湖；木光河、胥江运河、苏东运河在境内西南部分别将苏州古城与木渎、光福、胥口、横泾、临湖、东山、太湖沟通。全境东部以平原为主，由水网平原、低洼圩田平原、湖荡水网平原、滨湖水网平原以及山前冲积平原构成；西部有低山丘陵，系浙西天目山向东北延伸的余脉，成岛状分布在除东部角直之外的太湖之中和沿岸境内。境内山脉最高峰为穹窿山主峰笠帽峰，海拔341.7米，其次为西山主峰缥缈峰，海拔336.6米。土质主要有水稻土、黄棕土、沼泽土和石灰岩土4种类型。

【建置沿革】 苏州市吴中区历史悠久，4000多年前已有文字记载。商末属泰伯、仲雍建立的“勾吴”古国。春秋、战国时先后属吴、越、楚。秦代建吴县。东汉设吴郡领吴县。三国时属孙权吴国。晋、南朝梁、陈时分别隶属吴郡、吴州。隋、唐建置多变，先后属苏州、吴州、吴郡，唐武则天时吴县分设吴、长洲两县。宋代随苏州隶属江南道。元、明时吴、长洲两县属苏州府。清雍正二年（1724）设元和、长洲、吴县三县至清末。民国元年（1912）苏州改称吴县；民国17年（1928）划吴县城区建苏州市，市、县分治；民国19年（1930）撤苏州市，并入吴县。中华人民共和国成立后，复划吴县城区建苏州市，实行市县同城分治；1950年划沿太湖部分地区建立太湖区，1953年太湖区改设为震泽县，1959年撤震泽县，并入吴县，隶属苏州专员公署；1983年，撤苏州地区行政公署，苏州实行市管县体制；1989年，吴县县政府驻地由苏州市东大街迁至吴县长桥镇；1995年6月，撤吴县，设吴县市，市政府驻地设在长桥镇；2000年12月31日，经国务院批复，撤吴县市，设立苏州市吴中区和相城区，吴中区区政府驻地设在长桥镇；2001年3月1日，新设立的苏州市吴中区和相城区按调整后的建制运行；2002年3月25日，第九届苏州市委第十八次常委会议决定将苏州太湖国家旅游度假区升格为正处级建制，由吴中区管理，享受吴中区的管理权限；2012年12月，苏州吴中经济开发区升格为国家级经济开发区，升级定名为“吴中经济技术开发区”；2015年11月12日，江苏省吴中高新技术开发区获省政府批准筹建，2016年3月31日正式挂牌成立。

【行政区划】 至2019年底，吴中区下辖1个国家级旅游度假区（苏州太湖国家旅游度假区）、1个国家级经济技术开发区（吴中经济技术开发区）、1个国家级农业园区（西山国家现代农业示范园区）、1个省级高新技术产业开发区（苏州市吴中高新技术产业开发区）、7个镇、7个街道。7个镇：木渎、甪直、胥口、东山、临湖、光福、金庭。其中，金庭镇与西山国家现代农业示范园区实行“区政合一”管理体制。7个街道办事处：长桥、郭巷、横泾、越溪、城南、香山、太湖。其中，长桥街道与吴中高新技术产业开发区实行“区政合一”管理体制，太湖街道和太湖新城实行“区政合一”管理机制。1个场圃：苏州市吴中区林场。区行政中心（中共苏州市吴中区委、区人大常委会、区人民政府、区政协）地址：苏州市吴中区太湖东路288号。

【人口】 2019年末，吴中区户籍人口达70.54万人，比上年末增加2.25万人。其中：男性34.45万人，比上年末增加1.05万人；女性36.10万人，比上年末增加1.20万人；男女性别比（以女性为100）为95.43。出生0.72万人，出生率为10.4‰，比上年下降了1.3个千分点；死亡0.39万人，死亡率为5.6‰，比上年下降了0.7个千分点；自然增长0.33万人，自然增长率为4.76‰，比上年下降了0.62个千分点。

【交通】 吴中区地处中国经济繁荣、城市群体密集的长江三角洲中心、苏浙沪交汇处，接壤苏州古城、苏州工业园区和苏州高新区。东临上海70千米，南距杭州120千米，离南京200千米，是长江三角洲重要的水利和交通枢纽。

全区基本形成以绕城高速公路西南段、苏沪高速公路、苏昆太高速公路、常嘉高速公路和苏嘉杭高速公路为快速通道，以524国道、343省道、230省道为主骨架，以中环快速路吴中区段、南湖快速路一期、南环快速路西延、东环快速路南延、西环快速路南延、吴中大道、东方大道、东山大道、孙武路、环太湖公路、东山环山公路、金庭环岛公路、苏同黎一级公路等区内主干道为次骨架的路网体系，实现高速公路与城市快速路、地面主干道无缝对接，大部分乡镇15分钟内可上高速公路。

至2019年末，全区公路总里程达1161千米（不含市政道路），公路密度达172千米/百平方千米。全区境内河道纵横交错，航道总里程达357千米，其中有京杭大运河、苏申内、外港线、苏西线等7条等级航道。

全区轨道交通网已初步形成，正在逐步加密，至2019年末，吴中区境内已有通车线路4条，分别为1号线、2号线、3号线、4号线及支线。沿线共设有24个站点，分别为1号线的木渎、金枫路站，2号线的盘蠡路、新家桥、石湖东路、宝带桥南、尹中路、郭巷、郭苑路、尹山湖、独墅湖南站，3号线的盘蠡路、宝带路、迎春路、北港路、墅浦路北站，4号线及支线的团结桥、宝带路、石湖东路、红庄、蠡墅、石湖莫舍、越溪、文溪路、天鹅荡路、苏州湾北、木里站。各轨道站点与常规公交已实现地面换乘，已将木渎镇、吴中高新区、吴中经济技术开发区城南工业带、太湖街道、郭巷街道尹山湖城市次中心和苏州古城区紧密连接，并辐射外围各乡镇，初步形成吴中区综合交通换乘格局。

【气候】 苏州市吴中区地处中国大陆东部沿海，位于北亚热带湿润的季风气候区内，具有夏季温暖潮湿多雨、冬季干燥寒冷、四季分明、热量富余、雨量适宜、日照充足的特点。

表1-1 2019年气象资料

项目	单位	2019年
一、温度		
年平均气温	摄氏度	17.6
年极端最高气温	摄氏度	38
出现日期		2019.7.29
年极端最低气温	摄氏度	-1.1
出现日期		2019.12.31
二、降水		
年降水总量	毫米	1328.9
年降水日数	天	125
一日最大降水量	毫米	134
出现日期		2019.8.10
三、日照		
年日照时数	时	1844.4
年日照百分率		42%
四、湿度		
年平均相对湿度		79%
五、风速		
年平均风速	米/秒	2.7
六、气压		
年平均气压	百帕	1014.4
七、霜期		
终霜日期		2019.3.11
初霜日期		2019.12.13

（出自：区统计局）

表1-2 2019年各月气象要素

月份	平均气温（摄氏度）	降水量（毫米）	降水日数（日）	日照时数（小时）
合计	17.6	1328.9	125	1844.4
1月	5.4	62.6	15	81.6
2月	5.6	147.2	18	35
3月	12	45.6	13	153.5
4月	17.3	57.6	9	136.8
5月	21.7	103.7	8	196.6
6月	24.5	256.1	12	133.6
7月	28.2	154.5	9	185.4
8月	29	234.4	11	247.8
9月	24.7	145.5	6	208

续表

月份	平均气温（摄氏度）	降水量（毫米）	降水日数（日）	日照时数（小时）
10月	19.7	18.2	4	153.9
11月	14.3	29.5	8	163.1
12月	8.5	74	12	149.1

（出自：区统计局）

【历史文化】 吴中区历史悠久，是吴文化的发源地。约一万年前的旧石器时代，吴地已有先民生息繁衍。五千年前的新石器时代，创造了当时很先进的“良渚文化”。三千多年前泰伯在吴地建“勾吴”国，始有历史记录。公元前221年，秦始皇统一中国，设置吴县，县名沿用至21世纪。

千百年来，吴地人文荟萃，英才辈出。兵圣孙武、草圣张旭、塑圣杨惠之、绣圣沈寿，主持营造北京故宫的建筑大师蒯祥以及有“先天下之忧而忧，后天下之乐而乐”风范的范仲淹等一批伟大的政治家、文学家、艺术家就生活在吴中大地，谱写吴中历史千古流芳的华美篇章。

吴中区是“中国民间文化艺术之乡”，民间工艺发达，形成了刺绣、雕刻、缂丝、建筑工艺、青铜铸造、古琴制作、书画装裱等行业。这些匠心独具的精巧技艺，是中国独树一帜的苏派之作的杰出代表。

吴中区现有角直、木渎、东山、光福4个中国历史文化名镇，明月湾、陆巷、杨湾、三山村、东村5个中国历史文化名村，中国传统村落12处。全区共有县级以上文物保护单位130处，其中国家级7处、省级23处。吴中区非物质文化遗产项目共有57项，其中世界级1项、国家级3项、省级18项、市级8项、区级27项；非物质文化遗产传承人145人，其中国家级6人、省级5人、市区两级134人。市级非遗保护示范基地4个，市第一批生产性保护示范基地2个。近年，吴中区依托深厚的文化底蕴，先后举办苏州·吴中洞庭（山）碧螺春茶文化旅游节、木渎（藏书）羊肉美食节、苏州太湖梅花节、苏州甪直水乡妇女服饰文化旅游节、中国园林古镇木渎旅游节、中国太湖开捕节、东山民俗风情旅游节、太湖水上运动节、环太湖国际竞走和行走多日赛等旅游节庆活动。

【民族宗教】 2019年末，吴中区共有48个少数民族，总人口21658人。其中，常住（户籍）少数民族人口3404人，经商务工流动少数民族人口18254人。

吴中区有经民政部门批准的宗教团体4个，即佛教协会、道教协会、基督教三自爱国运动委员会、天主教爱国会（区天主教爱国会现托管于苏州市天主教爱国会）。经批准对外开放的宗教场所61处，其中，佛教场所46处，道教场所8处，基督教堂5处，天主教堂2处。全区现有宗教教职人员215人，职工75人。

【历史名人】 吴中人才层出不穷，且以博大的胸怀接纳四方贤俊，形成人物鼎盛的独特景观，在学术史、政治史、军事史、科学史、文学史、艺术史上创造了举世瞩目的成就。如伍子胥协助阖闾兴霸成王、从近制远，建造阖闾城，奠定吴国的春秋霸业；孙武撰兵法十三篇，后人誉之为“东方兵学圣典”；范仲淹“先天下之忧而忧，后天下之乐而乐”，实行封建时代重要的政治改革“庆历新政”；蒯祥主持设计北京宫苑，令“香山帮”营造技术享誉中外；吴有性的温病学说，开世界传染病学先河；沈寿的“仿真绣”，使苏绣艺术走向世界。在社会主义现代化建设中，吴中区还涌现一大批科学家，院士王大珩、王守武、王守觉、何泽慧、殷之文、殷震等为其中的杰出代表。

【风景名胜】 吴中区风光秀美，资源丰富。吴中区坐拥五分之三的太湖水域及太湖58峰，拥有184千米太湖岸线、苏州80%的丘陵山体，有1个国家级旅游度假区、6个太湖国家风景名胜区、1个国家5A级景区、5个国家4A级景区、2个国家森林公园、1个国家地质公园、1个国家现代农业示范园区、2个国家湿地公园、7个全国农业旅游示范点、10个星级乡村旅游区，开放景点60余个。其中，最具代表性的有穹窿山、旺山、太湖公园、东山等。

【物产】 吴中区生态环境优越，区域物产丰沛，是闻名遐迩的“鱼米之乡”，可谓“月月有花、季季有果、天天有鱼虾”。吴中是洞庭山碧螺春茶的原产地，有“中国名茶之乡”“中国太湖蟹美食之乡”等称号。主要农副产品有吴中大米、茶叶、太湖大闸蟹、太湖三白（银鱼、白虾、白鱼）、水八仙（茭白、水芹、茨菰、芡实、荸荠、莲藕、莼菜、红菱）、白玉枇杷、乌紫杨梅、洞庭红橘、白果、板栗、藏书山羊、东山湖羊、生态草鸡等。其中，洞庭山碧螺春茶为中国驰名商标，太湖大闸蟹为中国名牌农产品，吴中大米、东山湖羊获国家地理标志证明商标。

【生态环境】 2019年，牢固树立“绿水青山就是金山银山”理念，编制并发布《苏州生态涵养发展实验区规划》。推进沿太湖生态湿地带、生态公益林抚育修复等25个生态保育和治理项目。全力打好污染防治攻坚战，逐项落实中央、省环保督察及“回头看”，长江经济带生态环境反馈问题整改任务，全面完成1800公顷太湖围网拆除和太湖沿岸三千米范围内4000公顷养殖池塘整治改造。高标准办理人代会关于进一步加强黑臭水体整治的议案，24条黑臭和疑似黑臭水体全部完成治理，全区城乡黑臭水体基本消除。连续12年实现太湖安全度夏，饮用水水源地水质达标率100%，9个国考、省考断面水质全部达标。水污染防治工作获全国人大常委会执法检查组肯定。农村人居环境整治成效获省政府通报表扬。苏州生态涵养发展实验区落户吴中区。甪直镇瑶盛村入选全国乡村治理示范村候选名单。临湖镇黄墅村被命名为首批省特色田园乡村。建成市级康居特色乡村2个、市级三星级康居乡村88个。“吴韵匠心”农路品牌入选省首批农村公路“一区一特色”创建成果，吴中区获评“四好农村路”省级示范区。

经济社会发展

【综合实力】 2019年，全区实现地区生产总值1278.72亿元，增长6.2%；一般公共预算收入175.6亿元，增长9.3%；全社会固定资产投资571亿元，增长17.4%；社会消费品零售总额465.3亿元，增长5.5%；城镇居民人均可支配收入7.06万元，增长8.2%。

【农业】 吴中区位于太湖之滨，是5A级旅游景区，拥有2个国家级湿地公园和2个国家级森林公园；自然资源丰富，是洞庭山碧螺春茶的原产地。全区特色农副产品有茶叶、银杏、板栗、桂花、洞庭红橘、白沙枇杷、乌紫杨梅、水八仙（茭白、水芹、茨菰、芡实、荸荠、莲藕、莼菜、红菱）、太湖三白（银鱼、白鱼、白虾）、太湖大闸蟹和太湖鹅、藏书山羊、东山湖羊、生态草鸡等。2019年，太湖现代农业示范园入选国家农村产业融合发展示范园创建名单。农民合作社质量提升整区推进国家级试点深入开展，农村集体产权制度改革入选全国改革试点经验典型，吴中区获评全国县域数字农业农村发展先进区。全区村级集体总资产185亿元、村均集体稳定性收入1362万元，31个集体经济相对薄弱村全部脱贫。

【工业】 2019年，实现规模以上工业总产值1624.38亿元，比上年增长1.8%，增速排名全市第五；规模以上工业增加值410

亿元，比上年增长4%，增速排名全市第三。先导产业产值400亿元，占规上总产值的26%；新兴产业产值占规上总产值的59.1%，比上年提高0.5个百分点。247个区级重点项目完成投资352.51亿元，增长6.4%。举行两次重大项目集中开工开业仪式，121个计划新开工项目全部开工，48个产业项目竣工投产。引进3000万元以上产业项目（不含房地产）384个，总投资268亿元，其中10亿元以上项目5个。两大主导产业加速集聚，机器人与智能制造产业产值首次突破500亿元，生物医疗及大健康产业产值超100亿元。全年完成区级工业重点项目投资69个，实现工业投资75.2亿元，增长18.7%。

【服务业】 2019年，全区实现服务业增加值684.12亿元，占地区生产总值比重为53.5%，较上年提高2.2%；完成服务业固定资产投资493.62亿元，比上年增长17%，占全社会固定资产投资的86.4%。以检验检测、商务服务、信息技术服务为主导的生产性服务业发展态势良好，检验检测实现营业收入10亿元，增长20%，规模列全市第一。承办国际开源技术与产业生态创新中国峰会，电器科学研究院成为国内首个国家能源海洋核动力技术检测基地，建筑科学研究院获评中国建设工程质量检测AAA级信用机构。开发区入选首批省级“两业”深入融合试点单位。精濑光电获得2019年电子信息产业技术改造专项项目资金，南环桥市场获得2019年国家服务业发展引导资金，信测标准技术、南环桥市场获评2019年江苏省生产性服务业领军企业，国网电子获评市第二批人工智能和大数据应用示范企业，金陵华软、安洁科技获评2019年市级总部企业，药明检测检验、金迅博信息科技获评2019年市服务业创新型示范企业，方达医药技术、电器科学研究院、宏宇环境检测等5家企业获得2019年省级现代服务业发展专项引导资金。

2019年，区内新设泰隆银行吴中支行、江南农商行吴中支行2家银行业金融机构。年末，全区共有银行机构28家，保险机构19家，证券公司5家，典当公司7家，小贷公司14家，融资性担保公司2家，融资租赁公司（外资）2家，商业保理公司3家，交易场所1家。金融机构本外币存贷款余额分别为2603.66亿元、2673.16亿元，较年初分别增长12.8%、9.4%。本年新增证券交易金额2620.24亿元，证券资金账户累计108443户，证券业期末托管市值445.69亿元。本年保险机构新增保费收入18.62亿元，新增赔付支出5.36亿元。年末，典当公司典当余额13.34亿元；融资性担保公司在保余额10.09亿元；融资租赁资产总额0.42亿元；商业保理公司发放保理融资款本金13.65亿元，受让应收账款余额40.19亿元。全年新增3家新三板挂牌企业，全区新三板挂牌企业累计59家。

2019年，全区共有房地产开发企业204家，其中一级企业1家、二级企业10家。严格贯彻执行房地产宏观调控政策，强化市场秩序监管，促进房地产市场平稳健康发展。全区商品房销售套数23778套，销售面积248.56万平方米，销售金额411.57亿元。全年商品房新开工面积315.81万平方米，商品房施工面积795.89万平方米，商品房竣工面积304.59万平方米；办理商品房交付使用备案项目47个，面积328.35万平方米。

2019年，吴中区旅游行业紧抓苏州创建“国家全域旅游示范区”的机遇，推动全域旅游建设。全年接待游客2470万人次，实现旅游总收入379亿元，分别比上年增长1.35%及5.57%。年末，全区拥有国家级旅游度假区1个、5A级景区1个、4A级景区5个、开放景点60余个、省级乡村旅游点12个、江苏省工业旅游示范点3个。2019年末，区内有旅行社69家，其中出境社8家；有四星级旅行社6家，二星级旅行社1家。区内有星级旅游饭店7家，其中五星级1家、四星级3家、三星级2家、二星级1家；平均客房出租率为46.74%。

2019年，吴中区成功申报为首批省级全域旅游示范区，成功创建为省文物安全综合管理实验区，光福新晋中国历史文化名镇，省级文物保护单位增至23处，建成开放吴中高新区科文中心；新增2个24小时图书分馆、3个幼儿园特色分馆、1个网借点和1个特色书吧，完成34个基层综合性文化服务中心达标建设，完成金庭环岛42千米健身步道建设。新晋胥口猛将会等4个市级非遗代表性项目，木渎弘戈堂碑刻艺术工作室等2个市级非遗保护单位。遴选苏州石雕（金山石雕、藏书澄泥石刻）申报国家级第五批非遗代表性项目，推荐苏州蔡金兴砚艺有限公司、苏州盛风文化创意发展有限公司申报省非遗创意基地，推荐绿茶制作技艺、光福核雕项目传承人参加“中国非物质文化遗产传承人群研培”计划。开展“角直文化非遗周”等各类非遗宣传展示活动13场。

表1–3　行政区划、区域面积、人口、从业人员情况

项目	单位	2019年	2018年
行政区划			
1. 区、镇、街道	个	16	16
#街道	个	7	7
镇	个	7	7
2. 村委会	个	84	84
居委会	个	113	104
3. 村民小组	个	2465	2465
区域面积			
1. 区域面积（含太湖水域）	平方千米	2231	2231
（不含太湖水域）	平方千米	745	745
2. 年末耕地面积	公顷	11019	11015
#水田	公顷	6571	6569
人口			
1. 年末户籍户数	户	216294	207128
2. 年末户籍人口	人	705416	682917
#男性	人	344463	333935
女性	人	360953	348982
（1）18岁以下	人	126470	118601
（2）18~35岁	人	145408	139181
（3）35~60岁	人	265768	261157
（4）60岁以上	人	167770	163978
3. 年平均人口	人	694167	674784
年末每户平均人口	人	3.3	3.3
4. 年内出生人口	人	7202	7862
出生率		10.4‰	11.7‰
年内死亡人口	人	3899	4229
死亡率		5.6‰	6.3‰
年内自然增长人口	人	3303	3633
自然增长率		4.76‰	5.38‰

续表

项目	单位	2019 年	2018 年
5. 年内迁入人口	人	11872	15375
年内迁出人口	人	580	1540
6. 人口平均预期寿命	岁	83.8	83.5
#男	岁	81.5	81.5
女	岁	86.1	85.6
7. 年末常住人口数	万人	114.17	113.98

（出自：区统计局）

表 1–4　国民经济主要指标

项目	单位	2019 年	2018 年
地区生产总值			
1. 地区生产总值（现行价）	万元	12787249	12037627
（1）第一产业	万元	182525	229497
（2）第二产业	万元	5763500	5555927
#工业	万元	5151100	4994075
（3）第三产业	万元	6841224	6252204
第三产业增加值占地区生产总值比重		53.5%	51.9%
2. 人均地区生产总值（按户籍人口计算）	元	181272	166680
人均地区生产总值（按常住人口计算）	元	112002	99126
地区生产总值密度	万元 / 平方千米	17164	15097
万元地区生产总值耗电量	千瓦小时	658	768
农林牧渔业			
1. 农林牧渔业总产值（现行价）	万元	354863	461349
2. 主要农产品产量			
粮食	吨	18386	18202
油菜籽	吨	72	—
茶叶	吨	385	334
水果	吨	22505	23292
蚕茧	吨	—	—
水产品	吨	23891	24205
生猪出栏数	万头	0.1	0.7
家禽出栏数	万羽	4.25	12.18
工业			
1. 规模以上企业个数（正常运营）	个	944	904
#高新技术产业	个	—	—
#内资企业	个	679	615
#国有、集体企业	个	—	—
私营企业	个	571	527
港澳台和外商投资企业	个	89	289

续表

项目	单位	2019 年	2018 年
2. 规模以上工业资产合计	万元	18217257	16894050
3. 规模以上工业总产值（现行价）	万元	16243832	15411898
#内资企业	万元	9567126	8436445
#国有、集体企业	万元	—	—
私营企业	万元	6527507	5777697
港澳台和外商投资企业	万元	1590007	6975453
4. 规模以上工业销售产值（现行价）	万元	16041764	15219335
5. 规模以上工业主营业务收入	万元	15786005	15138940
#内资企业	万元	9298285	8287591
#国有、集体企业	万元	—	—
私营企业	万元	6371155	5652253
港澳台和外商投资企业	万元	1576212	6851350
6. 规模以上工业利税总额	万元	1265361	1364267
#内资企业	万元	748004	779795
#国有、集体企业	万元	—	—
私营企业	万元	487293	480513
港澳台和外商投资企业	万元	187241	584473
7. 规模以上工业利润总额	万元	923908	950598
8. 规模以上工业亏损总额	万元	132956	101746
9. 规模以上工业产成品	万元	847276	434546
10. 规模以上工业负债总计	万元	3244248	5315340
11. 规模以上工业应收账款净值	万元	1890298	2884588
12. 规模以上工业企业主要产品产量			
钢材	吨	56249	61820
商品混凝土	立方米	5872863	4866745
服装	万件	11723	10481
化学药品原药	吨	376	397
涤纶纤维	吨	—	—
电子元件	万只	508210	631179
家用吸尘器	万台	9143509	1081
电动手提式工具	万台	1383751	118
建筑业			
企业个数	个	204	215
总产值	万元	2246743	2020360
竣工产值	万元	1530368	1503383
房屋建筑施工面积	万平方米	1353.07	970.81
房屋建筑竣工面积	万平方米	296.7223	290.13
从事建筑业活动的平均人数	人	72270	65200
建筑业全员劳动生产率	万元 / 人	28.5	31.0

续表

项目	单位	2019 年	2018 年
交通运输（交通系统内）			
客运量	万人次	2559	2508
旅客周转量	万人公里	103628	103844
固定资产投资			
1. 全社会固定资产投资完成额	万元	5710031	4864918
（1）第一产业	万元	18855	10280
第二产业	万元	754934	635119
#工业	万元	751834	633619
第三产业	万元	4936242	4219519
（2）内资	万元	4802398	4507649
#国有经济	万元	313989	622439
集体经济	万元	75126	54884
私营个体经济	万元	1379731	2156767
港澳台商投资企业	万元	646497	251715
外商投资企业	万元	261136	105554
（3）项目投资	万元	1980727	1791940
房地产开发投资	万元	3729304	3072978
2. 商品房销售建筑面积	万平方米	248.56	267.95
#住宅	万平方米	231.50	257.28
商品房销售额	万元	4115666	4220578
#住宅	万元	3890567	4080686
国内贸易			
社会消费品零售总额	万元	4652837	4412355
#批发和零售业	万元	4263205	4047019
住宿和餐饮业	万元	389632	365336
对外经济			
1. 进出口贸易总值	万美元	803770	883369
#出口	万美元	563045	614431
进口	万美元	240725	268938
2. 新批利用外资及港澳台资项目	个	56	67
当年新增注册外资及港澳台资	万美元	159414	71871
当年实际利用外资及港澳台资	万美元	38009	37285
3. 对外承包工程劳务合作营业额	万美元	—	—
4. 接待境外旅游者人数	万人次	7.25	7.54
接待境外游客人天数	万人天	10.59	11.08
旅游外汇收入	万美元	3637	3630
市场主体			
1. 年末个体工商户数	户	112204	102062
年末个体工商户注册资金	万元	1364297	1208480

续表

项目	单位	2019 年	2018 年
当年新增个体工商户数	户	17419	19959
当年个体工商户新增注册资金	万元	514410	293767
2. 年末内资企业数	个	80995	73649
#私营企业	个	76641	69336
年末内资企业注册资金	万元	66346255	54280249
#私营企业	万元	41584949	31954259
当年新增内资企业数	个	12575	12405
#私营企业	个	12128	11741
当年内资企业新增注册资金	万元	8152302	6414824
#私营企业	万元	6333011	5391448
财政、金融			
1. 全口径财政收入	万元	5912979	4136486
#一般预算收入	万元	2914644	2759367
2. 地方财政收入	万元	4754631	2983254
#一般公共预算收入	万元	1756296	1606135
#（1）国内增值税（50%）	万元	421782	418314
（2）改征增值税（50%）	万元	210360	216284
（3）企业所得税（40%）	万元	265149	234981
（4）个人所得税（40%）	万元	72385	98289
（5）营业税（地方部分）	万元	—	667
（6）土地增值税	万元	148778	92915
（7）契税	万元	299586	234546
政府性基金收入	万元	2991854	1362028
国有资本经营预算收入	万元	6481	15091
3. 财政总支出	万元	4243977	2987646
#一般公共预算支出	万元	1533265	1417359
基金支出	万元	2708186	1565947
国有资本经营预算支出	万元	2526	4340
4. 金融机构年末存款余额	万元	26036632	23073837
#居民储蓄存款余额	万元	9767148	8453757
5. 金融机构年末贷款余额	万元	26731590	25947613
旅游			
1. 接待中外游客人数	万人次	2470	2437
2. 旅游总收入	亿元	379	358.98
人民生活			
1. 年末单位从业人员	人	200009	186391
#在岗职工	人	191212	177188
从业人员平均劳动报酬	元	101703	89109
#在岗职工平均工资	元	102812	89461

续表

项目	单位	2019 年	2018 年
2. 城镇居民人均可支配收入	元	70573.2	65224
城镇居民人均生活消费支出	元	39836.5	37595
城镇居民人均住房建筑面积	平方米	49	49.3
3. 农村居民人均可支配收入	元	—	32629
农村居民人均生活消费支出	元	—	21930
农村居民人均住房使用面积	平方米	—	58.8
电力			
全社会用电量	万千瓦小时	841083	864391
#农业用电量	万千瓦小时	2495	2543
工业用电量	万千瓦小时	500663	541921
建筑业用电量	万千瓦小时	16101	12870
城乡居民生活用电	万千瓦小时	137939	134754
取水量			
全社会总取水量（不含农业）	万立方米	19103	16454

（出自：区统计局）

表 1–5　科技进步、社会事业主要指标

项目	单位	2019 年	2018 年
科技			
1. 年末专业技术人员数	人	142995	125908
#高级职称	人	7527	6743
中级职称	人	39676	34889
初级职称	人	26852	25183
#研究生	人	5168	2736
本科	人	46766	42412
专科	人	52269	46806
2. 专利申请量	件	19534	16788
专利授权量（有效）	件	8596	9865
3. 科技计划项目			
（1）国家级项目	项	2	4
（2）省级项目	项	378	211
（3）市级项目	项	760	253
4. 年末省高新技术产品数	个	—	—
5. 年末高新技术企业数	家	644	476
6. 年末民营科技企业数	家	1157	978
7. 省级工程技术研究中心	家	56	50
8. 省级以上众创空间	家	13	11
9. 年末经认定省级以上孵化器数	家	1	—

续表

项目	单位	2019 年	2018 年
教育			
1. 普通中学学校数	个	28	26
小学学校数	个	50	52
幼儿园数	个	84	80
2. 普通中学招生数	人	11785	10825
#初中	人	8553	7757
小学招生数	人	17032	17571
3. 普通中学在校学生数	人	33859	30191
#初中	人	24856	21835
小学在校学生数	人	87387	82912
在园幼儿人数	人	34838	33075
4. 普通中学专任教师数	人	3194	2829
小学专任教师数	人	4781	4344
幼儿园专任教师数	人	2402	2182
5. 学龄儿童入学率		99.9%	99.8%
小学毕业生升学率		100.0%	98.0%
初中毕业生升学率		99.0%	100.0%
高中毕业生升学率		100.0%	100.0%
文化、体育			
1. 电影放映单位	个	19	14
影剧院	个	2	2
电影放映场次	场次	246281	210854
电影放映观众人次	万人次	380	373
2. 公共图书馆数	个	1	1
总藏量	万册	130.6544	126.77
发放借书证数	个	10.0188	19579
书刊外借人次	千人次	261.131	279.41
书刊外借册次	千册次	642.812	656.7
阅览室座席数	个	855	747
3. 文物保护单位数	个	130	125
#国家级	个	7	7
省级	个	23	19
文物藏品	件	6892	6890
#一级品	件	55	55
4. 艺术表演团体个数	个	2	2
演职员工数	人	34	34
演出场次	场次	4140	3676
观众人数	千人次	415	300

续表

项目	单位	2019年	2018年
卫生			
1. 卫生机构数	所	314	302
#医院	所	30	29
2. 卫生机构床位数	张	6594	5898
#医院	张	5830	5092
3. 卫生技术人员数	人	7482	6824
#医院	人	4085	3720
#医生人数	人	2758	2499
#医院	人	1277	1132
4. 5岁以下儿童死亡率		3.41‰	3.55‰
婴儿死亡率		2.72‰	2.73‰
产妇住院分娩比例		100%	100%
社会福利和社会保障			
1. 社会福利院、敬老院数	个	11	11
床位数	张	1353	1284
在院人数	人	456	494
2. 社会救济对象总人数	人	6537	6966
接受低保户数	户	629	736
#城镇居民户数	户	454	548
接受低保人数	人	1250	1514
#城镇居民人数	人	907	1147
3. 城镇登记失业人数	人	3515	3519
城镇登记失业率		1.8%	2.0%
4. 城镇养老保险参加人数	万人	48.22	43.17
城镇医疗保险参加人数	万人	47.57	45.39
城镇失业保险参加人数	万人	39.57	37.84
城乡居民医疗保险参加人数	万人	31.19	31.77
城乡居民养老保险参加人数	万人	0.31	0.43
环境保护			
空气质量良好天数达标率		72.4%	72.9%
水域功能区水质达标率		100%	100.0%
集中式饮用水水源地水质达标率		100%	100%
城市环境噪声达标区覆盖率		94%	100%

（出自：区统计局）

吴中区机构设置和领导人名单

（2019 年底）

【中共苏州市吴中区第四届委员会】

书　记　唐晓东

副书记　陈　嵘（女）　李朝阳

常　委　方伟军　陆振华

荣德明　冯建荣

顾建列　张　瑛

顾玉琪　方习亮

【中共苏州市吴中区纪律检查委员会、苏州市吴中区监察委员会】

书记、主任　方伟军

副书记、副主任　史才林

张　彧

纪委常委　李见明　吴　荣

吴　春　陶俊峰

监委委员　吴　荣　陶俊峰

王　君　杨　隽（女）

【区委工作部门】

区委办公室（机要局、保密局、密码管理局、档案局）

主　任　史拥军

副主任　董天翼（女）　张杰峰

许震巍　徐永俊

机要局长、保密局长　张杰峰

档案局副局长　倪方敏

组织部（“两新”工委、机关党工委、党建办、公务员局、考核办）

部　长　张　瑛

常务副部长　殷　虹（女）

副部长　郁振红　沈志枫

“两新”工委书记　郁振红

“两新”工委副书记　李　娟（女）

党建办主任　沈志枫

宣传部（新闻办、文明办、新闻出版局、网信办、社科联）

部　长　顾建列

常务副部长　程　飞（女）

副部长　席与翀　马唯杰

文明办主任　孔岳荣

文明办副主任　徐明雪（女）

网信办主任　马唯杰

网信办副主任　刘薇洁（女）

社科联主席　席与翀

统一战线工作部（台办、民族宗教局、侨办）

部　长　顾建列

常务副部长　吴金凤（女）

副部长　周一风　顾志男

周　韵（女）

民宗局局长　顾志男

民宗局副局长　岳　峰

台办主任　周　韵（女）

侨办副主任　朱咏梅（女）

政法委员会

书　记　冯建荣

常务副书记　陈志新

副书记　施伟华（兼）　毛曦雪

国安办主任　毛曦雪

研究室

主　任　沈志华

机构编制委员会办公室

主　任　华利民

副主任　奕国栋　周志坚

老干部局（离退休干部工委）

局　长　殷　虹（女，兼）

副局长　顾向明（女）　陈卫华

离退休干部工委书记

顾向明（女，兼）

国资党委

书　记　周雪明

委　员　周学斌　周菊坤

林水元　李文龙

李水明　朱振冲

沈博名　巴　盛

【区委直属事业单位】

党校（行政学校）

校　长　李朝阳（兼）

常务副校长　周福勇

副校长　盛国健　张伟炜（女）

行政学校校长　周福勇

接待办公室

主　任　张　陈

副主任　夏培明　尹国辉

档案馆

馆　长　陆卫平

副馆长　翁建明　曹　炯(女)

　　　　李　健(女)

【区机关党组、党委】

人大常委会党组

书　记　张炳华

副书记　唐龙生

党组成员　陆增林　罗家荣

　　　　　盛解元　李向上

　　　　　戴晓东

政府党组

书　记　陈　嵘(女)

副书记　荣德明

党组成员　王卫国　顾益坚

　　　　　张华谦　施伟华

　　　　　秦晓良

政协党组

书　记　张建祥

副书记　莫玉林

党组成员　王卫星　姚瑞元

　　　　　王显军　许文龙

　　　　　许晓峰

法院党组

书　记　张峥嵘

副书记　张永平(女)

党组成员　孙宝华　辛　欣(女)

　　　　　徐国聪

检察院党组

书　记　陈　飞

副书记　张晓江

党组成员　张淮宾　王　虹(女)

　　　　　黄　芹(女)

总工会党组

书　记　郑　刚

党组成员　何国平　陆葆兰(女)

　　　　　顾雯雯(女)　叶亚林

妇女联合会党组

书　记　顾娟英(女)

党组成员　张　蕾(女)　浦益峰(女)

科学技术协会党组

书　记　黄文伟

党组成员　俞　菊(女)　陈春华(女)

工商联党组

书　记　周一风

党组成员　吴逸凯　徐菊秋(女)

残疾人联合会党组

书　记　秦　刚

党组成员　赵钰明　叶　青(女)

科技局党组

书　记　沈玉宝

党组成员　钱卫芳(女)　秦　铮

民政局党组

书　记　龚　艳(女)

副书记　顾龙官

党组成员　钱　刚　胡立才

　　　　　颜　文

司法局党组

书　记　肖冬梅(女)

副书记　黄　东

党组成员　戴晓民　王永春

　　　　　朱君贤　孙梓钧

财政局党组

书　记　周雪明

党组成员　顾进方　朱炜烨

　　　　　王惠明

城市管理局党组

书　记　薛　华

党组成员　金　丹(女)　黄新东

　　　　　冯　鑫

商务局党组

书　记　章为民

党组成员　朱　亮　姚　靓(女)

　　　　　陆　凯

文化体育和旅游局党组

书　记　唐峥嵘

党组成员　姚继元　陆　燕(女)

　　　　　吕晓红(女)　张金华

　　　　　胡智慧

退役军人事务局党组

书　记　李　东

党组成员　王丽琴(女)　庄学峰

应急管理局党组

书　记　顾丽明

党组成员　钱　军　蒋　辉

　　　　　罗茂法　王　荣

　　　　　毛　栋(兼)

审计局党组

书　记　姚善生

党组成员　荣伟铭　朱　伟

行政审批局党组

书　记　沈　斌

党组成员　徐明东　高　瑾(女)

　　　　　王华娟(女)

统计局党组

书　记　毛　刚

党组成员　盛新根　张　燕(女)

信访局党组

书　记　沈亚民

党组成员　朱慧杰　俞　超

地方金融监督管理局党组

书　记　吴　婧(女)

党组成员　尹旭青(女)　吴闽芳(女)

档案馆党组

书　记　陆卫平

党组成员　翁建明　曹　炯(女)

　　　　　李　健(女)

供销合作社党组

书　记　金雪明

党组成员　顾霞勤(女)　金　琦(女)

发展和改革委员会党委

书　记　金　楠

副书记　尤林明

党委委员　缪晓峰　胡　刚

汤晓亮　阙小芳

教育工委

书　记　陆为民

委　员　程朝阳　顾彩琴(女)

陈　洁(女)　孟晓庆

徐晓军(兼)

工业和信息化局党委

书　记　顾洪建

党委委员　李　思　蒋　勇

沈大鹏

人力资源和社会保障局党委

书　记　丁晓娟(女)

党委委员　袁建东　徐　宏(女)

顾利青　张　岚(女)

朱晓东

住房和城乡建设局党委

书　记　汪庆丰

副书记　陆文洪　矫文忠

党委委员　孔建强　庄勤华(女)

马群勇　徐冬明

交通运输局党委

书　记　张建新

党委委员　李忠军　管永洪

赵瑞军　唐晓风

陈鹤峰

水务局党委

书　记　孙新元

党委委员　周　军　陈卫春

顾　波

农业农村局党委

书　记　朱继伟

党委委员　张　健　顾焕忠

洪涛生　张建刚

蔡惠荣　胡　伟

沈永成　宋　炜

卫生健康委员会党委

书　记　陆治平

党委委员　马小红(女)　赵燕萍(女)

张晓逸　李耀峰

市场监督管理局党委

书　记　茅崧崧

副书记　石燕华(女)　屠怡文

党委委员　邱建军　王金剑

王志松

机关事务管理中心党委

书　记　王正明

党委委员　胡俊青　钟解文

方　艳(女)

苏州市公安局吴中分局党委

书　记　施伟华

副书记　钱　飞　范久宁

党委委员　李秋才　王荣华

臧政刚　王　磊

曾洪生　陈　勇

苏州市吴中国裕资产经营有限公司党委

书　记　朱振冲

副书记　周明华

党委委员　孙延敏　钱庆强

谢少杰

纪委书记　谢少杰

【纪委工作部门】

办公室

主　任　李钟钦

第一纪检监察室

主　任　王　君

第二纪检监察室

主　任　陈永刚

第四纪检监察室

主　任　杨　宏(女)

第五纪检监察室

主　任　张国玲(女)

第六纪检监察室

主　任　吴　春

第七纪检监察室

主　任　吴　荣

纪检监察干部管理监督室

主　任　林　华(女)

信访室

主　任　陈方忠

案件审理室

主　任　徐　剑(女)

党风政风监督室

主　任　林　佳

案件监督管理室

主　任　丁华强

【派驻纪检组】

派驻区委办公室纪检监察组

组　长　卢叶青(女)

派驻区政府办公室纪检监察组

组　长　周金明

派驻区委组织部纪检监察组

组　长　徐　磊

派驻区委宣传部纪检监察组

组　长　王　涛(女)

派驻区委政法委纪检监察组

组　长　陆惠忠

派驻区发改委纪检监察组

组　长　汤晓亮

派驻区教育局纪检监察组
组　长　陈　洁(女)
派驻区住建局纪检监察组
组　长　徐冬明
派驻区交通运输局纪检监察组
组　长　陈鹤峰
派驻区农业农村局纪检监察组
组　长　顾焕忠
派驻区卫健委纪检监察组
组　长　赵燕萍(女)

【巡察办】
主　任　张　彧(兼)
副主任　杨　磊

【巡察组】
专职组长　李见明　曹　勇
　　陆建伟
专职副组长　王根友　葛　炜
　　徐蔚钰(女)　周国强
　　董静平

【苏州市吴中区第四届人民代表大会常务委员会】
主　任　张炳华
副主任　唐龙生　赵建明
　　陆增林　罗家荣
委　员（按姓氏笔画为序）
　　王　民　石耀栋
　　朱水坤　庄建华(女)
　　李　莉(女)　李　臻(女)
　　李向上　李佳良
　　吴小翔　沈　曦(女)
　　陆建华　陆振荣
　　陈哲敏　周晓红(女)
　　周菊坤　郑　刚
　　郑伟宏　郑志勤
　　顾娟英(女)　钱家荣
　　徐永林　徐远志
　　徐炳良　殷　虹(女)
　　曹雪琴(女)　盛解元
　　蒋　超　韩　江
　　潘　强　戴晓东

【区人大常委会工作部门】
人大办公室
主　任　戴晓东
副主任　李　莉(女)　石耀栋
研究室主任　戴晓东
社会建设委员会（筹）
主任委员　潘　强
人事代表联络工作委员会
主　任　周晓红(女)
副主任　郑伟宏
监察和司法工作委员会
主　任　徐远志
财政经济工作委员会
主　任　徐永林
副主任　沈　曦(女)
城建环保工作委员会
主　任　陈哲敏
副主任　朱水坤
教科文卫工作委员会
主　任　唐　顺
副主任　蒋　超
外事民宗侨台工作委员会
主　任　唐　顺(兼)
农业农村工作委员会
主　任　张月兴
副主任　曹雪琴(女)

【苏州市吴中区人民政府】
区　长　陈　嵘(女)
副区长　荣德明　王卫国
　　顾益坚　周黎敏(女)
　　张华谦　施伟华

【区政府工作部门】
政府办公室（外事办、大数据管理局）
主　任　秦晓良
副主任　陆　一　朱　涛
　　王　钦　厉　艺
　　周英进　沈亚民(兼)
外事办主任　秦晓良
发展和改革委员会（粮食和物资储备局、长三角地区合作与发展办公室）
局　长　金　楠
副局长　尤林明　缪晓峰
　　胡　刚　阙小芳
长三角地区合作与发展办公室
　主任　金　楠
教育局
局　长　陆为民
副局长　徐伟英(女)　程朝阳
　　顾彩琴(女)
教育督导室副主任　孟晓庆
科学技术局
局　长　沈玉宝
副局长　钱卫芳(女)　秦　铮
　　解　冰(女)
工业和信息化局
局　长　顾洪建
副局长　李　思　蒋　勇
　　沈大鹏
民政局
局　长　龚　艳(女)
副局长　钱　刚　胡立才
　　颜　文

司法局
局　长　肖冬梅(女)
副局长　黄　东　蒋吉伟
　　　　戴晓民　王永春
法治办副主任　朱君贤
政治处主任　孙梓钧
财政局(国有资产监督管理办公室)
局　长　朱筱菁(女)
副局长　周雪明　顾进方
　　　　朱炜烨　王惠明
国有资产监督管理办公室主任
　　　　朱筱菁(女,兼)
国有资产监督管理办公室
副主任　周雪明
度假区分局局长　柳春红(女)
度假区分局副局长　袁　俊
开发区分局局长　王继红
开发区分局副局长　朱方勇
高新区财政和资产管理局局长
　　　　张正才
高新区财政和资产管理局
副局长　沈　彬
西山农业园区财政和资产管理局
局长　徐全林
木渎镇财政和资产管理局局长
　　　　任　怡(女)
甪直分局局长　陶致一(女)
胥口分局局长　陆健勇
东山分局局长　陆建洪
临湖分局局长　叶葆青(女)
光福分局局长　何建金
人力资源和社会保障局
局　长　丁晓娟(女)
副局长　袁建东　徐　宏(女)
　　　　顾利青　张　岚(女)
　　　　朱晓东
住房和城乡建设局(人防办)
局　长　汪庆丰
副局长　陆文洪　矫文忠
　　　　孔建强　屈洪飞
　　　　庄勤华(女)　马群勇
人防办主任　陆文洪
开发区房管分局局长　钱国平
城市管理局(综合行政执法局)
局　长　薛　华
副局长　金　丹(女)　黄新东
　　　　王汉中　冯　鑫
交通运输局
局　长　张建新
副局长　李忠军　管永洪
　　　　赵瑞军　唐晓风
开发区分局局长　舒晓枫
水务局
局　长　孙新元
副局长　周　军　陈卫春
　　　　顾　波
农业农村局(扶贫工作办公室)
局　长　朱继伟
副局长　张　健　洪涛生
　　　　张建刚　蔡惠荣
　　　　沈永成　宋　炜
农办副主任　胡　伟
总农艺师　田丽敏(女)
扶贫办副主任　杨　青(女)
商务局
局　长　章为民
副局长　朱　亮　姚　靓(女)
　　　　陆　凯
文化体育和旅游局(文物局)
局　长　唐峥嵘
副局长　姚继元　王伟男
　　　　韩　蓓(女)　陆　燕(女)
　　　　吕晓红(女)　张金华
　　　　胡智慧
文物局局长　唐峥嵘
卫生健康委员会
局　长　陆治平
副局长　徐炜琴(女)　马小红(女)
　　　　张晓逸　李耀峰
退役军人事务局
局　长　李　东
副局长　王丽琴(女)　庄学峰
应急管理局
局　长　顾丽明
副局长　钱　军　蒋　辉
　　　　罗茂法
安委办专职副主任　王　荣
审计局
局　长　姚善生
副局长　荣伟铭　朱　伟
　　　　郑　蓉(女)
总审计师　熊运忠
行政审批局(政务服务管理办公室)
主　任　沈　斌
副主任　徐明东　高　瑾(女)
　　　　王华娟(女)
市场监督管理局(知识产权局)
局　长　茅崧崧
副局长　石燕华(女)　屠怡文
　　　　邱建军　王金剑
　　　　王志松
知识产权局局长　石燕华(女)
食品安全总监　朱　艳(女)
总工程师　郁俊杰
度假区分局局长　吴小兵
度假区分局副局长　庄惠生
　　　　卢雪芳(女)
　　　　黄小明(女)
开发区分局局长　黄钟卫

城区分局局长 朱玉岗
木渎分局局长 李 勇
角直分局局长 陆凌啸
胥口分局局长 陈晓斌
东山分局局长 马文元
临湖分局局长 孙晓波
郭巷分局局长 徐玉男

统计局

局 长 毛 刚
副局长 盛新根 张 燕(女)

信访局

局 长 沈亚民
副局长 朱慧杰 俞 超
信访督查专员 范文娟(女)

地方金融监督管理局（金融办）

局 长 吴 婧(女)
副局长 尹旭青(女) 吴闽芳(女)

【区政府直属事业单位】

机关事务管理中心

主 任 王正明
副主任 胡俊青 钟解文 方 艳(女)

供销合作社

主 任 金雪明
副主任 金 琦(女)
监事会主任 顾霞勤(女)

江苏省吴中中等专业学校（吴中开放大学）

校 长 徐晓军
副校长 杨 兵 汤晓敏(女) 付欣友(女) 项爱康

联动中心

副主任 吴 彬 沈小明 朱 婷(女)

公共文化中心

主 任 李 青
副主任 朱丽芳(女)

【政协苏州市吴中区第四届委员会】

主 席 张建祥
副主席 莫玉林 姚瑞元 朱筱菁(女) 宋晓华
秘书长 许晓峰
常务委员（按姓氏笔画为序）
卫宏远 马惠民
王伟男 王显军
王衍兵 王寅平
心 培 卢月龙
朱俊明 任建兴
庄 梅(女) 许松涛
苏 伟 李 卫(女)
李福林 吴金风(女)
吴金秀(女) 张 旺
张 蕾(女) 张文华
陆育新(女) 陆费红
郁振红 金玉明
金建生 屈洪飞
封 骅 项 淳
柯德银 柳荣伟
钦瑞良 俞 峰
姚建萍(女) 夏 靖
顾云涛 顾春晓(女)
顾炯文(女) 徐伟英(女)
唐华琴(女) 黄丹荔(女)
黄伟良 曹 富
蒋云泉 蒋红萍(女)
程 飞(女) 解 冰(女)

【区政协工作部门】

政协办公室

主 任 许晓峰
副主任 马惠民 魏苏涛(女)
研究室主任 许晓峰(兼)

经济科技和农业农村委员会

主 任 李 卫(女)
副主任 沈玉宝(兼) 朱继伟(兼)

提案委员会

主 任 周凤祥
副主任 王 钦(兼) 宋银林(兼)

城乡建设委员会

主 任 李福林
副主任 管永洪(兼) 马群勇(兼)

文化文史委员会

主 任 曹 富
副主任 姚继元(兼) 周菊坤(兼) 施晓平(兼)

社会事业委员会

主 任 金建生
副主任 金玉明(兼) 徐伟英(女,兼) 陆费红(兼)

港澳台侨民族宗教委员会

主 任 唐华琴(女)
副主任 顾炯文(女,兼) 顾志男(兼) 周 韵(女,兼)

【苏州市吴中区人民法院】

院 长 张峥嵘
副院长 张永平(女) 孙宝华 辛 欣(女) 徐国聪
政治处主任 孙宝华

【苏州市吴中区人民检察院】

检察长 陈 飞
副检察长 张晓江 张淮宾 王 虹(女)
政治处主任 黄 芹(女)

【民主党派】

民革吴中区基层委员会

主　委　徐伟英(女)

副主委　浦红生　陆胜其

民盟吴中区基层委员会

主　委　赵建明

副主委　张文华　宋银林　王汉中

民建吴中区基层委员会

主　委　钦瑞良

副主委　施星蕙(女)　高建林　张　苹(女)

民进吴中区委

主　委　周黎敏(女)

副主委　李　卫(女)　金玉明　苏　伟　庄　梅(女)

农工党吴中区基层委员会

主　委　王伟男

副主委　高海岗　张敏芳(女)

致公党吴中区基层委员会

主　委　杨静漪(女)

副主委　汪利明　王衍兵

九三学社吴中区基层委员会

主　委　韩　蓓(女)

副主委　张　旺　朱彩萍(女)　朱永平

吴中区知联会

主　委　马惠民

副主委　朱筱菁(女)　朱培方　徐炜琴(女)　屈洪飞

【人民团体】

总工会

主　席　郑　刚

副主席　何国平　陆葆兰(女)　顾雯雯(女)　叶亚林

兼职副主席　袁建东　顾建龙

共青团吴中区委员会

书　记　陈　旻

副书记　谢诗意

兼职副书记　魏忠杰

妇女联合会

主　席　顾娟英(女)

副主席　张　蕾(女)　浦益峰(女)

兼职副主席　张　姝(女)　陆葆兰(女)

科学技术协会

主　席　黄文伟

副主席　俞　菊(女)　陈春华(女)

兼职副主席　钱卫芳(女)　徐伟英(女)　吕　莉(女)

工商业联合会

主　席　宋银林

副主席　周一风　吴逸凯　徐菊秋(女)

兼职副主席　李　思　蔡　梁　蒋元生　胡德霖　顾铁群(女)　赵　明　李君图　王春生　蒋云泉　何宜祥　沈伟元　庄建华(女)　张　成

文学艺术界联合会

主　席　查伟峰

副主席　张国英(女)　凌　奕　李学毅(女)

兼职副主席　姜兴龙　蒯惠忠　叶志明

归国华侨联合会

主　席　顾炯文(女)

副主席　尤　歆(女)

兼职副主席　李君图

残疾人联合会

理事长　秦　刚

副理事长　赵钰明　叶　青(女)

红十字会

会　长　周黎敏(女,兼)

专职副会长　范勤华(女)

兼职副会长　程　飞(女)　陆为民　龚　艳(女)　朱筱菁(女)　陆治平　张　陈

【其他单位】

法院审委会

专职委员　吕晓东　肖仁刚

法院派出法庭

度假区庭长　王东海

木渎庭长　徐　澄

角直庭长　王丽芳(女)

检察院派驻检察室

木渎镇主任　蒋向东

检察院检察部

第二检察部主任　罗　娜(女)

财政支付中心

主　任　徐　西

投资评审中心

主　任　袁　伟

社会保险基金管理中心

主　任　郑琪磊

人力资源管理服务中心(人才服务中心)

主　任　徐琴华(女)

运输管理处

主　任　王建国

航道管理处

主　任　刘晓峰

公路管理处

主　任　钱　勇

乡镇运输综合所

所　长　沈苏磊

卫生监督所

所　长　殷华芬(女)

疾控中心

主　任　周支军

经济责任审计中心

主　任　王松艳(女)

便民服务中心

主　任　高建伟

市场监管执法大队

大队长　吴敏彦(女)

行政中心管委会

主　任　钟解文

【苏州太湖国家旅游度假区】

党工委副书记　陆振华

党工委委员　王晓岚(女)　包勤康
张　健　姚　东
张剑清　王　岳

管委会副主任　陆振华
王晓岚(女)
包勤康
姚　东
张剑清
王　岳

【度假区工作部门】

纪工委（监工委）

书记、主任　张　健

副书记、副主任　钱　江

专职委员　谢卫平　沈　飞

党政办　（政法办）

主　任　马安沧

副主任　王月新　钱才忠

政法办公室主任　马安沧(兼)

组织人事和劳动社保局

局　长　姚胜武

副局长　王利华　赵　山

总工会

主　席　鲍　羚(女)

副主席　屠静艳(女)

机关党委

书　记　丁轶宇

安监和环保局

局　长　王罕红

副局长　王　正　徐晓光
姚　杰

招商局

局　长　鲍丽君(女)

副局长　张　妍(女)　李勐超

住房和城乡建设局

局　长　庄春华

副局长　王　明　朱晓强
周　林

经济发展局（农业发展局、农村工作办公室）

局　长　赵立新

副局长　袁小洪　查文鳌

农办主任　赵立新(兼)

社会事业局

局　长　朱伟荣

副局长　王　炯　赵　静(女)

文体旅游发展局

局　长　戴小林

副局长　赵伟东　梁正梅(女)

太湖科技产业园管理局

局　长　唐锦华

副局长　张　伟

人武办

主　任　许文清

副主任　钱才忠(兼)

审计分局

局　长　徐建良

【苏州吴中经济技术开发区】

党工委书记　唐晓东

副书记　陈　嵘(女)　顾玉琪
周学斌

党工委委员　顾建明　徐国雄
郁克铭　陆志伟
沈文群(女)　顾　强

管委会主任　陈　嵘(女)

管委会副主任　顾玉琪　周学斌
徐国雄　郁克铭
陆志伟
沈文群(女)
顾　强

【开发区工作部门】

纪工委（监工委）

书记、主任　顾建明

副书记、副主任　陆菊泉

专职委员　俞　越　汪武平

党政办公室

主　任　黄国锋

副主任　吴晓红(女)　王龙杰
范　程

政法办公室（综治办）

主　任　杨和芳

综治办副主任　刘文兴

综合执法局（安全生产环境保护局）

局　长　仲益明

副局长　金　律　沈雪官

招商局（东太湖科技金融城管理局）

局　长　姚　静(女)

副局长　马立恒　陈太和

经济发展局（科技局）

局　长　沈娟鹃(女)

副局长　潘　虹(女)　唐喜闻

社会事业局

局　长　陈　燕(女)

副局长　沈映珍(女)　沈　军

建设局

局　长　徐　勇

副局长　苏明华

组织人事和劳动社保局

局　长　贺　悦

副局长　刘燕婷(女)　曹嘉明

总工会

主　席　董明清

副主席　张文新　李　慧(女)

机关党委

书　记　秦水英(女)

“两新”党委

副书记　舒　心

人武办

主　任　顾建新

行政审批局

局　长　周丽强

副局长　钱　锦(女)　薛小叶(女)

吴中综合保税区管理局

局　长　朱振华

副局长　夏　倩(女)　唐　苏(女)

审计分局

局　长　张伟平

【苏州市吴中高新区（筹）（长桥街道）】

党工委书记　李朝阳

党工委副书记　顾　强

张建琳(女)

党工委委员　杨　霞(女)　张继华

张正才　祝才千(女)

周云明　张　明

金春林　柳建刚

陈　勇(挂)

管委会（办事处）主任　顾　强

管委会（办事处）副主任

张继华　张　明

夏　巍(女)　沈玉宝(兼)

纪工委书记　周云明

专职委员　马文兰(女)

长桥街道人大工委

主　任　张菊泉

副主任　周钰华(女)

长桥街道政协工委

主　任　杨　霞(女)

【高新区工作部门】

党政办（宣传办）

主　任　柳建刚

副主任　周琬虹(女)　孙瑜清

屠雅萍(女)

组织人事和劳动社保局

局　长　祝才千(女)

副局长　沈晓斌　张国珍(女)

建设局

局　长　张　明

副局长　张维明　许宏男

许　涛

经济发展局（招商局）

局　长　方　针

副局长　陆梅华(女)　马宏伟

田为栋

社会事业局

局　长　夏　巍(女)

副局长　汪成洁(女)　刘　颖

王雷军

科技局

局　长　朱建岗

副局长　钱　华　马海雄

综合执法局（安全生产监督管理局）

局　长　金春林

副局长　王　勇　潘志伟

梅晓东

政法办公室（综治办）

主　任　沈新华

副主任　李　晴(女)　钱　元

财政和资产管理局

局　长　张正才

副局长　沈　彬

机关党委

书　记　董春华

副书记　范建华

人武办

主　任　王　强

总工会

主　席　余文兰(女)

副主席　刘　臻(女)

“两新”党委

书　记　沈　哲

副书记　徐旻霞(女)

市政公用局

局　长　张维明(兼)

【西山国家现代农业示范园区】

党工委书记　谈建强

党工委副书记　陆胜兰　王寅平

党工委委员　徐菊芳(女)　陆　军

王光玉　李东毅

顾春明　陆政华(挂)

管委会副主任　谈建强　陆胜兰

周永珍(女)

张新庆　宋金元

纪工委书记　王光玉

纪工委副书记　顾显东

【金庭镇】

党委书记　谈建强

党委副书记　陆胜兰　王寅平

党委委员　徐菊芳(女)　陆　军　王光玉　李东毅　顾春明　陆政华(挂)

镇　长　陆胜兰

副镇长　周永珍(女)　张新庆　宋金元

人大主席团主席　顾建国

人大主席团副主席　顾春明

政协工委主任　王寅平

纪委书记　王光玉

纪委副书记　顾显东

人武部部长　李东毅

工会主席　黄海斌

【西山农业园区工作部门】

党政办公室

主　任　周　佳

经济和旅游发展局

局　长　府　强

建设和环境保护局

局　长　蒋金伟

社会事业局

局　长　朱卫金

农村工作局

局　长　郑志勤

政法和社会管理办公室（安监办）

主　任　黄仲芳

财政和资产管理局

局　长　徐全林

【街道、镇、场】

郭巷街道

党工委书记　姜　昊

党工委副书记　陈德明　金剑锋

党工委委员　朱文明　李永亮　张勇坚(女)　姚子元　胡　莹(女)　朱绪宝　赵富强(挂)

办事处主任　陈德明

办事处副主任　李永亮　吴建国　沈稼兴　朱正超　孙　强　张婷婷(女)

人大工委主任　褚会男

政协工委主任　金剑锋

纪工委书记　朱绪宝

人武部部长　李永亮

工会主席　沈和平

横泾街道

党工委书记　徐晨阳

党工委副书记　沈雪华　顾蔚雯(女)

党工委委员　陈德宇　张东民　沈惠男　袁伟华　韩立波　苏煜敏(挂)

办事处主任　沈雪华

办事处副主任　陈德宇　张晓清　俞高妹(女)　沈培元　姚逸青(女)

人大工委主任　任进德

人大工委副主任　沈惠男

政协工委主任　顾蔚雯(女)

纪工委书记　韩立波

纪工委副书记　金华红

人武部部长　袁伟华

工会主席　王建生

越溪街道

党工委书记　徐学明

党工委副书记　华　伟　仇玫行(女)

党工委委员　赵伟政　陈　江　周健华　仲文友　张华明　张宇松(挂)

办事处主任　华　伟

办事处副主任　袁栋华　蒋红萍(女)　吴静波(女)　毛永清　郁建兴

人大工委主任　周进瑞

人大工委副主任　张华明

政协工委主任　仇玫行(女)

纪工委书记　周健华

人武部部长　仲文友

工会主席　顾建锋

城南街道

党工委书记　朱华平

党工委副书记　徐　成　沈　敏

党工委委员　吾为人　胡伟新　蔡文娟(女)　孙　丹　张俊峰　李　明(挂)

办事处主任　徐　成

办事处副主任　胡伟新　胡　青(女)　陆丽娜(女)　张金生

人大工委主任　莫玉方

人大工委副主任　蔡文娟(女)

政协工委主任　沈　敏

纪工委书记　吾为人

人武部部长　胡伟新

工会主席　徐志华

太湖新城（太湖街道）

党工委书记　居海荣

党工委副书记 管炳锋 张洪良
党工委委员 陈秋明 张新华
陈 静(女)
秦 强(挂)
管委会(办事处)主任 管炳锋
管委会(办事处)副主任
林毅君 周 璐(女)
人大工委主任 许 玲(女)
政协工委主任 张洪良
纪工委书记 陈秋明
人武部部长 张新华
工会主席 林毅君

香山街道
党工委书记 顾文明
党工委副书记 王华刚 戚 敏
党工委委员 虞晓东 柳青华
谢祥伦 乐继荣
徐 昀(挂)
办事处主任 王华刚
办事处副主任 柳青华 王兆勇
顾卫列 蒯 宙
张 荦(女)
人大工委主任 李佳良
人大工委副主任 乐继荣
政协工委主任 戚 敏
人武部部长 谢祥伦
工会主席 高 峰

【木渎镇】
党委书记 刘叶明
党委副书记 郁文明 王 军
周金林
党委委员 陈小兴 冯 印(女)
许 军 钱 军
张伟忠 顾国培
王 华 郭 宝(挂)
镇 长 郁文明
副镇长 陈小兴 赵丽君(女)
周志锋 戴水清
孙德群(女) 朱华新
董启铭(挂)
人大主席团主席 陆建明
人大主席团副主席 王建平
政协工委主任 王军
纪委书记 冯 印(女)
纪委副书记 陈 琪
人武部部长 钱 军
总工会主席 马培华

【木渎镇工作部门】
党政办公室
主 任 徐 华
组织人事和社会保障局
局 长 岑宇岚(女)
政法和社会管理办公室(司法所)
主 任 柳亚民
经济发展和改革局
局 长 邱徐吉
财政和资产管理局
局 长 任 怡(女)
建设和环境保护局(招投标中心)
局 长 郁红方
农村工作局
局 长 俞剑英
社会事业局
局 长 徐 岚(女)
便民服务中心
主 任 陈 亮

【穹窿山风景管理区】
党工委委员 陆惠康 汪筱妍(女)
管委会副主任 陆惠康
汪筱妍(女)

甪直镇
党委书记 姚 东
党委副书记 陈菊林 王晓刚
党委委员 顾汉明 严 鸣
陈琴明 张惠红
张春茂 陈东海
周 敏 邹文伟(挂)
镇 长 陈菊林
副镇长 周 敏 朱学新
王国正 李 霁(女)
瞿 震 张 明
顾晓亮(挂)
人大主席团主席 王 民
纪委书记 严 鸣
纪委副书记 彭苏华(女)
人武部部长 周 敏
总工会主席 石旭明

胥口镇
党委书记 徐卫东
党委副书记 许 丹 李 臻(女)
王 京
党委委员 叶 龙 沈建康
周晓峰 曹君彦
高建华 骆霄寅
俞祥根(挂)
镇 长 许 丹
副镇长 王 京 顾建国
张 雄 左慧敏(女)
邱少春 李 宏
人大主席团主席 韩 江
政协工委主任 李 臻(女)
纪委书记 周晓峰

人武部部长　叶　龙

东山镇

党委书记　徐雪棣
党委副书记　王雪峰　万　礼　蒋　吉
党委委员　周景裕　杨忠星　张　炜　华　伟　洪建华　邱其华　郭晓清　陈　俊(挂)
镇　长　王雪峰
副镇长　杨忠星　顾华军　马群霞(女)　尹　珺(女)　陈　锋　周建忠
人大主席团主席　汤卓献
人大主席团副主席　郭晓清
政协工委主任　万　礼
纪委书记　蒋　吉
纪委副书记　钱文竺(女)
人武部部长　周景裕
工会主席　薛文明

临湖镇

党委书记　邹文明
党委副书记　徐　敏　徐建军
党委委员　李文华　吾永康　陈志强　唐　奕　谷　野(挂)
镇　长　徐　敏
副镇长　李文华　叶晓敏　柳　珏(女)　许根寿　张　春
人大主席团主席　仉　勇
政协工委主任　徐建军
纪委书记　陈志强
纪委副书记　袁　伟
工会主席　沈卫东

光福镇

党委书记　张建明
党委副书记　李　群(女)　宋　阳
党委委员　麻琪彬　吴建卫　樊建明　徐华军　徐海忠　朱秋耀　吾建刚(挂)
镇　长　李　群(女)
副镇长　徐华军　朱秋耀　浦孝东　范佳尔(女)　王宇翔　俞文娟(女)
人大主席团主席　浦志华
人大主席团副主席　樊建明(兼)
政协工委主任　宋　阳
纪委书记　麻琪彬
纪委副书记　钱建良
人武部部长　徐海忠
工会主席　柴彩兴

东吴国家森林公园管理中心（林场）

书　记　周晓春
委　员　陈勤华　王小军
主任（场长）　周晓春
副主任（副场长）　陈勤华　王小军

【公司】

苏州市吴中城市建设投资发展有限公司

董事长　李水明
总经理　潘东华
副总经理　王荣清　杨玉香(女)

苏州市吴中国裕资产经营有限公司

董事长　朱振冲
总经理　周明华
副总经理　孙延敏　钱庆强　吴　昊

苏州市吴中交通投资建设有限公司

董事长　沈博名
总经理　彭　力
副总经理　周洪泉　龙文博　全之勇

苏州市吴中金融控股有限公司

董事长　李文龙
总经理　张　军
副总经理　杨冬琴(女)　秦海翔　徐　栋

苏州市吴中农业发展集团有限公司

董事长　林水元
总经理　龚建新
副总经理　陈　强　顾　峰　朱文杰

苏州太湖旅游发展集团公司

董事长　周菊坤
总经理　王晓华
副总经理　张奇川　邵志佳　陆　一

江苏吴中经济技术发展总公司

董事长　江福根
总经理　江福根
副总经理　李　强　冯爱忠　沈荣华

苏州吴中东太湖建设发展股份有限公司

董事长　张少怡
总经理　李　强

苏州吴中国太发展有限公司

董事长　张少怡
总经理　张　艳(女)
副总经理　尤培泉　唐　琼(女)

苏州太湖旅业发展有限公司

董事长 殷 磊

总经理 沈敏华

苏州太湖城市投资发展有限公司

董事长 张培根

总经理 王剑钦

苏州吴中城区建设发展有限公司

董事长 钱卫方

总经理 钱卫方

副总经理 马文忠

【垂直管理单位】

苏州海关驻吴中办事处

主 任 孙 威

副主任 姚琦华 许文根

蔡 敏

苏州市吴中区税务局

局 长 唐 磊

副局长 孙 军 舒建红

陈 健 戴伟忠

朱向阳 张俊列

杨保红

纪检组长 叶仲春

苏州市公安局吴中分局

局 长 施伟华

政 委 钱 飞

副局长 范久宁 李秋才

臧政刚 王 磊

郭 宝

苏州市公安局度假区分局

局 长 郭荣福

政 委 奚荣武

副局长 李玉良 凌 峰

许永良

吴中消防大队

队 长 毛 栋

教导员 茅 茅

副队长 吴 宁

苏州市自然资源和规划局吴中分局

局 长 张春明

副局长 顾卫东 金雪明

冯富荣 苏伟强

马勇华 凌 峰

杨学兰(女) 任 华

姚春雷 吴翔峰

副书记 殷 华

生态环境保护局

局 长 过钦军

副局长 杨飞镛 顾春茂

王成明 赵红卫

生态环境执法局大队长

李志刚

气象局

局 长 蒯志敏

副局长 谢 洁(女)

纪检组长 陈洪良

编辑：洪 蕾

1月

1日

△以“新年走大运·改革再出发”为主题的第二届大运河江苏段沿线八城新年行走活动在五龙桥公园、宝带桥·澹台湖景区举行。

8—10日

△中国人民政治协商会议苏州市吴中区第四届委员会第三次会议召开。会议通过《区政协第四届委员会第三次会议提案审查情况报告》，表彰2018年度优秀政协提案和2018年度政协委员先进个人，通过《区政协第四届委员会第三次会议决议》，补选金建生、封骅、顾炯文为政协苏州市吴中区第四届委员会常务委员会委员。

9—11日

△吴中区第四届人民代表大会第三次会议在苏州太湖国际会议中心举行。会议审议通过《关于吴中区2018年国民经济和社会发展计划执行情况与2019年计划草案的报告》和《关于苏州市吴中区2018年财政预算执行情况和2019年财政预算草案的报告》。

11—13日

△以“有机废弃物循环利用（Recycled Use of Organic Wastes）”为主题的2019年餐厨废弃物资源化利用国际研讨会在吴中高新区举行。启动仪式上中国餐厨废弃物资源化利用产业联盟（筹）正式成立。

15日

△吴中区举办以“才聚吴中、星耀太湖”为主题的高层次人才联谊会年会。会上对2018年取得突出成就的各类高层次人才进行总结表彰，命名14家东吴技能大师工作室、4家东吴高技能人才公共实训基地，2家单位获评优秀人才载体，6家企业获评优秀企业人才工作联络站，并为建设银行吴中支行等6家银行颁发金融友爱人才奖。

18日

△苏州市吴中区委、区政府在苏州澹台湖大酒店举办2019年迎新春团拜会，区委书记唐晓东发表新春致辞。

2月

11日

△吴中区召开2018年度作风效能建设、高质量发展综合表彰大会，回顾总结2018年度全区经济社会发展情况，表彰先进、树立典型。

13日

△吴中区召开机构改革动员部署会。会上传达《苏州市吴中区机构改革方案》，区委书记唐晓东发表讲话，区委副书记、区长陈嵘主持会议，并就组织

实施机构改革工作提出要求。

△角直镇与苏州风景园林投资发展集团有限公司签订战略协议，就共同合作推进角直古镇历史街区保护、乡村振兴等项目达成共识。

23日

△国家体育总局副局长、中国足协党组书记杜兆才一行到吴中区调研足球基地建设工作。

△2019苏州洞庭山碧螺春茶全国产销推介会在东山举行，中国茶叶股份有限公司洞庭山碧螺春茶原料基地正式揭牌。

3月

1日

△中国社会福利与养老服务协会会长冯晓丽一行到吴中区验收养老机构标准化试点工作。

2日

△第二届“吴小志”青年公益文化节暨第二届青少年公益创新大赛在吴中区举行。

5日

△吴中区举行以“巾帼心向党，奋进新时代”为主题的纪念“三八”国际妇女节109周年活动，区委书记唐晓东和区妇联主席顾娟英发表讲话，现场对2018—2019年度区级“巾帼文明岗”进行表彰，播放全区省、市、区各级“最美家庭”代表的事迹短片及小品并访谈“最美家庭”代表。

5—6日

△德江县委副书记、县长秦智坤一行到吴中区对接东西部扶贫协作工作，重点参观学习吴中在产业发展、市场主体培育、实体经济发展等方面的做法和经验。

6日

△省委常委、市委书记周乃翔赴吴中区调研，分别察看七子山静脉产业园生活垃圾焚烧发电厂、金庭镇蒋东前湾地块“三优三保”项目、西山废弃矿坑修复旅游综合开发项目等地情况。

8日

△吴中区2019年重大项目开工开业仪式和重大项目建设推进会在吴中经济技术开发区举行。

12日

△吴中区举行义务植树活动，于东太湖东茭咀栽植树木2000余株。

20日

△以“增殖渔业资源，改善生态环境”为主题的江苏省湖泊放鱼月——第十一届太湖放鱼节在苏州太湖新城拉开序幕。活动当天，共有100万尾花鲢被投放太湖。

21日

△2019苏州吴中洞庭山碧螺春茶叶节暨太湖文化旅游节开幕式在吴中万达广场举行，区委副书记、区长陈嵘出席开幕式并致辞。现场，知名茶企代表发起洞庭山碧螺春专项保护倡议，为首批“中国制茶大师”、洞庭山碧螺春区域公用品牌十强颁奖授牌，邀请吴中籍“中国好人”品尝新茶，与中茶公司签订战略合作协议。

4月

1日

△2019苏州吴中（德国）产业投资恳谈会在德国汉诺威举行。

13日

△中国民航华东局局长蒋怀宇一行到苏州太湖园博园调研。

16日

△作为庆祝“中俄建交70周年”系列文化活动的重要组成部分，由中国国家电影局和俄罗斯联邦文化部共同主办的2019年中国俄罗斯电影节在位于吴中区木渎镇的苏州国际影视娱乐城开幕。

17日

△吴中区举办第八届中国苏州创博会吴中区苏豪分会场活动。活动由“苏作·重生”主题论坛及传统制作技艺、文创街区等展示活动组成。

17—18日

△由教育部和苏州市人民政府共同主办的全国第六届中小学生艺术展演活动的器乐展演项目在苏州保利大剧院举行。

21日

△第六届“保护母亲湖、我们在行动”公益放鱼志愿服务活动在吴中区太湖新城吴郡绿岛码头举行。

28日

△以“太湖原乡，优游临湖”为主题的临湖镇第二届乡村文化旅游节在柳舍村启动。活动现场举行苏州市“五个一”工程项目《指尖传奇》新书发布会暨书香临湖阅读节赠书活动，为临湖镇人民政府与上海市（区）旅游协会联盟签订的战略合作联盟进行授牌。

△吴中区举办“青春心向党·建功新时代”纪念五四运动100周年“一生信仰，一路芳华”主题团日活动。

△吴中区召开庆祝五一国际劳动节大会暨第二届“吴中工匠”命名仪式。活动分为“匠义·传承”“匠韵·品质”“匠心·专注”“匠魂·创新”“匠技·卓越”五个篇章，对获评第二届“吴中工匠”的劳动者进行表彰。

本月

△中央文明办发布2019年4月“中国好人榜”，吴中区基层干部何建金因10余年捐助西部学生实现“读书梦”上榜。

5月

11日

△新华日报社首个“四力”教育实践基地落户光福太湖渔港村。“四力”指脚力、眼力、脑力和笔力。

19日

△2019苏州湾国际马拉松比赛在吴中区太湖新城举行，来自14个国家的近万名选手参加比赛。本次赛事设置男女半马赛、迷你跑8千米2个项目，以及半程选手名次奖和中国籍选手特别奖。

22日

△吴中区举行江苏省木渎高级中学教育集团成立仪式暨中国科学技术大学和江苏省木渎高级中学合作项目研讨活动。

△吴中区举行以“科技强国，科普惠民”为主题的第十九届科普宣传周，开幕式在碧波实验小学举行。

22—24日

△以“新时代本土建筑文化和技艺的融合与创新”为主题的中国建筑学会年会在吴中区举行。

24日

△吴中区“新时代、新青年、新作为”科级干部能力素养提升班、第十二期中青年干部培训班在苏州乡村振兴学堂举行开班仪式。

25日

△吴中区召开首届中国苏州枇杷学术研讨会。研讨会评选出全国五月十大精品枇杷品牌，吴中区5家枇杷品牌入选；研讨会上中国农村专业技术协会授予东山镇枇杷科技小院荣誉；东山镇人民政府与中国农业大学有机循环研究院（苏州）签订产学研合作协议；东山镇人民政府与顺丰集团签订深度战略合作协议。研讨会上，国内外专家学者就枇杷产业发展的多个方面进行学术报告和交流。

27日

△贵州省铜仁市委书记陈昌旭一行17人到吴中区考察。考察团参观东山茶厂股份有限公司，并围绕加强两地合作发展召开座谈会。

△吴中区召开文明城市长效管理工作推进会。区委副书记、区长陈嵘主持会议。会前，区委书记唐晓东带队对太湖东路280号小区、新苏国际等多处进行暗访。会上，区委常委、宣传部部长、统战部部长顾建列传达中央文明办有关文件精神，通报市、区测评情况，并对暗访情况进行点评。吴中高新区、城南街道、城管局、市场监管局4家单位进行交流发言。

31日

△苏州市自然资源和规划局吴中分局转隶组建工作会议召开，苏州市自然资源和规划局吴中分局正式揭牌。

△区领导唐晓东、陈嵘、李朝阳、张炳华、张建祥、罗家荣、周黎敏、宋晓华等，分别赴苏州叶圣陶实验小学、香雪海小学、长桥中心小学、开发区实验小学、香山实验小学、区特殊教育

学校、西山中心小学和木渎姑苏实验小学，看望在校师生，为学生们送上节日礼物和祝福，向老师们致以问候。

6月

5日

△中共中央政治局常委、全国人大常委会委员长栗战书率全国人大常委会执法检查组一行到吴中区检查水污染防治法实施情况和太湖围网拆除工作。

11日

△“香港科大商学院—安迅科技”2019人工智能百万奖金国际创业大赛苏州站在吴中区启动。启动仪式上，香港科大商学院内地办事处与海归创业学院（苏州）进行合作签约，双方将在平台建设、人才培训等方面建立长期友好的合作关系。

△2019年“新时代·新接力”乡村振兴后备人才学习成长营在苏州乡村振兴学堂举行启动仪式。

13—14日

△全国电影专资管理工作培训班在太湖国际会议中心开班。培训会上，江苏、河北、浙江、四川、陕西等地就乡镇影院建设进行经验交流，国家有关部门负责人做专题辅导。

15日

△吴中区举办“产学融合·智汇吴中”暨第三届“高校青年博士进企业”活动。区内47家两大主导产业相关企业和全国各地12所高校院所的101名青年博士专家参与活动。

18日

△2019苏州吴中（深圳）招商推介会在深圳举行。活动期间，共签约20个项目，累计总投资达106.9亿元。

25日

△吴中·德江对口帮扶协作高层联席会议在德江举行。联席会上，双方签订义务教育学校全面结对暨“组团式”帮扶协议书和乡镇卫生院全面结对暨“组团式”帮扶协议书；并举行吴中区人民政府向德江县人民政府和吴中区慈善基金会向德江县慈善总会捐赠仪式。

27日

△苏州市吴中生态环境局组建挂牌会议在吴中区商务中心召开。根据《苏州市生态环境局职能配置、内设机构和人员编制规定》和《苏州市生态环境机构监测监察执法垂直管理制度改革工作方案》，吴中区环境保护局调整为苏州市生态环境局的派出机构，更名为苏州市吴中生态环境局。

30日

△吴中区召开庆祝中国共产党成立98周年大会暨“不忘初心、牢记使命，凝心聚力推动高质量发展”专题党课，表彰先进、交流经验、总结工作。区委书记唐晓东出席会议并讲授专题党课。区委副书记、区长陈嵘主持会议。区委副书记、吴中高新区党工委书记李朝阳通报市委表彰吴中区基层党组织和个人相关情况。区委常委、组织部部长张瑛宣读区委表彰“优秀共产党员”“优秀党务工作者”“先进基层党组织”和命名“‘担当作为’村（社区）党组织书记”等决定。

7月

4日

△市长李亚平一行调研吴中大道东段暨南湖路快速路工程，详细了解当前工程进展、施工计划和施工重点难点问题，南湖路快速化改造工程高架主体结构已经贯通。

5日

△吴中区举行“新时代、新青年、新作为”科级干部能力素养提升班暨第十二期中青班结业典礼。会上颁发结业证书，表彰本次培训中的优秀学员，部分学员代表做培训总结、成果汇报和交流发言。

11日

△吴中区举办2019年苏州国际精英创业周吴中分会场暨东吴双创峰会开幕式活动。本次活动以“广聚英才、智汇吴中”为主题，共吸引来自海内外近400名创新创业精英参加。活动现场对“智汇吴中”创客大赛暨第九

届青年（大学生）创新创业大赛总决赛获奖者，获评2019年第一批姑苏创新创业领军人才（团队）的6名人才、1个团队进行表彰；集中举行人才载体、人才工作联络站、省博士后工作站的授牌仪式和人才公寓项目、鼎晖百孚东吴创新创业基金、"东吴贷"项目的签约仪式；举行苏南国家自主创新示范区吴中高新区一站式科技服务中心揭牌仪式，苏州高端智能制造协同创新中心揭牌仪式以及长三角机器人人工智能产创融峰会启动仪式；区政府、西安交通大学、苏州协同创新智能制造装备有限公司签订产学研战略合作协议。

△2019苏港澳大学生微电影训练营暨第二届全国（木渎）大学生微电影季正式启动。启动现场，教育部"港澳与内地高校师生万人交流计划项目"微电影拍摄基地落户木渎并举行授牌仪式。

15日

△市政协主席周伟强率市政协相关领导、各市区政协主席赴胥口镇政协委员之家视察指导工作。

26日

△中共苏州市吴中区委四届十次全体（扩大）会议召开。会上，全体与会人员观看警示教育片《敬畏纪律、严守规矩——营造风清气正的政治生态》。各镇（区、街道、场）、区发改委、教育局、科技局、工信局、财政局、生态环境局、资源规划分局做书面交流。全会审议通过《中国共产党苏州市吴中区第四届委员会第十次全体（扩大）会议决议》。

27日

△吴中区召开新时代文明实践中心建设推进会。会上，举行区新时代文明实践中心揭牌，所、站授牌，志愿团队授旗仪式。光福镇、越溪街道莫舍社区、区税务局3家单位进行交流发言。

31日

△吴中区召开区政府全体（扩大）会议。区委副书记、区长陈嵘出席会议并讲话。区委常委、常务副区长荣德明主持会议，各副区长出席会议并做书面工作部署。会议通报政府实事项目和重大项目进展情况，相关板块、部门代表发言交流。

8月

1日

△齐齐哈尔市委常委、龙江县委书记王兆宪一行到吴中区考察农村产权交易中心和越溪街道旺山村。

6日

△中国生态文明研究与促进会秘书长刘青松一行到吴中区对接苏州市生态涵养发展实验区建设和吴中区创建"绿水青山就是金山银山"实践创新基地相关工作。

7日

△苏州太湖旅游服务股份有限公司挂牌新三板，成为苏州市首家登陆新三板的旅游国企，股票简称"太湖旅游"，证券代码为"873319"。

15日

△市政协主席周伟强一行到吴中区悦港医疗废物处置有限公司和光大环保（苏州）固废处置有限公司视察固体危废处置情况。

16日

△吴中区举行村（社区）党组织书记讲坛。区委书记唐晓东为全区192名村（社区）书记和100名乡村振兴后备人才干部学习成长训练营学员上专题课。讲坛上，角直镇淞南村、东山镇新潦村等6个村（社区）党组织书记分享工作经验。

21—22日

△以"赋能产业·共享生态"为主题的国际开源技术与产业生态创新应用展示暨中国峰会在吴中区举行。

28日

△2019苏州吴中（北京）招商推介会在北京举行。本次推介会共签约项目22个，累计总投资108.2亿元。

△第45届世界技能大赛在俄罗斯喀山举行，来自吴中区王森国际咖啡西点西餐学院的钟玲铁、张子阳分别获得糖艺/西点项目银牌、烘焙项目铜牌。

30日

△以“渔乡光福，最美太湖”为主题的2019第十五届中国（苏州）太湖开捕节在光福镇太湖渔港村举行。

9月

2日

△吴中区社保中心“综合柜员制”业务正式试点运行，82项业务在10个综合柜员制窗口实现通办。

△吴中区视障运动员沈亚琴和她的领跑员李文、听障运动员厉斌在第十届残运会中获得5金2银。

9日

△首届中国苏州江南文化艺术·国际旅游节主体活动——江南运河文化论坛在吴中区举行。

△吴中区举行庆祝第35个教师节座谈会。大会通报全区优秀教师获奖情况，学习先进典型、交流工作经验，部署下阶段教育工作任务。

11日

△第三方机构竞争力智库和中国信息协会信用专业委员会在北京发布2018年度《中国乡镇综合竞争力报告》，中国百强乡镇揭晓。吴中区木渎镇和甪直镇入围中国百强乡镇，分列第31名和第85名。

12日

△吴中区召开“不忘初心、牢记使命”主题教育动员大会，对全区开展主题教育进行动员部署。

△吴中经济技术开发区与河南省新乡市经济技术开发区签订战略合作框架协议。

19日

△以“携手吴中·共赢未来”为主题的苏州吴中（上海）现代服务业宣传推介会在上海举行。度假区、吴中高新区和吴中太湖新城作为重点板块进行项目路演。

△为庆祝新中国成立70周年，以“诗意大运河”为主题的全国油画作品展在尹山湖美术馆开幕。此次展览是中国美术家协会首次在苏州举办的油画国展。

20日

△区委常委会全体成员、区人大常委会主要领导赴新四军太湖游击队纪念馆和初心馆现场学习，并听取一堂初心党课“传承红色基因，践行初心使命”，重温入党誓词。

21日

△以“苏作天工、根植吴中”为主题的2019苏作文创峰会暨长三角友好城市青年手工匠人发展大会在吴中区举行。

24日

△苏州东瑞制药有限公司搬迁项目启动仪式在吴中经济技术开发区河东工业园善丰路新厂区举行。

27日

△“我和我的祖国”——吴中区庆祝中华人民共和国成立70周年主题歌会在苏州保利大剧院举办。

30日

△吴中大道快速路以及南湖路和吴东路部分路段试通车。

△吴中区举行2019年吴中区烈士公祭活动。

本月

△省商务厅评定的第二批江苏省智慧园区名单公示，吴中经济技术开发区以第一名的成绩，获评“江苏省智慧园区”。

10月

1日

△吴中区举行庆祝中华人民共和国成立70周年升国旗仪式。

8日

△《人民日报》公告由中国中小城市高质量发展指数研究课题组、中小城市发展战略研究院、国信中小城市指数研究院联合发布的《2019年中国中小城市高质量发展指数研究成果》。吴中区位列2019年度全国综合实力百强区第9名，全国绿色发展百强区第9名，全国投资潜力百强区第16名，全国科技创新百强区第10名，全国新型城镇化质量百强区第13名。木渎镇、甪直镇、胥口镇、光福镇、临湖镇上榜2019年全国综合实力千强镇。

9日

△姑苏大桥正式通车，标志珠江路改造工程全线完工。

10日

△省委“不忘初心、牢记使命”主题教育第二巡回指导组到吴中区调研指导。指导组一行，先后调研新四军太湖游击队纪念馆、吴中区党建初心馆、金庭镇“一记红”第一书记精准扶贫党群服务中心等地。

11日

△吴中区举行纪念少先队建队70周年暨“红领巾相约2035”主题队日活动。区委书记唐晓东为吴中区“十佳最美少先队辅导员”颁奖。

15日

△吴中区举办2019苏州吴中汽车关键部件新生态产业峰会。中国工程院院士杨裕生等专家学者及国际国内汽车核心零部件企业代表做主题演讲。

△苏州工匠园体验中心作为吴文化的代表、苏式生活的典范在澳门正式开馆。来自吴中区的7位工艺大师在2019澳门国际文化艺术品暨非物质文化遗产展览会上展现苏工苏作和传统技艺。

16日

△吴中经济技术开发区与复星医药战略合作签约仪式举行。

18日

△吴中区举办2019苏州吴中·太湖经贸合作洽谈会。本次经贸合作洽谈会签约项目52个，总投资283亿元。

19日

△2019年第二届智能传感技术国际论坛在吴中区举行。现场，江苏集萃智能传感技术研究所与多家学校、单位进行合作签约，多位专家学者就智能传感前沿技术做主题演讲。

20日

△2019苏州吴中环太湖国际竞走多日赛暨太湖蓝半程马拉松在苏州太湖国际会议中心南广场开赛。

21日

△苏州浪潮智能科技有限公司暨服务器智能制造基地投产仪式开业典礼在吴中区举行。

25日

△省委常委、市委书记蓝绍敏一行到吴中区开展工作调研，并召开会议谋划吴中区新一轮高质量发展。

11月

2日

△区委书记唐晓东，区委副书记、区长陈嵘分别以“‘不忘初心、牢记使命’，当好新时代吴中高质量发展领跑者”“深入贯彻落实习近平生态文明思想，坚定不移走好‘绿水青山就是金山银山’发展道路”为题开展“不忘初心、牢记使命”主题教育专题党课。

3日

△第十届苏州“穹窿山兵圣杯”世界女子围棋锦标赛在孙武书院落幕。韩国选手崔精和中国选手周泓余分获冠、亚军。

4日

△由中国药师协会、中国非处方药物协会、中国医药教育协会指导，医药经济报社等主办的“2019全国医药经济信息发布会”举行。会上，江苏吴中医药集团有限公司“连芩珍珠滴丸”入选“中国医药科技标志性成果”。

5日

△吴中区·立陶宛项目对接会举行。会上，甪直镇与立陶宛相关负责人分别对吴中区投资环境及立陶宛产业情况做简要介绍，立陶宛相关企业代表做关于软件技术、电子信息、农业环保、旅游设施等行业的项目推介。

7—10日

△世界绿茶评比会颁奖仪式在日本静冈县举行，103份茶叶参评。苏州岚庭碧螺春茶叶合作社的寒谷渡明前碧螺春获金奖。

8日

△吴中区召开区长对话民营企业家、新阶层人士座谈会。

8—10日

△2019年有机废弃物资源化利用学术会议暨全国第十四届堆肥技术与工程研讨会在吴中区举行。

10日

△吴中区首个垃圾分类定时定点投放小区启动仪式在越溪街道珠村社区溪东新村四区举行。

△苏州市第19届青少年科技模型（建模、车模）竞赛在吴中区落幕。本届竞赛共吸引来自全市121所学校的2130名学生参赛，历时两天，吴中区的学生获11个一等奖项。

14日

△吴中经济技术开发区举行2019生物医药和信息技术人才招聘会，围绕生物医药和新一代信息技术两大主导产业，近百家优质企业推出1800余个就业岗位。

16日

△吴中区举行以“同心追梦说初心”为主题的初心故事分享会。

18日

△吴中区举行科技人才企业信贷风险补偿型金融产品（简称“东吴贷”）发布会。

21日

△江苏首届“好吃苏米”品鉴大赛在南京举行，来自全省的70多家企业参赛，苏州临湖农业专业合作社联合社的江南味稻牌苏州大米获得金奖。

22日

△考克利尔竞立（苏州）氢能科技有限公司开业典礼在吴中经济技术开发区举行。

23日

△第四届苏州技能英才周开幕，吴中中专校被授予苏州（吴中）精密制造技术公共实训基地称号。这是吴中区第一个苏州市公共实训基地。

23—24日

△2019全国青少年U系列攀岩联赛苏州站暨2019凯乐石全国攀岩希望之星总决赛在吴中经济技术开发区举行，来自全国17省、直辖市、自治区的272名运动员参赛。

25日

△吴中经济技术开发区与英国豪利士控股集团旗下豪利士电线装配（苏州）有限公司举行签约仪式。豪利士控股集团新建吴中生产基地，主要业务为研发、制造自主品牌高速通信线和定制线缆线束。

26—28日

△香港苏州吴县同乡会会长费志恩率访问团一行回乡考察交流，参观考察苏州博物馆、科沃斯机器人博物馆、苏豪文化科技创意园等地。

本月

△苏州太湖新城地下空间项目通过住房和城乡建设部绿色施工科技示范工程验收。

△民革榜样人物、示范支部、优秀党员之家表彰大会在北京召开。会上，民革苏州市吴中区基层委员会中山博爱之家获“优秀党员之家”称号。

△吴中经济技术开发区怡湖路西段桥梁工程竣工通车，道路全长173米，宽24米。

12月

3日

△2019“智造中国”峰会在苏州太湖国际会议中心举行。峰会以“探索新模式、点燃新引擎、开启新时代”为主题，围绕智能制造标准制定、行业生态建设、智能制造新模式创新应用等行业热点问题进行分析和讨论。

△吴中综合保税区获批增值税一般纳税人资格试点，是省内首批以备案制获得增值税一般纳税人资格试点的区域。

△农业农村部公示全国乡村治理示范村镇候选名单，甪直镇瑶盛村入选“全国乡村治理示范村”。

8日

△2019年苏州市青少年阳光体育联赛中小学生帆船比赛在吴中区沐春园菱湖湾水上运动基地落幕。本次比赛是苏州市范围内第一次举办的校园类青少年帆船赛，共有来自全市30所学校的61位小选手报名参赛。

12日

△吴中区举行2019太湖文化旅游节闭幕式。闭幕式现场，总结2019年太湖文化旅

游节开展情况，公布吴中区旅游行业各类获奖单位和先进个人。2019太湖文化旅游节分“春行”“夏至”“秋游”“冬隐”4个主题，包含碧螺春茶叶节、太湖开捕节、环太湖国际竞走多日赛等24个子活动。

14日

△《太湖春秋》中国书画之乡——胥口书画作品展在江苏省美术馆开展。本次画展以30米长卷《太湖春秋》为主要展览作品，辅以30多幅精选书画作品，展现吴门画派的典雅之美。展览持续到12月20日。

15日

△苏州生态涵养发展实验区规划发布会在苏州太湖国际会议中心召开。会上发布《苏州生态涵养发展实验区规划》，举行生态涵养发展实验区专家委员会聘任仪式。

17日

△江苏省文化和旅游厅公布首批6家省级全域旅游示范区名单，吴中区入选。

20日

△“新智造，见未来”2019中国智能制造共享高峰论坛在开发区举行。峰会上，行业内企业家和专家学者对中国制造业未来发展趋势及产业互联网话题进行分析和探讨。

22日

△首届“东吴文学奖”颁奖典礼暨“写在江南”——长三角文学发展研讨会在吴中区举行。范小青获首届东吴文学奖·大奖，王安忆等作家分别获8个门类奖项。

23日

△苏州市清华企业家商会在吴中经济技术开发区举行十周年庆典，现场与苏州市产业技术研究院签署战略合作协议。

25日

△苏州轨交3号线正式开通，3号线吴中区段设置盘蠡路站、宝带路站、迎春路站、北港路站4个站点，在宝带路站与4号线交会。

△吴中区举行人才乐居工作现场推进会暨甪直镇you+人才公寓人才入住仪式。

28日

△中共苏州市吴中区委四届十一次全体（扩大）会议召开。区委书记唐晓东做《当好高质量发展“优等生”，绘就新时代最美太湖画卷，为高水平全面建成小康社会努力奋斗》主题报告。

本月

△江苏省精神文明建设指导委员会公布2016—2018年度江苏省文明村镇、文明单位、文明校园名单，吴中区有3个镇、16个村（社区）、16家单位、3所学校上榜。

△第二届江苏技能大奖评选结果出炉，吴中区钟锦德获“江苏大工匠”称号，这是江苏省技能人才最高荣誉。此次殊荣也是全市唯一。

编辑：洪　蕾

中共苏州市吴中区委

综　述

【综合实力】 2019年，全区围绕“当好高质量发展‘优等生’、绘就新时代最美太湖画卷”工作目标，紧扣“一盘棋”、突出“高质量”，主动融入长三角一体化发展格局，坚持稳中求进工作总基调，全面做好“六个年”工作，经济社会保持健康稳定发展态势。全年完成地区生产总值1278.72亿元，比上年增长6.2%；一般公共预算收入175.6亿元，比上年增长9.3%；全社会固定资产投资571亿元，比上年增长17.4%；社会消费品零售总额465.3亿元，比上年增长5.5%；城镇居民人均可支配收入增至7.06万元，比上年增长8.2%。在《人民日报》公布的2019年中小城市高质量发展评价中，吴中区位列全国综合实力百强区第9、绿色发展百强区第9、科技创新百强区第10。

【实业兴区】 2019年，强化功能区理念，持续优化“核轴带”生产力布局。推进“实业兴区”战略，全年引进3000万元以上产业项目（不含房地产）384个，其中10亿元以上项目5个，247个区级重点项目完成投资352.51亿元，复星医药、浪潮智能、凯博易控等一批优质项目签约落户、开工开业。高标准打造吴淞江科技产业园、木渎智慧工园等5个百亿级智能制造产业集聚区，完成规模以上工业总产值1565亿元，机器人与智能制造、生物医疗及大健康两大主导产业分别突破500亿元、100亿元，新兴产业产值占规模以上工业总产值比重为59.1%。实现工业投资75.2亿元，比上年增长18.7%；新增省级“上云”企业150家；成功协办2019“智造中国”峰会。完成进出口总额81.59亿美元，其中出口57.52亿美元；新增注册外资及港澳台资16亿美元，比上年增长128%；实际使用外资及港澳台资3.8亿美元，比上年增长2%。太湖旅游等3家企业挂牌新三板，吴中集团、东山精密入围2019中国民营企业500强。推动先进制造业和现代服务业深度融合，实现服务业增加值604.5亿元，比上年增长6.9%。检验检测实现营业收入10亿元，比上年增长20%，规模列全市第一。太湖现代农业示范园入选国家农村产业融合发展示范园创建名单，吴中区获“2018年度全国县域数字农业农村发展水平评价先进县”称号。

【创新转型】 2019年，出台《关于促进吴中区科技创新高质量发展政策措施意见》等一系列政策文件，实施高企培育“一号工程”，8家企业纳入科创板后备库，新增省高企培育入库企业386家，有效高新技术企业总数超600家。科沃斯、赛腾精密入选第二批苏州市自主品牌大企业和领军企业先进技术研究院建设企业名单，新增各类省级研发中心21家，市级研发中心60家，入榜省级创新型百强企业3家，入库国家级科技型中小企业超500家。全区企业主导或参与国家、行业标准制修订19项，万人有效发明专利拥有量达到47件，全社会研发经费占地区生产总值比重达3.2%。绿的谐波获工信部专精特新小巨人企业认定，竞立制氢入选国家重点研发计划，三基铸造获评工信部科技重大专项，电科院成为国内首个国家能源海洋核动力技术检测基地。吴中科技创业园获评国家级优秀科技企业孵化器，中农大有机循环研究院关于长三角地区城乡有机废弃物处理利用试点示范建议获国务院领导批示和国家发改委认可。成功举办2019东吴双创峰会、2019苏作文创峰会等重要会议，成立首个“长三角青年手工匠人发展联盟”，东吴创新服务中心基本建成，区级人才公寓启动建设。入选国家级重大人才培育工程、“省级六大高峰人才”各1人，实现零的突破；新增省“双创计划”6人、姑苏创新创业领军人才（团队）项目21个。

【深化改革】 2019年，农民合作社质量提升整区推进国家级试点深入开展，农村集体产权制度改革入选全国改革试点经验典型，全区集体经济创新转型深入推进，镇村集体总资产471.5亿元，村均稳定收入达1362万元，31个各级集体经济相对薄弱村提前一年完成脱贫任务。完成全区党政机构改革工作。甪直镇通过江苏省第二批经济发达镇行政管理体制改革验收。吴中综保区获批开展企业增值税一般纳税人资格试点，面积优化调整获国务院批复。与江苏省信用再担保集团有限公司合作推出全省首个政府信用类产品“东吴贷”，创新设立东吴创新创业引导基金，吴中区获评省级金融生态优秀区。持续推进工业企业资源集约利用，803家参评企业亩均税收19.9万元，其中A类企业亩均税收59.3万元。推进“一窗受理、一站审批”，企业开办、不动产登记、工业项目施工许可从“3550”（开办企业3个工作日、不动产登记5个工作日、办理工业生产建设项目施工许可证50个工作日）提速至“1330”（开办企业1个工作日、不动产登记3个工作日、办理工业生产建设项目施工许可证30个工作日）。全年减税降费超40亿元，落实民营企业“三项机制”，新增市场主体超2.87万户，吴中区获评省级营商环境评价先进区。

【城乡融合】 2019年，深化新一轮吴中区城乡协调规划编制，完成第三次国土调查。对标苏州“现代国际大都市、美丽幸福新天堂”目标定位，全面融入苏州中心城区同城发展，东环南延、南湖路一期高架快速路、蠡墅立交及3座跨运河桥等建成通车，苏同黎公路、独墅湖二通道、南湖路东延等加速推进，轨交3号线开通运营，获评省级“四好农村路”示范区。推进“城中村”拆迁、重点地块“清零”，完成征拆3300户212.9万平方米，“清零”地块98个，腾退空间418.72公顷。太湖新城地下空间通过住建部绿色施工科技示范工程验收。深入推进垃圾分类，建成“四分类”小区110个，公共区域垃圾分类设施覆盖率达100%。强化文明城市长效管理，健全完善“1357+X”新时代文明实践体系，加强实践所、站、点建设。加大对农民合作社、家庭农场等新型经营主体的培育力度，新增市级共享农庄7个。实施乡村振兴战略，建成市级康居特色村2个、市级三星级康居乡村88个，临湖镇黄墅村被命名为首批江苏省特色田园乡村，甪直镇瑶盛村入选全国乡村治理示范村候选名单，农村人居环境整治成效获省政府通报表扬。

【生态环境】 2019年，全力打好污染防治攻坚战，持续深化

"263"专项行动，逐项落实中央、省环保督察及"回头看"，长江经济带生态环境反馈问题整改任务，七子山生活垃圾焚烧发电提标改造项目第一阶段工程建成投用。完成《苏州生态涵养发展实验区规划》编制，举行规划新闻发布会，高标准推进涵养区建设。全面完成1800公顷太湖围网拆除，创新水环境质量考核区域补偿机制，落实"河（湖）长制""断面长制"，国、省考断面水质均值全部达标，饮用水水源地水质达标率100%。金庭等3家污水处理厂尾水提标全面竣工，木渎新城污水处理厂二期等项目稳步推进，新改建污水管网73千米，完成农村生活污水治理项目50个，24条黑臭和疑似黑臭水体全部完成治理，水污染防治工作获全国人大常委会执法检查组肯定。统筹推进大气治理，治理挥发性有机物企业55家，提标"一企一策"废气改造项目28个。继续做好土壤污染防治工作。纵深推进环太湖"加减法"，腾出土地指标284.93公顷，新增耕地278.27公顷。大力实施"焕新工程"，完成低效用地再开发181.73公顷。

【民生事业】 2019年，民生支出占一般公共预算收入比重在77%以上。新增就业岗位1.93万个，城镇登记失业率控制在2%以内。启用吴淞江实验小学等13所学校，新增学位1.2万个，成立木渎高级中学教育集团，甪直高级中学通过省四星级高中评估。加快吴中人民医院新院区等医疗机构建设，养老机构护理型床位占比超76%，全科社工服务实现社区全覆盖，获评全省首个全国智慧健康养老示范基地。新开工安置房264.7万平方米15694套，竣工交付65.1万平方米4226套。统筹推进大运河文化带、吴中博物馆等项目建设和重点文物保护，蔡少渔旧宅、冯桂芬故居等9处古建筑入选省、市文物保护单位，举办"环太湖"国际竞走多日赛暨太湖蓝马拉松、"穹窿山"世界女子围棋锦标赛等重大赛事，吴中区获评首批省级全域旅游示范区、省级文物安全综合管理实验区。

【社会治理】 2019年，以提升社会治理体系和治理能力现代化为主线，加强和创新社会综合治理。全面实施"七五"普法，推进镇域（街道）综合行政执法改革，完成14个镇（街道）综合行政执法局设置。推进安全生产大排查大整治行动，接受苏州市安全生产巡查，开展化工产业安全环保整治提升行动，持续推进"331"专项行动，排查整改"9+1"场所1.8万余家，安全生产事故数、亡人数实现"双下降"。开展违建别墅问题清查整治专项行动，全面完成"大棚房"问题专项清理和违规建设殡葬设施排查整治工作，整治河湖"两违"点位192个。扫黑除恶专项斗争纵深推进，涉黑涉恶案件全部清零，社会治理"两网一线"建设不断深化，社会大局和谐稳定，吴中区入选省第二批现代社区治理创新实验区。

【党的建设】 2019年，坚持以党的政治建设为统领，增强"四个意识"、坚定"四个自信"、做到"两个维护"，全面加强区委常委会自身建设，统筹抓好理论学习、管党治党等方面工作，获评全省六个县以上党委（党组）理论学习中心组示范点之一。深入学习贯彻落实习近平新时代中国特色社会主义思想和党的十九届四中全会精神，抓好"不忘初心、牢记使命"主题教育，推进8个专项整治行动，解决一批老百姓关心的热点、难点、痛点问题。落实意识形态工作责任制，掌握意识形态工作领导权、管理权、话语权、主动权。纵深构建"核轴带"党建格局，苏州乡村振兴学堂入选江苏省首批党性教育基地，郭巷街道"一站式"党群驿站做法得到上级肯定。推进区委常委会抓基层党建"一号工程"，制定出台"县乡共管"系列文件，加强村（社区）带头人队伍建设，选树命名10名"担当作为"村（社区）书记。支持纪检监察体制改革，区监委向度假区、开发区派出监察工委。开展3轮区委巡察暨对村（社区）专项巡察工作。抓好形式主义、官僚主义集中整治，细化落实“基层减负年”工作措施，持续开展“清风行动”专项督查，风清气正的政治生态和干事创业的火红氛围不断巩固。（张　彬）

重要会议

【中共苏州市吴中区委四届十次全体（扩大）会议】 7月26日召开，主要任务：以习近平新时代中国特色社会主义思想为指导，深入贯彻党的十九大和十九届二中、三中全会精神，深化落实习近平总书记对江苏工作系列重要讲话指示精神，全面落实省委十三届六次全会、市委十二届八次全会要求，总结上半年工作，部署下半年任务，动员全区上下坚持“一盘棋”，做深“加减法”，在谱写吴中高质量发展新篇章中践行初心使命。区委书记唐晓东代表区委常委会做报告。区委副书记、区长陈嵘做会议总结，并就做好当前工作提出明确要求。

【中共苏州市吴中区委工作务虚会】 11月23日召开，主要目的：深入学习贯彻党的十九届四中全会精神，对照省委常委、市委书记蓝绍敏调研吴中时提出的工作要求，对标苏州“现代国际大都市、美丽幸福新天堂”发展定位，总结回顾2019年全区各项工作，分析问题、研判形势、查找不足，进一步集思广益，系统谋划苏州“十个板块、十全十美”中吴中“应该干什么，究竟干什么”。区委书记唐晓东讲话。

【中共苏州市吴中区委四届十一次全体（扩大）会议】 12月28日召开，主要任务：以习近平新时代中国特色社会主义思想为指导，全面贯彻党的十九大和十九届二中、三中、四中全会以及中央经济工作会议精神，深化落实习近平总书记对江苏工作系列重要讲话指示精神，对标对表省委十三届七次全会、市委十二届九次全会要求，总结回顾2019年工作，研究部署明年任务，动员全区上下进一步统一思想、坚定信心，攻坚克

2019年7月26日，中共苏州市吴中区委四届十次全体（扩大）会议召开　　王永康　摄

难、开拓创新，为决胜高水平全面建成小康社会，奋力当好高质量发展“优等生”、绘就新时代最美太湖画卷而务实工作。区委书记唐晓东做题为《当好高质量发展“优等生”、绘就新时代最美太湖画卷，为高水平全面建成小康社会努力奋斗》的讲话。

【其他重要会议】 2月11日　全区作风效能建设、高质量发展综合表彰大会

2月13日　吴中区机构改革动员部署会

2月23日　区委常委议军会议

3月4日　全区扫黑除恶专项斗争推进会

3月4日　全区政法工作会议

3月7日　中国共产党吴中区第四届纪律检查委员会四次全会

3月8月　全区重大项目建设推进会

3月12日　吴中区委党的建设工作领导小组（扩大）会议

3月12日　吴中区人民武装工作会议

3月22日　全区乡村振兴工作会议

3月23日　区委全面深化改革委员会第一次会议

4月12日　区委统一战线工作领导小组全体（扩大）会议

4月19日　吴中区扫黑除恶工作专题会议暨落实中央下沉督导重点任务部署会

5月27日　苏州铜仁加强两地合作发展座谈会

5月27日　文明城市长效管理工作推进会

6月23—26日　吴中·德江对口帮扶协作高层联席会议

6月30日　吴中区庆祝中国共产党成立98周年大会

7月25日　区委全面深化改革委员会第二次会议

7月27日　全区经济运行工作专题研究会议

7月27日　全区新时代文明实践中心建设推进会

8月22日　区委书记唐晓东上意识形态专题党课

9月11日　区委全面深化改革委员会第三次会议

9月12日　全区“不忘初心、牢记使命”主题教育动员大会

10月12日　全区农村人居环境整治现场推进会

11月30日　区委常委会“不忘初心、牢记使命”专题民主生活会　（张　彬）

重要决策和活动

【重要决策】 1月3日　区委、区政府印发《关于深入推进社会治理“一张网”建设的指导意见》

3月11日　中共苏州市吴中区委印发《关于2019年吴中区委常委会抓基层党建工作“一号工程”的实施方案》的通知

3月31日　中共苏州市吴中区委关于印发《集中整治形式主义、官僚主义三年行动计划（2019—2021年）》的通知

4月28日　区委、区政府印发《关于坚持农业农村优先发展加快推动乡村振兴的实施意见》

6月27日　区委、区政府关于促进吴中区民营经济高质量发展的实施意见

8月19日　区委、区政府关于全面加强生态环境保护坚决打好污染防治攻坚战的工作意见

9月12日　中共苏州市吴中区委印发《关于开展“不忘初心、牢记使命”主题教育的实施方案》的通知

9月27日　中共苏州市吴中区委关于印发《吴中区2019年度综合考核实施办法》《2019年度吴中区区镇综合考核实施方案》《2019年度吴中区区级机关单位综合考核实施方案》的通知

11月14日　区委、区政府印发《关于深入开展“做优山水生态产业质态城乡形态，打造践行‘两山’理论标杆典范”暨“五奋力五争当五提升”工作的实施方案》的通知

12月4日　中共苏州市吴中区委印发《关于深入推进区镇两级民生实事项目人大代表票决制工作的实施意见》的通知

12月5日　中共苏州市吴中区委关于印发村（社区）党组

织书记实行县乡共同管理系列文件的通知

12月30日　区委、区政府关于印发《苏州市吴中区深入开展安全生产专项整治行动工作方案》的通知

【**重要活动**】1月18日　迎新春团拜会

3月5日　吴中区纪念“三八”国际妇女节109周年活动

3月8日　2019年上半年重大项目建设开工开业仪式

4月28日　“一生信仰，一路芳华”纪念五四运动100周年主题团日活动。

4月28日　庆祝五一国际劳动节大会暨第二届“吴中工匠”命名仪式活动

7月11日　2019年苏州国际精英创业周吴中分会场暨东吴双创峰会开幕式活动

9月9日　吴中区庆祝第35个教师节座谈会

9月19日　苏州吴中（上海）现代服务业宣传推介会

9月21日　2019苏作文创峰会暨长三角友好城市青年手工匠人发展大会

9月27日　吴中区庆祝中华人民共和国成立70周年主题歌会

9月30日　吴中区烈士公祭活动

10月1日　吴中区庆祝中华人民共和国成立70周年升国旗仪式

10月11日　吴中区纪念少先队建队70周年暨“红领巾相约2035”主题队日活动

10月16日　2019年吴中区四季度重大项目开工开业活动

10月18日　2019苏州吴中·太湖经贸合作洽谈会

10月20日　2019苏州吴中环太湖国际竞走多日赛暨太湖蓝半程马拉松

11月9日　2019年有机废弃物资源化利用学术会议暨全国第十四届堆肥技术与工程研讨会

12月15日　苏州生态涵养发展实验区规划发布会

12月22日　首届东吴文学奖颁奖典礼暨“写在江南”——长三角文学发展研讨会

（张　彬）

组织工作

【**概况**】2019年，以习近平新时代中国特色社会主义思想和党的十九大精神为指导，全面落实新时代党的建设总要求，自觉践行新时代党的组织路线，按照全国、全省、全市组织部长会议，区委四届十次全会和市委书记蓝绍敏调研吴中讲话精神要求，开展“不忘初心、牢记使命”主题教育，以党的政治建设为统领，强化责任担当，锐意改革创新，狠抓工作落实，为实现吴中当好新时代高质量发展“优等生”，打造践行“两山”理论最佳典范，绘出太湖“最美画卷”的工作目标提供组织保证。

【**“不忘初心、牢记使命”主题教育**】吴中区在“不忘初心、牢记使命”主题教育中，按照中央和省委、市委部署要求，牢牢把握“守初心、担使命，找差距、抓落实”总要求，围绕“五聚焦五自觉”，扎实推进主题教育各项工作。区委常委会率先示范，区四套班子成员带头抓好学习教育、调查研究、检视问题、整改落实，全区45266名党员、2730个党组织全部参与。区委常委会带头制订主题教育工作方案和个人学习计划，区四套班子党员领导开展为期5天的集中学习研讨，集体研究确定11个调研课题破解难题，牵头认领8个专项整治任务推动工作。分层分批对村（社区）、机关、“两新”组织（新经济组织和新社会组织）等各领域2700余名党组织书记开展集中轮训，组建8个巡回指导组，列席旁听各类活动650余次，调研督导基层党支部500多个。全新打造主题教育“初心馆”，吸引区内近4万名党员体验初心之旅。举办“同心追梦说初心”主题教育情景党课，开展“四重四亮”“三学三问”活动，征集各类问题建议2122条，并及时反馈给相关部门。全区参学单位从一开局就奔着问题来，从一起步就进入整改状态，梳理问题8219条，列出整改措施和

计划8351项。开展主题教育专项整治，牵头做好软弱涣散基层党组织整顿和干部不担当不作为问题专项整治工作。

【领导班子和干部队伍建设】 完成全区机构改革工作，新组建13个部门，重新组建2个部门，共设置党政机构35个，其中党委机构10个、政府工作机构25个，同步完成部门组建挂牌和人员转隶工作。完成全区38家区级机关尤其是机构改革部门领导班子分析研判，优化完善六类专业化干部名册。加强班子领导干部交流任职，调整交流领导干部119名，聚焦全区三大攻坚战，重点选拔36名精于产业发展、规划建设等方面工作的优秀干部。落实苏州市四级梯队建设“3525”计划，实施“优苗精培”工程。组织召开年轻干部座谈会，拓宽优秀青年人才储备来源。举办吴中区科级干部能力素养提升班、第十二期中青班，接收省委组织部选调生6名、名校优生3名，选派优秀年轻干部赴国家、省发改委和宁夏、宿迁、德江等地挂职锻炼，选派41名优秀年轻干部到基层一线开展挂职锻炼，其中15人挂任村（社区）“第一书记”，26人到“263”“331”工作专班和物流园、联动中心等一线挂职。加强重要岗位年轻干部配备，提拔使用“85后”年轻干部11名，其中，正科职3名，“90后”副科职3名。截至2019年底，全区共配备“80后”正科23名，“85后”副科30名，“90后”副科6名，年轻干部数量在全市各板块中位居前列。

【干部教育培训】 2019年，聚焦全区“六个年”高质量发展要求，统筹各地各单位办优各类务实管用的培训，全年共审批办班67批次，培训规模5442人次。举办八期“东吴大讲堂”专题讲座，参学人数6000人次。高质量推进苏州乡村振兴学堂建设，举办各类主题培训班90个，培训人数6936人次，学堂获评全省首批党性教育基地、全市首批海棠花红先锋阵地、苏州市第一批新型职业农民教育培训基地等，2门特色课程入选苏州市干部教育本土化案例教材。

【干部监督工作】 健全完善对区管领导干部进行提醒、函询和诫勉的操作规程，深化领导干部个人有关事项报告制度，对80名干部个人有关事项报告进行核查比对，对14名存在漏报、瞒报情况人员要求逐条出具书面说明。对区科技局等8家单位开展选人用人专项检查，完成2019年度“三责联审”工作，对38名领导干部进行经济责任审计，对6名“一把手”开展“阳光交接”，对4名新任“一把手”开展“三责告知”。做好领导干部出国境审批工作，完成因公出国（境）政审40人次、因私出国（境）审批175人次。处理来信来访工作，结办来信来访25件。

【人才工作和人才队伍建设】 入选国家级重大人才培育工程和“省级六大高峰人才”各1人，实现零的突破；入选省双创人才项目6个；入选姑苏重大创新团队1个，姑苏领军人才20人。入选首届省紫金文创人才8

2019年6月11日，“新时代·新接力”乡村振兴后备人才学习成长营在苏州乡村振兴学堂开班

区委组织部　供稿

人、乡土人才技能大师工作室8个，数量列全市第一。开展第二届“东吴匠师”评选工作，遴选“东吴杰出匠师”12名，“东吴匠师新秀”25名。实施东吴科技企业家计划，赋予50名科技企业家人才举荐权，激发企业家人才引育积极性。制定《东吴科技企业家计划实施细则》，修订《东吴科技创新创业领军人才计划》及《东吴重点产业紧缺人才实施计划》实施细则，提升力度、加强联动，打造产业人才政策组合拳。设立2亿元规模的东吴创新创业引导基金，撬动社会投资机构共同引育人才。会同江苏省信用再担保集团有限公司共同开发10亿元额度的科技人才企业信贷风险补偿产品“东吴贷”，解决初创期科技人才企业融资难题。调整教育、卫生人才计划方向，突出人才引进导向，启动东吴文旅人才计划政策修订工作。举办2019东吴双创峰会，峰会实现辐射长三角、聚焦吴中区主导产业目标，吸引约400余名海内外创新创业人才参加。苏作文创峰会纳入首届江南文化艺术·国际旅游节总体安排，突出乡土人才“三带”主题，广泛吸引青年参与，影响力进一步提升。组织参与第四届中法文化论坛，苏作工艺国际影响不断增强。承办“校园苏州日”走进华中科技大学等活动，在武汉多所重点高校推介吴中。与中国文联文艺研修院共同举办第二期吴中高层次文艺人才研修班。举办人才主导、企业参与的“才聚吴中、星耀太湖”全区高层次人才联谊会年会。吴中区创新服务中心筹备进展顺利，人才信息化服务平台通过专家答辩。人才服务触角进一步延伸，新认定10家示范型人才载体，设立3家海外人才联络站和30家企业人才联络站。人才乐居工程取得进展，完成苏蠡路人才公寓土拍，委托市住房租赁公司先期运营130套人才公寓，角直you+公寓投入运营，胥口人才公寓完成立项，给予800余名人才租房补贴、100余名优秀人才贡献奖励。4所高端民办学校获“东吴高层次人才子女基地学校”称号。

【基层党建工作】 2019年，纵深推进“核轴带”党建格局建设，打造“环太湖党建文化路”，建设环太湖“海棠花红”先锋阵地群，推广“党建+产业”“党建+旅游”“党建+人才”“支部+合作社”等模式，实现红色资源和生态文旅互动共赢，相关经验做法被《党建研究内参》刊登。开展驻区单位与街道社区党组织共驻共建活动，全区7个街道和64个城市社区全面推行街道“大工委”、社区“大党委”制。郭巷街道打造“一站式”党驿站并探索“一站多居”“全科社工”模式，得到上级肯定。推动成立吴中化工园区产业园等4个园区（商圈）的党委，吴中综合保税区—吴淞江科技产业园党群服务中心建成启用，组织辖区内28个国有企业成立国企党建联盟。坚持把加强村（社区）带头人队伍建设作为2019年区委常委会抓基层党建工作的“一号工程”，制定出台《村（社区）党组织书记选拔任用区级备案管理操作办法（试行）》《村（社区）“两委”班子及成员综合分析研判工作操作办法（试行）》《村（社区）党组织书记考核管理指导意见》《村（社区）干部鼓励激励实施办法（试行）》等4个县乡共同管理文件，规范落实选拔任用、监督研判、考核管理、激励鼓励等举措。举办“新时代·新担当”村（社区）党组织书记培训班，推行村党组织书记、村委会主任“一肩挑”，年底36个村党组织书记通过法定程序担任村委会主任。健全完善村（社区）党组织书记选拔任用区级备案制，对45名新任村（社区）党组织书记实行区级备案。选树培育先进典型，苏州市“双二十”培育对象入选3人，省千名领先村书记入选12人。选树命名10名“担当作为”村（社区）书记，为6名符合条件的村（社区）党组织书记办理激励保障手续。注重在农村、“两新”等领域以及高知群体中发展党员，在“两新”组织中实施发展党员“新苗计划”，完成全区不合格党员的清理工作，全年共发展党员670名。关心关爱困难党员，全年共发放党员关爱基金347.88万元、党内关爱资金25万元，向基层党组织返还党费258.8万元。举办为期半年的“新时代·新接力”乡村振兴后备人才学习成长营，不断推动党员队伍整体素质提升。结合七一组织开展区级“两优一先”评选，1人获评市优秀共产党员，1人获评市优秀党务干部，1个基层党组织获评市先进基层党组织。组织召开基层党建重点任务推进会暨城市基层党建工作推进会，推进“五聚焦五落实”三年行动计划。扎实推进扫黑除恶专项斗争，摸排整顿软弱后进党组织。组织对全区192个村（社区）的1393名“两委”班子成员进行联审联查，清理不合格、不胜任村干部14名。做好行政村（社区）办公场所“牌子乱象”清理工作，持续推进“一把手”领办基层党建工作项目工作。牵头14个机关部门制定对镇（区、街道）和机关单位党的建设考核指标体系，分别形成考核细则。

【公务员管理工作】 组织实施吴中区2019年度公务员考录工作，共招录公务员（参公人员）35名。根据上级统一部署，结合吴中区实际研究制订职级晋升操作办法和工作流程，分类梳理符合职级晋升人员名册。按照不同职位完成职级套转，综合管理类套转为二级调研员65名、四级调研员83名、二级主任科员161名、四级主任科员328名、一级科员466名、二级科员16名，行政执法类套转为四级高级主办1名、二级主办3名、四级主办38名、一级行政执法员54名。完成2018年度全区2202名公务员年度考核情况审批，做好考核优秀人员奖励审批，对“不定等次”人员工资进行相应调整。排摸梳理连续三年考核“优秀”公务员39名，授予三等功奖励。出台《吴中区区级机关中层干部管理办法（试行）》，严格对照机构改革后各部门设置和职数规定，加强机关单位中层干部提拔职数预审和任职备案工作，加强对中层干部日常监督和管理。（徐正刚）

宣传思想

【概况】 2019年，全区宣传思想文化工作坚持以习近平新时代中国特色社会主义思想为指导，履行“举旗帜、聚民心、育新人、兴文化、展形象”的使命任务，围绕区委工作部署安排，坚持守正创新，积极担当作为，把握正确政治方向、舆论导向、价值取向，全面推进各项工作并重点推进十二项重点任务落实。

【开展增强“四力”教育实践工作】 2019年4—12月，按照中宣部及省、市委宣传部要求，结合吴中区实际，在全区宣传思想文化战线开展增强“脚力、眼力、脑力、笔力”教育实践活动，通过开展“大学习、大调研、大服务、大练兵”，全区宣传思想文化战线队伍综合素质得到提升。先后印发《全区宣传思想文化战线开展增强“脚力、眼力、脑力、笔力”教育实践工作的实施意见》《关于组织全区宣传思想文化战线开展增强“四力”教育实践“大调研”活动的通知》等文件，确定15项重点培训项目以及9项重点活动。其间深入一线调研难点问题并形成报告2篇上报市委宣传部；组织全区“四力”知识技能培训会、增强“四力”知识技能竞赛各1期，评选团体奖6名；组织收听收看县（市、区）委宣传部长讲坛4期；8月21日，在苏州市委宣传部主办的全市宣传思想文化系统增强“四力”知识技能竞赛中，由吴中区委宣传部5名成员组成的代表队在全市16支队伍中获团体冠军，1名队员获办公技能测试第一名、文章写作第三名。

【推广使用“学习强国”学习平台】 紧扣“六个一”，进一步完善每天促学通报、每周分析汇总、每月选树标杆、每季组织交流、半年竞赛比武、全年总结表彰的学习机制。紧扣“三个化”，制度化推进，建立健全供稿奖励激励制度；多样化挖掘，聚焦“吴文化”，深度挖掘区内特色资源；规范化管理，对所有来稿按照“三审三校”规范操作。紧扣“三个队伍”，建好管理员、通讯员和评论员三支队伍。“学习强国”平台推广使用工作走在全市前列。全区在职（适龄）党员全部加入学习平台，覆盖率100%。党员年均日活率保持在80%左右，2019年有效供稿近200篇，均居全市前列。

【吴中区庆祝中华人民共和国成立70周年主题歌会】 为庆祝中华人民共和国成立70周年，弘扬爱国主义精神，9月27日下午，“我和我的祖国”——吴中区庆祝中华人民共和国成立70周年主题歌会在苏州保利大剧院举办。区四套班子领导，各镇（区）、街道领导，区级机关各部门负责人，以及高层次人才、企业家、道德模范、志愿者等各界人士代表近2000名演员和观众参加活动。在“当家做主·站起来、改革开放·富起来、伟大复兴·强起来”三个篇章中，来自全区各地各部门的16支合唱队伍用歌声讴歌党、讴歌祖国、讴歌人民、讴歌英雄。

【“指尖上的吴中”苏州工匠园走进上海、澳门】 2019年8月16日，“指尖上的吴中”苏州工匠园浦东机场体验中心开幕，10余位吴中工艺大师现场展示高超技艺，香山建筑技艺、苏绣、核雕、缂丝、澄泥石刻……各种工艺门类、数百余件苏作精品齐亮相，引得中外旅客连声赞叹。展期内苏州工匠园在浦东机场共举办10场专题推介活动，吸引3万余人次交流互动。2019年10月16日，“指尖上的吴中”苏州工匠园体验中心在澳门金光会展中心开馆，来自吴中的7位工艺大师在2019澳门国际文化艺术品暨非物质文化遗产展览会上，集中展现苏工苏作的精巧和传统技艺的精湛，让澳门同胞能够零距离欣赏“指尖上的传奇”。澳门展厅共200平方米，分为苏式匠生活、苏式美生活、苏式秀生活、苏式悦生活等场景，提炼和呈现精致的苏式生活方式，参观者移步换景间浸入式体验苏式生活的优雅。

2019年8月16日，“指尖上的吴中”苏州工匠园浦东机场体验中心开展

区委宣传部　供稿

【建设区融媒体中心】 为主动适应媒体融合的要求，激活“一次采集、多元生成、全媒发布”的优势，建好建强主阵地，立足吴中实际，高起点、高标准、高质量推进融媒体中心建设。8月份区委主要领导听取相关汇报，9月份区委制定出台具体实施意见，年内完成区融媒体中心事业单位架构，实现“吴中融媒”App试运营。“吴中融媒”App是由区委宣传部（融媒体中心）打造的融媒客户端，立足吴中。logo将小篆“吴中”和“融”字相结合；底纹是简化水波纹，与吴中水乡呼应；标语为“太湖之美，吴中最美”。客户端开设新闻资讯、电子报、直播以及个人中心等多个栏目。其中，新闻资讯以文字、图片、音频、短视频等形式呈现，包含要闻、发布、影音、学习和综合5个栏目。此外，客户端功能强大，结合App布局，可拓展公益广告位空间，

广告支持图片、视频、动图、链接，并支持Wi-Fi预加载，支持多广告叠加，短视频也是“吴中融媒”App一大特色。“吴中融媒”App上线后，吴中区融媒体时代新型平台从无到有，推进融媒体中心建设。

【开展“i吴中e起”三大系列活动】 吴中区网络文化季期间，以“追梦70年，网聚正能量”为主题，创新开展“i吴中e起表白”“i吴中e起学习”“i吴中e网吴前”三大网络文化活动。其间，“i吴中e起表白”——“写给吴中的三行情书”网络征集活动收到800多篇字句优美、情感真挚的作品，在网上掀起一波“爱我吴中”小高潮；“i吴中e起学习”——争做好吴中网民有奖答题活动中，参与人数2万多人，派发红包数8000多个。网络文化季期间，全区各地各部门主动策划，安排90余项正能量满满的网络文化主题活动，画好吴中网上同心圆，推动网络文化大发展大繁荣。

【出版发行《心上吴中》口袋书】 2019年9月21日，由区委宣传部和苏州日报报业集团情调苏州工作室联合出品的时尚旅游口袋书《心上吴中》在苏作文创峰会上正式首发。作为吴中区第一本形象宣传口袋书，《心上吴中》全面展示吴中文旅发展新形象。《心上吴中》口袋书是音乐形象片《眼底江南，心上吴中》的姊妹篇，是一本以吴中旅游和文化为主要内容的旅游口袋书。它以文旅为主线，共设10个章节，包含吴中的历史故事和人物、皇家风雅、太湖风光、水乡村落、古镇老街、风俗节庆、物产美食等。排版简洁大方、图文并茂，200余张图片、90余篇文章、40幅手绘全方位呈现吴地文化、山水风光，被广泛用于招商宣传、旅游推介等活动，深化“山水苏州 · 人文吴中”外宣IP。

【建立直达区委主要领导两大报告机制】 为适应日趋严峻复杂的网络舆论形势，牢牢掌握网络意识形态主动权，进一步做好重大舆情研判工作，创新建立直达区委主要领导的《重大网络舆情报告》和《网络安全报告》两大报送机制。2019年先后对虚假反映华为公司微博、郭巷商铺爆炸、吴中医院救护车撞人等多起区内重大舆情事件进行深入分析研判，形成《重大网络舆情报告》13期；对全区党政机关门户网站，医卫教育、科技工信、社会民生等领域关键基础信息系统开展渗透性监测和态势感知，下发网络安全通报22则，拟制《网络安全报告》4期，为区委、区政府正确决策提供有利依据。

【新时代文明实践工作】 2019年，印发《吴中区新时代文明实践中心建设工作方案》，成立以区委书记为主任的新时代文明实践中心，全面构建“1357+X”吴中文明实践体系，把新时代文明实践中心、所、站、点（岗）打造成为学习宣传平台、志愿服务窗口、文化体育阵地、群众服务载体、精神文化家园，打通宣传群众、教育群众、服务群众“最后一公里”。全区14个镇、街道文明实践所全覆盖，190余个村（社区）实践站全挂牌，文明实践点（岗）超过百个。将原吴中志愿者智慧云服务平台提档升级为区新时代文明实践志愿服务平台，实现群众“点单”、中心（所、站）“派单”、志愿团队“接单”的精准化运作模式，并以此为依托，加快志愿团队培育，拓展志愿服务范围，深化志愿服务内涵；24个项目、100名志愿者分别入选2019年度区新时代文明实践志愿优秀志愿服务项目和优秀志愿者，3个项目入选苏州市百个重点志愿服务项目。吴中集团“看见吴中”千例角膜移植救助项目入选第四届江苏省志愿服务展示交流会精品项目。出台《吴中区新时代文明实践志愿服务礼遇激励办法》，升级区新时代文明实践志愿服务平台，开通积分商城，加快提升全区注册志愿者人数及活跃度，全年服务平台累计注册志愿者190041人，发布各类志愿服务活动20116项。

【文明城市长效管理】 建立“四联三实现”工作机制,精细化文明城市长效管理,在全区范围开展“礼让斑马线、文明吴中行”“落实门前三包、共建文明吴中”“与文明联动”等专项行动,分类推进重点、难点问题整治,补齐城市文明短板。继续深化公民道德建设工程,推进社会公德、职业道德、家庭美德、个人品德建设,加强身边好人、道德模范选树,加大好人事迹、感人故事宣传报道力度,完善好人礼遇、模范尊崇体系。持续推进“吴中好人”“十佳新人新事”评选,为身边凡人英雄点赞。2019年度吴中区共入选中国好人1人、江苏好人5人,苏州时代新人4人,新时代苏州好少年1人。“看见吴中”角膜移植救助慈善公益项目帮助200多名患者重见光明,入选2019年度十佳苏州市精神文明建设新事。

【开展未成年人文明礼仪养成教育】 在全区中小学校开展“Yue少年成长计划——爱家乡、爱吴中”主题实践活动,3所学校入选2016—2018年度省文明校园,长桥中心小学严婧悦入选苏州市新时代好少年,3项案例分获2017—2018年度苏州市未成年人思想道德建设工作创新案例一、二、三等奖。立足于培育践行社会主义核心价值观,命名第七批区未成年人社会实践基地9家,5家入选市第六批未成年人社会实践体验站,5家入选市级优秀体验站,在“成长苏州”服务平台发布活动837场次,累计签到52284人次。区未成年人健康成长指导中心启动区小学生心理问题干预项目,开展个案沙盘游戏800余场次850个小时,帮助未成年人发展健全人格。 (吴仕达)

统一战线

【概况】 2019年,全区统一战线以习近平新时代中国特色社会主义思想为指导,高举爱国主义、社会主义旗帜,把握大团结、大联合的主题,围绕中心、服务大局,增强统一战线的凝聚力、向心力,扩大团结范围,各领域工作取得新进展。区委统战部获“2019年度中国统一战线宣传工作先进单位”称号。截至2019年底,全区有民革、民盟、民建、民进、农工党、致公党和九三学社7个民主党派和无党派知识分子联谊会,成员共723人。区政府工作部门中,配备党外干部34名。全区共有48个少数民族,总人口21658人。其中,常住(户籍)少数民族人口3404人,经商务工流动少数民族人口18254人。共有清真拉面店168家,拉面店从业人员近600人。吴中区有经民政部门批准的宗教团体4个,即区佛教协会、区道教协会、区基督教三自爱国运动委员会、区天主教爱国会(区天主教爱国会现托管于苏州市天主教爱国会)。其中,6月18日区道教协会完成换届工作。经批准对外开放的宗教场所有61处。其中,佛教场所46处、道教场所8处、基督教堂5处、天主教堂2处。全区共有宗教教职人员215人,职工75人。

【新时期大统战格局】 2019年,区委常委会6次研究统一战线领域工作,召开区委统一战线工作领导小组全体(扩大)会议、区委民族宗教工作领导小组会议等全局性会议,明晰成员单位职能职责,对统战工作做出部署。在中央统战部干部培训中心举办全区统战干部培训班,深入学习贯彻习近平总书记关于加强和改进统一战线工作的重要思想,进一步提高统战知识水平、增强统战工作能力。完成机构改革转隶组建,将对台工作、民族宗教工作、侨务工作并入区委统战部,进一步理顺关系,加强党对统战工作的领导。

【思想政治建设】 2019年,在民主党派、无党派人士中开展“不忘合作初心,继续携手前进”主题教育活动,在凝聚思想共识上做文章、在强化责任担当上下功夫、在服务发展大局上有作为。在非公有制经济人士中开展“守法诚信经营、坚定发展信心”主题教育活动，优化营商环境，促进企业健康良性发展。完善吴中区统战对象代表人士数据库，对各类统战对象代表人士信息实行动态管理，注重与统战对象的定期联络沟通。完善落实走访交友、对口联系等各项制度，协助开展区委常委与党外代表人士联系交友活动。苏州市社会主义学院首家教育培训基地落户吴中，组织党外人士培训班，举办“风雨同舟、奋进吴中”全区统一战线庆祝新中国成立70周年文艺演出，筑牢团结奋斗的共同思想政治基础。

【多党合作事业】 2019年，召开党外人士座谈会，召开党风廉政建设和反腐败工作情况通报会，举办双月学习座谈会，搭建知情问政平台，畅通民意表达渠道，支持民主党派、工商联、无党派精准有效行使职责。各党派紧扣中心工作，围绕区委“六个年”工作目标，确立年度重点课题并开展考察调研。召开吴中区党外人士参政议政调研成果交流会，完善“党委出题、党派调研、政府采纳、部门落实”的参政议政机制，深化对口联系，加快推进成果转化。出台《吴中区民主党派代表人士队伍建设三年工作方案（2019—2021）》，支持民主党派加强自身建设，坚持教育培训、推荐使用、实践锻炼等多措并举加强党外干部队伍建设。建立“吴中民革之家”“吴中致公党员之家”，将党派之家打造成党外人士学习教育、联络联谊、志愿服务的重要平台。组织吴中区统一战线赴德江开展精准帮扶，发挥统一战线汇集力量的优势，实现“智力帮扶”和“产业帮扶”。

【非公有制经济领域统战工作】 2019年，开展非公经济人士理想信念教育实践活动，突出年轻一代企业家的教育培养，通过专题培训、研讨交流等形式，学习贯彻习近平总书记在民营企业座谈会上的重要讲话精神。定期举办“企业家俱乐部”沙龙，坚定企业发展信心。加大民营企业家选优树典宣传力度，编撰“峥嵘七十载，筑梦新时代”《吴商精英录》国庆70周年献礼专刊，传播和弘扬优秀吴商精神正能量。推进光彩事业，与德江县达成合作意向，动员商会进行区内第五轮经济相对薄弱村的结对帮扶。举办区政府区长对话民营企业家、新阶层人士座谈会，完善相关部门日常联络机制，打造政务通、法务通、银企通、校企通、信息通等服务平台，助力优化营商环境。

【对台工作】 2019年，落实国家“惠台31条”“惠台26条”以及江苏省“惠台76条”、苏州市“惠台55条”等措施，助推台企转型升级、快速发展。先后完成江西省吉安市台办、宿迁市台办、台湾《旅读中国》杂志记者等到访接待任务。围绕“手牵手、心连心、创未来”主题，按照省、市台办统一部署要求，与台湾相关高校对接，做好千名台湾大学生暑期就业实习相关对接、协调、安排工作。全年审批应邀赴台154人次。其中，公职赴台3人次，非公职赴台培训151人次。落实赴台人员行前教育和归后总结工作。处理各类涉台诉求20多起，主要涉及台企拆迁、新三板上市、经营纠纷、子女入学、权益保障等方面。专题组织劳动人事专题讲座和消防安全知识专题讲座，推动企业履行安全生产第一责任。

【侨务工作】 2019年，以乡情、亲情为纽带，以海外同乡会、海外联谊会为平台，加强与吴县籍海外人士和有关华人社团的联系。围绕“凝聚侨心、汇集侨智、发挥侨力、维护侨益”，提升侨务服务水平，营造学侨法、用侨法的良好氛围。以打造文化品牌为抓手，在不同节日组织各界人士开展走访慰问、实地考察、看展交流等活动，丰富精神文化生活。落实新侨培育与扎根计划，重点对归国创业人员和海外留学生这批新侨进行排摸，并进行分类整理和信息入库。联合区侨联开展“侨情汇”调研座谈活动，指导侨务工作者加强沟通协调，做好侨界代表人士联系和服务工作。在吴中科技创业园挂牌“为侨服务工作站”，举办人工智能国际创业大赛、百名海外博士吴中行暨吴中青年优才凤还巢等活动，密切与海外的经贸文化交流。

【民族宗教事务】 将民族宗教政策法规列入中心组理论学习的必学内容，区委常委会专题研究宗教工作，学习《宗教事务条例》，各镇（区、街道）相继组织《宗教事务条例》等内容的学习。以“民族团结进步宣传月”“政策法规宣传月”“反邪教警示教育”等重要活动为节点，结合宗教领域“四进四有”“扫黄打非”“扫黑除恶”等活动，把宗教政策法规宣传同宗教领域意识形态宣传教育工作相结合，筑牢宗教界意识形态领域安全防范墙。组织召开吴中区民族宗教工作领导小组全体（扩大）会议、全区宗教场所规范化管理表彰会议，部署年度工作任务和贯彻落实《苏州市加强和改进新时代宗教团体工作的实施意见》精神。结合全区开展“防风险、保平安、迎大庆”安全生产大检查专项行动，制定宗教领域安全生产大检查方案，组织民族宗教安全生产专业委员会成员单位对全区宗教活动场所进行安全督查，消除安全隐患，确保新中国成立70周年宗教领域安全无事故。

【新的社会阶层人士工作】 2019年，新的社会阶层人士统战工作获得市委常委、统战部部长姚林荣批示肯定。召开全区新的社会阶层人士联谊会一届二次会员代表大会；新增苏豪文化科技创意园等3个“创新实践基地”，北方文化新谷（苏州）新媒体中心等3个“齐心驿站”；按照吴中区“一核一轴一带”的生产力布局，逐步建立以四大类新阶层群体为核心的矩阵式站点，为新阶层人士搭建舞台，调动社会各方力量共同开展新阶层统战工作。发挥“新英汇”平台作用，支持他们带头立足本职岗位建功立业，投身公益事业，参与社会服务。成立“齐心关爱”志愿者服务队，携手薄弱村开展精准帮扶捐赠，与区内多所学校合作开展爱心活动，引导新阶层人士自觉履行社会责任，发挥资源、行业优势来服务回馈社会，树立良好社会形象。组织数十位会员出镜参与拍摄庆祝新中国成立70周年专题片，提升会员的身份认同感。　（张芸瑞）

机构编制管理

【概况】 2019年，吴中区设置党委机构10个（其中纪检监察机关1个、工作机关9个），区委直属事业单位3个；设置区政府工作部门25个，区政府直属事业单位3个，区级社有资产管理机构1个；区委、区政府派出机构6个；区人大常委会工作机构7个；区政协工作机构7个；区社会团体10个，区民主党派

2019年11月8日，吴中区召开区长对话民营企业家、新阶层人士座谈会

吴宇杰　摄

和工商联4个；法院、检察院各1个；区下辖7个镇、7个街道。全区党政群机关行政编制数1586个，在职人数1612人。其中，区级机关行政编制数858个，在职人数855人；镇核定编制数358个，在职334人；街道核定编制数128个，在职188人；政法专项编制数242个，在职人数235人。区级机关各部门使用后勤服务人员编制161个。全区事业单位412个（含合署办公事业单位4个），事业单位编制数13917个（其中机关群团使用事业编制376个），在职人数12657人（其中机关群团使用事业编制289个）。

【党政机构改革】 2019年，根据省委编办批复的《吴中区机构改革方案》，召开区机构改革动员大会，完成部门转隶组建、机构职能调整、编制人员划转等任务，出台关于党建、资产、档案等方面的配套文件，保障机构改革顺利开展。对照省市进度，完成34家党政机关和资源规划吴中分局的“三定”工作。深化相对集中行政许可权改革，将18家部门的72项行政审批事项划转至区行政审批局。机构改革后，吴中区设置党政机构35个，内设机构较改革前减少49.3%。

【经济发达镇行政管理体制改革】 围绕“1+4”改革目标（加强党的全面领导、便民服务“一窗口”、综合执法“一队伍”、镇村治理“一张网”、综合指挥“一中心”），加快推进甪直镇行政管理体制改革，通过体制创新、权力承接、架构重组、流程再造等方式，推进经济社会发展。甪直镇先后通过市级、省级评估验收。

【基层整合审批服务执法力量】 研究起草吴中区关于推进基层整合审批服务执法力量的有关文件。以镇域综合执法改革为契机，先行整合相关执法力量，在有关镇（街道）设立综合行政执法局，加强基层综合行政执法队伍力量，将原隶属于区城市管理局的4支执法队伍下沉至各乡镇（街道），推行“一支队伍管执法”。

【承担行政职能事业单位改革】 按照中央关于承担行政职能事业单位改革纳入党和国家机构改革统筹推进、同步实施的要求，吴中区12家承担行政职能事业单位，行政职能全部回归机关，完成改革任务。涉改事业单位按照“只转职能不转机构”要求，将行政职能回归行政机关，事业单位不再承担行政职能。行政职能回归后，仍承担其他公益职能的事业单位，重新设置为从事公益服务类事业单位。本轮改革后，除执法队伍保留执法职能，吴中区不再有承担行政职能的事业单位。

【机构编制管理】 全年共召开吴中区委机构编制委员会3次，研究机构改革及机构编制等事项。根据法院、检察院机构改革精神，调整区法院、区检察院内设机构设置。按照党政机构改革目标要求，将涉改事业单位隶属关系全部调整到位。区级层面成立“苏州市吴中区退役军人服务中心”，在各乡镇街道均成立“退役军人服务站”。此外依部门申请成立“区博物馆”和“区乡村振兴学堂发展中心”，并将其升格为副科级建制。整合组建区交通运输综合行政执法大队、区公路事业发展中心、区港航事业发展中心、农业综合行政执法大队。完成部分事业单位“三定”规定。调整各部门的后勤服务人员编制，确保“只减不增”。

【事业单位登记管理】 2019年，办理统一社会信用代码证书变更40家，办理事业单位设立登记21家、变更登记200家、注销登记29家。在3月底前，将全区421家事业单位的2018年度报告在区编办网站上进行集中公示，年度报告公示工作不再收取纸质材料，事业单位只需网上初审通过后，将年报扫描并上传提交即可，全面实现“零上门”“不见面”。组织全区54名新任事业单位法人参加研修班，通过强化理想信念、强化能力培养、强化多元教学，提升事业单位法人培训实效。

【机构编制管理监督】 强化区级机关和区属事业单位用编用工联席会议制度，开展控编减编、机构设置、混岗混编等机构编制问题的专项督查，严格控制机构和人员编制，严把人员入口关，守住机构编制“三条红线”不突破。参与“三责联审”，先后完成区交通运输局、东山镇两个单位党政主要领导干部的机构编制责任审核。

【机关绩效管理】 研究制定《2019年度吴中区区级机关单位综合考核实施方案》，完善区级机关单位服务高质量发展考核评价细则，调整考核内容、计分办法及部门分组，继续实施全员绩效考核，使考核更具科学性和导向性。2019年，纳入绩效管理的区级机关部门有60家，评定绩效考核优胜单位20家。

（徐　慧）

老干部工作

【概况】 2019年，以习近平新时代中国特色社会主义思想和党的十九大精神为指引，贯彻落实全国、省、市老干部局长会议部署要求，强化离退休干部党组织建设，服务离退休干部，引导老同志“银发生辉”，助推吴中高质量发展。《中国老年报》《银潮》《苏州日报》《姑苏晚报》等报刊媒体先后报道吴中区老干部工作。截至2019年底，全区共有离休干部131人。

【离退休干部政治思想引领】 2019年，结合“不忘初心、牢记使命”主题教育要求，通过专题辅导、情况通报、正能量基地参观、赠阅党建书刊、寄送学习资料、微信平台推送等形式，引导老同志学习新知识、贯彻新理念，持续引导全区离退休干部坚决维护以习近平同志为核心的党中央权威和集中统一领导。先后4次召开老干部情况通报会，区委书记唐晓东和区委常委、组织部部长张瑛分别向老干部传达重要会议精神、通报全区经济社会发展情况。举办党的十九届四中全会精神离退休干部专场宣讲会，引导老同志与党中央同心同德、同频共振。组织原区四套班子老领导、离休干部参观苏州智能制造研究院、乡村振兴学堂、尹山湖美术馆等，零距离感受新中国成立70周年以来吴中城乡建设成果。举办金融风险防范及投资理财知识讲座，帮助老干部树立科学投资理财观念，防范金融诈骗、非法集资。全年召开离退休干部座谈会6次，引导老干部为改革发展建言献策。全年向老干部邮寄《习近平新时代中国特色社会主义思想学习纲要》《新中国发展面对面》《吴中老干部信息》等学习资料3000余册，为全区离退休干部、离退休干部党支部征订《中国老年报》《新华日报》《苏州日报》等报刊，营造浓厚学习氛围。

【离退休干部党组织建设】 2019年，出台《中共苏州市吴中区委离退休干部工作委员会工作规则（试行）》《关于进一步加强和改进社区离退休干部党建工作的通知》，建立离退休干部党支部书记片组联络制度，全面落实在职党员担任书记助理员，举办全区离退休干部党支部书记和助理员培训班，在离退休干部党组织活动场所统一增挂苏州“海棠花红”银发先锋党群驿站标识，提升标准化、规范化水平。坚持分类指导，组织吴中高新区城市社区离退休干部党建工作负责人赴太仓市参观学习，召开社区离退休干部党支部书记座谈会，持续推进社区、养老机构、老干部团队党组织建设。承办苏州市（区）离退休干部党员主题党日活动观摩会，首次采用网络直播方式，由街道、村、养老机构离退休干部党支部成立区域党建联盟组织，吸引2万余人点赞围观。联合区委党校创新打造“走基层送党课”项目，走进全区12个镇（街道）送课，服务基层老党员

1000余人。召开全区离退休干部党支部“六有一提升”工作部署会，明确标准，强化指导。首批22个离退休干部党支部经省委老干部局抽查通过验收。截至2019年底，全区共有离退休干部党支部70个，临时党支部26个。

【离退休干部服务保障】 2019年，区四套班子主要领导坚持春节、高温天气带头走访慰问原四套班子老领导，全区各地、各单位普遍做到老干部春节、高温天气、生病住院、有特殊困难、去世“五必访”。做好离休干部“庆祝中华人民共和国成立70周年纪念章”发放及节前市、区领导走访慰问工作。推进“面对面、心连心”离休干部大走访活动，把老干部的事当成家事积极协调、及时跟进、妥善解决。推进离休干部看病就医“三有一落实”工作，畅通绿色通道，建立特困帮扶机制，实现离休干部家庭医生签约率100%，并落实经费保障。依托区民政局“居家福”居家养老服务提供上门生活照料。优化离退休干部健康体检、保健疗养服务流程，提高服务质量。结合“江苏省离退休干部服务管理系统”试运行，做好离退休干部基础信息的核实、更新。抓好老干部学习活动阵地建设。创新开展“每月一主题”宣传活动，提高老干部“适应新时代、实现新目标、落实新部署”的意识。组织开展元宵、端午、重阳等传统文化活动和老干部团队交流比赛，丰富老干部精神文化生活。

【离退休干部作用发挥】 2019年，围绕庆祝新中国成立70周年，开展“为祖国喝彩”系列活动，通过征文征稿、老照片征集、书画展、集邮展、朗诵比赛、主题阅读等形式，引导老干部抒发爱党爱国本色情怀。落实省委老干部局离退休干部“银发生辉”工程实施方案要求，深入挖掘银发人才资源，完善“银发人才库”建设。召开全区老干部志愿活动座谈会，研究探讨离退休干部作用发挥工作。在胥口镇“箭泾三老”讲师团、郭巷街道“连心桥”“金色夕阳”调解小组、校门交通卫士葛家午等一批志愿团队和个人已成为吴中知名志愿品牌的基础上，建立吴中区“银发生辉”志愿联盟。举行全区“银发生辉”工程启动仪式，为11个老干部志愿者团队代表授旗，统筹推进全区离退休干部作用发挥。先后组织为社区居民“迎新春写春联送祝福”、老干部象棋队与区宝带实验小学象棋队第二届“忘年杯”象棋友谊赛、“粽情端午情系老人”为仁家护理院老人包粽子、“银发生辉”医疗志愿服务队每月一次义诊咨询等活动。各老干部团队组织有序，争相开展丰富多彩的正能量活动。晚晴风华艺术团在市、区各类大型活动中大展风采。离休干部宁德厚先进事迹登上《中国老年报》头版，捐款15万元为国庆献礼的离休干部朱秀源被评为“吴中好人”。

【老年教育】 2019年，老年大学不断扩大办学规模，根据需

2019年9月26日，吴中区“银发生辉”工程启动仪式暨庆国庆迎重阳歌会活动在区老干部活动中心举行　　区委老干部局　供稿

求合理安排课程设置。定期召开教师座谈会和班长座谈会，听取老师和学员代表意见，完善教学管理。邀请苏州中西医结合医院专家到校开展“睡出健康”讲座和义诊。邀请美国国家体能协会认证教练为学员开展中老年人科学运动专题讲座。举办建校三十周年教学成果展示活动，表彰获“耕耘奖”教师，编发《水乡集》建校三十周年特刊2300册。创新打造没有围墙的老年大学，开展跨班联合游学活动，组织网络教学并组织学员开展社会公益演出。烹饪课程再次走进苏州广电总台《乐活六点档》栏目，母婴护理及诗词欣赏网络课程在“看苏州”App进行全网直播。为方便学员网上报名选课，进一步优化教学管理系统，开通微信公众号网上选课功能。推行课程学制管理，规范课程教学，逐步扩大老年教育惠及面。2019年，区老年大学共设7个系46个专业81个班级，新增母婴护理班、电子钢琴零基础班、手机摄影班和太极推手班。全年学员共计1792人，课程报名2879人次。（季予希）

党　校

【概况】 以习近平新时代中国特色社会主义思想为指导，全面贯彻党的十九大和十九届二中、三中、四中全会精神以及全国、全省、全市、全区党校工作会议精神，坚持“党校姓党”根本原则，开展“不忘初心、牢记使命”主题教育，加强政治建设，聚焦主业主课，着力推进全面从严治党和党风廉政建设。2019年，区委党校获评2016—2018年度省级文明单位，离退休支部获评苏州市首批“六有一提升”标准支部。

【主题教育授课工作】 2019年，紧抓主题主线，以理论滋养初心、以理论引领使命，确保主题教育不偏、不虚、不走过场，扎实有效开展。备好“三堂课”，推出“红旗风展如画——纪念中华人民共和国成立70周年”等“初心课”、“传承红色基因，践行初心使命”等“本土课”、“吴中区乡村振兴的探索与实践”等“订制课”，为全区主题教育开展蓄势助力。其中“传承红色基因，践行初心使命”专题党课得到区委常委会的肯定。全年为全区主题教育授课61场次，受众覆盖全区党员干部。

【培训宣讲】 2019年，举办各级各类主体培训班35期，受训学员7500余人次。创建涵盖各领域专家学者、教授和一线实践者在内的师资库，共142人。以主题教育为主线，结合新中国成立70周年主题，根据培训需求量身打造课程，开发本土化课程“践行‘两山理论’、保护‘最美太湖’”“传承红色基因、践行初心使命”，用吴中革命战争中的红色基因和改革开放的伟大实践高扬时代精神、涵养家国情怀，加大送课进村居力度，完成基层宣讲近百场。创新教学模式、丰富教学手段，推广研讨式、访谈式、情景模拟式等教学模式，提升培训效果。

【教育科研咨政】 2019年，聚焦区委、区政府中心工作，扎根基层一线，开展科研调研，全年完成17项课题，采取多种方式，加速成果转化应用。开展独立课题，除6项校级重点课题外，同时依照教师专业兴趣自选课题开展调研。其中调研报告《打好三张牌，走出产业兴旺的“吴中之路”》得到区委书记唐晓东的批示，《关于吴中区中小型民营企业发展困境的思考——以苏州市鑫达试验设备有限公司为例》被《吴中信息（参研）》录用，《提档升级民宿产业助推吴中全域旅游发展》被市委党校《市情研究》录用。开展联合课题，与吴中高新区组织人事和劳动社保局联合完成《“一核凝心、四维聚力”释放吴中高新区城市基层党建“核”心竞争力》课题，与区委办联合研究《紧扣“一体化”聚焦“高质量”打造现代化产城生态融合发展新高地——长三角一体化发展战略中的吴中定位及路径研究》课

题。同时，利用各种现有媒介平台及时发声发文，刊发《区情研究》5期，推送“党校观象台”专项理论文章4期。（朱　宏）

保密工作

【保密宣传教育】 2019年，以《保密法》《保密法实施条例》为重点，在全区开展保密宣传教育培训活动，筑牢全区各机关单位保密主官、保密干部的保密思想防线。通过组织参加专题普法知识竞赛活动，进行《保密法》《实施条例》的宣传教育。转发《关于部分机关、单位泄露工作秘密和内部敏感信息案例的通报》，开展失泄密警示教育，增强保密干部的保密意识和工作水平。全年共向全区各机关单位、重点企业发送《保密工作》杂志1765份。

【保密服务保障】 2019年，在上级保密部门的指导和区委保密委的领导下，做好各项保密服务保障工作。严格涉密载体回收销毁管理，依托市保密技术管理服务中心涉密载体销毁服务平台，对涉密载体实行分类回收销毁，全年累计销毁各类纸介质文件资料100余吨，电子设备主机3084台，以及其他各类电子器材等涉密载体。做好中、高考及各类统一考试保密工作，重点检查验收区招生办保密室和考点试卷存放室。组织召开区委保密委员会全体会议，总结前期工作并研究部署全年工作。指导区级机关部门开展预决算公开保密审查，重点做好涉密部门的经费公开保密审查工作。协助开展重要军事设施周边环境安全“回头看”工作，协助市局对中央保密委“挂账督办”的安全隐患问题进行“回头看”督查，确保安全隐患整改到位。配合市局完成保密综合业务系统终端部署工作。依法开展机关、单位年度定密工作，并做专项统计汇总。根据上级保密部门统一部署，对全区机关、单位2018年度定密数据进行统计汇总。

（欧阳曾思）

编辑：任海令

苏州市吴中区人民代表大会

综　述

推进改革法治。听取、审议区人民法院执行工作情况报告，听取、审议区人民检察院公益诉讼工作情况报告。开展对《水污染防治法》《禁止燃放烟花爆竹条例》等6部法律法规贯彻实施情况开展执法检查，制定出台《关于完善执法检查程序的办法》，完善执法检查流程，使执法检查更加规范、高效，推动社会治理难题在法律框架内有效解决。为进一步提升监督工作的规范化、科学化、法治化水平，常委会开展学法讲座8次。

开展工作监督。常委会听取和审议2018年度财政预算执行及其他财政收支情况审计工作报告、2018年度审计查出问题整改情况报告，听取和审议国民经济和社会发展计划执行情况报告，听取和审议本级财政预决算报告、本级财政预算执行情况报告，总体把握全区经济社会发展节奏，强化计划刚性约束；除常委会会议和主任会议监督议题外，2019年常委会开展7次调研视察活动，2次专题询问。

加强代表和基层人大工作。人大代表是人大工作的主体，搭建代表密切联系群众的快速通道，促进联系工作制度化、常态化。不断优化服务保障，提升代表履职能力，引领代表在服务群众、推动发展实践中，彰显代表在新时代的新风采。做好对区四届人大三次会议议案和代表建议的督办工作。

重要会议

【吴中区第四届人民代表大会第三次会议】 1月9—11日，吴中区第四届人民代表大会第三次会议在苏州太湖国际会议中心举行，全区294名区人大代表中有285名出席会议。会议听取、审议区长陈嵘所做的吴中区人民政府工作报告、区人大常委会主任张炳华所做的《吴中区人大常委会工作报告》、区人民法院院长张峥嵘所做的《吴中区人民法院工作报告》、区人民检察院检察长陈飞所做的《吴中区人民检察院工作报告》，会议审查批准《关于2018年国民经济和社会发展计划执行情况与2019年计划草案的报告》《关于2018年财政预算执行情况和2019年财政预算草案的报告》，并做出相应的决议。大会选举石耀栋、郑刚、郑伟宏、顾娟英、韩江、蒋超为苏州市吴中区第四届人民代表大会常务委员会委员。大会经过审议，将徐苏珍等12名代表提出的“关于进一步加强我区黑臭水体整治的议案”确定为大会议案。大会秘书处收到代表建议、批评、意见144件。

【区四届人大常委会会议】 2019年，区四届人大常委会会议共召开7次。

第十五次会议 2月14日举行。会议听取和审议区长陈嵘做关于区政府机构改革有关情况及人事任免的提请报告，表决通过有关人事任命事项。

第十六次会议 2月26日举行。会议听取和审议副区长王卫国做的《关于区四届人大三次会议议案办理实施方案和代表建议办理相关情况的报告》；会议听取和审议区人大常委会办公室主任戴晓东受主任会议委托做的《关于苏州市吴中区人大常委会2019年度工作要点（草案）起草情况的说明》，表决通过区人大常委会2019年度工作要点；会议听取和审议区人大常委会人代联工委主任周晓红做的《关于2018年度履职优秀的区人大代表、区四届人大二次会议优秀代表建议评选表彰的说明》，表决通过《区人大常委会关于表彰2018年度履职优秀的区人大代表的决定》和《区人大常委会关于表彰区四届人大二次会议优秀代表建议的决定》；与会组成人员对区政府组成部门2018年度工作进行测评。

第十七次会议 4月23日举行。会议听取和审议区环保局局长过钦军受区政府委托所做的《关于2018年度吴中区环境质量状况和环境保护目标完成情况的报告》；会议听取和审议区财政局局长朱筱菁受区政府委托所做的《关于吴中区行政事业性国有资产管理情况的专项报告》；会议听取和审议副区长周黎敏做的《关于吴中区医疗卫生重点项目实施推进情况的报告》；会议听取和审议区人民检察院检察长陈飞做的《关于吴中区公益诉讼工作情况的报告》；会议听取和审议区人大常委会办公室主任戴晓东受主任会议委托所做的《关于完善执法检查程序的办法（草案）》说明，表决通过《关于完善执法检查程序的办法》；会议听取和审议区监察委员会副主任史才林受主任方伟军委托、区人民法院院长张峥嵘、区人民检察院检察长陈飞分别做的人事任免提请报告，表决通过

2019年1月9—11日，吴中区第四届人民代表大会第三次会议在苏州太湖国际会议中心召开　　王永康　摄

上述人事任免事项。

第十八次会议　6月24日举行。会议听取和审议区财政局局长朱筱菁受区政府委托所做的《关于吴中区2018年本级财政决算（草案）的报告》，表决通过区人大常委会关于批准吴中区2018年本级财政决算的决议；会议听取和审议区财政局局长朱筱菁受区政府委托所做的《关于吴中区2019年本级财政预算调整方案（草案）的报告》，表决通过区人大常委会《关于批准吴中区2019年本级财政预算调整方案的决议》；会议听取和审议区审计局局长姚善生受区政府委托所做的《关于吴中区2018年本级财政预算执行及其他财政收支情况的审计工作报告》；会议听取和审议副区长荣德明做的《关于吴中区农村集体资产经营管理情况的报告》；会议听取和审议区人大常委会办公室主任戴晓东受主任会议委托所做的《关于改进审议工作提高审议质量的若干意见（草案）》说明，表决通过区人大常委会《关于改进审议工作提高审议质量的若干意见》；会议审议区人大常委会执法检查组关于检查《中华人民共和国水污染防治法》贯彻实施情况的报告；会议审议并通过区人大常委会关于接受李少雄辞去苏州市吴中区第四届人民代表大会代表职务请求的决定；会议听取和审议区人大常委会主任张炳华、区监察委员会主任方伟军、区人民法院院长张峥嵘、区人民检察院检察长陈飞分别做的人事任免提请报告，表决通过上述人事任免事项。

第十九次会议　8月23日举行。会议听取和审议副区长荣德明做的《关于吴中区2019年1—6月国民经济和社会发展计划执行情况的报告》；会议听取和审议区财政局局长朱筱菁受区政府委托所做的《关于吴中区2019年1—6月本级财政预算执行情况的报告》；会议听取和审议区人民法院院长张峥嵘做的《关于吴中区人民法院执行工作情况的报告》，并对执行工作情况开展询问。

第二十次会议　10月23日举行。会议听取和审议区人大常委会主任张炳华做的《关于成立区人大社会建设委员会筹备委员会的说明》，表决通过关于成立区人大社会建设委员会筹备委员会的决定。会议听取和审议副区长荣德明做的《关于区人代会议案和代表建议办理情况的报告》；会议听取和审议区财政局局长朱筱菁受区政府委托所做的《关于吴中区2019年本级财政预算调整方案（草案）的报告》，表决通过关于批准吴中区2019年本级财政预算调整方案的决议；会议听取和审议区人大常委会办公室主任戴晓东受主任会议委托所做的《关于进一步加强区人大常委会街道工作委员会工作的意见（草案）》说明，表决通过《关于进一步加强区人大常委会街道工作委员会工作的意见》；会议听取和审议市人大代表柳倩楠、姚新华、高建珍的履职情况报告；会议听取和审议区长陈嵘、区人大常委会主任张炳华、区人民检察院检察长陈飞分别做的人事任免提请报告，表决通过上述人事任免事项。

第二十一次会议　12月20日举行。会议听取和审议副区长荣德明做的《关于2020年吴中区政府民生实事候选项目的说明和介绍》，会议表决通过关于同意区政府提请区四届人大四次会议就2020年吴中区政府民生实事项目人大代表投票表决的决定；会议听取和审议区财政局局长朱筱菁受区政府委托所做的《关于2020年财政预算（草案）的报告》；听取和审议区审计局局长姚善生受区政府委托所做的《关于2018年度预算执行及其他财政收支审计查出问题整改情况的报告》；听取和审议并通过区人大常委会副书记代表资格审查委员会主任委员陆增林所做的《关于区四届人大四次会议代表资格的审查报告》；听取和审议区人大常委会办公室主任戴晓东受主任会议委托所做的《关于吴中区四届人大四次会议筹备工作情况的报告》，表决通过关于召开区四届人大四次会议的决定及各项建议安排、常委会工作报告；会议审议通过《苏州市吴中区人民代表大会常务委员会关于接受陆建华等三名同志辞去区四届人大常委会委员职务请求的决定》《苏州市吴中区人民代表大会常务委员会关于接受李臻同志辞去苏州市吴中区第四届人民代表大会代表职务请求及相应终止其区四届人大常委会委员职务的决定》《苏州市吴中区人民代表大会常务委员会关于接受唐峥嵘等八名同志辞去苏州市吴中区第四届人民代表大会代表职务的请求的决定》；会议听取和审议区人大常委会主任张炳华、区人民检察院检察长陈飞做的人事任免提请报告，表决通过上述人事任免事项。

【区四届人大常委会主任会议】 2019年，区四届人大常委会主任会议共召开12次。

第二十四次主任会议 2月13日召开（为14日召开的第十五次常委会会议做准备）。

第二十五次主任会议 2月21日召开（为26日召开的第十六次常委会会议做准备）。

第二十六次主任会议 3月19日召开。听取和审议度假区财政分局、开发区财政分局、高新区财政和资产管理局分别做的关于各区预算管理工作情况报告；听取和审议区水务局局长孙新元受区政府委托做的关于河长制改革推进情况的报告。

第二十七次主任会议 4月17日召开（为23日召开的第十七次常委会会议做准备）。

第二十八次主任会议 5月15日召开。听取和审议区住建局局长汪庆丰受区政府委托做的关于全区征收拆迁工作、拓展发展空间情况报告；听取和审议区教育局局长陆为民受区政府委托做的关于校外培训机构整治情况的报告。

第二十九次主任会议 6月19日召开（为24日召开的第十八次常委会会议做准备）。

第三十次主任会议 7月24日召开。听取和审议区住建局局长汪庆丰受区政府委托做的关于全区房地产业发展情况报告；听取和审议区民政局局长龚艳受区政府委托做的关于全区精准扶贫兜底保障情况报告；听取和审议区人大常委会人代联工委主任周晓红做的关于区四届人大三次会议议案和代表建议办理情况的汇报；听取和审议区四届人大议案及代表建议办理督查组组长、城建环保工委原主任钱建伟做的关于区四届人大三次会议议案和代表建议办理情况督查的汇报。

第三十一次主任会议 8月16日召开（为23日召开的第十九次常委会会议做准备）。

第三十二次主任会议 9月18日召开。听取和审议区发改委主任金楠受区政府委托做的关于吴中区重点产业项目推进情况报告；听取和审议吴中交警大队大队长曾洪生受区政府委托做的关于吴中区交通安全管理工作情况报告。

第三十三次主任会议 10月17日召开（为23日召开的第二十次常委会会议做准备）。

第三十四次主任会议 11月18日召开。听取和审议副区长周黎敏做的关于"教育三年行动计划"实施情况报告。

第三十五次主任会议 12月17日召开（为20日召开的第二十一次常委会会议做准备）。

法律监督

【贯彻法律实施情况监督】 常委会创新开展"每月学法"。制定出台《关于完善执法检查程序的办法》。发挥执法检查的法律巡视作用，让执法检查成为治理社会顽症的利刃，对《禁止燃放烟花爆竹条例》《水污染防治法》《节约用水条例》《江苏省乡镇人民代表大会工作条例》《江苏省市辖区、不设区的市人民代表大会常务委员会街道人大工作委员会工作条例》《宗教事务条例》等6部法律法规贯彻实施情况开展执法检查。配合省、市人大常委会开展大运河文化带和《苏州市精神卫生条例》《苏州市残疾人保障条例》等立法调研7次，提出建议48条，为保障法律法规的精确合理提供基层智慧。2019年6月，中央政治局常委、全国人大常委会委员长栗战书率执法检查组对《水污染防治法》贯彻实施情况开展执法检查，检查组对吴中区依法推进水污染治理、水环境改善、水生态修复给予认可。

【两院监督】 加强对“两院”工作监督，听取区人民法院执行工作情况报告，围绕“执行难”问题，首次在区人大常委会分组审议中向法院开展询问，在询问中找准“执行难”症结，推动巩固执行工作成果，提升执行工作质效。听取区人民检察院公益诉讼工作情况报告，构筑公益保护防护线，筑牢公共利益安全网。组织人大代表旁听法院庭审工作，发挥对审判工作的监督作用，打造阳光法庭。

工作监督

【创新监督】 制定出台《关于改进审议工作提高审议质量的若干意见》。区人大常委会首次将听取财政预算调整方案的报告增加到全年两次，进一步解决预算管理中“重收入轻支出、重投入轻产出、重分配轻执行”等老问题，持续降低预算调整幅度，提高预算绩效意识。区人大常委会创新听取度假区、开发区、高新区“三区”预算管理情况报告，推动全口径预算理念进一步延展到板块，保证预算监督全覆盖、无真空。常委会坚持全流程监督和预警式监督相结合，听取和审议2018年度财政预算执行及其他财政收支情况审计工作的报告、2018年度审计查出问题整改情况的报告，推动审计部门做好审计监督和整改落实，消除监督盲区，促进审计增效。

【调研视察】 区人大常委会视察全区粮安工程建设和苏州市现代农产品物流园建设情况，优化粮食安全保障体系，护佑群众“舌尖上的安全”，满足人民对美好生活的需要。关注全区重点产业项目推进情况、科技项目和科技人才工作情况、文旅产业发展情况，助力全区上下夯实“一核一轴一带”布局，激活经济发展新动能。调研关注区级预算联网监督中心，依托“大数据”开启预算监督新模式，让监督因透明而有力，助推经济社会健康高效运行。

【专题询问】 开展对全区垃圾分类专题询问，针对垃圾分类工作的分类技术处理、收运难把控、终端建设等现状，问原因、问举措、问承诺，督促政府精准施策，破解垃圾分类重设施轻管理的根本问题，推动山水吴中走出垃圾困局，引领垃圾分类新时尚，开创生态文明新景象。开展对区人民法院执行工作询问，关注人民群众对解决执行难这一“顽疾”的“处方”期盼，督促区法院进一步规范执行程序，杜绝人民群众痛恨的选择性执行、消极执行、乱执行等行为，使执行工作真正进入到良性循环状态，畅通公平正义的“最后一公里”，保障群众合法权益，强化司法公信力。

代表工作

【加强代表工作】 区人大常委会继续深化“聚焦富民、履职为民、监督惠民”代表履职主题活动，强化区镇（街道）联动，让代表当好主角，激发代表履职行权的智慧和活力。持续深化“一个载体、两项制度”建设，畅通联系群众渠道。出台《进一步推进“人大代表之家”建设的意见》，指导各镇、街道“人大代表之家”提档升级，明确标准建好“家”、建章立制管好“家”、拓展功能用好“家”，不断探索实体建设与网络运行相结合，优化“吴中人大”App履职平台，实现代表“网上安家”。2019年，全区完成“人大代表之家”提档升级40个。区人大常委会出台《2019年吴中区人大代表在人代会闭会期间开展活动的意见》，集中开展四级人大代表统一接待日活动，继续组织市人大代表向原选举单位述职，拓展基层人大履职途径。区人大常委会开展“请进来、走出去”的代表履职培训，让代表涵养履职之德、积淀履职之识、增强履职之才。突出代表主体地位，邀请代表参加常委会会议、执法检查、视察、专题询问、每月学法等，引导代表以问政不含糊、履职不马虎的精神发挥改革攻坚主力军作用。

【督办议案建议】 区四届人大三次会议议案为“进一步加强吴中区黑臭水体整治的议案”，会议以及闭会期间，全体代表共提出144件建议，答复满意和基本满意率达100%，办成率达75%。区委、区人大常委会、区政府领导带头督办领办议案和重点建议。区人大常委会通过听取议案办理实施方案、重点督办议案和建议、专项督查议案办理、听取议案和建议督查情况等多种形式开展督办，推进区政府及承办部门认真办理落实，真正做到让代表满意，让人民群众满意。

人事任免

【常委会任免国家机关工作人员情况】 2019年，区人大常委会依法任免国家机关工作人员52人次。 （濮祺安）

表4-1 2019年吴中区第四届人大任免国家工作人员名单

姓名	任命职务	免去职务	日期	届次
金　楠	区发展和改革委员会主任		2.14	区四届十五次
顾洪建	区工业和信息化局局长		2.14	区四届十五次
薛　华	区城市管理局局长		2.14	区四届十五次
孙新元	区水务局局长		2.14	区四届十五次
朱继伟	区农业农村局局长		2.14	区四届十五次
唐峥嵘	区文化体育和旅游局局长		2.14	区四届十五次
陆治平	区卫生健康委员会主任		2.14	区四届十五次
李　东	区退役军人事务管理局局长		2.14	区四届十五次
顾丽明	区应急管理局局长		2.14	区四届十五次
沈　斌	区行政审批局局长		2.14	区四届十五次
毛　刚	区统计局局长		2.14	区四届十五次
吴　婧	区地方金融监督管理局局长		2.14	区四届十五次
董春华		区监察委员会委员	4.23	区四届十七次
徐国聪	区法院副院长		4.23	区四届十七次
江　伟	区法院民一庭副庭长		4.23	区四届十七次
沈　歆	区法院审判员		4.23	区四届十七次
杜荣尚	区法院审判员		4.23	区四届十七次
张建新		区法院立案庭副庭长	4.23	区四届十七次
施　展		区法院行政庭副庭长	4.23	区四届十七次
陈铁军		区检察院检察员	4.23	区四届十七次
唐　顺	区人大常委会教科文卫工作委员会、外事民宗侨台工作委员会主任		6.24	区四届十八次
陆建华		区人大常委会教科文卫工作委员会、外事民宗侨台工作委员会主任	6.24	区四届十八次
王　君	区监察委员会委员		6.24	区四届十八次

续表

姓名	任命职务	免去职务	日期	届次
杨　隽	区监察委员会委员		6.24	区四届十八次
张　健	苏州太湖国家旅游度假区监察工作委员会主任		6.24	区四届十八次
钱　江	苏州太湖国家旅游度假区监察工作委员会副主任		6.24	区四届十八次
顾建明	吴中经济技术开发区监察工作委员会主任		6.24	区四届十八次
陆菊泉	吴中经济技术开发区监察工作委员会副主任		6.24	区四届十八次
金美珍		区法院经济开发区人民法庭庭长	6.24	区四届十八次
袁灿华	区检察院检察委员会委员		6.24	区四届十八次
郁建芳		区检察院检察委员会委员、检察员	6.24	区四届十八次
张春玲		区检察院检察委员会委员、检察员	6.24	区四届十八次
杨　隽		区检察院检察委员会委员、检察员	6.24	区四届十八次
董　庆		区检察院检察员	6.24	区四届十八次
张月兴	区人大常委会农业农村工作委员会主任		10.23	区四届二十次
徐远志	区人大常委会监察和司法工作委员会主任		10.23	区四届二十次
褚会男	区人大常委会郭巷街道工作委员会主任		10.23	区四届二十次
徐炳良		区人大常委会农业农村工作委员会主任	10.23	区四届二十次
陆振荣		区人大常委会郭巷街道工作委员会主任	10.23	区四届二十次
贲志勤	区政府副区长（挂职）		10.23	区四届二十次
王　虹	区检察院副检察长		10.23	区四届二十次
莫玉方	区人大常委会城南街道工作委员会主任		12.20	区四届二十一次
沈涛龙		区人大常委会城南街道工作委员会主任	12.20	区四届二十一次
朱媛媛	区检察院检察委员会委员		12.20	区四届二十一次
陆菊平		区检察院检察委员会委员	12.20	区四届二十一次
陆惠忠		区检察院检察员	12.20	区四届二十一次
陈方忠		区检察院检察员	12.20	区四届二十一次
杨　宏		区检察院检察员	12.20	区四届二十一次
张国基		区检察院检察员	12.20	区四届二十一次
李　晶		区检察院检察员	12.20	区四届二十一次
赵业猛		区检察院检察员	12.20	区四届二十一次
冯　磊		区检察院检察员	12.20	区四届二十一次

（出自：区人大常委会）

编辑：陆海兵

吴中区人民政府

综　述

【国民经济】 2019年，全区实现地区生产总值1278.72亿元，增长6.2%；一般公共预算收入175.6亿元，增长9.3%；全社会固定资产投资571亿元，增长17.4%；社会消费品零售总额465.3亿元，增长5.5%；城镇居民人均可支配收入增至7.06万元，增长8.2%。

【实业兴区】 247个区级重点项目完成投资352.51亿元，增长6.4%。举行两次重大项目集中开工开业仪式，121个计划新开工项目全部开工，48个产业项目竣工投产。引进3000万元以上产业项目（不含房地产）384个，总投资268亿元，其中10亿元以上项目5个。实现规模以上工业总产值1565亿元，新兴产业产值占比59.1%。两大主导产业加速集聚，机器人与智能制造产业产值首次突破500亿元，生物医疗及大健康产业产值超100亿元。实现工业投资75.2亿元，增长18.7%。生产性服务业发展态势良好，检验检测实现营业收入10亿元，增长20%。太湖现代农业示范园入选国家农村产业融合发展示范园创建名单。农民合作社质量提升整区推进国家级试点深入开展，农村集体产权制度改革入选全国改革试点经验典型，吴中区获评全国县域数字农业农村发展先进区。全区村级集体总资产达185亿元、村均集体稳定性收入达1362万元，31个集体经济相对薄弱村全部脱贫。

【科技创新】 全社会研究与试验发展经费支出占地区生产总值比重达3.2%，列2019年度中国科技创新百强区第十位。新增省高企培育入库企业386家，有效高新技术企业总数超600家。入库国家级科技型中小企业超500家、省级民营科技企业184家，入榜省级创新型百强企业3家。新增各类省级研发中心21家、市级研发中心60家，入选市级以上科技项目总量首次突破1000件。吴中经济技术开发区在国家级综合考评中排名跃升至第47位，获评省智慧园区。吴中高新区在省级创新驱动发展综合评价中提升至第28位。吴中科技创业园获评国家级优秀科技企业孵化器，东太湖科技金融城获评省创业投资综合服务基地。万人有效发明专利拥有量达47件。3家企业入选中国专利奖。新增国家标准、行业标准19项，苏州市质量奖8个。“省级六大高峰人才”实现零的突破。新增省“双创计划”6人、姑苏创新创业领军人才项目21个、姑苏天使计划项目15个。成功举办2019东吴双创峰会，建立省级产业人才培训基地1家、博士后创新实践基地2家、人才工作联络站32个，再添高层次人才、高技能人才4473人。

【生态环境】 牢固树立“绿水青山就是金山银山”理念，编制并发布《苏州生态涵养发展实验区规划》。推进沿太湖生态湿地带、生态公益林抚育修复等25个生态保育和治理项目。全力打好污染防治攻坚战，逐项落实中央、省环保督察及“回头看”，长江经济带生态环境反馈问题整改任务，全面完成1800公顷太湖围网拆除和太湖沿岸3千米范围内4000公顷养殖池塘整治改造。高标准办理人代会关于进一步加强黑臭水体整治的议案，24条黑臭和疑似黑臭水体全部完成治理，全区城乡黑臭水体基本消除。连续12年实现太湖安全度夏，饮用水水源地水质达标率100%，9个国考、省考断面水质全部达标。水污染防治工作获全国人大常委会执法检查组肯定。农村人居环境整治成效获省政府通报表扬。甪直镇瑶盛村入选全国乡村治理示范村候选名单。临湖镇黄墅村被命名为首批省特色田园乡村。建成市级康居特色乡村2个、市级三星级康居乡村88个。“吴韵匠心”农路品牌入选省首批农村公路“一区一特色”创建成果，吴中区获评“四好农村路”省级示范区。

【城市建设】 高质量做好大运河文化带（吴中段）城市设计，宝带桥获评江苏最美运河地标。东环快速路南延高架主线、南湖路一期高架主线、蠡墅立交及三座跨运河桥建成通车，阴山横山连接线、中山路二期开工建设，苏同黎公路快速化改造、独墅湖二通道、南湖路东延等项目加速推进。“城中村”拆迁、重点地块“清零”有力推进。新开工安置房264.7万平方米15694套，竣工交付65.1万平方米4226套。建成公交首末站、场站、候车亭90个，新辟优化公交线路38条。建成“四分类”小区110个，公共区域垃圾分类设施覆盖率100%。

【社会事业】 全面落实“稳就业”措施，新增就业岗位1.93万个，城镇登记失业率控制在2%以内，零就业家庭实现动态清零。持续推进社保扩面，新增参保职工2.25万人。精准兜牢保障底线，低保标准调高至每月995元，发放各类生活、救助补贴超6800万元。启动吴中人民医院新院区等医疗机构建设，创成省级社区医院、基层特色科室各1个。退役军人服务中心（站）实现区、镇、村三级全覆盖。光福镇区域性养老服务中心完成改造，木渎镇区域性养老服务中心启动建设，新增日间照料中心39家，吴中区获评全省首个国家智慧健康养老示范区，4个镇（街道）入选国家智慧健康养老示范镇。启用吴淞江实验小学等13所学校，新增学位1.2万个，招聘教师984人。清零无证幼儿园，校外培训机构整治持续推进。教育品牌不断做优，再添省级优质幼儿园2所、特色职业学校1所，甪直高级中学通过省四星级高中现场评估。中高考成绩再创新高。公共文化服务体系不断健全，保利大剧院等公共文化中心各场馆完成演出活动超千场、惠及群众130万人次，吴中高新区科文中心建成开放，建成村（社区）综合性文化服务中心34家。做强“环太湖”国际竞走多日赛暨“太湖蓝”马拉松、“穹窿山兵圣杯”世界女子围棋锦标赛等品牌活动。举办首届东吴文学奖系列活动。

【社会治安】 扫黑除恶专项斗争纵深推进，涉黑涉恶案件全部清零。在全市率先开展“意识防”反诈骗宣传专项行动。天穹计划扎实推进，数字门牌应用不断拓展，社会治安防控体系更加完善。社会治理“一张网”建设持续推进，“吹哨报到”机制作用显著发挥。人民调解进网格全面推开，更加注重贴近群众解决诉求，纠纷调解成功率99%。“331”专项行动持续推进，排查整改“9+1”场所1.8万余家。贯彻落实各级安全生产专项整治部署，配合市第五

2019年2月15日，吴中区文化体育和旅游局转隶组建工作布置会召开

谭晓华　摄

安全生产巡查组开展进驻巡查，狠抓安全隐患排查治理，58处挂牌督办重点隐患整改到位，安全生产事故数、死亡人数实现“双下降”。

【政府建设】 始终把学习贯彻习近平新时代中国特色社会主义思想作为首要政治任务，扎实开展“不忘初心、牢记使命”主题教育活动，教育引导党员干部增强“四个意识”、坚定“四个自信”、做到“两个维护”。深入开展“六个一”基层走访活动，办好19项区级民生实事项目，民生投入占一般公共预算支出比重达79.3%。落实挂钩联系重点企业制度，深入开展企业走访调研，出台一批推动企业高质量发展的政策意见，下达各类企业扶持资金8.62亿元。全面依法履职，完成政府机构改革任务，落实法治政府建设各项制度，坚持严格规范公正文明执法，扎实推进政务公开，主动接受区人大及其常委会依法监督、政协民主监督，广泛接受社会监督，高质量办理市、区两级人大代表议案建议162件和政协委员提案193件。加强作风建设，严格执行中央八项规定精神以及省、市、区委各项规定，深入开展形式主义、官僚主义集中整治，落实“基层减负年”要求，大力精简各类会议、文件。加强审计监督，完成政府投资工程审计项目超3700个，节约政府资金26.2亿元。

（许健强）

重要会议和文件

【区政府常务（区长办公）会议】 2月22日，召开区四届政府第十八次常务（区长办公）会议，主要内容：听取政府系统承办区四届人大三次会议代表建议、区政协四届三次会议提案工作打算的汇报，吴中区2017年度土地卫片暨2018年例行督察违法用地整改情况的汇报，吴中区“大棚房”问题专项清理整治工作情况的汇报，全区开展河湖违法圈圩和违法建设专项整治行动的情况汇报，吴中区2019年住宅用地上市情况的汇报，2019年吴中区学校建设计划的汇报，2018年度安全生产工作情况的汇报，全区扫黑除恶专项斗争工作情况的汇报，城南街道新建社区居委会和调整部分社区居民委员会辖区范围的汇报。

3月28日，召开区四届政府第十九次常务（区长办公）会议，专题研究甪直镇东方花博园项目“大棚房”问题整改相关事宜。

4月17日，召开区四届政府第二十次常务（区长办公）会议，主要内容：听取关于开展市区机关事业单位养老保险制度改革后退休人员新办法待遇计发工作情况的汇报、关于开展部分机关事业单位工作人员退休时发放一次性退休补贴情况的汇报。

5月8日，召开区四届政府第二十一次常务（区长办公）会议，专题听取区级重点行业扫黑除恶工作汇报。

5月22日，召开区四届政府第二十二次常务（区长办公）会议，主要内容：听取中央和省、市有关退役军人工作会议精神和我区贯彻落实情况汇报，审议《吴中区镇（街道）开展以相对集中行政处罚权为主要内容的综合行政执法改革工作实施方案》《吴中区“三优三保”土地指标及资金管理办法》等文件。

6月4日，召开区四届政府第二十三次常务（区长办公）会议，主要内容：审议《关于促进吴中区科技创新高质量发展的政策措施意见》《关于促进吴中区商务经济高质量发展的政策措施意见》《关于促进吴中区工业经济高质量发展的政策措施意见》《关于促进吴中区民营经济高质量发展的实施意见》《吴中区打赢蓝天保卫战三年行动计划实施方案》《区政府办公室关于成立区政府推进政府职能转变和“放管服”改革协调小组的通知》等文件，听取全区食品安全工作情况汇报。

6月25日，召开区四届政府第二十四次常务（区长办公）会议，听取关于1—5月份全区经济运行情况和下阶段工作建议的汇报。

7月23日，召开区四届政府第二十五次常务（区长办公）会议，主要内容：审议《苏州市吴中区镇域（街道）综合行政执法管理办法》《吴中区审批监管执法联动管理办法》《关于加快现代服务业高质量发展的政策意见》等文件，听取关于吴中区违建别墅问题清查整治专项行动、吴中区镇域（街道）综合行政执法体制改革、2019年上半年全区安全生产应急管理等工作情况的汇报。

7月26日，召开区四届政府第二十六次常务（区长办公）会议，主要内容：审议《东吴教育人才计划实施细则（2019—2021）》《关于推进全区普惠性民办幼儿园建设的实施意见（试行）》《全面加强生态环境保护坚决打好污染防治攻坚战的工作意见》《吴中区贯彻落实中央环保督察“回头看”及大气污染问题专项督察反馈意见整改方案》《吴中区开展环太湖及通湖河道杂船整治的工作意见》《吴中区长江经济带生态环境问题整改方案》《吴中区“绿色银行”工作规范（试行）》《关于建立现代医院管理制度的实施方案》《东吴卫生人才计划实施细则（2019—2021）》《苏州市吴中区水环境区域补偿工作方案（试行）》，听取关于吴中区太湖围网拆除工作的汇报。

9月5日，召开区四届政府第二十七次常务（区长办公）会议，主要内容：审议《吴中区党政主要领导干部自然资源资产离任审计实施办法》《吴中区关于加强全区停车设施建设管理工作的实施意见》《吴中区渔民自愿退出捕捞作业实施方案》《关于促进吴中区金融业高质量发展若干政策措施意见》《关于促进吴中区知识产权高质量发展若干政策措施意见》《吴中区科技人才企业信贷风险补偿型金融产品管理办法》《吴中区中小企业贷款增信基金管理办法》等文件，听取吴中区信访工作情况、吴中区黑臭水体整治工作进展情况、吴中区乡村振兴重点工作情况、吴中区贯彻落实减税降费政策情况等工作的汇报。

9月30日，召开区四届政府第二十八次常务（区长办公）会议，主要内容：审议《2019年苏州吴中·太湖经贸合作洽谈会活动总体方案》《苏州市吴中区重大行政决策程序规定实施细则》等文件。

9月30日，召开区四届政府第二十九次常务（区长办公）会议，专题学习《生产安全事故应急条例》并部署全区安全生产工作。

10月23日，召开区四届政府第三十次常务（区长办公）会议，主要内容：听取吴中区前三季度经济运行情况和下阶段工作安排、吴中区土地储备三年计划、2020年度土地储备和住宅用地上市计划情况、《关于进一步加强吴中区黑臭水体整治的议案》办理情况等工作汇报，审议《苏州市吴中区土地储备操作办法》《吴中区优化提升生产性服务业三年行动方案（2019—2021年）》《吴中区落实省第一安全生产巡查组反馈意见整改方案》《吴中区新型职业农民认定管理办法》等文件，组织学习《中华人民共和国村民委员会组织法》。

11月29日，召开区四届政府第三十一次常务（区长办公）会议，主要内容：学习贯彻习近平总书记关于安全生产工作重要指示批示精神以及国家、省、市安全生产有关会议精神和《优化营商环境条例》，审议《吴中区古树名木和古树后续资源保护管理办法》《吴中区古树名木和古树后续资源保护管理扶持资金实施办法》《关于加强吴中区基层卫生人才队伍建设的激励办法》《吴中区行政执法“三项制度”实施方案》《2019年区政府实事项目进展情况与2020年区政府实事项目计划安排》《吴中区重污染天气应急预案》。

12月19日，召开区四届政府第三十二次常务（区长办公）会议，主要内容：审议《吴中区突发事件预警信息发布管理办法》、吴中区促进创业投资高质量发展的政策意见、《吴中区乡村振兴战略实施规划（2018—2022年）》《吴中区区级储备粮油一体化实施意见》《吴中区行政审批告知承诺制管理暂行办法》《吴中区行政审批容缺受理制管理暂行办法》、2020年政府工作报告、《关于2019年国民经济和社会发展计划执行情况与2020年计划草案的报告》《关于2019年财政预算执行情况和2020年财政预算草案的报告》等文件，听取吴中区“菜篮子”保供稳价工作、2019年全区经济运行情况、2020年经济社会发展主要预期目标安排和重点项目投资计划、苏州生态涵养发展实验区有关情况、2019年度吴中区政府重大行政决策事项情况等工作汇报，组织学习《中华人民共和国外商投资法》。 （许健强）

【其他会议】 1月21日　全区消防安全紧急工作会议

1月28日　全区“331”专项行动现场推进会

1月29日　全区安全和城建交通工作部署会

2月11日　全区作风效能建设、高质量发展综合表彰大会

2月21日　全区国省考断面稳定达标现场推进会

3月1日　区政府全体（扩大）会议

3月4日　全区扫黑除恶专项斗争推进会

3月8日　吴中区重大项目建设现场推进会

3月12日　全区人民武装工作会议

3月14日　全区黑臭水体整治暨高质量推进城乡生活污水治理工作会议

3月22日　全区乡村振兴工作会议

4月12日　全区安全稳定工作会议

4月13日　吴中区生活垃圾分类处置工作推进会

4月19日　全区扫黑除恶工作专题会议暨落实中央下沉督导重点任务部署会

5月10日　全区拆迁（征收）安置工作现场推进会

5月24日　全区生态环境保护工作会议暨打好污染防治攻坚战指挥部第一次全体（扩大）会议

5月27日　全国文明城市长效管理工作推进会

6月11日　全区退役军人事务工作领导小组第一次全体会议

6月13日　全区重点项目建设推进会

6月28日　全区基层“互联网+政务服务”体系推进会

7月30日　全区征兵工作会议

7月31日　区政府全体（扩大）会议

9月2日　全区安全生产专题工作会议

9月9日　全区庆祝第35个教师节座谈会

9月17日　全区大气污染防治工作推进会

10月9日　全区学校建设推进会

10月16日　吴中区2019年第四季度重大项目集中开工开业仪式

10月17日　苏州生态涵养发展实验区建设工作推进会

10月20日　2019苏州吴中“环太湖”国际竞走多日赛暨太湖蓝半程马拉松赛

11月8日　区长对话民营企业家、新阶层人士座谈会

11月17日　区政府班子工作务虚会

11月29日　全区深入开展安全生产专项整治行动工作动员会

12月11日　全区垃圾分类工作推进会

12月15日　苏州生态涵养发展实验区规划发布会

12月22日　首届东吴文学奖颁奖典礼暨“写在江南”——长三角文学发展研讨会

（许健强）

【重要文件】 1月1日　印发《吴中区工业企业资源集约利用差别化价格政策实施意见（试行）》，进一步优化工业企业资源配置，指导相关企业加大技改力度，提高资源集约利用水平，增强企业核心竞争力，推动全区制造业加快转型升级。

2月26日　印发《区政府关于下达2019年主要工作任务的通知》，细化分解2019年政府主要工作任务，要求各地、各部门加强组织领导、强化协调配合、切实抓好工作落实。

5月9日　印发《关于吴中区中小学开展课后延时服务工作的指导意见》，要求各地各相关部门按照“满足需求、家庭自愿、家长委托、学校服务”原则，强化协调配合、安全保障、经费保障、宣传引导，切实把好事办好、实事办实，不断提升学生和家长的满意度和获得感。

5月21日　印发《东吴创新创业引导基金管理办法》，要求区金融控股集团有限公司更好地发挥财政资金“四两拨千斤”的杠杆导向作用，引导社会资本加大对吴中区创新创业型人才项目以及两大主导产业、战略性新兴产业领域的投资，促进资本与产业深度融合发展，增强产业“造血”功能。

6月11日　印发《吴中区镇（街道）以相对集中行政处罚权为主要内容的综合行政执法改革工作实施方案》，要求各地各部门因地制宜研究镇域（街道）综合执法改革细化方案，确保相关执法权限“放到位、接得住”。

6月27日　印发《关于促进吴中区民营经济高质量发展的实施意见》，要求各地各相关部门坚持问题导向，为民营企业纾困解难，不断增强民营企业的获得感。加强板块和部门间的协调配合，推动全区民营经济实现新发展。

7月1日　印发《关于促进吴中区商务经济高质量发展的政策措施意见》，要求各地各相关部门注重对外贸易转型发展，积极招引外资大项目、好项目，鼓励区内企业加快“走出去”发展步伐，提升企业防范化解风险隐患能力，全面提升商务经济发展水平。

7月8日　印发《吴中区打赢蓝天保卫战三年行动计划实施方案》，要求各地各相关部门切实增强打赢蓝天保卫战的责任感、使命感和紧迫感，紧扣方案目标要求，细化分解任务，倒排时序进度，严格考核问责，确保PM2.5浓度明显降低、重污染天数明显减少，实现全区空气质量的持续稳定改善。

8月9日　印发《东吴教育人才计划实施细则（2019—2021）》，要求各地各相关部门要进一步加强教育人才招引力度，进一步加强教育人才培育力度，实施教育人才分层培养计划，着力储备一批教育教学骨干、学术带头人和校长，打造一批教学名师和学科领军人才。

8月16日　印发《苏州市吴中区镇域（街道）综合行政执法管理办法》，明确综合行政执法改革中职责权限、执法规范、执法协作、执法监督等相关内容。要求各地各相关部门加快构建分工科学、权责明确、衔接有序、运行顺畅的管理体制，建立健全行政执法协作配合运行机制。

8月16日　印发《关于加快现代服务业高质量发展的政策意见》，要求各地各相关部门要牢固树立高质量发展理念，抢抓长三角一体化等国家战略

契机，按照聚焦集成、补短拉长的原则，推动检验检测、研发设计、现代物流等生产性服务业做大做强做优，着力营造全区现代服务业发展的浓厚氛围。

10月7日 印发《关于促进吴中区金融业高质量发展若干政策措施意见》，要求各地各相关部门在加快优质金融机构集聚、加大资本市场扶持力度、鼓励企业多元化融资、金融支持实体经济发展等方面下功夫，充分释放政策红利，推动吴中金融业高质量发展。

12月2日 印发《吴中区土地储备操作办法》，要求各地各相关部门严格储备管理，不折不扣执行好储备土地规划计划管理、收储、入库前准备、项目库管理和土地供应、资金管理等程序。

12月25日 印发《苏州市吴中区全面推行行政执法公示制度执法全过程记录制度重大执法决定法制审核制度实施方案》，要求各地各部门要进一步转变执法理念，完善执法制度和程序，切实加强执法队伍建设，加快推进执法信息互联互通共享，有效整合执法数据资源。

（许健强）

实事项目

【概况】 2019年，吴中区政府要求各地、各部门加强领导、明确责任，制订计划、落实举措，积极推进实事项目各项工作，6类19项实事工程完成年度目标任务。

【优化生态环境】 新改建污水管网50千米。实施甪直新区污水处理厂6万吨/日扩建项目，年内完成土建部分的50%。完成金庭污水处理厂尾水净化项目建设和木渎新城污水处理厂二期（太湖新城污水处理厂）8万吨/日项目开工前准备工作。完成18条重点和疑似黑臭水体整治工作，开展新一轮动态排查，对新发现的黑臭水体年内完成整治。巩固提升已完成整治的155条重点和疑似黑臭水体水质，强化长效管理。疏浚整治河道127条125千米，建设生态河道8条15千米。推进全区排水达标区建设，加快实现“河道整洁、河水清澈、河岸美丽”工作目标。在13个镇（区、街道）建设环境空气质量站点。其中，11个新建站点配备臭氧、PM2.5等主要指标自动监测仪及降尘罐等设备，2个已有站点增设降尘罐等设备。

【优化交通出行】 新开工建设长江路南延、星塘街南延、阴山横山至金庭环岛公路连接线项目。推进东环快速路南延、南湖快速路、南湖快速路东延、苏同黎公路快速化改造、独墅湖第二通道等项目。开工建设金港、清禾路、蠡墅立交等公交首末站3个，年内完成金港公交首末站建设。完成公交候车亭建设59个。建设区级智慧停车综合管理平台，对区内11条道路1413个停车位开展道路停车泊位智能化改造。

【优化医疗卫生】 建设儿童哮喘、慢性阻塞性肺疾病、中老年骨质疏松症等社区防治点5个，完成筛查、检测1.1万人。为全区符合规定的残疾人安装假肢和矫形器，对有基本型辅助器具适配需求的残疾人进行辅助器具免费适配。在全区实施视力残疾预防工作，筛查人数1.2万人次，完成白内障复明手术700例。

【提升教育文旅】 建成投用吴淞江实验小学、邵昂路小学及附属幼儿园、太湖新城吴郡幼儿园、吴淞江实验小学附属锦湖幼儿园等学校13所。加快推进度假区第三幼儿园、香山中学扩建等新改扩建项目7个。启动尹山湖高中、横泾中学、苏苑高级中学等新改扩建项目10个。对吴中太湖旅游区、木渎古镇、甪直古镇、西山景区、光福景区、天池山景区等6个A级景区实施票务系统建设，在45个点位安装检票闸机、信息发布屏等物联网设备，实现景区快捷入园以及各类信息实时发布，提升游客满意度。建成34

个集宣传文化、党员教育、科学普及、普法教育、体育健身等功能于一体的村（社区）综合性文化服务中心，全区覆盖率达到90%。

【提升民生保障】 完成苏州市现代农产品物流园经一路、纬一路、纬四路和纬五路等道路工程建设。加快推进苏州市现代农产品物流园一期交易市场片区建设，完成批发大棚建设，商办楼、配送楼、冷库冻品批发楼完成工程量的70%。新开工建设安置房15000套，竣工4000套。完成保障性住房新开工建设任务7500套，基本建成1100套。完成区级电子政务外网数据交换平台建设，实现镇（区、街道）和村（社区）线上服务平台全覆盖。区、镇、村三级审批服务业务全部进驻服务大厅，配备综合自助服务设备15台，实现全天候自助服务。完成20家老年人日间照料中心建设，实现20家老年人日间照料中心社会化运营。为26户符合政策的困难老年人家庭实施无障碍设施改造。推进2家区域性养老服务中心建设。

【提升公共安全】 角直、胥口、东山、临湖、木渎藏书片区、郭巷、横泾、城南消防站完成建设并投入使用。新建微型消防站63个。安装1000套船载监管终端，保障渔船作业安全。

推进食用农产品电子追溯系统建设和农贸市场快检室提档升级，全区20家农贸市场接入监管平台。启动南城区防洪除涝及调水引流工程，完成1座闸站、3座防洪闸建设。

（许健强）

法治政府建设

【综述】 2019年，吴中区积极贯彻市、区法治政府建设各项工作部署，全面落实法治政府建设情况报告制度，以绩效考核为抓手，提高各地有关部门的法治思维和依法行政能力，推动法治政府建设各项任务落实。制定《吴中区2019年度法治政府建设工作要点》，明确年度推进依法行政重点工作任务。突出抓好法治意识和能力提升，落实区政府常务会议学法和部门领导班子集体学法制度，全年区政府常务会议组织开展《生产安全事故应急条例》《外商投资法》《优化营商环境条例》等学法活动。推进领导干部、公务员学法考法。组织拟任命领导干部参加任前法律知识考试，并在试题中增加扫黑除恶宣传内容。组织全区机关工作人员开展旁听庭审活动。各部门针对行政执法人员、中层干部、军转干部等广泛开展法治培训活动。制定印发区政府政务公开工作的实施意见及2019年政务公开要点，分解任务，明确责任，将政府信息公开工作纳入部门和镇（街道）绩效考核，切实提高政务公开工作制度化、规范化水平。

【行政规范性文件备案审查】 在政府规范性文件制定过程中，认真履行法治审核职能，确保制度规范，维护行政管理相对人合法权益，审核区政府及有关部门起草的各类政策文件50余件。工作中，注重通过法治工作助力区域经济高质量发展，对区发改委、区工信局、区科技局、区商务局等部门关于扶持民营经济、工业经济、商务经济、现代服务业发展、科技创新发展的一批规范性文件进行研究，及时提出法律意见。按规定完成《区政府关于印发吴中区文化体育产业高质量发展若干扶持政策（试行）的通知》等8件区政府规范性文件的法治审核和对上报备各项工作。印发《区政府法律事务工作规则》，法律事务管理方面更加规范化。结合市政协提案办理工作，组织开展优化营商环境相关行政规范性文件专项清理，围绕工商注册、招商引资、企业入驻、厂房交易、股权转让、环保安监管控等方面，查找现有规范性文件是否存在违反法律法规或者与优化营商环境要求不一致的内容，对照上级要求开展清理工作。

【行政决策程序管理】 按照上级部署，制定工作方案，启动吴中区重大行政决策规范管理标准化、体系化试点工作，并制定印发《苏州市吴中区重大行政决策程序规定实施细则》。区政府常务会议汇报年度重大行政决策事项，确定2019年度重大行政决策目录。

【行政执法监督】 4月，成立吴中区镇域（街道）综合行政执法改革工作领导小组，统筹推进镇域（街道）综合行政执法改革工作。在甪直进行综合执法改革先行先试，完成全区各镇（街道）综合行政法治局集中揭牌。全面落实行政执法“三项制度”，区政府研究出台《苏州市吴中区全面推行行政执法公示制度执法全过程记录制度重大执法决定法制审核制度实施方案》（吴政办〔2019〕140号），发文成立吴中区全面推行行政执法“三项制度”工作领导小组（吴政办〔2019〕141号），印发《苏州市吴中区行政执法公示办法》《苏州市吴中区行政执法全过程记录办法》《苏州市吴中区重大行政执法决定法制审核办法》（吴政办〔2019〕142号），全区各重点执法部门对照部署，完善制度、推进工作，实现常态化管理机制。加大行政执法的监督力度，开展市场监管、生态环境保护等重点领域行政执法专项监督。进一步规范行政执法行为，开展执法案卷评查，15家单位入选案卷评查优秀部门。严格落实行政执法主体和执法人员资格管理制度，公布第一批59个区级行政执法主体，开展三年一度的执法证件换发工作，发放行政执法证件1230张、行政执法监督证件86张。

【行政复议和应诉】 全年，区行政复议机构收到行政复议申请59件（受理45件），同比增长74%，审结49件。其中11件维持，8件驳回，21件终止，1件确认违法。办理以区政府为被申请人的行政复议案件1件，均已审结，其中1件撤销原行政行为。区政府行政应诉案件25件，同比增长178%，行政机关负责人出庭率71.4%。区政府及镇（街道）和部门行政应诉案件87件，实际出庭案件73件，全区行政机关负责人出庭应诉率84%。建立行政应诉分析通报制度。以季度、半年度、年度为单位，统计汇总全区行政应诉情况，并进行败诉专题研判分析，促进行政机关提高执法水平，从源头上减少行政争议。对机构改革后的新问题形成工作机制、改进方式方法。统计全区行政复议应诉联络员，打造一支专业的联络员队伍，畅通案件反馈机制。分别就机构改革后的案件办理情况向区政府进行多次汇报。向区政府专题请示行政复议办案程序问题，初步确定维持类案件由区司法局审批，改变类案件及重大复杂案件由区领导审批，提升案件办理的规范化水平。就某重大复杂案件向区政府进行个案请示汇报，确保办案质量。加强沟通，提高区政府出庭应诉率。

（谭　丽）

行政服务

【概况】 2019年，突出审批服务便民化这一目标定位，坚持受办分离、管运分离“两分离”的改革原则，构建线上一网、线下一窗、最多见一面“三个一”的运行机制，实施减环节、减材料、减证明、减时限“四个减”的“瘦身行动”，打造网上办、马上办、就近办、跨级办、同城办“五个办”的服务体系，强化阳光政务、高效政务、文明政务，纤夫精神、工匠精神、店小二精神“三项工程、三种精神”的文化支撑，积极推进审批制度改革，全力优化营商环境。区级形成以政务服务中心为主体，不动产、社保、税务、国土、公积金、车管6个专项服务大厅为补充的窗口服务群，区级1056项行政权力业务进驻率从70%提高到100%。

1—12月，区政务服务中心受理各类审批服务事项473312件，办结472441件，办结率99.82%，日均受理1749件，应收费用55788.29万元，实收55788.29万元，减免0万元。周六对外服务受理7043件。

【构建“四个一”审批服务机制】 2019年，从构建“线上一张网”“线下一扇门”“前台一个窗”“后台一枚章”四个方面构建“四个一”审批服务机制。进一步精细化、精准化维护办事指南，实现区级30个部门和16个镇级、186个村级机构全部建成网上办事大厅，全区747项审批服务事项100%线上可办，累计汇集办事指南超2万份。推进16个镇级机构服务大厅全面从实体大厅建设、硬件设施配备、软件系统升级、服务人员安排等多方面实施新一轮改造提升，完成本级审批服务事项全进驻，其中基础公共服务事项（镇）144项。村级在已全面实现窗口服务模式的基础上，形成基础公共服务事项79项，并推出片区服务、错时服务、生活类延伸服务、24小时自助服务等一批创新举措。推进综合窗口改革，通过分类无差别综合窗口的设置，实现“综窗统一受理，后台分类审批，集中出件反馈”的工作机制。将原来分属于29个部门56个类别的78个窗口，整合为市场准入、项目建设、社会事务三类24个窗口，实行分类无差别受理。积极推进行政许可权相对集中改革，区行政审批局集中划转原14个区级部门的72项行政审批业务，开启吴中区“一枚印章管审批”新征程。

【推进重点改革领域开拓创新】 推进基层“互联网+政务服务”体系建设。汇总梳理《吴中区下放镇、街道行使的行政权力事项清单》《吴中区下放镇、街道行使的公共服务事项清单》；创新地为度假区、开发区和木渎镇、甪直镇个性开发系统研发对接端口，为其余镇（街道）研发两级体系通用版系统，实现审批管理平台的区、镇、村三级全覆盖；在区、镇两级政务服务大厅全面推行“受办分离”机制，实行窗口人员、导服人员统一管理，实现“一口清”导办、“一条龙”服务。推进建设项目“预审+代办”机制。安排专人跟踪项目报批进展，每月通报信息，实时协调解决和向上反映问题困难，使得项目从签订土地出让合同到获得施工许可时间比正常流程节约3至4个月；配合吴中经济技术开发区做好信用承诺制试点相关工作，年内共有14个项目申报信用承诺制，已有10个项目领取施工许可证；重新梳理建设项目审批流程，根据上级最新文件精神将全过程审批流程分为三阶段：立项用地规划许可阶段、工程建设许可阶段、施工许可阶段。建设“智慧吴中”电子政务二期项目。正式上线运行乡镇通用版平台，为基层互联网+政务服务工作提供软件基础；根据综窗受理和服务模式，打造全新综窗服务页面。提供场景式服务、自定义套餐系统等功能模块；建设不动产登记项目系统，实现不动产登记线上一平台、线下一窗口服务模式。

【打造一流绩效管理模式】 2019年，创好“吴优办”海棠花红先锋阵地。以“不忘初心、牢记使命”为主题，紧扣政治功能凸显“海棠花红”新时代内涵，紧密结合窗口单位工作实际，成立以局长沈斌为组长的创建领导小组，综合利用文字、图像、展板等形式分别在大厅醒目位置展现成果，并设立党建服务窗口、红色阅读区、先锋书架等。围绕“政务吴中、服务无限”的宗旨和承诺，组建90余人的“阳光政务・党员团员志愿者服务队”，结合文明城市创建、雷锋日、志愿服务进社区、登记高峰日等开展志愿服务7次。与吴中城投置业有限公司党支部结成共建，组织开展活动2次。力求打造一个集党建宣传、服务群众、学习交流功能于一体的先锋阵地品牌，做精“空气式”服务，打响“吴优办”品牌，争做行政审批的“优等生”。起草

"绩效+作风"融合考核细则。根据上级关于行政审批制度改革等一系列文件指示精神，按照"一窗统一受理、后台分类审批、集中出件反馈"服务模式，建立"绩效+作风"融合考核机制，突出绩效和作风两大考核重点，强化业务绩效和行为作风的双重考核。推行新的评优计划和办法。每季度开展"微笑大使"评选，创建省级文明单位，引导窗口人员进一步保持积极、乐观、和善的工作状态；每季度开展"先锋工匠"评选，组织业务技能培训，引导服务后台工作人员进一步强化创新、创优意识和实践；实施"优品精培"计划，坚持标准化、精细化、特色化、产品化鲜明导向，学习先进地区成功经验，在全区政务服务系统持续开展创新创优项目申报和评选，挖掘推广一批基层优质项目和优质品牌，宣传和引导企业、群众优先选择"网上办、快递送、代办制、不见面"服务模式。

【成立吴中区行政审批局】 2019年2月16日，吴中区行政审批局正式完成转隶，保留原政务服务管理办公室挂牌。区行政审批局是区政府工作部门，正科级建制。下设办公室（信息科、法制科）、行政审批制度改革科（政务服务指导科、督查科）、市场准入审批科、项目建设审批科4个科室。下辖区便民服务中心，为副科级事业单位。

【推行"一窗通办、一号办通"政务服务模式】 4月1日，吴中区推行"一窗通办、一号办通"政务服务模式，区行政审批局通过设置无差别综合窗口，将原来分属于29个部门30个类别的61个窗口，整合为市场准入、项目建设、社会事务三类24个窗口，实现"综窗统一受理，后台分类审批，集中出件反馈"。

（顾佳宇）

人事工作

【人才工作】 出台《东吴重点产业紧缺人才计划实施细则》《吴中区人才公寓建设运营补助办法》等人才引育配套政策。全年引育高层次人才1235人、高技能人才5590人，开展职称评审2240人、技能鉴定8610人。成功举办第十一届国际精英周吴中分会场活动，签约项目74个。建成人才工作联络站海外站6家，国内站4家，企业站56家。2人分获第45届世界技能大赛银牌、铜牌，奖牌总数全省第一；1人获"中国·苏州"大学生创业创新大赛总冠军，1人入围"省级六大高峰人才"；1家企业入选国家级"最具潜力留学人员创业企业"，实现零的突破；258人入选2019年姑苏重点产业紧缺人才计划，排名全市第二；3家企业获批职称自主评审权。

【事业单位管理】 规范事业单位人员招录工作，全区招录事业编制人员115人；教育系统招录编制内教师27名，年金制教师957名；卫生系统招录备案制医护人员138名；专业化青年人才定岗特选计划招录事业编制人员23名，国有企业人员3名。完成专技岗位首次分等级竞聘工作，动态调整事业单位岗位设置97家，办理转正定级手续158人。（范　莉）

信访工作

【概况】 2019年，区信访局共受理群众来信来访3081批次5185人次。其中：办理来信1834件；来访1247批3351人次，进京上访82批87人次，赴省上访89批124人次，到市上访231批748人次，到区上访845批2392人次。办理省委书记、省长信箱99件，办理复查复核4件。2019年，共收到群众感谢信5封、锦旗3面。

【维护社会稳定】 以保障新中国成立70周年信访稳定为主线，总结固化重大活动期间安保维稳经验做法，滚动排摸梳理信访重点人员和重点事项，加强警信联动，落实两级领导包案，适时启动安保维稳实体化专班，拉紧三道防线。2019年，信访、公安、应急、住建、民政、卫健、金融监管、退役军人等区级部门组建实体化专班3次，累计召开专题部署研判会5次，派驻北京工作组46人次，值班值守235人次，完成各级“两会”、第二届“一带一路”高峰论坛、“钱宝系”省法院开庭、第二届江苏发展大会、新中国成立70周年大庆安保、党的十九届四中全会、上海进口博览会等重要活动期间的信访维稳工作。

【开展矛盾纠纷排查】 进一步强化风险防控意识，将信访工作融入社会综合治理网格体系，全面排查各类信访矛盾纠纷隐患，定期分析研判信访形势。着重对城乡建设等重点领域，民代幼（民办或代课幼儿教师）等重点群体以及重复越级访、异常信、扬言信等进行系统排查梳理。对发现的问题线索，坚持边排查边化解，减少问题矛盾堆积上行。专题开展重复信专项治理，完成23件重复信化解工作。全年共组织开展矛盾纠纷排查12次，排查重点人员22人、信访事项56件。截至2019年底，已化解重点人员7人，重点事项48件。

【推进领导接访下访】 始终把领导干部接访下访作为践行“以人民为中心”发展思想的具体行动，坚持常态化开展党政领导干部接访下访工作。严格落实领导包案责任，区党政领导干部每月至少接待来访群众1次。围绕重点、难点及民生问题，通过党政领导面对面倾听诉求、会办研究等方式，解决一批涉及群众住房、出行、教育的身边事（如区委书记唐晓东接待光福镇肖某某与驻苏部队治疗补偿和人身损害赔偿问题，区长陈嵘接待协调郭巷街道张某某因儿子双腿不便反映书报亭位置问题等），促使信访问题解决在基层、化解在当地。2019年，全区党政领导干部共接访下访145次，会办协调疑难问题121件。

【攻坚信访积案】 按照“削减存量、控制增量、提升化解质量”目标要求，结合常态化积案化解、信访矛盾化解攻坚战、重复信治理等工作，对信访积案进行梳理研究，建立“半年排、月度调、季度结”工作制度，对全区信访积案做到动态标识、过程管理、跟踪化解。全年召开全区信访联席专项小组会议13次，现场研判分析会议62次，有效化解东山张某某、光福肖某某等一批“骨头案”“钉子案”，进一步减少各类社会风险隐患。

【推行网上信访工作】 推进全区信访系统标准化建设工作，不断提升信访工作规范化水平。制定并印发《群众来信办理工作规范配套措施》《群众来访接待工作规范配套措施》《网上信访事项办理工作规范配套措施》等标准化操作手册。2019年，加大信访基础业务培训力度，通过局机关内部培训、邀请市局专家开展业务指导、赴高校学习培训等方式，提升全区信访干部的业务工作能力。以阳光信访平台为抓手，加强与区人民调解委员会工作对接，及时将能够引入调解的邻里纠纷、合同争议等纠纷类事项移送人民调解委员会，及时快速准确回应群众关切。全年开展访调对接11件，全部得到有效化解。主动对接区联动中心，将信访工作与网格化有机结合，实现信息共享、资源共通。全年，网上平台共受理信访件近1000件，打开“数据多跑腿，群众少跑路”的信访新局面。

（宋　婷）

外事工作

【概况】 2019年，牢固树立“大外事”理念，整合全区涉外资源，提升外事服务水平。助力经济社会发展，助推企业“走出去”，服务企业“请进来”，打造优质“小环境”。认真贯彻落实中央和省、市有关因公出国的各项管理政策，不断规范吴中区因公出国管理工作。2019年共接待外宾22批437人次。根据《关于区政府办公室职责机构编制转隶方案的通知》（吴编办〔2019〕23号）精神，将区政府外事和侨务办公室的外事工作职责划入区政府办公室。

【健全外事工作机制】 按照机构改革相关要求，理清工作思路，调整优化工作机制。强化党管外事。成立区委外事工作委员会，严格落实“党管外事”政治要求，健全党委对外事工作的领导机制。召开外事委员会第一次全体会议，研究部署全区外事工作，出台《区委外事工作委员会工作规则》及《办公室工作细则》。规范涉外管理。建立外事工作联络员制度，强化对涉外事务的归口管理。严格按照规定，指导东山镇、北美高级中学、电科院等单位开展涉外活动。整合涉外资源。系统摸排外语人才，建立人才目录库，夯实涉外管理工作基础。常态化开展外事条线维稳调研，及时排查涉外纠纷，有效化解涉外矛盾。

【助力经济社会发展】 助推企业“走出去”。落实上级关于服务“一带一路”的工作部署，主动宣传APEC商务旅行卡申办政策，2019年共计为13家企业、21人次办理APEC商务旅行卡。做好相关企业在对外投资过程中的涉外服务。服务企业“请进来”。配合市外办开展网上申报点对点服务，做好区内企业外国人到华邀请确认函初审工作，2019年共为31家企业办理外国人到华邀请确认函52批次93人次。打造优质“小环境”。走访调研启洋电机、配伟奥、万诺电子等外资企业，广泛征求企业对外事工作的意见建议。推荐上报“苏州市荣誉市民”“苏州之友荣誉奖”以及“江苏青年友好使者”候选人。与日本池田泉州银行苏州办事处接洽会商，就促进经贸领域合作等交换意见。完成辉瑞健康药物全球供应高级副总裁一行、西班牙Ortiz Leon建筑事务所总经理一行、立陶宛科学技术创新署率领的企业代表团等到访的相关保障工作。做好法国耐克森集团副首席执行官一行拜会苏州市领导相关沟通协调工作。

【规范因公出国管理】 认真贯彻落实中央和省、市有关因公出国的各项管理政策，规范吴中区因公出国管理工作。开展政策培训。邀请市外办、市财政局相关部门专家，组织各地各部门开展因公出国政策业务培训，协助做好省外办因公出国管理监督员培训，增强从业人员政策知晓度和敏感性。从严审核把关。严格执行因公临时出国计划，重点对因公临时出国团组任务的必要性、邀请单位的匹配性、报批材料的真实性、行程安排的充实性和人员结构的合理性等，从严从紧进行审核。全程监督问效。强化团组派出单位的责任，做好制止公款出国旅游的第一“守门人”。开展行前教育和出国外事纪律诫勉工作，守牢外事纪律红线。加强访后督查，通过比对出国记录与报批行程，请示任务与完成任务，对出访成果进行跟踪、评估。提升服务质量。在加强监督检查的同时，主动做好服务工作，对招商等重点保障团组积极对上争取，强化沟通协调，加快团组审批办理进度，保障重点团组的顺利出访。2019年共办理因公出国团组28批94人次，其中，自组团16批78人次，市组团9批10人次，省组团3批6人次。

【推进国际交流合作】 2019年共接待外宾22批437人次。持续深化友城交往。同韩国大邱广域市东区厅政府完成互访，提升两地友好交流水平。组织评弹团赴德国里萨参加建市900周年庆典活动，深化人文交流合作。继续推进同美国南湖市卡罗尔学区、韩国大邱广域市东区的青少年寄宿修学互访项目，苏苑实验小学、迎春中学、苏苑高级高中、东吴外师等学校师生按计划同结对学校开展互访。召集相关学校座谈，对互访项目深入调研，丰富内涵，提升品质。不断拓展对外交流。先后接待慢城联盟总部官员、德国联邦经济发展与外贸协会相关负责人、刚果（布）黑角市副市长、意大利卢卡市贾科莫·普契尼基金会对外关系经理、法国格勒诺布尔市围棋俱乐部主席等访问团到访吴中，就城市建设、经贸合作、畜牧养殖业、文体赛事等领域进行交流探讨。积极对上争取，组织一批非遗传承人参加中法论坛、2019澳门国际文化艺术品展览会。配合苏州市外办，派出畜牧业专家赴刚果（布）黑角市指导当地农民推进畜牧养殖改革。提升吴中城市影响力。主动融入长三角区域一体化发展，做好江苏省外办及各驻沪总领馆签证专员调研活动。配合做好全国“六艺”演出、江苏外国人定向越野大赛和2019苏州吴中环太湖国际竞走多日赛暨太湖蓝半程马拉松的相关工作。认真开展“安全文明出境游安全月”活动。服务国家总体外交，协调商务、宣传等部门，选送图片参加“一带一路”风采录图片展。举行“感受吴中、共话发展”在吴外籍人士中秋联谊活动，增进外籍人士对吴中的了解。（王嘉玲）

机关事务管理

【概况】 2019年，紧扣区委、区政府提出的优化“三大布局”、转换“三大动力”、打好“三大战役”的工作方向，全面履行管理、保障和服务职能，拓宽工作思路、创新工作机制、强化工作措施，推进后勤保障、财务管理、公车管理、办公用房、节能管理、垃圾分类和物业管理等工作。

【后勤保障】 2019年，为行政中心、商务中心提供工作用餐46.4万人次。其中，早餐16.8万人次，午餐24.7万人次，员工用餐、外送等4.9万人次，接待会议餐350桌次。承接全区各级各类会议722场，累计参会人数3.4万人次。做好大空调、消防、电梯、水、电等各类维修7200余次。协助各单位处理336起群体上访事件，共计1500余人次，做好秩序维护和沟通，有效控制事态发展。

【财务管理】 配合做好区重大节庆户的财务管理工作，保障各个大型会议的会务资金需要。配合财政、审计等区级部门完成代记账单位各类专项审计、核查、巡查任务，完成区机关事务管理中心、区人大常委会、区纪委等19家记账单位的审计检查任务。做好区机关事务管理中心本级及下属事业单位后勤综合服务中心日常财务核算及机关部、委、办、局28个行政事业单位55套经费账及党费户、团费户等7个专户共62个账套的财务核算工作。

【公车管理】 落实党政机关公务用车编制化管理，做好企事业单位公车改革取消车辆处置工作，严格按照公开、公平、公正的原则进行车辆拍卖。加强公车使用监管，落实节假日封存制度。开展“清风行动”公务用车专项督查，在元旦、春节、五一和端午等节假日期间，采取公务用车管理平台和与实地检查相结合的方式，抽查91家单位总计403辆公车的使用情况。配合区纪委监委做好“私车公养问题排查摸底”工作，汇总全区1400多辆车的相关情况。

【办公用房】 开展党政机关办公用房自查自纠。由区机关事务管理中心主要负责人带头对城南街道、金庭镇等6家单位的办公用房进行实地抽查。做好江苏省党政机关办公用房信息统计工作，吴中区党政机关、乡镇用地面积1104883.93平方米，总建筑面积1018660.42平方米，办公用房建筑面积849318.22平方米，技术业务用房面积167732.75平方米，办公室使用面积145099平方米，服务用房使用面积170468.03平方米，设备用房使用面积29481平方米，附属用房建筑面积149364.07平方米，共涉及77家（个）党政机关、乡镇。

【垃圾分类】 做好垃圾分类宣传工作，组织参观光大环保垃圾填埋场和垃圾处理流程，分发宣传海报，播放宣传视频等。开展垃圾分类监督检查工作，与区纪委、城管局对乡镇街道关于垃圾分类工作进行督查指导。

【物业管理】 做好吴县新村安全保卫、绿化环保、日常维修工作，做到道路常畅通、楼道整洁无淤积、无重大安全责任事故，不断提升服务保障水平，居民满意度稳步提升。做好出租房租赁管理工作，及时办理好相关的61户店铺、住房、自行车库等出租房的续租、换租或变更租赁合同手续。（韩佳虹）

编辑：洪　蕾

政协吴中区委员会

综　述

2019年底，政协第四届苏州市吴中区委员会有政协委员288名，常务委员52名。下设办公室和6个专门工作委员会：提案委员会、社会事业委员会、城乡建设委员会、经济科技和农业农村委员会、港澳台侨民族宗教委员会、文化文史委员会。

2019年，政协吴中区委员会发挥协商民主重要渠道和专门机构的作用，履行政治协商、民主监督、参政议政职能。聚焦实业兴区发展战略，立足吴中产业实际，助推民营企业发展，视察全区科技创新企业，把民营企业的声音传递上去，为区委、区政府提供决策参考。围绕基层医疗卫生建设、聚焦乡村振兴战略、重点交通工程、法治吴中建设、义务教育均衡发展、安全生产、文物保护、重点项目推进等工作开展视察和调研，提出一些具有前瞻性、针对性、可行性的意见建议，许多建议直接转化为举措被吸纳落实到具体工作中。服务生态保护，助力宜业宜居。持续关注"'263'专项行动""黑臭河道治理""美丽乡村和特色田园乡村建设"等焦点问题，充分发挥作为专门协商机构的作用，提出"说得对、用得上、行得通"的意见和建议。

2019年，坚持"大团结、大统一、囊括一切代表人物"的政治方针，以民主增进活力，以团结壮大力量。发挥界别优势和作用，加强和改进界别工作，完善界别召集人和联络员、界别活动组活动、界别对口联系党政部门等制度，组织界别协商、界别提案、界别调研视察、界别活动发言等工作，提高界别履职组织化程度，通过界别途径密切与各界群众联系，协助党委、政府做好工作。发挥凝聚差异共识的独特优势。运用电视简报主阵地、微信公众号新媒体、"智慧政协"新平台，广泛宣传党和国家大政方针，积极报道政协重要会议、重要工作和重要活动。在《人民政协报》、"人民政协报"微信公众号、《苏州政协》、"苏州政协"微信公众号等平台刊登20多篇简讯，编发《吴中政协》简报6期，通过《吴中报道》栏目制作《聚焦政协》等政协新闻30期，推送"吴中政协"微信公众号33期。

2019年，发挥"参政议政"履职平台作用，让委员知上情、明区情、察民情；发挥"知情明政"充电平台作用，举办第3期委员能力提升培训班，组织委员赴延安进行履职培训；发挥"智慧政协"管理平台作用，强化委员履职管理。重点加强基层政协工委建设。各镇、街道政协工委和城区委员联系小组团结带领辖区政协委员，发挥"服务员”“协调员”“监督员”作用。加强政协各专委会建设。关注改革发展的难点问题、社会治理的痛点问题、民生领域的热点问题，发挥专委会的作用。2019年，1名年轻干部被提拔任用，1名机关年轻干部赴甪直镇长巨村挂职。

重要会议

【政协四届三次会议】 2019年1月8—10日，中国人民政治协商会议苏州市吴中区第四届委员会第三次会议在苏州太湖国际会议中心举行。唐晓东、陈嵘、李朝阳、张炳华等区委、区人大常委会、区政府全体领导及原四套班子老领导到会祝贺，区直机关各部门主要负责人列席会议。会议听取和讨论区委书记唐晓东在开幕会上所做的重要讲话；听取和审议主席张建祥代表区政协四届常委会所做的《政协苏州市吴中区第四届委员会常务委员会工作报告》和副主席姚瑞元所做的《区政协四届二次会议以来提案工作情况的报告》；与会委员列席区四届人大三次会议，听取和讨论区长陈嵘所做的政府工作报告及其他报告；会议补选金建生、封骅、顾炯文同志为政协苏州市吴中区第四届委员会常务委员会委员。会议期间，委员共提交提案195件，经审查立案168件。会议通过区政协四届三次会议决议，审议通过区政协四届三次会议提案审查情况的报告，表彰2018年度吴中区政协优秀提案、2018年度区政协委员先进个人。会议结束前，主席张建祥致闭幕词。

2019年1月8—10日，中国人民政治协商会议苏州市吴中区第四届委员会第三次会议在太湖国际会议中心召开　　王永康　摄

【常委会议】 2019年，召开常委会议4次。

四届九次　2019年1月10日，区政协召开四届九次常委会议。会议审议并通过增补区四届政协委员名单和《区政协常委会2019年工作要点（讨论稿）》。

四届十次　2019年6月11日，区政协召开四届十次常委会议。会议听取区政协经济科技和农业农村委主任李卫、提案委正科职干部周凤祥、社会事业委主任柯德银分别就2019年政协常委会3个建议案所做的情况说明，以及增补政协委员有关情况所做的说明。会议审议并通过《关于加快工业互联网建设助力吴中工业经济高质量发展的建议》《关于推进生态涵养发展实验区建设的建议》《关于加强律师行业建设服务吴中经济社会高质量发展的建议》3份常委会建议案以及区四届政协各专委会组成人员调整事项，同意过钦军、杨三元、许文清、王雪峰、陈旻、毛曦雪、周进瑞、陆学明、陈刚、吴建国同志不再担任区四届政协委员，增补王卫星、李臻、李群、仇玫行同志为区四届政协委员。会议结束前，主席张建祥做总结讲话。

四届十一次　2019年8月22日，区政协召开四届十一次常委会议。区政协常委一行实地视察吴中高新区科文中心，召开区政协四届十一次常委会议。会上，常委们听取区委常委、区政府常务副区长荣德明关于2019年上半年全区经济社会发展情况的通报，审议通过区四届政协委员的调整事项，同意张彩萍同志不再担任区四届政协委员，增补谢诗意、马科思、蔡晓畅同志为区四届政协委员。会议结束前，受区政协主席张建祥委托，区政协党组成员王卫星做总结讲话。

四届十二次　2019年12月24日，区政协召开四届十二次常委会议。会议听取区委常委、区政府常务副区长荣德明关于区政协四届三次会议委员提案、常委会建议案办理情况的通报；协商讨论政府工作报告（征求意见稿），讨论审议并通过《区政协常委会工作报告》（征求意见稿）、《提案工作报告》（征求意见稿）、优秀提案和政协委员先进个人的表彰决定（征求意见稿），部分政协委员调整事项和区政协四届四次会议有关事项。会议结束前，主席张建祥做总结讲话。

【主席会议】 2019年，召开主席会议8次。

四届三十二次（扩大）　1月30日，区政协召开四届三十二次主席（扩大）会议，主席张建祥主持会议。会议听取各专委会主任1月份工作汇报及2月份工作计划，交流民主生活会材料，传达苏州市政协第十四届委员会第三次会议精神，学习《习近平在全国政协新年茶话会上的讲话》《2019年，做努力奔跑的追梦人》《取得全面从严治党更大战略性成果》《踏平坎坷成大道》《深化改革要更加突出解决实际问题》。最后，张建祥总结区政协1月主要工作，部署下阶段工作。

四届三十三次（扩大）　2月26日，区政协召开四届三十三次主席（扩大）会议，主席张建祥主持会议。会议听取各专委会主任2月份工作汇报及3月份工作计划，研究讨论常委会重点调研课题、区政协领导工作联系表、加强省市“两会”精神学习、做好提案办理工作、各专委会工作计划，商量举办委员能力提升培训班的相关事宜。最后，张建祥传达2018年度绩效管理考核满意度评议政协情况，总结区政协2月主要工作，部署下阶段工作。

四届三十四次（扩大）　5月29日，区政协召开四届三十四次主席（扩大）会议，主席张建祥主持会议。会议听取各专委会主任4、5月份工作汇报和6月份工作计划，以及各专委会组成成员单位调整的情况说明；听取文化文史委主任曹富对《关于吴中区政协文化文史特聘研究员（特聘专家）队伍建设的建议》的说明；听取秘书长许晓峰对《关于加强新时代人民政协党的建设工作的实施意见》（吴委办〔2019〕66号）的说明；学习扫黑除恶专项斗争专题；讨论《关于加快工业互联网建设助力吴中工业经济高质量发展的建议》《关于加强律师行业建设服务吴中经济社会高质量发展的建议》《关于推进生态涵养发展实验区建设的建议》3份常委会建议案；听取智慧政协平台建设和运行情况的说明。张建祥传达脱产学习培训情况，总结5月主要工作，并对区政协下阶段工作做部署安排。会议还讨论办公室内设机构有关人事事项。

四届三十五次（扩大）　7月2日，区政协召开四届三十五次主席（扩大）会议，主席张建祥主持会议。会议听取各专委会主任6月份工作汇报及7月份工作计划，学习习近平总书记在“不忘初心、牢记使命”主题教育工作会议上的重要讲话内容和《人民日报》评论员文章《认真贯彻主题教育总要求》《坚持思想建党理论强党》，听取秘书长许晓峰对高质量发展综合考核的说明，副主席姚瑞元汇报赴宁夏考察学习情况和下半年度智慧政协平台运行安排。最后，张建祥总结6月主要工作，并对政协下阶段工作做部署安排。

四届三十六次（扩大）　7月30日，区政协召开四届三十六次主席（扩大）会议，主席张建祥主持会议。会议听取各专委会主任7月份工作汇报及8月份工作计划，学习《习近平新时代中国特色社会主义思想三十讲》第一讲，讨论区政协委员调整相关事宜，通报德江考察情况。最后，张建祥总结7月主要工作，并对区政协下阶段工作做部署安排。

四届三十七次（扩大） 10月28日，区政协召开四届三十七次主席（扩大）会议，主席张建祥主持会议。会议听取各专委会主任9、10月份工作汇报及11月份工作计划，听取联系调研民主党派、智慧政协平台运行、主题教育活动开展有关情况，学习张庆黎的《学习习近平总书记关于加强政协委员队伍建设重要指示的体会》，传达省委政协工作会议精神，讨论联组讨论准备情况。最后，张建祥总结前一阶段主要工作，并对区政协下阶段工作做部署安排。

四届三十八次（扩大） 11月28日，区政协召开四届三十八次主席（扩大）会议，主席张建祥主持会议。会议听取各专委会主任11月份工作汇报及12月份工作计划，听取各分管领导联组讨论发言情况的汇报，讨论区政协四届四次会议分工安排、联组讨论准备情况，传达市委政协工作会议精神，学习四届区委第78次常委会（扩大）会议精神。最后，张建祥总结11月主要工作，并对区政协下阶段工作做部署安排。

四届三十九次（扩大） 12月26日，区政协召开四届三十九次主席（扩大）会议，主席张建祥主持会议。会议回顾12月份工作完成情况，提出2020年1月工作计划，会议要求机关全体工作人员做好政协四届四次会议工作。会议还讨论了其他工作事宜。

参政议政

【助力实业经济发展】 2019年，聚焦实业兴区发展战略，立足吴中产业实际，强化与区委决策的对接度、与政府工作的关联度、对全区发展的贡献度，开展高质量的调研、撰写高质量的建议案、提出高质量的建议，为吴中经济转型升级、提质增效、创新发展建言献力。助推民营企业发展，视察全区科技创新企业，为企业发展提振士气、宣传引导、加油鼓劲，做好“信息员”、当好“传声筒”、架好“连心桥”，把民营企业的声音传递上去，为区委、区政府提供决策参考。持续关注实体经济发展，形成《关于加快工业互联网建设助力吴中工业经济高质量发展的建议》，为工业互联网融合发展建言献策。

【关心法治吴中建设】 从涉及人民群众切身利益的实际问题出发，抓住民生领域热点、难点问题建言资政，收集社情民意，解决群众困难，办好民生实事，助力吴中的改革发展成果更多更好更公平地惠及全区人民。关心法治吴中建设，形成《关于加强律师行业建设服务吴中经济社会高质量发展的建议》，为营造和谐稳定的社会环境、公平正义的法治环境、优质高效的服务环境聚智慧、谋对策、做贡献。

【服务生态保护】 认真践行“两山”理论，切实履行民主监督职责，持续关注“‘263’专项行动”“黑臭河道治理”“美丽乡村和特色田园乡村建设”等焦点问题，充分发挥作为专门协商机构的作用，提出“说得对、用得上、行得通”的意见和建议，助力吴中实现生产、生态、生活深度融合和绿色低碳发展。关注区内生态涵养和环境保护，形成《关于推进生态涵养发展实验区建设的建议》，为打造吴中生态品牌，打通绿水青山迈向金山银山通道献智力、蓄动力、挖潜力。

民主监督

【开展主席视察】 2019年，区政协先后组织委员专题视察“义务教育均衡发展”“安全生产”“乡村振兴”“重点交通工程建设推进”“医疗卫生建设”“科技创新企业”等，开展6次具有知情、督查、推进和评价性质的主席会议专题视察活动，参加委员140多人次。委员们深入实际、深入现场，认真了解情况，现场问计献策，提出意见建议，为有关部门在执行、落实政策时提供参考，进一步强化政协民主监督职能。

【改进民主评议方式】 坚持民主评议与服务大局相结合，改进民主评议方式，坚持区委、区政府决策部署到哪里，民主监督就跟进到哪里，监督力量就集聚到哪里，做到真帮忙、出满力、求实效。全年有90多名政协委员被区有关部门和镇（区、街道）聘为特约监督员、特约检查员、行风评议员、党风联络员。按照“把话语权交给委员，把评判权交给群众”的要求，广大政协委员深入乡镇、街道、企业及服务对象，听取基层群众的意见建议，原汁原味地向被评部门反馈。评议工作坚持科学严谨、操作规范、客观务实，做到总结成绩实事求是，指出不足恰如其分，分析原因深刻到位，提出建议切实可行，取得较为理想的预期效果，促进有关职能部门工作作风的改进和工作效率的提升。

提案工作

【提案办结率100%】 2019年，广大政协委员和区政协各参加单位围绕全区经济社会发展的重大问题和人民群众普遍关心的热点、难点、焦点问题提交提案，共立案提案168件。其中，涉及经济建设方面的37件，城建管理方面的58件，科教文卫体方面的44件，社保法治方面的29件，共涉及50个承办单位。确定区政府各区长领办提案8件，区政协各主席重点督办9件。在全区上下各方共同努力下，168件提案均在规定时限内办复，满意率100%。在提案办理过程中，区四届政协不断创新工作举措，做到主席会议、常委会议定期专题研究提案工作，主席分工督办重点提案，难点问题协同政府领导现场会办，提高提案的办结率，开展提案办理“回头看”活动，检验提案办理成效。

表6-1　吴中区政协优秀提案（2019年）

提案单位（人）	案由	主办单位
民盟吴中区基层委员会	关于吴中区建设生态涵养示范区的建议	吴中资源规划分局
民盟吴中区基层委员会	关于扶持区内高新技术企业登录上海科创板的建议	区金融监管局
民建吴中区基层委员会	关于鼓励、支持、引导民营经济发展的对策和建议	区工信局
民建吴中区基层委员会	关于吴中工业经济发展中存在的问题和不足的建议	区工信局
民进吴中区委员会	关于加强科技企业金融供给的建议	区金融监管局
民进吴中区委员会	关于推进“健康吴中”建设，建立儿童生长发育问题评估与教育指导诊治的建议	区卫健委
致公党吴中区基层委员会	关于塑造吴中区旅游品牌整体品牌形象的提案	区文体旅局
九三学社吴中区基层委员会	关于行政权力下放存在的法律问题的建议	区司法局
区无党派知识分子联谊会	关于推进农业高质量发展、保障农产品质量安全的建议	区供销社
区工商联	关于加快打造太湖西山休闲旅游岛的建议	区文体旅局
区政协经济科技和农业农村委员会	关于多措并举扶持我区民营企业优质发展的建议	区工信局
临湖镇政协工委	关于完善农村集体建设用地流转，维护租赁双方利益的建议	区住房和城乡分局
木渎镇政协工委	关于调整木渎镇公交站名更好服务旅游发展的建议	区交运局
香山街道政协工委	关于进一步推进联动机制运行的建议	区联动中心
长桥街道政协工委	关于吴中区乡村振兴和文旅产业融合发展的建议	区文体旅局

续表

提案单位（人）	案由	主办单位
城南街道政协工委	关于建造集中性有机垃圾就地处置中心的建议	区城管局
顾炯文、唐华琴、马惠民	关于加强我区日间照料中心运营管理的建议	区民政局
顾蔚雯、徐海林、马红花	关于在中小学改装空气净化器设备，保障全市中小学、幼儿园师生健康安全的建议	区教育局
张美元、翁永明	关于妥善安置太湖围网拆除渔民的建议	区人社局
许文清、解冰	关于推进光福苗木种植业健康可持续发展的建议	光福镇
张忠锋	关于吴中大道西段改建成快速路的建议	区交运局
汤璐	关于扎实推进义务教育均衡化的建议	区教育局
郑伟	关于有效促进吴中区学前教育事业优质规范发展的建议	区教育局
黄丹荔	关于进一步发挥众筹对苏州科技型创业企业支持作用的对策建议	区科技局
蒋红萍	关于完善开发区社区配套设施的建议	开发区
刘中华	关于整合水八仙商业价值的建议	区农业农村局
王衍兵	关于深化吴中水环境提升的建议	区水务局
陈福元	关于加强基层医疗机构人才培养的建议	区卫健委
张彩萍	关于建立吴中区民俗文化现代传承保护体系的建议	区文体旅局
茶永军	关于建立完善“互联网＋政务服务”体系建设的工作提案	区行政审批局

（出自：区统计局）

编辑：洪　蕾

纪检监察

综述

【概况】 2019年，以习近平新时代中国特色社会主义思想为指导，深入贯彻党的十九大和十九届二中、三中、四中全会精神，落实中央纪委四次全会、省市纪委五次全会和区委十一次全会要求，忠实履行党章和宪法赋予的职责，坚决贯彻落实党中央和省、市、区委重大决策部署，坚持标本兼治，锐意改革创新，推动纪检监察工作高质量发展。全区精准运用监督执纪“四种形态”处理708人次，第一、第二、第三、第四种形态分别占比71.5%、22%、2.4%、4.1%，挽回直接经济损失622万余元。

【党的纪律检查体制、国家监察体制和纪检监察机构改革】 2019年，全面贯彻《监察法》，落实改革要求，推进省级以上开发区监察体制改革。6月，向苏州太湖国家旅游度假区、吴中经济技术开发区派出监察工委，探索对所辖镇（街道）监察职能的运用，规范行使监察权。2019年，政务立案6件，制发监察建议书5份，加强对开发区公职人员的监督。健全规范派出监察员办公室运行机制，提升工作质效，共修改完善规章制度15项。通过交叉监督、异地检查，从机制上解决基层熟人社会监督难题，并推动乡镇（街道）纪（工）委持续巩固和深化“三转”。全年派出监察员办公室组织开展监督检查139次，处置问题线索131条，政务立案11件，发现党纪案件线索并移交乡镇纪委立案7件，打通全面从严治党“最后一公里”。

【纪检监察队伍建设】 2019年，落实队伍建设主体责任，出台《吴中区纪委监委领导班子落实纪检监察干部队伍建设主体责任实施办法》，带头建设让党中央放心、让人民群众满意的模范机关。做好干部调整、选拔和任用工作，开展“纪检监察干部考察评价画像”活动，全面了解纪检监察干部，为选人用人提供科学依据。根据“能力建设提升年”要求，以全面增强业务本领为重点，分层分类加强对全区纪检监察干部的培训，通过集中培训、业务实训、党性锻炼、干部讲坛、纪检沙龙、高校培训、读书分享等多种形式，培训各级纪检监察干部4296人次。突出年轻干部培养，出台全链式精培机制，加快年轻干部成长。选配多名干部充实基层，建强乡镇纪检监察干部队伍。采取上挂下派、跟班培训、模拟实战等方式提升培训实效，共有27人次参与实践锻炼，增强实战能力。开展“打铁必须自身硬”暨“带头建设模范机关”专项行动，时刻警醒纪检监察干部牢记忠诚干净担当要求。自觉接受党委领导和监督，重大事项、重大案件及时向党委报告。主动接受区人大及其常委会的监督，依法公开监察工作信息。召开年度党风廉政建设和反腐败工作情况通报会，及时向民主党派、工商联、无党派人士通报工作情况。健全内控机制，严格遵守省纪委“六条禁令”，强化对纪检监察干部家庭“廉内助”“贤内助”廉政家风教育，严防“灯下黑”，维护队伍的纯洁性，打造让党放心、人民信赖的纪检监察铁军。

重要会议和活动

【中国共产党苏州市吴中区第四届纪律检查委员会第四次全体会议】 3月7日召开，15名区纪委委员出席会议，260人列席会议。会议深入学习贯彻习近平新时代中国特色社会主义思想，全面贯彻党的十九大和十九届二中、三中全会精神，落实中央纪委三次全会、省市纪委四次全会和区委九次全会要求，总结2018年全区纪检监察工作，部署2019年任务，在新的起点上推进全区全面从严治党迈上新台阶。区委书记唐晓东出席全会并讲话，对做好2019年纪检监察工作提出要求：要提高政治站位，践行“两个维护”，贯彻落实习近平总书记重要讲话精神；要压实政治责任，做到“坚韧执着”，巩固发展反腐败斗争压倒性胜利；要抓住关键少数，发挥“头雁效应”，严格执行党内政治生活准则。全会审议通过区委常委、区纪委书记、区监委主任方伟军代表区纪委常委会做的题为《坚持稳中求进，勇于担当作为，谱写吴中纪检监察工作高质量发展新篇章》的工作报告和《中国共产党苏州市吴中区第四届纪律检查委员会第四次全体会议决议》。

【省级以上开发区监察工作委员会组建会议】 6月25日，吴中区分别召开苏州太湖国家旅游度假区、吴中经济技术开发区监察工作委员会组建工作会议，标志着全区深化国家监察体制改革，实现对基层所有行使公权力公职人员的监督，打通吴中基层监察工作的“最后一公里”。

【深化派驻机构改革及区属国有企业纪检监察体制改革动员推进会】 12月30日，吴中区贯彻中央、省、市纪委监委关于深化派驻机构改革的要求，部署推进区属国有企业纪检监察体制改革工作。根据《关于深化区纪委监委派驻机构改革的实施意见》以及区属国有企业纪检监察体制改革实施方案，调整11个派驻纪检监察组监督范围，在区属六大国有企业当中成立企业纪检机构。

2019年3月7日，中共苏州市吴中区第四届纪律检查委员会第四次全体会议召开　王永康　摄

纪检监察工作

【落实全面从严治党“两个责任”】 2019年，督促各地区、各部门对领导班子、领导干部履行管党治党政治责任情况如实记录，全年上报省、市履责记实平台4000余条，加强对日常填报内容的监督检查，并对发现的问题进行通报。把问责作为推动全面从严治党的重要抓手，完善明责、督责、考责、问责的责任链条，围绕区委中心工作，探索建立多部门联动、分类别实施、规范化流程的问责工作机制，依规、依纪、依法实施问责，全年共问责党组织2个、问责党员干部31人，以追责问责倒逼“两个责任”落实。2019年，查处新发生违反中央八项规定精神问题数占比从2015年的50%下降到2019年的4.6%，新发生违纪违法案件占比从2014年的9.3%下降到2019年的7.4%，全区纪检监察机关收接信访件数比上年下降16.8%。推进政治监督具体化、常态化，坚持党中央重大决策部署到哪里，监督检查就跟进到哪里。推进“阳光扶贫+”监管系统、污染防治综合监管平台、地方政府隐性债务综合监管系统建设应用，及时发现、督促整改操作不规范、督办不及时等问题，推动“三大平台”运用到位，助力打赢三大攻坚战。

【正风肃纪】 纠治“四风”，紧盯隐形变异问题，常态化开展“清风行动”，从严从重处理，强化“四风”典型问题通报曝光。2019年，全区查处违反中央八项规定精神问题18起，对涉案的21人均给予党纪政务处分，通报典型案例10起。协助区委制订《集中整治形式主义、官僚主义三年行动计划》，督促各地区各部门开展整改工作。把发现形式主义、官僚主义问题作为日常监督检查和区委巡察工作的重要内容，同时各派驻机构对机关单位开展专项监督检查，共查处形式主义、官僚主义问题6起10人，问责4人，就4起典型案例进行通报曝光，推动集中整治持续向好。协助区委用活用好“三项机制”，开展容错纠错，加强典型案例通报，出台《诬告陷害信访举报行为查核处理办法》，调动吴中党员干部干事创业积极性。

【巡察工作】 研究制定《2019年吴中区巡察工作要点》，全区范围内镇、街道基本实现巡察全覆盖，巡察区级机关部门（区属国有企业）41个，覆盖率59.4%，巡察村（社区）102个，覆盖率67.2%，共发现问题2021个。做好中央第七巡视组关于巡视江苏省移交信访件、省委第七巡视组巡视吴中移交问题线索的审查、处置工作。配合区委迎接省纪委对吴中的巡视整改专项督导工作，协助完成关于省委乡村振兴战略专项巡视发现共性问题的自查整改工作。完善对村（社区）巡察整改督办机制，督促镇（街道）和村（社区）分类分级抓好整改。对村（社区）巡察反馈问题整改完成1204个，整改完成率83.49%；对镇、街道和区级机关部门（区属国有企业）巡察反馈问题整改完成470个，整改完成率81.17%。建立“反馈意见+问题清单”的反馈模式，聚焦对党的路线方针政策和重大决策部署落实不力问题、村级党组织软弱涣散问题、群众身边的腐败和作风问题，形成村（社区）问题清单91份，推动镇、村两级出台制度规范40余项。

【派驻工作】 赋予派驻纪检组监察权，将六大区属国有企业纳入派驻监督，完成派驻纪检监察组更名工作，组建区纪委监委派驻区交通运输局纪检监察组，实现派驻全覆盖和监察全覆盖。开展“聚焦式”专项监督，聚焦三公经费使用、政府采购、工程项目招投标等10个方面51个重点事项，共开展集体廉政谈话105次，监督检查475次，及时发现处理苗头性、倾向性问题，排查并整改廉政风险点143个，累计初核问题线索406条，运用“第一种形态”122人次，立案审查15件。

【作风建设】 严肃查处群众身边不正之风和腐败问题23起31人，给予党纪政务处分24人，提升基层群众满意度。开展扶贫领域腐败和作风问题专项治理，围绕决战决胜脱贫攻坚、推进乡村全面振兴目标任务，强化精准监督，加大执纪问责力度，共对2名违反相关规定的干部进行处置，并对1起典型案例予以通报曝光。连续两年开展乡村振兴"护航行动"，落实"纠偏清违镇村行"行动要求，推动清缴欠租3.4亿元，清理不规范合同550余份，农村集体"三资"监管机制进一步巩固深化。加强纪审协作，接收市、区审计局移送民生实事工程问题线索53条，运用"第一种形态"32人次，立案6人。坚持把扫黑除恶同肃贪反腐、基层"拍蝇"相结合，深挖黑恶势力"保护伞"，严惩涉黑涉恶腐败，查核问题线索36件，给予党纪政务处分11人，移送司法机关1人。

【反腐败工作】 始终保持高压态势，紧盯重大工程、重点领域、关键岗位，共受理信访举报365件，立案审查230件，涉及乡科级干部19件，移送司法机关职务犯罪案件10件，形成有力震慑。做好审查调查"后半篇文章"，深入研究案发规律，查找制度漏洞，制发纪律检查建议和监察建议，督促党组织落实全面从严治党主体责任，向相关单位制发纪律检查建议3份、监察建议12份，并严格执行"三书一单一函"落实督办机制，推动补齐制度短板、完善体制机制，提升制度执行力。整合吴中环太湖沿线的廉洁文化资源，推进暴式昭廉政教育基地提升改造，谋划"环太湖廉洁文化示范带"，构建廉政文化生态圈。运行"吴中清风"号廉洁文化社区巴士，打造流动的廉洁文化示范点，向社会大众弘扬吴文化的廉洁内涵。常态化、制度化开展警示教育，拍摄《敬畏纪律严守规矩，营造风清气正的政治生态》警示教育片，教育党员干部1万余人次，发挥以身边事教育身边人的警示效果。

（吴 伟）

编辑：任海令

民盟吴中区基层委员会

【概况】 2019年，中国民主同盟苏州市吴中区基层委员会（简称“民盟吴中区基层委员会”）届中增补委员1人，下设8个支部。年内发展新盟员17人，转入盟员6人，转出盟员1人，盟员去世2人，年末共有盟员178人。盟员中有民盟江苏省委委员1人，苏州市政协委员1人，吴中区人大代表2人，吴中区政协委员25人，副科级以上领导干部15人。2019年，民盟吴中区基层委员会被民盟江苏省委授予“庆祝中华人民共和国暨人民政协成立70周年先进集体”称号、被民盟苏州市委授予“庆华诞·增共识·明担当”系列活动优秀组织奖，盟员潘力行获“庆祝中华人民共和国成立70周年”纪念章，盟员张达被民盟江苏省委授予“庆祝中华人民共和国暨人民政协成立70周年先进个人”称号。

【专题学习】 2019年，民盟吴中区基层委员会组织全体盟员学习习近平新时代中国特色社会主义思想，贯彻中共十九届四中全会和全国、省、市、区“两会”及民盟重要会议精神，组织“不忘合作初心，继续携手前进”主题教育活动。举办专题讲座，增强“四个意识”，坚定“四个自信”，做到“两个维护”，凝聚多党合作的思想共识，提升盟员的政治素养。继续对照“四新”“三好”新时代参政党建设要求，以主题教育活动为主线，传承民盟奋斗历史和优良传统，共创美好发展未来。组织盟员赴史良故居、李公朴故居等统一战线革命传统教育基地和民盟爱国主义教育基地参观学习。让盟员参与民盟苏州市委组织的庆祝中华人民共和国和人民政协成立70周年征文以及盟史知识竞赛活动，提交征文14篇。

【参政议政】 2019年1月，在吴中区政协四届三次会议期间，盟员蒋红萍、王健分别做《做好融合文章，做亮旅游品牌，让吴中成为令人向往的旅游目的地》《加快生态涵养发展实验区建设，打造“两山”理论创新实践标杆典范》的发言，得到区委主要领导的肯定。盟员王晓东、王健分别撰写的《关于扶持区内高新技术企业登录上海科创板的建议》《关于吴中区建设生态涵养示范区的建议》获评区政协2019年度优秀提案。盟员余香华等撰写的《关于妥善安置太湖围网拆除渔民的建议》获评优秀联名提案。盟员成晋晋、张达分别撰写的《关于完善开发区社区配套设施的建议》《关于建立吴中区民俗文化现代传承保护体系的建议》获评优秀个人提案。2019年，盟员张达、茅晓风分别获评民盟江苏省委和民盟苏州市委授予的“2018—2019年度参政议政先进个人”称号。

【拓展宣传载体】 2019年，建立“吴中民盟基层委员会微信群”，拓展宣传载体，组织各支部和盟员向民盟江苏省委、民盟苏州市委、吴中区政协、区委统战部微信公众号投稿，适时报道民盟吴中区基层委员会相关活动情况，定时更新微信群宣传内容，多角度、全方位展示加强自身建设、履职尽责和社会服务成果，提高民盟微信群质量。

【爱心捐赠活动】 2019年，盟员史志晔向苏州市慈善总会捐赠5000元，向吴中区玖玖公益联合会捐赠3万元，向结对帮扶的光福镇渔港村困难学生捐赠2万元；盟员华凯向贵州省瓮安市4名贫困学生捐赠2.4万元；盟员朱俊明为云南省建水县二中捐赠扶贫奖学基金资助1.8万元；盟员俞向龙向贵州省铜仁市通塔坪村养殖业农户捐赠6000元；盟员徐年华向吴中区蠡墅小学2名贫困学生捐赠2800元，向贵州省思南县坪上村捐赠扶贫帮困资金2000元；教育等支部向江苏省外国语学校、木渎中学、角直中学5名贫困学生捐赠1.5万元；盟员许正江斥资为贵州省铜仁市精准就业扶贫建档立卡人员50多名。

【岗位业绩】 盟员于晓明创作的《依然选择你》歌曲，由全国政协官方微博登载，成为庆祝人民政协成立70周年入选歌曲；他创作的《姑苏十二娘》《我的长安，你的江南》《香山香》歌曲，分别获2019苏州市创作歌曲研讨会三等奖、优秀奖。盟员史志晔代表苏州市参加中法两国之间高层次文化论坛，得到全国人大常委会副委员长陈竺、法国前总理拉法兰的接见，被中国文化管理协会聘为高校创作实践基地创作实践指导导师；他创作的《小叶紫檀明式圈椅》获2019艺博杯金奖、《明式博古架》获2019年苏艺杯金奖、《花鸟笔筒》获江苏省优秀版权作品三等奖。盟员陆春民被江苏省人才工作领导小组等5家单位聘为第六批高职院校产业教授。盟员王巧珍获2019年“长春国信杯”第三届全国农村创业创新大赛三等奖。盟员周春毅的核雕作品《弥勒佛》被中国美术馆收藏。盟员杨茵被评定为2019年全省中小学正高级教师，获得2019年苏州市教科研先进个人称号。盟员周玉珍被中共苏州市委宣传部、苏州市卫生健康委员会评为2019年度苏州“医者仁心”提名人物。盟员朱妍获得苏州市第三届繁星奖—群文之星称号。

（徐向东）

民进吴中区委员会

【概况】 2019年，中国民主促进会苏州市吴中区委员会（简称“民进吴中区委”）下设8个支部。年内发展新会员9人，年末共有会员198人。会员中有江苏省政协常委1人、苏州市政协委员2人、吴中区人大代表5名（其中常委1名）、吴中区政协委员42名（其中常委9名）。多名会员被苏州市、吴中区聘为特约检察员、党风廉政建设监督员、人民陪审员。2019年，民进吴中区委原主委王染野获“庆祝中华人民共和国成立70周年”纪念章。民进吴中区委被民进江苏省委评为全省“组织建设先进地方组织”，获民进江苏省委机关目标考核二等奖。木渎支部获评民进江苏省委“组织建设先进基层组织”。会员庄梅获“民进全国组织建设先进个人”称号。

【主题教育活动】 2019年，民进吴中区委以习近平新时代中国特色社会主义思想为指导，联系对照新时代参政党目标任务、要求和“四新”要求，制定《民进吴中区委开展“不忘合作初心，继续携手前进”主题教育活动工作方案》，开展主题教育活动。主题教育活动中，突出思想政治建设，提高宣传引导的有效性，团结引领广大会员增强“四个意识”、坚定“四个自信”、做到“两个维护”，在中国共产党领导的多党合作和政治协商制度中发挥作用；全面推进自身建设和基层组织建设，履行参政党职能，开展社会服务。通过主题教育活动，在民进吴中区委、支部和会员中形成上下联动、全员参与的学习教育机制和实践氛围，增强参政党的凝聚力、组织活力和社会影响力。年内，民进吴中区委开展的主题教育活动和取得的成效，受到有关媒体的关注，《人民政协报》电子版、“江苏民进”微信公众号、江苏民进网、“吴中发布”微信公众号等都有相关的报道和推介。

【微议政沙龙】 2019年，民进吴中区委将举办微议政沙龙作为参政议政的创新举措。7月9日，在苏州乡村振兴学堂举办“乡村振兴”微议政沙龙活动，组织第二期“乡村振兴大家谈”活动。民进吴中区委委员，各支部正、副主委，会员中的各级人大代表、政协委员、“虚拟机关”成员以及近3年入会的新会员参加活动；中共吴中区委、区委统战部、区委宣传部、区委组织部、民进苏州市委、苏州乡村振兴学堂的部分领导出席活动。年内，微议政沙龙先后组织6期“乡村振兴大家谈”活动。“吴中发布”微信公众号以《这个沙龙很有料，一个主题“六道菜”》为题报道第六期微议政沙龙“乡村振兴大家谈”情况；“江苏民进”微信公众号专题推介民进吴中区委举办微议政沙龙创新举措的内容。

【参政议政】 2019年，吴中区“两会”召开期间，民进吴中区委出席会议的人大代表、政协委员围绕全区经济建设、改革开放、医疗、教育、文化、法律、环境保护、社会治理领域和社会热点、难点问题建言献策，提交集体提案15件、个人提案6件。王伟忠的《关于吴中区乡村振兴和文旅产业融合发展的建议》、王酉春的《关于加强科技企业金融供给的建议》、陈福元的《关于加强基层医疗机构人才培养的建议》被列为区政协主席督办提案，石芳的《关于加强绿道网建设提升城乡品质的建议》、高兰平的《关于推进“健康吴中”建设，建立儿童生长发育评估与教育指导诊治的建议》被列入区政府区长督办提案。其中被区政协评为2019年度优秀提案4件。苏州市“两会”召开期间，吴中区副区长、民进吴中区委主委周黎敏提交的《关于推进苏州文旅产业融合发展的建议》被列为副市长督办重点提案。

【三十周年纪念活动】 2019年，是民进吴中地方组织（原民进吴县支部）成立三十周年。8月23日，民进吴中区委在区公共文化中心举办民进吴县支部成立三十周年纪念活动，举办纪念吴中民进成立三十周年书画展，出版《吴中民进成立三十周年纪念册》《吴中民进书画作品集》《“庆祝中华人民共和国七十华诞暨纪念吴中民进成立三十周年”获奖征文集》《民进与木渎的情缘》四本书册。

【扶贫助学】 2019年，民进吴中区委开明经济界联谊会继续做好东西对口、南北挂钩帮扶活动，把贵州省铜仁市德江县、东山镇莫厘村等地作为精准帮扶工作重点。上半年，派员赴德江县开展扶贫捐赠、扶贫助学活动。年内，民进吴中区委领导和会员多次走进莫厘村，为乡村振兴、扶贫帮困献智出力。综合一支部为香山街道墅里开明图书馆募捐图书300册，价值5000元。经济界联谊会成员钱向东连续两年赴蠡墅友好小学助学助教，捐助奖学金2万元；随同吴中高新区商会赴东山镇碧螺村扶贫助学，出资5000元；看望与吴中区对口扶贫的贵州省德江县的四位学子（在苏州就学），送上慰问金2500元。

【回馈社会】 2019年，民进吴中区委文化、教育、医卫等支部利用自身的人才优势，探索回馈社会、服务社会的新方法、新途径，彰显吴中民进组织服务社会、公益惠民的初心。书法家会员走进东山镇莫厘村、香山街道墅里社区，为群众写春联、送福字、赠送书法作品。工艺界会员向墅里社区赠送核雕作品。文艺界会员到蠡墅友好小学，帮助外来务工人员子女学说苏州话，排练《吴井叫卖》节目。医卫支部组织会员、医学专家赴度假区水桥花园等地义诊，举办医疗卫生健康讲座近40场次。教育界会员中的名师支教送教，为角直中学创建四星级高中进行实地辅导。开明志愿者组织会员走进吴中区图书馆，开展为期4个月的系列文化志愿服务活动，服务内容涵盖图书管理、“阳光苗苗”绘本故事会、“阅享生活”沙龙、“心聆书香”视障读者活动、“书香吴中”官网电台志愿主播等项目，参与该服务活动的会员90余人次。会员府向红、陆小琴、夏栋等工艺美术家，以传播苏州传统文化为己任，走出国门、走进大学现场展示苏作工艺制作，展现非遗文化的魅力；苏州评弹演员、会员钱国华，参加“扫黑除恶”法治评弹下基层巡演等社会公益演出。

【岗位业绩】 2019年，会员姚建萍受邀观礼“庆祝中华人民共和国成立70周年”阅兵仪式。会员蔡云娣入选“苏州文化产业2018年度人物”。会员徐云获评“吴中区2019医者仁心年度人物”。会员陆小琴主创的核雕作品《美丽中国——好人故事》在第十六届中国人口文化奖民间艺术品和宣传品奖评选中获一等奖。会员夏栋的核雕作品获2019中国“苏艺杯”国际工艺美术精品博览会金奖。会员高兰平立项课题“儿童生长发育健康教育项目”获区卫健委“新技术新项目”二等奖，其主编的《儿童生长发育家长读本》由苏州大学出版社出版。会员杨骅辅导的学生合唱节目获苏州市第四届中小学生艺术节合唱比赛一等奖、吴中区第十八届中小学生艺术节合唱比赛金奖和特等奖。会员郭瑞春担任苏州市第三、四期乡村教师培训导师。会员庄梅获2019年高考特高分培育奖。会员屈永升被长三角洲武术精英大赛组委会评为“优秀教练员”。会员费春国的企业苏州百龄麦食品有限公司被评为“中华糕饼技艺优秀传承企业”，食品“青稞五彩粽”获评2019中华名粽。会员王玉国在《中国作家》《诗刊》等国家级、省级杂志发表散文、诗歌近30篇。会员曹仁容的《艺术品鉴赏——曹仁容水墨画册作品集》由中国美术学院出版社出版。会员王渊清在《新华日报》《书法报》等刊物连续发表书法作品。会员贡才兴在《中国诗歌报》《扬子晚报》《苏州日报》等媒体上发表诗歌类文学作品205篇。会员卢月龙的《书法与生活——中国当代书法批评的另类视角作品》由苏州大学出版社出版。会员张漫的作品参加苏州市山水画提名展和庆祝中华人民共和国成立70周年书法美术摄影作品展览。会员洪旷达在民进苏州市委组织的青年节诗文朗诵中获“优秀表演奖”、获吴中区庆祝新中国成立70周年诗文朗诵会一等奖。（王根兴）

九三学社吴中区基层委员会

【概况】 2019年，九三学社苏州市吴中区基层委员会（简称“九三学社吴中区基层委员会”）下设城区、开发区、度假区3个支社和1个青年工作委员会。年内发展新社员2名，因病去世社员1名；年末共有社员55名，其中担任苏州市、吴中区两级政协委员的有9名。2019年，韩蓓、刘中华被九三学社江苏省委评为社会服务、思想宣传工作先进个人，徐娟、范檬获九三学社苏州市委宣传工作个人一等奖、二等奖，倪志军被九三学社苏州市委评为社会服务先进个人。九三学社吴中区基层委员会被九三学社苏州市委评为社会服务先进集体。

【参政议政】 2019年1月，在吴中区政协四届三次会议上，九三学社吴中区基层委员会提交提案8件，其中集体提案5件。集体提案《关于行政权力下放存在的法律问题的建议》和刘中华提交的提案《关于整合水八仙商业价值的建议》被评为吴中区“2019年度优秀政协提案”。在苏州市政协第十四届三次会议上共提交提案3件，社员杨学兰在会议上就“城乡融合发展”做大会发言。上半年，九三学社苏州市吴中区基层委员会组成调研组，通过多次实地走访考察，先后对苏州工业园区、昆山市及吴中区的20多家单位及村（社区）开展调查研究；由社员刘中华主笔撰写调研报告《先试先行，积极探索，不断提升吴中社区治理水平》，并在区委统战部召开的“2019吴中区党外人士参政议政调研成果交流会”上发言。社员于志新向九三学社江苏省委申报“职业院校复合型高技能人才培养实践与研究”课题，参与修订九三学社江苏省委关于《办人民满意教育》提案中的“职业教育”部分内容。

【思想建设】 2019年，九三学社吴中区基层委员会以习近平新时代中国特色社会主义思想为引领，深入学习贯彻习近平总书记关于民主党派“四新”“三好”、建设新时代高素质中国特色社会主义参政党的总要求，结合九三学社中央“不忘合作初心，继续携手前进”主题教育活动，秉承九三学社“爱国、民主、科学”的优良传统，聚焦精神力量，加强思想政治建设。在纪念五四运动100周年、迎接新中国成立70周年活动中，举办“不忘初心缅先贤、牢记使命谱新章”主题教育活动。5月15日，特邀苏州科技大学马克思主义学院副院长肖建博士上课，为全体社员解读《习近平新时代中国特色社会主义思想三十讲》；下午，组织全体社员赴吴江区盛泽镇程开甲小学和九三学社吴江支社“九三学社社员之家”参观考察，瞻仰九三学社前辈先贤，学习和借鉴九三学社吴江支社建设“社员之家”的先进经验。10月24日下午，组织全体社员集中观看爱国主义影片《我和我的祖国》。12月2—3日，组织全体社员赴湖州开展“不忘合作初心，携手继续前进”联谊活动，邀请中共湖州市委党校教研室胡志宏副教授为大家主讲“不忘合作初心，坚定政党制度自信”，并赴湖州市梁希纪念馆参观，缅怀九三学社前辈先贤。

【社会服务】 2019年11月17日，为庆祝中国“国际科学与和平周”成立31周年，九三学社吴中区基层委员会联合九三学社苏州大学附二院支社，组织20名医学专家赴吴中区胥口镇卫生院举办大型义诊活动，为当地群众开展医疗卫生和健康服务。年内，社员、主任医师沈耀明相继在长桥街道社区开展健康知识讲座10余次，受惠群众500人次。在吴中区卫生健康系统举办的2019年“中国医师节”主题活动中，社员、主任医师施宝兴获“2019特别贡献奖”，并接受媒体采访；社员沈耀明、骆建平获吴中区“2019医者仁心·年度人物”殊荣。

【岗位建功】 2019年6月，社员倪志军参加九三学社苏州市委举办的第三届“九三杯”象棋邀请赛，获得个人第三名；社员秦琦峰创编的节目《情韵姑苏》，在第三届苏州市群众文化“繁星奖”中获音乐类作品金奖。11月，社员于志新主持的研究课题“职业院校语文信息化资源建设应用与实践研究”结题，他所撰写的论文《多管齐下，培养复合型高技能人才》在江苏省教师培训学会征文活动中获奖，他还参与修订江苏省职业学校学业水平分析报告。（范　檬）

吴中区工商业联合会

【概况】 2019年，苏州市吴中区工商业联合会、总商会（简称“区工商联”）共有镇（区、街道）基层商会、区级行业商会、直属商会32家，其中基层商会

14家、行业商会13家、直属商会5家。会员总数2348个，其中企业会员2244家、团体会员44个、个人会员60人。区工商联获评2018—2019年度“全国‘五好’县级工商联”。区医药行业商会、开发区商会、甪直镇总商会、汽车行业商会被省总商会认定为2018年度“江苏省‘四好’商会”。

【参政议政】 2019年1月，区工商联在吴中区召开“两会”期间，发挥工商联界别区人大代表、政协委员的参政议政作用，围绕全区工商企业实际，撰写建议、提案11件。其中，《关于缓解民营企业融资难的建议》列入年度区政府重点督办建议，《关于加快打造太湖西山休闲旅游岛的建议》获评2019年度吴中区政协优秀提案。年内，区工商联贯彻党的十九届四中全会和全市重点民营企业座谈会精神，围绕区委、区政府中心工作，发挥工商联的桥梁、纽带和助手作用，提升服务“两个健康”的能力和水平。针对中美贸易摩擦对民营企业的影响，实地走访调研全区民营企业近100家，掌握运行情况，了解发展难题，提出对策建议，形成《中美贸易摩擦对吴中区民营企业发展的影响分析》的调研报告，得到区委书记唐晓东的充分肯定。根据唐书记的批示，区委、区政府专题召开“全区应对中美贸易摩擦”座谈会，为助推全区民营经济发展，提出应对方案。

【教育引导】 2019年，区工商联以习近平新时代中国特色社会主义思想为指导，开展思想理论学习，通过专题培训、教育引导、研讨交流等形式，提升工商业界的理想信念和学习氛围。年内，区工商联举办《习近平新时代中国特色社会主义思想学习纲要》专题学习会，贯彻习近平总书记在民营企业座谈会上的重要讲话精神。组织开展“弘扬爱国奋斗精神，建功立业新时代——走基地、看成就、聚力量”主题宣传教育活动。邀请专家教授分别就“‘两会’热点问题”“习近平治国理政的内在逻辑与主要风格”等做专题辅导，坚定企业发展信心。推进理想信念教育，开展非公经济人士理想信念教育实践活动，组织企业家赴贵州参观遵义会议会址及博物馆，让企业家感受红色文化，坚定理想信念。加强意识形态工作，营造良好舆论环境，相继印发《关于加强工商联系统意识形态工作的通知》《关于加强工商联系统培训管理的通知》，组织开展“规范党员干部网络行为”主题党日活动。开展微信群清理规范工作，通过“吴中商会”微信平台、轨道交通3号线部分站点和东吴电视塔周边等宣传阵地，加强党和国家政策方针民营企业家“选优树典”的宣传力度。全年发布《改革开放40年百名杰出苏商风采》7期；编撰“峥嵘七十载，筑梦新时代”《吴商精英录》新中国成立70周年献礼专刊，传播和弘扬优秀吴商精神正能量。区工商联被苏州市工商联评为2019年度“构筑非公舆论阵地”先进单位。

【组织建设】 2019年，按照《吴中区工商联“四好”商会建设工作实施方案》，区工商联全面开展“四好”商会创建工作，根据组织规范化、工作制度化、活动正常化要求，指导各商会健全管理制度、完善运作机制、加强班子建设。年内，向苏州市工商联推荐度假区商会、医药行业商会等18家单位为2019年度苏州市“四好”商会。按照行业商会章程，指导相关行业商会换届，做好服务工作，相继完成开发区总商会、青商会、汽车行业商会等11家商(协)会换届工作。继续加强工商联核心队伍和会长队伍建设，完善、落实区工商联执行会长轮值制度，调动企业家兼职副主席、副会长的积极性；加强商会秘书长队伍建设，召开秘书长工作会议，通过座谈交流、参观考察等形式，提升秘书长队伍的服务能力。按照“稳步发展、优化结构、提高质量”的工作思路，区工商联做好会员发展工作，重点把科技创新型、新生代民营企业家吸纳进商会组织。支持商会、会员企业的党组织建设，配合当地党委，相继建立区汽车行业商会、区印刷行业商会党支部。

【企业家素能提升工程】 2019年，区工商联突出年轻一代企业家的教育培养，全面推进企业家素能提升工程。年内，以青年企业家为主体，组织40多名企业家在厦门大学举办民营企业高质量发展高级研修班；推荐青年企业家参加苏州市非公代表人士理想信念教育培训班及报告会；组织青商会会员与原工商业者开展对话，让新一代企业家传承老一辈创业者的爱国精神、诚信理念和感恩情怀；发挥好“青商大讲堂”作用，举办“廉洁自律与职务犯罪”等专题培训，服务企业和青年企业家健康成长。

【“党建引领、抱团联建”活动】 2019年，区工商联优化“党建引领、抱团联建”非公党建品牌活动，召开商会和常执委企业通讯员工作会议，组织业务培训活动，提升通讯员队伍信息宣传能力。年内，联合医药行业商会等5家党组织，相继开展“学雷锋”党员志愿者活动暨“小D在线”惠民系列活动13场，服务群众约2600人。区工商联举办的“党建引领促健康发展，抱团联建聚红色力量”项目，成为年度苏州市工商联基层组织创新工作的亮点。

【服务会员】 2019年，区工商联开展“民企服务通”品牌项目建设，通过打造“政务通”等“六大”服务平台，提升服务会员的能力和水平。打造“政务通”服务平台。贯彻全市重点民营企业座谈会精神，提出落实“三项制度”实施方案；配合区委统战部召开“区长对话民营企业家、新社会阶层人士”座谈会；完善与政府部门对口联系机制，主动对接区发改委、区工信局等部门，建立日常联络机制，定期发放和收集企业发展情况征求意见表；落实区政府《关于医药行业“两票制”改革调研情况报告的答复》中相关政策，帮助3家制药企业获得专项扶持资金754.34万元；开展规模型民营企业调查，吴中集团、东山精密入围2019中国民营企业500强。打造“法务通”服务平台。区工商联与区人民检察院联合出台《关于建立健全沟通联系机制服务保障民营经济健康发展的意见》《苏州市吴中区人民检察院服务保障民营企业健康发展助力吴中优化营商环境的八条意见》；与区司法局共同制定《关于进一步深化“法企共建”工作机制的意见》；组建“吴中区民营企业法律服务团”，聘请31名优秀律师分别挂钩联系一个商（协）会，开展“法企同行”等活动；与区人民法院商定三项协作机制。打造“银企通”服务平台。建立银企合作平台，开展企业融资需求摸排，推荐22家企业与金融监督管理局及银行开展点对点金融服务，利用“东吴贷”等产品，为中小微民营科技企业解决融资难、融资贵问题。打造“校企通”服务平台。与吴中技师学院签订合作协议，缓解民营企业高技能人才用工需求。打造“商务通”服务平台。融入长三角一体化发展，与上海、浙江等地工商联缔造友好工商联，推进区内外集团采购、厂商对接和经贸交流。打造“信息通”服务平台。利用“吴中商会”微信公众号，加强宣传教育与信息沟通。区工商联开展的“打造‘民企服务通’品牌，助推民营经济高质量发展”项目获评2019年度苏州市工商联基层组织创新亮点工作。

【光彩事业】 2019年，区工商联按照区委、区政府东西对口协作要求，组织商会和企业赴贵州省德江县开展投资考察活动。召开座谈会，联合德江县工商联举办“企业家俱乐部”沙龙，协调开发区商会与德江县潮砥镇陈袁村结对帮扶，帮助当地果农销售脐橙等农产品61万元。加强南北扶贫合作，组织会员赴江苏省宿迁市参加苏宿两地“百企帮百村”工作现场推进会。开展吴中区第五轮经济相对薄弱村的结对帮扶工作，联合东山镇双湾村合力打造醉石山庄文旅项目；持续推进贫困户破旧房屋修缮计划，动员企业帮助贫困家庭销售枇杷、大米等农产品，促进村级经济实现良性发展；持续推进“工商联关注民生”工程，开展“牵手助残、爱心助学、真情助村”活动，组织开发区、木渎、医药、餐饮、青年企业家等商会赴木渎残疾人善爱之家走访慰问，捐助财物近6万元。（艾云松）

吴中区总工会

【概况】2019年，全区建会380家，其中单独建会104家，覆盖建会276家，新增会员13300人。推进会员实名制数据库建设，建成数据真实、分类准确、覆盖广泛的工会会员信息化平台。全区录入数据库会员22.5万人，其中6项数据完整的会员17万人。

【固本强基工作】2019年，苏州市吴中区总工会（简称“区总工会”）按照专职、兼职、挂职相结合的方式，优化领导班子配备，继续做好固本强基工作。建立上下、内外双向交流机制，培养、选拔2名年轻工会干部，实行系统内和跨系统双向交流，改善领导班子结构。全面推进产业工人队伍建设，改革工会干部联席会议制度，在胥口镇开展非公企业工会改革试点。

【创建工作】2019年，区总工会创建苏州市级职工读书站示范点4个、劳模读书站2个、便利性阅读点4个。命名第二届“吴中工匠”20名，推荐、评选全国五一劳动奖章获得者人选1名、江苏省五一劳动奖章获得者人选1名、省五一劳动奖状获得单位1家、省工人先锋号2个、苏州市五一劳动奖章获得者人选20名、市五一劳动奖状获得单位5家、市工人先锋号13个；创建苏州市级劳模创新工作室1家、吴中区劳模创新工作室3家。

【培训工作】2019年，区总工会举办工会干部能力素质提升、新任工会干部上岗等培训班，受训工会干部400人；委托南京理工大学、苏州高博软件技术职业学院，开办在职职工成人学历提升教育培训班。年内，工会干部中通过入学考试的有专升本154人、高起专70人、现代远程教育42人。年内，各镇（区、街道）工会定期开展工会干部适应性岗位培训，全区培训工会干部1915人次。

【维权机制建设】2019年，区总工会继续开展集体协商“春季集体要约行动”，维护企业和职工合法权益，签订工资专项合同6274份，其中百人以上签订本年度工资专项合同1587份、覆盖合同4687份。年内，联合区司法局开展法律援助“春风行动”，进行公益法律宣传，走进三洋能源、日立电线企业和郭巷街道双浜社区等地，开展“尊法守法·携手筑梦”公益法律服务活动；联合区司法局、区城管局、区法宣办等部门开展“12·4”国家宪法日暨“与法同行·绿色生活”徒步活动；与江苏久顺律师事务所签约，成立区总工会法律援助中心，受理职工线上咨询维权事件17起，接到来电维权咨询76起，答复率100%。推进工会法人核准登记工作，办理工会法人资格证书存量代码转换1181份，转换比例100%。建立健全职工代表大会制度，全年召开百人以上职工代表大会的企业有317家。

【服务职工】2019年，全年投入帮扶资金95.7万元，做实职工帮扶品牌，受惠困难职工586人次；投入资金35万元，开展“送清凉”活动，惠及职工5742人。推动互助互济扩面工作，参加职工互助医疗保障计划9970人，参加女职工团体互助医疗特种保障计划45人，两项保障计划发放保障金30万元，惠及职工22人。年内，继续推进工会会员人身意外保险项目，7人出险，获得赔付33万元；推进“工会创业贷”项目，22家单位通过审核，获批贷款共计

1281.2万元；办理建筑企业职工工资担保工作，办理担保143家，收取担保金3859万元，其中退保85家，退保金2067万元，全区有440家建筑企业在担保期限内；开展女职工特殊保护专项检查，督促企业抓好女职工特殊保护工作，创建“妈妈驿站”示范点11个。继续开展党员干部与特困职工结对帮扶活动，年内走访慰问特困职工74人次，发放慰问金6.6万元。2019年，区总工会被评为苏州市职工互助互济工作先进集体。

【劳动竞赛】 2019年，区总工会在苏同黎公路快速化改造工程建设中组织开展劳动竞赛，先后在餐饮服务、妇幼健康、植被保护等领域开展岗位练兵、技术比武劳动竞赛。各镇（区、街道）工会因地制宜，开展各类群众性技术练兵、劳动竞赛活动，全年各类劳动竞赛参赛单位875家，参赛职工8.73万人次。

【生产保护】 2019年6月，区总工会参加区安全生产监督管理委员会组织的安全生产现场宣传咨询日活动，发放宣传书籍1000册、宣传品358份；组织开展本年度“安全隐患随手拍”活动，参与区安全生产事故处理19起。年内，创建劳动保护监督检查员片区服务站1个、安康驿站9个。为环卫工人和有毒有害（粉尘、化学毒物、物理、放射、生物）企业、供水一线抢修职工、景区观光车驾驶员、公交车司机等特殊岗位的1.4万名职工，定期发放劳保用品。继续组织开展安全生产“安康杯”竞赛活动，全年获评“安康杯”优胜单位省级1家、市级3家，获评市“安康杯”优秀班组2个、优秀组织个人1名，获优秀组织奖1家。

【劳动模范管理】 2019年，区总工会做好劳动模范管理，落实劳动模范各项待遇。全年为全区各级劳动模范发放各类津贴、补贴120.3万元；组织113名劳动模范分别赴成都、宜春、厦门等地参加疗休养活动，20名劳动模范代表参加区检察院开放日活动。在庆祝新中国成立70周年前夕，为264名70岁以上劳动模范发放慰问金13.9万元；各镇（区、街道）工会相继召开劳动模范座谈会，开展劳动模范培训、参观学习、走访慰问、体检等形式多样的活动。年内，建立健全劳动模范片区服务网格化管理机制，指导区劳动模范协会顺利换届，组织区劳动模范协会片长赴江西参观学习，与江苏省宝应县小官庄镇开展结对帮扶活动。

（朱一清　周熙乐）

共青团吴中区委员会

【概况】 2019年，全区有基层团（工）委45家，其中镇（区、街道）16家，区级机关团（工）委14家，学校团委13家，企业团委2家，下辖总支129个、支部1411个。全年发展新团员2200名，年末共有团员37513名。李臻获共青团中央授予的2018年度“全国优秀共青团干部”称号。

【青少年思想引领】 2019年，中国共产主义青年团苏州市吴中区委员会（简称“团区委”）坚持政治引领，统一思想，凝聚共识，做好青少年思想政治引领工作。先后开展“青春心向党·建功新时代”吴中区纪念五四运动100周年暨“一生信仰，一路芳华”主题团日活动，组织参与新中国成立70周年红歌会等系列活动。以“青年大学习”为契机，开展线上线下青年学习、基层大调研、青年讲师团等活动百余次。选树一批“我们身边的好青年”、中国青年好网民、江苏省好青年；选树“三新四创”好青年榜样70个，线上握手2.5万人次，累计访问量突破23.3万。线上线下开展“青春心向党·建功新时代”“聚力70年，我eye新苏州”等系列团日活动20余场。输出争当高质量发展“优等生”等一大批主题征文及有关红色故事宣讲等学习宣传教育活动和优秀网宣作品。深化团教协作，加强学校团队员“源头性”意识形态引领，举办“一课三队碰”“飘扬的红领巾”吴中区纪念少先队建队70周年主题队日等系列活动。组建“青年讲师团”队伍，开展十九届四中全会精神巡讲等主题宣传教育活动近40场，开展“诵读学传”“好青年事迹分享会”等60余场。

【基层组织建设】 2019年，团区委围绕共青团中央改革总体要求，推进共青团基层组织建设。组织召开吴中区青年联合会第四届委员会第一次全体会议，完成青联组织换届选举和机构改革任务。召开吴中区第一届青年工作联席会议，建立吴中区青年工作联席会议制度，明确目标任务，贯彻落实江苏省中长期青年发展规划（2019—2025）精神，实施团建工作网格化、项目化试点，推动团内外资源跨层级、跨地域、跨领域的配置和使用。团区委先后建立“团干工作室”“团干学习社”“青干学习社”等组织。重点打造“党建青春汇”品牌，搭建团干培训班、青春分享会、团干部片会等学习交流平台，夯实基层组织基础，把“双推”（推荐优秀团员作为党的发展对象、推荐优秀青年人才作为干部培养对象）工作、党的建设、组织生活等与团内各项工作结合起来，促进党、团、青有机融合，系统开展机关青年党团员的廉政警示教育活动。继续推进团基层组织“双积双评”工作，规范入团离团、组织关系转接、团组织团员年报统计工作；做好团支部班子建设、团员发展、教育管理、团组织生活等基础性工作。坚持党建带团建，推进“智慧团建”“非公团建”等重点工作，规范和强化各项团务活动。团区委机关形成专职为主、挂兼结合的领导力量配备；镇（区、街道、企业）团组织以“品牌+基础”为目标，提升团组织自转能力；学校团组织以实施“3333”强基工程为统领，推进“大口径团建”规范化管理，打开团教协作、资源联动等方面的新局面。年内，成立区“两新”青年学习社和团青工作专家智囊团，分类制订培训计划，持续整合、凝聚和发挥“两新”组织的工作力量。

【青年创新创业】 2019年，团区委围绕全区经济发展目标任务和主导产业，主动配合区政府和经济管理职能部门，聚焦青年创新创业，完善“青创汇”服务体系，继续发挥青年人才的骨干作用。举办2019“智汇吴中”青年创客大赛暨第九届吴中区青年（大学生）创新创业大赛，征集创新创业参赛项目553个，涵盖机器人与智能制造、生物医药、医疗设备、电子信息技术、新材料、新能源、装备制造等热门产业领域。联合区人才办、财政局、地方金融监管局，以及泰隆银行、珠江村镇银行等5家金融机构，推出“青创贷”创业贴息贷款，扩大青年创新创业的金融界“朋友圈”，及时解决青年创客融资难问题；系统推出高层次人才子女夏令营、青年人才交友会等青年创新创业联谊活动；搭建“青才居”线上平台，为外地到吴中就业、创业的青年人才提供短期免费住宿、就业咨询、创业辅导等综合性服务，当好吴中青年人才创新创业“店小二”。组织举办2019年知名高校大学生到吴中区暑期实习“五个一”系列活动；开展“校园苏州日”活动，吸纳优秀高校大学毕业生到吴中区工作和创新创业。

【青年服务阵地】 2019年，全区建立各级“青年学习社”30余家、“两新”青年学习社17家，做优“两新”青年学习社总社、“青春客厅”“青匠心”青年学习社青年服务工作。其中推荐申报江苏省级青年学习社1家，获评苏州市级青年学习社5家。加强青年服务阵地建设，丰富青年服务项目。年内，持续开展青少年自护教育、联网阅读、“单身go”等一批优质服务活动项目；举办吴中区第二届青少年公益创新大赛，13个优秀项目成功落地吴中，“青+”服务体系内容更加丰富。落实区委、区政府部署的扶贫攻坚和“薄弱村”帮扶任务，团区委组织团员青年开展“手拉手”书信交流、微心愿征集等活动，在东山镇碧螺村重点开展困境青少年帮扶、青年电商创业等工作；派员赴贵州省德江县开展扶贫协作，邀请德江县青少年赴吴中区交流学习。

【岗位建功活动】 2019年，团区委继续开展“青字号”岗位建功活动，举办“不忘跟党初心、牢记青春使命”吴中区青年干部特训营，激发团员青年岗位建功热忱，凝聚高质量发展青年“优等生”的力量。承办2019苏作文创峰会暨长三角友好城市青年手工匠人发展大会，聚焦新青年群体，吸引300余位“长三角”地区青年匠人聚集吴中，联合发起“长三角青年手工匠人联盟”倡议，打造首个“长三角青年手工匠人发展实践基地”，成立“青匠心”青年学习社和长三角青年手工匠人发展基地导师团。

【志愿公益活动】 2019年，团区委深化“吴小志”志愿公益活动内涵，制作“吴小志”文化产品，搭建青年公益文化节、青年公益人沙龙等志愿公益平台。相继推出“河小青助力263”“情暖德江”“玖玖公益”“垃圾分类”“手绘乡村”“暖冬行动”“单身go”及“成长护航”工程等困境青少年帮扶、青少年群体志愿公益项目。年内，团区委联合区文明办、区民政局举办吴中区第二届“吴小志”青年公益文化节暨第二届青少年公益创新大赛活动。全年组织志愿服务近2000人次。组织青少年参与2019苏州吴中太湖蓝马拉松竞赛、“新年走大运”、国际竞走赛等的志愿服务工作。

【吴中区青少年活动中心】 苏州市吴中区青少年活动中心（简称“活动中心”）位于吴中区东苑路1号，是区委、区政府的实事工程和公益性服务项目之一，全额拨款事业单位，由团区委主管。活动中心为独立圆形建筑，共五层，建筑面积约1.79万平方米，含科技展厅、青年之家、青少年校外教育培训基地、青年空间等功能。一层为青少年科技展厅，二至三层为青少年校外培训基地，四层为办公区域和青年服务平台，五层为妇女儿童活动中心。2019年，活动中心以“新征程、新使命”为导向，围绕聚焦立德树人根本任务，组织开展青少年社团组织的各类活动，逐步扩大活动规模，提升办学品质，擦亮“小水滴”社团品牌。举办“吴小志公益大讲堂”等赛事活动，成为推进和展示吴中区共青团工作的重要基地。活动中心全年开设班级690个，招收学员5490人8218人次，教师教务队伍有70余人。组织开展各类公益活动和承接有关上级活动百余场，教师、学员及青少年社团获评省、市、区各级荣誉50个。“小水滴”合唱团受邀参与吴中区高层次人才联谊会活动，“小水滴”评弹团亮相吴中区迎新春团拜会。

【“飘扬的红领巾”活动】 2019年10月11日，为纪念吴中区中国共产主义少年先锋队建队70周年暨“红领巾相约2035”主题队日活动，团区委、区教育局、区少年工作委员会联合开展“飘扬的红领巾”活动。区委、区政府、吴中高新区党工委、区教育局、团区委等领导出席活动，各中小学校长，优秀少先队辅导员和少先队员代表共300余人参加活动。活动会场中，共分为三个篇章，分别是“第一课：时刻准备着”“第二课：快乐进行时”“第三课：相约2035”。各个学校的少先队员们通过歌舞展示少先队的勃勃生机。

（陈洁琼）

吴中区妇女联合会

【概况】 2019年，全区有金庭、木渎、角直、胥口、东山、临湖、光福镇妇联7个，郭巷、横泾、越溪、城南、香山、太湖街道妇联6个，度假区、开发区、高新区妇联3个，区级机关妇联25个，村（社区）妇联185个。苏州市吴中区妇女联合会（简称“区妇联”）获2019年度江苏省妇女联合会宣传舆论阵地建设先进单位称号、江苏省女性融媒体影响力奖、首届江苏女性融媒体创意大赛优秀组织奖、苏作文创峰会分会场优秀组织奖。

【“三八”节纪念活动】 2019年3月5日，区妇联在澹台湖大酒店举办“巾帼心向党、奋进新时代”——吴中区纪念“三八”国际妇女节109周年活动。全区各级妇联组织“巾帼文明岗”团队，以方阵、歌舞、快板、合唱、小品、视频展示和访谈等喜闻乐见的形式，展示吴中区“最美家庭”和新时期巾帼新形象。会上表彰命名2018—2019年度区级“巾帼文明岗”30个。

【思想引领】 2019年，区妇联围绕庆祝中华人民共和国成立70周年契机，开展“倾情礼赞新中国、巾帼建功新时代”主题活动，将学习宣传习近平新时代中国特色社会主义思想、贯彻党的十九届四中全会精神作为重要政治任务，强化妇女思想引领，在全区广泛开展对象化、分众化、互动化宣讲。年内，召开基层妇联组织退休主席座谈会，举办“我与祖国同奔跑”线上马拉松竞赛等活动，动员广大妇女群众为新中国70年取得的辉煌成就喝彩。整合“吴中女性”微信公众号、网上直播等融媒体资源，推出《我的国我的家》《垃圾分类巾帼先行》等专栏，提升思想引领宣传实效。继续加强网络意识形态工作，打造强有力的吴中巾帼网评员、网宣员队伍，全年在新华网等全国、省、市网络平台发布信息69篇，“吴中女性”微信公众号累计关注量3.6万人次、阅读量26万余次。利用网络线上线下矩阵式宣传巾帼文明实践，在“吴中女性”微信公众号设立专栏，定期推送妇女活动信息。组织开展新时代妇女文明实践活动，依托区、镇（街道）、村三级妇女儿童活动阵地，实施公益服务微创投项目，在区内的苏州地铁站等公共场所投放新时代文明实践宣传公益广告。全年累计开展公益活动90场，服务群众近2000人次。组建“与爱同行”等巾帼志愿服务团队，开展垃圾分类等志愿者活动68场。

2019年3月5日，吴中区举行纪念“三八”国际妇女节109周年活动

王永康　摄

【组织建设】 2019年，吴中区太湖街道成立后，区妇联协调建立太湖街道妇联组织，实现全区镇（街道）级妇联组织全覆盖。年内，建立吴中区首家高校妇联组织——吴中开放大学（江苏省吴中中等专业学校）妇联，加强妇联组织的联系服务，发挥高校女教职员工的作用；建立妇女微家70家，累计开展各类活动304次，服务妇女群众5497人次；在光福镇核雕大师许忠英工作场所，建立“三八”红旗手工作室；按时完成区妇联党支部换届选举、区妇联干部增补工作，推动区妇联执委履职，上报执委履职情况40余

条，组织实施省妇联执委自办项目一个。

【妇女竞赛活动】 2019年，成立吴中区女性创新创业展示中心，搭建妇女建功立业平台，启动“吴中区女性创新创业线上展示平台”建设。继续开展妇女“双学双比”和“巾帼建功”活动，举办区长与女企业家座谈会，有效对接企业需求。努力向上争取，支持妇女各项竞赛活动。推动文创产业发展，在苏州市妇联组织开展的市第四届苏州市巾帼创新创业大赛中，吴中区手工艺人包揽该创新创业大赛的一、二、三等奖。聚焦乡村经济振兴，加强“妇”字号现代高效农业示范基地建设。角直镇车坊江湾农产品专业合作社获评全国巾帼文明岗，临湖花坊姊民宿获评江苏省巾帼示范精品民宿，苏州太湖现代农业示范园、澄湖现代科技生态农业示范园获评区级“双学双比巾帼示范基地”。推荐黄雁萍、沈志红、胡美珍为江苏省“百名巾帼新农民　乡村振兴护航计划”重点培养对象。苏州太湖现代农业示范园、苏州海关驻吴中办事处保税监管科、日立电线（苏州）有限公司制造二科超声波工程、吴中区人民检察院第二检察部等的4个妇女岗位，获苏州市巾帼文明岗称号。在妇女竞赛活动中，推进农村人居环境整治工作，东山镇、临湖镇、胥口镇建成市级“美丽庭院”151户、示范户34户和区级“美丽庭院”150户。尹山湖美术馆馆长朱金凤获评全国巾帼建功标兵。

【妇女干部培训】 2019年，区妇联加强妇联干部培训力度，举办吴中区基层妇联干部能力提升培训班，促进妇女干部素质和能力的全面提升，联合区委组织部、区纪委监委举办区领导干部家属廉政教育培训班，推进亲情助廉工作。年内，参与编写苏州市妇女干部学校乡村振兴教学基地教材7篇。

【服务妇女就业】 2019年，区妇联协同人力资源和劳动就业机构，广开妇女就业渠道，牵线搭桥，服务妇女就业。与区人力资源和社会保障局等4家单位联合举办女性招聘就业专场，组织93家企业入场，为妇女提供招聘就业岗位600余个。

【家庭文明创建活动】 2019年，继续开展“弘扬家国情·礼赞新中国”家风家教主题宣传活动，在全区展播近百件“最美书信”等作品，木渎镇吴晓春家庭故事获评“苏州市最美家风家训故事”。注重典型示范引领，开展寻找“最美家庭”活动，集中表彰吴中区百户“最美家庭”、十户“最美家庭标兵户”，获苏州市级“最美家庭”提名1户、入围5户，获评“健康家庭”5户。依托各地妇女儿童之家，开展“科学家教进万家”、亲子阅读、亲子关系营造等体验活动，提升家庭文明创建活动水平。精准帮扶困境家庭，联合台资企业联合会、女企业家协会、市儿基会等社会力量，共同开展助学走访，全年帮扶贫困家庭学生259人，发放爱心款22.9万元。关爱特殊群体，走访慰问贫困“三八”红旗手2名，联合女企业家协会走访吴中区特殊教育学校。推进东西部对口扶贫工作，发动区内10名女企业家“爱心妈妈”与贵州省德江县深度贫困地区学子“一对一”结对，帮助贫困学生家庭解决生产、生活中的实际问题。

【妇女儿童维权工作】 2019年，区妇联完善妇女信访接待机制，提高妇女儿童维权效能。全年受理来信来电来访43件，接待妇女48人次；处理苏州市妇联交办案件1件，出具“家庭暴力告诫书”30余份。按照“好用+管用”要求，打造妇女儿童维权网格化阵地，在江苏省妇联Women+“在你身边”云平台上线镇、村两级婚姻家庭纠纷调解委员会、巾帼维权站190个，确保妇女“信访有门调解有路”。在区人大常委会、政协召开“两会”期间建言献策，有针对性地推进妇女儿童维权工作。组织开展《苏州市妇女权益保障条例》(送审稿)座谈及问卷调查研究，推动制定完善维护妇女儿童合法权益的有关法规政策。加强普法宣传，联合区公、检、法、司等9家单位，举办“三八”维权宣传周活动，组织“律政玫瑰”女律师为群众提供公益法律咨询服务。全年开展线上线下法治宣传活动32场，惠及妇女群众8000余人。参与社会治安综合治理，配合公安、司法等部门及时跟踪侵权事件，开展相关维权工作，帮扶受害妇女儿童。健全妇女合法权益诉求表达机制，鼓励和引导妇女参与社会治理，实现全区镇(区、街道)、村(社区)妇女议事会全覆盖。年内，区妇联与区人力资源和社会保障局、区总工会等单位，联合对区内女职工集中的20家企业，进行女职工劳动保护专项检查。

【妇儿工委工作】 2019年，健全吴中区妇女儿童工作委员会(简称“区妇儿工委”)成员单位联络机制，继续推进吴中区妇女儿童“十三五”发展规划的组织实施，做好妇女儿童发展规划统计监测工作。关爱贫困“两癌”妇女，为34名贫困“两癌”妇女争取到市、区救助资金15.9万元。推进各地母婴室及母乳哺育室建设，成功申报苏州市儿童友好试点项目1个，并在吴中区幼儿教育中心园落地。

吴中区科学技术协会

【概况】 2019年，苏州市吴中区科学技术协会(简称“区科协”)有区级学会(协会)23个、镇科协7个、街道和吴中高新区科协6个。区科协被中国科学技术协会办公厅评为“全国科普日优秀组织单位”。

【科普活动】 2019年，区科协围绕“庆祝新中国成立70周年”“科技强国·科普惠民”“礼赞共和国·智慧新生活”等活动主题，组织开展科学技术普及活动。区、镇(街道)两级科协通力协作、紧密配合，利用学校、企业、科普场馆互联互通，实现资源共享，全年开展各类科普系列活动300余场，其中科普周、科普日期间开展活动180场。年内，利用科普网络，首次对科普周开幕式启用网络直播，在线观看超2000人次。年内，区科协组织院士、专家进企业、进校园、进社区，做科普报告；木渎镇、吴中高新区、城南街道科协相继举办“国粹中医药”科普主题活动、“手工机械模型”科普展、“机器人创想秀”科普嘉年华活动。横泾街道科协开展的“亲子割稻”科普体验以及各地开展的“健康科普讲座进农村”活动，关爱基层农村居民生活的日常卫生保健，传授健康科普知识。

【学术交流】 2019年，区科协发挥科协组织科技人才优势，营造科技学术交流氛围。联合区人才办公室资助资金70万元，配合上级科协、人才办公室在吴中区举办高层次科技学术会议9场；组织开展2017—2018年度自然科学优秀学术论文评选，共征集学术论文52篇，其中获区政府表彰的学术论文20篇。区医学会针对吴中区友好学校孩子的心理共性问题，开展学术交流，协助学校开设“心理健康进校园”特色课程。

【青少年科技教育】 2019年，区科协组织青少年科技创新大赛，加强青少年的科技教育。长桥中心小学严婧悦制作的“‘悦’视台灯”项目，获全国青少年科技创新赛一等奖，成为吴中区首个全国青少年科技创新赛一等奖项目。年内，创新开展各级科学教育综合示范学校评选工作，协助度假区舟山实验小学成功创建省级科学教育综合示范学校；配合木渎中心小学、越溪实验小学、藏书实验小学、角直甫里中学创建市级示范学校；承办苏州市“慈善—科普进校园”、苏州市第十九届青少年科技模型等竞赛活动。邀请院士、专家到吴中区举办学校科技报告会8次，参加听讲的师生2500余名。开展“科普图书进校园”赠书活动，向西山中学、贵州省德江思源实验学校捐赠科普图书2235册。

【举荐科技人才】 2019年，区科协继续向上举荐优秀科技工作人才，发挥科技工作者的聪明才智。推荐苏州电科院董事长胡德霖参选2019年中国工程院院士候选人。区科协举荐的江苏盖睿健康科技有限公司董事长杨豪放，被评为“2018年度苏州市魅力科技人物”；举荐的瑞华医院医师张广亮，获得苏州市科协“青年人才托举工程”资助。组织开展评选“东吴魅力科技人物（团队）”活动，弘扬科技工作者魅力精神，年内有3个科技团队、5名科技优秀人才脱颖而出，受到科技界和相关部门的关注、举荐、资助、评聘和表彰。

【科普载体建设】 2019年，区科协强化科普载体建设，引导“光大水务”、托玛斯工业机器人、角直酱园技艺传承等企业科普项目，建成区级科普基地11个；对接“科普苏州”微信公众号，将创想机器人科技馆、盛风苏扇科普馆、澄湖水八仙科普馆、穹窿山万鸟园等6个优质科普载体场馆导入科普场馆网上预约系统。年内，木渎镇五峰村农科站获评省级科普惠农服务站；苏扇文化科普教育基地、碧波娃少年科学院、西山地质博物馆等6个基地，获评省级科普教育基地；临湖现代农业科普示范基地、春晖堂科普馆、太湖书院，获评市级科普教育基地；东山农林科普惠农服务站、太湖现代农业示范园科普惠农服务站，获评市级科普惠农服务站；城南阳光苑社区、横泾泾峰社区、越溪珠村社区，获评市级科普示范社区。

【创新创业助力工程】 2019年，区科协聚焦科技工作者“创新创业”助力工程，协助企业开展“讲理想、比贡献”“创新创业”科技竞赛，发挥科协组织的桥梁纽带作用。指导中科院苏州纳米所国家双创吴中示范基地举办中瑞创新项目跨境视频路演会，参演项目61个；促成海外科技人才、科技项目落地转化，成功签订意向书6份；协助相关部门举办苏州国际精英周吴中分会场活动，组织科技人才参加机器人与智能制造产业标准化与创新创业圆桌论坛研讨，促进科学技术层次提升和产业环境优化。区科协获苏州市科学技术协会授予的“苏州市2018—2019年度‘讲理想、比贡献’创新创业‘双杯赛’活动优秀组织单位”等称号。

【基层组织建设】 2019年，区科协围绕苏州市科协《关于提升基层科协组织力“4+1”试点工作的方案》要求，继续夯实基础，创新工作方法，加强基层科协组织建设，推动“4+1”试点工作的开展。太湖街道成立后，协助建立科协组织。全区各镇（街道）科协完成换届，全区14个镇（街道）科协兼职副主席中，吸纳“四长”25名，其中学校校长8名、医院院长4名、农技站站长2名、科技型企业家11名；兼职委员中共吸纳“四长”38名，其中学校校长13名、医院院长5名、农技站站长5名、科技型企业家15名。　（江月婷）

吴中区文学艺术界联合会

【概况】 2019年，苏州市吴中区文学艺术界联合会（简称“区文联”）有作家、书法家、摄影家、美术家、音乐舞蹈家、戏剧曲艺家、民间工艺家7个文艺家协会，国家级会员110名、省级会员209名。年内，吴中区光福镇、东山镇、胥口镇、角直镇、香山街道、郭巷街道、太湖街道相继召开镇（街道）文学艺术界联合会第一次代表大会，成立镇（街道）文学艺术界联合会。至2019年，吴中区镇（街道）文联基层组织实现全覆盖。

【文艺创作】 2019年，区文学艺术界会员的文艺创作热情高涨，创作成果丰硕，一大批文艺作品在各级各类活动和刊物中入选（入展）、发表、获奖。马洪伟制作的《双羊尊》玉雕作品，继其玉雕作品《角》后，再次被大英博物馆永久收藏。在“中国文明网”公布的学雷锋志愿服务主题歌曲入围名单中，姜兴龙作曲的《三月春风四季暖》歌曲，入选优秀歌曲前10首。在南京举办的第五届“紫金奖”文化创意设计大赛上，蔡霞明设计的作品获金奖。在北京举行的“第十六届中国人口文化奖”评选活动中，陆小琴与姚思颖合作的《美丽中国——好人故事》核雕作品，获民间艺术品类一等奖。钟秀琴与胡堂山合作的《深圳之春》核雕作品，获“第十四届中国民间文艺山花奖·优秀民间工艺美术作品”奖。吴全福、朱宏观、顾雪峰、吴晓明4人的书法作品，入展第十一届全国刻字艺术展。高建春的《世说新语七则》、顾雪峰的《庐山谣》作品，入展十二届全国书法篆刻展。卞海燕的《山魂》作品，入选悲鸿精神·第三届全国中国画作品展。赵永清的《春到新安江》《山乡晨韵》作品，分获2019第九届金鹤奖全国艺术摄影大赛优秀奖、香港第九届摄影艺术大展铜奖。王卉的小品《雨夜邂逅》，参加第五届中国“南山杯”曲艺新人新作展演。

【文艺活动】 2019年1月18日，区文联志愿服务队书法协会分队前往东山镇杨湾村委会和双湾村4个居民点，为村民开展免费“写春联、送春联”活动。2月19日，区文联以“联盈福地·书润吴中”为主题，在光福镇香雪海景区举办首届“‘香雪海杯’全国楹联大赛征联启动仪式暨己亥元宵灯谜会”活动。2月28日，首届“东吴文学奖”新闻通气会在吴中区举行，拉开“东吴文学奖”评选活动的帷幕。6月3日，区作家协会与区少年文学院联合举办“让生命因文学更精彩”吴中区青少年现场美文大赛，大赛吸引1500多名学生参加，经过前期角逐，决出文学新苗350名，并举行颁奖典礼。7月4日，第六届紫金奖文创综合赛第二场宣讲会在吴中区召开，近百位民间工艺大师、新文艺群体、多家文创企业参加宣讲会。9月21日，2019苏作文创峰会暨长三角友好城市青年手工匠人发展大会在吴中区澹台湖大酒店开幕，大会期间，中国文联研修院、区文联主办的“‘生根——艺术融入美好生活’吴中高层次文艺人才”研修班学习成果汇报展在主会场展馆拉开帷幕。9月23日，举办“太湖美在新时代·强富美高新吴中”第二届香雪海诗会光福分会场活动，来自全国各地的诗人、学者及诗歌爱好者参加活动。10月25日，由苏州市委宣传部、市文联主办，吴中区委宣传部、区文联、角直镇等单位联合承办的“第十七届苏州市民间艺术节暨第九届苏州角直水乡妇女服饰文化旅游节”在角直镇江南文化园古戏台举行。11月5—10日，区文联副主席、区美术家协会主席蒯惠中带领部分协会理事，前往山西省太行山革命老区，开展红色采风

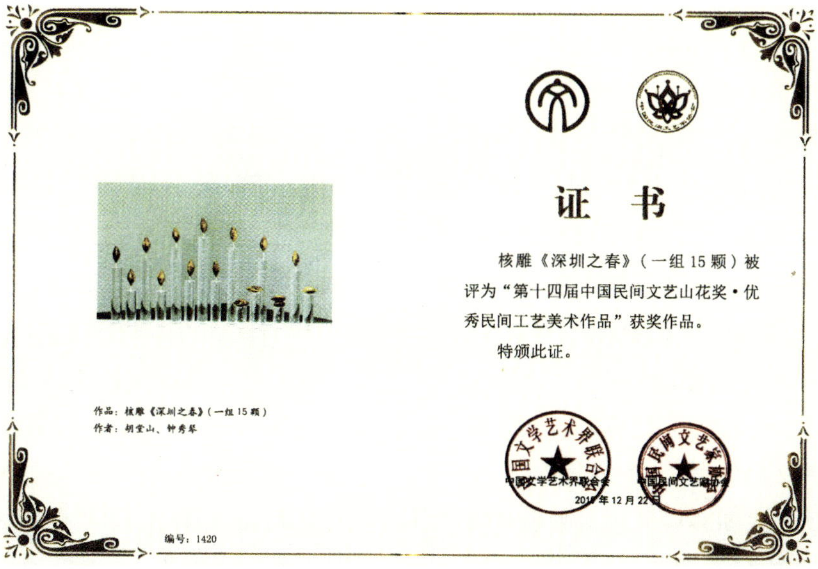
证 书

核雕《深圳之春》（一组15颗）被评为“第十四届中国民间文艺山花奖·优秀民间工艺美术作品”获奖作品。

特颁此证。

作品：核雕《深圳之春》（一组15颗）

作者：胡堂山、钟秀琴

中国文学艺术界联合会 中国民间文艺家协会

2019年12月22日

编号：1420

2019年12月22日，吴中区核雕艺术家钟秀琴（与胡堂山合作）的核雕作品《深圳之春》（一组15颗）获“第十四届中国民间文艺山花奖·优秀民间工艺美术作品”奖

区文联 供稿

创作活动，寻找革命烈士足迹，感悟创作初心。11月20日，区文联组织举办当代文学与剧本创作座谈会，区作家协会、音乐舞蹈家协会、戏剧曲艺家协会以及各镇（街道）文联文学创作协会（文学社）会员20余人参加座谈。12月22日，首届东吴文学奖颁奖典礼暨"'写在江南'——长三角文学发展研讨会"在吴中区举行，近400人参加研讨会活动。

【文艺交流】 2019年，吴中区文艺交流活动频繁、形式新颖。8月9日，由吴中区文联、太仓市文联联合举办的"吴中·太仓两地文化交流文艺专场——'我和我的祖国'合唱音乐会"在太仓市文化馆剧院演出，太仓市委、市人大常委会、市委组织部、市委统战部、市文联和吴中区文联部分领导出席音乐会。8月10日，浙江省民间工艺家协会和杭州市、嘉兴市、台州市、衢州市民间工艺家协会部分领导赴吴中区考察调研民间文艺，宾主双方开展民间工艺交流活动。8月16日，区文联组织的"指尖上的吴中"苏州工匠园体验中心活动，在上海浦东国际机场开幕，吴中区的10多位工艺大师带来百余件苏作精品，让人们零距离欣赏"指尖上的传奇"。10月18日，吴中石湖、姑苏沧浪、太仓娄东文艺界人士联合在吴中区公共文化中心·艺术展览中心举办"金石同寿——庆祝中华人民共和国成立70周年"三地印社联展。

【文艺人才培训】 2019年5月，由区文联组织举办的"第二期苏州吴中高层次文艺人才研修班"在北京正式开班。吴中区文学艺术界各门类的54名文艺人才，参加为期10天的专业培训。

【惠民活动】 2019年，区文联和各协会组织开展各类文艺惠民活动，举办各类展览、讲座及文艺下乡活动6000余场次，惠及群众60万余人。1月5日，由苏州市摄影家协会、吴中区文联共同举办的"《伟大的八千米》——李国平摄影作品展暨高原摄影专辑"首发仪式在吴中区公共文化中心·艺术展览中心开幕，展出160幅摄影作品。1月17日，由吴中区文联主办的"'吴风雅颂'吴中区美术写生作品展"在吴中区公共文化中心·艺术展览中心开幕，美术爱好者以及市民100余人参加开幕式。4月28日，由区委宣传部、区文联、临湖镇共同举办"太湖农业杯"乡村振兴摄影作品展在吴中区公共文化中心·艺术展览中心开幕。4月29日，由区美术家协会举办的"太湖春晓"蒯惠中山水画作品展在苏州市职业大学开幕。5月13日，由区委宣传部、区文联主办，区美术家协会承办的"水墨有声"沈默中国画展在吴中区公共文化中心·艺术展览中心开幕，书画艺术家、书画爱好者100余人出席开幕式。5月22日，由苏州市文联、市书法家协会共同主办，吴中区文联承办、吴中区书法家协会协办的"运河之光——中国书法名城苏州大运河主题书法作品展"在吴中区公共文化中心·艺术展览中心开幕。7月5日，由区文联和区摄影家协会共同举办的"吴中区首届摄影艺术展"在吴中区公共文化中心·艺术展览中心开幕。7月13日，由区文联、区美术家协会主办的"中国沁彩画——王心元绘画艺术作品展"在吴中区公共文化中心·艺术展览中心开幕。8月1日，由区文联举办的"剑胆文心——苏州市退役军人学习《习近平用典》书法篆刻十二人联展"在吴中区公共文化中心·艺术展览中心开幕。8月10日，由区文联、区文体旅局、民进吴中区委共同主办的"'诗意江南·印象吴中'摄影、书法、诗赋长卷主题联展"在吴中区公共文化中心·艺术展览中心开幕。9月5日，由区委宣传部、区文联主办的"礼赞新中国、铸梦新时代——吴中区庆祝新中国成立七十周年系列展"在吴中区公共文化中心·艺术展览中心开幕，区美术、书法、摄影等协会代表及爱好者100余人参加活动。11月4日，由江苏省书画院、苏州市美术家协会、吴中区文联、昆山市文联、张浦镇人民政府联合主办的“礼敬江南——昆山·张浦乡村振兴江苏画家写生作品苏州巡展”在吴中区公共文化中心·艺术展览中心开幕，作者及书画爱好者近百人参加开幕式。11月12日，由江苏省美术家协会、苏州市文化广电和旅游局、苏州市文联、常熟市人民政府、吴中区委宣传部主办，吴中区文联承办，吴中区美术家协会、吴中区文艺交流中心协办的“艺途寻宗——姚新峰中国画作品展（吴中站）”在吴中区公共文化中心·艺术展览中心开展。11月23日，由苏州市美术家协会、吴中区文联、上海市静安区政协香梅画院联合主办的“杖朝之行——海上吴学才八十岁书画展”在吴中区公共文化中心·艺术展览中心开幕。12月14日，由区文联、胥口镇等单位承办的《太湖春秋》中国书画之乡——胥口书画作品展在江苏省美术馆开展。12月15日，区文联举办的“庆祝中华人民共和国成立七十周年‘吴中山水尽可染’李可染画院中国画邀请展”在吴中区公共文化中心·艺术展览中心开幕。

【岗位业绩】 2019年，区文学艺术界会员创新创优，德艺双馨，岗位业绩斐然。陆小琴、盛春、蔡霞明获评紫金文化创意英才，马洪伟、史志晔、府涵璐、夏栋、蔡春生获评紫金文化创意优秀青年；全区文学艺术界入选省首批紫金文化创意人才8人。朱汉举、陆小琴获评第五届江苏省中青年德艺双馨文艺工作者。年内，江苏省文联对吴中区文联系统的20个优秀创新创优项目予以表彰。区文联的“吴中文艺高质量发展品牌工程”创新项目，获评2018年江苏省文联系统优秀创新项目。

（钮春辉）

吴中区归国华侨联合会

【概况】 2019年，全区旅外华侨、华人及赴港澳人士3000余人，主要分布在美国、英国、法国、澳大利亚、日本、新加坡等18个国家和地区。新华侨华人和海外留学生500余人、归国留学生200余人，归侨9户10人，侨眷5000余人。全区基层侨联分会9个，社区“侨之家”和“侨联小组”34家。木渎镇被中国侨联命名为第七批“中国华侨国际文化交流基地”，这是吴中区侨联工作中首次获得的国家级称号。

【区侨联四届三次全委会】 2019年3月8日，召开苏州市吴中区归国华侨联合会四届三次全委会。苏州市侨联、区委统战部领导以及吴中区侨联四届委员会全体委员共20余人参加会议。会议审议通过题为“凝聚思想共识，拓展工作品牌，努力开创新时代侨联工作新局面”的工作报告，确定区侨联2019年的工作思路。会议按照《中国侨联章程》规定，通过选举增补尤歆为吴中区侨联副主席、秘书长。会议通报基层侨联双“五有”创建工作情况，授予木渎镇侨联双“五有”侨联组织称号。

【参政议政】 2019年，苏州市吴中区归国华侨联合会（简称“区侨联”）组织区侨界政协委员参政议政，发挥侨界在全区经济、政治、文化、社会和生态文明建设中的力量和作用。在1月上旬召开的吴中区“两会”期间，区侨界16名委员联系人民群众关注的热点、难点问题，献侨策、发侨声，踊跃建言献策，其中1名侨界委员的提案被评为区政协优秀提案。

【开展新侨企业调研】 2019年3月15日，区侨联领导带队到苏州市吴中科技创业园（简称“吴中科创园”），实地走访该科创园内的企业——苏州亚欧桥电子科技有限公司，开展新侨企业调研工作，就新侨企业关心的涉侨法律、法规及惠侨政策进行宣传和解读。吴中科创园有职工30余人，其中近一半职工为有海外经历的科技人员；该新侨企业受益于新时期国家

"一带一路"倡议的利好，对海外科技人才的需求越来越多。通过新侨企业调研，借助区侨联和基层侨联这一服务平台，在企业日常的发展中，帮助企业开展创新创业工作，为企业提供更多的信息支持与政策资讯以及法律法规上的指导。

【留学生家长联谊活动】 2019年4月9日，区侨联组织部分留学生家长赴张家港市开展联谊活动，拓展侨联组织对留学生家庭的服务领域，增强社会与留学生家庭之间的凝聚力、向心力。在张家港市侨联的陪同下，留学生家长们参观河阳山歌馆、鉴真东渡苑两处江苏省华侨文化交流基地。通过联谊活动，拓宽侨联交友联谊的渠道，使侨联组织服务之心常在，联谊之情常存。让留学生家长们开阔视野、交流信息、加深友谊，精神文化生活更加丰富。

【"走一线、访侨情"调研活动】 2019年4月12日，区侨联组织开展"走一线、访侨情"新侨调研活动，贯彻落实区委《关于"新侨培育扎根计划"实施意见》精神，深入新侨企业走访调研。区侨联调研组实地了解郭巷街道新侨企业创新创业情况以及侨建工作取得的进展，建议郭巷街道加快推进具有品牌特色的"侨之家"基地建设，创新党侨共建新模式；调研组实地走访中博科技创业园和新侨企业——元然（苏州）新能源科技有限公司。区侨联调研组详细了解元然（苏州）新能源科技有限公司自主研发的石墨烯聚合纳米材料的生产、应用和销售情况，参观石墨烯聚合纳米材料样品展示，与多年专注于石墨烯材料科技研究的德国归国人才总经理颜承志、侨眷董事长张金莲座谈交流，了解新侨企业的创新创业情况。

【书赠"赤子情华侨图书馆"】 南通"赤子情华侨图书馆"是加强吴中区侨联与南通市侨联的联系、得到吴中区侨联倾力支持的全国首座以华侨赤子情为主题的公共图书馆。2019年4月29日，区侨联将近200余套藏书赠送给该图书馆，其中《吴中文库》《吴中拾遗》《吴风雅颂》等一批展现吴中历史文化、风土人情的藏书，丰富赤子情华侨图书馆馆藏，弥补图书阅读资源的不足。

【"侨心向党"品牌共建项目】 2019年5月13日，区侨联与郭巷街道在尹山湖美术馆联合举办"侨心向党"品牌共建项目签约活动。签约活动秉持"党建带侨建、侨建促党建"原则，推进基层侨联支部联建、党员联动、实事联办、发展联促、阵地联享"五联"工作。年内，推出"海棠花红，侨心向党"党侨共建项目，继续构建区域化党侨共建新格局。区侨联确定郭巷街道作为"侨心向党"品牌共建项目的首个试点单位，建立郭巷街道侨联，将侨界条线资源下沉到基层。以"党中见侨、侨中建党"的品牌理念，筑牢组织基础，丰富共建活动内容，促进党、侨共建队伍建设。

【"将军瀚墨、书画因缘"书法篆刻作品展】 2019年5月，为庆祝中华人民共和国成立七十周年，由木渎镇党委、政府主办，苏州市侨联、区侨联共同支持的"'将军瀚墨、书画因缘'李晋有、王立鹏书法篆刻作品展"在苏州木渎王立鹏美术馆开幕。中国美术家协会、侨界著名人士、书法爱好者、知名艺术家等50余人共襄书法盛宴。这次书法篆刻展展出李晋有将军、王立鹏先生历年创作的书法篆刻作品。在展出的作品中，李晋有将军独特的军旅手笔，将军人的英勇刚毅与文人的洒脱利落相结合；而旅美画家王立鹏先生的作品粗放不羁，笔触灵动，一山一人，一地一画，充满生活气息。

【"侨心向党、同圆中国梦"文艺演出】 2019年6月25日，为庆祝中国共产党建党98周年，区侨联和吴中区侨眷艺术团相聚在吴中区文体中心演艺厅，举办"侨心向党、同圆中国梦"文艺演出活动，用自编自演的文艺节目来表达侨界“爱党、爱国、爱家乡”的赤子之心，用真实的故事来讲述他们“不忘初心、牢记使命”的吴中情怀。演出活动气氛热烈，节目精彩纷呈，演出包括民乐合奏《喜洋洋》、女生独唱《洪湖水，浪打浪》《侨之家、心向党》、吴地方言说唱《吴井叫卖调》《说苏州，唱稀奇》，沪剧片段《归国》等热情歌颂党、歌颂社会主义、歌颂美好生活的文艺节目。其中区侨眷艺术团团长林雪云主创编排的《吴井叫卖调》地方性说唱，用吴侬软语表达归侨侨眷不忘党恩，热爱祖国、热爱家乡的思想感情。演出活动期间，区侨眷艺术团将部分创作台本及道具服装，赠送给“醉美吴井艺术团”和友好子女学校——吴中区蠡墅友好小学。

【华裔青少年“中国寻根之旅”夏令营活动】 2019年6月27日，由中国侨联主办，江苏省侨联、苏州市侨联等部门承办的“2019海外华裔青少年‘中国寻根之旅’夏令营”活动，在区侨联协调下走进吴中穹窿山，探访兵圣孙武隐居地。来自美国、德国、加拿大、西班牙等国家的107名华裔青少年相聚在一起，寻根走访，体验祖国山水人文之美。夏令营探访行活动中，营员们通过了解孙武的个人生平和历史典故，加深对祖籍国历史文化的了解和认知、认同感，对祖籍家乡留下深刻的印象。

【苏州市侨联干部教育培训基地落户吴中】 2019年6月28日，苏州市侨联干部培训基地在吴中区临湖镇“苏州市乡村振兴学堂”揭牌落户，这是苏州市首个侨联干部培训基地。区侨联与临湖镇党委、政协工委领导签订“侨心向党”党建品牌共建协议书。侨联干部培训基地充分利用地方和侨界现有资源，立足培养侨联干部所需，开设多元化特色课程，为侨联干部更新科技文化知识、增强综合素质、提高做好新形势下侨联工作的能力，提供一个培训场所。

【走访慰问活动】 2019年2月，在农历己亥年春节来临之际，区侨联组织开展“新春送祝福·侨联暖侨心”吴中春节侨界走访慰问活动，由区侨联领导带队，分别看望慰问吴中区8个镇（街道）的32名困难归侨、侨眷家庭，送上价值近2万元的慰问金和慰问物资。7月下旬高温期间，组织开展“高温送清凉、侨联访侨情”活动，区侨联领导带队走访慰问老归侨、部分侨界人士、退休老干部，了解高温期间大家的饮食起居和家庭近况，访侨情，听侨声，解侨忧，送上慰问品。10月7日是农历己亥年重阳节，区侨联组织重阳敬老慰问活动，为全区80岁以上归侨、侨眷送上重阳糕。通过走访慰问活动把党和政府的关心和关怀，送到侨界群众心上。

（于立初）

吴中区残疾人联合会

【概况】 2019年，全区共有残疾人40656人，占总人口的6.16%。其中，视力残疾5762人，占残疾人总数的14.2%；听力言语残疾7595人，占残疾人总数的18.7%；智力残疾4069人，占残疾人总数的10%；肢体残疾16578人，占残疾人总数的40.7%；精神残疾5570人，占残疾人总数的13.7%；多重残疾人1082人，占残疾人总数的2.7%。

【残疾人社会保障】 2019年，苏州市吴中区残疾人联合会（简称“区残联”）继续完善残疾人社会保障体系，全面推动残疾人托底保障建设。按照残疾人社会保障相关要求，落实好残疾人托养护理补贴“先预拨、后清算”工作；明确层级责任，采取村（社区）申报、镇（街道）审核、区级审批的工作流程，组织受理申报，严格审核补贴对象资格，做到不漏补、不重补、不错补。全年完成预拨经费申请和下拨区级补助资金351.55万元；为284名符合聋人信息补贴政策的聋人发放补贴经费8.52万元；为4711名残疾人落实团体人身意外伤害保险补贴，减免保费13.06万元；为66名残疾人营运车主申请发放帮扶补贴154.22万元；为165名符合残疾学生资助奖励条件的残疾人发放奖励经费15.97万元；为369名符合无业重度残疾人和精神（智力）三、四级残疾人社会保险补贴条件的残疾人发放补贴经费120.64万元；为10名符合残疾人自主创业一次性奖励条件的残疾人发放奖励经费3.3万元；为5629名符合重度残疾人托养、护理补贴条件的残疾人发放补贴经费903.69万元。集中年审、补年审爱心卡8269张，新办、补办爱心卡710张。年内，区残联根据江苏省残疾人联合会等四部门联合下发的《关于印发江苏省2019年度低收入残疾人家庭无障碍改造实施方案的通知》要求，加强对“无障碍改造及幸福亮居工程”的调查研究，通过入户走访，制定实施方案，对符合改造条件的68户残疾人家庭，实施“无障碍改造及幸福亮居工程”，投入改造经费42.30万元。

【残疾人康复服务】 2019年，区残联以残疾人康复需求为导向，以精准康复服务为抓手，为残疾人提供及时有效的康复服务。通过调查核实，全面掌握残疾人康复服务需求的信息数据，完成康复服务系统的录入工作，提升康复服务水平。全年完成14周岁以下残疾儿童抢救性康复训练366人，其中听力言语康复39人、智力康复29人、孤独症康复100人、低视力康复77人、肢体康复100人、多重残疾康复21人，补助资金615.30万元。完成听障残疾人助听器适配29例、植入人工耳蜗手术4例，安装假肢、矫形器224例，发放轮椅、拐杖等辅助器具补贴100例，补助资金127.70万元。为符合条件的716名重性精神病患者提供免费药品。年内，为1618名有康复需求的残疾儿童和持证残疾人开展精准康复服务，提升康复服务率。全面启动和做好残疾人证有效期将满的换发工作，完成3439张残疾人证换发工作，全年新增核发残疾人证812张。落实区政府实事项目，制定《关于调整〈吴中区残疾人辅助器具适配补贴标准〉的通知》政策，免费为持证残疾人提供6类基本辅具，优先保障0~14周岁残疾儿童辅具适配。全年共为符合条件的残疾人发放轮椅、拐杖、助听器、盲杖、矫形器等辅助器具317件。以政府购买服务方式，对全区189个村（社区）的老年人开展视力筛查，服务群众1.3万人次，为726名白内障患者进行复明手术。继续开展多元化残疾预防工作，利用全国“爱耳日”“爱眼日”“助残日”等时机，组织开展残疾预防知识宣传教育活动，发放宣传单1.5万张，举办各类知识讲座5场，参与者共约2万人。

【残疾人就业和培训】 2019年，区残联健全残疾人就业培训机制，推动残疾人高质量就业、实现就业增收。开展残疾人按比例就业年审工作，完成423家机关、企事业单位按比例安置残疾人就业的年审工作，全年安置残疾人就业881人。开展常态化就业服务，建立和完善区、镇（街道）两级残疾人求职登记制度，组织残疾人参加招聘专场活动，鼓励残疾人自主就业，全年新增残疾人实名制就业103人。加强残疾人职业技能培训，向省、市残联残疾人技能培训班输送人才，年内选送3名残疾人参加省残联组织的职业技能培训，选送14名残疾人参加市残联组织的培训班。举办区级盲人按摩提升培训班1期，15名盲人医疗按摩师、资深保健按摩师参加培训。联合吴江区、相城区、姑苏区残联举办区级残疾人职业技能培训班，为残疾人提供更多的培训机会。其中，吴中区残疾人参加培训42人次。截至9月30日，区残联配合税务部门征缴本年度残疾人就业保障金4736.71万元。

【“残疾人之家”建设】 2019年，按照《苏州市吴中区残疾人之

2019年9—10月，区残联完成全区“残疾人之家”考核验收工作

区残联　供稿

家建设实施意见》要求，区残联抓实抓好“残疾人之家”建设和长效优质管理运营。9—10月，区残联联合区财政局对全区已建成的15个“残疾人之家”进行考核评估，通过考核6家，奖补资金54万元。指导各相关机构承办的社会组织引入“残疾人之家”辅助性就业项目资源，年内建成辅助性就业工场6家，安置残疾人辅助性就业165人。

【残疾人文体活动】 2019年，区残联组织开展形式多样的群众性文体活动，丰富残疾人的精神文化生活。助残日期间，全区各镇、街道组织开展各类有益于残疾人身心健康的文体活动。区残联与木渎镇联合举办“残健双向服务”专题活动，现场为社会群众提供法律援助、政策咨询、康复服务、健康咨询、盲人按摩等服务，展示部分残疾人创作的红木雕、石雕、玉雕、核雕、刺绣等系列作品。年内，区残联相继举办多场残疾人趣味文体活动：5月11日，举办吴中区残疾人中国象棋比赛，31名残疾人参加比赛；6月15日，举办肢体残疾人吹乒乓球和轮椅飞镖趣味体育比赛，50余人参加比赛；8月30日，举办“我和我的祖国”全区残疾人文艺会演暨第六届社区型残疾人文体活动以及兴趣团队展评活动，通过节目会演展评，残疾人文艺爱好者在舞蹈类、歌唱类、器乐类、手工艺类中共获得7个一等奖、4个二等奖和7个三等奖；8—9月，组织残疾人参加苏州市残联举办的肢残人门球赛、聋人篮球赛，分别获得团体第一名、第三名。区残联注重竞技体育残疾人人才培养，在2019年世界残奥田径大奖赛（北京站）暨第七届中国残疾人田径公开赛中，吴中区残疾人运动员沈亚琴夺得视力女子组200米金牌和100米银牌；在天津举办的全国“第十届残疾人运动会”比赛中，残疾人运动员沈亚琴、厉斌夺得5枚金牌和2枚银牌。区残联赵钰明被中国残联、国家体育总局授予“2015—2018年全国残疾人体育先进个人”称号。

【打造“助残惠民、真情服务”品牌】 2019年，区残联精心打造“助残惠民、真情服务”党建服务品牌，按照“提升服务意识、强化服务功能、打造服务精品”的要求，组织开展党员志愿者服务活动，发挥党员的先锋模范作用和党建服务品牌效应，擦亮残联组织“新时代文明实践点”。通过党员志愿者团队的各类助残惠民服务，提升党员全心全意为残疾人谋福祉的形象。年内，区残联党员志愿者团队21人，开展各类志愿服务18次，服务残疾人586人次。

（郁韬文）

吴中区红十字会

【概况】 2019年，苏州市吴中区红十字会（简称“区红十字会”）有基层红十字会组织及团体会员单位69个，其中镇（街道）红十字会5个、卫生系统团体会员单位21个、教育系统红十字会42个、企业红十字会1个；会员数15600人，其中青少年会员12000人。社区红十字服务站2个，博爱家园1个。

【救灾、救助、救护工作】 2019年，区红十字会收到捐赠款物270万元，其中捐款52.85万元、捐赠物资价值217.15万元。区卫生健康委员会离休干部朱秀源向区红十字会和区民政局各捐款7.5万元，用来助老帮困；苏州江澜生态农业科技发展有限公司向江苏省外国语学校捐赠8万元，用于资助江苏省外国语学校16名品学兼优的学生。年内，继续开展助学、助医、助困活动，支出救助款48.45万元。向贵州省铜仁市德江县25名贫困学生，捐赠助学款2.1万元；救助本地患重大疾病的红十字青少年20名，发放救助款4万元。组织开展“博爱送万家”活动，慰问贫困家庭119户，发放救助款共计12万元。继续实施苏州市政府实事项目——“公益性应急救护培训”，全年组织培训初级救护员2295名、普及应急救护培训1.9万人次，超额完成苏州市红十字会下达的培训任务。

【“三献”工作】 2019年，区红十字会继续组织献血、献造血干细胞、献遗体器官（简称“三献”）工作，全年参加无偿献血者4428人次，献血量121.89万毫升。开展招募捐献造血干细胞志愿者活动，采样入库197人，高分辨采样8人，1人成功捐献造血干细胞。新增登记捐献遗体（器官、角膜）志愿者74人，实现身后捐献遗体11人，捐献角膜9人，捐献器官2人。临湖镇青年沃甜甜成功捐献造血干细胞，成为苏州市第150例、江苏省第700例志愿捐献者，获评“吴中好人”、吴中“三新四创”好青年；成功捐献造血干细胞志愿者宋凯轩、孔毓琦被评选为“吴中最美退役军人”；王旭获评江苏省红十字会“优秀红十字会员”；无偿献血志愿服务队志愿者苏宇玉获评江苏省红十字会“优秀红十字志愿者”。

【社区服务】 2019年，区红十字会在美蠡雅社区博爱家园开展养老照护志愿服务项目。全年举办6期养老照护知识培训班，265名居民参加培训。志愿服务队走访社区老人140户，为社区老人定期测量血压、血糖，指导老人安全用药，提供心理咨询等服务。

【红十字青少年工作】 2019年，区红十字会推进红十字青少年工作，与区教育局、区卫健委、共青团区委等部门联合将红十字理念与学校素质教育相结合，在青少年中传播红十字文化，弘扬“人道、博爱、奉献”红十字精神。5月，组织红十字青少年会员参加《中华人民共和国红十字会法》暨红十字青少年自救互救知识竞赛活动，开展急救知识进校园活动，进行应急疏散演练，增强学生的安全意识。木渎实验小学红十字会为三年级学生举办成人礼仪式，组织爱心义卖活动，培养青少年的感恩和乐于奉献的精神。

【宣传红十字精神】 2019年，区红十字会以世界红十字日、世界献血者日、世界急救日、世界艾滋病日等纪念日为契机，联合区卫生健康委员会、献血办等单位，广泛开展宣传活动，及时通过新闻媒体进行报道。5月8日，区红十字会在区民生综合服务中心广场举办纪念“5·8世界红十字日”宣传活动，现场用气球、展板、宣传册、折页等向居民宣传红十字知识；邀请吴中人民医院、长桥人民医院的心内科、内分泌科、护理等专家为现场居民进行义诊，测血压、血糖；邀请红十字救护培训师现场讲解心肺复苏技巧，指导居民进行练习，受到居民群众好评。（田花平）

吴中区哲学社会科学界联合会

【概况】 2019年，苏州市吴中区哲学社会科学界联合会（简称“区社科联”）有24个学会（协会、研究会），获得江苏省社科联系统年度工作创新奖。穹窿山孙武苑、越溪街道旺山村再度获评江苏省社科普及示范基地。全年编发《吴中社科动态》6期。

【社科应用研究】 2019年4月，区社科联制定《应用研究课题申报指南》《关于组织开展2019年度苏州市吴中区社会科学应用研究课题申报工作的通知》等文件，确定全年区社科应用研究课题42项。其中“打造‘两山’理论的吴中样本——基于吴中环太湖‘加减法’的实践与探索”“苏州生态涵养发展实验区建设与跨区域生态补偿机制研究”2个课题，获评2019年度苏州市社会科学基金重点项目。穹窿山“孙武文化园国学课堂讲座”孙武苑项目，获省社科普及项目资助。年内，区社科联与苏州大学合作课题“吴中区基础教育资源供需的现状、问题及对策研究”和42项区级社科立项课题顺利结题。

【社科普及宣传活动】 2019年6月，区社科联协助市社科联举办苏州市“众说学习·师说”杨明义专场活动。9月，组织区社科联成员单位参加市委宣传部、市社科联组织的江南运河文化论坛活动。10月，在吴中高新区吴中广场举办吴中区第十二届社科普及宣传周广场宣传咨询活动，组织开展广场宣传咨询、“社科知识六进”、“社科图书爱心义卖”等13项系列活动，惠及群众1万余人。（吴仕达）

编辑：王明生

政法工作

【概况】 2019年，政法工作以习近平新时代中国特色社会主义思想为指导，树立底线思维，防范化解重大风险，完善社会治安防控体系，强化特殊人群服务管理，加强基层法治建设，推进扫黑除恶专项斗争，为全区经济社会发展营造安全稳定的社会环境，区政法委获“全市安保维稳工作先进集体”称号。

【维护社会稳定】 以新中国成立70周年大庆安保为主线，成立领导小组，统筹制定《新中国成立70周年大庆全区安全保卫工作方案》，建立党政、公安实体化双专班，强化对大庆安保工作的组织和指导。牵头开展全区防范化解重大风险和大庆安保维稳工作专项督查，对14个板块落实大庆安保各项措施进行明察暗访，查短板、补弱项。大庆安保期间，发挥统筹协调职能，会同公安、信访等相关职能部门将打赢大庆安保攻坚战作为政治任务抓紧抓好，做到动员部署到位、协调联动到位、防范稳控到位，实现70周年大庆安保“零非访”目标，完成大庆安保政治任务。完善维稳工作机制，牵头组建“6·19”专案、“E租宝”“钱宝系”以及“六四”安保等维稳工作专班，强化统筹协调，督促相关职能部门履行维稳责任，形成工作合力，增强维稳工作的针对性和实效性。开展社会矛盾源头治理，完善社会稳定风险评估制度，年内完成86个稳评项目。坚持每月社会不稳定因素排查预警例会制度，对涉及公共安全、劳资纠纷、非法集资、进京非访等影响社会安全稳定的潜在风险进行分析研判，督促第一时间化解稳控不稳定因素。

【完善防控体系】 建设以“天眼”“天云”“天网”“天辰”“天轨”“天幕”等六大工程为支撑的智慧警务建设应用体系。“天眼”1期建成高清视频监控13869路，监控覆盖率从每平方千米不足8个提高到35个，增加前端人脸识别系统821套。年内通过“天眼”平台预警12530次前科重点人员，通过人像预警比对抓获261人，“两抢”类警情比上年下降61.2%，盗窃电瓶车类警情比上年下降61.5%，接触类警情实现断崖式下降，震慑违法犯罪。会同公安部门制定出台《2019年苏州市吴中区社会治安重点地区排查整治工作要点》，确定木渎商城、吴中高新区月苑街、城南吴中商城等三个区级重点地区，实施挂牌整治。针对其存在的涉黄、黑网吧等突出问题，组建集中整治工作专班，加大整治力度。集中整治木渎镇花苑街、明清街等区域。

【特殊人群服务】 组织召开邪教组织及人员底数基础摸排专项工作会议，制定《开展邪教组织及人员底数基础摸排专项工作方案》，推进全区反邪教工作。针对64名易肇事肇祸精神病人，落实对肇事肇祸精神病人监护人的“以奖代补”政策，督促各地各部门成立由精神病防治医生、社区民警、村（社区）治安保卫事务主任组成的“三位一体”管控工作小组，落实上门走访见面，核实治疗、监护、康复措施，做到“三清、三落实”（底数清、病情清、去向清，治疗落实、监护落实、康复落实）。推进居民心理危机干预项目，依托区社会心理服务中心、“心语屋”等工作阵地，为广大居民提供心理健康咨询和疏导服务。全年开展各类心理健康知识讲座32场，受益人数4000多人，团体沙盘51场，开展一对一心理咨询133人1310小时，开展团体督导16次，培训7场48个学时。开展产后抑郁障碍干预，调查3500多人，干预115人。开展突发心理应急事件处理4场。加大司法救助力度，将司法救助资金列入区财政年度预算，全年对61起救助案件的102名人员发放司法救助资金90万元。

【加强源头治理】 8月，推进人民调解进网格工作，依托887个基础网格，对应建立基层人民调解小组，由三级网格长兼任调解小组长，每个三级网格配备1~2名兼职调解员，延伸工作触角，让“枫桥经验”在吴中社会治理基础网格中生根开花。年内通过三级网格受理矛盾纠纷1483件，调解成功1405件，调解成功率94.74%。按照习近平总书记“把非诉讼纠纷解决机制挺在前面”的指示精神，构建网格化社会治理下多元化纠纷解决机制。依托网格推动矛盾纠纷源头排查，吸纳整合解决纠纷的各种社会力量，构建基层人民调解、行政调解、专业性（行业性）调解先行，法院司法确认跟进的诉源治理和多元解纷模式，实现“双下降，双提升”目标，即信访数下降和万人成讼率下降，基层矛盾纠纷主动排查数提升和调解成功率提升。针对电信诈骗、网络诈骗案件多发高发态势，在全市率先开展“意识防”反诈宣传专项行动。成立专项工作领导小组和实体化工作专班，召开“意识防”反诈宣传培训暨专项行动推进会，出台工作方案，并对各地各部门落实情况开展督导，形成宣传体系。年内通过搭建微信群和转发朋友圈等方式开展“影响身边100人”活动，累计受众群7000余个，新增受众50余万人次。

【推进扫黑除恶】 围绕“问题线索清零、黑恶积案清零”工作目标，开展重点攻坚，推进线索、案件办理和审查起诉工作，年内摧毁黑社会性质组织1个，恶势力犯罪集团1个，破获九类涉恶案件281件，抓获犯罪嫌疑人831人。11月5日，区法院对徐某等15人进行公开宣判，全区涉黑恶案件全部清零。制定《全区关于中央扫黑除恶督导“回头看”重点任务分工方案》，并对12个重点行业领域专项治乱整治工作进行督查，掌握整改

2019年3月4日，吴中区召开全区扫黑除恶专项斗争推进会 王永康 摄

工作动态，推动整改工作有序进行。开展非法金融专项治理，年内打掉套路贷团伙7个，破案37起，抓获嫌疑人45名，逮捕36人，查扣资金4500余万元；受理非法金融案件7件14人，审结3件5人；排查疑似放贷机构2家，疑似借贷中介18家，疑似放贷自然人43人。结合“不忘初心、牢记使命”主题教育，区委政法委牵头，各职能部门协同开展对“黄赌毒”和黑恶势力听之任之，失职失责甚至包庇纵容、充当“保护伞”专项治理工作，全年查处涉“黄赌毒”治安案件110件，查处涉“黄赌毒”刑事案件5件，抓获176人，起诉涉“黄赌毒”刑事案件14件26人，判决10件11人。（薛晓燕）

社会综合治理

【概况】 2019年，以“网格+网络”为工作模式，紧扣“四大核心要素”工作重心，围绕平安稳定主线，创新社会治理举措，开展进企入户，重点实施安全生产隐患排查、火灾隐患排查、重点人员管控、社会矛盾化解等具体工作，提升网格化联动机制社会治理成效。

【“一张网”建设】 按照区委、区政府《关于深入推进社会治理“一张网”建设的指导意见》，推动职能部门职能、资源、力量等社会治理要素下沉，夯实基层网格力量。年内，公安、安监、消防、人民调解、污染防治、“331”场所排查等专业网格融入社会治理“一张网”，形成基层网格化社会治理的统筹格局。全年受理各类工单958316件，办结948062件，结案率98.93%，“12345”热线回访满意率98.97%，群众诉求得到解决。梳理企业安全生产问题清单66项，分为轻微隐患42项、一般隐患19项、较大隐患5项，在网格内常态化巡查企业安全生产情况，确保问题早发现、早处置。全年，巡查员巡查企业5573家，发现问题点12361个，为全区安全生产工作提供网格化支撑和服务。把“331”专项整治行动与网格化紧密结合，通过网格化联动机制，从专项行动转化为常态化、经常化工作模式。梳理完善“331”专项整治清单（“9+1”场所和出租屋场所）、企业安全生产巡查清单、燃气安全巡查清单等。巡查员采集“9+1”场所29437个，其他场所1931个，出租屋4481户，累计巡查“9+1”场所28147个，发现问题70544个。与司法局合力推进专业调解组织与社会治理网格的协调，探索完善矛盾纠纷调解体系，实现“矛盾不上交”，打造吴中特色的“一张网+人民调解”模式。年内受理人民调解进网格工单3458件，调解3414件，调解成功率98.70%。

【联动机制建设】 以党建为引领，创新探索以“网格吹哨、街镇报到”和“街镇吹哨、部门报到”为主要内容的社会治理新模式，发挥基层党组织特别是网格支部的统筹协调功能，厘清“吹哨者”“报到者”的职责清单，实现社会治理重心下移、资源力量有效整合，破解基层治理“最后一公里”困境和难题。年内通过“吹哨报到”解决社会治理疑难复杂工单330件。对事件责任清单进行再梳理，在已梳理的732项清单的基础上，完善细化“331”专项行动，“9+1”场所消防安全、非法集资、集体违建等个性化专项清单，确保联动机制下各类工单上报、派遣、处置、核查流程精确高效。强化指挥平台工单处置、问题交办、协调督办、核查反馈等功能，提升平台处置效能。在全要素信息平台开发“331”“9+1”等安全模块，落实安全隐患大排查大整治工作要求。发挥全要素采集与联动平台互通作用，注重全要素采集平台重点从源头采集“人地事物组织”等信息，将重要信息推送至联动平台，通过联动平台进行处置。

【完善服务模式】 秉持“以人民为中心”的发展理念，转变工作理念，以多种形式服务吴中群众，实现“民有所呼，我有所应”。以党的建设为引领，发挥党组织和党员在工作中的先锋模范作用，推进联动机制建设。发挥巡查员的主动服务、奉献社会的公益意识，组建吴中联动“蓝鸟”志愿服务队，通过党建强化为民服务宗旨，提升服务水平和能力。把群众满意作为重点，围绕群众安全感、网格化管理覆盖效果、群众身边存在的疑难问题及安全隐患等方面开展调查。全年巡查员入户调查16.8万户、收集社情民意近2000条，通过网格化联动机制解决群众反映的问题。紧抓“12345”热线，承接移车类诉求工单，筑牢倾听和解决群众诉求的第一道关口。年内吴中“12345”呼入总量1000722件，移车呼入总量634368件，获市“12345”热线第三季度流动红旗。开发智能语音机器人“吴小U”，解放人力，加快效率。抓好队伍建设，年内对坐席员开展培训30余场，600余人次；对巡查员培训17场，1450余人次。首批23名巡查员获得消防设施操作员职业资格证书。

（王　鹏）

审　判

【概况】 2019年，牢记“司法为民、公正司法”初心使命，履行宪法法律职责，聚焦服务经济社会发展，推进司法改革创新。全年受理各类案件25080件，审执结21945件，解决争议金额115.89亿元，比上年分别上升5.63%、6.49%和20.69%，审执质效各项数据均在合理区间内良性运行。围绕扫黑除恶专项斗争、“扫黄打非”“意识防”专项行动、非法金融活动专项治理等增强人民群众安全感。1起案例入选“中国互联网司法典型案例”和最高法院“2019年十大毒品犯罪典型案例”，1篇全省法院重点调研课题结项，出台全国法院系统首份预重整制度规范性文件，在东山镇设立全省首家“家事法官工作站”。年内，区法院获评2016—2018年度江苏省文明单位、开发区法庭人民调解工作室获评江苏省优秀人民调解工作室。

【刑事审判】 全年审结刑事案件1249件1572人。推进扫黑除恶专项斗争，依法审结中央扫黑除恶督导组重点关注的徐某某等15人组织、领导、参加黑社会性质组织一案，以“深挖根治”为目标，将扫黑除恶与反腐败工作紧密结合，从3万余件案件中排查涉黑涉恶线索，与纪检监察机关建立线索快速移送、反馈机制，撰写《2018年度职务犯罪案件报告》。参与“扫黄打非”“意识防”等专项行动，审结“黄赌毒”、盗抢骗、危害食品药品和公共安全等犯罪843件959人，依法审理利用网络侵犯个人信息、造谣诽谤等案件，梁某元等人非法利用“名流汇”网络平台吸毒、贩毒一案同时入选“中国互联网司法典型案例”和最高法院“2019年十大毒品犯罪典型案例”。开展非法金融活动专项治理，依法惩治非法集资、电信诈骗等涉众型犯罪案件，承担的全省法院重点调研课题“非法集资犯罪成因及防范处置机制研究”结题。推进以审判为中心的刑事诉讼制度改革，贯彻宽严相济刑事政策，落实认罪认罚从宽制度，在涉少审判中贯彻教育、感化、挽救方针，对13名未成年被告人适用轻罪犯罪记录封存。

【民商审判】 全年审结民商事案件11740件，调解、撤诉6611件，调撤率57.3%。重点从已结民间借贷案件、涉职业放贷人案件中梳理排查“套路贷”虚假诉讼；在涉民营企业案件庭审后增设建言环节，针对企业在环境保护、安全生产、产品质量等领域存在的问题当庭提出建议，促进企业良性运作；加大破产审判力度，出台全国法院系统首份预重整制度规范性文件，通过“企业主导、政府推动、市场引导、依法处置”的多元协调方式，提升重整效率与成功率。探索形成适用于基层法院的“释法+”标准化调解模式，获全市法院推广。回应“衣食住行”民生诉求，审结劳动争议、医疗纠纷、消费纠纷等案件2124

件，推进家事纠纷专业化审理，创新合适成年人参与诉讼、人身安全保护令等机制，联合当地司法所与妇联组建调解员队伍，在东山镇设立全省首家“家事法官工作站”。

【行政审判】 全年审结行政诉讼案件58件，审查行政非诉执行案件35件，裁定准予执行27件。注重行政纠纷的实质性化解，引导行政相对人正确理解法律，促进行政机关完善行政行为，13件案件原告主动撤诉。强化行政机关负责人出庭应诉工作，出庭应诉率96.3%；助推法治政府建设，公职人员到院旁听庭审、听取法律培训11次900余人次。把脉审判中发现的涉及经济发展和社会治理的新情况、新问题，提出司法建议与情况反映19则。针对涉及“263”与“331”专项行动中拆除违法建设诉讼增多的情况，通过司法建议、情况反映及工作汇报等方式促进相关行政机关依法履职。

【执行工作】 全年执结案件8675件，执行到位金额17亿元。以“铁腕”治理执行难题，围绕“查人找物变现”核心，变革执行查控方式，将被执行人支付宝账户、微信钱包、网购收件地址等12类信息通过网络查控系统“一网打尽”；以“铁拳”惩治失信行为，开展反规避执行专项行动，限制高消费与公开曝光失信被执行人9068人次，司法拘留266人，罚款81.35万元，5名被执行人因涉嫌“拒执罪”移送公安机关立案侦查；以“铁纪”规范执行队伍，出台《执行规范化操作手册》，围绕案件监督、评估拍卖、案款管理等方面建章立制；开展执行领域突出问题专项整治，解决消极执行、选择性执行问题。开展“涉民生案件专项执行行动”，执行到位工资款、养老钱、“救命钱”3464万元。

【服务发展】 将法院工作融入全区大局，加强产权保护、尊重契约自由、维护诚实守信，制定服务民营经济发展16项举措，至辖区商会、企业走访座谈，倾听企业呼声，解答法律问题，发布典型案例，详细列出53个法律风险点，为民营企业营造公平公正、安全稳定的发展环境。淘汰落后产能，对27家“僵尸企业”依法进行破产清算，清理债务25.49亿元，释放土地5.95万平方米。加大“执转破”工作力度，依法对15家执行不能企业宣告破产，终结执行案件422件，涉及债务3.25亿元。落实“谁执法谁普法”责任制，打造“小吴法官说法”品牌，法官走进区青商会、宝带实验小学和新家社区等地，开展交流讲座、模拟法庭、法律咨询23次；举办新闻发布会5场，通过“一网双微”和各类媒体开展法治宣传1632条，连续8年被最高法院评为在司法宣传工作中做出突出成绩的人民法院。助力脱贫攻坚与乡村振兴，连续9年开展“阳光司法到街镇”巡回审判，对口投入帮扶资金8.7万元，针对涉村集体组织案件中发现的集体资产流失问题开展专题调研，《基层反映农村产权交易存在四大突出问题》一文获市委书记蓝绍敏批示。

【诉讼服务】 诉讼服务中心提供诉讼指导、判后答疑等诉讼服务31237次，网上立案834件，办理群众来信来访1224件。推动诉讼事项远程办理，构建“12368”热线、诉讼服务网、移动微法院等多元诉讼服务平台，网上立案834件，跨域立案14件，实现诉讼服务“一网通办”。推进交通事故损害赔偿纠纷网上一体化处理，组建2个“道赔诉调专审团队”，强化法院、交警、保险、鉴定等快速协调配合，诉前调处纠纷131件，进入诉讼程序的交通事故责任纠纷比上年下降9.56%。推进司法公开，上网生效裁判文书14727份，庭审直播8621场，比上年分别提升37.39%和84.09%。

【解决纠纷】 把非诉讼纠纷解决机制挺在前面，打造矛盾纠纷三层滤网工作格局。第一层滤网为网格调解，比照区社会综合治理三级网格布局，完善院长、庭长、法官三级对接制，开展“法官进网格”工作，基层走访88次，化解纠纷107件，力促“小事不出格”。第二层滤网为诉前调解，选聘11名人民调解员进驻法院5个人民调解工作室，诉前成功调解纠纷1017件，对其中644件予以司法确认，力促纠纷化解于成讼前。第三层滤网为简案速裁，采用微信调解、QQ送达、要素式审判、表格式判决书等快速办案方式，配备速裁法官13名，占全院法官的24.07%，办结69.47%的民商事案件。全年多元解纷与速裁结案8710件，比上年增长87.35%，相关工作经验在全省法院院长会议上交流推广。

【司法责任制】 严格标准，规范程序，从法官助理中遴选员额法官2名，员额法官人均结案数411件。完成内设机构改革，完善人员分类管理制度，开展司法行政、司法辅助人员和司法警察职级套转工作。将诉讼材料收发扫描等事务性工作外包给专业机构办理，为办案人员“减负”。实现院庭长办案常态化，院庭长担任审判长或独任审结案件9040件，占结案总数的41.19%。强化院庭长案件监督管理，对社会影响较大、疑难复杂、长期未结等六类重点案件，由院庭长遵循依法合规、公开透明、全程留痕原则，进行规范化监管，确保审判权依法正确行使。

【智慧法院建设】 推动现代科技与审判工作深度融合，开展庭审及办公语音同步转换文字、电子卷宗同步生成及应用等工作。采用“语音识别系统”，庭审记录速度较传统人工打字提高一倍，提升审判效率。安装“云柜”诉讼材料收发系统和“云盘”信息传输软件，实现案件材料集中扫描收发、同步转化运用和全程留痕管理，确保信息传输安全。被最高法院确定为司法大数据专题协作研究单位，市法学会研究课题“人工智能语境下法院的危机与应对”结项。

（刘轶臣）

检　察

【概况】 2019年，围绕区委“当好高质量发展优等生”的中心工作和市检察院“全省第一、全国一流”的争创目标，主动融入和服务大局，全面履行检察职能，向社会提供优质的检察产品，答好新时代人民群众的公平正义“必答题”。年内，区检察院获评全省检察机关先进集体，获全国检察新媒体月度优秀作品奖，获评2016—2018年度江苏省文明单位，被授予全市检察机关扫黑除恶专项斗争集体三等功。

【刑事检察工作】 全年受理审查逮捕案件1397人，比上年增长42.1%；受理审查起诉案件2227人，比上年增长32.8%。以“治根”为目标继续开展扫黑除恶专项斗争，正副检察长“挂帅”的办案组办理徐某某等15人涉黑案，从组织据点天池山果园和徐某某承揽的工程入手“打财断血”2000余万元；在审查中发现“保护伞”线索，成功“打伞破网”。依法办理故意杀人、抢劫、强奸等严重暴力犯罪，批捕55人，起诉58人；依法办理盗窃、诈骗等多发性侵财类犯罪，批捕337人，起诉508人。办理公安部督办的苏州市首例非法买卖、运输、邮寄爆炸物案件，厘清各犯罪嫌疑人参与的犯罪事实以及在犯罪中的地位和作用，确保精准指控。办理省、市主要领导批示的贺英明等11人伪造国家机关、企事业单位印章、伪造身份证件系列案件，对罪责进行分层处理，依法批捕7人，维护正常社会秩序，保护人民群众财产安全。在坚持打击犯罪的同时加强人权司法保障，追捕、追诉16人，监督立案5件，撤案12件，对不构成犯罪和事实不清、证据不足的案件，不批捕306人、不起诉76人；开展羁押必要性审查工作，建议改变强制措施38件38人。针对“智障儿童唯一抚养人长期无法收监”问题，与区法院、公安、司法、民政、福利院等单位对接，在保护儿童权益的基础上收监该抚养人，在苏州大市范围内首次推动各方在

"唯一抚养人"收监难题上形成制度合力。

【未成年人保护】 全年受理涉未成年人案件109件140人。在办理孙某某等人强奸、强迫（组织）未成年人卖淫案时，审查认定该案为涉恶案件，要求侦查机关深挖彻查；在办理一起团伙诈骗案时，对于涉案的未成年犯罪嫌疑人，注意区分罪与非罪、初犯与连续犯，对确有悔罪表现的未成年人做出不起诉决定。注重工作延伸，对一起亲生父亲性侵案件，支持提起吴中区首例撤销监护权诉讼。针对未成年人"仿效黑帮"欺凌弱者现象撰写分析报告，得到市委、区委主要领导批示。

【公益诉讼】 针对"生态环境和资源保护、食品药品安全、国有财产保护、国有土地使用权出让"四大领域的公共利益，发出行政公益诉讼诉前检察建议24份。针对外卖平台存在的食品安全隐患等问题发出检察建议，联合区市场监管局约谈美团、饿了么两家主要外卖平台；联合区法院、财政、市场监管局设立专门用于消费者损害赔偿的公益金账户，2起案件的10倍惩罚性赔偿金被纳入。围绕国土资源保护，通过现场走访、制发检察建议、多部门联动等方式，推动全区16.67公顷农用地复垦，其中，9年未经整改的东吴村"景湖园"违法占地得以拆除。对四大领域以外的公共利益开展探索，以"盗掘明朝礼部尚书董份墓志铭案"为发端，成立"吴文化公益保护课题组"，启动区域文化保护工作。对辖区韩世忠、董其昌、金圣叹等名人的墓地保护情况开展调查，实地走访16处文保墓葬，针对保护范围与建设控制地带界线不公开、保护主体不明确等问题制发6份检察建议，推动相关单位采取拆除违建、更新标志、安装监控等整改措施。与苏州市考古研究所及苏州广电联合推出《文物的名义》系列报道，呼唤全社会共同参与吴文化保护。

【化解金融风险】 全年受理各类非法金融类案件37件56人，涉及被害人4000余名，涉案金额近10亿元。办理涉案金额2.6亿元的吕某某等人特大组织、领导传销活动案，追查资金流向，发挥检察主导责任，引导公安机关固定核心证据，确保案件顺利起诉。办理涉案金额6.2亿元的李某某等9人非法吸收公众存款案，经自行补充侦查，追诉该案遗漏的主犯1名，经审查认定该主犯涉案金额5400余万元。通过大数据分析，梳理出近三年办理的金融类案件的特点，撰写情况反映和调研报告，助力防范金融风险。

【民营企业权益保障】 完善法治保障，出台关于营造良好营商环境的"检八条"，制定《涉民营经济案件不起诉工作实施办法》，依法平等保护民营企业的合法权益。在办理丁某某等人生产、销售伪劣产品案时，一方面追究不法分子的刑事责任，另一方面建议康宝莱公司维护知识产权，支持企业提起民事诉讼，助企业挽回经济损失130余万元。针对不法司机利用滴滴公司管理漏洞，通过虚拟订单骗取平台垫付车费的行为，从安装车载监控、核实订单真实性、建立诚信保证金等方面向滴滴公司发出检察建议，收到滴滴公司的落实回函，帮助企业堵漏建制。

【提升办案质效】 履行检察机关不起诉权，减少社会对立面，全年不起诉272人，不起诉率14.4%，居全省前列。落实认罪认罚从宽制度，对1291人适用认罪认罚从宽，下半年适用率83.7%。注重与法院的沟通互联，提升检察量刑建议工作的精准度和认可度，量刑建议采纳率94.7%。落实关于压缩"案件比"的要求，在受理的刑事案件"案"数增长的态势下，增强履职能力，减少退查次数，降低案件"件"数，将"案件比"指标降至1∶1.4，排名大市第三。

【服务群众】 贯彻落实最高人民检察院关于"群众来信7日

内程序性回复、3个月内告知办理结果”的要求，全年受理各类信访294件，除无法联系外均依规答复。全年发放司法救助款11.7万元，在收到“因案致贫”的被害人孟某某求助来信后，帮其申请法律援助，按照司法救助程序，向孟某某发放8000元救助款。在办理最高人民检察院交办的余某反映侦查机关阻碍律师会见一案时，联系信访人和律师，根据事实和证据发出《纠违通知书》并收到整改回函。

【智慧检务】 打造“电子物证实验室”，高质量服务刑事案件自行补充侦查，提取、恢复电子数据50余件，出具检验报告16份。在办理高某某介绍未成年人卖淫、张某某销售假烟等案件时，提取到关键证据，最终将犯罪嫌疑人绳之以法。在办理徐某某等人涉黑案时，使用无人机对天池山果园进行航拍取证，明确赌场接送点、望风点和聚集点的分布情况，揭露果园的经济基础特征。在全省政法系统科技装备展中，检单兵办案系统等多项设备参加展示，得到江苏省人民检察院表扬并在多省推广。 （黄　慧）

公　安

【概况】 2019年，紧扣70周年大庆安保维稳工作主线，紧盯公安工作高质量发展主题，紧绕市局“一纲四目二十项”部署，做好防风险、保安全、护稳定、促发展各项工作，为服务吴中区经济社会发展，创造平安稳定的社会环境。

【平安吴中建设】 2019年，聚焦安全安稳，维护平安吴中大局。深化维护政治安全系列专项行动，动态列管涉邪重点人员14名，抓获涉邪重点人员1名，完成朱某某庭审安保工作；推进“反恐滤网”专项行动，保持涉恐重点人员“清零”。抓好统筹联动和责任落实，化解华夏五金城、藏书石材市场拆迁等一批涉稳风险；依托大事牵引、五位一体等工作机制，突出串联集访、意识形态情报预警，劝返进京赴省非访56人次，提前预警化解70余起不稳定因素。依托“415”工作机制，深化“净网2019”专项行动，推行7×24小时网上巡查监测勤务，落地查证不当言论；利用并发挥好高校驻警机制和“护学岗”制度，配合教育部门做好维护高校安全稳定工作。

【社会治安】 2019年，深化专项斗争，创造良好治安环境。推进扫黑除恶专项斗争，推进“六个攻坚行动”及“九类案件必破、纠纷警情必见底”，破获九类现行案件63起，抓获各类犯罪嫌疑人313人。构建涉众型经济犯罪防控体系，排查风险企业312家次，办理涉众型经济案件7起，抓获嫌疑人18名；维护国家税务秩序，办理涉税案件9起，抓获嫌疑人52名，保护企业合法权益。开展重点地区集中整治，排查立项重点地区（方面性突出问题）14处，抓获涉案人员350余名；开展“三假”专项整治，破获案件12起，抓获违法犯罪嫌疑人35名，捣毁制售假证窝点5个，查获印章2252枚、制假设备19台。

【智慧警务建设】 2019年，推进以“天穹”计划为统领，以“天眼”“天云”“天网”“天辰”“天轨”“天幕”六大工程为支撑的智慧警务建设应用体系，打造智慧吴中“路线图”。突出“天穹”计划引领实战，建成各类前端感知设备1.5万余路，整合社会面监控4968路，监控覆盖率提升至每平方千米35路，设备总在线率96%，完成“天眼”一期工程，推进二三期建设；完成350兆3座通用基站补盲，提升通信信号覆盖率；建成“天眼”系统平台，建立区吸毒人员库及增设信访、联动中心等“天眼”平台预警人员名单；投入使用81套铁骑及445套猎鹰系统，将其全部接入“天眼”系统平台，实现人脸、车牌同步抓拍预警。预警前科重点人员1.5万余人次，预警抓获各类违法犯罪人员318人。推进前端安全监管。通过“331”要素深嵌网格、推广“微消防”、借助“火眼”系统等举措消除火患，火灾起数比上年下降21.6%；推进道路交通系统治理，推进“天轨”智慧交通建设，交通死亡事故数及亡人数均比上年下降27.27%；摸排773家危化品企业，加大危险品、旅馆业智能化监管力度，实现重点行业实时远程查看、动态监管。建设数据赋能、合成作战、执法监管、电子鉴定“四大中心”，配套研用数据赋能展示、合成作战情报共享、执法流程监督管理、动态巡防智能管控等平台系统，全面构建“3+1”数据赋能体系、“1+5”合成作战体系、“3+2”执法监管体系及“1+2+14”指挥服务体系，总结提炼实技战法，为各类警务实战提供支撑。年内，南区所、郭巷所综合指挥室完成改造并投入使用，合成作战情报共享、执法监管平台投入试运行。推进“天轨”智慧交通设施方案，加快二级指挥平台建设，推进五大项目，打造科学高效、覆盖广泛、防控严密、服务便捷的智能交通系统。开展交通管理技术咨询服务外包项目的技术服务团队工作，该项目按照“专门机构统筹组织、专业团队谋划推进、专家智库评估建言、专职队伍攻坚治理”系统治理模式的要求，实时为交通管理提供技术支持；老旧电子警察升级改造项目进入建设阶段，涉及23个路口99套电子警察抓拍系统，通过对原有设施进行升级改造，建设成为卡口式电子警察，接入分局“天眼”系统；工程车辆管理系统和便民自助车驾管业务终端到位；文明交通不礼让行人违法抓拍项目与“天眼”二三期同步建设启用，在吴中中心城区建设6个不礼让行人违法抓拍点位。

【巡逻防控】 2019年，推进动态巡防建设，将辖区板块细分为建成区、重点地区、一般地区三个类别，统筹规划48个巡区、114个必巡点、68个堵控点、18个临时治安检查点，升级改造2个警务工作站、44个治安岗亭，梯次开展警力调整布局及路面巡防工作；常态开展重点区域叠加巡逻；组建两级便衣、联勤联防两支专兼职巡防力量。8月16日，市局召开“铸盾”工程总结会暨吴中分局木渎派出所“城市盾牌”实战应用现场会，对建设应用成效给以高度评价。推进社区警务工作，推进社区网格配套工作，完成人员配备、区域划分、一标多实基础信息采集、数字门牌数据清理等基础工作，调优基础信息共采、社区治安共管、矛盾纠纷共处、安全隐患共治“双网融合”四个维度内容，建立社区警务工作清单，确立社区民警考核机制。推动完成3个试点小区科技合围改造建设。

【提升执法服务】 2019年，抓严执法规范化。注重从执法办案区标准改造、平台载体定制开发等方面增强科技植入，建强执法流程监管设施；细化执法办案依据索引，突出执法主体能力提升，获得市局首届行政复议应诉技能练兵竞赛决赛团体二等奖及第三届全省公安行政复议应诉技能大赛全省十佳辩手等多个荣誉。启动出入境智慧大厅建设，提升“互联网+公安政务服务”效应，落实“只跑一次”“一窗通办”等要求。全年办理各类证件4.8万本，比上年上升44.8%，延时接待群众5000余人。推进“不忘初心、牢记使命”主题教育、“践行新使命、忠诚保大庆”实践活动，推动形成“1+X”警·辅党建一体化模式，打造“一支部一特色”党建品牌矩阵；运用“3+8+N”民意诉求研办评解机制，创新队伍监管“1+3”模式，公安涉法涉诉民意诉求化解率比上年上升15.94%；调优队伍结构，机关瘦身下沉一线民警26名，交流轮岗民警79名，干部梯队建设调整干部110人；组织开展“双提双促”纪律作风主题活动及数字证书专项检查活动，核实9起违反公安信息管理规定情况；策划“1+2+4+N”模式“家文化”品牌，推出“小小警察梦”暑期夏令营，发挥

“评星”机制作用，3个个人工作法入选市局先进典型工作法。

【大庆安保活动】 贯彻上级决策部署，将大庆安保维稳工作作为贯穿全年的首要政治任务，按照备战、临战、实战、决战四个不同阶段工作要求，超前谋划，制定“统全局”的“1+6”大庆安保维稳工作总体方案和“六项攻坚行动”子方案，以及社会面管控、情报信息、安保督察等一系列分方案；落实“八项工作机制”，保障安保维稳工作高效运转。同时，通过举行大庆安保誓师动员大会、战时表彰等活动，营造全警安保工作氛围，实现部省“五个严防、四个确保”和“五个坚决防止发生”的总目标，安全稳定工作各项指标处于历史最好区间，社会大局持续平安稳定。

【“意识防”行动】 9月，成立“意识防”反诈宣传专班，通过高位协调推动“意识防”反诈宣传、召开“意识防”反诈宣传推进会、搭建“意识防”反诈宣传工作体系，在全区上下开展“意识防”反诈宣传专项行动，压降电信网络诈骗案件高发现象，提升人民群众安全感。

【数据赋能攻坚行动】 7月，苏州市公安局确定吴中分局为数据赋能试点单位，吴中分局加速启动数据赋能攻坚工作，围绕分局党委“六化”警务发展途径，从“一屏展示”“一图作战”“一套机制”“多个战队”“数个模型”进行项目性部署，以“1318”系统攻坚工程为剑指靶向，紧紧抓住“2+6”架构，为数据赋值、为基层赋智、为实战赋能。“2”是指科信办（筹）加强与高科技公司战略合作、开展技术攻关，指挥中心统筹业务需求、开展实战指导；“6”分别是指挥中心牵头的情报指挥数据赋能行动，大事牵引专班牵头的维护稳定数据赋能行动，刑警大队牵头的侦查打击数据赋能行动，人管大队牵头的重点人员“双网融合”数据赋能行动，治安大队牵头的治安要素综合管控数据赋能行动，法制大队牵头的执法管理数据赋能行动。通过“2+6”机制，打造吴中个性模块，在市局“六星科技·纵横警务”的总体框架下，围绕吴中“天穹”计划，做到数据深度赋值，阶段性实现数据赋能总体目标。

【“净网2019”行动】 为严厉打击各类网络违法犯罪活动，集中清理网上违法有害信息，集中整治网上秩序，健全完善打击整治长效机制，根据上级统一部署，开展“净网2019”专项行动。对网络违法犯罪活动情报线索挖掘经营，打击涉网违法犯罪和网络黑产黑市，整治网上信息和网络安全管理秩序，强化宣传引导和群防群治。通过专项行动，加强网络舆情导控，助力辖区维稳工作。

【护校安园】 根据公安部统一部署，开展“护校安园”工作。精准护学，设立常态点位。为确保学生上下学高峰期的人身安全，建立常态化护学机制，落实校园高峰勤务机制和“护学岗”工作机制，每个“护学岗”分配1~2名警力，开展疏导指挥、秩序管理，实现精准化护学。警校联动，强化安保力量。与校方合作，调整巡防勤务，提高巡防密度，落实护送措施，加强校园及周边地区的安全巡逻防范，形成分工协作、齐抓共管、综合治理的校园安全工作格局。借助群防力量。组织保安、教师、家长等群防群治力量，参与护学与校园周边治安防控，加强校园门口值守及周边巡查，注意发现上下学期间出现的可疑情况、人员，提升校园安全系数。

（何德友）

【度假区公安分局】 坚持情报先导、多元共治，完成新中国成立70周年大庆、第二届进口博览会等重大安保任务。成功阻止非法宗教和境外非政府组织活动3起，维护辖区政治安全。开展关注人员背景审查，落实“四见”措施，防范离苏人员返回和外区挤压人员流入。钝化香山物业纠纷、光福渔民上岸等不安定因素，确保社会大局持续稳定。全年总警情、违法犯罪类警情保持稳定，全部刑事案件破案数、打击处理违法犯罪人员数比上年分别上升2.6%和25.5%。扫黑除恶专项斗争完成“两个清零”任务，涉黑涉恶九类案件破案率达80%，各类线索办结率达77.1%。“八类”案件实现“全破”，光福微信招嫖案、网络平台开设赌场案等多起案件告破。民生案件打防取得成效，开展“意识防”反诈宣传工作。从人力、地面、科技等维度着手，开展“两卡口”“两隧道”以及“大、中、小”三道包围圈建设，在重点景区、重点区域实行网格化管理，推行错时巡防机制，增强巡防覆盖面。构建人技结合、空地衔接的立体化现代化巡防网络，增加智能化前端、高空瞭望、无人机等科技设备368套（路），人像卡口150个，一、二道防线实现“全覆盖”，通过人像卡口比对抓获违法犯罪嫌疑人16名。深化所队融合机制，实现亡人交通事故数、死亡人数“双降”，确保清明、五一、国庆等假日高峰期交通秩序。依托民宿住宿App系统，上线人脸识别功能，提升基础信息采集质态，集中开展网约房、轰趴馆等集中整治，累计查处不合规场所40家。保持食药环犯罪严打高压态势，成功破获6起案件，处理12人。开展太湖水域公共安全大整治，保障太湖水域安全，保护自然环境。（邢　涛）

【道路交通安全】 2019年，围绕“压事故、保安全”总体目标，以研判指导行动，主动出击、多措并举，遏制交通事故多发势头，实现道路交通事故明显压降的目标。全年发生道路交通事故289起，其中死亡事故人数70人，受伤人数280人，经济损失44.25万元，事故数比上年下降31.19%，死亡事故及人数比上年下降18.6%，受伤人数比上年下降27.83%，经济损失比上年下降32.76%。破获交通肇事案件25起，刑事拘留21人；查获假牌套牌车39辆、酒驾721起（主动查获512起），查处流动加油车193辆（行政拘留34人，稽查布控1071起）。深入6家危化品运输单位、42家客运公司、82家工程运输企业进行269场次排查登记，发放源头隐患整改通知书164份。加大道路安全宣传力度，推出4个“交通安全文明教育站”和2个“农村交通劝导站”，悬挂横幅288条，制作展板441块，设置电子播放屏15块，推送微信388篇、微博3021条，获央级媒体录用4篇、省市媒体录用21篇，发放宣传资料50800份。

【交通安全宣传】 打造全区首个交通安全宣传教育基地品牌，于2019年上半年开始对外营业，展厅700平方米，分为序厅、道路交通厅、安全驾驶厅、情景体验厅、交通事故厅等5个厅和1个3D影院，展馆设置体验项目20多个。运用资源优势，针对学龄前儿童、小学生、中学生等不同群体提供“菜单式”解说服务，形成每月2次、寒暑假4次活动机制。共接待中小学生参观体验20批次1000余人，参加全市公安第二届警营开放日活动，当日接待群众万余名。年内，获评“关爱工作站”、吴中区未成年人社会实践基地、苏州市“家在苏州·e路成长”未成年人社会实践体验活动站。（郭　丰）

【度假区道路安全】 2019年，度假区查处各类交通违法行为41343起，其中非机动车违法20201起，酒驾、毒驾202起，闯红灯违法行为290起，渣土车违法行为7370起。发生上报交通事故20起，其中死亡事故10起，死亡11人，受伤事故10起，直接经济损失19万元。拓宽交通安全宣传渠道，组织交通安全宣讲团针对社区居民、外来务工者、学生等不同群体特点，加强针对性宣传。比如针对部分居民交通安全意识薄弱的情况，重点加强以行人乱穿马路、非机动车不按规定行驶为重点的交通安全宣传教育。全年开展各类交通安全宣传活动50余次。推进度假区智能交通系统建设，以“道路畅通、秩序良好、事故减少、群众满意”为总体目标，制定2019年智能交通系统建设方案，对舟山路、香山路、

230省道、大桥路等37个路口信号灯进行升级。摸排交通安全隐患，及时发现、提前介入、有效整改，各类安全隐患处置到位，累计优化信号灯配时40处、整改信号灯隐患25处、增设各类交通标志121块、完善标线22段。太湖大桥以及蒯祥路部分临水路段的安全防护得到落实。 （杨　波）

【消防大队】 2019年，引导广大消防指战员牢记领袖嘱托、聚焦主责主业、忠诚履行使命，全面开启消防救援事业新局面。年内，发生火灾217起，造成5人死亡，2人受伤，直接财产损失741.31万元，火灾起数比上年下降21.6%，直接财产损失比上年上升12.1%。

【落实消防安全责任】 落实“党政同责、一岗双责”。召开全区消防工作会议，与12个镇、街道签订“消防工作目标责任书”，召开1次常务会议，涉及部署、研究消防工作，区委书记唐晓东、区长陈嵘等领导带队深入重大火灾隐患单位、重点区域、社会单位检查18次。发挥消防安全委员会作用，每季度召开会议部署重点工作。履行消防监管责任。组织行业部门、各板块学习《国务院办公厅关于印发消防安全责任制实施办法的通知》和《江苏省消防安全责任制实施办法》，每季度召开行业部门联络员会议，部署重点工作。推进教育、民政、卫健、文旅、住建、商务等行业消防安全标准化建设，联合区文物局、民政局、卫健委分别下发《关于吴中区文保建筑消防安全检查情况的通报》《吴中区养老机构夏季高温期间食品和消防安全专项检查》等文件。指定专人入驻吴中区民宿联合会办工作小组，开展专门服务指导和宣传工作，引导民宿开展规范化整改活动；联合区民政局在全区范围推广使用智慧用电安全隐患监管服务系统，解决养老机构电气线路老化、隐蔽线路检查困难等难题；联合区文体和旅游局在全区推广文物安全智慧用电安全隐患监督管理服务，实现各类用电设备、供电系统的远程集中化管理、精细化管理。落实社会单位主体责任。每季度召开二、三级重点单位例会，对2000余家单位的消防安全责任人和管理人进行约谈21次，督促661家单位严格落实消防安全评估、建筑消防设施定期维护保养制度和“六加一”措施。借助“微消防”工作平台开展日常巡查检查工作，使单位主体责任由传统的“保姆式、包揽式”帮单位查隐患，向“精细化、可追溯”监管转变。推进重点单位微型消防站建设，全区661家重点单位建成微型消防站626个，发展3个区域联防组织，涵盖30余家重点单位，实现资源整合，形成社会单位“安全自查、隐患自除、责任自负”的工作格局。

【火灾隐患排查整治】 狠抓火灾隐患整改落实。围绕商业综合体、劳动密集型企业、高层建筑、文物古建筑等开展大型商业综合体、商场市场、“迎大庆、防风险、保平安”等专项行动，整治校外培训机构、居民住宅小区、电动自行车、群租房和“三合一”场所。实行挂图作战，推进3家重大火灾隐患、19处区域性火灾隐患的整改，分行业研判火灾形势，向行业部门发出隐患整改建议函，每季度组织召开重点行业部门消防工作协调会，逐级开展消防安全大约谈、大警示、大培训活动，压实消防工作责任。年内，检查单位8753家，发现火灾隐患17198起，督促整改隐患16854处，查封654起，三停42起，受案1145起，办理拘留10起，罚款1094.77万元。全面攻坚“331”专项行动。发挥网格优势，将“9876”任务清单分解为55个隐患问题下交网格，坚持疏堵结合，新改建蓝领公寓、职工公寓、过渡房66处，建成投用充电棚2820个，可供5.8万辆电动车停放充电。排查九小场所、小微企业、“三合一”场所、出租房和电动车隐患3.8万余处，完成整改3.1万处；开展联合执法418次，关停取缔九小场所2000余家，约谈房东、企业当事人6200余人，停租1445家，拆除各类违建隔离栅栏6万余平方米。狠抓公安派出所消防工作。下发《关于进一步加强派出所消防监督机构建设的通知》，明确派出所分管领导及专兼职民警，及派出所消防工作职责，大队主官每周参加分局局务例会，每季度组织召开派出所消防执法例会，对派出所消防工作每季度开展考核并将考核结果在吴中公安分局网页上进行通报，结合时间节点，提请分局下发《关于进一步加强清明期间消防安全保卫工作的通知》《关于进一步加强夏季高温季节火灾防控工作的紧急通知》，实质性推动派出所消防监督执法工作有序开展。年内，派出所检查单位52805家，查处隐患50660处，隐患处理比例96.7%。新增单位10570家，检查数比上年上升23%，隐患查处数比上年上升33%，新增单位数比上年上升77%。打好新中国成立70周年安保战役。制定出台《吴中大队新中国成立70周年消防安全保卫工作方案》，树立“100-1=0”的思想，明晰“10+1”工作要求，紧盯13类重点场所和10大突出问题，对全区二、三级重点单位及不放心单位进行集体约谈，向区商务局、住建局、教育局、人社局、文体和旅游局、卫健委等12个部门和板块进行函告，提示风险隐患，建议防范措施。实行重大消防安保工作责任捆绑制，大队党委班子分片包干，大队部消防文员力量下沉三分之一，对辖区7个中队、13个派出所成立责任捆绑督导组，抽调中队、微型消防站、卫星消防站人员对3家重大火灾隐患、19处区域性隐患进行陈兵和消防宣传活动。

【消防设施建设】 构建“三位一体”灭火救援力量，推进政府专职消防站、社区微型消防站和卫星站建设工作，在推进藏书、城南、横泾政府专职队建设的基础上，推动辖区65个社区（村）建立微型消防站，以东山临湖政府专职队为基点，对临湖12个微型消防站拟配备电台，提高火灾“早发现、早处置”能力，加强与微型消防站、卫星消防站的联勤联训，做到清楚周边微型消防站的分布情况、人员装备，定期拉动演练，形成以消防救援队伍为主体，以专职消防队、微型消防站和卫星消防站为补充的综合应急消防救援力量体系。11月，召开全区高校、社区和企业微型消防站的比武竞赛活动。

【消防宣教】 加强传统媒介与新兴媒体的综合应用，开展全方位消防宣传。推动固定阵地宣传。编制印发群租房、“三合一”场所、居民住宅消防安全提示等系列宣传单上万份发放到群众手中，发动小区物业单位将电动车宣传提示语制作成腰线贴于每一部入户电梯门上；以“烈火英雄”为载体，组织属地政府、消防安全重点单位、化工企业、不放心区域等负责人开展《烈火英雄》观影活动；发挥丰巢柜体传播优势，在天鹅荡路、嘉宝花园一期、华村苑社区打造“一柜一海报”消防宣传试点。推动媒介阵地宣传。利用微信、QQ群等互联网平台发布消防信息资源，报道消防工作动态，研讨消防工作问题及对策。通过无线平台，向目标人群发送节日消防安全提示短信，推动消防安全知识的普及。推动互动阵地宣传。发文明确7个中队宣传负责人和宣传员，理顺消防宣传体系和框架。组织开展消防宣传“七进”活动，“橙盾”行动支部联合郭巷街道官浦社区开展“不忘初心、牢记使命”消防无忧进社区活动，给社区空巢、独居、孤寡老人入户帮扶“排隐患”；开展“消防进军训”“开学第一课”“我是小小消防员”绘画作文征集活动；做好和人力资源公司的对接，加大对新入职员工的岗前消防培训和考试，加强对单位员工“一懂三会”的培训力度。全年出动宣传车至居民小区进行出租房安全提示活动68次，利用无线平台向目标人群发送出租房安全提示短信6500余条，发动各板块印制并张贴出租房场

所挂图24000余张，发放《出租房安全知识手册》及张贴电动车提示帖、燃气安全提示帖100000余份。（周 艳）

【度假区消防监管】 2019年，度假区监督检查单位719家次，出动人员1438人次，发现火灾隐患或违法行为976处，督促整改968处，处罚决定书39份，责令三停3家，处罚单位38家、个人1人，下发“责令立即改正通知书”551份，罚款49.23万元。（谢金球）

司法行政

【概况】 2019年，实现区司法局转隶重组，推进全面依法治区“一个统筹”，履行行政立法、行政执法、刑事执行和公共法律服务“四大职能”，着力打造“让党放心、让人民满意的模范机关”。年内，获评“坚持发展‘枫桥经验’实现矛盾不上交试点工作表现突出集体”“全国公共法律服务工作先进集体”“2016—2018年度江苏省文明单位”。

【依法治区】 根据法治建设和机构改革新要求，成立区委全面依法治区委员会及办公室，建立立法、执法、司法、守法普法等4个协调小组，落实区委依法治区办职数和编制。开展“关爱民生法治行”活动，制定下发《2019年“关爱民生法治行”活动实施方案》，确定12个与法治有关的法治实事工程项目，明确时间进度和工作要求，从学法、遵法、守法、用法各个方面体现法治惠民。深化法治宣传教育，组织7批次76名拟任命领导干部参加任前法律知识考试，开展国家工作人员旁听庭审活动。优化区未成年人志愿法律讲师团队伍，举办法治讲座80场，听课学生共计4.2万人。举办“农民工学法活动周”、“德法涵养文明·共建绿色生活”、“12·4”宪法宣传月、“扫黑除恶专项斗争”等主题活动。实体化运作法宣中心，接待省司法厅领导视察以及三亚市海棠区、深圳市、山东省荣成市、贵州省铜仁市、连云港市、淮安市等兄弟单位参观。谋划大运河（吴中段）法治文化带建设，宝带桥—澹台湖景区法治文化园获评江苏省首批“大运河法治文化品牌项目”。加强阵地提档升级，新建吴巷村法治文化园，石塘村法治文化路以及长沙社区、渔帆社区宪法宣传阵地等。组织参加苏州市第五届法治文化节活动，获得各类奖项100多个，其中司法局拍摄的《圈套》《相伴》分别荣获苏州市法治微电影作品二等奖、法治微视频作品二等奖。

【公共法律服务】 区级中心提档升级，实现全业务进驻，13个镇级公共法律服务中心全面完成贯标工作。优化平台建设，建立领导接待制度，由局领导班子成员轮流在窗口值班，直接面对群众，解答来访群众咨询，听取批评意见，全年接待群众百余人次；新增退役军人调解等服务窗口。推进刑事案件律

2019年9月18日，区司法局组织开展“公共法律服务村村行”系列活动

区司法局 供稿

师辩护全覆盖工作，与法、检分别联合发文，建立区刑事辩护法律援助律师专家库和驻检察院、法院值班律师团队。对于辖区内疑难复杂的刑事案件，由专家库律师开展指导或办理。办理刑事案件律师辩护全覆盖案件149起，驻检察院值班律师提供认罪认罚法律帮助875起和一般法律帮助20起。全区公共法律服务共开展法律咨询15268次，参与调解纠纷6912件，开展法治宣传623场，举办法治讲座812场，提供法律援助和咨询2857次，办理公证业务和咨询9505次，为党委、政府和村（社区）提供法律服务3316次。区法律援助中心受理并指派法律援助案件1447件，来电、来访和网上咨询共6346件。中心共接待司法部、海南三亚、四川广安、深圳、重庆等地司法行政系统调研共计300余人次。

【特殊人群管理】 接收社区服刑人员347名，解除社区矫正人员393名。截至2019年末，全区在册社区服刑人员和安置帮教人员分别是338名和974名。根据《全国人民代表大会常务委员会关于在中华人民共和国成立七十周年之际对部分服刑罪犯予以特赦的决定》要求，成立评审委员会，详细比对全区7月在册的355名社区服刑人员，摸排甄别出14名初步符合“后五类”特赦条件的社区服刑人员，联合相应司法所对初步符合特赦条件人员进行逐个调查取证确认，经报送审核、复核评审、风险评估、公示、报请裁定等程序最终特赦13名社区服刑人员。主动服务精准脱贫攻坚战，针对特殊人群中的困难家庭以及困难家庭中的未成年子女，开展“暖冬行动”“护苗行动”“春风行动”等系列帮扶救助工作。年内社区矫正走访困难家庭24户，发放应急救助金2.5万元。

【矛盾纠纷化解】 全区各级各类调解组织开展纠纷排查8113次，排查调处纠纷17195件，调解成功17187件，调解成功率99.95%，区、镇（街道）两级总计发放人民调解案件个案补贴58.603万元。推进网格化人民调解工作，各镇（街道）建立三级调解小组887个，配备调解员1925名，在区联动中心全要素平台中增设“人民调解”模块，梳理矛盾纠纷事件“吹哨报到”责任清单。全年通过三级网格排查发现纠纷3557件，调解成功3504件，调处成功率98.5%。队伍管理制度化，招录11名诉调对接人民调解员分配到法院诉讼服务中心及4个派出法庭开展诉前调解工作。举办吴中区诉调对接纠纷化解专项培训班，提升调解员的专业水平、调解技能，提升纠纷化解成功率。年内全区5个诉前调解组织受理案件2093件，结案1719件，其中调解成功672件，调解成功率39.1%，司法确认226件，协议履行率100%，减免或退回当事人诉讼费近100万元。依托各地公共法律服务中心，统筹划分功能区域，统一设置公证业务协办、法律援助代办、仲裁业务联系、立法民意收集、行政复议受理等“五站点”窗口，促进五站点与司法所对接融合，助推司法所新增职能规范化、标准化建设。按照市局工作要求，开展重点纠纷“回头看”活动，对各调解组织2018年以来调处的涉及医患、征地拆迁、民间借贷等重点纠纷，建筑工地等重点场所及“两类人员”等重点人群的纠纷进行摸排，排查涉黑涉恶线索。

【律师工作】 截至2019年末，全区专职律师319人，兼职律师2人，法律援助律师1人，公职律师11人，实习律师53人。办理调入专职律师54名，调出和注销律师22名。律师党员95名，占律师总人数的30%。担任常年法律顾问890家，办理刑事诉讼法律辩护及代理780件，代理民事案件7560件，办理法律援助案件205件；全区律所创收1.62万元。解答咨询和代写文书1250人次；律师参与公益事业和社会活动650人次，律师担任“12348”法律热线值班305人次，律师参与调解地方政府重大纠纷10起。参与村（社区）法律顾问全覆盖工程，全区185个村（社区）聘用法律顾问覆盖率100%。全区共有律师事务所29家，年内新增律师事务所7家。发挥区律师协作职能，联合公、检、法等部门组建吴中区“扫黑除恶”诉讼代理专项活动领导小组，成立区律协扫黑除恶律师辩护代理专项工作业务指导委员会。参与全区公共法律服务体系建设，选拔55名优秀骨干律师，组建吴中人民法院“律师服务志愿团”，进驻区法院常年值班，开展义务法律咨询服务。

【公证工作】 办理各类公证事项、事务共计9898件，其中国内民事7281件，国内经济672件，涉外民事1547件，涉外经济159件，涉港23件，涉澳3件，涉台207件，其他6件，业务收入1244.7万元。年内无错假证，执业中未出现违法、违规、违纪情况，未受到行政或者行业处分。以服务民生为中心，围绕当地党委、政府的中心工作以及社会关注热点、难点问题，发挥公证职能作用，办理公证业务。为配合区政府拆迁工作，保障被拆迁户的合法权益，为被拆迁户办理析产协议，为维持拆迁秩序办理被拆迁人择房的现场监督公证，规范拆迁工作的操作，为政府依法行政以及为政府工作的公开化、透明化发挥作用。

【法律服务】 截至2019年末，共有基层法律服务所9家，基层法律服务工作者30名。年内全区基层法律服务工作者共担任企事业单位、乡镇人民政府及村（社区）法律顾问201家，诉讼代理280件，非诉讼代理48件，参加公共法律服务595次。3月，基层法律服务工作者分2批参加市局组织的基层法律工作者继续教育培训。在扫黑除恶专项斗争工作中，基层法律服务所开展讲座8次，制作条幅、展板99块，发放宣传资料1890册，通过微信群开展宣传工作15次。9月底，全区法律服务行业专项警示教育暨扫黑除恶专项斗争中开展非法金融活动专项治理会议，规范全区法律服务行业执业秩序，遏制行业不正之风，教育警示全区法律服务机构和法律服务人员依法规范诚信执业，深化扫黑除恶专项斗争中开展非法金融活动专项治理工作。（谭　丽）

人民武装

【概述】 2019年，坚持以党在新形势下的强军目标为统领，牢记初心使命，勇于担当作为，抓根本筑牢忠诚根基，抓主业提升备战能力，抓规范强固制度支撑，抓落实打牢发展基础，推进全区人民武装工作。

【思想政治建设】 学好习近平新时代中国特色社会主义思想和习近平强军思想，学习贯彻党的十九届四中全会精神，落实党委中心组理论学习制度，以《习近平强军思想学习纲要》《习近平论强军兴军》等书籍为基本教材，用好《理论学习月刊》，及时跟进学习习主席最新讲话精神，推进理论武装制度化、经常化、大众化。贯彻落实军委党的建设会议精神，抓好“传承红色基因、担当强军重任”和“不忘初心、牢记使命”主题教育，结合抓好巡视反馈问题整改落实，推动“四个专项整治”落地见效。紧贴形势任务，开展形势战备、网络安全、“四反”警示、“铁纪强军”纪律教育和庆祝新中国成立70周年活动，加强意识形态领域工作和政治纪律教育，确保单位高度集中统一和纯洁巩固。结合民兵整组、新任职民兵营长和专武干部集训、应急分队成建制集训比武等时机，抓好理论学习和思想政治教育，激发新时代民兵履职的责任感、使命感和荣誉感。

【征兵工作】 围绕“实现强军目标、输送高素质兵员”目标和掌握“四个底数”（适龄青年底数、高学历青年底数、应征青年思想底数、优抚安置底数），扭住“五个环节”（登记预征、体检政审、走访调查、审批定兵、部队退兵），研判形势，主动作为，推进征兵工作，完成征集任务，苏州市征兵“五率”考评名列全省第一。

【备战练兵】 贯彻军委军事工作会议精神和习主席训令，定期组织党委议战议训，开展纠治和平积弊“回头看”活动，研究制定36条针对性整改措施。根据应战应急行动总体方案，以城市防卫作战、战时快速动员等课题为牵引，修订完善战备行动方案。组织全区专武干部参加全市基层专武干部集训，选派民兵骨干先后参加民兵防汛抗洪、工程抢修和防化救援分队集训，组织全区专武干部和民兵营长进行为期5天的集训，强化全区民兵森林防火分队专业集训和集中备勤，抓实民兵应急连12天的封闭集训，在成建制考核比武中名列前茅，承办全市民兵警戒分队集训，常态组织民兵应急分队战备拉动演练，加强各支队伍的能力建设。深化民兵保障分队与驻军混编联训做法，连续3年与空军某场站抓好民兵分队和现役部队的联训联演，提高战时保障能力。参加军分区首长机关全要素指挥演练，完成空军某场站重要目标防卫实兵演练，通过实装实兵实演，检验年度民兵训练成果和民兵分队行动能力。

【国防教育】 围绕“赞颂辉煌成就、军民同心筑梦”主题，结合纪念新中国成立70周年系列活动和第19个全民国防教育日，发挥穹窿山国防教育展示馆、环尹山湖360°全民国防教育主题公园等场馆的阵地作用，开展国防教育进学校、进机关、进社区、进生活等活动，邀请国防大学教授马骏为全区党政领导干部做国家安全形势专题报告，组织全区4所院校2650名新生军训，强化全民国防观念和爱军拥军情怀。（俞富强）

人民防空

【概况】 2019年，围绕履行战时防空、平时服务、应急支援的使命任务，以推进人防工程建设为重点，突出任务引领，坚持创新驱动，注重融合发展，年度工作再上新台阶。

【应急准备】 组织人员开展本级机关大纲训练6次，参加全市人防大纲训练3次，指导各专业队训练各5次，协同苏州市人防办组织全市机动指挥车应急拉练1次，配合吴江区人防机动指挥车联动训练1次，组织“9·18”尹山湖校园防空疏散演练暨人防体验课堂活动1次，指导吴中高新区人武办开展社区高层住宅人防疏散演练1次，年内新增人防警报点2处，拆除人防警报点1处，更新人防警报点4处，处理警报投诉3起。

【人防系统违规专项治理】 在人防系统开展腐败问题专项治理，对照“四张清单”，共复核2013—2018年所有人防审批项目829个，征缴人防易地建设费30952.027万元，减免人防易地建设费40341.02万元。经省、市两级人防办审核，吴中区违规减免项目共109个，应追缴金额为12183.04万元。截至2019年9月30日，吴中区违规减免人防易地建设费全部追缴到位，汇入区财政局人防专户。

【民防宣传教育】 结合“4·27”解放苏州70周年，指导甪直人武部组织保圣社区、甫里社区开展2场民防宣教活动，1000余居民接受人防科普宣讲和法律咨询。累计发放宣传手册20000余册，宣传纸杯10000余只，宣传布袋2000只。结合第十一个全国防灾减灾日，组织全区60所公办中小学民防骨干教师进行教学培训。指导民防教师参加全省民防赛课比赛，获省二等奖。组织全区18所中小学民防教师参加军营体验活动。

（陈春华）

编辑：高　燕

发展规划管理

【规划、计划工作】 2019年，吴中区相继形成《关于2019年上半年国民经济与社会发展计划执行情况的报告》《关于2019年国民经济和社会发展计划执行情况与2020年计划草案的报告》，分别经区人大常委会、人代会审议通过。开展国民经济和社会发展第十四个五年规划纲要（简称"'十四五'规划"）编制前期工作，初步形成吴中区"十四五"规划思路（送审稿）、重大课题等前期研究成果。开展高质量发展指标体系建设，形成包括"产业转型升级""创新资源要素配置和行政服务机制""城镇建设及乡村振兴及清查违建别墅问题""环太湖文化带建设""水环境综合治理"以及"民生服务优质均衡发展"等6大类21项个性化指标。

【固定资产投资管理】 2019年，全区完成全社会固定资产投资571亿元。其中，第二产业完成投资75.49亿元，第三产业完成投资493.62亿元。会同财政、水利、农业、环保等有关部门，对全区中央预算内投资进行跟踪服务，对项目的进度、质量、投资等方面实行有效管理，督促固定资产投资项目规范建设以及各类资金专款专用。

【重点项目建设】 2019年，全区区级重点实施建设项目247个，完成投资352.5亿元，占年度投资计划的102.68%，占全年固定资产投资比重的61.7%。其中，121个计划新开工项目年内全部开工，48个产业项目竣工投产；27个市级重点实施项目完成投资160.4亿元。

【向上争取】 2019年，苏州市吴中区发展和改革委（简称"区发改委"）精心研究上级扶持政策，开展项目筛选，积极向上争取。全年累计争取到各类扶持资金7551万元，其中，精濑光电获得2019年电子信息产业技术改造专项项目资金，南环桥市场获得2019年国家服务业发展引导资金，方达医药技术、电器科学研究院、宏宇环境检测等5家企业获得2019年省级现代服务业发展专项引导资金。年内，通过向上争取，信测标准技术、南环桥市场获评2019年江苏省生产性服务业领军企业；国网电子获评苏州市第二批人工智能和大数据应用示范企业；金陵华软、安洁科技获评2019年市级总部企业；药明检测检验、金迅博信息科技获评2019年苏州市服务业创新型示范企业。

【能源物资综合平衡】 2019年，区发改委继续抓好能源物资综合平衡工作，提前完成上级下达吴中区的减煤任务。关停角直热电厂，完成工业园区蓝天热电供热管网与角直镇供热管网的对接。吴淞江燃气轮机示范项目获得省能源局的核准。

【管道安全网格化监管】 2019年，区发改委落实管道安全网格化监管责任和企业主体责任，依托管道沿线网格员建立管道安全巡查队伍，以管道安全巡查推进“网格”工作，明确巡查职责、任务；建立健全管道安全巡查与网格化管理对接机制，落实管道沿线网格员属地巡查和隐患报告责任，建立全天候、零盲区、便捷化管道安全巡查模式和长效巡查机制，确保全区境内管道安全隐患第一时间发现、第一时间排除。

【扶贫帮扶工作】 2019年，吴中区继续做好东西部扶贫协作、南北挂钩、区内薄弱村帮扶等工作。在东西部扶贫协作方面，吴中区全年组织35批374人次赴贵州省德江县走访交流，其中引导93家企业洽谈合作。先后选派26名“三支”人员赴德江驻点长期帮扶指导，成功引导121名德江籍贫困劳动力到江苏省就业，其中54人在吴中区实现稳定就业。进一步聚焦精准帮扶，实现与德江乡镇、深度贫困村、义务阶段学校、基层卫生院结对帮扶全覆盖，提供市级统筹资金4424万元、各级财政帮扶资金1770万元、社会帮扶资金（含折物价）536.5万元，配合德江完成农产品销售1245.52万元。（王 运）

国有资产管理

【概况】 2019年末，全区国有企业资产总额2551.96亿元，比上年增长5.62%；所有者权益717.17亿元，比上年下降0.16%。其中，区属国有企业资产总额1053.34亿元，比上年增长1.4%；所有者权益272.01亿元，比上年下降1.22%。年内，区属国资公司的“党建+产业+人才”重点研究项目，获江苏省国有资产监督管理委员会授权的党建“强基提质”工程——党建创新案例二等奖。

【国资改革工作】 2019年，苏州市吴中区国有资产监督管理局（简称“区国资局”）围绕国资改革、企业发展主线，继续做好国有资产改革工作。加强对区属国有企业立足本业、做实做精主营业务的指导。完善区属国有企业国有资本经营预算体系，提高收益收取比例，发挥预算调控作用。持续完善以管资本为主的国有资产监督管理体制，修改和完善吴中区区属国有企业投资监督管理制度，健全吴中区区属国有企业资产出租管理制度；推动落实深化简政放权、放管结合、优化服务的改革要求。推动国有企业党建工作与企业治理、生产经营互融共进、互促发展。吴中区的“全力推动区属国有企业上市，提升资本运作能力”项目，被苏州市国有资产监督管理委员会评为2019年国资改革发展创新优秀项目。

【融资担保管理】 2019年，区国资局加强国有企业的融资担保管理和债务风险防控，严格控制债务规模和融资担保规模。强化存贷比考核，将资金平均成本、债务规模控制和存贷比纳入国有企业的年度考核，拓宽中长期融资渠道。年内，先后完成苏州市吴中区城市建设投资发展公司、苏州市吴中国裕资产经营有限公司AA+、苏州市吴中交通建设投资有限公司AA、苏州市吴中金融控股有限公司AA等国有企业的主体信用评级工作。

【经营业绩考核管理】 2019年，区国资局根据《吴中区区属国有企业负责人经营业绩考核实施办法》，在经营业绩考核基本框架不变的前提下，坚持差异化考核原则，对年度经营业绩考核指标进行细化调整，继续发挥考核精准导向作用，引导各企业充分发挥优势资源，实现经营业绩提质增效、“错位”发展。

【日常监管工作】2019年，区国资局按照国有资产监督管理要求，不断完善监督机制，充实监督管理力量，形成监管工作闭环。实施区属国有企业工程变更网上备案管理，强化固定资产投资、股权投资、资产处置等重点项目审核，提升监管效能。组织下属区属企业聘请审计师事务所专业人员，对各级全资企业、控股企业进行年度财务审计和专项审计；健全内部审计，与国有企业领导人经济责任审计形成内外监督合力，落实审计整改，形成审计闭环。定期组织开展日常监管的专项督查和安全生产工作的部署督查，排查风险隐患，深化隐患整改，保障国有资产安全。

（陈泽萍）

市场监督管理

【概况】2019年，全区净增个体户10219家、私营企业6776家、国有集体及其控股企业102家、外商及港澳台商投资企业8家、农民专业合作社44家。年末，全区共有市场主体195145户（家），比上年增长9.46%，其中个体户112202家、私营企业76548家、国有集体及其控股企业4349家、农民专业合作社360家、外资及港澳台资企业及其分支机构1686家。全年净增注册资本435.506亿元，比上年增长50.16%。继续推进和对照省政府“3550”改革目标，提高行政审批效率，确保营业执照审批环节控制在半天时间内。优化外资及港澳台资企业工商登记、商务备案程序，43家企业完成“一口办理”。苏州市吴中区市场监督管理局（简称“区市场监管局”）获评“江苏省文明单位”，区市场监管局城区分局获评全国市场监管系统优秀市场监管所。

【促进民营企业高质量发展】2019年，按照省委《关于促进民营企业高质量发展》文件要求，区市场监管局开展促进民营企业高质量发展的调查研究，引导中小民营企业向“专、精、特、新”高质量方向发展。年内，重点加强对全区制造业、农业和服务业三类民营企业的指导，组织开展质量奖项的全程辅导活动。相继有8家民营企业获得苏州市质量奖，获奖企业数量位列全市第二。

【食品安全监管】2019年，区市场监管局有序推进食用农产品的电子追溯系统建设，开展食品安全“大排查、大检查、大督查”专项行动以及餐饮行业综合整治行动。围绕食品安全监管的重点区域、重点对象和重点品种，先后组织开展洞庭（山）碧螺春、校园食品安全、非洲猪瘟等18个专项整治活动。年内，围绕民生热点，开展网络订餐专项检查，下架无证上网餐饮单位275家。采用“精准+散射”工作模式，全年抽检食品及其原辅料10890批次，合格率98.7%。

2019年3月，区市场监管局开展洞庭（山）碧螺春茶地理标志保护行动

区市场监管局　供稿

【药械安全监管】 2019年，区市场监管局继续加强对医药器械和疫苗在贮存、运输、使用环节的监督管理，依法打击“药师不在岗”和非法购进药品、药械等违法行为。全年开展执业药师“挂证”、疫苗使用、网售医疗器械风险排查等专项检查12次，向司法部门移交案源线索20起。引导药械行业守法自律，促进行业诚信体系建设。定期对存在风险隐患的企业开展行政约谈，指导督促企业整改，提升管理水平。

【特种设备安全监管】 2019年，由区市场监管局牵头，联合相关执法机关开展全区叉车安全专项整治活动，发现无证叉车726台、无证叉车司机400人，依法实施监督管理和有效整治。全区叉车登记发证新增1371台。加强在危化品、压力容器、压力管道、升降起重设备等重点领域的安全监督管理，对全区46家涉危化品生产、运输、销售企业进行全覆盖检查，发现安全隐患31处，及时督促整改，消除隐患。持续开展人员密集场所自动扶梯隐患排查，全年检查自动扶梯299台，消除安全隐患391个。

【产品质量监管】 2019年，区市场监管局加强产品质量认证、检验检测等监督管理活动，持续开展质量管理体系、强制性产品认证、检验检测机构“双随机、一公开”等监督抽查工作。年内，先后在电动自行车、电线电缆、危化品包装物、儿童和学生用品等行业，组织产品质量专项检查9次，涉及企业34家；全年组织产品质量区级监督抽查3类产品、173批次。

【计量监督检查】 2019年，区市场监管局组织开展集贸市场、粮食市场、加油站等民生领域的计量监督检查，督促相关单位落实主体责任，开展诚信计量示范创建活动，构建诚信计量消费环境。年内，获得江苏省能源计量示范单位称号的企业1家。

【标准化工作】 2019年，区市场监管局围绕机器人与智能制造等重点产业领域，加强标准化工作，加快制定核心技术标准，率先掌握行业话语权。全年新增国家标准、行业标准19项，通过苏州市地方标准立项的企业1家，通过IEC国际注册专家审核的专家3名。

【优化市场发展环境】 2019年，区市场监管局坚持“宽进严管、信用监管、审慎监管、依法监管”理念，完善事中事后监管过程，优化市场发展环境。在组织开展“双随机、一公开”抽查活动中，实现“进一次门，查多项事”，提升监管效率，完成不定向抽查991户、定向抽查80户的任务。规范网络经营行为，开展网络巡查4043次、广告监测7338条、行政指导69次。树立问题导向、底线思维，加强市场监督管理，依法从严查办涉及食品药品安全、特种设备安全、商标侵权、不正当竞争等严重扰乱市场秩序的案件，持续净化市场竞争秩序，为企业优胜劣汰和经济健康发展营造良好环境。全年共查办案件1015件，向司法部门移送案件9件。

【消费维权工作】 2019年，区市场监管局在维护消费者合法权益活动中，配合价格管理部门，开展重大节假日市场价格检查。对停车场收费、教育收费、景区门票、转供电等价格进行专项检查。聚焦民生热点领域，按照精准性、普惠性、先导性和协同性的原则，加强消费维权热线和窗口标准化建设，全区“五线合一”平台整合工作落实到位，实现对接有序。开辟《典型案例分析》栏目，强化数据分析，提升维权质效。全年办结维权咨询、投诉、举报、建议等事项20234件，办结率97.71%。（张桑桑）

物价管理

【概况】 围绕价格调控目标，紧扣价格调控工作主线，落实价格调控措施，合理调控价格水平，推进资源性价格改革，保持市场价格基本稳定。全年共办理商品住房价格申报备案47个批次，其中，区会办25个批次，上报市级审批22个批次；办理非住宅价格申报备案22个批次。完成16家普通住宅前期物业公共服务收费备案。持续开展碧螺春茶叶、香青菜、露地豆角、设施黄瓜、露地圆白菜等农产品的成本、价格与收益调查。

【价格管理】 2019年，区发改委加强水、电、气等资源性产品价格管理，制定出台《吴中区工业企业资源集约利用差别化价格政策实施意见（试行）》《吴中区建立健全非居民用水超定额累进加价制度实施方案（试行）》文件；完成省、市有关资源性产品价格改革进展统计上报、政策落实的调查任务；开展清理、规范转供电环节的加价督察；调整蒸汽销售价格，疏导非居民用管道天然气销售价格和居民生活用管道天然气销售价格变化。继续落实上级各项房地产价格调控政策，完善商品房价格备案管理办法，实行商品住房申报成本核算随机抽取机制，执行会办和上报审批制度，实施商品房“一房一价”申报和商品住房网上公示制度，做好普通住宅前期公共服务收费备案管理。

【价格监测】 2019年，区发改委加大价格监测力度，及时公布辖区9大农贸市场、5大超级市场的粮油、肉禽蛋、水产、蔬菜、水果等六大类100多个品种的价格监测情况，适时发布民生商品价格监测信息，全年累计向社会公布重要民生商品价格信息50期5000多项。

【收费管理】 2019年，区发改委推进收费监管改革，完成本年度收费巡访任务。规范市场价费行为，始终把规范价费行为、减轻企业负担，作为助推经济社会发展的重要举措。强化各类收费管理工作，贯彻落实国家和省有关文件精神，依法规范收费行为。持续开展清费减负工作，年内共取消、免征、降低行政事业性收费12项，减轻企业和个人负担2917万元；核定、核准及备案各类收费标准、商品和服务价格63件。

【成本监审】 2019年，区发改委关注社会民生热点问题，继续开展成本监审调查和分析研究工作。加强对政府定价项目的管控，主要依据成本制定重要商品和服务价格。明确行业成本管理和控制指标，落实专项成本监审办法。全年完成成本调查监审工作的项目10个，范围涉及景区调价、民办学校学费调整、非营利性民办幼儿园成本调查监审、陵园墓地成本调查等多个成本监审类型。

【农副产品平价商店监管】 2019年，区发改委完善农副产品平价商店长效管理机制，推进平价商店标准化、制度化、信息化建设，发挥平价商店“稳价惠民、应急调控”作用。贯彻落实省、市《关于进一步加强农副产品平价商店管理的指导意见》《平价商店管理考核办法》《平价商店准入退出》等监管制度，实行日常巡查和定期检查相结合的考核制度。逐步扩大农产品平价商店的辐射范围和社会影响，显现稳价保供的调控作用。全年组织平价商店专项检查6批次，全区17家平价商店以低于市场均价15%的价格，日销售农产品1.25万千克，营业额8万元，惠及消费者16万人。

【价格认定】 2019年，完成各类价格认定业务930件，认定金额1000.02万元。其中纪检监察部门委托的涉纪财产价格认定9件，认定金额50.76万元；公安机关委托的刑事涉案财产价格认定734件，认定金额612.29万元；检察院委托的职务犯罪案和环保公诉案3件，认定金额12.58万元；公安交管部门委托的危险驾驶价格认定173件，认定金额282.13万元；法院委托的刑事执行案3件，认定金额10.96万元；行政执法机关委托的涉案价格认定4件，认定金额0.46万元；政府机关委托的

资产类价格认定4件，认定金额30.84万元。（王 运）

知识产权管理

【概况】2019年，全区专利申请量22604件，比上年增长34.64%，其中发明专利申请量6271件，比上年增长16.78%；专利授权量9704件，其中发明专利授权量656件；PCT专利申请量189件，比上年增长37.96%；万人发明专利拥有量49.10件，比上年增长19.17%。申请商标10379件，注册商标7945件，全区共有有效注册商标30315件。推动未拥有注册商标的规模以上企业和高新技术企业申请注册商标的比例为61.34%。继续推进洞庭（山）碧螺春茶实施地理标志（原产地域）产品保护，发放地理标志保护产品专用标志22.5万枚；指导吴中大米地理标志证明商标许可申请，给5家符合条件的企业使用。

【知识产权运用】2019年，吴中区制定下发《关于促进吴中区知识产权高质量发展扶持奖励的意见》，加强知识产权管理，提升知识产权保护和运用能力，发挥市场监管框架下的作用和优势。培育和维护自主知识产权，助力全区知识产权高质量发展，持续推进知识产权和专利发明工作。年内，吴中区3家企业发明的专利获评中国专利优秀奖，4家企业获评国家知识产权示范优势企业；碧波实验小学获评省知识产权教育试点学校，优德通力获省知识产权战略推进计划立项，27家企业进行贯标备案登记，4家企业获得4000万元的知识产权质押贷款，11家企业进入首批专利快速预审通道。年内，苏州市吴中区知识产权局（简称“区知识产权局”）有序推进苏州智能制造产业知识产权运营中心建设，启动赛迪苏州分院知识产权服务平台搭建工作。

【知识产权保护】2019年，区知识产权局依法组织开展“护航”“雷霆”专项行动，联合苏州市知识产权执法支队加强对电子商务领域、重点商品交易市场、外商投资领域执法检查。发挥苏州原创认证（文创）保护中心作用，为区内艺术创作、工业设计提供知识产权保护服务。及时完成吴中区政协交办的相关知识产权保护提案的答复事项，顺利完成上级部门交办的代理机构检查和查处假冒专利相关案件任务。

【知识产权宣教】2019年，区知识产权局通过新闻媒体、微信公众号和组织培训，加大保护知识产权和相关法规的宣传教育力度。年内，《苏州日报》、“引力播”“看苏州”等苏州市级媒体相继5次报道吴中区保护专利、注册商标、著作权等开展知识产权工作的情况，吴中报道、吴中发布、吴中信息等区级媒体相继报道4次，各级微信公众号推送10余次关于知识产权的宣教情况。协助7家企业举办各类知识产权宣教、培训活动，组织区内企业参加上级培训10余批次，全面提升知识产权从业人员的知识产权意识和业务水平。（张桑桑）

审　计

【概况】2019年，全区审计机关完成财政财务审计项目137个，查处违规和管理不规范资金15.62亿元；完成政府投资工程审计项目3807个，送审金额190.48亿元，节约政府资金26.56亿元；提出审计建议1358条，促进相关单位出台及完善制度56项，各类审计报告、审计专报等被区委、区政府及各地党政主要领导批示58次，信息宣传稿件被区委、区政府及上级审计机关录用331篇（次）。

【财政审计】2019年，苏州市吴中区审计局（简称“区审计局”）贯彻落实审计项目和审计组织方式“两统筹”，形成以财政审计项目为主体，融合实施政策跟踪审计的“1+N”审计方式，重点关注减税降费政策、地方政府债务和隐性债务相关政策、“六稳”相关政策等落实情况。对福彩公益金、政府购买物业服务等事项开展专项审计，促进社会民生持续改善。开展清理拖欠民营企业、中小企业账款工作，为民营企业发展营造良好环境。对三区“同级审”工作实行计划、方案、组织“三统一”审计模式，继续深化“同级审”内容，促进财政运行质量和效益的提升。

【投资审计】 2019年，区审计局转变投资审计思路，注重把好审计质量关，提升投资项目审计效率。加强对协审中介机构管理，修订完善协审单位参与政府投资项目工程结算审计业务的指导规程和考核办法。围绕全区“重大项目建设年”，成立跟踪审计项目办公室，强化对重大项目跟踪审计监督职责，拟定跟踪审计操作指南、考核办法等制度文件。对辖区南湖路东延工程、苏同黎公路快速化改造工程，开展为期三年的跟踪审计。

【经济责任审计】 2019年，区审计局贯彻落实经济责任审计全覆盖意见和分类管理办法，出台《吴中区2019年镇（区、街道）党政主要领导干部经济责任审计工作方案》，明确审计目标、重点和内容，统筹推进全区经济责任审计工作标准化、规范化。以推动干部担当作为、清正廉洁为重点，全年对1名市管干部、37名区管干部、61名镇管干部开展经济责任审计。继续拓展审计的深度和宽度，强化对权力运行的监督和制约。

【乡镇审计】 2019年，区审计局围绕乡村振兴战略部署，组织开展镇管干部经济责任审计、集体投资工程项目审计等工作。联合区纪委监委开展督查巡察，重点开展集体“三资”审计。制定《2019年吴中区镇（区、街道）审计工作考核意见》，加强对乡镇审计工作的指导、考核，发挥审计监督在乡村振兴中的作用。年内，区审计局编写的《坚持问题导向　提升乡村振兴审计成效》一文，介绍乡镇审计服务中心集体先进事迹，获《中国审计》刊物封面宣传报道，获全国审计机关“最美审计人”提名。

【自然资源离任审计】 2019年，聚焦自然资源资产管理和生态环境保护重点，开展光福镇党政主要领导自然资源资产离任审计试点，推动领导干部切实履行责任，促进自然资源资产节约集约利用。在试点、探索、总结的基础上，区审计局协助区委、区政府制定出台《吴中区党政主要领导干部自然资源资产离任审计实施办法》，完善与相关职能部门的协作机制，探索制定乡镇领导干部自然资源资产审计评价基础性指标。

【依法审计】 2019年，区审计局贯彻落实审计质量控制操作指引和审计现场管理办法，提升依法审计水平。开展审计项目执法质量检查并通报检查结果；组织开展优秀审计项目评比，强化审计项目质量控制。制定出台《吴中区审计局关于进一步提升审计质量的意见》，对计划管理、现场管理、审理工作、成果运用等环节做出具体规定，提高依法审计质量，将依法审计事项落到实处。

【审计整改】 2019年，区审计局继续加大对审计查出问题的整改力度，对全区2016—2018年审计发现的问题进行回头看。联合区纪委监委对部分重点部门进行现场督察，首次对乡镇审计中发现的问题进行延伸督察，落实整改措施，提高各部门单位整改意识，破解整改难题，解决“最后一公里”问题。

（张　菁）

统　计

【概况】 2019年，苏州市吴中区统计局（简称“区统计局”）围绕区委、区政府中心工作和上级统计调查部门的部署，坚持以提高数据质量为中心，做好全区经济运行保持在合理区间的统计监测工作。强化统计基层基础，加快构建适应高质量发展需要的统计体系，搞好统计调查和统计服务，为吴中区改革开放和经济高质量发展走在时代前列提供扎实的统计保障。

【统计调查】 2019年，区统计局加强与基层统计调查单位的沟通和协调，强化对各级统计人员的业务培训和指导，让统计人员正确领会掌握统计方法和相关指标。在各项统计调查工作中，严格按照《统计法》和相关制度规定的填报范围、口径、计算方法和标准，依法依规实施执行和统计调查，提高数据源头质量，加强数据解读能力。年内，相继完成综合、国民经济核算、工业、农业、建筑业、房地产、服务业、贸易、固定资产投资、能源、住户、人口、劳动力调查、采购经理等统计调查业务和编制年报任务。组织统计人员抓好全区城乡住户统计调查工作，完成苏州市部署的年度从严治党、民意调查、现场调查等各类专项统计调查任务。

【统计服务】 2019年，区统计局坚持稳中求进总基调，通过统计服务，继续做好全区经济运行状况、发展走势的预警监测和分析预判。做好妇女儿童监测、特色小镇和农村经济等常规监测、专项监测和重点监测工作。围绕经济运行中的苗头性、趋势性、倾向性问题，增强统计服务的预见性、前瞻性、警觉性；关注全区重要产业、重点行业等领域的发展状况，农村发展的热点、难点以及社会民生的问题，突出问题导向，高质量搞好各项统计服务。继续完善综合性监测评价体系，让统计工作更好地服务于全区率先实现现代化。

【高质量发展监测】 2019年，上级统计部门部署的高质量发展监测评价考核指标体系复杂、任务繁重，监测评价中形成的量化评分结果，成为年度综合考核的重要依据。吴中区监测评价考核工作由区政府领导牵头，由区统计局、发改委共同组织实施，区有关部门共同参与。年内，相关部门联合推进高质量监测评价考核，开展有关监测评价指标的业务培训。重点对弱项、短板监测评价指标做好分析研究，把握数据趋向，增强统计监测的敏锐性、针对性，推动各项工作对标一流、争先进位，提升高质量发展监测评价水平。

【经济普查】 2019年1月，吴中区第四次全国经济普查领导小组成立后，在区统计局组织协调下，登记工作正式开始。这次全国经济普查作为重大国情国力调查，其结果将成为全国国民经济统一核算的基础。吴中区的经济普查结果，关系到吴中经济在苏州市的份额和位次。区统计局高度重视、精细组织、强化落实，发挥领导小组各成员单位的职能作用，建立健全工作责任制和进度质量分析制度，确保准确反映全区经济总量和产业结构；落实经济普查方案，加强数据审核把关，严格数据质量抽查与评估；加强统计执法检查，防范数据造假和瞒报、漏报；安全高效做好普查数据的处理、汇总和分析工作；充分利用经济普查资料，做好普查数据的分析和重点课题研究，圆满完成吴中区第四次全国经济普查的各项任务。

【百强企业调研】 2019年，区统计局组织开展百强企业调研工作。全区规模以上工业重要行业和龙头企业的生产经营状况，是工业经济运行的风向标。年内，受中美贸易摩擦影响，吴中经济增长承压，市场走势不明。为摸清全区工业经济发展现状，预判未来经济运行趋势，区统计局选取规模以上工业百强企业，展开调查研究。调研工作从统计数据切入，将调研走访与数据监测相结合，梳理吴中区主要工业企业目前阶段发生的情况与特点。实地走访相关工业产业板块的重点企业，听取企业反映的生产经营状况、未来经济发展预测以及当前遇到的困难和问题，共同商讨相应对策，提出未来发展计划和对政府工作的希望与建议。在开展百强企业调研工作的同时，对企业统计报表主要指标数据进行核实和分析，提高统计报表数据质量。百强企业调研为摸清吴中区工业经济底数，预测未来经济运行趋势奠定基础。

【工业企业产值核查】 2019年，区统计局创新工作模式，组织开展规模以上工业企业的产值数据核查工作，夯实统计数据基础，从源头提高全区工业统计数据质量。这次核查工作得到苏州市统计局的支持，在区统计局配合下，市统计局选派专业人员，对吴中区开发区的26家企业进行工业企业产值试点核查。区统计局根据市统计局的试点经验、指导意见和建议，制定工业企业产值核查方案，迅速在相关工业产业各板块全面推进。年内，核查规模以上工业企业565家，占全部规模以上工业企业的64%。年内开展的工业企业产值核查工作，夯实产值填报统计基础，确保工业产值的数据更加精准。

【基本单位名录库维护】 2019年，区统计局在开展第四次全国经济普查基础上，继续做好基本单位名录库维护工作。基本单位名录库维护是统计“四大工程”之一，是组织实施各类统计调查的基础。主要任务是在经济普查的基础上，继续对基本单位名录库实行经常性的维护和更新，使基本单位名录库成为全面、可靠、动态的信息库，更好地发挥其作为统计基础的作用。年内，区统计局对区发改、工信、商务、科技、住建、税务等部门提供的相关企业名单进行比对、筛选，拟定入库企业名单，实地走访了解拟入库企业实际情况，征求乡镇工业产业板块的意见，然后专题研究确定入库企业名单，确保入库质量。组织全区统计工作人员培训，熟悉基本单位名录入库程序，有效指导企业入库；及时梳理、清退不达标准和停产、关闭企业出库，优化基本单位名录库结构，确保真实反映全区经济发展变化情况。

【统计信息和载体】 2019年，区统计局加强统计信息和载体建设，做精做优《吴中统计年鉴》《吴中统计月报》《吴中工业统计月报》等载体编报业务，编发企业转型升级监测专报，发挥吴中区政府门户网站、《吴中信息》等载体作用，定时为区委、区政府、各部门、社会公众提供内容丰富、时效性强、资料真实、获取便捷、使用方便的统计数据。

【统计规范化建设】 2019年初，区统计局印发《2019年全区统计基层基础规范化建设重点工作任务》，确定具体工作目标和任务。组织开展统计基层基础规范化建设“回头看”活动，全区完成对82个村（社区）统计规范化建设复验任务以及对123家新增联网直报企业统计基础规范化建设检查辅导和验收工作，通过复验、验收，全部达标。及时总结规范化创建成果，向上推荐“全省乡镇（街道、园区）统计基础规范化建设‘百佳单位’”“全省村（社区）统计规范化建设‘千佳单位’”“全省基层统计岗位标兵”等候选名单，提升统计规范化建设整体水平。年内，省统计局基层工作处对吴中区进行调研和指导，对吴中区的统计规范化建设工作给予肯定。

【统计法治队伍建设】 2019年，区统计局加强全区统计法治队伍建设，组织选派法治队伍骨干参加省、市统计法治业务培训。9月，按照国家统计局统一部署，组织开展聚焦统计数据造假专项治理工作。制订统计执法检查计划，先后对3个镇（街道）及其所属26家工业、服务业、贸易企业进行统计“双随机”执法检查，进行全过程记录。通过“双随机”执法检查，制定《关于2019年统计执法检查情况通报的函》，及时向被检查的镇（街道）提出整改意见和建议，维护统计法的权威性和严肃性，保障统计工作质量。年内，制订全区统计教育、统计法治培训计划，全方位、多层次、多方式开展统计法律法规宣传教育，向200家重点工业企业发放《吴中区统计局致各重点企业的一封信》。组织举办100家重点工业企业统计法治培训，借助相关网络，组织全区统计人员开展系统内在线学习。

（吴元吉）

劳动就业管理

【概况】 2019年，苏州市吴中区人力资源和社会保障局（简称“区人社局”）继续实施就业优先战略，完善扶持劳动就业政策，建强载体，引领就业。鼓励大众创业带动劳动就业，加强劳动就业管理，优化劳动就业服务，提升劳动就业、创业质量。定期组织开展各类专项劳动就业招聘活动，全年城镇新增就业19657人，城镇失业人员再就业3426人，城乡就业困难人员再就业4619人，城镇登记失业率1.84%；征集青年就业见习岗位353个，开发公益性岗位756个，本地户籍应届高校毕业生就业率97.82%，实现“零就业”和“零转移”家庭动态清零。发放各类就业社保补贴9547.44万元，惠及16.36万人次；发放稳岗返还资金3420.46万元，惠及9990家企业。开展线下招聘活动108场次，发布招聘岗位17.5万个。年内，区人社局选派人员赴贵州省德江县，举办到吴中就业人员技能培训班4期，惠及240人，先后为59名德江县籍到吴中就业贫困户建档立卡。

2019年9月，吴中区启动2020年专业化青年人才定岗特选计划招聘工作

区人社局　供稿

【创业工作】 2019年，区人社局加强创业载体建设，鼓励企业和个人创新创业、融合发展，扩大就业渠道，全年带动劳动就业7367人。支持成功自主创业1553人，引领大学生自主创业190人，扶持农民自主创业158人。与相关部门联合举办2019“智汇吴中”暨第九届吴中区青年（大学生）创新创业大赛，打造“吾时吴创”创业服务品牌，开设创业大讲堂12期、创业培训班10期、SYB网络微课程4期、大学生创业能力提升培训班3期；发放创业社保补贴1055.51万元，惠及13389人次，发放开业补贴68.70万元，惠及229人次。

【劳动关系建设】 2019年，区人社局依照相关劳动关系法规条例，处置劳资纠纷4115件，为2171名劳动者追发工资等待遇1161.76万元；处理劳动争议案件2167件，为劳动者挽回直接经济损失4618万元。开展夏季高温劳动保护、女职工劳动保护、打击“三假”等专项检查。依法取缔非法职业中介439家，对279家用人单位开具规范用工建议书。年内，组织开展12轮建筑工地实名制落实情况的专项检查，开具整改通知单16份、停工通知单2份。全区乡镇（街道）基层劳动关系调解组织覆盖率100%，规模以上企业劳动关系调解组织组建率98%。

（范　莉）

表10-1 2019年城镇非私营单位劳动报酬

单位：万元

项目	从业人员劳动报酬	在岗职工工资总额	其他从业人员劳动报酬
合计	2050748	1976907	73841
国有经济	407136	400688	6448
集体经济	129987	123276	6711
其他经济	1513625	1452943	60682

（出自：区统计局）

表10-2 2019年城镇非私营单位在岗职工人数与工资

项目	单位	合计			
			国有经济	集体经济	其他经济
一、年末人数	人	191212	22426	9447	159339
#劳务派遣人员人数	人	22373	1072	130	21171
二、平均人数	人	192284	22118	9301	160865
三、工资总额	万元	1976907	400688	123276	1452943
四、年平均工资	元/人	102812	181159	132540	90321
年平均工资为2018年		115%	117%	141%	114%

（出自：区统计局）

安全生产与应急管理

【概况】 2019年，苏州市吴中区应急管理局（简称“区应急管理局”）贯彻落实上级应急管理部门决策工作和部署，围绕全区安全生产年度工作目标任务，以“减少事故总量，遏制一般事故、杜绝较大事故”为目标，健全安全生产责任体系，强化安全隐患排查，开展专项整治，推动全区安全生产形势持续稳定和向好发展。全区发生工矿商贸事故16起，比上年下降20%，死亡16人，比上年下降23.81%，实现事故起数和亡人数“双下降”。

【建立挂钩联系服务制度】 2019年，区应急管理局建立挂钩联系服务制度，贯彻落实区各级领导安全生产挂钩联系服务办法。区委、区人大常委会、区政府、区政协四套班子领导成立18个组，赴77家企业开展挂钩联系服务；区应急管理局成立7个组，局副科级以上领导每人挂钩联系服务2个板块企事业单位的安全生产；各镇（区、街道）领导成立193组，深入180个村（社区）、747家重点企业开展挂钩联系服务。形成全区上下联动的领导挂钩联系服务制度，提升安全生产应急管理水平和绩效。

【安全隐患排查治理】 2019年，区应急管理局按照区委、区政府统一部署，重点围绕安全生产“1+5”（区领导督察督导、开展明察暗访、专项执法检查、深化“331”专项行动、推进安全生产能力建设）工作要求，持续推进全行业、全领域安全隐患的大排查大整治行动，贯彻落实安全生产风险防控的各项任务。年内，开展各类安全生产督察检查和明察暗访企业单位43696家次，立案行政处罚1790件，处罚金额3400.03万元，发现隐患6.7万项，完成整治6.4万项。全区列入2019年度挂牌督办的项目为58项，其中市级10项、区级17项、镇级31项，完成安全隐患整改治理全部任务。

【危化行业综合治理】 2019年，区应急管理局加强危险化学品综合治理，制定年度危化品行业安全生产综合治理要点，抓早、抓细、抓实危化品领域的安全生产工作。组织开展春节、国庆“两节”和区人大、区政协“两会”等各类重要节日、重大活动期间的危化品专项执法检查以及节后复工复产安全生产的各项工作。吸取江苏省响水天嘉宜公司“3·21”特大爆炸事故教训，吴中区委办公室、区政府办公室根据省、市关于各级组织开展安全隐患大排查、大整治文件要求，联合下发《关于开展全区安全生产工作大督查的通知》，吴中区安全生产委员会（简称“区安委会”）及时下发《关于开展安全生产大检查大督查的通知》，要求全区各级领导、各个层面开展大排查大整治工作。年内，与中国化学品安全协会签订协议，对全区危化品企业开展驻厂式本质安全诊断和深度检查，全年共检查企业29家，全部完成检查与复查任务。区应急管理局建立可追溯的渠道和方式，向企业主要负责人传达有关安全生产法律法规、标准规范和监管监察指令等信息。4月和10月，分两期组织全区危险化学品生产经营单位主要负责人、安全管理人员安全知识培训和复审工作；6月18—19日，区应急管理局牵头、吴中化工园区管委会协助举办全区危险化学品企业一线员工培训，289人参加培训和考核。

【粉尘涉爆专项整治】 2019年，继续强化粉尘防爆专项整治和安全生产培训工作。3月，区应急管理局组织召开全区粉尘涉爆企业专项整治暨安全管理培训会议，部署年度专项整治工作，邀请苏州市粉尘涉爆领域专家王伟庆讲解粉尘防爆相关安全生产知识。年内，对全区所有A类粉尘涉爆企业和部分B类企业的主要负责人、安全管理员，以及各板块安全监管人员进行培训和考试考核。组织部署第三方安全核查，通过竞争性磋商，确定第三方对全区A类粉尘涉爆企业进行安全核查，共发现现场隐患183条、台账类隐患153条，对其中4家存在重大隐患的企业责令停产整改。全面开展粉尘浓度监测，通过第三方专业机构开展现场监测和采样，经监测，全区A类粉尘涉爆企业作业现场的粉尘浓度，全部符合国家颁布的职业卫生标准。

【有限空间作业监管】 2019年，区应急管理局继续开展有限空间作业监管和排查辨识，组织安监人员对照工贸企业有限空间参考目录，对全区有限空间企业进行拉网式普查，涉及有限空间作业的存在问题，按照相关要求进行条件确认，登记造册，实行“一企一册”。通过排查，全区共有204家有限空间作业企业。5月，组织召开有限空间专项治理工作会议暨有限空间安全管理专题培训，对全区有限空间作业企业的主要负责人、安全管理人员、工程设备管理负责人进行专题培训和考试、考核。组织开展有限空间作业的安全核查，委托第三方机构对全区204家有限空间作业企业进行安全核查，督促各板块按照检查发现的问题，要求企业落实整改措施。全区有10家企业建成为有限空间作业示范企业。

【金属冶炼企业安全监管】 2019年初，贯彻落实上级下发的《冶金企业和有色金属企业安全生产规定》的要求，区应急管理局为严格督促全区所有金属冶炼企业落实企业主体责任，联合区工业和信息化局、市场监督管理局等部门，对全区8家金属冶炼企业逐家开展联合检查和复查。常熟“10·31”熔炉较大爆炸事故发生后，区应急管理局迅速响应，于11月1日组成3个检查小组，立即赴相关金属冶炼企业进行专项检查。通过专项检查，发现各类问题和安全隐患35项，全部整改完毕。年内，为避免有类似工艺企业没有纳入安全生产监管范围，在全区范围组织部署对深井式铸棒工艺企业的再排查工作，根据各镇（街道）排查上报情况，全区未发现有深井式铸棒工艺企业。

【液氨制冷企业安全监管】 2019年初，区应急管理局联合区工业和信息化局等部门，对全区4家液氨制冷企业开展联合检查，对发现的问题和安全隐患进行发文通报，责令限期整改，落实属地监管和行业监管责任。在企业整改任务完成后，再次组织安监人员进行联合复查，针对整改之前的每一项问题逐项进行验收。7月，苏州市应急管理局组织第三方对吴中区4家液氨制冷企业再次进行安全检查，区应急管理局立即督促相关企业针对此次核查情况进行整改，形成闭环监管。其中，位于金庭镇的苏州美林农林水产有限公司进行氨改氟项目改造，年内氨制冷系统已拆除，氟制冷系统已完成安装。

【租赁厂房专项整治】 2019年3月20日，区安委会办公室制定《关于进一步加强全区租赁厂房安全管理的通知》，继续明确安全生产责任、整治六个重点问题、排查安全风险隐患这三方面重点工作。5月23日，区应急管理局组织各镇（区、街道）对辖区内租赁厂房进行新一轮次排查摸底和登记。年内，全区共排查租赁厂房（工业园）1597个，其中集体资产237个、私人资产1360个、承租企业7200家；排查租赁厂房13029家次，发现存在六个重点问题的企业565家，发现租赁厂房安全隐患2.9万个，先后整治2.6万个。

【安全生产标准化建设】 2019年，区应急管理局推进相关领域的安全生产二级标准化建设。全区危化领域的企业完成二级标准化建设申报。其中，涉及重点监管危险化工工艺和具有爆炸危险性装置、场所的危化品企业，业已完成二级标准化达标建设；苏州东瑞制药有限公司、苏州长征一欣凯制药有限公司在完成二级标准化达标建设基础上，开展一级标准化建设创建工作。全区工贸领域已实现规模以上工贸企业三级标准化达标全覆盖。其中，有36家企业成功创建二级标准化，另有3家企业正在创建一级标准化。年内，全区小微企业领域累计培育小微标准化示范企业100家，聘请第三方对200家已达标小微企业完成质量运行审计，确保创建和巩固“两手抓”。

【安全生产行政执法】 2019年，区应急管理局依法对安全生产违法违规企业予以处罚。全区立案406件。其中，事前立案389件，占立案总数的96%，占实际检查企业总数的28.9%；事前处罚5万元以上案件数为83件，占事前处罚案件数的21.3%。罚款金额1651.8245万元。其中事前处罚罚款金额1256.8245万元，占罚款总数的76%，事前处罚案均值3.23万元。

【行政许可】 2019年，区应急管理局受理各类行政许可191家次。其中，受理无事故证明22家、建设项目许可2家次、危险化学品安全生产许可3家、烟花爆竹经营许可9家、非药品类易制毒化学品备案24家；受理危险化学品经营许可131家，其中经营带储存1家、加油站24家、易制爆14家、一般危化品经营许可92家。

【宣传与培训】 5月12日，区应急管理局、区消防救援大队、区地方金融监督管理局联合举办金融行业安全宣传员受聘仪式暨“5·12”应急安全培训活动，为提高全区灾害防治能力，构筑生命安全防线，营造浓厚的宣传氛围。6月，区应急管理局牵头组织“安全生产月”各项宣传活动。“安全生产月”咨询日期间，现场设立咨询台27个，展出宣传展板68余块，发放各种宣传资料2万余份，接受群众咨询2000余人次。6月16日，“吴中应急”微信公众号正式启用，截至年底发布各类宣传信息220余篇。组织开展安全生产培训工作，全年组织“三项岗位人员”安全培训452场次，培训人数21942人；其他岗

2019年6月24日，区应急管理局举办2019年吴中区化工专业委员会应急救援联合演练　　区应急管理局　供稿

位人员培训人数7200人，班组长1239人。

【应急指挥与预案管理】 2019年8月，区安委会办公室发文对全区应急预案现状进行调查摸底，全面掌握应急指挥与预案现状。继续规范预案修编工作，确定拟修编1个总体应急预案和43个专项应急预案目录。10月9日，协助区政府办公室下发《关于切实做好全区应急预案修编工作的通知》。10月21日，组织预案编制专题人员培训班。全年组织应急演练1125次，其中区级组织2次、各镇（区、街道）组织91次、企业组织1032次；参演总人数66498人次。6月24日和11月11日，区应急管理局分别组织“2019年吴中区化工专业委员会应急救援联合演练”“2019年吴中区有限空间作业安全事故预防和应急救援演练”两次较大规模应急救援演练活动。

【防灾、减灾、救灾工作】 2019年，区应急管理局继续加强灾害事故情报预警预测工作，主动与消防、气象、水务、森林等部门沟通联系，畅通灾害情报信息渠道，及时接收、共享和发布信息。有效整合人力资源，将基层灾害信息员与气象信息员合二为一，加强防灾、减灾、救灾人员业务培训，提升能力效益。做好“利奇马”台风过境期间的应急值守、信息报送、灾害救助等工作。重视灾后恢复工作，督促乡镇搞好灾害损失排查，做好受灾人员生活救助工作，及时帮助受灾乡镇与太平洋保险公司、民生保险服务专员对接，对符合自然灾害民生保险理赔条件的居民，进行家庭财产损失理赔。全区无人员因灾伤亡和重大财产损失。年内，协调民政、住建、气象等部门，创建全国综合减灾示范社区，指导横泾街道尧南社区做好全国综合减灾示范社区创建工作。10月下旬，省减灾办公室检查验收组对尧南社区开展的减灾示范社区创建工作进行抽查，年末，尧南社区创建全国综合减灾示范社区工作公示结束。

（戚书茵）

口岸管理

【概况】 2019年，苏州海关驻吴中办事处（简称“吴中办事处”）辖有吴中综合保税区、苏州海关吴中直通式监管点两个海关监管场所。全年进出口监管货值1040387万美元，比上年下降26.7%；入库税收287206万元，比上年下降17.5%；监管货运量185030吨，比上年下降3.6%。完成上级海关下达的目标任务和各项业务指标，部分指标继续在苏州海关同类业务部门中保持领先地位。

【加工贸易核查】 2019年，全区加工贸易手册报核及时率100%，加工贸易手册结案及时率100%，特殊区域账册核销及时率100%，无查获4小时查验完成率100%。年内，加强对加工贸易核查相关风险的监测和归口管理，先后召开风险管理会议6次，走访调研企业15次，完成解布控14票，收集上报各类业务风险线索及防控建议36个，涉及加工贸易、跨境电商、进口固废、进出口食品安全、邮寄物品监管等领域。

【进出口货物检验检疫】 2019年，吴中办事处依法加强进出口货物检验检疫工作，全年对2087批次进出口货物实施检验检疫，查发不合格产品13批次，退运3批次，查发案件3起。

【改革创新工作】 2019年，吴中办事处以海关总署“五关建设”总体要求、南京海关“两新五高”工作思路以及苏州海关打造“六新”海关等工作部署为导向，成立改革创新工作领导小组，有效推进相关活动的开展。在业务改革创新方面，参与上级海关组织的供应链和区块链专项改革创新项目的相关活动，改革创新初显成效。年内，先后形成6个政策研究项目、9个政研课题、4个科技项目和30篇改革创新论文。吴中办事处根据苏州海关2019年重点改革创新项目“探索建立原产地签证业务风险防控及核查机制”进度和要求，有序推进相关工作，并取得较好进展。苏州海关2019年改革项目（预研究）中涉及的属地海关核查工作在吴中办事处已经结题；吴中办事处报送的4个科技项目通过苏州海关初审，其中“进口旧机电产品废旧鉴定评估方法研究”正在立项，这是苏州海关各办事处在海关总署层面唯一的立项项目。年内，吴中办事处根据南京海关2020年科研工作申报要求，申报科研项目7项，全部通过苏州海关初审，上报南京海关进行终审。向南京海关《宁关政研》刊物投稿5篇，参加“风险防控”专题征文7篇，参加海关总署稽查处专题征文7篇，其中获得“强化新海关业务风险防控工作”专题征文三等奖一篇。

【提升风险防控能力】 2019年，吴中办事处成立风险内控专项工作小组，结合全员绩效量化考核，将风险防控工作分解、细化、量化到人，提升风险防控能力。根据苏州海关《进一步开展风险内控节点指标体系建设工作方案》的要求，通过筛查，涉及办事处8大业务岗位31个内控节点。制定防控措施，形成《苏州海关驻吴中办事处风险节点自控清单（2019）》。根据法规部门意见，对跨境电商直购进口相关操作规范进行修改完善，提交内控前置审核，及时化解上位法支撑不足的执法风险。针对加贸废料拍卖存在环节多、周期长，迟迟不交付容易引发安全隐患的风险，吴中办事处通过调查研究，形成书面调研报告上报，相关意见建议得到南京海关采纳，实施政策调整。认真履行业务风险联络员工作职责，筛查和上报业务风险6条。年内，成立风险信息专项工作小组，编发《风险信息摘编》11期，及时发布涉及稽查追补税、出口退税、查获反宣品、毒品等各类风险信息，其中205条被南京海关录用、11条被海关总署《风险信息周报》录用，相关风险信息转为专项稽查作业12个。

【优化服务】 2019年，吴中办事处成立企业服务专项工作小组，出台《2019年度服务地方开放型经济发展十二项举措》，开通“主任直通车”，举办“面对面、零距离”海关政策系列宣讲会，服务经济成效明显。贯彻落实国务院“综保区21条”，“简化进出区管理”等7项措施均已在吴中区落地生根，有效提升综保区活力。持续推进降费增效举措，1—3季度共签发自贸协定优惠原产地证书10033份，签证金额2.42亿美元，帮助辖区企业减免进口国家和地区关税约1900万美元。全面落实增值税改革，全年可为企业减轻进口环节增值税税赋近3.5亿元，减税幅度为17.6%。稳步推进优惠贸易协定安排，享惠进口货值近1.5亿美元，税费减让约5000万元。继续推进企业“自报自缴”、汇总征税、税单无纸化等业务改革，截至10月底，“自报自缴”推进比例达90.32%，汇总征税推进比例达33.79%。率先推出“白名单”企业认证标准，在此基础上全面落实南京海关免征保证金最新政策，缓解企业资金压力，全年辖区企业累计免征保证金约5.7亿元。

【业务培训】 2019年，吴中办事处成立业务能力培训小组，制订办事处内部业务培训计划23项，组织关员参加上级海关组织的业务培训。全年完成业务培训25项，其中办事处层面24项、苏州海关层面1项；参训人员300多人次。培训内容涉及通关监管、检验检疫、保税业务、科研工作等方面，实现业务全覆盖。各科室自由组织开展、参加各种学习培训交流40余次，有效提升关员的业务水平。

【岗位业绩】 2019年，吴中办事处各项业务井然有序，岗位业绩显著。在动植检业务归口管理方面，牵头制定出台《苏州海关动植检业务协调制度》等共计5部内部操作规范，对规范和提升苏州海关动植检业务整体工作水平发挥较好作用。年内，对重要业务指标采取“每天紧盯、隔日分析、涉及外部及时沟通、涉及内部随时协调”等有力措施，确保完成上级下达的目标任务。进口整体通关时效为35.41小时，压缩比为56.81%；出口整体通关时效为0.48小时，压缩比为85.39%。各项指标均优于苏州海关的平均水平。办结核查作业数69个，按时办结率100%，有效率47.8%，综合查获率6.39%。核查作业移交缉私2个。加大跨境渠道知识产权保护力度，查获出口商品侵权情事5批次27件、出口商品严重申报不实情事1起。 （刘颖斐）

编辑：王明生

财　政

【概况】 2019年，发挥财政职能作用，培育财源，优化支出结构，强化绩效管理，推进各项财税改革和财政管理工作，为全区经济社会持续健康发展提供保障。全年完成一般公共预算收入1756296万元，为调整预算的101.3%，比上年增长9.3%，税比92.3%。其中：税收收入完成1621462万元，为调整预算的100.5%，比上年增长9.6%；非税收入完成134834万元，为调整预算的111.1%，比上年增长6.1%。全区完成一般公共预算支出1533264万元，为年度预算的96.1%，比上年增长8.2%。其中民生支出为1215578万元，比上年增长14.1%，占一般公共预算支出比重为79.3%。

【加强收支管理】 紧抓收入组织主动权，结合当前国际国内宏观经济形势，以及收入征管中遇到的新情况新问题，对标高质量发展考核指标体系，跟踪分析减税降费政策影响，做好数据测算和对财政收入的影响分析，优化调整收入组织方案。清理存量资金，对财政专户历年借款、各类暂存款和结余资金、预算单位非税往来和结余进行梳理，统筹存量资金缓解年末收支平衡压力，为2020年预算提供财力保障。建立区级财政资金大额收支月报制度和乡镇财政收支动态平衡机制，细化资金平衡要求，提升库款保障水平，防范财政运行风险。

【财政资金扶持】 完善产业扶持政策，梳理、修订财政资金扶持方式，提高政策的精准度、集成度。加强财政金融支持力度，修订中小微转贷基金管理办法，降低小微企业融资成本。创新“政银担”合作模式，设立“东吴贷”，为区内人才和科技企业无抵押贷款提供有限代偿，为符合条件的企业给予贴息，缓解企业融资困境。落实增信基金合作银行扩面工作，全年为39家企业授信2.8亿元，为企业提供贷款贴息补助567.58万元。

【民生支出】 围绕“教育吴中”三年行动计划，推进教育综合改革，提升教育现代化水平。加大学校建设资金投入力度，支持直属中小学校校舍建设维修。完善区级年金制教师的经费保障机制，落实中小学班主任激励政策和中小学课后延时服务经费保障。修订《东吴教育人才计划实施细则（2019—2021）》，发挥人才开发资金和师资培训费的引领激励效益，保障区教师发展中心建成投用，为教师队伍成长营造软硬件环境。落实积极的就业创业政策，修订《职业技能政府培训补贴办法》，扩大培训对象，提高补贴标准，加大对城乡劳动者就业扶持力度。推进医药卫生综合改革，完善公立医院财政补偿机制。

【环保投入】　支持东山、金庭两镇苏州生态涵养发展实验区建设，草拟《关于开展苏州生态涵养发展实验区建设的实施意见》，与市财政部门对接，在一般转移支付、税收政策、土地资金结算、项目补助等方面争取政策支持。探索水环境质量考核区域补偿试点工作，制定《苏州市吴中区水环境区域补偿工作方案（试行）》，创新水环境区域补偿模式，落实乡镇板块水环境治理责任。

【财政改革创新】　根据预算法精神及人大预算审查监督工作的要求，制定《关于进一步规范吴中区区本级预算追加流程的通知》，规范预算追加流程，供乡镇参照执行。调整区级财政资金存放管理办法，规范资金存放流程。深化国库集中支付改革，细化电子化支付工作计划和实施时间节点，国库集中支付电子化改革实现区、镇两级全覆盖。完成预算单位授权支付简化流程改革，实现电子化支付向实拨方式转变，提高财政资金电子支付水平。完善集中支付动态监控机制，增加会议定点饭店、重复支付、机票采购、资金用途预警等5大类10条监控规则，将预算支出执行进度纳入动态监控预警规则，优化动态监控预警流程，提高财政资金使用的安全性、规范性。

【实施绩效管理】　深化预算绩效管理，上下联动，区本级开展再评价和重点评价项目63个，涉及资金18.08亿元；在乡镇推开重点绩效评价试点工作，涉及20个项目，涉及资金45.7亿元。在对产业转型类专项资金试点纳入平台管理的基础上，新增纳入旅游发展、金融业发展等8个专项资金，实现专项资金平台管理全覆盖。开展财政评审工作，制定印发《学校、医院、美丽乡村类建设项目概算指标指导标准》，为拟建同类项目的科学决策、预算安排、造价控制发挥作用。全年完成评审项目204个，基本完成评审2个，审核金额83.43亿元，审减节约7.74亿元，提高财政资金使用效益。

【政府债务管理】　规范落实地方政府债务新增规模控制和余额限额管理，加强全口径债务动态监测，开展地方政府隐性债务风险等级评定和政府性债务风险评估工作，督促各乡镇板块正确研判当前形势，压实债务管理主体责任，解决问题。强化投融资考核机制，根据上级最新政策要求，修订完善考核指标，发挥考核导向作用，守住不新增隐性债务、不发生区域性系统性风险的底线。落实隐性债务化解计划，统筹资金优先用于存量化解，将财政承担的化债本息纳入当年预算安排，超额完成年度化债目标，债务风险等级得到优化。按照市政府对乡镇债务实施分类管理的要求，起草《吴中区乡镇债务分类管理实施方案》，对全区乡镇板块实行分级分类管理，按照“分类处置、综合施策”的原则，突出区、镇联动，防范地方政府债务风险。

【法治财政建设】　围绕全国法治财政示范点建设，重新修订内控制度21项，提升财政依法行政水平。印发《内部管理制度汇编》，构建“科学、规范、高效”的财政内部运行体系。以木渎分局试点法治财政标准化管理指标为契机，探索镇级法治财政管理指标，形成10大类一级指标和45项二级指标的基层法治财政标准化管理指标，推动法治标准化管理向乡镇财政拓展和延伸，实现法治财政建设全覆盖。以财政部门目标责任制管理考核为抓手，结合工作实际，将法治财政标准化管理指标纳入考核内容，发挥考核导向作用，提高全区财政部门法治意识，提升全区财政法治管理水平。　（吴　倩）

表11-1 2019年吴中区财政收入

项目	2019年（万元）	2018年（万元）	比上年同期	
			增减额（万元）	增减
全口径财政收入	5912979	4136486	1776493	42.9%
一、中央收入	1158348	1153232	5116	0.4%
1. 国内消费税（100%）	1572	859	713	83.0%
2. 国内增值税（50%）	422282	418762	3520	0.8%
3. 改征增值税（50%）	228192	233040	–4848	–2.1%
4. 企业所得税（60%）	397724	352471	45253	12.8%
5. 个人所得税（60%）	108578	147433	–38855	–26.4%
6. 营业税（50%）	—	667	–667	–100.0%
二、地方财政收入	4754631	2983253	1771378	59.4%
（一）一般公共预算收入	1756296	1606135	150161	9.3%
1. 国内增值税（50%）	421782	418314	3468	0.8%
2. 改征增值税（50%）	210360	216284	–5924	–2.7%
3. 营业税（50%）	—	667	–667	–100.0%
4. 企业所得税（40%）	265149	234981	30168	12.8%
5. 个人所得税（40%）	72385	98289	–25904	–26.4%
6. 土地增值税	74037	79229	–5192	–6.6%
7. 城市维护建设税	64583	59059	5524	9.4%
8. 房产税	15400	16178	–778	–4.8%
9. 印花税	23093	25352	–2259	–8.9%
10. 城镇土地使用税	148778	92915	55863	60.1%
11. 耕地占用税	22402	2132	20270	950.8%
12. 契税	299586	234546	65040	27.7%
13. 环境保护税	3856	1127	2729	242.1%
14. 其他税收收入	51	—	51	—
15. 专项收入	74622	79280	–4658	–5.9%
（1）教育费附加收入	41663	44410	–2747	–6.2%
（2）地方教育附加收入	27777	29611	–1834	–6.2%
（3）文化事业建设费收入	680	1060	–380	–35.8%
（4）残疾人就业保障金收入	4502	4199	303	7.2%
16. 行政事业性收费收入	20524	16897	3627	21.5%
17. 罚没收入	5027	2413	2614	108.3%
18. 国有资源（资产）有偿使用收入	27981	20540	7441	36.2%
19. 其他收入	6680	7932	–1252	–15.8%
（二）政府性基金收入	2991854	1362028	1629826	119.7%
（三）国有资本经营预算收入	6481	15091	–8610	–57.1%
附：中央及地方共享收入	2128024	2121768	6256	0.3%
1. 国内消费税	1572	859	713	83.0%
2. 国内增值税	844065	837076	6989	0.8%

续表

项目	2019 年（万元）	2018 年（万元）	比上年同期	
			增减额（万元）	增减
#免抵调增增值税	131738	131738	—	0.0%
3. 改征增值税	438551	449324	-10773	-2.4%
4. 企业所得税	662873	587452	75421	12.8%
（1）国有企业所得税	1559	1195	364	30.5%
（2）集体企业所得税	1460	1620	-160	-9.9%
（3）股份制企业所得税	228326	225934	2392	1.1%
（4）港澳台和外商投资企业所得税	261420	200875	60545	30.1%
（5）私营企业所得税	163240	152367	10873	7.1%
（6）其他企业所得税	6868	5461	1407	25.8%
5. 个人所得税	180963	245722	-64759	-26.4%
6. 营业税	—	1335	-1335	-100.0%

（出自：区财政局）

表11-2　2019年吴中区财政支出

项目	2019 年（万元）	2018 年（万元）	比上年同期	
			增减额（万元）	增减
财政支出总计	4243977	2987646	1256331	42.05%
一、一般公共预算支出	1533265	1417359	115906	8.18 %
1. 一般公共服务支出	169410	152950	16460	10.76 %
2. 国防支出	2688	3134	-446	-14.23 %
3. 公共安全支出	43099	38418	4681	12.18 %
4. 教育支出	315268	254904	60364	23.68 %
5. 科学技术支出	94864	63993	30871	48.24 %
6. 文化旅游体育与传媒支出	44607	50873	-6266	-12.32 %
7. 社会保障和就业支出	121400	88866	32534	36.61 %
8. 卫生健康支出	112080	108477	3603	3.32 %
9. 节能环保支出	84366	68281	16085	23.56 %
10. 城乡社区支出	213831	228582	-14751	-6.45 %
11. 农林水支出	110351	109954	397	0.36 %
12. 交通运输支出	29184	14420	14764	102.39 %
13. 资源勘探信息等支出	64323	134204	-69881	-52.07 %
14. 商业服务业等支出	12126	15485	-3359	-21.69 %
15. 金融支出	999	941	58	6.16 %
16. 援助其他地区支出	9736	7585	2151	28.36 %
17. 自然资源海洋气象等支出	7690	7978	-288	-3.61 %
18. 住房保障支出	67374	51075	16299	31.91 %
19. 粮油物资储备支出	2750	2853	-103	-3.61 %
20. 灾害防治及应急管理支出	12845	—	12845	—

续表

项目	2019年（万元）	2018年（万元）	比上年同期	
			增减额（万元）	增减
21. 债务付息与发行费支出	14258	14274	-16	-0.11 %
22. 其他支出	16	112	-96	-85.71 %
二、政府性基金支出合计	2708186	1565947	1142239	72.94 %
三、国有资本经营预算支出	2526	4340	-1814	-41.80 %

（出自：区财政局）

税　务

【概况】 2019年，聚焦主题、主业、主线，强化作为、使命、担当，完成年度目标任务。全年组织各类收入375.60亿元，完成区级公共财政预算收入162.16亿元，兑现研发费用加计扣除金额12.89亿元，兑现高新技术企业税收减免优惠政策2.57亿元，办理出口退税39.84亿元，减免全区工资薪金税额6亿元，降低纳税人的各项税费负担，促进全区经济高质量发展。

【减税降费】 成立减税降费领导小组，每周定期召开沟通协调会，统筹推进全区减税降费工作。发挥区工商联、越溪小学、苏州乡村振兴学堂等单位组织的协同力量，创建“吴中税务青年讲师团”，通过微信公众号、动漫宣传产品、网络直播等渠道普及减税降费相关政策。建立数据分析团队，对部分医药、建筑及部分现代服务业等重点行业企业开展走访调研；跟踪减税降费中的900余户增税户，按户核实，分析辅导，确保行业税费只减不增；总结减税降费成果，研究减税降费各方影响，保持减税降费正向效应，巩固减税降费取得成效，为经济发展提供决策支持。

【依法治税】 坚持全面依法行政领导小组会议常态化运转，制发《关于加强依法行政工作领导体制机制建设的通知》及《国家税务总局苏州市吴中区税务局全面依法行政领导小组议事规则》，为全面依法行政工作提供机制体制保障。加强政策确定性管理，通过联席会议制度，掌握、分析、解决基层税务机关业务疑难问题。依托数据平台，做好内部控制相关工作。利用好内部监督控制平台，在规定的操作时限内做好日常的过错预警、过错陈述申辩、执法责任追究等工作流程，完成疑点核查和督审项目核查工作，提高平台运行效率。做好行政复议及应诉工作。

2019年3月2日，区税务局在丽丰大厦进行个税宣传　　区税务局　供稿

【税收风险防控】在发票管理中，开展全区代开增值税普通发票概况调查，制定代开增值税普通发票的操作意见，规范代开行为；做好农产品管理软件改造，加强服务和管理；持续做好对发票鉴定、发票领购加强监控，堵塞漏洞工作；排查货劳税风险点，并制定风险防范措施；确保委托代征征收管理系统在二手车市场的正常运行，将机动车二手车增值税发票全部纳入增值税发票新系统；落实市局《关于进一步加强防范与打击骗购、虚开增值税发票等行为的通知》和《关于防范与打击新办企业骗购、虚开增值税发票的处理意见》的工作要求，下发各类风险快速防控任务，实施防控措施。重点制定开发"僵尸复活异常企业""新办综合异常企业""集群登记异常企业"等风险防控指标，优化风险快速防控系统。在个体税收管理中，落实个体税收业务流程规范及相关工作职责、管理办法，同时加强个体税收征管内部控制，防控个体税收业务执法风险以及由此产生的廉政风险。在个人所得税方面，起草修订《关于对个人身份信息被盗用相关问题的处理意见》，解决冒用身份信息带来的风险隐患。

【纳税服务】在办税厅设置减税降费、个税新政专窗，完善导税制度，全年累计接待纳税人现场咨询7000人次；发挥特服号专业化咨询优势，为纳税人提供点对点个性化精准辅导，特服号每月平均接通率90%。设立注销业务专窗，推出税务注销业务"即办"服务和"承诺制"容缺办理，企业注销平均办理时间缩短至1.65天，个体注销平均办理时间缩短至1.15天。落实省政府"3550"改革精神，拓展"互联网+税务"新内涵，探索智能化审批运用，新办套餐的智能审核率达82%，单户审批时间压缩至10分钟以内，发票调版增量的智能审核率在48%以上，减少纳税人20万户次的往返，节约办税时间近5万小时，节省办税成本近千万元。启用自助设备微信扫码功能，拓宽纳税人缴费通道。（王志红）

金融监管

【概况】2019年，新设泰隆银行吴中支行、江南农商行吴中支行2家银行业金融机构。截至年末，共有银行机构28家，保险机构19家，证券公司5家，典当公司7家，小贷公司14家，融资性担保公司2家，融资租赁公司（外资）2家，商业保理公司3家，交易场所1家。金融机构本外币存贷款余额分别为2603.66亿元、2673.16亿元，分别比年初增长12.8%、9.4%。全年新增证券交易金额2620.24亿元，证券资金账户累计108443户，证券业期末托管市值445.69亿元。全年保险机构新增保费收入18.62亿元，新增赔付支出5.36亿元。截至年末，典当公司典当余额13.34亿元；融资性担保公司在保余额10.09亿元；融资租赁资产总额0.42亿元；商业保理公司发放保理融资款本金13.65亿元，受让应收账款余额40.19亿元。全年新增3家新三板挂牌企业，全区新三板挂牌企业累计59家。

【金融服务】修订完善银行信贷考评办法，新增实体经济考核指标，引导银行加大对实体经济的支持，加强金融服务民营企业、制造业企业和小微企业力度。推动市级综合金融服务平台、区级转贷平台和增信基金三大服务平台扩面，为中小企业融资提供信用保证、过桥、贴息等支持。截至年末，在苏州市综合金融服务平台共为1519家企业放款3744笔，放款121.72亿元；通过增信基金银行为企业授信309笔，金额23.62亿元；全年转贷基金累计发放贷款251笔，金额26.20亿元。出台《吴中区科技人才企业信贷风险补偿型金融产品管理办法（试行）》（"东吴贷"），创新设立省、区联动的政府风险补偿型金融产品，携手江苏信保集团、合作银行，利用"政府补偿+担保代偿+银行承担”模式，解决轻资产科技人才小微企业“首贷难”“融资贵”问题。截至年末，27家银行对110家企业完成授信意向4亿元，6家银行完成对19家企业授信8680万元。

【资本市场】 推进企业上市和挂牌工作，为绿的谐波、凯博易控、华之杰、天脉导热等8家企业召开10余次协调会，全程跟踪进度，协调解决问题。出台《关于促进吴中区金融业高质量发展若干政策的意见》，加大对科创板政策扶持力度。调整资本市场吴中板块建设领导小组，重新梳理各部门合规证明开具清单，建立科创板工作专班，为科创板企业开具合规证明开辟绿色通道。建立科创板后备企业库，建立“一企一策”工作方案，年内组织开展政策宣传、现场审核要点辅导、合规要点讲解等5场培训。多次赴江苏证监局协调沟通绿的谐波、凯博易控等企业科创板上市问题。截至年末，共有上市后备企业近60家，其中7家进入江苏证监局辅导；科创板后备企业7家，其中2家已报江苏证监局辅导备案。全年新增3家新三板挂牌企业，全区新三板挂牌企业累计59家。实施上市企业周报制度，防范各项经营性风险。跟进区内上市企业股权质押比例，协调银行、券商为存在股权质押风险企业适当下调质押警戒线，制定纾困方案。

【金融环境】 2019年，金融生态环境持续良好，再次获评省级金融生态优秀区。印发《吴中区金融领域全面排查放贷活动坚决打击“套路贷”专项行动方案》，开展非法金融活动专项治理工作。建立区、镇两级16个联合整治专班，成立由200名专班人员和325名联动中心网格员组成的排查整治队伍，将排查整治非法金融活动纳入社会综治网格，协同金融网点监测预警网格形成“两网融合”，建立“楼长负责制”，制定排查整治“一二三四”工作法，通过扫楼、扫街、查实、整治等方式形成查处闭环，对非法金融活动形成长效治理。对企业注册名称或经营范围中含有“金融”“资产管理”“理财”等21个字样企业的设立进行会商，把好风险入口关。全年会商企业142家，劝退50家，审核不予通过8家。通过分析非法金融案件受害人群特点，组织金融专家、志愿者开展进学校、进企业、进社区“三进”系列活动，举办抵制“套路贷”“非法校园贷”等活动近20场次，召开主题班会57次，发放调查问卷2017份，发放宣传材料2万份，受众7000余人次。 （虞春萍）

2019年9月5日，区地方金融监督管理局举办抵制“套路贷”“非法校园贷”活动

区地方金融监督管理局 供稿

银 行

【中国银行吴中支行】 2019年末，人民币时点存款余额261.67亿元，较年初增33.55亿元，人民币日均存款余额248.67亿

元，较年初新增28.26亿元。人民币贷款余额286.36亿元，较年初增37.66亿元。外币存款时点余额2.69亿美元。全年实现营业净收入10.60亿元，拨备前利润8.76亿元，非利息收入2.56亿元。年末，不良贷款余额1.05亿元，不良率0.36%。

服务地方经济。紧跟区域经济发展，贴合政府规划需求，配合各级政府“三优三保”实施计划，组建项目银团，其中苏州市消夏粮仓农业发展有限公司的2100万元投放为吴中区首笔。支持国家级重点开发区发展需求，深化政府平台合作，落地开发区总公司10亿元中期票据业务，实现区域内四大行首单主承发债业务，对银行向“投、贷、债、股、租、保”综合化、一揽子的金融服务方向转型发展起示范作用。

支持民营企业。争取政府平台资源，对接区内“东吴贷”（政府贴息贷款）的合作机会，为白名单中企业解决授信难题。灵活运用产品，通过“税贷通”“苏贸贷”“增信基金”等产品打破传统授信壁垒，帮助中小企业发展。关注企业需求，创新打造关税保函新模式，帮助区域内优质民营企业科沃斯出具反担保保函，帮助企业货物顺利报关实现销售。响应国家推动区块链技术和产业创新发展的要求，使用苏州分行跨境金融区块链服务平台为罗格特光电成功办理出口商业发票贴现业务及出口贸易融资报关单核验，实现平台试点工作首笔成果落地。

改善农村地区的支付服务环境。构建支农、惠农、便农的“绿色通道”，实现银行卡助农取款服务在全国范围内农村乡镇、行政村的基本覆盖。3月28日，在东山镇双湾村开设苏州首家“助农点”，实现村民日常小额取现、转账汇款、余额查询、代理缴费等功能。通过示范效应，光福冲山村、东山三山岛等助农点相继挂牌，全年开立5处助农点。结合冲山村渔民生产特点，开发区域产品“捕捞贷”。

（仓　明）

【建设银行吴中支行】 2019年末，一般性存款（含结构性）时点余额316亿元，余额占比26.12%，列四行第二，较年初新增21.45亿元；一般性存款日均余额325.24亿元，余额占比27.17%，列四行第二，较年初新增39.13亿元，新增占比29.32%，列四行第一。各项贷款余额320.04亿元，余额占比25.88%，列四行第二。中间业务净收入3.16亿元，列四行第二，四行占比27.62%。年末，不良贷款额（审计后口径）8753万元，比年初增加4046万元；不良贷款率0.27%，比年初上升0.11%。

支持实体经济。紧扣吴中区转型升级新形势，加大对实体经济支持力度，培育行业龙头和地标企业，优化中小企业融资服务，围绕“为平台增效能为企业赠普惠”服务宗旨，以“云税贷”“房押快贷”“购置贷”等重点产品，对接产业园、创业园、工业园，深耕区域实体经济；开展与政府合作，搭建“东吴贷”等银政平台，为广大科技型小微企业提供高效、便捷、优惠的普惠融资服务；聚焦“三个能力”建设，践行普惠金融战略，强化服务实体经济能力，全年新增普惠贷款10.85亿元，增速97%，普惠贷款余额及新增四行占比均超40%，位列四行第一。

支持民生工程。全年为区域内近20家公立卫生院、社区服务中心和80多个社区卫生服务站提供窗口扫码结算服务。履行社会责任，牵头8家共建单位成立苏州市吴中区“建未来”公益联合会，发掘、联络社会困难群体；连续坚持三年与泗阳县杨工村开展定点扶贫结对工作；赴吴中区特殊教育学校、蠡墅小学开展慰问；针对特色人群开展“金智惠民”工程，承办苏州市金融监督管理局联合教育局在全市范围内开展的苏州市抵制“套路贷”“非法校园贷”系列活动。（周玲玲）

【交通银行吴中支行】 2019年末，人民币对公存款日均余额16.58亿元，较年初增3.52亿元，完成全年计划的251%。时点存款余额17.62亿元，较年初增3亿元。普惠两增客户数199户，较年初增76户，普惠两增贷款类余额3.74亿元，较年初增1.04亿元；对公总客户数4777户，较基数增509户，完成全年计划的68%；对公达标户完成2180户，较基数增631户，完成全年计划的210%。

年末，人民币储蓄日均余额32.53亿元，较基数增3.59亿元，年度计划完成率为139%。实现零售板块非息收入2263万元，年度计划完成率为92.4%。支行AUM日均余额54.92亿元，较年初增6.65亿元，年度计划完成率为158%；支行私人银行客户余额78户，较年初增20户，年度计划完成率为167%，分行排名第一；沃德客户2728户，较年初增436户，年度计划完成率为115%。ETC完成2790户，计划完成率为15.94%，分行排名第二。

年末，个贷时点余额24.07亿元，较年初净增2.83亿元；日均余额22.51亿元，较年初净增3.93亿元；个贷全年投放375笔，金额合计5.34亿元；个贷不良贷款1337万元，不良率为0.56%。 （汪 俊）

【农业银行吴中支行】 2019年末，本外币存款总量422.91亿元，增量33.77亿元。其中，人民币对公存款总量224.14亿元，在2019年到期高成本存款产品24.86亿元（其中2018年存量8.43亿元、2019年新发生16.43亿元）、4月社保上划6.9亿元、6月烟草上划8亿元、三季度烟草上划7亿元的基础上，比年初增加17.74亿元，系统贡献度27.16%，排名第二，贡献度比上年提升8.13个百分点，排名提升两位。人民币对公日均存款增量18.44亿元，系统贡献度21.7%，排名第二，贡献度比上年提升16.52个百分点，排名提升五位。外汇对公存款总量1.23亿美元，增量1515万美元；个人存款总量190.16亿元，增量14.85亿元，均为同业第一，是苏州分行唯一个人存款增量份额占比（37.3%）大于存量份额占比（35.1%）的。个人金融净资产余额238.39亿元，比年初增加14.82亿元，系统贡献度8.4%。信贷投放持续稳增。本外币贷款总量336.28亿元，增量31.03亿元。普惠贷款投放12.77亿元，其中法人类8.14亿元、个人类4.63亿元。人民币对公贷款总量143.44亿元，2019年在消化到期项目贷款30.3亿元和存单质押贷款7.17亿元的基础上比年初增加17.77亿元，系统贡献度53.6%，排名第一。全年新审批项目22个，审批金额61.76亿元，投放项目贷款26个，金额27.3亿元（其中新批项目投放17.6亿元），对接政府隐性债务共计投放15.2亿元。外汇贷款总量6830万美元，较年初减少3460万美元，除去消化产品敞口贷款投放比年初增加1900万美元，总量、增量保持同业第一；个人贷款总量181.3亿元（不含卡透支），增量12.5亿元，均为同业第一。其中个人住房贷款总量174.67亿元，增量10.89亿元，累计投放29.79亿元，总量、增量、累放均为同业第一。个人非房贷余额6.6亿元，比年初增加1.6亿元。其中，个人经营贷款总量3.4亿元、增量12099万元，“三农”贷款总量2.1亿元、增量5930万元，消费贷款总量10583万元、负增1939万元。个人非房贷（经营、农户）两项增量合计完成率92.5%，系统第二。综合效益再创新高。全年各项财务指标比上年实现增长。

全年，新开结算账户3003户，完成率100%，系统排名第七，贡献度10%，系统排名第五。资本金新开账户11户，资本金到账4759万美元。拓展国地税合并区税务局、开发区税务局基本账户、吴中区退役军人事务局基本账户，营销苏州市吴中区博物馆基本账户，拓展苏州市自然资源和规划局吴中分局“三优三保”专户等。信贷客户数合计519户，比年初增加251户。其中，非低风险法人客户数491户（含微捷贷、税e贷），比年初增加256户，个人经营类客户261户，比年初增加90户。“一项目一方案一授权”项目获批13个（含烟商贷、数据网贷），授信客户2008户，授信金额8.86亿元，用信客户261户，用信金额2.67亿元，考核口径用信户数落地率为70%，用信金额落地率为82.5%。授信3000万元以上法人信贷客户净增10户，与科沃斯、浪潮、立讯等上市公司实现信贷合作；授信3000万元以下（含）小微企业客户净增（含微捷贷）241户。年末，10万以上个人贵宾客户50135户，比年初增加3529户，个人贵宾客户金融资产比年初增加14.83亿元。个人贵宾客户交叉销售率仍达到482%。私人银行客户187户，比年初增加40户，年日均金融资产17亿元，比年初增加5.19亿元。信用卡有效客户新增16308户，ETC完成23774户。掌银新注册活跃数82321户。掌银月均活跃客户127535户、增量33434户。金穗商铺通商户数3371户，卡均余额21.53亿元。全年完成跨境人民币33亿元，完成任务的110%，同业第一；国际结算58亿美元，完成任务的100%，同业第一；结售汇11.62亿美元，预计同业第二；表内敞口贷款投放2.83亿美元，参融通投放17.74亿元，表内外投放规模同业第一。全年分期付款交易额56246万元，比上年增加21306万元，增幅为61%，其中专项分期36623万元，比上年增加22417万元，增幅为158%。在三类专项分期中，汽车分期16713万元，较上年翻番，家装分期8891万元，比上年增加7500万元，车位分期11019万元，比上年增加9000万元。推进省行新零售“八个转变”战略落实，提升批量化、项目化、源头化获客水平。推进部分零售业务专业化经营，从“做产品”向“做客户”转变。在“两金一险一债一宝”营销模式转型方面，通过穿透式考核，鼓励网点营销人员积极营销、培育客户。太湖围网拆除兑付项目获春天行动省行二等奖。

年内，完成吴中新城、胥支行迁址工作并正式营业，做好4家自助行（开发区白金汉爵、城西街，胥口时进路、新胥路）到期撤并工作，完成藏书、浦庄支行整体改造，角直、沧浪新城、金庭、光福、金运、邵昂路等6家支行智能化、轻型化改造。加快推进吴中支行新大楼建设项目。

年末，不良贷款余额7837.79万元，不良占比0.24%，其中法人不良贷款余额4620万元，较年初增加4620万元。潜在风险退出类客户信用余额合计压降1714万元，超额完成任务。退出苏州市万顺物资贸易中心及苏州恒强不锈钢材料有限公司两家风险客户。绕城高速贷款风险分类由关注一调整为正常三，降低经济资本占用，提高拨备后利润。累计完成不良资产处置2951万元，完成不良贷款核销清收303万元。全年完成授信客户数142户，完成率100%。严格柜面风险防控，加强现场与非现场检查督导，落实反洗钱岗位职责，按季组织反洗钱培训，做好反洗钱系统和客户分类系统工作录入。全年发现假存单5起，金额54万元；堵截假身份证3起；假营业执照开户1起；电信诈骗及其他诈骗7起，金额524.3万元；冒名办理业务1起；堵截假印鉴2起；可擦笔2起，金额10万元；收缴假币1433张，金额114340元。

（徐　青）

【工商银行吴中支行】 2019年，实现拨备前利润10.24亿元，比上年增长2.02亿元；实现净利润7.56亿元，比上年增长1.76亿元，增幅为30.34%。实现中间业务收入3.68亿元，完成分行年度计划的102%，比上年多增0.73亿元，收入总量和增量分别列同业第一。

年末，个人客户总量108.93万户，净增5.55万户，增幅为5.37%；公司客户总量14060户，比年初增加3044户；机构客户总量252户，比年初增加43户；ETC拓户工程新增发行量突破9万户，列分行系统增量第一。

年末，人民币存款总量

212.39亿元，比年初增加26.52亿元，增幅为14.27%，比上年多增6.89亿元。其中储蓄存款余额106.30亿元，比年初增多13.14亿元；公司存款余额106.09亿元，较年初增长13.38亿元；本外币全部存款日均余额213.66亿元，比年初余额新增18.83亿元，比上年多增12.45亿元。

年末，各项贷款余额291.87亿元，比年初增长38.46亿元。其中人民币公司贷款余额189.85亿元，较年初增长25.25亿元；个人贷款余额100.16亿元，比年初增加11.90亿元；项目贷款142.80亿元，较年初新增19亿元。年末储备项目11个，金额38.45亿元。民营企业和制造业贷款新增11.24亿元，增幅为31.17%；人行降准口径普惠贷款新增4.5854亿元，增幅为62.6%；银保监口径普惠贷款新增4.6865亿元，增幅为63.9%。在苏州分行系统保持领先地位。

年末，不良贷款余额762万元，较年初减少4465万元，贷款不良率0.03%；年内实施多种不良贷款处置方式，处置不良资产7233万元，全行信贷资产不良额、不良率实现“双降”。深化整治市场乱象工作初见成效，内控管理保持一级行地位，保持零案件、零重大事故、零重大负面舆情的良好态势。

（吴晓夏）

【农业发展银行吴中支行】 2019年，贷款余额37516.17万元，存款余额38897.63万元，日均存款余额34123.72万元。

支持夏粮和秋粮收购，落实国家粮食收购政策和上级行的各项要求。按照地方储备粮食贷款管理规定，与财政、粮食等部门加强协调配合，确保小麦和稻谷收储工作按时完成。全年累计发放粮食储备贷款13873.4万元，支持收储小麦2000万千克、稻谷2943.6万千克。

服务农业农村发展，促进农业结构调整优化。向苏州太湖现代农业发展有限公司投放1.5亿元农村土地流转和规模经营中长期贷款，支持该企业流转1733.33公顷土地，用于“吴小米”“江南味稻”品牌大米的生产销售和大闸蟹的养殖销售。

改善人居环境，促进城市化建设。支持金庭镇“三优三保”项目建设，获批贷款额度3亿元，向苏州市消夏粮仓农业发展有限公司发放农村土地流转和规模经营中长期贷款8700万元。

营销服务小微企业，投放200万元，支持苏州市北雪泾农业开发有限公司用于购买苗木。与区金融办、财政局加强沟通协调，成功回流社保基金等财政存款3.35亿元，加大“三农”支持力度。（高锦娟）

表11-3 2019年吴中区金融机构存贷款余额情况

项目	单位	本年同期收入	上年累计收入
一、总存、贷款情况			
1. 各项存款	万元	26036632	23073837
#企业存款	万元	15556913	13961039
居民储蓄存款	万元	9767148	8453757
2. 各项贷款	万元	26731590	25947613
#短期贷款	万元	8729180	6883727
中长期贷款	万元	17587663	17987693
3. 贷、存比（以存款为100）		102.7	112.5
二、人民币存、贷款情况			
1. 人民币各项存款合计	万元	25347153	22387661

续表

项目	单位	本年同期收入	上年累计收入
#企业存款	万元	14947042	13357901
居民储蓄存款	万元	9687697	8371117
2. 人民币各项贷款合计	万元	26602517	25825263
#短期贷款	万元	8640191	6767026
中长期贷款	万元	17547578	17982044
3. 贷、存比(以存款为100)		105.0	115.4
三、外币存、贷款情况			
1. 外币各项存款合计	万美元	98833	99979
#企业存款	万美元	87422	87880
居民储蓄存款	万美元	11389	12041
2. 外币各项贷款合计	万美元	18502	17827
#短期贷款	万美元	12756	17004
中长期贷款	万美元	5746	823
3. 贷、存比(以存款为100)		18.7	17.8

(出自:区统计局)

保 险

【中国人民财产保险公司吴中支公司】 2019年,实现保费收入20792万元,支付赔款1.3亿余元,惠及客户3万多人次,发挥保险的经济补偿功能。

发展渠道业务。通过渠道清分对部门进行设置,明确部门职责和工作重点。核心渠道业务占比为50%,较上年提高16.9PP;重要渠道业务占比为44%,较上年下降15.2PP。建工意外险作为意外险的一个重大项目,取得市场份额的19.5%,是主承保之一,签单保费435万元,比上年增长45%;提供风险保障2亿余元。抓住政府推动食品安全责任保险的契机,在区内推广"农家乐"等新兴业务综合保险。

响应政府精准扶贫工作的要求,深入各镇、村,调查了解农村居民的风险保障需求,践行"人民保险,服务人民"的服务宗旨,针对农村居民的风险状况、保障水平及经济能力等实际情况,设计低费率、高保障的"和谐家园"组合保险产品,作为政府买单的普惠制、低保障民生保险的补充。在横泾、临湖、东山、光福、越溪、木渎等乡镇推开,全年承保农村居民15000多户,涉及6万余人,提供超过40亿元的风险保障,提高广大农村居民的风险保障水平。以"和谐家园"为抓手,支公司以渡村为试点,首推"福地惠民"村级重疾保险,提供3800万元的风险保障,惠及村民1万余人。 (钱立琴)

【中国人寿保险公司吴中支公司】 2019年,实现个险首年期交保费5938万元,完成率为114%;实现长险首年标准保费3367万元,完成率为107%;实现保障型业务2041万元,完成率为112.8%,比上年增长40%;实现短险保费1258万元,目标完成率为95.3%,完成率列全辖第一。大短险实现保费4034.86万元,其中团短险2747.58万元、个短险1257.63万元、银短险29.66万元。年度大短险目标达成率为87.89%,比上年增长1.85%。长险标保保费100.35万元,完成率为100.35%;互动业务保费89万元,完成率为148.33%。首年期缴保费2018.57万元，完成率为75.52%，比上年增长32.8%；银保渠道期交保费880.43万元，完成率为59%，比上年增长51.3%。自营保费完成1138.14万元，比上年增长21.3%。十年期保费195.44万元，完成率为58.34%，比上年增长96.8%。首年标准保费312.86万元，完成率为64.47%；保障型产品保费44.18万元，完成率为26.62%；短险保费29.63万元，完成率为26.7%。

个险渠道强化销售方式转型，遵循科学逻辑系统“选育选拓”，平台与客户经营交替节奏安排，全年贯穿自展，以季度平台完胜阶段竞赛。团险渠道重视加强政保业务拓展，成功拓展角直居民意外保障、郭巷老年人意外保障、吴中特扶家庭人员保障等项目；采用建工险共保形式，分散风险、化解赔付危机。截至2019年末，建工险保费252万元，成为团短险业务增长板块。（赵思骁）

【太平洋人寿保险公司吴中支公司】 2019年，实现保费收入2.28亿元，其中个险渠道新保0.74亿元、法人渠道新保0.19亿元、续期保费1.35亿元，完成各项经营指标。全年支付身故、医疗、意外伤残等理赔款760万元，其中个险受理282万元、团体事业中心受理478万元。

年内，参与承保多项吴中区政府惠民保险工程。为全区17万人次的工会成员提供意外伤害保险，成为扎口承保吴中区建筑施工人员意外保险的主共保方之一。为多所学校在校生、全区残疾人、高端领军人才、区级机关事务管理中心公务人员、社会综合治理联动中心人员等提供意外伤害保险保障。为保障失能人员的基本护理需求，推进长期护理保险示范区建设，深入多家社区宣传、提供延伸服务，协助推广政府民生保险项目。（程　虹）

【太平洋财产保险公司吴中支公司】 2019年，实现保费规模3.64亿元，总体增速19.4%，位居分公司第一，为社会生产和人民生活提供3264.55亿元的风险保障。其中，机动车保费收入24446.06万元，水险保费收入332.37万元，非水险保费收入9512.96万元，海外业务保费收入2125.07万元，农业险保费收入19.73万元，综合赔付率（银保监会口径）为59.2%。

开拓海外业务、贸易信用险等一系列响应国家“一带一路”倡议和支持实体经济的险种，成功开拓“西班牙Urbaser‘一带一路’海外业务”“德国汽车Daimler全球保单”等业务。服务本地经济发展，连续8年为吴中区全区户籍和非户籍居民自然灾害民生保驾护航。（邬玉娟）

区属公司

【苏州市吴中城市建设投资发展有限公司】 2019年，注册资金49.3958亿元，总资产397亿元。公司下设苏州吴中城投置业有限公司、苏州吴中城投城乡一体化建设有限公司、苏州吴中水务发展集团有限公司、苏州澹台湖商业管理有限公司等4个子公司，苏州市吴中国盛国有资产经营管理有限公司、苏州市吴中城区保障房开发有限公司等2个代管公司，共有员工155人；公司下属苏州澹台湖大酒店有限公司、苏州皇家金煦酒店有限公司、苏州市山湖温泉度假酒店有限公司等3家酒店。公司设党总支1个，下设7个支部，分别是城投公司支部、水务集团支部、置业公司支部、城乡一体化公司支部、苏州皇家金煦酒店支部、澹台湖酒店支部、颐舍温泉酒店支部，党员人数73名（其中预备党员8名）。

项目建设 置业公司做好苏州银行商务金融用房、苏苑中学、人才公寓等3个重点项目工程。苏州银行商务金融用房完成桩基施工、基坑围护施工，开挖土方8万立方米；苏苑中学项目完成宿舍楼土方开挖，现场临时设施搭建完成并投入使用；人才公寓项目出具建设用地规划许可证、规划审定意见书，完成规划批前公示，出财评初步报告。水务公司完成市重点项目金庭镇污水厂准Ⅳ类提标工程和城区污水厂尾水提标改造工程（新建项目）；角直镇2018农村污水项目和东山镇施巷港、马家港黑臭河整治项目（续建项目）；农业局吴中渔港一期5个标段、二期3个标段，城南街道古塘河黑臭整治项目（代建项目）。东山镇2019污水治理项目完成前期方案，角直2019农村污水治理项目于12月初进场施工。

资源利用与投资开发　与江苏苏南万科房地产有限公司合作开发的“城投万科伴湖花园”项目交房；竞得苏地2019-WG-35号地块，为吴中人才公寓项目建设提供保障。与角直镇合作成立苏州甫城工业发展有限公司，开发建设润港科技产业园，该项目于2019年底开工建设；与国家电力投资有限公司合作成立苏州和煦智慧能源发展有限公司，并对这家公司增加实缴注册资本，开拓新能源在苏州市场的产业发展空间；公司出资参与设立苏州瑞欣生物科技有限公司，持股4%。全年累计完成投资额近4000万元。

资金运作和融资　利用2A+信用等级，拓展直融市场。抓住债券利率下行的良好趋势，由建行主承获批PPN（非公开定向债务融资工具）16亿元于2019年8月发行完毕；与东吴证券合作注册成功非公开私募公司债30亿元，全年完成发行15亿元，相应的利率创出吴中区属国有公司债券发行新低。该两项直融产品节约近500万元融资成本。

业务与市场拓展　水务公司提出“环保管家”业务设想，与江苏省环科院签订战略合作框架协议，制定“环保管家”工作方案，成功与吴中化工园内的“天承化工”对接环保设施改造项目。商管公司在区教育局的指导下创办“区中小学网络辅导中心”，开设“吴中名师空中课堂”项目，该项目于2019年6月中旬启用，半年内累计实现营收近1000万元。

酒店运营及服务提升　吴中城投下属酒店板块全年累计营收1.27亿元，比上年增长2.28%，同时营业毛利（GOP）为正。山湖温泉度假酒店获“吴中区保安联勤联防先进单位”“苏州市零投诉企业”等称号，苏州皇家金煦酒店获评吴中区2019年度消防先进工作单位、苏州市总工会“妈妈驿站”示范点，澹台湖大酒店获“江苏精品休闲度假饭店”“吴中区优秀文体旅游企业”“吴中区青年文明号”“吴中区社会福利中心爱心企业”称号。（倪碧钰）

【苏州市吴中国裕资产经营有限公司】 2019年，国裕公司搬迁至劳动大厦新址（宝带东路335号），围绕全区“核轴带”生产力布局，优化公司治理，深化各项改革，推进“资产+”发展战略，落地科技创新、资本运营、物业管理等方面项目，推动公司迈向高质量发展。截至年末，总资产（含工业资产）达322.13亿元，比上年增长4.44%，实现营收7.17亿元，上缴税金6094.42万元；下辖全资子公司19个、控股公司6个、参股公司20个；获“江苏省AAAAA级信用企业”“吴中区2019年度国有经济做强做优先进单位”称号。

资产经营　规范资产管理，完善出台《资产管理办法》《租金追缴机制》《租赁价格指导方案》等文件，引入新设备、新系统，形成“扫卡片、现身份”的新资产管理模式。盘活存量资产，做优工商业载体，成立资产权证梳理专班，梳理出待办权证资产79处，开展办理48处，完成办理27处93本权证，土地面积、房产面积均超20万平方米。全年，经营性物业出租率为95.62%，租金收缴率为100%，物业租赁收入1.53亿元，增长26.25%。

项目建设与管理　对接吴中广场、豪仕登等地块项目前期工作，推进吴中广场项目立项工作，开展前期招商，与深圳天虹股份正式签约。年内，巡特警大队训练基地、东吴创新服务中心、苏苑中学维修改造等

11个项目竣工交付使用，吴中法院业务用房等6个在建项目进展顺利，公司零星老旧资产维修完成83项。

酒店经营 下属东山宾馆、东山雕花楼宾馆与多家大专院校建立校企合作关系，围绕经营创收，开拓市场，向公务接待、商务接待、社会接待等方面转变，东山宾馆、东山雕花楼宾馆分别与中国航空航天、东方航空、苏州拙政园等多家单位签订合作协议。全年实现酒店营收1.38亿元，获“最佳名厨奖”和“十佳亲子度假酒店”“十佳中餐厅”称号。

投融资管理 在维持交易所债券AA+主体信用评级的基础上，突破银行间市场AA+信用评级，为直融进入银行间市场打好基础。全年完成融资80.5亿元，其中直融超过30%，融资规模数较区控制规模数下降9.16%，获评2018年度吴中区投融资管理先进单位。

科技创新 围绕区内机器人与智能制造、生物医药和大健康两大主导产业，依托国裕大厦二期，投资设立国裕科技创新投资管理服务公司。多次赴上海张江、苏州工业园区等先进地区科创地标考察学习，探索人才科技创新创业和楼宇经济相结合的资产运营新模式。年内，国裕创新大厦投入试运营，东吴创新服务中心进驻。

物业管理 国裕物业以智能化为手段，通过对停车场老旧设备的改造，在原有单一现金支付的基础上新增线上扫码支付功能，提升工作效率，提高经营效益。借力市场资源与山东省诚信行合作成立苏州市裕诚物业发展有限公司。

资本运营 将华东镀膜公司作为生产基地，参与政府指令性投资，与国电投合作参股吴中综合能源公司，完成吴中产业优化基金增资，参股苏州银行顺利上市，资产实现翻番。成立工贸一体的苏州东裕工程科技有限公司，向上下游产业拓展。年内，通过强化董事、监事职责，以董事会、监事会等形式参与参股公司治理，实现投资收益7033.31万元，比上年增长47%。 （李 磊）

【苏州市吴中区交通投资建设有限公司】 2019年，注册资本11.88亿元，集团总资产239亿元，下辖江苏东吴路桥建设集团有限公司、苏州市通达交通安全设施配套有限公司、苏州长丰物流园管理有限公司、苏州市长恒置业有限公司等4家，控股苏州吴中长瑞交通项目建设有限公司、苏州市吴中长润交通建设项目管理有限公司等2家，参股苏州市吴中中环快速路建设投资有限公司、苏州苏嘉甬高速公路有限公司、苏州吴中金控商业保理有限公司、苏州沪通大桥投资有限公司、苏州国际物流通道建设有限公司、苏州市吴中产业优化基金发展有限公司等6家。

项目投资 投资中环快速路吴中段、东环南延一期、南环西延、西环南延、东环南延二期、金庭环岛公路、滨湖大道Ⅱ期、南湖路、度假区环太湖路等快速路和区内道路，全年支付各类工程投资款21.5亿元，为吴中打造综合交通设施体系提供资金支撑。

融资管理 紧扣项目建设需求，攻坚克难，提高项目融资质量，实现各类融资46.86亿元，其中获菲律宾首都银行6000万元综合授信，是吴中区获得外资银行授信的第一单。12月通过企业主体信用AA等级复评。

产业发展 推进交通项目建设，加强实体企业发展，做强交通产业链发展。直属东吴路桥公司推进交通项目施工建设，年内中标14个工程，总计中标金额1.46亿元。施工的吴中区东太湖堤线二期暨滨湖大道二期工程获2019年度苏州市“姑苏杯”优质工程奖（交通建设工程）。公司工程管理部获吴中区总工会颁发的“工人先锋号”称号；通达设施公司承接阴山、横山至金庭环岛公路连接线、太湖新城2个项目，完成公路交通工程（公路安全设施分项）专业承包贰级和公路交通工程（公路机电工程分项）专业承包贰级资质的收购工作；长恒置业公司推进P+R项目建设，其中木渎公交换乘枢纽完成桩基建设，金枫路完成前期项目。根据区内智慧停车工作要求，完成新家桥和12条道路停车泊位智能化改造工作；吴中长润公司推进苏同黎公路快速化改造工程，年内完成工程量3亿元，完成施工进度的50%，推进阴山、横山至金庭环岛公路连接线、金庭镇镇区道路改造等4个代建项目。苏同黎公路快速化改造工程获评2019年度公路水运工程平安工地建设省级“示范工程”；长丰物流园2019年实现租金收入857万元；配合吴中城南的总体建设规划，做好东吴南路21号地块的拆迁置换前期工作，确保国有资产保值增值。（金 玲）

【苏州市吴中金融控股有限公司】 苏州市吴中金融控股有限公司成立于2014年7月，2019年2月2日更名为苏州市吴中金融控股集团有限公司。2019年，注册资本11亿元，全年营业收入5.88亿元，利润总额2.04亿元，创造税收9224万元，获评定为AA级信用评级单位，评级展望为稳定。

基金引导　合作新设基金5家，总规模34.05亿元，分别是苏州吴中金璟玥智能制造产业基金（规模10亿元）、苏州市天凯汇润产业投资合伙企业（规模9亿元）、苏州市东吴创新创业引导基金（规模2亿元）、苏州凯辉成长投资基金合伙企业（规模10.05亿元）、苏州深信华远创业投资合伙企业（规模3亿元），发挥基金“四两拨千斤”的杠杆导向作用，撬动大量社会资本，促进区域两大主导产业及战略性新兴产业发展。

股权投资　遵循吴中实业兴区战略方针，深挖区内优质投资标的，拓宽投资渠道，完成直投项目5个，总出资额8450万元。投资万祥科技，壮大细分领域行业龙头；投资路熙光电及苏瑞模，扶持区域中小企业健康发展；与上影基金开展一揽子合作，投资主旋律影片及天下票仓平台等，促进吴中区文化产业与资本深度融合。

中晟环境　推进国企改革，加快子公司中晟环境上市步伐。评估市值增长2.5倍，资本放大效应显现。土壤调查与修复、环保工程等业务板块向区域外延伸，推进污水管网一体化运营工作，6家污水处理厂出水水质100%达到一级A排放标准，完成金庭、城区2家污水厂尾水提标工程，推进木渎新城污水处理厂二期建设，提升经济、社会、民生和生态效益。

金融服务　金融服务板块多业态发展，为实体经济转型升级注入动力。招商服务公司新增落户创投基金7支，总规模25.05亿元；中小企业转贷引导资金累计发放贷款26.19亿元，惠及区内外210家企业；金控保理公司为区内多个板块及中小企业提供资金服务，增强金融支持实体经济能力，全年实现主营业务收入3637万元，净利润760万元。

产业基金　推进受托管理产业优化基金下属“旺金商务广场”项目各类验收工作；“U+一期”入驻企业95%以上；自主开发“U+二期”项目，建设方案处于前期设计阶段。（李也纳）

【苏州市吴中农业发展有限公司】 2019年，注册资本9.2亿元。以区国有涉农资本投资运营为发展定位，以现代农业产业、农村金融服务、无害化与绿色殡葬为核心主业，以组织建设和制度建设为重要抓手，健全治理体系。下辖12家二级公司，分别为苏州太湖东山湖羊产业发展有限公司、苏州市吴中动物无害化处理有限公司、苏州市现代农产品物流集团有限公司、苏州市吴中城乡农业融资担保有限公司、苏州市吴中农村产权交易中心有限公司、苏州市吴中农发城乡建设发展有限公司、苏州太湖现代农业展示展销中心有限公司、苏州吴中产鲜现代农业发展有限公司、苏州市吴中农发工程建设管理有限公司、苏州东太湖现代农业科技有限公司、苏州市吴中农发园林绿化有限公司、苏州市宁邦公墓有限公司。

东山湖羊保种养殖基地 东山湖羊保种养殖基地为苏州市美丽生态牧场，占地面积1.53公顷，总投资2000余万元。2019年，基地以东山湖羊遗传资源保护与利用为目标，提高湖羊保种养殖基地设施现代化水平，完成市级种质资源保护项目和省级现代农业发展项目验收。年内湖羊总出栏量为848只，存栏量保持稳定。与全国畜牧总站合作开展的湖羊遗传物质保存效果评价试验项目取得初步成果，成功"复苏"20世纪80年代、90年代"冻胚""冻精"羔羊计32只，对保护优质湖羊种质资源和扩充湖羊血缘有积极意义。

苏州市国家枇杷原种保存及扩繁基地 该基地占地面积34.67公顷，项目评审价为1618.51万元，与东山果研所合作建设，建成后每年可提供良种接穗8万根，出产各类优质种苗20万株，预计亩产枇杷300~400千克。年内，种植包括冠玉、白玉、丰玉等7个品种枇杷计1.5万棵。项目的实施促进全区枇杷良种繁育，提高周边果农收益。

苏州市现代农产品物流园 苏州市现代农产品物流园是省重点项目、市重大民生项目。规划面积90.27公顷，一期规划面积59.87公顷，规划功能为市场交易和配套服务。10月，通过提前回购中国农发行剩余的1.8亿元股权，使苏州市现代农产品物流集团有限公司成为下属全资子公司。11月，苏州市吴中农发城乡建设发展有限公司竞得2.97公顷商业地块，推进各项开工前期准备工作。12月，4条市政道路完工，完成2019实事工程项目年度任务。全年申请财政资金2100万元，并拨付到位。

苏州市吴中农村产权交易中心 作为省内率先实现集体资产全程线上交易的优质平台，坚持以市场化为手段，进行农村产权制度改革。年内，该中心协助推进村（社区）集体资产镇级管理机构集中经营管理工作，参与制定实施框架及实施细则，村级集体资产集中经营管理交易在镇级平台运行。年底，苏州市吴中农村产权交易中心获"2019年度农村产权交易市场先进单位"称号。全年完成线上交易6379笔，比上年增加34%；合计成交金额7.8亿元，比上年增长49.99%；接待上级领导视察和各地政府考察团45批次。

苏州市吴中城乡农业融资担保有限公司 拓展村级集体经济融资担保业务，为覆盖7个乡镇的5.48亿元融资提供担保，推广集团与担保公司联合或独立担保业务，完成集团担保业务7.88亿元。控制金融风险，完善风险防控机制，受聘为吴中区首批金融行业安全宣传员单位，连续五年获融资担保公司监管A级评级。

苏州市宁邦公墓有限公司 以做大做优绿色殡葬为目标，全面提档升级。优化墓园环境，完成公墓升级改造前的审批手续，启动施工建设；加强安全管理，完成墓区边界线400米围网建设，对2000平方米林地进行土地整理，为公墓后续发展积蓄势能；创新服务思维，以"互联网+"模式推出公墓服务小程序，提供信息咨询、网络缴费等线上服务。（李 隽）

【苏州太湖旅游发展集团有限公司】 2019年，注册资本28亿元，总资产99亿元。年内，以"太湖旅游第一运营商"为企业目标和以"太湖生活方式供应商"和"太湖品质旅游服务商"为市场定位，形成景区运营、水上旅游、酒店管理、旅游地产四大主营业态，下辖苏州太湖旅游景区管理有限公司、苏州太湖游船管理有限公司、苏州三和实业有限公司、苏州太湖风尚酒店投资管理有限公司、苏州太湖园博实业发展有限公司、苏州太湖洞庭古村旅游开发有限公司、苏州太湖旅游服务有限公司等7家子公司。8月7日，太旅集团旗下"太湖旅游"（证券代码873319）挂牌新三板，系吴中区首家新三板旅游国企，为太湖旅游"第一股"。年内，获国家全域旅游人才培训基地现场教学点称号、江苏省国有企业党建强基提质工程创新案例二等奖、江苏省最美乡村健身公园称号。

年内，举办太湖樱花节、太湖百花节、桃花岛踏青文化节等四季花节；举办中国家庭帆船赛、太湖家庭马拉松、天池山登高节、第二届吴中环太湖自行车联赛、第三届吴中太湖国际水上运动周、第四届太湖青少年op帆船赛、第二届太湖青少年Iboat挑战赛、2019苏州帆船环岛赛、首届沐春园定向越野挑战赛、“千帆进校园”活动等体育赛事；举办第二届香雪海诗会、第四届花山笔会、第三届太湖国际诗会、第五届中国梦·太湖情中国画名家邀请展、中日画信展、首届花山文化节、首届太湖清曲会等文化交流活动。

以卖好“太湖生活方式”为主题，依托太湖时令美食文化、山水休闲文化、时尚生活文化，打造“太湖时令游”“休闲菱湖湾”“园博花海”“花山论道”等品牌。太湖园博园以一园江南梦为基调，围绕景区观光、水上旅游、非遗研学、户外拓展、四季花海等业态，打造文旅休闲体验型目的地。太湖游船优化拳头产品，推出“私享太湖”订制式产品体系，布局水上游格局。沐春园景区积极发展帆船、帆板、皮划艇等无动力型水上休闲运动项目，让太湖更具风尚，业态更加多元。花山景区持续山林隐逸文化，推出“花山论道”品牌，举办首届花山文化节活动，与大自在禅修中心联合打造汉服礼射体验馆，成为苏州市太极推手专业委员会活动基地，苏州工业园区玲珑文化发展中心活动基地。

香山慧境商务中心项目　位于苏州太湖国家度假区孙武路南侧，香山运河北侧，度假区管委会东侧，地处度假区中央商贸区核心板块，占地面积383642平方米，总建筑面积为18.8万平方米，包括36幢别墅式办公楼宇，9幢多层商务办公楼宇，1幢配套商业中心大楼，总投资约8亿元。2019年10月竣工，12月正式销售。

吴中福朋喜来登酒店项目　位于吴中东路147号，占地面积52609平方米，建筑面积33112平方米，总投资逾3.5亿元。依托古城棚户区改造，结合吴中段运河文化，推出“运河厨房”“运河客厅”“苏州人的一天”休闲旅游产品，实现旅居、餐饮、会务、休闲等多项功能互动融合，构建一个最原汁原味、具有吴中特色的运河畔生活空间，活态展现苏州运河人家的一天，让广大游客沉浸式体验当地最本土的市井生活，打造大运河（吴中段）城市文商旅新名片。年内，完成项目主体建设，进入内装阶段。

太和广场项目　位于苏州太湖国家度假区东入口，背倚穹窿，面朝太湖，与苏州绕城高速、中环快速、轻轨5号线无缝对接，总建筑面积28万平方米，打造功能齐备、业态互补、辐射有力、集散有度的文旅商产业集聚区。一期、二期、三期投入使用。四期为产权式酒店，即苏地2011-B-55（A）地块二期项目，占地面积214483平方米，前期规划方案审定意见书办理完成，区国资重大工程核准完成。

（邓　婧）

【江苏吴中经济技术发展总公司】 2019年，注册资本50亿元，总资产585亿元，净资产206亿元，实现经营性收入31.78亿元，完成工程建设总投入约22亿元，各类在建项目超过150个。年内，获“江苏省文明单位”称号。

围绕“市、区级重大项目”建设，抓质量，抓进度。市级重点项目尹山湖爱琴海购物公园东侧内装工程竣工；在建安置房项目6个，累计230万平方米，14492套，其中姜家二期项目交付，140套，约1.33万平方米；公共配套在建项目8个，其中，邵昂小学及附属幼儿园、尹东小学、塘南幼儿园4个项目交付，总建筑面积约66399.5平方米；郎江小学及幼儿园、横泾中心改扩建及尹山湖医院扩建4个项目按时序推进；市政配套在建项目19个，竣工项目10个，完成道路建设约7200米，驳岸约1450米，企业地块平整约86.67公顷；综保区物流中心开工建设；苏旺商务中心基本完工，苏旺景苑住宅小区主体封顶并完成验收，尹山湖水街东地块内装工程竣工；吴淞江污水厂一期项目竣工，推进提标升级；吴淞江定建厂房1—3号楼竣工，4号楼部分主体结构封顶。

鼎鸿物业在管项目32个，服务面积200万平方米，实现营收约6787万元，比上年增长23%，人均营收突破8万元；石湖金陵酒店实现营收6515万元，比上年增长392万元。雍景山庄酒店委托运营工作对接完成。吴中物流、公交场站公司、江远热点公司等下属成员企业稳步发展。（孙洋一）

【吴中国太发展有限公司】 2019年，注册资本60亿元，下辖10家全资子公司、6家全资二级子公司、6家合资公司。主要经营市政配套建设、地产开发经营、教育投资经营、资产经营管理、对外投资发展等五大产业。

工程建设　推进自营载体项目的开发建设，实施项目11个，完成投资24.2亿元。吴郡幼儿园竣工开园。完成吴郡小学主体结构。木林安置房一期完成主体工程的90%。完成逸林商务广场主体结构，开始幕墙施工。完成能源中心土建，能源站设备安装完成50%，开工内装及幕墙工程。吴郡社区服务中心主体完成60%。太湖新城地下空间完工，进入竣工验收阶段。湾东幼儿园开工。东太湖行洪通道工程完成50%。

资金运营　2019年，融资到账63.78亿元，保障太湖新城项目建设及公司发展需求。直接融资方面，完成新世纪评级公司对国太公司升级全通道2A+的评级工作；完成由华夏银行承销的2亿元北金所债权融资计划、东吴证券承销的5.7亿元上交所项目收益债的发行工作；获得交易商协会中期票据的核准通知书。间接融资方面，逸林银团贷款、吴郡社区服务中心、地下综合管廊等项目贷款落地；进行流动资金贷款新增和续转工作；与建行、中行等银行对接，开展隐性债务置换工作；与国家开发银行合作的能源中心项目落地，完成首期放款，确保能源中心的后续用款需求。

商业管理　加强自持物业的招商运营管理能力。逸林商务广场项目，根据写字楼市场环境及项目自身特点，完成商业部分业态深化方案、公寓及写字楼分割和租售方案。进行希尔顿逸林酒店、希尔顿花园酒店筹建工作，完工样板间。吴郡社区服务中心与中勤商管签约，完成业态定位工作，推进亚朵酒店项目按计划完成调研、比选工作。

资产管理　落实管理制度，规范操作流程，防范资产风险，提高资产收益。对存量资产进行整合，完成库特勒厂房恢复工作，满足客户入驻要求。智慧谷B区完成产证办理和装修工作，太湖软件产业园全部交付。全年收入为4065万元，出租率为45%。

教育投资　创新幼儿园民办公助的办学模式，与新苏师范附小合作办学的吴郡幼儿园于9月开学，第一学期开设5个班，招收120余名学生，为太湖新城吴郡片区提供优质教育配套。

对外合作　与金融街集团、富力集团合作开发太湖新城区域内的房产，迈出市场化运营的第一步。与行业龙头企业结成战略性合作伙伴关系，通过专业团队介入提升项目质量、加快项目周转以确保项目盈利，提升公司的业务发展速度；通过合作加强团队的培养学习，为后续独立开发运营储备人才和积累经验。（吴晓芳）

【苏州太湖旅业发展有限公司】 2019年，注册资本46亿元。下辖全资子公司10家，实际控制企业27家，参股企业6家。经营范围：经营度假区管委会授权范围内的国有集体资产及管委会研究确定的城市建设项目的投资、建设和管理，旅游项目开发。

2019年，围绕度假区"两地"建设目标，以会议、体育、度假、研学"四大经济"产业发展为抓手，发挥国企优势，完善区域旅游产业基础设施，增加产品供给，优化服务质量，提升国有公司经营效益。举办千人以上会议会展76场，实现经营收入3.47亿元(包括实际管理的香山国际酒店、太美香谷里酒店营收)，完成西湾桂花里、渔洋码头二期、新天地悦家等餐饮住宿设施建设。7月，度假区自来水厂由全民所有制转为有限责任制。12月，太美逸郡酒店建成开业。（梅静静）

【苏州太湖城市投资发展有限公司】 2019年，注册资本29.9亿元，隶属苏州太湖国家旅游度假区管委会。主要职能定位为"城市建设者"，受苏州太湖国家旅游度假区管委会委托，对度假区基础设施及其配套设施进行开发建设和维护工作，参与度假区内项目的开发代建工作。以项目代建、城市养护、资产经营三大业务板块作为公司的主业方向，以商业开发、物业管理、对外合作为发展方向。全年总收入4.35亿元，全年上缴税收0.982亿元，比上年增长20.94%。

2019年，加大国企改革力度，尝试市场化运作体制机制。全年完成建设项目19个，总建筑面积约42万平方米，总投资约15亿元。推进民生事业项目，舟山花园三期二区东半部分交房，三期三区部分主体封顶；第三幼儿园、香山中学交付；第四幼儿园、香山卫生院主体施工。金庭供水一期工程、产业园东西地块厂房、文创园二期研学机构装修、管委会大楼改造项目、综治中心等一批存量载体改造类项目投入使用。实施天镜路电缆通道迁移、光福幼儿园3.5万伏高压通道迁移等18个市政工程，实施姚舍路、香山隧道出口、新力地块、香谷里公园等30多处节点绿化工程，新增(提升)绿地面积16万余平方米。（沈　寅）

【吴中城区建设发展有限公司】 2019年，聚焦主业，以项目管控、资金运作为抓手，加强公司管理。推动子公司市场化工作，禾田物业与恒德公司开展市场化经营工作；推动制度的"废、改、立"工作，新制定、修订13项管理制度。截至年末，总资产143.75亿元；总负债99.32亿元，比上年减少0.76%；净资产44.43亿元；营业收入4.2亿元，比上年增长10.53%；实现利润总额1643.09万元。城建公司建设、代建、代管重点项目15个，分别为科技金融产业园(龙西大厦)、吴中区博物馆、蠡墅小学、吴中实验小学、宝带幼儿园、石湖景苑三期、宝南花园、石湖东岸澜庭一区、苏地2015-WG-30号地块、看守所异地新建拘留所、长桥中学改扩建、石湖东岸澜庭三区、石湖景苑二期、吴中实验小学附属幼儿园、长桥派出所过渡用房，其中龙西大厦、蠡墅小学、吴中实验小学和看守所4个重点项目交付，其余项目有序推进。（宋　琰）

上市公司

【概况】 2019年，吴中区有上市企业11家，其中，4家上交所主板上市、3家深交所中小板上市、3家深交所创业板上市、1家境外上市。年内，全区无新增企业上市，7家企业进入江苏证监局辅导期，超50家企业列入上市后备资源库，形成多层次上市梯队。

【江苏吴中实业股份有限公司】 成立于1994年，注册资本72189万元，由苏州吴中投资控股有限公司控股。1999年4月1日，公司A股在上海证券交易所上市。2001年，公司被国家科技部火炬中心认定为火炬计划重点高新技术企业，被评为"江苏省十佳上市公司"。公司形成以医药为核心产业，房地产为重要产业，投资为辅的产业发展格局。2019年，公司实现营业收入21.10亿元，比上年增加23.99%；利润总额7728.64万元，比上年增加134.67%；归属于上市公司普通股股东的净利润6176.19万元，比上年增加122.60%。截至年末，公司总资产39.20亿元，股东权益23.63亿元。

【金陵华软科技股份有限公司】 原名苏州天马精细化学品股份有限公司，成立于1993年，注册资本57130万元人民币，是华软投资控股有限公司的子公司。2010年7月20日，在深圳证券交易所中小板上市。公司制定医药中间体及原料药生产与融资租赁及供应链双主业发展战略。2018年6月13日，经公司2018年度第三次临时股东大会审议通过，公司名称变更为“金陵华软科技股份有限公司”。2019年，公司实现营业收入26.35亿元，比上年增长27.87%；利润总额-2.71亿元，比上年减少715.03%；归属于上市公司普通股股东的净利润-3.06亿元，比上年减少1041.24%。截至年末，公司总资产18.28亿元，股东权益6.88亿元。

【苏州东山精密制造股份有限公司】 成立于1998年，注册资本107105万元人民币。2010年4月9日在深圳证券交易所上市。公司致力于为智能互联、互通的世界研发、制造技术领先的核心器件，为全球客户提供全方位的智能互联解决方案，业务涵盖印刷电路板、LED电子器件和通信设备等领域，产品广泛应用于消费电子、电信、工业、汽车、AI等行业。2018年3月26日，公司以现金方式向纳斯达克上市公司FLEX收购其下属的PCB制造业务相关主体，合称为Multek公司，此次收购填补公司在硬性印刷电路板领域的业务空白，公司核心产品的综合竞争力进一步增强。2019年，公司实现营业收入235.53亿元，比上年增长18.80%；利润总额7.62亿元，比上年减少14.73%；归属于上市公司普通股股东的净利润7.06亿元，比上年减少12.99%。截至年末，公司总资产316.70亿元，股东权益86.97亿元。

【苏州电器科学研究院股份有限公司】 始建于1965年，注册资本75832万元。2011年5月11日，在深圳证券交易所创业板上市。公司总投资超过40亿元人民币，是一家具有独立法人资格的第三方综合电器检测机构，主要开展各类发电设备、输变电设备(变压器、避雷器、电容器、电抗器、互感器、绝缘子、架空线、电力金具)、高压电器、高压成套开关设备、低压电器、低压成套开关设备、机床电器、船用电器、核电电器、汽车电子电气、太阳能光伏系统、节能产品、有毒有害物质、电磁兼容、抗震、环境、可靠性、低碳、防爆、职业卫生等各类领域的检测与评价，是目前我国输变电能源装备领域检测条件非常完备、检测能力非常强、检测规模非常大的第三方检测机构；可为客户和社会提供包括电气性能试验、安全性能试验、环境试验、电磁兼容试验在内的一站式检测技术服务，是我国电器检测领域的龙头企业之一。公司建设五个世界第一和五个中国第一的技术指标，且多项技术填补国内空白。2019年，公司实现营业收入8.06亿元，比上年增长13.78%；利润总额1.89亿元，比上年增加31.24%；归属于上市公司普通股股东的净利润1.67亿元，比上年增长30.18%。截至年末，公司总资产36.52亿元，股东权益21.24亿元。

【苏州安洁科技股份有限公司】 创立于1999年，注册资金7.37亿元。2011年11月25日，公司在深圳证券交易所中小板上市。公司致力于消费电子、新能源汽车领域领先的核心配件的生产。2018年6月11日，公司收购威斯东山电子技术有限公司100%的股权，加强无线充电领域的发展。2019年，公司实现营业收入31.36亿元，比上年减少11.76%；利润总额-6.42亿元，比上年减少200.93%；归属于上市公司普通股股东的净利润-6.51亿元，比上年减少

219.40%。截至年末，公司总资产69.30亿元，股东权益56.85亿元。

【苏州市吴中典当有限责任公司】 成立于1999年，注册资本100000万元人民币。中国汇融金融控股有限公司于2013年12月28日在香港主板挂牌上市，中国汇融的经营实体是苏州市吴中典当有限责任公司，集团总部设在苏州市吴中高新区。该公司是中国规模较大的典当公司，业务量位于全国前三名。2019年，公司实现营业收入1.76亿元，比上年增加3.35%；利润总额7969.90万元，比上年减少14.36%；归属于上市公司普通股股东的净利润5042.90万元，比上年减少17.32%。截至年末，公司总资产30.02亿元，股东权益19.48亿元。

【苏州斯莱克精密设备股份有限公司】 创立于2004年，注册资本31323万元。2014年1月29日，公司在深圳证券交易所创业板上市。主要从事成套高速易拉盖、易拉罐生产设备和图像检测等各类系统的研发、设计、生产、装配调试及相关精密模具、零备件的研发、加工制造。2019年，公司实现营业收入7.92亿元，比上年增长7.09%；利润总额1.08亿元，比上年减少29.54%；归属于上市公司普通股股东的净利润9051.48万元，比上年减少30.75%。截至年末，公司总资产19.37亿元，股东权益9.98亿元。

【苏州晶瑞化学股份有限公司】 创立于2001年，注册资本8825万元。2017年5月23日，公司在深圳证券交易所创业板上市。专业从事微电子化学品的产品研发、生产及销售，主营业务包括生产电子工业用超纯化学材料和其他精细化工产品，销售公司自产产品；从事一般化学品和危险化学品的批发业务并提供相关技术服务、咨询和技术转让，产品主要包括超净试剂、光刻胶、功能性材料和锂电池粘结剂四大类微电子化学品。2019年，公司实现营业收入7.56亿元，比上年减少6.80%；利润总额4557.29万元，比上年减少32.58%；归属于上市公司普通股股东的净利润3811.19万元，比上年减少32.87%。截至年末，公司总资产13.01亿元，股东权益6.25亿元。

【苏州市建筑科学研究院集团股份有限公司】 前身是成立于1979年的全民所有制事业单位——苏州市建筑科学研究所，2001年6月14日，建科所整体改制成立苏州市建筑科学研究院有限公司，2015年2月16日，公司整体变更为股份有限公司，注册资本8800万元。2017年9月5日，公司在上海证券交易所主板上市。公司主要从事工程技术服务以及新型建筑材料生产销售。经营范围包括建筑技术开发、技术服务、技术转让、技术咨询、技术培训。如建筑材料及产品的研制、开发、生产、销售，建筑工程施工并取得相关资质证书，计算机软件、硬件及外围设备的研发、销售。2019年，公司实现营业收入6.11亿元，比上年增长23.61%；利润总额9533.71万元，比上年增加22.41%；归属于上市公司普通股股东的净利润8345.85万元，比上年增加25.09%。截至年末，公司总资产13.63亿元，股东权益9.98亿元。

【苏州赛腾精密电子股份有限公司】 创立于2007年，注册资本1.6亿元。2017年12月25日，公司在上海证券交易所主板上市。公司主要从事智能制造装备的研发、设计、生产、销售及技术服务，为客户实现智能化生产提供系统解决方案，公司产品和服务涉及消费电子、汽车（新能源汽车）、半导体及锂电池等业务领域。2019年，公司实现营业收入12.06亿元，比上年增长33.30%；利润总额1.42亿元，比上年增长12.72%；归属于上市公司普通股股东的净利润1.29亿元，比上年增长1.14%。截至年末，公司总资产20.90亿元，股东权益

10.31亿元。

【科沃斯机器人股份有限公司】 创立于1998年，注册资本4亿元。2018年5月28日，公司在上海证券交易所主板上市。公司主要从事各类家庭服务机器人、清洁类小家电等智能家用设备及相关零部件的研发、设计、生产与销售，为全球知名的家庭服务机器人制造商之一。经过多年的发展，公司形成包括扫地机器人、擦窗机器人、空气净化机器人等在内的较为完整的家庭服务机器人产品线以及品类丰富的清洁类小家电产品线。2019年，公司实现营业收入53.12亿元，比上年减少6.70%；利润总额1.44亿元，比上年减少74.31%；归属于上市公司普通股股东的净利润1.21亿元，比上年减少75.12%。截至年末，公司总资产43.32亿元，股东权益24.85亿元。（王君旸）

编辑：高　燕

农业

综述

【概况】 2019年，苏州市吴中区农业农村局（简称“区农业农村局”）按照区委、区政府制定的《关于坚持农业农村优先发展加快推动乡村振兴的实施意见》，贯彻农业农村优先发展总方针，继续实施乡村振兴战略，以农业供给侧结构性改革为主线，有序推进各项重点工作的展开。围绕重点指标、重点工作、重点项目，明目标、强基础、优服务、提品质，现代农业发展有新进展，农业生产能力有新提高，产业结构有新优化，优质农产品供给有新保障，农村人居环境有新改善，全区农业农村工作再上新台阶。全区镇村集体总资产471.5亿元，其中，村级集体总资产185亿元，村级集体净资产104亿元，村均稳定收入1362万元；攻坚克难，扶贫、脱贫工作取得明显成效，全区31个集体经济相对薄弱村全部脱贫。全年实现农业总产值35.49亿元。依法行政，继续开展农业农村普法宣传，下放132项行政处罚、6项行政强制行政执法权力；强化执法监督，依法审核行政处罚26件，填报“双公示”数量181条；政务服务中心窗口办理登记、申办、审批、审核5003件，办结率为100%。洞庭山碧螺春产区被国家农业农村部等9部委认定为中国特色农产品优势区，太湖现代农业示范园区入选国家农村产业融合发展示范园创建名单，吴中区获评2018年度全国县域数字农业农村发展先进区。

【农业基础建设】 2019年，继续推进农业基础建设，全区完成市级高标准农田建设300公顷，改造标准化池塘1133.33公顷，永久划定水稻生产功能区1733.33公顷；创建市级水稻综合功能示范区2个，新建枇杷科技示范园2个、高标准蔬菜基地1个；新增市级以上“智慧农业”示范基地3个。选址稳产保供生猪养殖基地1个。特色经济果品杨梅、枇杷种植面积占比由54.05%上升到57.77%。

【农业产业化】 2019年，区农业农村局推进一、二、三产业融合发展，创建市级以上农业产业化联合体3个。探索农业产业联合新形态架构，促进农业主导产业发展，新增田园小综合体6个，申报东山镇莫厘村等省级“一村一品一店”示范村4个，“江南味稻”系列农事体验在网易媒体直播，吸引百万人次关注；澄湖现代科技生态农业示范园区以瑶盛耕趣农乐园、节子浜民宿为亮点，突显全域旅游集群效应，逐步实现农文旅深度融合发展。加快发展农村电子商务，全年农产品电子商务销售总额9.57亿元。

【农业质量品牌建设】 2019年，区农业农村局加强全区农产品品牌建设和质量安全监督管理，提升农产品质量。全年抽检基地上市蔬菜5200余批次，定量检测抽样450批次。配合省、市农业部门及检测机构，完成抽检农产品质量风险监测188批次，合格率为100%。全区新增绿色食品45个，绿色食品种植面积1080公顷。东山、金庭两镇洞庭山碧螺春茶园，临湖、角直两镇水稻田创建省级绿色优质农产品基地，创建面积4953.33公顷。先后举办碧螺春茶文化节、太湖论“稻”等特色农业节庆和文化论坛，逐步提升区域公共品牌影响力。洞庭山碧螺春以44.49亿元品牌价值，位居2019年中国茶叶十大区域公用品牌第五，入选最具品牌溢价力三大品牌，成功申报农产品地理标志。洞庭山茶农吴红获2019世界红茶产品质量推选活动最高奖——“大金奖”，“江苏吴中碧螺春茶果复合系统”入选第五批中国重要农业文化遗产名单，“东山白沙枇杷”获国家农产品地理标志登记保护。成立苏州市首个区级大米协会，逐步打响“吴中大米”“江南味稻”等农产品品牌声望。

【农业农村安全生产】 2019年，区农业农村局按照中央和省、市、区安全生产工作部署，坚守安全红线、强化安全底线，做好农业农村安全生产工作。组织开展农业农村安全生产大督查15次，督查重点企业18家，现场检查发现安全隐患问题37个，发出限期整改意见或现场处理措施决定书10份，对问题企业进行“回头看”，确保整改及时到位。继续加强对农业投入品、农药和兽药生产经营企业、饲料生产企业的监督管理，加大农机、渔业生产安全隐患排查治理。年内，成立9个督查组，对全区重点防火镇、林区开展督查。2019年清明节祭扫期间，全区10支森林消防队伍24小时待命，增派500名护林员加强巡护，全区未发生一起森林火警、火灾。强化恶劣天气期间对农业生产的管理指导，9号台风“利奇马”过境苏州期间，及时启动应急预案，落实防灾救灾人员，执行24小时值班值守。

2019年1月17日，洞庭山碧螺春产区被农业农村部等9部委认定为中国特色农产品优势区　　区委宣传部　供稿

【扶贫脱贫工作】 2019年，区农业农村局精准化开展扶贫脱贫工作，攻坚克难，落实25个市级帮扶转化项目。设立年度扶贫专项资金3500万元，下拨市级帮扶资金2570万元。全面提升集体经济相对薄弱村的自我造血功能，持续推进“阳光扶贫”“精准扶贫”，完善挂钩帮扶和“五个一”帮扶机制；强化政策兜底、就业指导等措施，加强“阳光扶贫·智慧e农”监管系

统建设，发挥监管系统作用；全方位、多层次拓展与实践精准扶贫内涵，织紧、织密社会保障网。全年累计走访困难家庭1万余次，退出低保140户、特困供养困难家庭41户，全区集体经济相对薄弱村全部实现脱贫转化，提前两年完成实现三年脱贫工作目标任务。（金璟婧）

农业科技

【概况】 2019年，继续实施农业科技入户工程，围绕主导产业，遴选农业技术指导员挂钩农业科技示范主体，点对点开展农业科技指导。年内，建成江苏现代农业（蔬菜）产业技术体系（苏州）推广示范基地、江苏现代农业（河蟹）产业技术体系吴中推广示范基地，新增市级以上“智慧农业”示范基地3个。吴中区获评2018年度全国县域数字农业农村发展先进区。

【农业种质资源保护】 2019年，持续加强碧螺春茶叶、白沙枇杷、杨梅、苏州地方柑橘、东山湖羊、太湖鹅、翘嘴红鲌等特色农业种质资源保护，实施畜禽遗传资源保护品种、东山镇湖羊（国家级）保护区建设补助、水产亲本保种和更新等省级种质资源保育及创制项目3个，碧螺春茶叶种质资源保护等市级农业种质资源保护项目7个，对太湖莼菜、马眼枣、中蜂等地方优质农业种质资源保护实施政策性惠农补助。

【培育新型职业农民】 2019年，全区新增认定市级职业农民75人，复核审查已认定新型职业农民277名，因超年龄自动退出22名。区农业农村局根据修订出台的《吴中区新型职业农民认定管理办法》，开展新型职业农民培训14期，培训职业农民1310人次；选送优秀青年职业农民进入高校系统培训，赴台湾、浙江、上海、贵州德江等地考察学习农业科技状况。

【农技推广队伍建设】 2019年，持续加强农技推广队伍建设。年末，全区农技推广专业技术人员147人，获得中级以上专业技术职称100人，其中副高以上职称26人；乡镇（街道）农技服务人员136人，获得中级以上专业技术职称41人，其中副高14人。编制汇总《吴中区镇村两级农技推广服务体系调查情况表》，完成“全国基层农业技术推广体系管理信息系统”录入上报；组织开展基层农技人员培训，完成63名农技人员县级班的培训任务，组织8个批次36名农技推广人员赴南京农业大学、扬州大学等省内高校参加专题培训班。

【农业科普工作】 2019年，区农业农村局组织参与相关部门举办的吴中区第十八届科普宣传周和“科技强国·科普惠民”主题系列活动；在2017—2018年度吴中区自然科学优秀学术论文评选中，农业科技工作者提交的学术论文获得一等奖1篇、三等奖2篇。配合相关部门相继组织15个学会、协会开展上年度农业科技检查和年度报告工作，完成行业协会脱钩和日常管理工作；推广普及省农业科技“两刊”1237份，征订“手机报”420份；推广农技耘App，新增安装注册使用355人。

（金璟婧）

农业机械化

【概况】 2019年，全区拥有各类农业机械2.4万台（套），农业机械化总动力13.66万千瓦，粮食生产全程机械化水平达90%。其中，耕作、种植、收获、高效植保、产地烘干等环节机具312台（套），机具、配套农具原值4333万元。农机驾驶操作人员465人。小麦机收率达100%，水稻机械化种植装备保障水平达100%，绿色防控高效植保机械化水平达100%，水稻机收率达99.3%，产地烘干水平达73%。创建农机信息化服务平台1个，全年培训农机实用人才43人，新增稻米加工烘干用房5600平方米，全区粮食生产全程机械化水平进一步提升。

【农机质效发展】2019年，区农业农村局围绕“三农”工作和农机化发展大局，坚持目标导向和问题导向，以“两融两适”为发展路径，以农机合作社、家庭农场、村经济合作组织等为发展主体，推动农机装备发展向全程高质高效转变，提高农机化实用技术培训质量，整体提升机械化水平。粮食产地烘干能力明显增强，抗灾害性天气的服务能力得到有效保障，全区发展粮食烘干机43台（套），产地烘干能力每日432吨，占苏州市辖区总烘干能力的62%，有效解决小农户无晒场、无仓储、无烘干的三无难题。全区整合156台（套）收割机、拖拉机、插秧机的维护和作业。加速推进农机信息化工作，搭建角直农机服务信息化服务平台。运用互联网+农机作业监管平台，为粮食生产全程机械化作业提供定位监控、指挥调度、面积统计、质量核查、安全监管等管理服务，农机作业监管服务水平全省领先。

【农业机械化作业】2019年，全区机收小麦160公顷、水稻1900公顷，稻麦秸秆机械化还田率分别为99.4%、100%。全年轮作休耕农机深耕晒垡面积1260公顷，绿肥深翻还田面积713.33公顷。水稻机种面积1653.33公顷，水稻机械化种植装备保障水平达90%，绿色防控高效植保机械化水平达100%，水稻机收水平达99.3%，产地烘干水平达75.3%。全区有农机专业合作社10个，核心经营面积1086.67公顷，从事农业生产服务的有321人，农机手人数为72人，拥有各类农机具440台（套）；合作社机械化作业占全区机械化作业量的70%。

【农机安全监理】2019年，全区新注册登记大中型拖拉机14台、联合收割机13台，纯农田牌证机具注册登记率保持在100%。新核发驾驶证31本，增驾65本，有效期满换证20本，公告注销各型驾驶证23本。联合收割机、大中型拖拉机驾驶员持证率达100%。全年送检下乡24次，办理注册登记、安全技术检验、检验合格标识核发等机具类行政许可业务312件；办理考试发证、换证、健康审验等驾驶证类行政许可业务195件。落实轮式拖拉机综合险62份，联合收割机综合险57份，烘干机综合险43份。开展农机“打非治违”专项整治活动，开展各类检查、排查8次，出动检查人员32人次；检查机具142台（套），责令整改隐患机具7台，依法强制报废变型拖拉机12台。举办农机驾驶操作人员安全知识培训班2期，受训农机手96人。制作安全宣传横幅6条，发放宣传册280余册、环保宣传袋300只。全年无农机人员伤亡事故发生。（金璟婧）

种植业

【概况】2019年，全区水稻、小麦、油菜种植面积分别为1953.34公顷、153.33公顷、40公顷。水稻、小麦单产分别为598.65千克、245.1千克，比上年分别增长1.3%、6.5%。水稻种植以“南粳46”“苏香粳100”等优质食味稻品种为主，占种植总面积的96.6%，机械化播栽面积占种植总面积的66.6%。小麦种植以“扬麦16号”“镇麦12号”品种为主。落实耕地地力保护补贴、耕地轮作休耕补贴、稻谷补贴等惠农政策。完成市级300.06公顷高标准农田建设任务，2018—2019年耕地休耕轮作总面积1593.34公顷，永久划定水稻生产功能区1733.33公顷。年内，成立吴中区大米协会。苏州市湖嘉生态农业有限公司水稻基地创建成为水稻综合功能示范区，“太湖横泾”牌大米获第四届“江苏好大米”特等奖。蔬菜种植总面积1726.68公顷。其中，常年旱生蔬菜7200.04公顷，常年水生蔬菜599.99公顷，季节性蔬菜406.67公顷，设施蔬菜面积193.33公顷。蔬菜总产量为8.5万吨，总产值4.2亿元。

【病虫草害防控】2019年，全区小麦穗期平均防治每亩1.67次，水稻病虫总体防治每亩3次。设立茶叶主要害虫监测点10个，建立省级茶叶病虫害绿色防控示范区1个。继续推广绿色防控技术，全区主要农作物绿色防控产品使用面积占比为85.41%。全区有种粮大户56户、粮油作物专业化服务合作社20个、村级专业服务队18个，病虫草害全程专业化统防统治示范区面积1320公顷。持续做好春秋季加拿大一枝黄花防除指导，桔小实蝇、草地贪夜蛾的监测防治，重大植物疫情阻截带建设和福寿螺的综合防控工作。

【粮油惠农补贴】2019年，区农业农村局多方争取资金，落实耕地地力保护、耕地轮作休耕、水稻良种等粮油惠农补贴办法。全区耕地地力保护补贴面积9560公顷，下达财政补贴资金1720.20万元，惠及镇（街道）9个、农户29221户；耕地轮作休耕补贴面积1593.34公顷，下达市区两级财政补贴资金619.7万元；水稻良种补贴面积1660公顷，下达补贴资金29.86万元，惠及镇（街道）7个、行政村44个、农户247户。

【种子市场监管】2019年，区农业农村局依法组织开展种子市场检查，抽检种子经营门店种子样品31份，合格率为90%；抽检稻麦供种企业种子样品22份，合格率为100%；突出对主要农作物"未审先推""白皮袋"种子、包装标签、拆包销售、生产经营备案和档案、种子质量等方面的市场监管检查，检查持证种子经营门店19家、生产经营企业1家。全区种子经营门店备案22家，备案率达100%。全年供应优质水稻种子10万千克、小麦种子2.3万千克、油菜种子1000千克。

【高产优质品种试验】2019年，开展稻麦高产优质品种展示、示范和安全性测试试验8.40公顷，将部分适宜全区引进推广的优质食味软米品种，列入良种补贴范畴。组织乡镇农技人员、种植大户及稻米生产企业开展新品种现场观摩，实地考察高产优质新品种示范基地。全区试验"镇麦12号"等小麦新品种面积3.46公顷，试验"种嘉58""常粳18-13""宁9053""武7375""苏香粳100"等水稻新品种面积4.93公顷。

【菜篮子工程建设】2019年，全区蔬菜复种面积增至3666.69公顷，年供应能力8.5万吨；东山镇蔬菜园设施生产基地改建项目获市级立项，高标准蔬菜基地创建工作有序推进；苏州金记食品有限公司优质安全豆制品菜篮子工程冷链流通体系建设项目通过市级验收；落实"菜篮子"区长负责制考核，补贴规模菜田226.67公顷，补贴资金172万元。（金璟婧）

畜牧业

【概况】2019年底，全区生猪存栏0.06万头，生猪出栏0.12万头；羊存栏0.24万头，出栏0.2万头；家禽存栏3.34万羽，出栏4.25万羽。完成4万头稳产保供生猪养殖基地选址。

【畜禽种质资源保护】2019年，继续加强东山湖羊、乡韵太湖鹅、中蜂遗传资源保护和利用。全年出栏东山湖羊798只，新生羔羊788只，现总存栏682只。江苏库存湖羊遗传物质保存效果检验实验项目进展顺利，新生实验羔羊32只，其中20世纪90年代冻胚8只、80年代和90年代冻精羔羊24只。乡韵太湖鹅存栏5000羽。开展中蜂资源保护与利用工作，对现有中蜂资源进行遗传改良。推进中蜂"两场"（交尾场、育种场）建设，收集繁殖中华蜜蜂群170群，其中保种群70群、育种群100群。举办中蜂科学养殖技术培训班2次，培训蜂农200人次，发展技术推广示范户50户，养殖规模9563箱，辐射养殖户50名，养殖规模2500箱。通过苏州市美丽生态牧场创建，全年畜牧业无重大疫情发生。

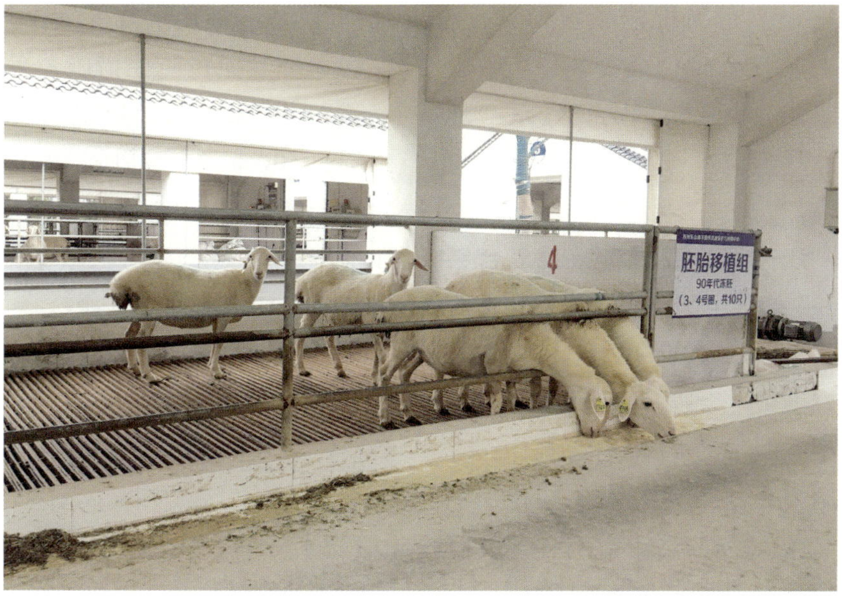

2019年3月22日，20世纪90年代湖羊冷冻胚胎成功“复苏”
太湖现代农业发展有限公司 供稿

【动物疫病防控】 2019年，推进“智慧动监”信息系统建设，完善动物检疫开证制度，发放动物检疫合格证明动物A证43份、动物B证16份、产品A证14206份、产品B证30377份。屠畜宰前检疫648659万头，其中准宰646299头。宰后检验646299头，其中合格646244头、不合格55头。生猪“瘦肉精”检测4514批33118头份，山羊瘦肉精检测744批8369头份，非洲猪瘟PCR检测2899批416342头，检测结果均为阴性。加强非洲猪瘟疫情防控，排查生猪养殖户68户，存栏670头；建立生猪运输车辆备案制度，备案生猪运输车辆10辆；处理违规调运生猪及生猪产品事件8起，罚没金额197248.8元，无害化处理猪产品650千克。开展春秋防疫、夏季消毒灭源三大行动，免疫家畜0.55万头，防疫家禽7.62万羽。以疫控中心实验室为平台，检测动物免疫样本428份，免疫后抗体合格率在80%以上。做好辖区狂犬病疫苗免疫工作，免疫犬17598只。

【动物卫生监管执法】 2019年，全区有动物诊疗机构31家，登记在册执业兽医师63名；兽药经营企业6家，饲料及饲料添加剂生产企业3家，无害化处理中心1家，生猪屠宰场1家。依法实施动物卫生行业监督管理，定期开展动物诊疗、生猪“瘦肉精”检测、三防督查、畜牧业双随机检查、兽药饲料抽样、动物卫生监督“双规范化”、安全生产等专项整治检查行动。全年办理行政处罚案件21起，涉及检疫类案件17起，其中，移送公安机关检疫类案件1起。依法查处违规从事动物诊疗活动案2起、经营假兽药活动案1起、生产或经营不符合产品质量标准的饲料案1起，罚没总金额291189.8元。

【畜禽养殖污染治理长效监管】 截至2019年底，全区关停规模畜禽养殖场264家，粪污综合利用改造治理小散畜禽养殖户151家。加强畜禽养殖污染治理长效监管，成立畜禽养殖长效管理领导小组，建立区、镇（街道）、村三级网格化管理体系，将单纯监管调整为治理与监管并重。建立定期巡查制度，发现问题及时查处。年末，有小散畜禽养殖户68家，畜禽粪污综合利用改造特色保种场2家，全部通过美丽牧场验收。

【病死动物无害化处理】 制定病死动物无害化处理规定，加强病死猪养殖和屠宰环节的监督检查，规范官方兽医驻屠宰企业检验检疫流程，强化无害化处理过程监督管理。区病死动物无害化处理中心全年处理病死动物47.84吨，无害化处理病猪2430头。 （金璟婧）

茶果业

【概况】 2019年，全区茶园面积2313.33公顷，比上年增长1.78%；茶叶总产量385吨，比上年增长15.3%；茶叶总产值33138万元，比上年增长23%。其中，碧螺春产量127吨，比上年增长18.7%，产值17027万元，占总产值的51%。全区新拓植果园1389.19公顷，果品总面积5233.33公顷，比上年增长2.29%；果品总产量2.99万吨，比上年增长24.98%；果品总产值62785.77万元，比上年增长20.68%。继续调整果品产业结构，枇杷、杨梅特色高效果品种植面积280公顷，面积占比由54.05%上升至57.77%；枇杷、杨梅总产值51334.46万元，占全区果品总产值的81.41%。

【枇杷产业发展】 吴中区洞庭山枇杷自宋代就有栽种记录，历史悠久，因主产于苏州洞庭山而得名。进入21世纪，吴中区因调整农业产业结构，枇杷种植面积逐步扩大，在临湖镇、横泾街道等地开始规模种植枇杷。吴中枇杷属白沙枇杷系，主要品种有“白玉”“青种”“冠玉”等。吴中枇杷果肉洁白，富含蛋白质、糖类和各类微量元素，营养丰富，肉厚汁多，果肉鲜嫩，甜酸适度，入口而化，爽口不腻。2019年，先后建成东山、金庭2个枇杷科技示范园。组织举办“2019苏州东山白沙枇杷上市信息发布”活动和“百城万乡程意金庭·2019洞庭西山枇杷采摘节暨同程旅游万人游首发仪式”开幕活动，吸引大批媒体单位参加报道。组织参加首届中国苏州枇杷学术研讨会暨十大精品枇杷品牌评选，吴中区五个枇杷品牌入选。联合顺丰速运（快递）推行原产地发货标识。

【“江苏吴中碧螺春茶果复合系统”入选中国重要农业文化遗产名单】 2019年12月31日，国家农业农村部发布公示，“江苏吴中碧螺春茶果复合系统”入选第五批中国重要农业文化遗产名单。“江苏吴中碧螺春茶果复合系统”是以洞庭山碧螺春茶与柑橘、杨梅、枇杷等各种果树复合种植，洞庭山碧螺春茶采制工艺，洞庭山碧螺春茶文化为核心的农业生产系统。该系统在生产过程中保育茶果种质资源，发挥重要的生产和生态系统维护功能，呈现出独特的人文和自然景观特征。

【省级茶叶病虫绿色防控示范区建设】 2019年，按照省、市关于做好农作物病虫害绿色防控示范区建设工作要求，苏州市东山吴依碧螺春茶叶专业合作社在东山镇碧螺村建成一个省级茶叶病虫绿色防控示范区。该示范区核心面积9.99公顷，建于莫厘峰主脉的一个山坳上，所处环境优良、气候湿润，适合茶树生长。作为江苏省唯一开展建设的茶叶病虫绿色防控示范区，区地内果、茶间种，布局合理。示范区内的茶叶在种植过程中，相较于传统茶叶种植方式，化学农药使用量减少30%；生物物理等绿色防控措施覆盖率达40%，绿色防控产品应用比例达100%，农产品质量农残检测合格率达100%，有效示范和推广绿色、生态、安全有效的生产关键技术。（金璟婧）

水产业

【概况】 2019年，完成太湖围网拆除面积1800公顷，收回养殖证1805本，涉及养殖户1701人。完成养殖池塘标准化改造1133.34公顷，退养整治3466.84公顷。年末，全区水产生产面积4933.36公顷，其中池塘养殖面积1133.34公顷，澄湖大水面增殖放流面积3800公顷。全区河蟹养殖仍占主导地位，占全区池塘养殖面积的95%，河蟹总产量2000吨左右，规格蟹占比有所上升。

【水产“三新”技术推广】 2019年，继续推广水产“三新”技术。车坊宇澄现代渔业有限公司对接中国水产科学研究院珠江水产研究所，引进低盐度对虾养殖调水技术，使用日本进口火山灰配合生产，经过两年探索实施，对虾养殖周期从100天缩短至60天，养殖成功率大幅提升，上市时间大幅提前，亩均效益稳定在9600元以上。临湖湖嘉农业开展“稻子+小龙虾”种养结合模式探索，一期建设面积8.53公顷，每亩放小龙虾苗15千克。通过稻虾共作模式的探索实施，亩产水稻510千克、小龙虾45千克，较水稻单作亩均产量虽减少11.3%，但由于稻虾共作是一种生态绿色发展模式，全程不使用传统农药，稻子单价由2.45元提升到4.2元，加上小龙虾的收益，稻虾共作较水稻单作亩均增加效益1026元，具有较高的推广价值。

【水产品质量安全监测】 2019年，全区完成水产品疫病42个样品检测，未发现重大疫病的爆发趋势。组织开展1期渔业乡村兽医培训；完成水产品质量安全监测27个批次，重点检测水产品药残及养殖环境重金属含量等指标的检测结果全部合格；通过国家农业农村部有关南美白对虾白斑病毒病的水生动物防疫系统实验室检测能力验证测试。加强执法监管，开展冬季清塘消毒剂专项整治活动，出动执法人员32人次，重点检查以五氯酚钠为主的违禁药品；检查渔药店30户次，出动执法人员62人次；检查养殖户83家次，出动执法人员170人次，重点查看养殖过程用药情况，确保上市水产品质量安全。

【渔船检验】 2019年，集中对2931条在册渔船进行信息采集、照相登记和录入“江苏省渔船管理系统”工作，完成全区渔船检验工作。年内，完成新建渔船检验117艘，其中本辖区新建渔船32艘、省内外其他区域委托的新建渔船85艘。

【渔业油补与渔业互保】 2019年，完成上年度渔业油价补贴工作，涉及渔船数2934艘，主机总功率34012.8千瓦，补贴金额1402.87万元。完成上年度渔业互保工作，参加内陆渔民人身平安互助保险5073人，参保33018份，保费金额82.55万元。

【渔政执法】 2019年，吴中区渔政监督大队开展日常渔政执法巡查75次，出动执法人员225人次、执法巡查艇25艘次；与苏州市渔政监督支队、工业园区渔政监督大队、昆山市渔政监督大队交叉执法7次，出动执法人员62人次，查处非法捕捞行为10起，其中移交派出所案件2起，罚款18500元，没收船只2艘、非法捕捞工具22台（套），没收渔获物74.8千克，实施现场放流。（金璟婧）

苏州吴中西山国家现代农业示范园区

【概况】 苏州吴中西山国家现代农业示范园区（简称“西山园区”）地处苏州太湖东南部，距苏州古城区45千米，总面积84.22平方千米。2013年始，西山园区与吴中区金庭镇实行“区政合一”管理体制，下辖11个行政村、1个社区居委会。境内有中国内湖第一大岛——西山岛（面积79.82平方千米）以及太湖国家风景名胜区、国家森林公园、国家地质公园、国家4A级景区；盛产柑橘、青梅、杨梅、枇杷、银杏、板栗、碧螺春茶等茶果农产品；有消夏渔歌、毛公积雪、玄阳稻浪、角里梨云、西湖夕照、鸡笼梅雪、龙渚归帆、缥缈晴岚、林屋晚烟、石公秋月等“西山十景”，成为国内外的旅游胜地。2019年，西山园区（金庭镇）实现地区生产总值24.9亿元，比上年增长6%；完成一般公共预算收入8354万元，比上年增长3.47%；全社会固定资产投资4.4亿元，比上年增长12.1%。粮食总产量130万千克。实现景点入园人数105万人次、综合收入7102万元。

【农业集体经济】 2019年，西山园区（金庭镇）实现集体经营性总资产11.11亿元、集体稳定性收入6899万元，比上年分别增长9.43%、4.68%。继续攻坚克难，推进扶贫脱贫工作，完成10个经济相对薄弱村的脱贫任务，实现脱贫全覆盖。全园区行政村村均年稳定收入均超250万元，农民人均纯收入26573元，比上年增长6.2%。

【农业转型升级】 2019年，西山园区加快现代农业转型升级发展步伐，泷泮彩色橡树科技农业项目落地，推进植物组织培养实验室实验和种苗量产工作，完成植物组织培养实验室及温室大棚改造。稳步建设蓝莓科普教育基地、示范推广基地以及枇杷科技示范园。西山园区的国家级现代农业星创天地建设项目通过省级验收，秉常村获评省级休闲农业精品村，金满庭现代农业园获评苏州市第一批共享农庄。年内，创新农产品品牌建设，“碧螺红茶”在世界红茶产品质量评选中获金奖，在北京世界园艺博览会江苏“十佳名茶”评选中获1个特等奖、2个一等奖；天王坞牌洞庭山碧螺春获选2019年度江苏省十家农民合作社十个畅销产品品牌；“苏翠1号”在省优质早熟梨评比中获金奖。加强现代农业人才培育，新型职业农民教育培训基地挂牌成立，新认定职业农民20名、科技示范户101户。

【生态文明建设】 参见镇（区）·街道—金庭镇—生态文明。

【农业实事工程建设】 2019年，西山园区（金庭镇）持续搞好农业基础设施建设，开工建设13千米森林防火通道、27座蓄水池，完成东河社区金铎丘陵山区项目，加快建设绿光农场二期改造提升工程。 （周永芳）

苏州太湖现代农业示范园区

【概况】 苏州太湖现代农业示范园区（简称“太湖农业园区”）位于苏州市东太湖沿岸，东、南至环太湖大堤，北至横泾街道泾南路，西至东山大道，总面积39.19平方千米，具有23千米湖岸线、3300余亩环太湖生态保护林，土地资源2267.80公顷，其中水稻种植面积占太湖农业园区总面积的三分之一以上。太湖农业园区西北部为太湖一级保护区和太湖水源保护地，水资源十分丰富，苏州市城乡生产、生活用水大部分来自太湖。2019年，太湖农业园区以建设万亩高标准智慧农业示范区为基础，持续开发农业资源，创新“太湖”绿色品牌，重点打造“米”“蟹”“花”三大产业（即种好“一粒米”、养好“一只蟹”、栽好“一朵花”）。先后获得“中国农业大学技术转移中心（苏州）分中心”“南京农业大学乡村振兴示范基地”“江苏农村经济杂志社读者创新实践基地”“苏州市市级现代农业示范园”等称号。 （李　隽）

【特色产业】 水稻产业。进一步整合土地资源，由原来的452.6公顷增加至500公顷。明确农产品品牌定位，从产品端进行区分（有机、绿色、生态）。10月，对碾米设备进行提升改造，提升稻米加工碾磨的精度。截至11月，完成全部早稻收割加工任务，计12万千克。水产产业。为扎实推动现代渔业发展，按期完成标准化池塘改造，10月16日，标准化池塘改造全面动工，年内完成总工程的50%。工程对生产道路、沟渠、桥梁、部分

2019年7月，苏州太湖现代农业示范园区入选国家农村产业融合发展示范园创建名单 华晓忠　摄

节点、看护房等进行提升改造。

【重点项目】 中农大有机生态农场建设。4月23日，完成农场规划评审会，5月，正式开始施工，完成基地内水稻收割，并推动高端有机大米产品的开发。彩色水稻项目建设。项目总面积15.87公顷，以中华人民共和国成立70周年为主画面展开。8月6日，江南味稻首届稻田画节开幕，接待参观考察人员30批次，共计1000余人。斯莱克罐装流水线建设。灌装流水线安装完成后于12月投入生产，江南味稻定制罐装米抢先在2019中国家庭帆船赛·苏州站、太湖蓝半程马拉松、苏州国际设计周上亮相，获得一致好评。香溪地块回购项目。通过临湖镇资管办报备，并签订回购协议。

【农旅融合】 开展“江南味稻”系列农事体验。2019年先后举办插秧节、稻田画节和丰收节，在网易直播平台，吸引100余万人次的关注。同时通过吴中报道、名城苏州等媒体的后续报道，持续在社会上带来一定的影响力。开展多样农旅活动。通过与乐享苏州、邮政集团苏州分公司、博研文旅等单位的合作，开展研学、党建、团建等多样农旅活动，为不同层次的群众体验农耕文化提供场所及服务。打造园区农文旅氛围。增加美陈摆件10个、风车景观1个、树屋鸟巢2个、3D彩绘5幅，打破稻田画景观的单一性，增加稻田农事体验的趣味。

【示范园创建】 积极创建由国家发改委牵头7部委参与评定的国家农村产业融合发展示范园，成立以区长为组长的创建领导小组。6月，太湖农业园区入选国家农村产业融合发展示范园创建名单，12月，开展评定工作。年内，获评省级太湖农业星创天地、苏州市科普惠农服务站、苏州市巾帼文明岗、苏州市星级联合社、苏州市粮食安全宣传教育基地、吴中区青年文明号、吴中区“双学双比”巾帼示范基地、临湖镇先进基层党组织。

苏州澄湖现代科技生态农业示范园区

【概况】 苏州澄湖现代科技生态农业示范园区（简称“澄湖农业园区”）位于吴中区角直镇，地理位置优越，苏州绕城高速、苏沪高速、苏嘉杭高速公路成复线穿区而过，与苏州工业园区仅一江之隔。澄湖农业园区生态环境优美，自然资源丰富，河网纵横密布，东依45平方千米的澄湖，西靠二级航道吴淞江，水陆交通便捷，是吴中区三大现代农业产业园区之一，也是角直镇“三区并举”发展的三大板块之一。2012年4月始，澄湖农业园区与角直镇实行“区政合一”管理运营模式，总面积25平方千米，澄湖岸线6千米。辖湖浜、江湾等7个行政村，户籍人口2万人。农业经济富有特色，是芡实、荸荠、莲藕、茨菰等“水八仙”水生蔬菜原产地。围绕“生态优先、农旅融合”发展，澄湖农业园区突出规划引领，注重科技兴园，依托资源优势，加大资金投入，创新发展思路，探索现代农业发展方向，努力打造特色鲜明、生态优美、社会文明、观光休闲的江南田园水乡国际慢城。2012年，澄湖农业园区被认定为江苏省级农业产业园区。2019年，澄湖农业园区的苏州澄湖现代科技生态农业发展有限责任公司注册资金4.24亿元，账面总资产20亿元，累计对外融资14亿元。

【突出规划引领】 2019年，澄湖农业园区围绕苏州市现代农产品物流园开发建设和“生态优先、农旅融合”发展方向，突出规划引领，高标准、高起点修编完善农业园区总体发展规划、农业产业发展规划和农旅融合发展规划。引进慢城理念，整合区域资源，通过精心打造，逐步把农业园区建设成为澄湖之滨最美丽的乡村，发挥生态优势，突出慢城特色，构建宜居宜游、低碳绿色环境，充分展示江南农耕野趣和美丽田园风光。

【发展农旅产业】 2019年，澄湖农业园区内的“水八仙”生态文化园、澄湖飞行营地、瑶盛耕趣农乐园、节子浜民宿等农旅项目相继建成并投入运营，各个农旅项目节点布局合理，各具特色，形成全域旅游集群效应，逐步形成以“三水一绿”生态资源优势为特色，以“绿色、特色、原色”田园水乡风情为亮点的国际慢城格局。年内，确定慢行步道及澄湖熙岸步道串联方案，慢行步道项目建设进场施工，建成后将串联农业园区各个项目节点。10月26—27日，澄湖飞行营地举办中国长三角航空运动嘉年华活动暨高空跳伞俱乐部开业仪式，推进“体育+旅游+文化+农业+健康+通用航空”深度融合。

【推进重点项目建设】 2019年，澄湖农业园区继续推进重点项目建设。组织实施166.67公顷高标准农田建设项目，总投资2165.89万元。其中，江湾村项目区总面积156公顷，以种植“水八仙”为主；澄墩村项目区总面积10.67公顷，规划将鱼塘流转为优质水稻田。年内，结合角直镇重点项目区的实际情况，建设灌排设施配套、土地平整肥沃、田间道路畅通、产出效益较高、旱涝保收、高产稳产的高标准田块。建设中的苏同黎公路至澄湖农业园区污水管网工程和苏州市农产品物流园（简称“物流园”）污水管网配套工程，管线全长约6千米，总投资约3890万元，建成后大幅提升了物流园周边污水管道的输送排放能力。改建物流园强弱电电缆通道工程，修建强电通道约5千米、弱电通道约7千米，总投资约3555万元。继续推进物流园项目建设，满足物流园开业运营需要，其中配套供水管道工程管线全长5800米，累计投资约1001.9万元，用于物流园及规划区域供水需求。

2019年3月20日，江苏苏州澄湖国际慢城获评2019华东十大金花胜地

区委宣传部　供稿

【提升整体环境】 2019年，澄湖农业园区加强基础设施和配套设施建设，完善和提升园内的整体环境，组织开展国际慢城工程项目建设。该工程分为一、二两个标段：一标段北起三姑路，南至澄湖路与金山路交界处，总投资约2872.83万元；二标段北起澄湖路与金山路交界处，南至瑶盛古银杏处，总投资约2170.22万元。工程主要以新建慢行步道、新建驿站及沿线景观提升为主，年内已经进场施工，累计投资约5000万元，完成慢行步道工程项目建设，沿线绿化景观、金山寺驿站、水八仙驿站等工程项目正在施工。

【农产品品牌建设】 2019年，澄湖农业园区拥有省级名牌农产品1项、绿色食品6项、无公害农产品10项，其中“水八仙”水生蔬菜为江苏省名牌农产品。为推进农产品品牌建设，年内建成农业生产信息监控和农产品质量追溯系统。“吴中水八仙鸡头米”地理保护标志获得农业部批准，芡实入选国家极地科研选用产品，品牌效应持续增长。（朱燕君）

编辑：王明生

工 业

综 述

2019年，吴中区继续实施“实业兴区”发展战略，统筹优化“一核一轴一带”生产力布局，聚焦项目引育，聚力转型升级，实现工业经济平稳增长，质量效益稳步提升。全年实现规模以上工业总产值1566亿元，比上年增长1.8%，增速排名苏州市第五；规模以上工业增加值404亿元，比上年增长4.5%，增速排名苏州市第三。先导产业产值413亿元，占规模以上工业总产值的24%；新兴产业产值占规模以上工业总产值的58.3%，比上年提高0.2个百分点。全年完成区级工业重点项目投资69个，实现工业投资75.2亿元，增长18.7%。

重点工业及信息化产业

【概况】 2019年，吴中区以企业集聚、产业集群、要素集约、技术集成、服务集中为导向，实施“实业兴区”发展战略，制定引导和扶持重点工业领域主导产业、支柱产业、新兴产业发展的政策和意见，营造良好的生产经营和创业创新环境，加快全区智能制造、电子信息、生物医药、装备制造、信息技术服务等产业前进的步伐，引领全区工业经济高质量、高效益、高水平发展。

【机器人与智能制造产业】 机器人与智能制造是吴中区工业经济两大主导产业之一。2019年，吴中区机器人与智能制造产业有规模以上企业115家，实现产值522亿元，比上年增长2.9%，占规模以上工业总产值的比重超过33%，基本形成较为完整的产业链和初具特色的竞争优势，成为区内相关平台、学校和产业的有力支撑，主要体现为：有一个核心企业引领的相对完整产业链。工业机器人的“三大”核心零部件包括伺服电机、减速器和控制器。在产业链中，三大核心零部件成本占机器人本体的70%以上。吴中区在机器人及相关零部件产业链各个环节上，集聚一批高成长企业，产业链发展优势逐渐显现。核心零部件领域的企业有绿的谐波、汇川技术，系统集成商领域的企业有赛腾精密，服务机器人方面的企业有科沃斯。有一个功能互补、预期良好的平台体系。赛迪苏州分院导入赛迪研究院的核心能力和资源，为吴中区产业发展提供顶层设计、科创服务、产业引导提升、资源导入、高端人才引进和培养、国家级平台和实验室导入等方面服务。苏州智能制造研究院主要依托下设的超精密制造与检测、智能控制与软件、智能设备与三维打印三个研发中心，推动自身相关研发成果产业化，为区内企业提供技术支持。苏州高端智能制造协同创新中心建设2万平方米智能制造一站式示范展示中心、以西安交大机械学院副院长周光辉领衔的团队，入选省工业互联网服务商，具有市场示范功能。吴中高新区与相关院校合作建设的一批科创载体——科沃斯、汇川技术等龙头企业相继建立以企业为主体的研究院。有与区内主导产业相匹配的本地高职院校支撑。苏州职业大学的机电工程学院在精密加工方面具有较强的研发和人才培养能力。苏州工业职业技术学院定位主攻机器人与智能制造，拥有江苏省工业机器人众创空间等多个产教融合平台。年内，这2所学校均与区内外企业有“订单班”合作，为区内主导产业提供相匹配的研发和人才支撑。

【生物医疗及大健康产业】 生物医疗及大健康产业是吴中区两大主导产业之一，早在十几年前，吴中区医药的产值占据苏州半壁江山，被誉为“吴中药港”。2019年，吴中区生物医药产业企业66家，实现产值105.4亿元，居苏州市第四位。依托“国家火炬计划医药特色产业基地”——吴中医药产业基地，成为全国规模较大的OTC营养补充剂生产基地、全国较大的第三代和第四代头孢类抗生素及中间体供应基地、全国品种较全的肽类系列产品研发生产基地以及全国规模较大、综合条件较好的动物实验开放基地。吴中区以本土药企稳步发展为特点，逐步形成从研发、测试、生产到检测、销售的全产业链，全区有规模以上医药企业10家、医疗器械企业6家。其中，本土企业吴中医药是中国化学制药行业工业企业综合实力百强企业。

【电子信息产业】 2019年，吴中区有电子信息规模以上企业182家，实现产值469亿元，占全区规上工业总产值的30%，比上年增长0.1%；实现利润总额24.9亿元，比上年增长1%。年内，完成新一代信息技术产业产值209.3亿元，占全区电子信息规模以上产值的44.6%。电子信息产业作为吴中区的两大支柱产业之一，经过多年的发展历程，基本形成种类较为齐全的产业格局，覆盖电子元件、电子信息机电产品、电子工业专用设备、电子器件、电子计算机、电子信息专用材料、通信设备、家电制造等类别。其中电子工业专用设备、电子元件和电子信息机电产品为占比前三的子行业，累计占比为全区电子信息产业的70%。随着技术更新和产品换代步伐加快，吴中区电子信息行业紧跟市场形

2019年10月16日，吴中经济技术开发区与复星医药举行战略合作签约仪式

区委宣传部　供稿

势、加快技术进步，加速淘汰低端设备、更替落后产品。一些技术相对落后、以配套为主的企业进行产能收缩或转移；一批拥有核心技术和品牌优势的企业在激烈的市场竞争中脱颖而出，显示出比较强劲的活力。年内，经过前期摸查，全区有规模以上新一代信息技术产业企业17家，主要企业有以维信电子、安洁科技、三洋能源、悦虎晶芯、昱鑫科技、赫比电子等为代表的一批传统电子信息企业，以瑞红电子化学品、苏驼通信、安捷讯光电科技、浪潮金融等为代表的一批新生代电子信息企业。苏州东山精密股份有限公司的手机显示屏主要供货华为、OPPO、小米、联想，苏州安洁科技股份有限公司专业为苹果智能手机、智能穿戴设备等提供光学玻璃产品、新能源电池等精密功能性器件生产和整体解决方案。

【装备制造产业】 2019年，吴中区装备制造业规模以上企业268家。因受中美贸易摩擦和汽车整车销售疲软导致的汽车制造业整体下滑的影响，完成工业总产值555.8亿元，比上年下降3.2%，占全区规模以上工业总产值的比重为35.5%；实现利润总额28.3亿元，比上年下降26.8%。在全区装备制造业中，全年累计工业总产值超过5亿元的企业有19家，实现产值293.4亿元，占全区规模以上装备制造业累计总产值的52.8%。装备制造业是吴中区重点打造的支柱产业之一，形成一定规模和相对完备的工业生产体系，主要包括电子通信、电器及自动化设备制造业，机械、仪表仪器及汽车零配件制造业，通用、专用、交通运输设备制造业以及金属及模具制造业等。

【5G及手机通信产业】 2019年，吴中区有通信领域企业722家，其中规模以上企业95家，实现产值374.1亿元。随着国家5G产业迅速发展，吴中区加快5G研发及产业化步伐。全区的中小企业基本上覆盖通信产业链中所有的实物环节衍生的制造链条，覆盖模治具、零部件、芯片、射频器件（滤波器、功放）、PCB、光模块、基站天线、小微基站、通信网络设备、光纤光缆各细分领域的产品。年内，5G产业正处于基础设施升级起步阶段，区内企业相关产值主要集中在通信网络产品及其配套的生产上，形成的特点和优势：上游链长面广和中游链实技硬。上游链长面广。包含从原材料、模治具、零部件等一直到结构件、中间产品及部分成本的全部要素，数量众多、汇聚度高，定制化能力强、响应速度快，可为中下游企业提供全面配套。中游链实技硬。结构件、中间产品及部分成品的生产上有关键技术的重点企业达到一定数量及规模，部分企业在5G领域提前研发储备，其产品能够填补国内空白或打破国外垄断，具有一定的行业优势。东山精密生产的5G mMIMO天线、5G有源天线在国内基站天线行业具有龙头代表性；苏州苏驼通信科技股份有限公司开发的具有自主知识产权的100G和400G的光通信模块产品，技术填补国内空白，年内生产线已完成部署，即将全面投产。中下游联系紧密。区内相当一部分企业直接为华为、中兴、爱立信、苹果等终端下游客户提供产品和服务，直接参与解决方案研发，服务长期得到信任，订单稳定充裕。苏州瑞可达连接系统股份有限公司以生产的5G通信基站设备、盲插射频同轴连接器产品，成为中兴通讯的主要供应商，通过诺基亚、爱立信、三星等供应商审核。

【软件和信息技术服务产业】 2019年，吴中区内具有一定规模的软件和信息技术服务业企业有120家。全区完成软件业务收入50亿元，比上年增长6.7%。软件产值在苏州市排名第四位，但在数量和质量上与前三位（昆山市、苏州工业园区、苏州高新区）相比，吴中区软件企业存在一定的差距。从区域分布看，全区软件和信息技术服务业企业主要分布在吴中经济技术开发区、吴中高新区、木渎镇三个板块。吴中经济技术开发区作为吴中区的最主要经济板块，虽然软件和信息技术服务业规模企业数量不多，但工业软件是全区“机器人与智能制造”战略性特色产业的重要基础和核心支撑，是吴中区软件产业的重要特色之一。以汇川技术、赛腾精密等为代表的工业软件拥有较强基础及核心支撑，其中汇川技术本年度工业软件产值20.83亿元，达到全国软件企业百强的标准。位于吴中经济技术开发区越旺谷的苏州（太湖）软件产业园拓展赛迪研究院、华为生态圈和桐领资管的产业客户群体，以工业软件为基础，结合区域优势，对软件、网络、科技类现有主流客户群体逐步拓展，包括大数据、云计算、社交网络、移动互联网业务等先进科技类企业，迎合该类企业业务拓展需求，吸引公司分部、研发设计机构、技术中心、服务中心入驻。年内，继续集聚赛迪研究院等综合资源，获批市级软件产业园。吴中高新区利用优越的地理优势和楼宇经济，依托科技成长型企业孵化基地——吴中科技园（高新区）、武珞科技园等一批载体资源，汇聚一定数量的软件和信息技术服务业企业；木渎镇拥有吴中科技园（木渎园）、东创科技园、苏州智能制造研究院等产业载体，聚集一批软件和信息技术服务业企业。（丁　佳）

转型升级

【概况】 2019年，吴中区完成区级工业重点项目投资69个，实现工业投资75.2亿元，比上年增长18.7%。其中，签约10亿元以上重大制造业项目13个、5亿元以上战略性新兴产业项目15个；组织11家企业申报省级技术改造综合奖补项目，设备总投资6.58亿元，争取上级扶持资金337万元。实施区级技术改造项目80个，设备总投资6.21亿元，投入扶持资金2304万元。年内，围绕主导产业转型升级，准确把握产业发展方向，引导各板块加快推进重大项目引育。牵头举办深圳、北京两场招商推介活动，签约42个项目，涵盖智能制造、新能源、新材料等战略性新兴产业，总投资215亿元；参与承办太湖经贸合作洽谈会，签约项目52个，总投资283亿元，为全区工业发展、转型升级集聚更多动能。

【智能制造】 2019年，苏州市吴中区工业和信息化局（简称“区工信局”）继续引导、扶持企业转型升级，进行智能化改造，组织34家企业参加智能车间（工厂）诊断服务，赛腾菱欧成功申报省智能制造领军服务机构。全年新增示范智能车间12个，实施智能化改造项目110个。组织开展创建省工业互联网发展示范企业活动，新增三星级上云企业49家、四星级上云企业13家、五星级上云企业1家。组织引导区内企业上云用云，为区内75家企业开通华为软开云服务。推动企业加强两化融合贯标体系建设，年内新增两化融合贯标企业15家、贯标重点培育企业23家。苏州

2019年8月21—22日，以“赋能产业·共享生态”为主题的国际开源技术与产业生态创新应用展示暨中国峰会在吴中区举行　　吴宇杰　摄

（太湖）软件产业园成功创建省级重点软件产业园，先后有赛迪、华为、集萃、桐领等知名企业入驻该产业园，逐步显现软件产业集聚效应。成功举办2019“智造中国”峰会，扩大“吴中智造”影响力；参与承办国际开源技术与产业生态创新应用展示暨中国峰会，提升“吴中智造”的知名度。

【自主创新】 2019年，区工信局加强企业自主创新能力建设，新增省级企业技术中心14家，新增市级工业设计中心7家，新增市级企业技术中心9家，三基铸造装备股份有限公司获评国家科技重大专项成果。协助苏州市工业和信息化局举办苏州市自主品牌大企业和领军企业先进技术研究院推进大会，赛腾精密、科沃斯入选第二批苏州市领军企业先进技术研究院建设企业名单。继续引导中小企业走“专精特新”发展道路，绿的谐波获得国家专精特新“小巨人”企业认定（苏州全市仅5家），凯尔博、瑞红电子获得江苏省专精特新“小巨人”企业认定，科沃斯、君悦新材料获得江苏省专精特新产品认定，飞华铝业等8家企业获得苏州市专精特新示范企业认定。

【军民融合发展】 2019年，区工信局通过推进军民融合发展，加强军民融合科技协同创新能力建设，继续促进军民科技成果双向转化。全区有涉及军工产品、获得军工资质证书的企业14家，主要涉及航天、航空、船舶、电子信息、检验检测等产业。在区工信局的牵头推动下，提升全区企业核心竞争力，吴中区成功创建省级军民融合产业示范基地，为军民融合发展、助力产业转型升级奠定基础。

【绿色发展】 2019年，区工信局推进工业资源集约系统建设，全区8003家参评企业亩均税收19.86万元，比上年增长15%，高于苏州市平均增长水平。其中A类企业1577家，亩均税收达59.27万元，排名全市第三位；入围苏州市“亩产英雄百强榜”企业7家，总数居全市第四位。持续开展供给侧结构性改革去产能工作，累计完成关停及淘汰低效产能企业（作坊）221家，腾出工业土地521亩。组织开展化工产业安全环保整治提升工作，制定出台《吴中区化工产业安全环保整治提升实施方案》，制定“一企一策”“一园一策”实施方案；编制化工园区产业规划，明确化工园区生物医药和精细化工的产业定位，全面提升化工行业治理水平。继续推进节能降耗工作，在年度苏州市高质量考核中，吴中区的单位地区生产总值能耗为0.224吨标煤/万元，排名苏州市第二位，节能水平全市领先。全区规模以上工业企业万元产值综合能源消耗量比上年下降0.32%，产值单耗比上年下降2.04%。

【营商环境】 2019年，区工信局相继制定起草《关于促进吴中区工业经济高质量发展的若干政策措施意见》《关于促进吴中区民营经济高质量发展的实施意见》，努力改善营商环境，继续加大对工业经济、民营企业的精准扶持力度以及公共服务平台的培育创建力度，在全区各工业板块举办6场大型政策巡讲和项目申报辅导活动，近千家企业参与活动。年内，获得省级认定的一星级公共服务平台有6家。至年末，全区建立省级星级公共服务平台51家，苏州市计量测试研究所获评国家中小企业公共服务示范平台，中认英泰检测技术有限公司获评江苏省中小企业公共技术服务示范平台，苏州市产品质量监督检验院获评江苏省产业人才培训基地。重新制定出台增信基金管理办法，优化流程，做优做精增信基金业务。增信基金顺利运行4年，累计为区内中小企业提供授信超23亿元，下达贴息资金1750余万元，逐步缓解全区中小企业融资难、融资贵问题。 （丁 佳）

载体建设

【概况】 2019年，吴中区坚持"山水苏州·人文吴中"目标定位，围绕"一核一轴一带"生产力布局整体发展框架，持续推进"先进制造轴"优化提升，强势推进招商载体建设，逐步形成各有优势、多点支撑、竞相发展的产业载体格局，增强产业承载能力和辐射带动力，形成一批产值规模大、各具特色、错位发展的产业载体集群。

【星角智能制造产业园】 星角智能制造产业园（简称"产业园"）位于苏州市吴中区角直镇核心位置，距离苏州工业园区核心区20千米。产业园聘请国际顶尖咨询公司AT科尔尼为角直镇做产业规划，拟将产业园打造成集自动化设备聚集区、工业机器人与智能物流装备培育区、角直智能制造产业聚集先行区于一体的都市型产业集聚地。产业园突出高科技、生态化及国际合作示范等现代理念，打造模具制造、设备制造、交通装备制造、电子信息及各类新兴产业等主导产业集聚的综合产业园区。2019年，产业园内的相关项目投产运营后，拟将为角直镇引入培育产值1亿元以上企业10家、产值5000万元以上企业20家。年内，产业园与国内数家知名科研院所、拟上市企业、智能自动化方面的领军企业达成经济合作协议。

【吴淞江科技产业园】 吴淞江科技产业园位于吴中经济技术开发区东南部，规划面积8.98平方千米，区位优势明显，紧临苏州独墅湖高教区，与苏州综保区和尹山湖、独墅湖双湖新城一路之隔，距上海虹桥国际机场30分钟车程，是距离苏州市城区较近、配套较完善的一块稀缺产业载体资源。产业园规划为中部工业区、西部研发区和东部配套区三个片区。经过近5年的一期招商工作，至2019年，先后引进耐克森线缆、辉瑞制药、美泰乐电工、英维克温控等世界500强、高新技术企业、上市公司、行业细分领域等56家领军企业入驻产业园。

【吴中生物医药产业园】 吴中区是长三角地区医药门类较多，综合研发和生产能力较强的高科技医药产业基地之一。从产业布局上来看，吴中区已形成一条从早期药物开发、中试临床到产业化的完整产业链，覆盖生物制剂、原料药及中间体生产、成品药生产、营养补充剂、药物安全评价、医药及器械检测、精准医疗、智慧医疗等多方面。2019年，全区拥有规上医药企业10家、医疗器械企业6家，实现工业总产值105.4亿元，占全市生物产业总产值的7.3%，位居全市第四，其中规上工业产值68.86亿元，位居全市第五。

吴中生物医药产业园主要分为三大片区，西部片区的检验检测基地（科技园15.7万立方米，芯之园7万立方米，尚金湾总部经济园区10.1万立方米，科技园产业园15.8万立方米，越旺智慧谷14万立方米）已形成药物临床前服务外包的特色产业集群，有国际巨头药明康德、西山中科、中国药检、圣苏新药、方达、瑞斯坦、数字健康谷、国辰生物等优质项目的落户。

中部片区的生物医药产业化基地，依托开发区化工园区（5.22平方千米），已引进东瑞制药、吴中医药、长征欣凯、天绿生物为代表的一批国内外知名企业。

东部片区的生物医药产业园，以综保区缩区空间为载体，规划面积2888亩，初期启动区约340亩，已引进复星医药、怡成生物等知名医药企业，未来将打造大分子、小分子、细胞治疗、基因治疗、CRO、CMO、IVD等全链条并举的医药加速基地。同时结合吴中智能制造（机器人）特色，培育AI医药产业。

【吴中综合保税区】 吴中综合保税区位于吴中经济技术开发区东部，北部与苏州工业园区无缝对接，东部与上海咫尺相望，交通运输便利，总规划面积

3平方千米。吴中综合保税区以发展跨境电商、高端制造、现代物流三大产业为主，先后入驻世界500强伟创力、立讯精密、浪潮智能、昱鑫科技、皇珈重工等工业企业以及70多家物流、货代、报关公司，其中包括玄通供应链、优尼可捷等跨境电商项目。2019年，在跨境电商运作模式下，吴中综合保税区继续支持一般出口、直购进口、网购保税进口三种业务模式的开展。

【东太湖科技金融城】 东太湖科技金融城位于吴中经济技术开发区西部，南临太湖，北靠旺山，板块面积3.5平方千米，是吴中经济技术开发区“5+3”产城发展格局的重要组成部分。近几年陆续建成创业园、芯之园、产业园、太湖港等累计面积近百万平方米的创新创业载体，逐步形成以生物医药、检验检测集聚的主导产业以及金融创投、文化创意为特色的产业发展格局。2019年，东太湖科技金融城以“一平台、二基地、三中心、四服务”建设为目标，以高质量做好创新创业、企业服务、板块管理、队伍建设为抓手，全力将科技金融城打造成创新创业新高地。

【苏州（太湖）软件产业园】 苏州（太湖）软件产业园由越旺智慧谷、苏旺商务中心、滨湖大厦和逸林商务广场四大载体组成。先后有华为、360、浪潮、腾讯等行业龙头企业在产业园入驻落户，国内工业和信息化领域的知名智库——赛迪研究院入驻。2019年，产业园初步具备重大项目的产业带动能力，结合技术发展趋势、产业上下游连接、大数据、人工智能、工业App等功能，以工业软件和工业互联网为特色，突出重点，分步实施，继续完善工业软件产业链，有计划、有层次地推进产业园建设。

【临湖装备科技产业园】 临湖装备科技产业园位于吴中区东山大道和浦庄大道的交界点，规划总面积200公顷。通过历年的基础设施建设，实现“九通一平”，周边区域业已形成上下游配套、专业化分工、社会化协作的完整产业链条。2012年，产业园被苏州市政府评为苏州市战略新兴产业“吴中区高端装备制造基地”。陆续入驻三基铸装、宏晟锻造、凯尔博机械、振业模具、赛腾股份等30余家知名企业。2018年，产业园实现总税收超1亿元。2019年，产业园成为临湖镇推动产业结构调整、创新转型的核心区。

【木渎智慧工园】 木渎智慧工园位于木渎镇东部，东至长江路、南至宝带西路、西至金枫南路、北至胥江运河，占地约280公顷，其中待开发用地面积近133.33公顷，是吴中区着力打造的精密制造、智能制造产城融合园区。2019年，园区以“智能制造+生态低碳”双主题作为发展理念，通过发展精密制造、智能制造、科研孵化、交易展示、企业总部、金融商务、会展论坛等功能，打造智能制造产业配套优化升级、智能制造企业集聚、科技创新人才汇聚的战略新高地，争创全省工业4.0示范区。

【胥口惠民工业园】 胥口惠民工业园位于吴中大道南侧，北临苏州绕城高速东山出口，东接苏州中环快速西延，区位优势明显，占地面积8.47公顷，建筑面积12万平方米，先后建设标准厂房12栋。工业园的主导产业为电子信息、高端装备制造、新能源新材料等。先后入驻苏州苏驼通信科技股份有限公司、苏州双林汽车配件有限公司、苏州世星新材料科技有限公司等行业龙头企业20余家。2019年初，惠民工业园（二期）项目开工，规划用地4.53公顷，拟建设3栋工业厂房及1栋综合大楼，建筑总面积10.2万平方米，总投资约3.4亿元，主导产业为高端装备制造、新能源新材料。

【苏州太湖微谷科技创新产业园】 苏州太湖微谷科技创新

产业园位于苏州太湖国家旅游度假区中心区，产业园建设工程分一、二两期，占地面积约28.27公顷。产业园一期主导产业为总部经济、科教研发、文化创意，招商方向为上市公司募投项目、拟上市公司项目、智能制造类企业研发销售中心。2019年，视源电子、龙文科技、青客总部等龙头企业项目已在产业园落户，总投资5.2亿元。产业园二期位于实相南路以东、蒯祥大道以北、丽波路以南，占地面积257亩。（丁　佳）

【角直模具产业园】 角直模具产业园位于角直镇东方大道与凌港路交会处的新镇片区，主要由角直集团和社会资本开发并逐步形成的富民一、二、三、五、七、八区高标准工业厂房载体组成。角直镇紧扣吴中先进制造业轴东端定位，以“模具产业发展1215计划”“两个翻番”为目标，以创新驱动为引擎，统筹存量优化和增量提升两个重点，通过招商引智、项目载体建设、服务创新等手段，全力推进产业提质增效工程。借助模具特色小镇这个“国字号”发展平台，依托全镇现有产业基础和柳道万和、重村钢模、硕诺尔、好特斯、联开精密等模具龙头企业，加快推进载体建设步伐，先后有30多家智能制造企业入驻产业园。经过历年社会资本开发，完成近35万平方米高标准工业厂房的项目建设，其中合金产业园一期5万平方米、兰生产业园9.5万平方米、联东U谷产业园8.5万平方米、合金产业园二期7万平方米、节能环保产业园5万平方米。载体建设将成为高端制造企业、本地优质高成长企业加快成长的加速器平台。作为苏州市高标准工业厂房分割销售试点的合金产业园一期，是全市首个建成投用的高标准工业厂房项目，5万平方米的产业园内已进驻模具相关企业18家。2019年，产业园内其他高标准工业厂房项目均处于在建状态。产业园在建设高标准工业厂房时，同步开展项目招商工作，部分高标准工业厂房已成功销售，签约入驻企业63家，有意向或正在洽谈中的入驻企业100多家，其中半数以上为模具装备和智能制造产业。2019年，产业园实现产值3.3亿元，亩均税收50多万元。

（朱燕君）

表13-1　2019年规模以上工业基本情况

项目	单位	2019年	2019年为2018年
企业个数（正常运营）	个	944	104.5%
年末资产合计	万元	18217257	107.8%
工业总产值（现行价）	万元	16243832	105.4%
工业销售产值（现行价）	万元	16041764	104.3%
工业产值销售率		98.8%	98.8%
主营业务收入	万元	15786005	104.3%
利税总额	万元	1265361	92.8%
利润总额	万元	923908	97.2%
从业人员平均人数	人	190068	95.7%
人均利税额	元/人	66574	96.9%
工业用电量	万千瓦小时	295690	95.2%

（出自：区统计局）

表13-2 2019年规模以上工业主要经济指标

项目	企业个数（个）	工业总产值（现行价）（万元）	从业人员平均人数（人）	资产总计（万元）	流动资产合计（万元）
总计	944	16243832.4	190068	18217257.2	12177703.1
#亏损企业	150	2425313.3	32057	4006981.3	2302203.1
一、按轻重工业分					
轻工业	343	5121254.4	69479	4471457.4	2957567.2
重工业	601	11122578.0	120589	13745799.8	9220135.9
二、按企业规模分					
大型企业	20	4795235.1	52144	6490433.4	3774354.3
中型企业	95	3636606.9	51161	3847055.7	2770659.1
小型企业	804	7705183.9	86326	7683009.1	5481068.1
微型企业	25	106806.5	437	196759.0	151621.6
三、按登记注册类型分					
内资企业	679	9567125.6	106285	11321217.7	7653818.6
股份合作企业	1	21549.0	148	34147.7	32340.4
有限责任公司	78	2242417.4	19094	2534369.1	1906694.0
股份有限公司	28	753379.5	8685	899613.0	623649.2
私营企业	571	6527507.1	78132	7819695.6	5061375.2
港澳台商投资企业	89	1590007.2	19493	2282600.8	1335426.2
#港澳台商独资经营企业	65	1203910.4	15845	1475217.9	936575.7
外商投资企业	176	5086699.6	64290	4613438.7	3188458.3
#外资企业	143	3866573.0	52701	3607780.4	2529025.3
四、按经济组织类型分					
独资企业	227	5182999.9	70285	5189717.9	3550452.4
合作、合伙企业	5	182551.8	1082	445858.1	169399.4
股份有限公司	63	2226794.9	24179	4464933.7	2401176.9
有限责任公司	649	8651485.8	94522	8116747.5	6056674.4
五、按行业类别分					
农副食品加工业	5	222025.5	1364	87728.5	65457.0
食品制造业	7	80710.6	1263	61254.7	41357.3
酒、饮料和精制茶制造业	5	56744.8	642	53845.5	26401.5
纺织业	33	459012.4	4769	343242.8	227011.5
纺织服装、服饰业	65	798866.6	15532	506146.3	372281.4
木材加工和木、竹、藤、棕、草制品业	5	29906.0	476	28467.4	19079.6
家具制造业	4	21653.2	241	9337.9	6414.5
造纸和纸制品业	17	217378.3	1441	138372.5	92558.0

续表

项目	企业个数（个）	工业总产值（现行价）（万元）	从业人员平均人数（人）	资产总计（万元）	流动资产合计（万元）
印刷和记录媒介复制业	16	119784.6	2114	87446.8	63462.3
文教、工美、体育和娱乐用品制造业	7	41919.0	1223	26255.5	22526.6
化学原料和化学制品制造业	27	703657.6	2314	453915.1	297346.0
医药制造业	10	626468.3	4652	714658.9	511109.6
化学纤维制造业	3	208324.1	1480	348130.2	123735.2
橡胶和塑料制品业	123	1214619.4	22739	1212006.6	859173.4
非金属矿物制品业	30	957591.2	4597	986645.3	829878.7
黑色金属冶炼和压延加工业	3	36115.1	188	25805.6	21900.6
有色金属冶炼和压延加工业	8	107341.4	946	92825.8	59838.9
金属制品业	80	1008796.5	12759	1099551.1	834489.3
通用设备制造业	136	1725443.4	20786	2064062.5	1384660.9
专用设备制造业	104	822843.3	12229	829515.0	652271.1
汽车制造业	25	453778.5	5003	584691.7	291253.2
铁路、船舶、航空航天和其他运输设备制造业	4	89445.7	794	179088.0	130519.8
电气机械和器材制造业	94	1841779.7	21674	1599696.5	1109912.2
计算机、通信和其他电子设备制造业	97	3457848.9	41521	4948640.1	2952682.3
仪器仪表制造业	23	734312.3	7576	877762.9	705334.6
电力、热力生产和供应业	2	65397.1	477	332355.7	88608.0
燃气生产和供应业	1	34723.9	27	10487.3	8798.2
水的生产和供应业	6	86322.2	829	500057.9	370981.5
皮革、毛皮、羽毛及其制品和制鞋业	1	3532.8	58	650.8	616.9
石油、煤炭及其他燃料加工业	1	4175.6	75	6594.6	4358.4
其他制造业	1	8590.0	183	3155.0	2687.7
废弃资源综合利用业	1	4724.4	96	4862.7	996.9

（出自：区统计局）

编辑：王明生

商贸服务

综　述

2019年，实现进出口总额80.38亿美元，其中出口56.30亿美元，一般贸易出口额占比73.6%；新增注册外资及港澳台资15.94亿美元，比上年增长121.8%；实际使用外资及港澳台资3.80亿美元，比上年增长1.9%；服务外包接包合同额3.46亿美元，离岸执行额1.11亿美元，与去年同期基本持平；新增中方境外协议投资额3.21亿美元，比上年增长5.4%。全年社会消费品零售额465.28亿元，比上年增长5.5%。

2019年，全区共有市场主体194783户，比上年增长9.95%。其中，个体户112282户，比上年增长23530户；私营企业76106户，比上年增长15762户；国有集体及控股企业4349户，比上年减少102户；农民专业合作社360户，比上年减少44户；外资及港澳台资企业及其分支机构1686户，比上年减少8户。2019年，净增注册资本435.506亿元，与上年相比减少50.16%。继续推进和对照省政府“3550”改革目标，提高行政审批效率，确保营业执照审批环节控制在0.5天内。优化外资及港澳台资企业工商登记、商务备案程序，43家企业完成“一口办理”。

（朱沛臻　顾佳宇）

开放型经济

【对外贸易】 加强政策引导，发挥重点企业示范作用。2019，吴中区累计已有4个省级出口品牌和15个苏州市级出口品牌。加强外贸企业市场开拓服务，积极帮助76家企业争取广交会、华交会、高交会等展会展位169个，有效培育以技术、品牌、质量和服务为核心的外贸竞争新优势，稳定老市场、拓展新市场。扩大中信保覆盖范围，为出口企业规避信用风险。全年新增参保中小企业82家，累计参保企业391家次。落实各项稳外贸政策，协助超600余家企业申报市级以上商务发展专项资金。吴中区贸易结构进一步优化，一般贸易进出口额占吴中区进出口总额的67.7%，较上年提升4.1个百分点。完善区级服务贸易扶持政策。出台《吴中区深化服务贸易创新发展试点实施方案》，新增苏州市级服务贸易创新发展重点企业1家，组织5家企业参加苏州“一带一路”海外文化贸易推广项目。

【招商引资】 2019年，吴中区新办产业项目（总投资3000万元以上，不含房地产）384个，总投资268亿元，其中外资及港澳台资项目20个，总投资5.16

2019年4月1日，2019苏州吴中（德国）产业投资恳谈会在德国汉诺威举行
区委宣传部 供稿

亿美元。2019年共召开5次招商项目预审联席会议，会议通过39个供地招商项目，预计供地97.05公顷，总投资103.7亿元，其中外资及港澳台资项目8个，总投资4.12亿美元。完成“智慧招商信息管理系统”的开发、测试、试运行和前期培训。完善招商宣传资料，制作新版吴中招商宣传片。编制2019年版《吴中区高质量发展招商政策汇编》《吴中区重点产业载体汇编》《吴中区投资指南（第二版）》，修订《吴中区产业载体布局地图（第四版）》。编制《苏州开放·创新·合作热力图》里的吴中投资考察线路图、平台载体导引图。举办吴中区外商投资企业最新政策培训，进一步优化外商投资营商环境。举办2019年深圳招商骨干培训班，进一步提升吴中区招商队伍的专业素养，激发招商团队的拼搏干劲。科学制订、认真落实年初的招商计划，举办德国、深圳、上海、北京招商会及2019吴中太湖金贸合作洽谈会等区级境内外招商活动20余次，达成52个高端制造业和现代服务业意向项目，形成区级统筹、行业部门搭台、板块唱戏的招商活动新模式。（朱沛臻）

商贸流通

【概况】 完善市场体系，创新商业模式。提升商贸业智慧化、品牌化、现代化水平，推动吴中区商贸业转型发展，大力发展现代供应链。苏州金记食品有限公司、南方雄狮创建集团股份有限公司、苏州昆仑绿建木结构科技股份有限公司3家企业入选江苏省供应链创新与应用重点培育企业。提升社区商业品质，长桥街道苑北社区、郭巷街道国泰社区2家社区获评第十三批苏州市社区商业示范社区。鼓励品牌型便利网点建设，苏州市社区集网络科技有限公司新开设智慧便利超市网点12家。扩大老字号品牌影响，苏州吴馨记茶庄有限公司获第二批江苏老字号认定。支持重点商业项目建设，佐邻购物中心、歌林小镇、维乐城、长申购物广场等大型商业载体项目相继开业。2019年，吴中区拥有10万平方米大型商业综合体7家，亿元商品交易市场15家。严格落实部门安全生产责任，开展商贸业安全生产大排查大整治，牵头组织开展吴中区加油站和商业场所安全生产专项整治行动。2019年，对各地商业综合体、购物中心、大型商超百货、加油站等开展安全生产专项检查活动130余次，排查安全隐患200余处，并及时督促整改。

【电子商务】 深化电子商务发展，提升电子商务发展内涵和质效。电商品牌建设得到新提升，吴中科技创业园“众创+园”获评省电子商务众创空间，三人行创新型电商产业园、小灵猫、创智汇、金迅博分别获评2019—2020年度江苏省电子商务示范基地、示范企业。跨境电商和农村电商取得新发展，

2019年吴中区实现跨境电商出口额3.53亿元，其中吴中综保区跨境电商综合服务平台“境贸通”实现B2C跨境电商出口额1074万元。越溪街道旺山村获评第九批江苏省农村电子商务示范村，东山电商产业园实现电商交易额2.5亿元，比上年增长38.89%。电商对口帮扶取得新进展，东山茶厂天猫旗舰店、暹罗猫中国京东·吴中馆成功上线推广销售碧螺牌德江茶叶。2019年，吴中区实现电子商务交易额约440亿元，比上年增长11.39%，其中实现网络零售交易额231.11亿元。拥有电子商务交易额超亿元企业9家。

【市场运行】 加强监测数据采集和分析成果转化，做好市场预测预警。贯彻苏州市《关于全面加强生态环境保护坚决打好污染防治攻坚战的实施意见》精神，落实苏州市吴中区《关于全面加强生态环境保护坚决打好污染防治攻坚战的工作意见》工作部署，切实加强污染防治，完成35家加油站（点）地下油罐双层罐更新或防渗池改造市级考核目标，71家加油站（点）报审通过市级成品油管理年检。引导推动42家2000平方米以上大中型商超企业，落实文明城市测评迎检长效管理机制。加强投诉处置机制，及时介入，积极调解，全年共办结各类投诉工单2000余件。组织第二届上海进博会区级机关报名工作，做好参观证、停车证申领和观展接待工作。（朱沛臻）

供销合作

【概况】 2019年，立足服务“三农”的根本宗旨，围绕深化供销合作社综合改革工作，着力推进新型基层供销社和为农服务社改造升级、全区农药集中配送、废弃农药包装物回收处理和再生资源回收利用等几项重点工作，不断推动全区农村经济平稳较快发展。全年实现放心农（渔）药配送2700万元，测土配方肥、复混肥配送近1000吨，统一回收废弃农药包装物680万件，回收废弃农膜40吨，回收率在85%以上。

【健全和完善基层组织架构】 2019年，在全区基层供销社组织架构不断健全并实现全覆盖的基础上，经过积极筹备，在全市率先召开吴中区供销合作社第七次代表大会，修订完善区供销社《章程》，选举产生第七届理事会和监事会，健全完善“社员代表大会及理事会、监事会”的“三会”制度，进一步理顺供销社治理机制，扩大供销社组织基础，密切与涉农企业和农民群众的利益联系。

【农资一体化配供】 2019年，通过统一招标，优选放心农药400余种，全年完成集中配送农（渔）药销售总额近2700万元。根据乡村振兴发展战略和苏州生态涵养区项目建设要求，及时调整制定《进一步完善农药集中配送体系建设的实施意见》，积极推广测土配方施肥和有机无机复混肥，全年共配送测土配方肥、复混肥近1000吨。

【废弃农药包装物回收处理】 结合推进绿色兴农和乡村振兴要求，在进一步提升废弃农药包装物回收率的基础上，制定出台《吴中区废弃农膜统一回收集中处理实施意见》，将废弃农膜回收利用纳入到回收体系中，全年回收废弃农药包装物680万件左右，回收废弃农膜40吨，回收率在85%以上。

【再生资源回收利用网络体系管理】 结合“263”专项行动和污染防治攻坚战要求，督促属地政府加强对辖区内再生资源回收网络的监管，与全部网点签订安全责任书，组织属地再生资源管理人员参观学习市再生资源回收分拣中心，组织区再生资源安全管理工作专题培训和相关业务培训。（李伊周）

粮食购销

【概况】 2019年，完成两季收

购，粮食储备高效平稳。推进应急保供网络建设，安全保供基础扎实。提升监管水平，质量监管落实到位。完成粮油交易量达100.65万吨，交易额超41.46亿元。

【粮食购销调控】 精心组织，积极做好当地粮食收购。深入农户，宣传粮食收购价外补贴政策，宣传为农服务措施，听取农户的意见建议。完善数字化粮库系统。制定夏秋两季粮食收购作价办法。规范粮食收购操作程序。2019年，全区种植小麦200公顷，订单户数20户，平均亩产保持在300千克左右；种植粳稻1800公顷，比上年大幅增长，订单户数56户，平均亩产保持在550千克左右。2019年，储备粮入库总量为5万吨，其中本地夏粮收购入库968.6吨，本地秋粮收购入库3870.79吨。

科学合理安排2019年度储备粮计划，组织优质粮源，确保吸储入库的储备粮“一控二定三提高”（控制成本、定时定量、提高质量），高标准、严要求确保储备粮保质保量按时吸储入库到位。健全业务管理制度，确保储备粮源数量放心、质量放心、管理放心、储备安全放心。根据《吴中区区级储备粮收储一体化管理意见》要求，面对近年来粮食市场疲软状况，制订销售预案，科学调整储备粮比例，对储备小麦、油脂销售实行网上和现场拍卖。2019年，粳稻市场价格持续低迷，通过努力，将储备粳稻轮出亏损降至苏州大市范围最低。2万吨储备小麦采取公开竞标现场竞拍，全部顺价轮出，实现净盈利163万元。

【粮食安全保供】 承担苏州市区90%粮食保供需求的苏州市粮食批发交易市场，粮油交易量98.77万吨（比上年增长15.29%），交易额超40.36亿元（比上年增长4.07%），2019年实现利润总额499.67万元。开展竞价交易50场次，成交39场次，成交量28.27万吨（比上年增长88.59%），成交额6.78亿元（比上年增长68.23%）。吴中区粮油批发交易市场全年完成粮油交易量1.88万吨，交易额为1.11亿元，比上年增长40%。

作为应急保供网络重要组成部分的放心粮油业务平稳发展，累计销售1143吨，销售额826万元。在军粮供应方面，严格执行军供政策，落实规范化管理细则，不断提高管理水平和服务水平，做到执行政策到位，服务措施到位，及时、按质、按量完成供应。吴中区军粮供应站被江苏省粮食行业协会评为“2019年度好粮油样板店”。

稻谷烘干收储流水线　　黄明　摄

【猪肉储备】 3月，完成区级猪肉储备工作交接。对存储企业每月定期检查，每季度实地抽样送检。7月，吴中区冻猪肉储备规模由160吨提增到500吨，通过政府公开招标，确定2家承储企业（苏州市华统食品有限公司和苏州源沣食品有限公司），500吨冻猪肉在规定时间内保质保量入库到位。

【粮食质量监管】 做好粮食出入库质量和储存质量的检测，加强对木渎粮油市场、全区放心粮店、军供站、配送公司的粮油质量安全监测。全年检验粮油样品1200批次，对2018年区级地方储备粳稻入库进行全项目质量鉴定，统仓抽样检验57个本地储存样品，原粮质量、卫生指标均符合区级储备粮质量的要求，为全市粮食清仓查库提供质量档案。获得第一批江苏省"优质粮食工程"粮食质量安全检验监测体系建设补助资金200万元。挂牌"苏州市级粮食安全宣传教育基地"、"苏州市乡村振兴学堂"现场教学点及"姚晶粮油检测技能大师工作室"。2名质检人员获全国粮食行业职业技能竞赛三等奖、省赛二等奖和市赛一等奖。

【粮食产业发展】 参与"苏州好粮油"南京专场推介会，与园厨坊农副产品有限公司合作，提高"禾中旺"品牌大米知名度和市场占有率，提升吴中放心粮油的影响力。完善放心粮油供应网络建设，完成第三批放心粮店升级改造。开展建设项目5个，其中，胥口库3个项目——原热风炉烘干设备的维修及改造、彩钢板大棚改造，木渎库2个项目——供水管网和电气电机设备线路改造。总投资金额302.7万元。把安全生产大排查大整治贯穿全年，并引入"第三方机构"，对安全隐患、重点区域、关键环节、安全资料等多方面内容，开展粮食安全生产检查，提高安全生产专业化水平。（王　运）

服务业

【概况】 2019年，全区实现服务业增加值604.50亿元，占地区生产总值比重为53.5%，较上年提高1.6%；完成服务业固定资产投资493.62亿元，比上年增长17%，占全社会固定资产投资的86.4%。

【生产性服务业】 以检验检测、商务服务、信息技术服务为主导的生产性服务业发展态势良好，检验检测实现营业收入10亿元，增长20%，规模列全市第一。圆满承办国际开源技术与产业生态创新中国峰会，电器科学研究院成为国内首个国家能源海洋核动力技术检测基地，建筑科学研究院获评中国建设工程质量检测AAA级信用机构。开发区入选首批省级"两业"深入融合试点单位。

【企业竞争力提升】 精濑光电获得2019年电子信息产业技术改造专项项目资金，南环桥市场获得2019年国家服务业发展引导资金，信测标准技术、南环桥市场获评2019年江苏省生产性服务业领军企业，国网电子获评市第二批人工智能和大数据应用示范企业，金陵华软、安洁科技获评2019年市级总部企业，药明检测检验、金迅博信息科技获评2019年市服务业创新型示范企业，方达医药技术、电器科学研究院、宏宇环境检测等5家企业获得2019年省级现代服务业发展专项引导资金。（王　运）

编辑：洪　蕾

城乡建设与管理

城镇规划

【概况】 2019年5月31日，召开转隶组建工作会议，吴中自然资源和规划分局挂牌成立。做好城乡总体规划、土地利用总体规划、控制性详细规划、村庄规划以及各类专项规划，优化城乡空间布局，完善城市功能品质；编制《苏州生态涵养发展实验区规划》；聚焦“放管服”，紧盯“满意度”，优化建设项目、不动产登记等审批流程的材料，落实惠民利民新举措。

【规划编制体系】 发挥规划的引领、约束、调控作用，做好城乡总体规划、土地利用总体规划、控制性详细规划、村庄规划以及各类专项规划，提升城乡空间布局，完善城市功能品质，彰显“山水苏州·人文吴中”的特色之美。推进全区第三次国土调查，完成国家级生态保护红线调整校核，做好土规和城规的一致性处理，完成大运河文化带（吴中段）等重点区域的城市设计编制。推进法定规划调整报批，编制5个历史文化名镇保护规划及其内部历史文化街区、历史文化名村和传统村落保护规划。吴中区城市双修规划、吴中区交通改善与提升规划研究获苏州市优秀城乡规划设计二等奖。

【土地资源“加减法”】 围绕“一核一轴一带”生产力布局，坚持全区用地“一盘棋”，做好土地资源“加减法”。完成各类项目入库90宗，总面积282.4公顷，入库面积占年度任务的107.05%，新增农用地282公顷，新增耕地271.4公顷。出台《吴中区“三优三保”土地指标及资金管理办法》《加强吴中区项目库复垦管理工作的实施细则》《吴中区“三优三保”指标交易实施细则》。核实占补平衡、增减挂钩、盘存配增、“三优三保”等各类指标调剂使用情况，统一区内、外各类指标交易价格，拓宽市域指标调剂渠道，调剂费用总额7.95亿元。

【征供地管理】 发挥预配置引领效用，统筹国家计划、外购指标以及区内挂钩、“三优三保”等各类指标，压实土地保护与利用各项责任，完成年度国土资源预配置方案及情况通报。加强征地流程管理，科学安排供地计划，全年完成征地28批次，面积274.1公顷。完成建设用地供应101宗，面积448.64公顷。其中，工业用地供地24宗，总面积82.02公顷；三产用地供地29宗，总面积138.7公顷，成交出让金额337.94亿元；社会事业用地供地48宗，总面积227.93公顷。全区首宗储备地块太湖新城规划展示馆北侧居住用地（7.8公顷）完成上市出让，土地储备试点初见成效。

【审批服务改革】 聚焦“放管服”，紧盯“满意度”，抓住人民群众最关心最直接最现实的利益问题，坚持优化审批流程、简化申报材料、缩短办理时限，落实自然资源惠民利民新举措。推进“不见面审批”、承诺制项目建设工程规划许可制度和提前介入等改革举措，全年办理建设用地规划许可证54件、新发工程规划许可证224件、变更工程规划许可证207件。严格规范林地征占用及采伐审批手续。完成林地占用审批手续项目11个，总面积10.64公顷；林木采伐审批项目13个，总面积17.75公顷。拓展“互联网+政务服务”方式，实现支付宝、微信收费，启用人脸识别自助查询机器、窗口评价器，上线不动产集成平台，发放各类不动产权证书和证明135353本。新增不动产登记分中心角直服务点，购买登记责任险，开展商品房和安置房转移登记、注销登记、窗口礼仪等多项培训，以“三优工程”为引领，做精做靓吴中不动产登记特色服务品牌。

（喻　娜）

城镇建设

【概况】 2019年，发包项目879个，建筑面积840.52万平方米，工程造价312.53亿元。其中，公开招标项目453个，建筑面积324.17万平方米，工程造价184.6亿元。核发施工许可证346张，建筑面积1010.36万平方米，合同工程造价327.4亿元。全区在建工程项目380个，建筑面积1939.05万平方米；竣工验收备案项目149个，建筑面积639.71万平方米。

【拆迁安置】 启用吴中区房屋征收补偿安置系统，跟踪征拆状态，统计征拆信息，规范征拆业务流程，推进征拆工作有序运作。推动落实全区房屋征拆重点任务，突出重点工程和遗留项目清障，强化统筹协调，全年累计完成征拆3335户，建筑面积221万平方米，完成清零项目106个，腾退空间444.22公顷。推进安置房建设，全区新开工安置房15694套264.73万平方米，竣工交付安置房4226套65.18万平方米。

【建筑业】 全区共有建筑类资质企业837家，其中非市政类企业751家、市政类企业86家。拥有特级资质企业1家、一级资质企业89家。加强对建筑市场的全过程监管，把好建筑市场准入关，办理外地企业进苏登记388份。落实市场信用信息动态管理，全年对483家施工企业、14家监理企业进行综合考评，考评结果与招投标、企业注册年检等挂钩。推动建筑市场监管与诚信一体化平台建设，实现建筑工程竣工验收备案全网络化运行。推广外来务工人员考勤制度和外来务工人员工资银行卡支付制度，维护外来务工人员合法权益，全年受理来访投诉217起，涉及金额10278.27万元；累计开展6轮实名制落实情况专项检查，开具整改通知单56份、停工通知单9份，对存在问题的相关企业及人员进行通报批评并督促整改，确保全区建筑市场健康发展。

【建筑产业现代化】 落实上级下达的装配式建筑和成品住房建设任务，结合区域实际情况统筹推进实施，建设用地规划条件中明确落实装配式建筑项目面积237.14万平方米，新开工装配式建筑面积共489.41万平方米（含三板建筑）。加强绿色节能建筑建设改造工作，全年新增绿色节能建筑竣工面积351.80万平方米，可再生能源应用面积134.42万平方米，9个项目获二星及以上绿色建筑设计标识。

【工程质量安全监督】 落实工程质量安全提升行动，对质量通病治理进行常态化管理，督促参建各方做好“两书一牌”工作。结合投诉热点、社会热点、上级要求等开展专项巡查，累计组织信用考核巡查19次、观感巡查53次、施工质量专项巡查1次、质量安全提升行动督查2次。全年开展专项监督执法检查836次，检查项目1080个（次），开具整改单569份。惠氏制药扩建项目获2018—2019年度国家优质工程奖。开展建筑施工安全专项整治，依托高校专业力量强化对重大危险源的安全管控。开展各类安全检查578次，抽查施工标段1229个，签发整改通知书881份，开具行政处罚单30份，防范安全生产事故的发生。全年创建区级标准化示范工地62个，市级标准化示范工地60个。

【房地产行业】 全区共有房地产开发企业211家，其中一级企业1家、二级企业10家。贯彻执行房地产宏观调控政策，强化市场秩序监管，促进房地产市场平稳健康发展，全区商品房销售套数23778套，销售面积261.26万平方米，销售金额424.12亿元。全年商品房新开工面积315.81万平方米，商品房施工面积795.89万平方米，商品房竣工面积304.59万平方米；办理商品房交付使用备案项目47个，面积328.35万平方米。

【房屋交易】 围绕“3550改革”要求，协同多部门，上线房屋交易不动产登记集成服务平台；依托存量房交易资金托管与银行金融服务资源共享，促进“互联网+存量房交易资金托管、银行贷款集成服务”落地生根；在木渎镇和甪直镇增设“一窗受理、集成服务”办事点，实行多点办理，分流办事群众。推进“不见面审批（服务）”建设，存量房交易与购房资格实现网上审批，2019年存量房买卖（包括无网签交易）22678件，面积230.55万平方米。

【物业管理】 推进物业行业规范化管理工作，强化前期物业管理招投标初审及物业管理专项督查，推进省、市物业管理示范项目创建。加强指导规范业主委员会备案及维修资金监管工作，调解处理各方投诉建议及开展物业管理相关法律知识培训，提升物业小区管理水平。全年获评省、市、区级物业管理项目示范项目分别为3个、7个、8个。全区共有物业在管小区594个，在管面积5233.62万平方米，共有备案物业企业数224个（本区注册146），成立业主委员会小区数176个；住宅小区物业维修基金累计入库325383户37.83亿元，其中2019年新入库25849户4.99亿元。

【房屋安全】 规范实施白蚁防治工作，落实质量监督责任制，优化日常防治方法手段。全年完成白蚁预防施药面积334万平方米，白蚁灭治施药面积1万平方米，全年白蚁预防回访面积406万平方米，蚁害巡查面积3.1万平方米，古建筑及园林治理面积2690平方米。督促板块实施城镇老楼危楼安全排查和专项整治工作，组织开展全区老旧建筑安全排查整治回头看工作，对排查出的老旧建筑完成解危113幢，计6.2万平方米。加强房屋安全鉴定工作，全年对全区863处38.1万平方米的房屋进行安全鉴定。实施老旧小区改造工作，全年完成8个老旧小区改造项目，完成总投资额1.5亿元，其中东苑新村、德敏花园2个老旧小区改造项目被列为省级改造类宜居示范居住区建设项目，争取到省级宜居住区建设引导资金320万元。（戎 昳）

美丽镇村建设

【概况】 2019年，推进美丽城镇、特色田园乡村建设和传统村落保护工作等各项镇村建设工作。胥口镇环境卫生管理所、光福镇邓尉山景观改造提升2个项目获评全市村镇建设优秀示范项目，香山街道舟山核雕艺术馆、木渎镇中市街老宅建筑群等5个项目获评苏州十大水乡特色建筑，镇村建设工作成效显著。

【美丽城镇建设】 美丽城镇建设以被撤并镇整治提升、首批示范镇优化提升、其余建制镇环境整治为三大重点任务，全年累计总投资17.39亿元，完成年度项目49个（包括部分跨年项目），年度任务完成率达100%。其中，甪直镇清风古铺、胥口镇胥江河健身步道、光福镇红木精品展示馆3个项目获评“2019年度全市美丽城镇建设优秀示范项目”。

【村庄建设管理】 做好特色田园乡村试点建设，发挥示范引领。编制完善各项制度，依托全区特色田园乡村建设试点储备库，推进试点建设和申报工作。首批省级试点临湖镇黄墅村通过省级验收命名，横泾街道上林村东林渡、东山镇杨湾村西巷通过市级验收命名，甪直镇湖浜村田肚浜入选第三批省级试点，香山街道舟山街道窑头入选第三批市级特色田园乡村建设试点。加强传统村落保护，推进各项保护修缮及配套建设工作。截至2019年末，全区共有“省级传统村落保护项目”2个、“中国传统村落”12个，其中列入中央财政补助范围的有11个。 （戎　昳）

农村改革

【概况】 2019年，中共苏州市吴中区委农村工作办公室（简称“区委农办”）纵深推进农村各项改革，多项改革成效显著、领跑全省。吴中区实施农村集体产权制度改革试点的成功经验，成为江苏省唯一入选全国农村改革试点的县（市、区）经验。农村集体经济创新转型取得新突破，农民专业合作社质量、效益明显提升。逐步推进村级资产集中经营管理、村级财务第三方代理记账、村级集体资金平台监管三项重点工作，推动集体经济提质增效。围绕“清理空壳社、创建规范社、提升星级社”目标，搞好农民合作社质量提升和整区推进国家级试点工作。以美丽乡村建设为抓手，建立区级农村人居环境整治工作联席会议制度，全区农村人居环境持续得到改善。

【集体经济创新转型】 2019年，区委农办以深化农村集体“三资”监督管理为抓手，创新集体经济发展路径，规范监督管理办法，持续推进集体资产、集体经济高质量健康发展。推行村级集体资产由镇级集中经营管理办法，由镇级统一组织实施租赁交易、租金收缴、维护修缮等经营活动，提升农村集体经济发展质效。2019年8月，全区首个村（社区）集体资产集中经营管理办公室在城南街道社区揭牌。2019年10月，实现村（社区）集中经营管理办公室全覆盖。持续开展农村集体资产拖欠租金“清零”行动，累计清缴欠租金额3.4亿元。加强农村集体“三资”监督管理，将村级集体资金收支、审批等全部纳入村级集体资金监管平台。持续开展“三资”管理专项督查，建立农村产权线上交易、第三方财务代理记账、村级非现金结算等各项管理机制。年内，区农产品交易中心线上交易累计成交6379笔，成交合同总租金17亿元。选派督查人员，继续做好清产核资“回头看”工作。

【农村合作改革】 2019年，区委农办持续深化农村合作改革，激发农村发展潜力。以整区推进国家级试点工作为抓手，提升农民专业合作社质量。制定区级层面合作社质量提升的指导意见、管理办法、工作要点，明确目标任务，指导镇（区、街道）联系本地实际，制定具体实施方案，形成区、镇、村三级工作联络机制，全面提升农民合作社质量。年内，建立农民合作社镇级示范点20个、区级示范点9个；新增国家级示范社2家，获评苏州市星级合作社50家、苏州市“十佳”合作社2家，合作

美丽柳舍　　秦建民　摄

社年报公示率为98.8%。稳步开展农民专业合作社“空壳社”专项清理和增量合作社培育，清理注销“空壳社”76家。新增完成社区股份合作社成员股权继承2291例，累计完成9853例。起草并完善农村集体经济组织登记赋码相关工作的实施方案，全面启动农村集体经济组织登记赋码及其配套工作。

【农村人居环境整治】 2019年，建立区级农村人居环境整治工作联席会议制度，强化顶层推动，联合开展村庄规划编制、美丽宜居村庄建设、村庄清洁、农村“厕所革命”、村容村貌提升、农村环境长效管护等六个环境整治专项行动，逐步提升农村人居环境质量。继续实施“人居环境整治三年行动方案（2018—2020年）”，召开全区人居环境整治现场推进会议，完善农村人居环境整治工作分片挂钩、干部包村和月度考评机制，强化日常督查检查，落实属地责任。起草农村人居环境整治和长效管理“红黑榜”考核办法，提升农村环境长效管理水平。

【美丽乡村建设】 2019年，按照“布局合理、道路通畅、设施配套、环境宜居、特色鲜明”目标，继续加强全区美丽乡村建设。依据地域特色，因地制宜，精确规划，围绕江南水乡、田园风光、生态自然、文化传承“四大特色”，持续打造“望得见青山、看得见绿水、记得住乡愁”的吴中特色美丽乡村。年内，通过区级美丽乡村验收村庄115个，市级命名三星级康居乡村88个。

（金璟婧）

市容市政管理

【概况】 2019年，落实市、区两级城市管理重点工作目标任务，围绕高质量发展工作要求，紧扣城市管理“共治共管年”主题，突出“中心城市核”管理重心，开展制度标准化建设，优化城管委模式；推进文明城市长效管理、市容环境“双创”行动、市容环境专项整治，落实环境长效管理；智慧城管、城管志愿队伍齐发力，构建共治共管共享工作格局；推进垃圾分类、“智慧停车”、景观照明规划、公共自行车六期等民生项目，提供优质服务；推进综合执法体制改革，强化执法队伍建设，提高行政执法水平。全年办理各类审批748件，审理行政处罚案件2982件。其中，一般案件

901起，罚款166.87万元；简易案件2081起，罚款10.41万元。接到14件人大代表建议（10件主办、4件协办）和16件政协委员提案（6件主办、10件协办），答复率和满意率均为100%。

【市容环境专项整治】 加大环境专项整治力度，推进文明城市创建工作。以问题为导向，结合“智慧城管”大数据分析，针对不同板块的热点问题开展差异化整治。建成区违法建设五年治理方面，完成查处进度97.48%；全年累计查处国有土地违法建设3424处，拆除违建9.15万平方米；组织烧烤摊点专项执法行动723次，取缔露天烧烤713处，开展餐饮油烟污染拉网式排查，督促998家餐饮单位安装油烟净化设备，清洗部分装置；违法占道岗亭整治方面，排查报刊亭、信息亭、牛奶售卖亭等类型岗亭86处，拆除33处，其中，城南拆除10处，长桥拆除23处。对照最新测评体系，健全文明城市长效管理体制和运行机制，成立创建工作专班及五个专项工作组并实体化运作，开展督查指导14次，自查督办整改638处，对市、区文明办通报问题，进行梳理分类，定期召开工作例会，通报、督促、指导问题整改落实，整改率为100%。

【市容环境“双创”行动】 印发《吴中区双创工作总体方案》，以项目形式制定具体环境提升措施，推动70条市区达标路管理水平提档升级。全区累计划设非机动车停车线2.6万米，重点路段设置人行道限制停车设施，推行垃圾上门收运，撤离垃圾桶930个；开展沿街店招店牌整治，拆除店招店牌1322处，总面积约5640平方米；推广“门前三包”平台应用，促进沿街道路市容环境升级。在示范路（社区）创建中，甪直镇甫澄中路、郭巷街道湖景花园社区通过示范路（社区）考核验收。

【户外广告设施整治提升】 完成苏州市户外广告整治提升行动，特别是达成吴中区中心城区高炮零设置的目标。全年拆除屋顶镂空字、屋顶看板、高炮、桥身等计1207处，整治面积7万余平方米，中心城区高炮零设置目标达成；对友新高架、吴东快速路、苏福快速路沿线开展广告整治，拆除高炮23座、屋顶广告29块、屋顶镂空字93处，总面积约1.52万平方米；按照全省交通干线沿线环境综合整治五项行动考核要求，苏嘉杭高速沿线高炮整治共拆除26块“清零”目标中的24块，面积约7000平方米。

【智慧城管建设】 推广一期公共服务平台，重点推进大数据分析、“门前三包”、户外广告、违法建设管理等子平台落地应用。“门前三包”平台通过宣传及开展“落实门前三包，共建文明吴中”专项行动，录入责任单位13954户，绑定11154户，采集问题5257件，自行整改2387起，对114家因不履行市容环卫责任而扣完“责任分”的单位予以行政处罚并扣除信用分，提高市容环卫责任履约率；选取吴中高新区、郭巷街道、木渎镇等8个重点街镇内的26个新建交付居民小区开展违法建设监管平台试点工作，通过“物业+城管”工作模式，将违法建设遏制在萌芽状态，上报185起违建问题均得到有效处置；户外广告平台建立基础管理数据库，完成800余处大型户外广告的点位录入工作，为户外广告设施的整治、规范、提升提供技术支持。

【城管志愿队伍建设】 组建吴中城管志愿者服务队，全年注册志愿者约1500名，服务时长13284小时，解决各类城市管理问题近5万件。志愿驿站以“共管共享，我行我愿”为品牌，依托“吴中志愿”平台，在传统“计时式”岗位基础上，创新推出“计件式”志愿服务模式，紧扣垃圾分类、共治共管等重点工作开展城市管理宣传活动。

【推进综合执法改革】 根据镇域综合执法改革实施计划安排，做好办公场所、装备建设、建立健全行政执法制度、开发执法运行平台、健全综合行政执法工作机制等工作，全区11个镇、街道综合行政执法局统一揭牌。核对城管条线下放权力清单，草拟《综合执法管理办法》等制度、岗位职责和综合执法制服、标志标牌、办公场所等3项标准，梳理各条线行政处罚权自由裁量标准。完成综合执法平台搭建，12月下旬在郭巷试点运行。

【环境卫生管理】 加大环卫基础设施建设，提高机械化作业能力和道路机扫率，提升垃圾转运站的建设标准和工艺。加快下沉式中转站的建设，全年完成木渎南金桥转运站、胥口转运站新建工作，吴中高新区冬青路、郭巷尹丰路转运站前期准备工作及东山转运站扩建工作，新增73辆作业车辆，新改建53座公厕、5个环卫休息场所。推进公厕新建改造工作，完成80个农村公共厕所建设。推行中心核重点区域夜间保洁制度，基本延长机械保洁至晚间十点。

【垃圾分类推广】 发挥垃圾分类领导小组的高位统筹指导作用，加强垃圾分类的监督考核工作，完成市级垃圾分类小区216个、垃圾四分类小区99个；新增公共区域垃圾分类设施724个，全区公共区域垃圾分类设施覆盖率为100%；推行垃圾分类定时定点投放试点小区4个；完善垃圾分类收运体系，组建区级可回收物收运队伍并投运，与市级“易丢丢”可回收物平台全面对接，推进再生资源回收与垃圾分类两网融合，实现可回收物收运全域覆盖；开展农村生活垃圾分类就地处置工作，落实日常运行管理制度，对全区16个行政村（社区）完成生活垃圾分类覆盖，2个处理站点建设并投运，实现全区农村生活垃圾分类全覆盖；开展垃圾分类宣传工作，借助网络平台、广播、电视、线下活动，串联吴中区特色活动，多渠道、多维度开展垃圾分类宣传。

2019年11月9日，越溪街道珠村社区成为吴中区首个垃圾分类定时定点投放小区　　区城管局　供稿

【扫黑除恶工作】 制定《2019年度吴中区城市管理部门扫黑除恶专项斗争工作方案》，成立以主要领导为组长的领导小组，组织开展区城管系统新一轮扫黑除恶专项斗争线索摸排，完成13条疑似线索和5条行业治乱线索的核查。加强扫黑除恶宣传工作，累计发放扫黑除恶宣传资料3.5万份，建立固定宣传平台486个、电子宣传平台454个，开展集中宣传活动53次。

（王俊慧）

公用事业

【供水】 2019年，全区供水总量11374.68万立方米。强化供水安全保障，完成吴中水厂深度处理改造，深度处理工艺运行稳定，出水水质各项指标优良。完成吴中水厂制水工艺改造，出厂水、管网水、末梢水的消毒副产物经检测均符合国家标准。推进区域供水建设，加快建设三山岛区域供水工程和金庭镇区域供水工程。落实饮用水源地巡查制度，开展水源地蓝藻应急处置预案演练，编制《吴中区供水专项规划》，修订完善《吴中区供水应急预案》，保障全区供水安全。抓好太湖及内河蓝藻打捞工作，配齐打捞设备，优化人员设备调度，全年打捞蓝藻4.9万吨（含水）。

（金晓燕）

【供电】 2019年，全区全社会用电总计841083万千瓦小时，比上年增长-2.7%。全行业总计用电703144万千瓦小时，比上年增长-3.63%，占总用电量的83.61%。其中，第三产业用电183988万千瓦小时，比上年增长6.78%；城乡居民生活用电合计137939万千瓦小时，比上年增长2.36%。（王　运）

【城镇燃气管理】 2019年，供气总量14.81万吨，其中天然气12.91万吨、液化气1.9万吨；燃气总用户41万户，全区燃气管道总长2125.78千米。完善燃气安全监管体系建设，严格检查执法，组织各部门、专家联合检查6次，全面覆盖全区各燃气企业、场站、供应站等。配合“331”专项整治行动，联合执法17家（次），暂扣液化气钢瓶2259只。把关燃气设施建设程序，提升燃气设施建设规范化、标准化水平，完成设计审查项目43个，交付项目55个。推动老新村建设管道燃气，完成13个小区2600多户居民的瓶改管工作。（戎　昳）

【污水处理】 加快污水处理设施建设，完成吴淞江污水处理厂新建工程，推进角直新区污水处理厂扩建、木渎污水处理厂二期新建工程；完成金庭、城区、胥口、木渎、科福5家污水处理厂尾水提标改造工作。加快排水达标区建设，全区完成797个排水达标区块建设，新改建污水管网87千米。加快农村生活污水治理，完成农村生活污水治理的村庄有50个。推进污水管网检查和修复，完成6家污水处理厂、全区污水管网的整合运营并常态化运行，完成1200千米污水管网测绘和结构性、功能性检测。强化排水行业监管，全区9座污水处理厂共处理污水14350万吨、处置污泥16.06万吨，各污水厂生产运行保持正常、出水达标。（金晓燕）

【城市照明】 综合考虑自然风光、人文特色、城市发展等要素，从宏观角度规范引导全区景观照明规划建设行为，完成夜景照明专项规划设计中期方案。做好城市照明基础设施维护及管理，办理新建项目景观照明方案审核备案19件，出具审核意见39份；完成东环南延一期吴中东路及石湖东路跨运河桥道、东环南延二期地面、南湖桥、南湖快速路等道路照明工程建设，全年修复地埋电缆短路断路等故障点70余处，处理路灯突发故障应急共150多起，出动车辆3500余次，管辖路灯随坏随修，保证主要道路亮灯率在99%以上，居民巷道亮灯率在99%以上。（王俊慧）

【道路设施维护】 完成宝带西路、友新路、长蠡路等路段阻车设施增设工作，宝带东路、东吴北路等路段非机动车停放区域和标识增设工作，澄湖西路、石湖西路、苏蠡路、盘蠡路等路段沥青路面修复工作，吴中西路39弄（金都饭店门前道路）综合整治改造工作，迎春路、宝带西路、友新路等道路的人行道板日常维修工作，道板上、绿化带内废弃的地钉及不明立杆定期清理工作。全年修复沥青路面37000平方米，划设非机动车停车线18161米，增设停放标识1010个，增设阻车石柱180根，修复石柱100根，维修石球89只，割除地钉110处，清理废弃立杆31根，拆除废弃砼墩子6只，修复花岗岩石板750平方米、舒布洛克砖1300平方米、平侧石920米，新增平侧石150米，修复树圈120只。除强化日常管养外，加强开挖路面管理工作，执行先审批后开挖程序，减少对市民出行的影响。年内，完成吴中西路、龙西路、东苑路、旺吴路等道路燃气、供电、供水、污水开挖修复工作，累计修复沥青路面2200平方米、石板250平方米，修复舒布洛克砖650平方米、砼60平方米、平侧石220米，道路完好畅通。

【排水设施维护】 按照排水管网养护计划，根据“先内后外，先重点路段，后非重点路段”的原则，上、下半年各对辖区主次干道、街巷道路的84.4千米雨水管道、8950座窨井进行一次清掏、疏通；每季度疏通苏苑、新龙、月浜、水香等菜场周边重点部位的下水道。加强排水设施日常巡视，维护排水设施完好，全年更换雨水盖座20套、雨水盖板80块、边井盖座25套、边井盖板180块，抬升雨水井4座，修复雨水边井3座。针对汛期复杂多变的特点，从组织领导、队伍建设、物资储备、隐患排查、预案制定等多方面采取措施，抓好防汛工作，将汛期强降雨天气带来的不利因素化为平安，辖区道路基本无严重积水。汛期共出动巡查、值守、应急处置人员累计约180人次，投入各类巡查及抢险车辆9辆、移动水泵4台、汽油发电机3台，清理窨井8950座、桥梁泄水孔400个、绿化隔离带泄水槽487处，保障道路、桥梁通行安全。

【桥梁设施维护】 按照《城市桥梁养护技术规范》要求，加强城市桥梁日常巡视，及时发现桥梁设施缺失、污损问题，先后对西塘桥、葛庄桥、月苑桥、跃进河桥等桥梁设施进行修复，确保城市桥梁稳固。全年更换桥栏杆25根、柱头14只、栏板9块。按照航道部门要求，增设新家桥、新塘景观桥、澹台湖大桥、太湖东路大桥等跨运河桥梁的桥名牌、桥涵标、倒水尺等防撞设施。加强城市桥梁防护设施的监管工作，开展城市桥梁防护设施和桥梁独墩调查摸底工作，发现桥梁安全隐患。经调查摸底，辖区管养范围内无独墩问题存在，需要进行防护设施升级改造的桥梁有7座。配合社会事业局民政科对新建桥梁开展命名工作，便于市民识别。

【停车普查规划及“智慧停车”建设】 开展停车资源普查及专项规划编制，通过前期摸排、查找停车难症结，制订近期和中远期详细解决方案，完成中期成果汇报；推进“智慧停车”建设项目，建成区级智慧停车综合管理平台并持续优化各项功能模块，完成中心城区12条道路1300余个泊位智能化改造。

【公共自行车六期】 协同属地政府现场踏勘，完成区公共自行车六期项目，全年新建公共自行车站点60个车桩1800套，更新旧站点100个车桩2800套，新增、更新车辆4600辆。

【杂船整治】 开展全区杂船整治工作，调查摸底全区杂船现状并制定工作意见、补贴方案、拆除垃圾无害化处理工作方案、联合执法等制度性文件，推进全区杂船整治工作，实时掌握整治进度，协调解决各类问题，排查杂船数量7833艘，签约7823艘，完成拆解7784艘。

（王俊慧）

交通运输

【概况】 2019年，完成道路建设投资19.14亿元，完成航道疏浚土方18.54万立方米，维修驳岸81.5米，新辟及优化调整公交线路38条次，启用新公交场站5个、公交候车亭118个，查处违规运营车辆298辆，查处超限车辆116辆，卸驳载货物695吨，开展打击违法违规固废物专项行动58次，完成行政许可事项13308件，行政处罚案件315件。开展人大建议和政协提案办理工作，完成区“两会”建议、提案17件，代表、委员满意率达100%。做好各类投诉建议受理平台的处办工作，办结各级“领导信箱”信访件34件，办理区联动中心平台工单4065件，做到事事有回音、件件有落实。

【道路建设】 完成投资19.14亿元，建成东环南延、南湖路一期2条高架快速路，建成蠡墅立交1座，建成吴中东路桥、石湖东路桥、南湖路地面桥等跨运河桥3座，打通中心城区东西向断头路3条，提升吴中中心城区交通出行条件。苏同黎公路快速化工程下部结构施工结束，步入大规模箱梁浇筑阶段，完成独墅湖二通道施工区拆迁清障，扩大南湖路东延施工作业面，工程推进速度转入正轨，阴横山连接线工程开工建设，中山路二期完成施工监理招投标，星塘街南延财政评审工作结束并具备招标条件，攻克长江路南延前期报批中涉及的风景区规划选址审批难点，推进尹山大桥、新家桥改扩建工程，金枫立交西转南匝道工程前期报批。统筹推进储备项目前期研究，重点对吴中大道快速化改造、绕城高速车坊互通改扩建、230省道光福至胥口段快速化改造、胜浦大桥重建等项目开展前期研究工作，将部分研究成果向区委、区政府专题汇报；配合市交通局开展苏震桃高速、通苏嘉甬高铁建设项目前期工作。根据长三角一体化发展及项目实施轻重缓急程度，修编《吴中区交通现代化三年行动计划（2018—2020）》。

【航道建设】 完成航道疏浚土方18.54万立方米，维修驳岸81.5米。开工建设苏申外港线等航道整治工程，完成苏申内港线支线航道疏浚工程、长桥防撞设施工程，完善水上服务区设施，实施锚地疏浚及绿化提升工程，为过往船民提供优质服务。全年累计巡航里程20225千米，上航查标里程1768千米，维护航标250座次，排除航标故障10起，在抗击台风中启动航标应急预案，抢修航标移位、非维护性失常故障2起，航标正常率达100%。

【公交场站建设】 针对中心城区交通出行的突出矛盾，通过系统思维、顶层设计，完成《吴中中心城市核交通优化保畅规划》送审稿。按照《吴中区公交线网优化三年实施规划》的总体布局，结合道路建设、产业园扩容和小区入住等情况，新辟及优化调整公交线路38条次，启用新公交场站5个、公交候车亭118个。完成金港首末站建设，开工建设清禾路首末站，加快蠡墅立交首末站前期报批；全年完成公交候车亭建设89个，建成充电桩86个。按照生态涵养区建设的要求，新采购新能源公交车134辆，清洁能源公交车占比提升至81%，优先在东、西山地区投放68辆新能源公交车，做到生态涵养示范区内绿色公交全覆盖。

【公路养护】 省道完成平侧石翻修更换约180米，沥青路面病害修复约9000平方米，沥青路面灌缝约600米，桥梁伸缩缝更换20米，花岗岩桥栏杆更换10米，窨井盖更换约140套，水泥砼基层浇筑40立方米，清理路面油污约50平方米，人行道板砖翻修更换160平方米，景观走廊防腐木更换1400米，边沟维修约180米，雨水井盖疏通5座。县道完成沥青路面维修30000平方米，水泥砼路面维修495立方米，沥青路面灌缝32千米，道板砖修复1350平方米，雨水井盖更换300套，平侧石更换1070米，桥梁护栏修复260米，施划标线1200平方米，雨水井清淤172座，雨水管道疏通750米。全年省道优良路率为99%，县道优良路率为96.53%，乡村道优良路率为92.7%，全区公路路况质量保持稳定。

高架养护累计完成清扫路面183780千米，洒水冲洗路面183780千米，检查疏通泄水孔15816个，清理伸缩缝17440米，冲洗防撞墙16800千米，清洗声屏障516千米，清洗隧道侧墙36千米，更换集水井盖64个，疏通修复落水管318米，交通事故应急处置出动473次。

【安全质量管理】 实施扫黑除恶专项斗争工作，贯彻落实省、市、区关于扫黑除恶专项斗争的工作部署和具体要求，成立局专项工作领导小组，统筹推进系统扫黑除恶工作。年内召开交通运输领域扫黑除恶专题会议9次，对系统19家下属单位开展专项督导检查。通过宣传发动、线索摸排、重点突破，布设宣传阵地2508处，发放宣传资料8000余份。强化安全生产隐患排查，按照管行业必须管安全的要求，常态化实施“四不两直”安全隐患检查工作，督促行业主体落实安全生产责任，开展专项安全隐患排查2225次，检查企业（场所）2083家，整改安全隐患1249处。开展桥梁安全检查，对全区高架桥梁和地面道路桥梁开展安全隐患排查和检测，对检查发现的高架隐患形成整改方案初稿，对检查发现的3座普通道路危桥采取限载或封闭措施，对尹山大桥、长桥、太湖大桥等重点桥梁加强管控，完善安全设施，保障桥梁运行安全。落实安全生产主体责任，牢固树立“十次检查不如一次执法”的意识，执法检查各类维修企业、“两客一危”、公交公司、港口码头、在建交通施工单位5936家，处罚立案249起。在航道港口行业选树5家企业开展“风险分级管控和隐患排查治理双重预防机制”试点工作的基础上，实施双重预防机制，突出应急处置能力建设，推进港口安全事故预防工作科学化、标准化。

【“263”专项整治】 完成查漏补缺非法码头取缔2个，完成取缔后非法码头地块生态修复，生态修复及环境保护率达100%。其中62家完成复耕复绿，17家做到转型经营。推广粉尘在线监测系统，首批有20家港口码头企业完成设备安装；60个持证港口码头实现无尘化作业，码头污水做到集中收集处理后再排放，码头垃圾由专业公司及时清运，32台码头作业区非道路移动机械实行国二以下标准淘汰更新。实施三级航道水面保洁，清除各类垃圾及水生植物5000余吨。加大汽车维修企业环保治理，检查企业559家，发现问题企业225家，抄告区环保部门持续做好督促整改工作；推进13家机动车环保检测与维护站（I/M站）建设，完成尾气不合格车辆治理61辆。开展公交场站污水排放普查，完成7个场站污水管网改造方案。落实工地扬尘监管责任，开展扬尘专项检查，检查发现196个问题并整改到位。开展柴油货车专项整治，配合交警部门完成货车道路运输证注销3657张。

【交通干线综合整治】 围绕省级验收目标，紧盯工作难点，推进绿化种植、环境整治和桥下空间整治扫尾工作，累计完成高速公路、国省干线、航道、港口沿线“脏乱差”问题整治242项，完成高速公路桥下空间整治15万平方米，完成交通干线两侧复绿25万平方米，230省道、苏南运河、苏西航道等交通干线两侧环境质量及绿化率得到提升。

（高　艳）

表15-1　2019年末交通运输业基本情况

项目	计量单位	2019年	2018年
一、公路总里程（不含高速）	千米	1161	1182
二、公路桥梁（不含高速）	座	1080	1092
三、内河航道通航里程	千米	357	353
四、通航河流上建筑物	座	4	3
五、航道上设立的航标	座	59	53
六、年末营业性车辆拥有量	辆	11560	13970
其中：客运汽车	辆	2862	2794
货运汽车	辆	8698	11176
七、客、货运输量			
1. 客运量	万人次	2559	2508

续表

项目	计量单位	2019 年	2018 年
2. 客运周转量	万人公里	103628	103844
3. 货运量	万吨	1639.9	1538
4. 货运周转量	万吨公里	285812	269305

（出自：区统计局）

表 15–2　2019 年末通车通航里程

项目	计量单位	2019 年	2018 年
一、公路总路程（不含高速）	千米	1161	1182
1. 按行政等级分			
（1）国道	千米	10	10
（2）省道	千米	121	121
（3）县道	千米	239	265
（4）乡道	千米	433	368
（5）村道	千米	358	420
2. 按等级分			
（1）一级		236	165
（2）二级	千米	436	497
（3）三级	千米	354	416
（4）四级	千米	134	104
3. 按路面分			
（1）沥青	千米	1043	894
（2）水泥	千米	118	288
二、公路桥梁	座	1080	1092
	延米	43939	42407
三、内河航道通航里程	千米	357	353
通机动船	千米	357	353
四、通航河流上建筑物	座	4	3
永久性闸坝	座	—	—
五、航道上设立的航标	座	59	53
发光的	座	59	53

（出自：区统计局）

表 15–3　2019 年末营运客运、货运汽车拥有量

项目	单位	总计	
			个体
营运车辆总计	辆	11560	552
一、客运汽车	辆	2862	—
（按标记客位分）	客位	26539	—

续表

项目	单位	总计	个体
其中：大型汽车	辆	256	—
	客位	11939	—
中型汽车	辆	39	—
	客位	784	—
二、货运汽车	辆	8698	552
（按标记吨位分）	吨位	81726	3636
1. 普通载货汽车	辆	6532	536
	吨位	54034	3457
其中：大型汽车	辆	5238	385
	吨位	51746	3148
#重型汽车	辆	3233	182
	吨位	38800	1980
中型汽车	辆	161	26
	吨位	585	95
2. 专用载货汽车	辆	887	13
	吨位	8792	167
其中：大型汽车	辆	723	13
	吨位	8404	167
#重型汽车	辆	586	13
	吨位	7494	167
中型汽车	辆	79	—
	吨位	277	—
3. 牵引车	辆	669	2
4. 挂车	辆	577	—
	吨位	18606	—
5. 其他载货机动车	辆	33	1
	吨位	294	12

（出自：区统计局）

邮政电信

【邮政概况】 2019年，坚持“情系万家，信达天下”的使命，坚持“以客户为中心”经营客户理念，重视普遍服务，履行政治责任、社会责任和经济责任，满足新时代人民群众用邮需求，为全区人民提供便捷服务。下辖角直、郭巷、越溪、长桥、横泾、浦庄、渡村、东山、西山、木渎、胥口、藏书、光福13个邮政支局，车坊、碧波、东方大道、太湖度假区4个邮政所。全年总体服务质量保持平稳状态，未发生指标性投诉，未发生重大责任性事故，营业网点规范管理率名列前茅，投递服务质量管理考评位居前列。

【邮政业务】 2019年，完成邮政业务总收入1.19亿元，其中邮政储蓄净增余额4.02亿元；代理保险销售6.37亿元。创新邮政特色客户服务模式，强化快递包裹产业集群服务，承办多地扫黑除恶、垃圾分类等普惠宣传，弘扬集邮传统文化。

【报纸投递】 2019年，报纸投递量超2326万份，杂志投递量56万份，给据邮件及账单日均投递1.5万余封，快递包裹日均投递2万余件，投递量居苏州全市第一。 （吴春倩）

【电信概况】 截至2019年末，交换机容量57.27万门，其中城区容量16.67万门、农村容量40.6万门；光纤总长度64379.64皮长公里，芯长50869.27芯公里；42个中心机房，679个接入网机房，85个EPON（以太无源光网络）机房，管道21962.85孔千米，40326杆程公里，互联网出口带宽达4T，互联网宽带用户80万户；电话用户70万，各项业务总收入8亿元。

【信息化建设】 2019年，贯彻落实中央精神，建设网络强国、维护网信安全，担当落实。参与"智慧吴中"建设，在"联动智能移车""吴中在线教育""智慧停车""智慧公共安全（视频）"等多方面展开合作，推进"两化融合"，实施企业上云，推动5G与智能化融合改造。 （宋 佳）

编辑：高 燕

自然资源保护利用

【概况】 吴中区坚持生态优先、绿色发展。围绕“一核一轴一带”生产力布局，坚持全区用地“一盘棋”，做好土地资源“加减法”。编制《苏州生态涵养发展实验区规划》。以系统思维统筹做好耕地保护、林业管理、湿地修复、地质灾害防治等各项工作，着力构建自然资源保护修复新格局。树立“减量化”发展理念，深入挖掘存量资源潜力，保障全区经济高质量发展。全面落实存量建设用地盘活利用“焕新工程”。

【深化耕地建设性保护】 制定落实耕地保护“沃土工程”，推进永久基本农田“回头看”问题图斑整改，完成100公顷永久基本农田储备区划定，开展历史耕地占补平衡和增减挂钩项目核查，做好储备补充耕地核查整改。围绕“一核一轴一带”生产力布局，坚持全区用地“一盘棋”，做好土地资源“加减法”，完成各类项目入库90宗，总面积282.40公顷，入库面积占年度任务的107.05%。出台吴中区“三优三保”土地指标及资金管理办法、加强吴中区项目库复垦管理工作的实施细则以及“三优三保”指标交易实施细则。进一步核实占补平衡、增减挂钩、盘存配增、“三优三保”等各类指标调剂使用情况，统一区内、外各类指标交易价格，拓宽市域指标调剂渠道，调剂费用总额达7.95亿元。

【强化生态保护性修复】 制定落实耕地保护“沃土工程”，完成100公顷永久基本农田储备区划定，开展历史耕地占补平衡和增减挂钩项目核查，做好储备补充耕地核查整改。高起点谋划生态涵养，以东山、金庭两镇为主体，完成《苏州生态涵养发展实验区规划》，规划总面积约285平方千米。积极开展造林绿化，完成新增成片造林13.33公顷，森林抚育800公顷，实现连续14年未发生较大森林火灾和人员伤亡事故。加强湿地保护管理，完成湿地保护恢复面积508公顷，拨付生态补偿资金6060万元。做好卫片检查和土地例行督察各项工作，对未整改违法用地图斑进行立案查处，落实“季度+年度”的卫片检查新模式，狠抓森林督查、违建别墅清查整治等专项行动。

【推动资源节约集约利用】 全面落实存量建设用地盘活利用“焕新工程”。全年共消化批而未供土地310.52公顷，完成率为160.6%；完成处置供而未用（用而未尽）土地91.90公顷，完成率为125.3%。制订完善吴中区城镇低效用地再开发专项规划和实施计划，完成低效用地再开发223.79公顷，完成率159.9%。推进“两个更新”改造，全区首个存量工业用地市场化更新改造项目木渎创域智能产业园基本竣工，全市首个城市更新项目甪直预制构件厂开工建设。

【林业资源管理】 深入推进林业建设“绿屏工程”，坚持“林地、绿地、湿地”三地同建，强化绿化造林、森林抚育、森林资源管理、森林防火体系建设，坚持“绿化、美化、文化”三化结合，加强林木良种基地建设，加大银杏、榉树、枫香等本土树种种植量，有序增加林木的丰富性和树种的多样性，打造具有吴中特色的林木景观。全年完成新增成片造林13.33公顷，森林抚育800公顷，实现连续14年未发生较大森林火灾和人员伤亡事故。加强湿地保护管理，做好生态湿地保护、修复、监管和生态补偿、责任考核全流程管理。全年完成湿地保护恢复面积508公顷，拨付生态补偿资金6060万元。

【矿业资源管理】 开展地质灾害项目治理，对原横泾一石场（苏州市殡仪馆）东侧南部山体、金庭石丰宕口南侧山体、金庭缥缈峰顶山体、金庭缥缈峰景区藏獒观赏园内山体、光福国家登山健身步道工程米堆山环线等地质灾害点实施治理，治理面积约7.5万平方米，投入治理资金约4600万元。全面排查全区各地质灾害隐患点，做好清明山、尧峰山东侧山体等地质灾害隐患处置，完善全覆盖的群测群防监测网络。强化全区矿业权管理，及时上报开发利用统计年报和储量年报，做好矿业权勘查开采公示。

（喻　娜）

【水资源管理】 落实水资源管理制度，加强制度建设和考核工作，开展水资源论证和取水许可申请审批和验收工作，加强取水户日常监管和事前事中事后监管，全区67家取水户全部录入取水许可证登记系统，全年办理取水许可审批9件（其中新办5件），延续4件，变更1件，注销7家。开展雨水收集利用设计审查和竣工验收工作，完善审批和验收程序，全年办理雨水收集利用设计审核36件，雨水竣工验收项目8件。拓展合同节水实施范围，加强计划用水管理，全年对68家取水户（地表水和地下水）和年用水量超过5000立方米的1573家公共供水单位下达用水计划，吴中区全区用水总量22045.62万立方米。加强节约用水管理，年内，创建1家省级节水型企业、3家市级节水型企业、2家省级节水型单位、3个省级节水型小区和1个省级节水型社区，创建1所省级节水型学校和6所市级节水型学校，完成34家用水单位的水平衡测试、4家企业的用水审计。全年办理节水“三同时”项目36件，加快推进节水技术改造。

（金晓燕）

污防攻坚（“263”专项行动）

【概况】 2018年，在吴中区“263”专项行动领导小组基础上，成立吴中区打好污染防治攻坚战指挥部，负责统筹协调、组织指挥和督促落实打好污染防治攻坚战中的重大事项。指挥部下设办公室，承担指挥部日常工作。指挥部办公室与区“263”专项行动领导小组办公室合署办公。2019年，全面落实省市打好污染防治攻坚战决策部署，扎实推进污防攻坚再深入，有效解决一批突出环境问题。1—12月，全区PM2.5浓度为每立方米39.1微克，环境空气质量达标率为72.5%。全区国、省考断面水质达标率为100%，其中7个河道断面水质优Ⅲ比例为85.7%，国、省考断面水质无五类断面。土壤环境质量总体保持稳定。

【绿色转型持续升级】 深入推进低端低效产能淘汰工作，已淘汰和整治低端低效产能企业（作坊）200家。积极开展重点行业清洁化改造，73家已全部完成改造。严格控制煤炭消费总量、能源消费总量。制定《吴中区化工产业安全环保整治提升实施方案》，完成“一企一策”“一园一策”制定上报工作。进一步提升“散乱污”企业整治水平。排查整治“散乱污”企业（作坊）1209家，完成整改1209家，其中关停803家、提升406家；开展区块化整治10宗，腾出土地587亩。

【污防攻坚深入实施】 加强统筹部署。5月24日，区委、区政府组织召开全区生态环境保护暨打好污染防治攻坚战指挥部第一次全体（扩大）会议，为年度工作指明方向。会上与8个板块和8个牵头部门签订打好污染防治攻坚战年度目标责任书，明确72项主要指标、32项重点任务和92项重点工程。印发12项区领导年度挂牌督办重点任务，均已全部完成。编制完成全面加强生态环境保护坚决打好污染防治攻坚战的工作意见，重点围绕目标责任书，中央环保督察“回头看”、省环保督察、长江经济带等相关问题的整改，开展调度督办，推动任务落实。严格责任落实。区委、区政府主要领导9次召开专题会议（调研），协调重点问题，推进工作落实。区委、区政府对12项挂牌督办重点任务，明确督办区领导，定期开展工作督查，每月通报推进情况。区人大常委会强化依法监督，开展《水污染防治法》落实情况专项检查，推动职能部门履行环保责任。联合区纪委监委强化监督执纪，开展诫勉谈话6人次。印发《吴中区打好污染防治攻坚战约谈办法（试行）》，区政府区长陈嵘约谈度假区、开发区、高新区、木渎镇、东山镇、临湖镇、光福镇、香山街道等8个镇（区、街道）。

大气污染防治方面。制定《吴中区打赢蓝天保卫战三年行动计划实施方案》。以大气污染防治工作为重点，推进重点行业全面达到超低排放水平。5项锅炉整治项目和31项VOCs综合治理和低VOCs原料替代项目全部完成。落实省市柴油货车污染治理攻坚战部署要求，完成国Ⅰ、国Ⅱ高排放机动车淘汰补助6415辆。开展建筑工地扬尘治理专项检查438次，累计抽查项目938个，开出整改通知单659份。强化污染天气应急管控，组织41家重点废气排放企业制定臭氧应急减排“一企一策”。开展秋冬季大气质量“微克攻坚”，梳理更新424家秋冬季重污染天气应急管控企业，排定细化管控措施。

水污染防治方面。严格太湖水污染防治，全面启动太湖安全度夏应急防控工作，加强监测预警。累计通过收割芦苇、蒿草等完成湿地养护851.53公顷，打捞太湖蓝藻49142.5吨（含水），打捞水体漂浮物103118吨（含水）。加强对国、省考断面水质监测预警，重点开展对苏东河、木光河、胥江等小流域的综合治理。进一步加强水源地长效管理，35个加油站地下油罐防渗改造全部完成。完工农村生活污水处理设施的村庄有50个，新建污水管网73.25千米，完成农村河道疏浚149条，重点黑臭水体整治3条。

土壤污染防治方面。完成重点行业企业用地调查对象增补核实，确定第三批34家（共计46家）土壤重点监管企业名单。强化重金属污染防治，完成太湖流域新一轮电镀整治企业8家，完成53个建设用地土壤调查评审工作。全面开展城乡生活垃圾分类体系建设，完成216个垃圾分类小区建设，完成14个垃圾分类行政村建设，光福镇、横泾街道开展镇村全域垃圾分类试点，新增造林面积200亩。

【监管能力逐步增强】 狠抓暗访曝光。持续推进常态化明察暗访、媒体曝光、跟踪督办，围绕大气国控站点和国省考水质断面达标、黑臭水体及扬尘治理、餐饮油烟治理、散乱污整治等专项专类，加大曝光力度，实行有问题必通报，有问题必督察。及时处理省、市、区三级

"263"曝光及信访件188个。累计开展各类突出环境问题的明察暗访118次，其中错时暗访督察23次。电视曝光问题53个，其中省级曝光5个、市级曝光23个、区级曝光25个，下发专项整改督办单71件。

完善生态监管体系。完成全区13个空气质量监测站点PM2.5及臭氧设施安装并投入试运行，实现镇（街道）全覆盖。加强断面水质监测，完成1个水质自动站建设。强化重点区域监管。加强静脉产业园、化工集中区的监管力度，成立吴中化工园区管理委员会（筹）。开展化工企业环境安全隐患排查整治和应急演练，完成化工企业环境安全隐患排查工作。加大环境执法力度。组织开展废铅酸蓄电池行业专项整治、冬季安全生产和生态环境安全保障专项行动等整治行动，持续开展粉尘涉爆企业、涉磷排放企业等专项检查。1—12月份，出动执法人员5686人次，检查工业企业2415厂次，下发监察意见书139份，立案处罚110件，处罚金额1019万元。实施查封扣押案件5件，移送公安部门涉嫌环境犯罪案件4起。

【问题整改全力推进】 推进"5+1"等各类环保问题整改。中央环保督察问题整改完成销号。中央环保督察"回头看"期间交办吴中区的42件信访件均已完成整改；反馈意见涉及吴中区的2件具体整改问题，菱湖渚片区问题已完成整改，天山新材料搬迁入园问题整改正在有序推进中。省环保督察期间交办的84件信访件和13件具体整改问题均已完成整改。已按照序时进度要求完成市人大常委会审议的14项突出环境问题的整改工作。32项市、区人大水污染防治法执法检查发现的突出环境问题已完成整改27项。完成各级"263"曝光及信访件整改160件，整改完成率为92.49%。

【探索创新治理模式】 以网络联通、数据融通、流程相通、监管畅通为目标，区污防攻坚办会同吴中生态环境局与区联动中心密切配合，进一步整合优化污染防治综合监管平台系统，扎实推进试点工作。试点开展水环境区域补偿工作，探索提升水环境质量新机制，制定全区水环境区域补偿工作方案，运用经济杠杆落实水环境保护责任。做好太湖水草科学管护工作，聘请中科院地湖所对东太湖网围拆除区域水生植物进行跟踪观测和评估，"保姆式"管护"水下森林"，积极探索太湖"五位一体"科学管理新模式。积极做好生态"加减法"，探索吴中"两山"理论实践创新的新路径。积极承办苏州生态涵养发展实验区规划发布会，生态涵养发展实验区落地吴中区。

（刘文静）

环境保护

【概况】 2019年，践行"绿水青山就是金山银山"科学论断，以习近平生态文明思想为指导，以改善环境质量为核心，加强生态环境保护和生态文明建设，打好污染防治攻坚战，各项工作取得良好成效。年内，苏州市吴中区监测站获"江苏省生态环境系统先进集体"称号。

【环境质量状况】 全区环境空气PM2.5浓度为每立方米39微克，比上年下降7.1%；环境空气优良天数达标率为72.4%，比上年下降0.5%。全区9个省考以上断面全面达到年度考核目标，集中式饮用水水源地水质达标率持续保持100%，其中7个河道断面水质优Ⅲ比例为85.7%，连续12年实现太湖安全度夏。

【生态文明建设】 推进全区2019年度生态文明建设"十大工程"41个项目，完成投资9.77亿元，项目建设取得成效。落实生态红线管控职责，加强生态红线区域管控，推进26个生态保护、修复治理项目。组织东山镇渡口村、潦里村和横泾街道新路村等3个村参与创建省级生态文明建设示范村。推进生态涵养区规划建设工作，发布《苏州生态涵养发展实验区规划》，成立专家咨询委员会，排定近期和中远期生态保育、生态治理、民生保障和产业发展4大类22个工程97个项目，全年实施4大类23个工程54个重点项目，投资总额9.96亿元。

【项目环评审批服务】 做好企业服务工作，召开重点项目环评编制审批解读会、环评业务培训会及环评监测单位座谈会，帮助企业答疑解惑、解决实际困难，为企业破除发展中的环保瓶颈，服务吴中企业高质量发展。做好“环保干部与企业结对帮扶”工作，对味之香食品公司、药明康德公司等公司进行上门帮扶，指导农发公司完善东山湖羊保种基地环评工作；做好“一张网”“3550”“不见面审批”“代办制”“多评合一”等审批改革工作，为继续缩短项目落地全流程审批时间打下基础。全年完成建设项目环评审批91个（其中环境影响报告表项目84个、环境影响报告书项目7个），办理登记表备案项目达1374个，完成噪声、固废专项验收的项目达58个。劝退拒批项目8个，涉及投资金额3950万元。

【水污染防治】 实施“河长制”“断面长制”，年度5个治理太湖重点项目全面完成，完成投资2.5217亿元。太湖“五位一体”精细化管理成效明显，全年打捞太湖蓝藻49142.5吨、水体漂浮物103118吨（以上数据均以含水计），通过收割芦苇、蒿草等完成湿地养护851.53公顷，太湖水质持续向好。加强对苏东河、木光河、胥江等小流域的综合治理，重点落实国、省考断面达标整治，加大断面整治力度，对断面水质监测预警。探索开展镇（街道）水环境质量考核区域补偿。

【大气污染防治】 2019年完成55项大气污染防治重点工程项目，一企一策废气提标改造方案编制28项，挥发性有机物在线仪项目安装5项。完成13个乡镇空气质量监测站点建设；实施乡镇空气质量考核，压实属地责任。落实夏季臭氧污染应急管控，组织41家重点废气排放企业制定臭氧应急减排“一企一方案”。梳理更新秋冬季重污染天气应急管控企业424家；开展秋冬季大气质量“微克攻坚”，重污染天气管控有效开展。推广安装用电监控系统，实时掌握企业管控情况。加快推进国Ⅰ、国Ⅱ高排放车辆的淘汰工作，完成国Ⅰ、国Ⅱ高排放机动车淘汰补助6415辆。

【土壤污染防治】 确定并公布第三批34家土壤重点监管企业名单；完成重点行业企业用地调查对象增补核实。完成2家涉镉等重金属企业的整治，完成太湖流域新一轮电镀整治企业8家。完成53个建设用地土壤调查评审工作；开展并完成对林通、党校、农药厂等污染地块的现场实地调研及技术评估，督促属地整改落实。

【固废管理与核辐射安全监督】 组织固废危废环境隐患排查整治专项行动和明察暗访专项行动，排查企业258家，查出并整改问题597个。开展危废贮存规范化专项整治，363家企业自查发现并整改问题1035个，抽查68家单位，发现并整改问题90个。对404家企业开展2019年度危险废物规范化管理达标建设工作，达标率为95.05%，在全市危险废物规范化管理工作专项督查中，抽查合格率为96.43%，被评定为优秀。开展危险废物专项治理，排查化工园区1个、企业62家，其中问题企业19个，发现并整改隐患数47项。联合苏州市公安局吴中分局、苏州市吴中区卫生健康委员会开展辐射安全专项执法检查，检查辐射企业7家、射线装置单位72家次、涉源单位3家。

【环境监管执法】 组织包括环境安全隐患大排查、化工企业环境安全隐患排查整治、废铅酸蓄电池行业专项整治、粉尘涉爆企业环境专项整治、涉磷排放企业专项执法检查、冬季安全生产和生态环境安全保障、固废危废环境隐患排查整治、清废行动2019、长江流域苏州段污染犯罪集中打击整治交叉互查、吴中区长江（太湖）入河排污口排查整治、固废环境隐患明察暗访、工业污染源全面达标排放、太湖安全度夏、环境执法大练兵、中高考期间绿色护考、秸秆禁烧等一系列环境执法专项行动。全年累计出动执法人员5686人次，检查工业企业2415厂次，立案处罚110家，处罚金额1019万余元，下发环境监察意见书143份，实施查封扣押案件5件，移送公安部门涉嫌环境犯罪案件4起。推进环保督察整改项目销号工作，中央环保督察、省环保督察及“回头看”反馈问题整改任务全面完成。优化信访调处流程，排查和解决环境信访问题，全年受理调处环境信访9384件。（陈　强）

【建筑工地扬尘治理】 根据各级污防攻坚办专项行动具体工作部署，组织实施扬尘污染防治专项行动，印发《关于进一步加强我区建筑工地扬尘管控工作的通知》，建立建筑工地扬尘治理工作考核机制。全年开展建筑工地扬尘治理专项检查438次，累计抽查项目938个，开出整改通知单659份，基本整改到位。对于扬尘控制不力、不按要求落实整改的责任单位，实施行政处罚8起，涉及8家责任单位，罚款金额21万元。

（戎　昳）

绿化管理

【概况】 2019年，推进绿色吴中建设，提高城市绿地布局的均衡性，加强对建筑工地扬尘整治全方位管理，全区生态环境持续优化。全年新增绿地60万平方米，城市建成区绿地率为38.7%，绿化覆盖率为42.3%，城市人均公园绿地面积14.56平方米，完成京杭大运河吴中段堤防绿化提升工程、香谷里公园工程、西环高架南延—南区石湖枢纽景观工程等多个绿化建设项目。

【绿化规划管理】 依据《苏州市绿地系统规划》等上位规划要求，开展吴中区绿地系统专项规划编制，统筹规划中心城区和乡镇建成区范围内的公园绿地、防护绿地、附属绿地等各类绿地的建设活动，构建城乡一体、内外相通的绿地生态系统。开展吴中区“绿色银行”工作，统筹调配绿化迁移苗木资源，全年计完成2200余株苗木的再次利用。加强绿化管理职能，开展占绿移绿审批工作，全年受理完成审批40件，涉及占用绿地2.2万平方米，制止绿地内违规开挖事件5起。

【绿化养护管理】 实现绿化养护社会化公共服务机制，完成区级道路东山片区、吴中大道片区、西山片区绿化养护服务和区级道路绿化养护第三方检查考核服务的政府采购工作。推进东山片区、吴中大道片区、西山片区绿化养护管理交接工作。全年迁移项目16个，迁移资金752万元，移植绿化面积约10万平方米。完成东山片区环太湖大道月季花补植补种工作和临湖片区环太湖大道迁移绿化恢复工作。全年组织绿化养护考核12次，开展养护管理工作。

（戎　昳）

水利建设

【概况】 2019年，践行“节水优先、空间均衡、系统治理、两手发力”的治水方针，坚持问题导向，聚焦重点关键，补齐水利水务工作各项短板，开展各项重点工作，为吴中经济社会现代化提供水利水务支撑保障。

【河（湖）长制】 区河长办印发《吴中区全面深化河长制湖长制改革2019年工作要点》《关于下达2019年区重要河湖“一事一办”工作清单任务的通知》，明确区级重要河湖年度治理任务。各级河湖长按照《吴中区各级河长标准化履职流程》充分履职，累计巡河59964次。完成市级“一事一办”工作清单任务19项、区级70项，市级交办单17份、区级交办单25份。开展“两违”整治工作，累计完成重要河湖“两违”项目整治192处，恢复被侵占岸线3665米，恢复被侵占管理范围39400平方米，恢复被侵占水域面积66655平方米，完成年度清理任务。针对全区问题河湖，区级印发《关于加强问题河道河长履职的通知》，明确河长对河道中水污染、水建设、水管理问题的处办职责及工作重点。通过强化督查、督办，推动基层河长履职尽责。将黑臭河道治理、“两违”整治、高质量推进城乡生活污水治理等治河任务通报到基层河长，全年基层河长向区镇河长办累计反馈问题654项，为整治河道问题、精确开展河道整治、改善河湖环境提供精准支持。组建澄湖护湖志愿总队，拓展湖泊保护工作，全区民间河长参与河湖共治，14名民间河长获评苏州市优秀民间河长。

【黑臭水体治理】 区四届人大三次会议将《关于进一步加强我区黑臭水体整治的议案》列为一号议案，区水务局发挥牵头协调和推进参谋作用，组织各镇（区、街道）、区级相关部门召开黑臭水体整治工作例会以及技术推介会、工作培训会，加快整治进度。按月定期通报全区黑臭水体整治工作情况，上报区四套班子主要领导和区委、区政府分管领导。抓好省市级督办河道逐级销号工作，2016年以来完成整治的10条省市级督办河道完成市级销号4条，剩余6条全部上报销号申请。抓好2019年度农村黑臭、疑似黑臭水体整治工作，全年完成3条农村黑臭水体、21条疑似黑臭水体整治任务，抓好全区河道水质动态排查工作，完成“2019年底基本消除城乡黑臭水体”的整治目标。抓好水生态修复示范河道建设，通过比选各地河道，全年选定14条河道作为水生态修复示范河道建设试点，并全部完成建设。角直镇甫港村探索使用河道微纳米气泡发生器水处理设备、河道净水生化处理模块，提高河道水质、改善河道环境。

【依法行政】 增强社会公众的水法治观念，利用“世界水日”“中国水周”“全国城市节约用水宣传周”等契机，开展水法律法规宣传活动，接受咨询1500多人次，展示宣传板报40余块次，悬挂横幅40余条，发放宣传册及宣传资料5000份、宣传袋3000只、马甲袋10000只、一次性宣传纸杯10000只。贯彻党的十九大关于建设人民满意的服务型政府要求，深化“放管服”改革，完善政务服务“一张网”建设，推进网上办理、“不见面审批”，提升群众和企业的获得感和满意度。全年承办各类水行政许可审批事项151件，对60个涉水项目实施行政指导。加大水事违法行为查处力度，调处各类水事违法违规行为91起，其中立案查处5起，依法拆除苏浙交界太湖乔溇段渔业用房违建看护棚设施。开展诚信服务，依法计量收费，全区“两费”完成征收6033.97万元。坚持“以人为本、为民办事”理念，完成7件区人大代表建议和1件区政协委员提案的办理答复工作，做到面见率、书面回复率、按时办结率、满意率“四个百分之百”。

【防汛防旱防台】 落实防汛责任，地方行政首长负责制全面落实。区、镇防汛办公室实行汛期24小时昼夜值班制度，确保防汛工作信息畅通。加强防汛现代化能力建设，完善智慧水利信息化系统维护和运行管理，防汛会商系统实现“省、市、区、镇”四级联网。修订完善水旱灾害、城市防洪应急预案和防御台风预案，全区设立群众性防汛抢险队伍122个，总人数3734人，各类防汛物资储备准备到位。在应对2019年第9号超强台风“利奇马”工作中，科学调度水利工程，对相关圩区进行预降水位，累计排水998.23万立方米，确保圩内水位保持在安全状态。“利奇马”过境期间，全区累计转移人数6033人，累计召回船只2640条，出动应急人员2458人，出动抢险车辆192辆，出动抢险机械61台，出动移动水泵147台，处理积水点120处，清理倒伏树木250棵，全区未出现人员伤亡和大面积城市内涝等现象。9月起，全区久旱未雨，针对旱情显现态势，立即启动应急机制，调度区抗旱排涝队支援流动设备35套、输水管4千米，派出人员协助地方进行抗旱。至11月中旬降雨后，解除旱情。金庭镇、东山镇两镇累计出动抗旱8700余人次，启动泵站51处，出动水泵58套，实现应急灌溉3544.67公顷，减轻旱情影响，保障群众农业生产。

【水利建设管理】 完成河道疏浚整治170条138千米186万立方米。完成苏东河整治工程建设，完成吴中区京杭大运河堤防加固工程和南城区防洪除涝及调水引流工程年度建设任务，推进东太湖综合整治后续工程。推进生态型河道建设，完成建设生态河道14条23.5千米，建设木桩、生态砖、防木桩等护岸32.4千米，绿化河道22.7千米，绿化面积14.53公顷。实施河道畅流工程，拆除坝埂3处，结合建设（涵）2座，打通断头河5条，新开河道3条3千米，达到“增强水体交换能力、改善河道环境面貌”的效果。推进农村水利配套建筑物建设，完成新建改建防洪闸31座、排涝站14座、防洪挡墙3.5千米，加高加固圩堤4.8千米。建设高效节水灌溉工程面积48.67公顷、灌溉站6座、衬砌渠道2千米、低压管道6.6千米、泄洪沟1千米。抓好苏州市级土地出让金收益用于农田水利工程建设项目工作，开展农业水价综合改革工作。抓好水土保持工作，建立吴中区水土保持规划实施情况考核工作联席会议制度，明确各成员单位分工，统筹协调解决全区水土保持重点、难点问题。全年受理水保方案65个，审批45个，实收水土保持补偿费169.8万元。全面开展排查，“未批先建”项目整改到位。全面开展生产建设项目水土保持监管工作。（全晓燕）

节能减排

【概况】 2019年，下发吴中区《2019年公共机构能源资源节约和生态环境保护工作要点》，全面落实“十三五”公共机构节能规划各项目标任务。上下联动，完成2018年度全区能耗统计工作任务。多措并举，扎实开展节能宣传周各项活动。加强

2019年12月，完成吴中区京杭大运河堤防加固工程　　区水务局　供稿

指导，实地检查，有效推进节能示范单位创建工作。积极响应，踊跃参加市节能办举办的各项活动。开辟节能大课堂，打造节能工作新亮点。

【能耗统计】 2019年初，区节能办通过全区公共机构节能QQ群向各公共机构节能联络员发布能耗统计友情提醒，提前部署安排2018年能耗统计工作，要求各公共机构全面收集2018年本单位水电气等能耗数据信息，为全面开始能耗统计工作做好充分准备。2019年1月中旬，区节能办发文正式部署全区能耗统计工作，在此期间，区节能办通过电话指导、网上沟通和上门辅导相结合的方式实时监督能耗统计工作的进展，并于2019年2月中旬完成2018年全年的能耗统计上报工作。据统计分析，2018年用电、用气、能耗总量、单位面积能耗较2017年稳中有降。 （韩佳虹）

【工业绿色发展】 推进工业资源集约系统建设，8003家参评企业亩均税收19.86万元，比上年增长15%，高于全市平均水平。其中：A类企业1577家，亩均税收达59.27万元，排名全市第三位；共有7家企业入围苏州市“亩产英雄百强榜”，总数居全市第四位。持续开展供给侧结构性改革去产能工作，累计完成关停及淘汰低效产能企业（作坊）221家，腾出工业土地521亩。深入开展化工产业安全环保整治提升工作，出台《吴中区化工产业安全环保整治提升实施方案》，制定“一企一策”“一园一策”实施方案；编制化工园区产业规划，明确化工园区生物医药和精细化工的产业定位，全面提升化工行业治理水平。大力推进节能降耗工作，在2019年苏州市高质量发展考核中，吴中区的单位地区生产总值能耗为0.224吨标煤/万元，排名居全市第二位，节能水平全市领先。规上工业企业万元产值综合能耗下降0.32%，产值单耗下降2.04%。 （丁 佳）

【节能示范单位创建】 2019年，继续开展省和国家级节能示范单位、节水型载体创建工作，挖掘示范单位节能工作亮点，突出抓好节能示范单位典型宣传，推广示范单位节能工作的做法和经验，发挥示范单位在同类型公共机构中的引领带动作用。上半年，区节能办完成吴中区木渎镇人民政府申报省级节能示范单位验收工作和区检察院示范创建台账指导工作。年内，木渎镇人民政府顺利通过江苏节能示范单位验收。

【节能宣传】 商务中心食堂、公共走道、一楼接待大厅等地举办节能展板、电子屏多方位宣传展示活动。开展“低碳日”能源紧缺体验活动。在6月19日“低碳日”当天，区节能办组织驻吴中商务中心的20个单位共同开展“低碳日”能源紧缺体验活动。各单位自觉关闭所在楼层走廊、办公室、会议室、卫生间的照明灯光，食堂、一楼大厅等区域减半照明。投入5万元制作节能环保袋3000个、节能宣传展板9块，投入10万元制作节水、节电、绿色办公等动漫视频，并联系传媒公司，在节能宣传周期间，在轨交4号线播放，直观、通俗、形象地宣传“绿色发展、节能先行”理念。协同区教育局开展节能进校园活动，打造节能大课堂，树立学生的节能意识，培养学生的节能习惯。与教育局联合选派3名优秀选手参加苏州市公共机构节能知识竞赛，取得团体第一名。 （韩佳虹）

编辑：洪 蕾 高 燕

休闲旅游

综 述

【概况】 2019年，吴中区旅游行业紧抓苏州创建“国家全域旅游示范区”的机遇，推动全域旅游建设。全年接待游客2470万人次，实现旅游总收入379亿元，比上年分别增长1.35%、5.57%。年末，全区拥有国家级旅游度假区1个、国家5A级景区1个、4A级景区5个、开放景点60余个、省级乡村旅游点12个、江苏省工业旅游示范点3个。

【旅行社与旅游饭店】 2019年末，吴中区内有旅行社69家，其中出境社8家、四星级旅行社6家、二星级旅行社1家。区内有星级旅游饭店7家，其中五星级1家、四星级3家、三星级2家、二星级1家；客房平均出租率为46.74%。

旅游产业管理

【概况】 吴中区认真贯彻落实国家、省、市全域旅游文件精神，区政府专题召开创建“国家全域旅游示范区”迎检部署工作会议。吴中区代表苏州成为全省首批创建验收单位，并正式被确定为省首批6家区县级单位之一上报国家验收。全年开展全域旅游、旅游大数据、讲解员、民宿服务人员、旅游安全等系列培训近10次，着力提升全区旅游从业人员综合能力。

【项目引导】 开展2019年吴中区旅游发展专项资金扶持项目申报和兑现验收工作。经专家组及财政、审计等部门联合论证审核，上半年确定引导苏州太湖公园导视系统项目等8个新申报项目和渔洋山景区大门东新建卫生间工程等4个兑现项目，区级引导拨付175.93万元；下半年确定引导金庭镇缥缈峰景区观光车道修缮工程等17个新申报项目和东山镇杨湾古村停车场及配套工程等13个兑现项目，区级引导拨付1321.13万元。全年项目验收及兑现区级旅游发展专项资金共拨付1497.06万元。加强项目进度跟踪服务。对全区区级旅游引导资金项目中2016—2018年未兑现项目的建设情况及时进行跟踪，掌握了解每个项目建设进展情况以及资金使用是否合法合规。

【民宿管理】 持续推进旅游民宿联合会办工作，区民宿联合会办工作组累计开展联合会办检查26次，组织公安、消防、卫计、市场监管和旅游等部门对300余家民宿进行检查督查，现场指导民宿业主做好整改工作。全年86家旅游民宿取得备案登记证，全区累计备案旅游民宿220家。为提升吴中旅游民宿知名度，在“吴中太湖旅游”微信公众号上宣传推广40余期内容。4月，在上海2019苏州市吴中区春季旅游推介会上，播放拍摄的吴中旅游民宿宣传片，集中呈现吴中旅游民宿新形象。东山巢园精品民宿、金庭吾乡山舍民宿、金庭玖树水月人文民宿等3家旅游民宿获评2019年度“苏州乡村旅游十大精品民宿”。

【景区（点）长效管理工作】 组织实施景区（点）长效管理工作，全年完成12次5A级景区月度监管、4次4A级景区季度监管和1次年度第三方专业机构暗访。通过看问题、找问题、改问题，不断巩固各A级景区长效管理成果。根据国家、省、市文化和旅游部门要求，开展国家A级景区复核迎检工作，通过动员、巡查、通报、整改、回头看等工作，全面提升景区复核迎检积极性、紧迫性。

旅游服务体系建设

【概况】 推进智慧旅游体系建设，重点做好旅游咨询服务中心的功能完善和提升，打造木渎影视城和吴中万达两大旅游公共服务场所。开展旅游公共信息咨询服务屏体系建设。形成软硬件结合，适应游客需求和吴中区旅游实际情况的旅游信息在线咨询软件体系和硬件布点。扎实推进公共设施建设，完成年度旅游交通公共指示牌提升工作。推进“厕所革命”工作，完成19座旅游厕所建设工作并投入使用，完成厕所网络地图建设并落实专职网络负责人，全区75座旅游厕所完成等级厕所挂牌工作。

【景区经营业务系统项目】 完成木渎、甪直、光福、西山、天平山等5个4A级景区20个景点出入口，6处手摇船码头和5个二级游客中心的经营业务系统建设；吴中旅游大数据信息系统获评江苏省智慧旅游示范项目。重点做好手机基站大数据统计和应用，将相关数据接入吴中旅游大数据信息平台，实现自动化、可视化展现。

【旅游交通】 开展环太湖文化公路和最美党建公路建设，于太湖蓝、滨湖红两条环太湖道路统一设置7套旅游交通指示牌，于度假区等板块更换12块。开通苏州好行吴中旅游专线，1月26日开通东山线、东山环岛线、西山线和木渎天池山线，7月22日开通甪直线，全面串联吴中A级旅游景区资源，提升区间交通的便捷性、通达性，满足游客出行需求。

旅游产品开发及推介

【概况】 吴中旅游面向市场，进一步丰富形式、拓宽渠道，全方位、多维度开展吴中旅游品牌宣传，同时创新和完善自媒体服务功能，力争对吴中旅游目标消费人群形成更大品牌影响，为吴中全域旅游宣传推广发挥更大作用。在高速、苏州轨交、上海地铁等主要交通节点，以及社区、观光巴士、轨交品牌列车投放户外广告，提升吴中旅游品牌宣传效果。通过旅游酒店、游客中心、推介会、游客等渠道免费发放《2019乐游吴中指南》、4A景点手册、旅游拎袋等宣传资料，借助宣传资料推广吴中旅游特色产品，全面展示吴中旅游新形象。做好吴中旅游官微、官博、官网等自媒体运营维护工作，策划开展线上、线下专题活动。

【旅游品牌宣传】 与《苏州日报》合作推出宣传专栏，通过十期专栏内容，重点报道吴中文化、体育、旅游工作在科学规划、产品创新、服务完善、行业管理、市场秩序规范等方面重大举措和创新经验。联合新浪江苏开展“带着微博来苏州吴中”专题宣传，借助新浪微博热搜、信息流精准推广吴中文化、旅游资源。直播观看人数达7000余万人次，微博话题阅读量逾8000万人次。在上海虹桥高铁站开设乡愁小栈文旅主题展厅，通过图文版面、宣传视频、旅游文创产品展示等形式，结合现场路演推介活动及媒体宣传，打造特色鲜明的“吴中文化旅游体验店”。

【旅游市场推广】 围绕“眼底江南·心上吴中”主题，在上海、成都等6地举办旅游推介会，组织区内旅游企业参加广州国际旅游展、南京国际度假休闲与房车展览会、上海世界旅游博览会、宁波国际旅游展、无锡旅游产业博览交易会、成都国际旅游展等6个展览活动以及3月举行的2019苏州国际旅游展活动。提升吴中区旅游知名度和影响力。

【旅游业态创新】 推动“旅游+”休闲业态开发，举办“眼底江南·心上吴中”2019苏州吴中洞庭山碧螺春茶叶节暨太湖文化旅游节开幕式、雕花楼“文孝节”、角直澄湖国际慢城油菜花节、东山雨花胜境欢乐研学游等特色农文旅活动；打造角直端端有礼、木渎风物记等有温度的文创品牌；完善太湖会奖产品，承办大型会务66场。

景区景点

【吴中太湖旅游区】 国家5A级旅游景区——苏州市吴中太湖旅游区，由东山、穹窿山、旺山三个景区以及太湖湖滨国家湿地公园组成，包含启园、雕花楼、紫金庵、陆巷古村、三山岛、穹窿山、旺山、太湖湖滨湿地等八个核心景点。2019年，东山镇推进文旅、农旅深度融合，举办“山浪年味”、“元宵灯会”、猛将游街、碧螺春茶文化旅游节、枇杷杨梅采摘节、荷花节、文孝节等活动。穹窿山举办四季越野赛、孙子兵法围棋赛、格桑花公益等活动，以活动促进宣传。旺山“大旺”文创市集开市，获评“中国乡村旅游发展示范案例”，并登上国际频道《全景中国》栏目。

旅游文创品牌——角直端端有礼　　角直镇　供稿

【木渎古镇】 木渎位于苏州城西，太湖之滨，是江南著名的古镇，木渎四周群山拱峙，毗邻太湖，有私家园林、名人故居等人文古迹。2019年10月1日，苏州第一部沉浸式夜游项目——《木渎往事》开始在严家花园演出，成为木渎夜游新看点。同时，加快评选星级民宿和星级特色店，通过评分办法对优质民宿及购物餐饮店进行挂牌。开展木渎·研动季、欢乐木渎年和木渎御游节、“将军翰墨、书画因缘”书画篆刻作品展、景区“打卡王”、嬉夏节等节庆活动。

【角直古镇】 角直位于苏州市东部，具有江南水乡特色，以水多、桥多、巷多、古宅多、名人多而著称，更因塑壁罗汉（天下罗汉两堂半中的半堂罗汉）和水乡妇女服饰而闻名天下。2019年举办苏州澄湖国际慢城油菜花节暨慢城健步走活动、古镇二期青年荟开业仪式，“鲁望客栈、甫里食堂、意间酒铺、世界茶饮”等一批休闲载体亮相迎客，并推出“角直古镇+澄湖水八仙生态园+澄湖飞行营地”等新线路。

【西山景区】 苏州太湖西山岛又名洞庭西山，是中国淡水湖泊中的最大岛屿。西山岛上，旅游资源非常丰富，景点众多。石公山、林屋洞、缥缈峰、明月湾、东村古村、古樟园、包山寺、观音园、禹王庙、雕花楼、绿光农场、乡村牛仔俱乐部等景点分布其间。2019年，举办太湖西山梅花节、枇杷杨梅采摘节等节庆活动，举办“爱上一座岛、恋上一个秋”醉美金秋摄影视频大赛；引入“傩戏”，与贵州铜仁市德江县稳坪镇签订文化旅游合作协议，促进两镇文化旅游交流与交融，进一步壮大金庭镇文化旅游产业；全方位展示“两带三区一半岛”战略布局，扩大“太湖之心”旅游度假岛影响力。

【光福景区】 光福景区位于苏州市古城西南28千米的太湖之滨，自古就有“湖光山色，洞天福地”之美称，拥有丰富的自然资源，主要景点有邓尉山坞、铜观音寺、光福塔、司徒庙等。2019年，不断挖掘梅文化、渔文化，成功举办苏州太湖梅花节、青梅采摘节、太湖开捕节等系列活动；改造铜观音寺顾野王纪念馆、顾野王书院，并开展顾野王1500年纪念活动及阅读节活动，成功打造顾野王书院“墨香书影”网红打卡点；与青年手艺人协会合作，不断推出具有光福特色的旅游纪念品，丰富景区旅游商品内容。

【天池山景区】 天池山景区位于吴中区木渎镇西北，太湖国家风景名胜区、东吴国家森林公园境内，由天池山、花山、白象湾三个景区组成，集自然景观、人文历史、宗教文化及科普教育等于一体，为国内知名的原生态休闲胜地。2019年举办民俗文化节和重阳登高节，完善景区内标识标牌，增加停车位和游客休息点位。

旅游节庆活动

【苏州吴中太湖文化旅游节】 “眼底江南·心上吴中”2019吴中太湖文化旅游节通过文化、体育、美食、娱乐等全要素资源的整合与提升，串联春、夏、秋、冬四季，形成四个篇章，24个子活动。第一篇章：春行吴中——花正烂漫茶正香。涵盖苏州太湖梅花节、苏州太湖新春民俗节、苏州吴中洞庭山碧螺春茶叶节（东山、西山2场）、澄湖国际慢城油茶花节暨慢城健步走活动、木渎御游节、城市定向赛活动、雕花楼孩儿莲节、园博园春季花海等8个节庆子活动。第二篇章：夏至吴中——乡村民俗最休闲。涵盖苏州湾国际马拉松赛、枇杷杨梅采摘节、胥王园端午民俗文化节、太湖园博非遗文化节、小角童玩节、木渎嬉夏季、三山岛马眼枣文化旅游节、太湖开捕节等8个节庆子活动。第三篇章：秋游吴中——健身休闲乐悠游。涵盖“环太湖”国际竞走和行走多日赛、十二娘风情节、木渎赏秋季·穹窿山孙子兵法文化旅游节、园博园奇幻灯花节等4个节庆子活动。第四篇章：冬隐吴中——温情古镇慢漫游。涵盖环太湖四季越野赛收官战、端端有礼年货节、欢乐木渎年、东山山浪年味节等4个节庆子活动。从春秋冬夏，到暮色晨曦，全面展示吴中区自然风光与人文风情。

【苏州太湖西山梅花节】 第23届苏州太湖西山梅花节以“畅游林屋梅海、乐享岛居生活”为主题，与素有“傩戏之乡”美誉的德江稳坪镇开展文化旅游合作，促进文化旅游的交流与交融。线下举办非遗傩戏、梅园大戏台、梅花妆、洞窟音乐等特色活动，线上举办“梅舞争春”抖音大赛及摄影大赛，营造浓厚节日氛围。

【东山过大年】 东山镇“山浪年味”系列活动以鲜明的地域特色和丰富的文化内涵，集中展示东山历史文化、民俗风情和山水旅游资源。2019“东山过大年”系列活动涵盖“山浪年货节”“东山民俗美食节”“山浪猛将会”“财神巡游”“戏曲联唱”等多个子活动，集中展现东山镇本地传统民俗、民间手工艺术、特色美食等，增强东山“山浪”传统民俗文化品牌效应。

【澄湖国际慢城油菜花节】 甪直举办2019苏州澄湖国际慢城油菜花节，吸引游客畅游万亩花海，放慢生活节奏，体验慢城风情。在活动主会场澄喜花田展出慢城标志的巨型蜗牛，举办特色水乡舞蹈、江南风格舞蹈等丰富多彩的演出活动，还举办百花集市、百米画卷绘慢城、等风来主题风车长廊等特色活动。

【木渎御游节】 木渎坐拥“吴中第一镇”“秀绝冠江南”等美誉，有着2500多年悠久历史的厚重文化资源。御游节期间精心编排“沈尚书奉旨接驾”“惜缘御植玉兰树”“圣旨镇馆摆御宴”“歌舞奉母报春晖”等与木渎古镇园林人文历史有关的迷你剧，供游客报名体验。此外还有“盛世滋生现繁华、师生共赋香溪情、歌舞御宴报春晖、福寿兴业绣江南、榜眼胸襟济家国”等还原历史、充满趣味的活动。穹窿山景区设御驾穹窿福气来、竹亭深处智解题、悠游赏春忆江南、趣味游戏乐享来、作揖论道迎圣上、登高揽胜祈福运等诸多趣味环节。

【太湖百花节】 活动以苏州太湖园博园花海片区百亩花海为主要景观点，穿插引进气球景观、花田景观、二维码墙、花景长廊、卡通人物景观、荷兰风车景观等多种多样景观特色，同时召开幕前媒体发布会，引进包含舞蹈秀、花影秀、花密寻宝・花境打卡、Cosplay花海巡演等子活动，引进花式特色美食、花市卖场、花艺课堂等多种类业态入驻。

【东山白沙枇杷旅游节】 东山镇在电商产业园举办2019苏州市吴中区东山镇枇杷旅游节新闻发布会、枇杷研讨会活动。活动正式发布2019年东山镇白沙枇杷产业相关情况，向媒体通报东山白沙枇杷的价格、产量等，并推出一系列枇杷相关旅游线路。东山镇借助白沙枇杷等许多时令果品特色，扩大本土特色果品效应，推动农业与旅游深度互助。

【吴中太湖国际水上运动周】 吴中太湖国际水上运动周依托吴中太湖山水资源，围绕“水上+陆上”两大主题，水上项目包括太湖皮划艇大奖赛、菱湖湾龙舟邀请赛、Iboat帆船学生组邀请赛、帆船环岛赛等赛事活动，陆上项目包括沐春园青少年定向赛及沐春园定向越野挑战赛，力争打造吴中自主的赛事品牌。（陈　嘉）

编辑：陆海兵

教 育

【概况】 2019年，吴中区有各级各类学校（含幼儿园、看护点、培训机构）279所，在校学生190416人。江苏省木渎高级中学教育集团正式成立，角直高级中学通过江苏省四星高中现场评估，省级区域特殊教育资源建设项目获得上级批准。年内，各镇（街道）学前、小学融合教育资源中心实现全覆盖，新增省标准化社区教育中心2个、市级义务教育质量监测结果运用优秀案例立项学校20所、新时代苏州有效教学研究项目学校6所、市级《义务教育学校管理标准》示范校5所和特色校4所、市级艺术教育特色学校11所、全国青少年校园足球特色学校1所、市级中华经典诵读基地学校3所。申报江苏省基础教育前瞻性教学改革实验项目1个、市级课程基地项目1个、市级课程基地培育项目2个。全区139所学校完成语言文字规范化达标校创建工作。吴淞江实验小学、邵昂路小学及附属幼儿园、太湖新城吴郡幼儿园等13所学校（含幼儿园）于秋季建成投入使用。加快推进开发区郎江小学及附属幼儿园等7个新建、改扩建项目。持续实施积分入学政策，全年申请积分入学5424人，准入率为80.10%，吸纳人数连续四年实现增长。横泾实验小学《苏扇工坊》参加艺术实践工作坊展示并获一等奖，受到教育部部长陈宝生的好评。全区各小学组织开展课后延时服务工作，从小学1至3年级家庭延伸至小学4至6年级家庭，惠及1737个学生家庭。继续推进内设机构改革，设置教育局督导科。顺利通过全国中小学校责任督学挂牌督导创新县（市、区）创建工作的现场检查验收。苏州市吴中区教育局（简称“区教育局”）被苏州市人民政府评为“全国第六届中小学生艺术展演活动”先进集体。

【内涵发展】 2019年，全区新增江苏省优质幼儿园2所、苏州市优质幼儿园2所。东山实验幼儿园通过申报被苏州市教育学会认定为园本特色课程建设基地，宝带幼儿园和东山实验幼儿园获苏州市教育学会组织的园本特色课程评比一等奖。推进全员阅读工作，苏苑实验小学六（7）班获2019年苏州市“书香之班”称号。石湖实验小学申报的江苏省教育科学“十二五”规划课题“儿童阅读与学科整合的课程开发研究”成功立项，并在“阅读改变中国”年度评选活动（年度书香校园组）中，被确认为第四批“苏州市中华经典诵读基地”。

12月17—21日，苏苑实验小学承办江苏省第四届“书香校园建设·阅读领航人”培训活动，全省各地200多名阅读领航人齐聚吴中区。长桥中心小学的“悦”视台灯项目，在第34届全国青少年科技创新大赛中获得一等奖。碧波实验小学被确定为2019年度江苏省中小学知识产权教育试点学校。越溪实验小学、藏书实验小学、木渎中心小学和角直甫里中学被命名为“十三五”第二批苏州市科学教育综合示范学校。舟山实验小学被命名为江苏省“十三五”第四批科学教育综合示范学校。越溪中学在第20届全国中小学电脑制作活动现场竞赛中，获得初中组人型机器人全能挑战赛一等奖。碧波实验小学、长桥中心小学、金山高级中学等3所学校的中小学生社团，获评2019年苏州市中小学生十佳社团。胥口实验小学被命名为全国足球特色学校。越溪实验小学朱知夏等3人获得全国攀岩U系列联赛冠军；胥口中心小学赵一程获得全国攀岩锦标赛冠军；舟山实验小学赵雨婷等3人在全国青少年无线电测向锦标赛中，获得144MHz测向接力赛儿童女子组冠军。

【招生考试】 2019年，全区高考取得重大突破。本一、本二上线率分别为37.48%、85.36%，本科上线率进入大市第一板块，其中本一上线人数比上年净增86人，本二上线人数比上年净增110人。高考成绩400分以上的有10人；江苏省木渎高级中学施笑寒同学被清华大学录取，濮子寒同学以文科408分成绩并列全省第30名、全市第2名。高中学业水平考试合格率为99.69%。中考成绩600分以上考生人数比去年净增948人。成人高考报名人数7088人，比上年增加57.9%，录取率为77.31%。全年高等教育自学考试报名28019人，报考课程62544门，毕业人数1132人。年内，完成全区17所公办初中校标准化考点的升级改造；投入资金250余万元，建成覆盖全区各乡镇的学校视频会议系统。

【师资队伍建设】 2019年，区教育局贯彻落实新时代教师职业行为十项准则系列文件精神，加强师德师风建设，组织“身边的好教师”教育故事案例评选，举办“像叶圣陶那样做老师”教育故事宣讲会，开展在职教师有偿补课专项整治和拒绝有偿家教师德承诺活动。规范教师资格认定工作，分两批次面向社会认定教师资格人员1038名，定期注册中小学教师资格995名。严把教师“入口关”，加大“年金制”教师公开招聘和高层次教育人才引进力度，举办“双一流”建设高校专业化青年人才选聘等招聘活动7场，招聘教师984名。组织教师职称资格评审，全区评定正高级职称教师5名、高级职称教师91名、中级职称教师208名、初定职称教师974名。推进“名师”工程建设，研究制定《东吴教育人才计划实施细则（2019—2021）》，对1175名经考核合格的区级以上“名师”发放奖励485.45万元。全年新增区学科带头人171名。叶圣陶实验小学金雪芳被评为全国模范教师，宝带实验小学张华被评为全国优秀教师，木渎南行实验小学蔡林春获江苏省援疆“十大杰出支教教师”，石湖实验小学毛珊凤获苏州市“五一劳动奖章”。区教育局加大学校干部培养、选拔力度，举办“首届中小学校长课程领导力提升班”“第七届中小学青年后备干部培训班”，选任正校级干部10名、副校级干部15名，学校中层正职干部50名、中层副职干部92名。

【教育帮扶活动】 2019年，区教育局继续开展教育援疆、援贵人才帮扶活动，吴中首批6位援疆教师与区教育局“前后联动，深度融合”，开创吴中教育援疆新局面。选派10名教师赴贵州省铜仁市德江县开展“组团式”教育帮扶，58所吴中学校与66所德江学校建立结对帮扶关系，实现义务教育学校结对帮扶“双向”全覆盖；聚焦结对学校助贫帮困,全区师生为德江县受帮扶学校贫困学生募集善款(含捐助物折价)166.4万元。

【职业教育】 2019年,区教育局继续加强职业教育,全区职业教育工作取得新进展。太湖旅游中专获评江苏省优质特色学校,吴中中等专业学校的电子技术应用专业群被评为省级现代化专业群、物流管理专业被教育部评为首批“1+X”试点院校、智能财税专业成为省第二批“1+X”试点院校,吴中中等专业学校的电子技术应用专业、太湖旅游中专的中式烹饪与营养膳食专业入选首批苏州市职业教育现代学徒制项目。年内,吴中区职校相继组织师生参加省、市技能大赛,涉及旅游、信息技术、电子电工、财经、现代制造、英语技能、艺术等项目,获得省级一等奖1项、二等奖18项、三等奖13项,省创新大赛二等奖1项、三等奖1项,苏州(市、区)技能大赛团体奖第四名,苏州市中职学生组创新大赛一等奖1项、二等奖1项、三等奖1项,高职组创业模拟大赛二等奖2项、中职组创业模拟大赛三等奖2项。太湖旅游中专成功组织开展综合高中项目试点。

【社区教育】 2019年,区教育局围绕“全覆盖、强内涵、创特色、惠民生”的社区教育工作要求,发展优质社区教育,推进全区社区教育的内涵发展和实践创新。东山、越溪成功创建省级标准化社区教育中心,香山村市民学校等35所居民学校成功创建省标准化居民学校。年内,全区建成省标准化居民学校174所,覆盖率为91.1%,实现全区省标准化社区教育中心创建全覆盖。西山农业园区青种枇杷基地获评江苏省教育服务“三农”高水平基地,木渎镇社区教育中心获评2019省级“优秀成人继续教育院校(培训机构)”,吴中开放大学瑞颐养老社区学习苑通过省级评估,木渎镇社区教育中心的市级游学项目“木渎古韵风情”终期评估获评优秀省级游学项目,吴中高新区社区教育中心的“运河图书馆”获评省级学习苑。

【校外培训机构监管】 2019年,区教育局加强校外培训机构的监督管理,全区经教育行政机关批办的民办非学历教育机构67家,通过省校外培训机构管理服务平台公布白名单的有67家。建立健全校外培训机构审批、年检、日常督查动态管理机制,与校外培训机构相关的机构证照、教师资格、课程备案、班次安排等信息全部上传省平台。强化年检制度,推进常态化监督管理。4月10日,区教育局召开民办非学历教育机构上年度年检工作以及“苏州市民办非学历教育服务平台”培训会,专题部署民办非学历教育机构的年检工作。对校外培训机构聘请外籍教师、中国港澳台地区教师情况进行排查、登记和整顿,并对非学科类培训机构进行集中治理。依法开展全区义务教育学校违规办学行为的专项治理活动,对8700多名在职教师持续开展有偿补课专项整治和师德承诺活动,保持对中小学在职教师从事有偿补课、参与校外培训机构运行管理等违规行为的高压查处态势。10月30日,区教育局配合省督察组对义务教育学校违规办学行为的专项督察,通过巡查,省督察组对吴中区推进校外培训机构长效监管取得的成效给予充分肯定。

【教育督导】 2019年,区教育局优化调整责任督学工作片区划分,加强督学队伍建设,全区教育督导工作进一步规范、强化、务实。年内,完成片区督学工作站和学校督学工作室的建设,发挥各自的跟岗督学的功能。继续完善责任督学挂牌督导的各项工作制度,每月每校现场督导1次,针对教师和学生管理、校风教风学风和安全管理等工作,通过责任督学,开展多维度督促评估指导,指出存在问题,提出整改要求,学校按照督导意见及时进行整改和结果反馈,取得的效果显著。根据学校教育工作的时间节点,开展有针对性的各种专项督导、专题督导。对角直高级中学、香山中学、南行实验小学进行“综合督导”，凸显责任督学对服务教育改革发展的作用。对全区义务教育学校的教育资源配置、政府保障程度、教育教学质量、社会认可度等四个方面的情况进行排查督导，推进全区义务教育优质均衡发展创建工作。接受苏州市组织开展的义务教育质量监测，落实完成“政府教育目标责任考核”和“义务教育优质均衡监测”任务，修订《吴中区学校规范管理考评方案》并组织实施。在苏州市教育督导优秀案例评选中，吴中区有2篇案例获一等奖、4篇案例获二等奖、8篇案例获三等奖，3人获评苏州市先进责任督学。

【教育科研】 2019年，区教育局继续推进教育科研工作，课题研究质量不断攀升，组织申报34项省级“十三五”教育科学规划课题，完成申报3项江苏省第十三期教研课题。46项课题（其中13项重点课题）在2019年度苏州市“十三五”教育科学规划课题中立项；组织开展133项“十三五”规划课题的中期检查，其中65项教研课题开展现场结题鉴定；39项（其中省7项、市32项）课题提交苏州市现场结题鉴定并顺利结题；60项（其中优秀18项、合格42项）教师个人微型课题通过区级结题鉴定。吴中区微型课题“抱团”研究在《江苏教育》（教师发展版）第12期专题报道，3项教研课题参加第五批江苏省教育科学规划精品课题培育对象评选。区教育局教科室在江苏省教育科学规划精品课题建设工作推进会上做县区“课题进课堂”经验交流。在第31届江苏省“教海探航”征文颁奖暨苏派与全国名师教育教学观摩活动中，吴中区教师的28篇教研课题论文获奖，吴中区教育局再次获“先进集体奖”。在全省中小学“师陶杯”教育科研论文评选中，吴中区获一等奖8篇、二等奖17篇，获奖率达100%，区教育局教科室在江苏省“师陶杯”颁奖活动中做经验交流。年内，全区教师在各级各类刊物上发表论文750篇，其中核心刊物12篇、省级及以上刊物620篇；全区教师撰写各级各类论文获奖1450篇，省级及以上论文获奖530篇。区教育科研刊物《吴中教育天地》被评为“苏州市优秀内部出版物”。组织开展“像叶圣陶那样搞教改”、学校教育科研推进会等系列专题课改交流、研讨培训、成果展示活动，叶圣陶教育思想研究文集《师陶》出刊。加强区教科研骨干高级研修班人才培养，多位教科研骨干在论文发表、课题研究、公开课展示等方面的水平得到提高，在“教海探航”“师陶杯”“长三角”重要征文中获奖。组织推荐和申报7所学校、20名教科研骨干为2019年苏州市教育科研先进集体、先进个人。

【校园法治安保工作】 2019年1月，吴中区政府组织召开全区校园实验室危险化学品安全管理工作联席会议，全面部署全区中学实验室安全管理工作任务。区教育局申请专项资金300万元，协调公安、环保、安监等部门，共同推进中学化学实验室废弃药品的处置工作。根据《吴中区教育系统危险化学品安全综合治理实施方案》总体工作要求，区教育局在暑期启动新一轮的中学实验室化学品处置工作，聘请专业资质处理企业，会同公安、环保、安监等多部门，经过多轮现场调研，制定《吴中区学校化学实验室危险化学品处置工作方案》，明确处置责任主体、处置流程、环保固废迁移备案等一系列处置工作要素。在环保部门的支持下，优化针对教育系统的处置单位申报管理机制。8月20日，经过各部门的通力合作，在保证安全、规范、稳定的前提下，全区24所中学近2.5吨废弃化学药品得到妥善处置。继续开展校园法治教育，在第四届全省学生“学宪法讲宪法”活动中，吴中区2名学生获苏州市一等奖，3名学生获苏州市二等奖，3名教师获苏州市“宪法公开课”优秀教案、精品微课二等奖。在“沐浴在法治阳光下”苏州市少年儿童法治画信比赛中，吴中区28名小学生获市级书画奖项，12名小学生获市级书信奖项。

【“全国六艺展”遴选工作】 2019年1月22—25日，区教育局协助上级完成全国第六届中小学生艺术展演活动（简称“全国六艺展”）遴选工作，聘请35名专家分别对来自全国34个省（自治区、直辖市）、新疆生产建设兵团、香港特别行政区、澳门特别行政区选送的630个艺术表演类节目录像、619件艺术作品、233个艺术工作坊进行遴选。区教育局选派100名教师志愿者参与遴选服务接待工作。4月15—20日，区教育局协助上级完成“全国六艺展”的展演任务，其中承办器乐专场展演2场，接待现场展演器乐团队42个、参演人员约2600人；对口接待其他场次展演团队36个、参演人员约1800人，组织140名教师志愿者参与专场展演的志愿服务工作。

【智慧教育】 2019年，区教育局持续推进“智慧教育”应用环境建设，高质量开展苏州市线上教育中心吴中分中心（简称“吴中分中心”）建设。6月，吴中分中心项目建设正式启动。吴中分中心为分布式独立部署架构，自成体系独立运行，与苏州市线上教育中心平台实现数据交互与对接，做到互联互通。11月，吴中分中心完成硬件建设和软件部署工作，按期完成苏州市政府年度实事工程任务。年内，吴中分中心为区内约12万师生提供“名师网络直播、名师在线答疑、名师精品课程资源、在线学习行为数据分析”等线上教育服务。持续推进“智慧教育”创新实践工作，组织召开全区教育信息化工作会议，完成吴中区“智慧教育”云平台二期的验收及三期的启动工作；全区创客、机器人教育取得新突破，学校创客、机器人教育骨干团队建设初见成效。全区中小学校共有54支队伍参加苏州市组织的创客、机器人竞赛。其中，8支队伍获得代表苏州参加江苏省竞赛的资格，2支队伍获得参加全国竞赛的资格。越溪中学张钰涵同学在第二十届全国中小学电脑制作活动中，获得人形机器人一等奖。11月，在吴中区越溪中学组织举办以“不忘教育初心、牢记育人使命”为主题的首届吴中区中小学（幼儿园）创客、机器人竞赛活动，来自全区各中小学校的500多名师生，围绕5个比赛项目展开竞赛活动。

（赵军才）

表18-1 2019年吴中区在职特级教师名单

现（原）所在单位	姓名	性别	现（原）任岗位	任教学科
吴中区教育局	陈伟骏	男	中小学高级教师	英语
东山实验小学	吴金根	男	中小学正高级教师	数学
吴中区教育局	王海赳	男	中小学高级教师	数学
苏苑高级中学	郭瑞春	男	中小学正高级教师	化学
苏苑实验小学	唐晓芳	女	中小学正高级教师	语文
吴中区教育局	孟晓庆	男	中小学高级教师	数学
石湖中学	徐正黄	男	中小学高级教师	物理
吴中区教学与教育科学研究室	钱家荣	男	中小学正高级教师	心理学
江苏省木渎高级中学	张　飞	男	中小学正高级教师	物理
吴中区教学与教育科学研究室	陈　健	男	中小学正高级教师	体育
吴中中等专业学校	李建红	男	正高级讲师	财会
苏苑高级中学	薛亚春	女	中小学高级教师	政治

续表

现（原）所在单位	姓名	性别	现（原）任岗位	任教学科
吴中中等专业学校	蒋俊祁	男	中小学高级教师	电子
迎春中学	金复耕	男	中小学高级教师	语文
吴中区教学与教育科学研究室	赵士元	男	中小学正高级教师	数学
综合实践学校	周先荣	男	中小学正高级教师	数学
碧波中学	马兴卫	男	中小学正高级教师	物理

（出自：区教育局）

【吴中中等专业学校】 江苏省吴中中等专业学校坐落在苏州吴中经济技术开发区龙翔路333号，占地面积300亩，建筑面积12.8万平方米。2019年，学校有教职工345人，专任教师312人，其中具有研究生学历（学位）94名、江苏省特级教师2名、江苏省领军人才1名、江苏省教学名师1名、江苏省“333”人才1名、姑苏教育人才1名、苏州市名教师2名。拥有省市级名师工作室9个；全日制学生4343人，其中五年制高职2453人、高职专科320人、中专1570人；开放大学本专科和成人专科学历在籍学员1082人，社区非学历教育培训26701人次。是年，学校招生质量和规模显著增长，增幅为15.9%。2019年是承办西藏班第十年，有西藏班在校生57名。学校以创建“职教名校”为目标，以“立德树人”为宗旨，深入践行“以生为本、德法共济、终身发展、开放共享”的发展理念，有序推进“三教”改革，呈现持续发展的新气象。学校努力打造“职教名校”，以省五大创建为引领，促进中高职衔接、中职本科衔接、成人教育和社区各类非学历培训教育的全面发展；成为物流管理、智能财税全国“1+X”证书制度试点院校、物流管理“1+X”全国首个模拟考点。年内，学校获得苏州市职业学校技能大赛先进学校、苏州市语言文字工作规范达标学校、苏州市高技能人才公共实训基地、全省办学系统思想政治教育先进集体等称号。

主题教育活动。2019年，学校以“梦·溪”文化为特色，持续开展“不忘初心、牢记使命”主题教育系列活动。坚持以德育人，尊师重教，建设一支师德高尚、高素质的教师管理队伍。传承优秀传统文化，引“孙武文化”进校园，凝练学校德育品牌。获评苏州海外联谊会周氏德育奖教师1名、省城职院学生思想政治教育工作先进个人2名。在本年度苏州市职业学校班主任专业能力研学提升活动中，学校获评优秀组织奖以及个人综合一等奖3个、二等奖1个、三等奖1个、单项奖6个。

推动产教融合和实训教学。2019年，学校推动产教融合和实训教学项目。主动对接区域产业经济发展，针对区内两大主导产业，成功申报和设置中专“电气运行与控制”和五年制大专“工业机器人技术”新专业，完成招生工作。学校承接的“PCBA检测现代学徒制建设项目”，成为首批苏州市现代学徒制建设项目。年内，有1000多名学生参加各类项目技能考证，200名学生获得高级工证书。

职业技能竞赛。2019年，在江苏省职业技能大赛上，学校选派的选手获得1金、14银、16铜奖牌的佳绩；在全国“外研社杯”英语写作和演讲比赛中，1名学生获得特等奖、2名学生获得一等奖；在全省大学生职业生涯规划总决赛中，1名学生获得一等奖；在全国青年职业技能大赛中，1名教师获得第七名，被团中央、人力资源部授予“全国青年岗位能手”称号。

教师教学大赛和教学科研活动。2019年，学校鼓励教师参加各类教学大赛，打造职教亮丽名片。在江苏省课堂教学大赛中，2名教师获省一等奖、6名教师获省三等奖。有23名教师在苏州市课堂教学大赛中获奖。年内，学校激励教师参与教学科研活动，全年12项教学科研课题立项，7个省级课题结题。学校教师在省级期刊发表教学科研论文83篇，在区级以上教学科研论文评比中获奖64人次。（王玲玲）

表18-2 2019年教育事业基本情况（一）

项目	学校数（所）		教职工数（人）			
					专任教师数	
	2019年	2018年	2019年	2018年	2019年	2018年
合计	81	82	9098	8220	8409	7592
1. 普通中学	28	27	3443	3046	3194	2829
（1）完全中学	—	—	—	—	—	—
（2）高级中学	7	7	1236	1143	1109	1017
（3）初级中学	21	20	2207	1903	2085	1812
2. 中等职业学校	2	2	442	427	407	391
3. 小学	50	52	5185	4719	4781	4344
4. 特殊教育学校	1	1	28	28	27	28

（出自：区统计局）

表18-3 2019年教育事业基本情况（二）

项目	招生数（人）		在校学生数（人）		毕业生数（人）	
	2019年	2018年	2019年	2018年	2019年	2018年
合计	30226	29505	126099	116646	20941	18718
1. 普通中学	11785	10825	33859	30191	8964	7859
（1）初中	8553	7757	24856	21835	6454	5715
（2）高中	3232	3068	9003	8356	2510	2144
2. 中等职业学校	1403	1078	4742	3426	1042	1153
3. 小学	17032	17571	87387	82912	10923	9693
4. 特殊教育学校	6	31	111	117	12	13

（出自：区统计局）

表18-4 2019年入学率和升学率

项目	2019年	2018年
学龄儿童入学率	99.9%	99.8%
小学毕业生升学率	100.0%	98.0%
初中毕业生升学率	99.0%	100.0%
高中毕业率	100.0%	100.0%

（出自：区统计局）

表18-5　2019年幼儿园基本情况

项目	单位	合计		按办学性质分	
			女	1. 教育部门办	2. 民办
1. 园数	所	84	—	34	50
2. 班数	个	1159	—	715	444
3. 入园幼儿数	人	12059	5835	7939	4120
在园幼儿数	人	34838	16875	22480	12358
离园幼儿数	人	11109	5328	6881	4228
4. 教职工人数	人	3535	3349	1720	1815
#园长	人	135	132	55	80
专任教师	人	2402	2356	1475	927
保健、保育员	人	630	630	129	501
其他	人	368	231	61	307
5. 代课教师	人	217	212	217	—

（出自：区统计局）

科学技术

【概况】 2019年，苏州市吴中区科学技术局（简称“区科技局”）全面贯彻中央、省、市、区重要会议精神和各项决策部署，围绕“六个年”工作要求，聚焦高质量发展核心任务，全面抓好高企培育、项目攻关、人才引育、创新平台建设、科技服务提升五大工程。是年，吴中区列2019年中国科技创新百强区第10位，列“苏州市人才科技工作创新进步地区”第一名；区科技局被评为“全省科技宣传工作成效突出地区”“2019年度苏州市高企工作先进集体”。

【“高企一号”工程】 2019年，全面推进全区高新科技企业（简称“高企”）发展，“高企一号”工程取得突破。全年新认定高企315家，比上年增长72.43%，位列苏州市第一。新增省科技企业上市培育计划入库企业5家、省技术先进型服务企业1家、苏州市高成长创新型培育企业2家。新增省民营科技企业184家。年内，有效民营科技企业总量首次突破1000家，达到1157家。新增省高企培育入库企业381家、市高企培育入库企业386家，比上年分别增长254.13%、243.2%。苏州药明康德新药开发股份有限公司、苏州汇川技术有限公司和科沃斯机器人股份有限公司三家企业入榜江苏省创新型企业100强。

【科技项目攻关】 2019年，全区科技项目攻关取得新成绩。入选市级以上科技专项总量首次突破千件大关，达到1140项，其中省级以上380项。落实市级以上科技专项资金2.1亿元，其中省级以上7070万元，创历史新高。竞立制氢企业获评国家重点研发计划重点专项科技项目，苏州华电获公司国家科学技术进步奖二等奖；航天工程、迈信林2家企业获省级科技成果转化专项资金立项，创近年来单项项目资金新高；德创测控、竞立制氢等6家企业获得省重点专项资金支持。

【聚集高层次人才】 2019年，区科技局加速聚集高层次科技人才，辅导企业申报各级各类人才计划项目400余项。高层次人才引育总量快速增长，入选国家“万人计划”1人，新增省“双创人才”6人、省双创博士（企业创新类）1人、姑苏领军人才20人、创新团队1个、姑苏科技创业天使15人。全区成功自主申报区级以上领军人才449人次，其中国家级人才6人次、省双创人才37人次、姑苏领军人才100人次、区领军人才306人次。

【科技创新平台建设】 2019年，稳步推进科技创新平台建设。新增省工程技术研究中心6家、市工程技术研究中心60家、省科技企业孵化器1家、省级星创天地1家、省众创空间2家、市众创空间3家。4家省级工程技术研究中心获评省优秀绩效单位，2家国家级孵化器被国家科技部考评为优秀（A类）。吴中科技创业园获评国家、省、市绩效考核优秀。3家市级众创空间通过市级绩效考核。累计建成省级以上孵化器6家，其中国家级4家。建成国家级众创空间4家、省级众创空间13家、市级众创空间21家。建成省工程技术研究中心56家、市工程技术研究中心325家、省新型研发机构1个、市新型研发机构4个。

【提升科技服务成效】 2019年，科技服务成效得到全面提升。区科技局制定《关于促进吴中区科技创新高质量发展政策措施意见》《东吴科技创新创业领军人才计划实施细则》《东吴科技企业家计划实施细则》等政策驱动和提升科技服务成效的文件。年内，组织高企申报、人才政策辅导等各类培训18次，受训人数逾4000人。组织开展“青年博士进企业”活动，达成105项合作意向，再创历年新高。组织企业参加10多场产学研对接会，首次与省外高校成功签约。全区803家企业享受研发加计扣除政策，加计扣除额26.70亿元，比上年增长82.86%，折合减免企业所得税6.68亿元。 （杨莉萍）

表18-6 2019年吴中区国家级科技计划项目

计划类别	项目名称	承担单位
国家重点专项	国家重点研发计划可再生能源与氢能技术重点专项	苏州竞立制氢设备有限公司
创新创业大赛	第七届中国创新创业大赛奖励经费	江苏集萃智能传感技术研究所有限公司
国家重点人才计划	基于互联网＋移动医疗系统研发及产业化	江苏盖睿健康科技有限公司

（出自：区统计局）

表18-7 2019年吴中区省级科技计划项目

计划类别	项目名称	承担单位
省工程技术研究中心	江苏省高性能电磁屏蔽材料工程技术研究中心	苏州威斯东山电子技术有限公司
	江苏省多肽工程技术研究中心	苏州天马医药集团天吉生物制药有限公司
	江苏省精密复杂飞机结构件工程技术研究中心	江苏迈信林航空科技股份有限公司
	江苏省汽车空调系统核心部件工程技术研究中心	苏州新智机电工业有限公司
	江苏省搅拌摩擦焊工程技术研究中心	航天工程装备（苏州）有限公司
	江苏省高强度铝合金材料工程技术研究中心	苏州日中天铝业有限公司

续表

计划类别	项目名称	承担单位
省科技成果转化专项资金项目贷款贴息与后补助	高集成高功率密度新能源汽车电机驱动系统研发及产业化	苏州汇川技术有限公司
	机器人用谐波齿轮减速器	苏州绿的谐波传动科技股份有限公司
省产业前瞻与关键核心技术	适应可再生能源的千立方级大型电解水制氢设备关键技术研发	苏州竞立制氢设备有限公司
	基于机器视觉的高兼容性交互式智能软件平台研发	苏州德创测控科技有限公司
	固态多光谱 CMOS 图像传感器芯片关键技术研发	江苏集萃智能传感技术研究所有限公司
省科技成果转化专项资金	省科技成果转化专项资金	江苏迈信林航空科技股份有限公司
		航天工程装备(苏州)有限公司
省双创人才	新能源汽车高比能恒温锂离子电池系统	苏州安靠电源有限公司
	Wis-Slam 自主导航智能巡检机器人的研发和产业化	威斯泰(苏州)智能科技有限公司
	高性能生物 3D 打印机及其生物墨水的研发与产业化	苏州永沁泉智能设备有限公司
	固态多光谱 CMOS 传感器芯片	江苏集萃智能传感技术研究所有限公司
	高性能电磁屏蔽材料的开发和应用	苏州威斯东山电子技术有限公司
	基于传感器深度融合技术的汽车智能环境感知系统 CalmCar	苏州天瞳威视电子科技有限公司
省双创博士	医疗器械化学表征平台建立及关键技术研发	苏州药明康德新药开发有限公司
科学技术奖	2018 年度省科学技术奖励经费及获省科技奖励项目市配套奖励经费	苏州市职业大学
省级科技项目	科技型创业企业孵育计划	苏州市吴中科技创业园管理有限公司
	科技型创业企业孵育计划	苏州博济堂科技创业孵化管理有限公司
	科技型创业企业孵育计划	苏州东创科技园投资发展有限公司
	科技型创业企业孵育计划	苏州吴中科技园创业服务中心有限公司

(出自:区科技局)

编辑:王明生

文　化

【概况】 2019年，以“根植吴文化，建设新吴中”为主题导向，发展文化产业，保护传承文化遗产。创建省文物安全综合管理实验区，光福镇新晋中国历史文化名镇，江苏省文物保护单位增至23处，建成开放高新区科文中心；新增2个24小时图书分馆、3个幼儿园特色分馆、1个网借点和1个特色书吧；完成34个基层综合性文化服务中心达标建设。

【文化艺术】 2019年，举办文化惠民活动。组织举办“我和我的祖国”庆祝中华人民共和国成立70周年主题歌会，举行“屋顶上的歌唱家”青歌赛和优秀节目惠民巡演、人文音乐课、“太湖大讲堂”、评弹进校园系列文化惠民活动。其中，通过购买服务，吸引民营演出团体开展文化惠民专题演出35场，举办2019“欢聚艺堂——文化惠民系列活动”39场，累计参与群众近万人次；区评弹团进村（社区）巡演4000余场，受到群众普遍欢迎。创作文化精品。围绕太湖围网拆除主题，创作中篇弹词《太湖情》；围绕扫黑除恶主题，创作短篇《除恶》《调解》《讨薪》等，与开篇《姑苏法治颂》、短篇《文明斑马线》一起组成《法治评弹走基层》专场节目。角逐市曲艺“光裕奖”，中篇弹词《梅花绣》、小品《雨夜邂逅》摘冠；角逐“繁星奖”，二胡独奏《情韵姑苏》、美术作品《美丽景色》、摄影作品《姑苏雪》折桂，其他作品获银奖5个、铜奖13个；角逐市群文“五个一百”工程扶持项目，舞蹈《青衫恋》等4个作品、2个文化广场、1个活动品牌、2个优秀群文团队、4名群文指导员榜上有名，朱妍获评年度群文之星。另有作品斩获理论研究成果银奖、戏剧类网络最佳人气奖，《雨夜邂逅》入选第五届“南山杯”全国曲艺新人新作展演。加强文化交流。苏作非遗传承人携30余精品亮相中法文化论坛；评弹演员赴香港、上海开展艺术交流，在北京大剧院和清华大学举办《吴语话江南》专场演出；文化馆、评弹团赴德国里萨市开展文化交流；与德江县开展文旅交流活动，签订“东西部协作吴中·德江乡村文化旅游示范点”工作备忘录。组织开展评弹进校园活动，在区青少年活动中心、宝带实小、枫桥实小教授评弹和苏州话。

【文物保护与管理】 江苏省文物保护单位增至23处，其中蔡少渔旧宅等4处为新晋；苏州市文物保护单位新增5处，控保建筑再添3处。完成紫金庵罗汉塑像（附属建筑抢险加固）保护工程、费孝子祠维修工程、明月湾瞻乐堂北楼及附房修缮工程，编制轩辕宫正殿环境整治设计方案并上报国家文物局。打造智慧监管平台，创建为省文物安全综合管理实验区。宝带桥获“江苏最美运河地标”称号。中国历史文化名镇增至4处，其中光福镇为新晋。批复实施启园等10余处古建筑修缮工程，提出11份古村落民房翻建意见。央视二套《时尚大师》第二季走进雕花楼、严家花园，分享苏绣文创作品，展现吴中古建、园林的历史文化与当代新姿，累计网播量1696万次。

【非物质文化遗产保护】 胥口猛将会等4个项目，木渎弘戈堂碑刻艺术工作室等2个单位分别进入苏州市第七批非物质文化遗产项目目录和非物质文化遗产项目保护单位的评审公示阶段。遴选苏州石雕（金山石雕、藏书澄泥石刻）申报国家级第五批非遗代表性项目，推荐苏州蔡金兴砚艺有限公司、苏州盛风文化创意发展有限公司申报省非遗创意基地，推荐绿茶制作技艺、光福核雕项目传承人参加“中国非物质文化遗产传承人群研培”计划。开展“角直文化非遗周”等各类非遗宣传展示活动13场，提高群众对非遗保护的认识和参与度。

【文化产业】 “‘盛风’苏扇非遗文旅融合发展项目”获省现代服务业（文化）发展专项资金和省旅游业发展专项资金80万元，“新鲜提案纪录片交易平台”项目获省现代服务业（广播电视）发展专项资金100万元。“联纵数字AI平台”等6个项目获市文化产业发展奖励和补贴资金290万元，苏州策动文化传播有限公司等2家单位获市文化产业贷款贴息项目资金41.56万元，“苏罗段染丝织品”获苏州丝绸新产品项目奖励资金30万元。借力第八届中国·苏州创博会，以“眼底江南·心上吴中”为主题，通过一条“吴中文体旅观光带”，将文创产品、体旅项目、文旅线路、景点民宿点缀其间，向海内外展示吴中“文旅+”的魅力，获“优秀组织奖”“展示设计奖”；苏豪分会场活动获评创博会分会场第一名。举办2019苏作文创峰会和吴中文化创意集市，设立7个分会场活动。组织区内传统工艺人才参加中法文化论坛、“一带一路”海外贸易推广和澳门体验中心活动，参与苏州文化旅游消费夜市，发动锦达丝绸、盛风苏扇等5家单位参加2019年中国消费品（俄罗斯）品牌展。在上海浦东国际机场举办“指尖上的吴中”系列文化体验活动，在上海虹桥高铁站开设“乡愁小栈”文旅主题展厅，吸引众多旅客驻足参与。

2019年9月20—22日，2019吴中文化创意集市在苏州本色美术馆举办

区文化体育和旅游局　供稿

【行政审批】 根据部门转隶重组和区审批局事项划转文件要求，将4个事项划转区委宣传部、6个事项划转区审批局。按照上级审批改革文件精神，向开发区赋权8项、度假区赋权10项、角直镇下放初审8项、木渎镇下放初审22项。坚持以“放管服”为重点，推进“不见面审批”改革。区政务服务中心文体窗口全年受理材料232件，现场踏勘90家次，延期换证18件，备案79件，行政许可122

件，不予许可3件，处理咨询投诉33件次；各赋权板块接待咨询136件，受理材料112件，现场踏勘81次，办结59件。区文体综合行政执法大队获2018年度全市文化市场行政许可优秀案卷一等奖。

【文化市场管理】 加大综合执法力度，开展“平安文体旅市场”创建和“扫黑除恶”“扫黄打非”“一日游”“出境游”及无证音乐茶座等专项整治活动，全年出动执法人员9500余人次，处理区联动中心交办事项1861起；行政处罚立案48起，结案35起。落实日常巡查、随机抽查、部门联合检查、专项排查等制度规定，检查旅行社46家、旅游团队110余个、导游90余名，查处旅行社7家、导游3名，约谈违规旅行社6家；开展多部门联合集中取缔行动28次，取缔无证音乐茶座31家、无证网吧37家，扣押上网机器设备1669余台，实现全区无证音乐茶座、KTV及475家无证网吧清零目标，维护意识形态和文化市场安全。完成区文化市场执法改革，撤销区文体综合行政执法大队、区旅游监察大队、区旅游质量监督所，组建“苏州市吴中区文化市场综合执法大队”，做法在全省文化市场综合行政改革工作推进会上交流。

（陈　嘉）

表19-1　2019年末吴中区省级以上非物质文化遗产名录及传承人

项目名称	类别	级别	公布日期、批次	保护单位	当前传承人状况
角直水乡妇女服饰	民俗	国家级	2006年5月20日 国发〔2006〕18号 第一批	角直镇文体教育服务中心	区　级：顾夫泉
香山帮传统建筑营造技艺	传统技艺	国家级	2006年5月20日 国发〔2006〕18号 第一批	苏州香山工坊建设投资发展有限公司	国家级：薛福鑫　陆耀祖 薛林根 省　级：杨根兴　顾建明 市　级：朱兴男　张喜平 郁文贤 区　级：许建华　孟建鸿 沈炳春　方　明 钱乃幸　顾阿虎 胡迪荣　孙小青 邓菊生　张福康
光福核雕	传统美术	国家级	2008年6月7日 国发〔2008〕19号 第二批	苏州市吴中区光福镇文体教育服务中心	国家级：宋水官　周建明 省　级：陈素英 市　级：须培金　钟火元 区　级：许忠英　陆小琴 缪增明　任敏华 钟秀琴　钟耀源 李晓青　宋梅英 承莉君　帅道富 夏　栋　李云玲

续表

项目名称	类别	级别	公布日期、批次	保护单位	当前传承人状况
碧螺春制作技艺	传统技艺	国家级	2011年5月23日 国发〔2011〕14号 第三批	苏州市吴中区洞庭(山)碧螺春茶业协会	国家级：施跃文 市　级：查恩春　陈建荣 张利忠　蒋林根 周永明 区　级：严介龙　马国良 柳荣伟　顾晓军 沈四宝　蔡国平
金山石雕	传统技艺	省级	2007年3月24日 苏政发〔2007〕28号 第一批	苏州金山石雕艺术有限公司	省　级：何根金 市　级：吴福云 区　级：何建青　何建红 何惠林
藏书澄泥石刻	传统技艺	省级	2007年3月24日 苏政发〔2007〕28号 第一批	苏州市吴中区木渎镇文体教育服务中心	省　级：蔡金兴 区　级：蔡云娣　许永良 陆云生　张文彪 蔡春生
东山台阁	传统体育、游艺与杂技	省级	2009年6月20日 苏政发〔2009〕94号 第二批	东山镇文体中心	
乾生元枣泥麻饼制作技艺	传统技艺	省级	2011年9月2日 苏政发〔2011〕124号 第三批	苏州乾生元食品有限公司	市　级：郏　勤
木渎石家鲃肺汤制作技艺	传统技艺	省级	2011年9月2日 苏政发〔2011〕124号 第三批	木渎镇石家饭店	市　级：居永泉
十番音乐(木渎十番)	传统音乐	省级	2016年3月18日 苏政发〔2016〕5号 第四批	苏州市吴中区木渎镇文体教育服务中心	市　级：顾再欣
莲湘(甪直连厢)	传统舞蹈	省级	2016年3月18日 苏政发〔2016〕5号 第四批	苏州市吴中区甪直镇文体教育服务中心	区　级：龚阿二
木雕(佛像木雕)	传统美术	省级	2016年3月18日 苏政发〔2016〕5号 第四批	苏州市吴中区光福镇文体教育服务中心	区　级：李进荣　董荣菊 顾国荣　徐文炳 董　辉
玉雕(苏州玉雕)	传统美术	省级	2016年3月18日 苏政发〔2016〕5号 第四批	苏州市吴中区光福镇文体教育服务中心	市　级：马洪伟 区　级：袁小娣　府洪敏 孙林泉　钱建良 朱玉峰　范栋强

续表

项目名称	类别	级别	公布日期、批次	保护单位	当前传承人状况
木雕（苏州红木雕刻）	传统美术	省级	2016年3月18日 苏政发〔2016〕5号 第四批	苏州市吴中区光福镇文体教育服务中心	市　级：钟锦德　陈忠林 区　级：顾菊忠　钟　斌
家具制作技艺（明式家具制作技艺）	传统技艺	省级	2016年3月18日 苏政发〔2016〕5号 第四批	苏州市吴中区光福镇文体教育服务中心	市　级：宋卫东 区　级：王建海　王建新 史忠明　周雪英 周华民　史志晔 张建设
传统木船制作技艺（七桅古船制作技艺）	传统技艺	省级	2016年3月18日 苏政发〔2016〕5号 第四批	苏州市吴中区光福镇文体教育服务中心	区　级：蒋金土
吴罗织造技艺（纱罗织造技艺）	传统技艺	省级	2016年3月18日 苏政发〔2016〕5号 第四批	苏州圣龙丝织绣品有限公司	市　级：李海龙 区　级：李　君
酱菜制作技艺（角直萝卜制作技艺）	传统技艺	省级	2016年3月18日 苏政发〔2016〕5号 第四批	苏州市吴中区角直酱品厂	市　级：凌永弟 区　级：金庆勇
羊肉烹制技艺（藏书羊肉制作技艺）	传统技艺	省级	2016年3月18日 苏政发〔2016〕5号 第四批	苏州市藏书羊肉产业协会	
吴氏疗疗	传统医药	省级	2016年3月18日 苏政发〔2016〕5号 第四批	苏州市吴中区木渎镇吴氏疗科诊所	市　级：李永熙 区　级：李　啸
江南船拳	传统体育、游艺与杂技	省级	2016年3月18日 苏政发〔2016〕5号 第四批	越溪街道文体中心 越溪实验小学	市　级：吴根宝　吴文祖
邓尉探梅	民俗	省级	2016年3月18日 苏政发〔2016〕5号 第四批	苏州市吴中区光福镇文体教育服务中心	

（出自：区文体旅局）

表19-2　2019年末吴中区省级以上文物保护单位名录

名称		类别	级别	时代	公布批次	所在乡镇（街道）
保圣寺罗汉塑像		石刻及造像	全国	唐—宋	第一批	角直
宝带桥		古建筑	全国	明	第五批	城南
东山民居	凝德堂	古建筑	全国	明	第六批	东山
	明善堂			明		
	怀荫堂			明		
春在楼		古建筑	全国	民国	第六批	东山

续表

名称	类别	级别	时代	公布批次	所在乡镇（街道）
紫金庵罗汉塑像	古建筑	全国	宋	第六批	东山
轩辕宫正殿	古建筑	全国	元	第六批	东山
寂鉴寺石殿	古建筑	全国	元	第六批	木渎
韩世忠墓碑	古墓葬	省级	南宋	第一批（重新公布）	木渎
楞严经石刻	石刻及造像	省级	明	第二批（重新公布）	光福
蒯祥墓	古墓葬	省级	明	第三批	香山
楠木厅及石雕艺术品	古建筑	省级	明	第三批	东山
绍德堂	古建筑	省级	明	第三批	东山
瑞霭堂	古建筑	省级	明	第三批	东山
诸公井亭	古建筑	省级	明	第三批	东山
林屋山摩崖题刻	石刻及造像	省级	宋—清	第四批	金庭
小王山摩崖题刻	石刻及造像	省级	现代	第四批	木渎
光福寺塔	古建筑	省级	宋	第四批	光福
大觉寺桥	古建筑	省级	宋	第四批	甪直
三山岛遗址及哺乳动物化石地点	古遗址	省级	更新世中晚期	第四批	东山
栖贤巷门	古建筑	省级	明	第五批	金庭
涵村店铺	古建筑	省级	明	第五批	金庭
敬修堂	古建筑	省级	清	第五批	金庭
务本堂	古建筑	省级	明	第六批	东山
会老堂	古建筑	省级	明—民国	第七批	东山
徐家祠堂	古建筑	省级	清	第七批	金庭
仁本堂	古建筑	省级	清	第七批	金庭
冯桂芬故居	近现代重要史迹及代表性建筑	省级	清	第八批	木渎
叶圣陶墓及执教处旧址	近现代重要史迹及代表性建筑	省级	民国	第八批	甪直
蔡少渔旧宅	古建筑	省级	清—民国	第八批	木渎
遂高堂	古建筑	省级	明	第八批	东山

（出自：区文体旅局）

表 19–3　2019 年电影、公共图书馆基本情况

项目	单位	2019 年	2018 年
一、电影事业			
电影放映单位	个	19	14
影剧院	个	2	2
电影放映场次	场次	246281	210854

续表

项目	单位	2019年	2018年
电影放映观众人次	万人次	380	373
电影放映收入	万元	13644	12620
二、公共图书馆			
1. 机构数	个	1	1
职工人数	人	54	48
2. 总藏书量	万册（件）	130.65	126.77
#古籍	万册（件）	0.98	0.96
图书	万册（件）	124.82	117.62
报刊	万册（件）	3.0	6.4
3. 发放借书证数	个	10.0188	19579
4. 书刊外借人次	千人次	261.131	279.41
书刊外借册次	千册次	642.812	656.7
5. 公共房屋建筑面积	平方米	16800	16800
#书库	平方米	1754	1754
阅览室	平方米	5170	6238
6. 阅览室座席数	个	855	747
#少儿阅览室座席数	个	178	178

（出自：区统计局）

表19-4 文物保护、艺术表演基本情况

项目	单位	2019年	2018年
一、文物保护			
1. 机构数	个	3	2
职工人数	人	38	33
2. 文物保护单位	处	130	125
#国家级	处	7	7
省级	处	23	19
3. 文物藏品	件	6891.5	6889.5
#一级品	件	55	55
4. 参观人数	千人次	2000	2000
二、艺术表演团体			
1. 剧团数	个	2	2
#沪剧团	个	1	1
评弹团	个	1	1
2. 演职员工数	人	34	34
3. 演出场次	场次	4140	3676
观众人数	千人次	415	300

（出自：区统计局）

档案史志

【概况】 2019年，提升档案规范化水平，新增省星级档案室16家。做好机构改革中档案处置工作，接收机关档案和转制企业档案182595卷（件）。成功创建江苏省5A级数字档案馆，完成40万条馆藏档案二级目录著录。服务长三角一体化发展，融入民生档案“异地查档便民服务”平台，拓展基层查阅点，全年查档14000余人次，收到群众表扬8件。中国名镇志《木渎镇志》出版发行，江苏省名镇志《东山镇志》、名村志《杨湾村志》进入出版环节，《吴中年鉴（2019）》如期出版，《吴中年鉴（2018）》获2017—2019年度全市档案文化精品一等奖。

【档案基础建设】 成功创建江苏省5A级数字档案馆，集成完善吴中数字档案云平台，优化多媒体档案管理、集中式虚拟档案室、核心资源库等7套系统，提高数据存储容量、维护数据安全、实现数据共享服务，推动档案馆功能升级。推进档案数字化工作，完成40万条馆藏档案二级目录著录工作，将目录细化到人名，方便查找利用。

【档案安全管理】 层层签订安全责任书，完善档案安全管理制度，落实档案安全管理责任。开展档案信息系统等级保护工作，完善档案信息安全防护体系，抵御网络攻击、侵入和破坏。开展档案安全风险隐患排查整治工作，制定并落实消防安全管理、外来人员管理、网络安全等各项制度，加强档案安全长效管理，通过省、市档案馆安全工作检查。

【档案资源建设】 开展撤并单位档案移交进馆工作，配合大运河整治，完成原吴县化工厂等转制企业档案进馆工作，近19万件（卷、张）档案移交进馆，同步完成档案馆室数据迁移。征集到著名画家曹仁容先生珍藏的信件、照片、作品等珍贵实物和档案1304件，经济建设、友好交流、社会民生等方面的照片2万余张，馆藏档案资源不断丰富。

【档案业务监管】 开展机构改革中档案处置工作，制定《关于做好吴中区机构改革中档案工作的意见》《吴中区机构改革中档案处置方案明细表》，35家涉改单位（部门）完成档案处置。做好区政协四届三次会议第4号提案的答复，深化村社区档案工作长效化管理。加强档案规范化建设，推进乡村振兴档案、未成年人成长档案等工作，全年完成档案室星级测评16家，其中三星级2家。开展双随机档案行政执法检查、年度评价、区镇绩效考核工作，确保进馆单位档案齐全完整安全。

【档案服务利用】 全年查档窗口共接待1.4万人次，调档8万余卷（件、册），收到锦旗、表扬信等8件。全区民生档案基层查阅平台、镇（街道）档案资源共享平台累计设立96家，共享婚姻档案、计生档案、村建档案、知青档案等数据80余万条。服务长三角一体化发展，部署省民生档案便民服务平台，实现涉民档案省内和长三角地区的异地查询、异地出证，与山东临沂市档案馆签订跨馆利用协议，完成异地查档利用8例。

【志鉴编纂】 中国名镇志《木渎镇志》在第四届全国名镇论坛暨第四批中国名镇志丛书出版座谈会上亮相出版，江苏省名镇志《东山镇志》、名村志《杨湾村志》进入出版环节，中国名镇志《金庭镇志》完成终审，江苏省名村志《三山村志》《陆巷村志》通过复审。截至2019年末，在编及出版国家及省名镇名村志累计13部，在全国名列前茅。编印《吴中区村（社区）志编纂手册》，规范志书编修。全年组织召开村（社区）志业务研讨会14次，新启动《香雪村志》《吴巷村志》《宝带桥社区志》《张桥村志》等6部，出版《渡桥村志》等4部。全年出版村（社区）志23部，在编23部。指导《吴中区政法志》通过终审，启动《吴中区地名志》，完成《苏州扶贫协作和对口支援志》吴中部分。制定《吴中年鉴编纂规则》，完善年鉴框架，提高年鉴的可读性，2019版年鉴出版，全书共61万字，设类目25个，分目167个，条目924个，附表55张，随文插图26幅。《吴中年鉴（2018）》获全市档案文化精品一等奖。

【档案宣传】 策划“吴中区国家级非遗项目与传承人”展览，该展在全市档案文化精品评比中获得三等奖。开展“6·9”国际档案日宣传活动，组织曹仁容个人档案捐赠仪式、全区档案知识竞赛、档案文化讲座、档案馆寄存学生“梦想”、走进党建共建社区等系列活动。发挥“吴中档案”微信公众号作用，全年推送微信文100余条；产生《天堂中的天堂——东山镇》等热文，其中《姑苏繁华地、吴中第一镇》被新华社客户端刊发。参与“新中国的记忆”征文、档案文化精品评选等活动，上报作品24件，获奖8件。《砥砺奋进二十载，牢记使命谱新篇》等3篇稿件被《档案与建设》专栏录用，区档案馆获全省档案期刊宣传工作一等奖、“新中国的记忆”全市征文活动优秀组织奖。（孙梦丹）

卫　生

【概况】 2019年，围绕深化医药卫生体制改革和落实计划生育政策，提升卫生计生公共服务水平，提高城乡居民健康水平。全区居民期望寿命83.52岁，常住人口出生9511人，出生政策符合率为99.37%。

【医药卫生体制改革】 推进分级诊疗制度建设，探索紧密型区域医联体建设机制。融入长三角一体化，深化以吴中人民医院、苏州市中西医结合医院为龙头的东、西片医联体建设。完善影像、心电会诊信息化建设，年内影像会诊中心会诊350例，心电会诊中心共会诊3828例。建立现代医院管理制度。落实苏州市中西医结合医院、吴中人民医院现代医院管理制度试点工作任务，完成章程制定工作，明确院长年薪由基本年薪和管理绩效年薪构成，注重对管理绩效年薪的考核调节。推进药品供应保障制度和设备耗材采购制度建设。做好降价药品进医院工作，保障基本药物优先使用，促进医联体内上下用药衔接。所有医疗机构实现药品采购并入江苏省公共资源交易平台，审核结算基药款17250.89万元。推进综合监管制度建设。开展专项执法“蓝盾行动”，推进“互联网+监管”，建设完善健康卫士“531”在线监测信息平台。打造覆盖卫生健康行业管理全过程的“信用+卫生监督”新模式。

【卫生健康服务】 推进医疗机构提档升级。启动吴中人民医院新院区、尹山湖医院二期和吴中区中医医院迁建等项目。完成6家省级社区卫生服务站示范达标建设的评估验收，22家区级示范社区卫生服务站示范达标建设评审。落实健康“531”系列行动计划。年内开展心脑血管筛查目标人群148022人，完成慢阻肺、儿童哮喘和老年人骨质疏松等筛查、管理1.1万人。各疾病救治中心完成手术500余例，抢救成功1500余例。提升信息化支撑引领，医疗健康信息化项目通过全面健康信息平台互联互通四级甲等现场测评，吴中人民医院试点建设互联网医院。建设“健康吴中行”App，开放家庭医生签约、健康档案调阅、预约挂号、在线支付等应用服务。推进基层医疗机构“一院一品”专科建设和“基层特色科室”建设，全区医疗机构建成市级重点学（专）科11个，吴中人民医院心血管内科建成市级临床重点专科。全区近75%的基层医疗机构完成“中医馆”标准化建设，95%的村卫生室、社区卫生服务站开展中医药适宜技术。组建家庭医生服务团队135个，开设全科医生工作室67个，常住人口签约率为47.55%。加强院前急救信息化建设，新建尹山湖急救分站并投入运行，完成6辆救护车智慧急救系统建设。

【计划生育服务管理】 2019年，全区居民期望寿命83.52岁，常住人口出生9511人；出生政策符合率99.37%。区卫健委继续贯彻落实计划生育的各项奖励扶助政策，提升计划生育服务管理水平。全年发放农村部分计划生育家庭奖励金43564人次352.448万元，计划生育家庭特别扶助金1341.964万元。年内，走访慰问计生公益金家庭236户，发放公益金60.8万元；走访计生特扶家庭896户，慰问金1.2万元。5月31日，由区政府牵头，区卫健委、民政、财政、文体、旅游等部门共同参与，举办“5·29”计生协会纪念日活动。是日，在副区长周黎敏、区卫健委主任陆治平等领导带领下，组织相关人员前往金庭镇走访计生特扶家庭。全区镇（街道）、村（社区）联合组织相关人员分组分片，对辖区896户计生特扶家庭进行走访，发放各类保险告知书、爱心卡、优惠补贴，送上慰问金和慰问品。

【社区和公共卫生】 落实基本公共卫生人均经费80元，全区高血压患者累计建档管理104054例、糖尿病患者累计建档管理26375例，累计管理肿瘤患者5654例、冠心病患者3294例、脑卒中患者6717例。强化疫苗流通和预防接种管理，执行疫苗电子监管码扫码出库，全区17家儿童预防接种门诊进行整改，全部接种单位均通过区级标准化预防接种门诊验收。落实重大疾病防治专项规划，艾滋病病毒感染者和病人管理率、抗病毒治疗覆盖率、肺结核患者管理率均在90%以上。强化妇幼健康工作。开展免费适龄妇女宫颈癌和乳腺癌筛查3.7万人次，筛查出阳性患者261例。启动儿童孤独症筛查项目，对35例可疑儿童进行筛查。为1.4万余名幼儿园儿童建立视力健康电子档案。完成儿童先天性心脏病筛查5123例，确诊130例。规范精神卫生管理，启动社会心理服务体系建设试点工作，建设4个24小时开放的“精神障碍康复社区服务点”。

【健康促进和爱国卫生运动】 推进健康城市建设，建成健康小游园10个、健康步道8条。临湖镇开展省级健康镇建设，建设37个健康社区、66个健康单位、50个健康家庭。升级健康教育工作模式。搭建健康教育视频联播平台，建设完成各医疗卫生机构播放点34处。成立“吴中健康讲堂”，开展健康科普讲座126场次，惠及居民5000余人。落实吴中区卫生城市长效管理工作方案，辖区4个国家卫生镇通过江苏省和苏州市考核。

（魏　晔）

表19-5　2019年卫生事业基本情况

项目	单位	2019年	2018年
1. 卫生机构数	所	314	302
#医院	所	30	29
基层医疗卫生服务机构	所	273	263
2. 卫生机构床位数	张	6594	5898
#医院	张	5830	5092
基层医疗卫生服务机构	张	764	806
3. 卫生技术人员数	人	7482	6824
#医院	人	4085	3720
基层医疗卫生服务机构	人	3240	2980
#医生人数	人	2758	2499
#医院	人	1277	1132
基层医疗卫生服务机构	人	1423	1312

续表

项目	单位	2019 年	2018 年
4. 妇幼保健情况			
5 岁以下儿童死亡率		3.41‰	3.55‰
婴儿死亡率		2.72‰	2.73‰
产妇住院分娩比例		100%	100%
5. 医疗机构诊疗情况			
诊疗总人次	人	7299945	7244000
#门诊	人	6241318	6247113
入院人数	人	119982	116402
病床周转次数	次	19.5	20.7
病床使用率		78.1%	80.0%
出院者平均住院天数	天	13.3	13.0

（出自：区统计局）

表 19-6　2019 年末各类卫生机构、床位及人员数

项目	机构数（个）	床位数（张）	人员数（人）	卫生技术人员数	执业医师人数	执业助理医师人数	注册护士人数	药师（士）人数	技师（士）人数	检验师人数	其他卫生技术人员数
合计	314	6594	9926	7482	2758	279	3365	447	402	296	467
一、医院	30	5830	5683	4085	1277	86	2163	191	178	123	276
1. 综合医院	4	859	1198	1068	421	29	494	65	46	36	42
2. 中医院	1	78	105	81	33	5	34	4	2	1	8
3. 中西医结合医院	1	681	1000	843	339	4	394	48	46	33	16
4. 专科医院	11	1414	1716	1359	381	40	704	52	78	49	144
5. 护理院	13	2798	1664	734	103	8	537	22	6	4	66
二、基层医疗卫生服务机构	273	764	3996	3240	1423	189	1198	253	185	134	138
1. 社区卫生服务中心（站）	52	429	1500	1244	489	61	472	116	80	66	73
#社区卫生服务中心	10	429	1500	1244	489	61	472	116	80	66	73
社区卫生服务站	42	—	—	—	—	—	—	—	—	—	—
2. 卫生院	7	335	951	791	315	49	256	89	52	37	50
3. 村卫生室	42	—	—	—	—	—	—	—	—	—	—
4. 门诊部	33	—	848	636	287	22	254	34	50	28	11
#综合门诊部	26	—	669	547	250	21	211	30	48	26	8
中医门诊部	2	—	30	20	10	—	7	2	—	—	1
专科门诊部	5	—	149	69	27	1	36	2	2	2	2
5. 诊所、卫生所、医务室	139	—	697	569	332	57	216	14	3	3	4
#诊所	98	—	559	485	284	44	181	13	3	3	4
卫生所、医务室	38	—	73	72	47	13	24	1	—	—	—
护理站	3	—	65	12	1	—	11	—	—	—	—

续表

项目	机构数（个）	床位数（张）	人员数（人）	卫生技术人员数	执业医师人数	执业助理医师人数	注册护士人数	药师（士）人数	技师（士）人数	检验师人数	其他卫生技术人员数
三、专业公共卫生机构	9	—	121	94	51	4	4	3	4	4	32
1. 妇幼保健院（所、站）	1	—	33	26	20	1	1	2	3	3	—
2. 疾病预防控制中心	1	—	55	42	31	3	3	1	1	1	6
3. 卫生监督（所）中心	1	—	33	26	—	—	—	—	—	—	26
4.专科疾病防治所(站中心)	1	—	—	—	—	—	—	—	—	—	—
5. 计划生育技术服务机构	5	—	—	—	—	—	—	—	—	—	—
四、其他卫生机构	2	—	126	63	7	—	—	—	—	—	—
临床检验中心（所、站）	2	—	126	63	7	—	—	—	—	—	—

（出自：区统计局）

表 19-7　2019 年医疗机构诊疗人数

项目	总诊疗人次数（人次）	门诊人次（人次）	急诊人次（人次）	入院人数（人）	出院人数（人）	实际开放总床位（床/日）
总计	7299945	6241318	875047	119982	119087	2231182
一、医院	2311438	1918473	380670	96102	95265	1952322
1. 综合医院	1043806	879572	160591	27014	26902	312883
2. 中医院	40992	40992	—	1110	1103	28470
3. 中西医结合医院	989455	799558	189897	22507	22429	232704
4. 专科医院	236964	198130	30182	40122	39760	457375
肿瘤医院	113159	113151	8	19206	19164	166795
骨科医院	90946	60772	30174	11427	11454	125925
美容医院	11574	11206	—	368	368	7300
5. 护理院	221	221	—	5349	5071	920890
二、基层医疗卫生机构	4980891	4315229	494377	23880	23822	278860
1. 社区卫生服务中心（站）	2360374	1984626	295442	15161	15146	156585
乡镇卫生院	1781350	1500597	198935	8719	8676	122275
2. 村卫生室	—	—	—	—	—	—
3. 门诊部	365093	359938	—	—	—	—
4. 诊所、卫生所、医务室	474074	470068	—	—	—	—
# 诊所	399920	395977	—	—	—	—
卫生所、医务室	74154	74091	—	—	—	—
三、妇幼保健院（所、站）	7616	7616	—	—	—	—
四、其他卫生机构	—	—	—	—	—	—
专科疾病防治院（所、站）	—	—	—	—	—	—

（出自：区统计局）

表 19–8　2019 年各类传染病发病情况

项目	2019 年（人）	2018 年（人）
每十万人发病数	707.93	737.41
#肝炎	31.06	44.07
伤寒	0.18	0.18
痢疾	1.14	1.86
麻疹	—	0.44

注：各类传染病每十万人发病数包括性病、结核病。

（出自：区统计局）

表 19–9　2019 年前十位疾病死因及比重

位次	死因	占全部死因比重
总计		95.6%
1	恶性肿瘤	31.7%
2	脑血管病	19.9%
3	心脏病	13.6%
4	呼吸系统疾病	13.5%
5	损伤和中毒	8.3%
6	神经系统疾病	2.6%
7	内分泌、营养和代谢疾病	2.1%
8	消化系统疾病	1.9%
9	泌尿生殖系统疾病	1.1%
10	精神和行为障碍	1.0%

（出自：区统计局）

表 19–10　2019 年计划生育及婚姻登记情况

项目	单位	2019 年	2018 年
一、晚婚情况			
女性初婚人数	人	2991	2407
# 23 周岁以上	人	1927	2033
晚婚率		64.4%	84.5%
二、婚姻登记情况			
年内准予登记结婚数	对	4513	4400
年内申请离婚数	对	2775	2636
年内准予离婚数	对	3010	2421

（出自：区统计局）

体 育

【概况】 2019年，围绕“环太湖体育嘉年华”主题，组织举办苏州湾国际马拉松、四季越野、城市定向、广场健身舞、乒乓球、生态垂钓和国际自行车赛、区篮球联赛等多项赛事，其中市象棋甲级联赛各赛季活动从2019年起全部落户吴中。成立区掼蛋交流协会等体育社团，以点带面推动全民健身。完成金庭环岛42千米健身步道建设。开展省体育产业引导资助、示范基地重新认定和申报工作，三山岛获“江苏省体育服务综合体”称号，太湖旅游度假区获“省体育健康特色小镇”称号。“苏州艾鲁特国际击剑培训中心”等3个项目获市体育产业引导资金60万元。甪直澄湖飞行营地获通用C类通用机场使用许可证，属华东地区首家。

【国际大赛】 整合区内优势文体旅资源，承办第十届穹窿山兵圣杯女子围棋赛和2019苏州·吴中“环太湖”国际竞走多日赛暨“太湖蓝”马拉松。特别是纳入国际田联竞走挑战赛系列的“环太湖”竞走多日赛，通过创新服务外包、大众参与、媒体推介等办赛方式，引入苏州电视台直播的传播方式和“太湖蓝”马拉松理念，对吴中优势文化体育旅游资源进行全方位整合宣传。

【青少年体育】 开展击剑、游泳、武术等市、区青少年体育赛事，吸引3000余名区青少年参与。加强校体结合，新增越溪实验小学为区队校办学校（游泳），迎春中学为单项训练基地（田径）；区队校办学校在全国、省、市级青少年赛事中获得奖牌230块（金牌83块），其中全国青少年赛事冠军2个、省级一等奖14个，推动区青少年体育向更高水平发展。 （陈 嘉）

表19–11 2019年体育事业基本情况

项目	单位	2019年	2018年
四百米标准田径场	个	10	10
举办运动会	次	2	52
参赛人次	人次	800	12500
#市级运动会	次	—	35
参赛人次	人次	—	4000

（出自：《吴中统计年鉴（2020）》）

编辑：高 燕

社会民生

民政事务

【概况】 2019年，全区民政系统坚守“民政为民、民政爱民”工作理念，谱写新时代民政事业改革发展新篇章。吴中区智慧养老大数据中心建成，长桥等4个街道（镇）入选国家智慧健康养老示范街道（镇）。全年完成40家日间照料中心新建、改扩建工作。吴中区在全省率先推行重大疾病救助政策，继续提高救助标准，扩大保障范围，调优救助便民政策。逐步壮大精准帮扶联盟，全区低保家庭629户1250人，低保边缘重病对象1457人，特困人员153人，特残对象224户380人，无业精智残人员763人，重残对象1612人。全年共发放各类救助补助金5664万余元。以“自治法治德治融合推动多元化样态的城乡社区精准治理”为主题，开展城乡社区差异化治理，创建全省现代社区治理实验区，“全科社工”服务模式完成城市社区全覆盖。组织开展社区服务社会化、精准化公益创投活动，投入500万元资金，实施民生微实事项目41个。社会组织建设取得新进展，全年新增社会组织28家，变更77家，注销13家。完善社会组织日常监督管理工作，全区依法登记社会组织570家，持证社工658人。稳步推进全国殡葬综合改革试点，全省首例“晶石葬”新型骨灰存放模式落地吴中；完成殡葬领域突出问题专项整治和违规殡葬设施排查整治任务，全区8710个超标墓穴整改到位。推行移风易俗，全区191个行政村和社区全部成立红白理事会，将移风易俗内容纳入村规民约。吴中区在全市率先完成镇级地名规划，规划地名名称8大类5015条，编制地名采词库资源3588条；在全省率先建成“一站式”婚姻登记管理平台，拓展延伸自助免费拍照服务。年内，吴中区被国家工业和信息化部等三部委确定为全省首个全国智慧健康养老示范基地，入选江苏省现代社区治理创新实验区；苏州市吴中区民政局（简称“区民政局”）入选苏州市脱贫攻坚先进集体；吴中区婚姻登记处获评全市民政系统先进集体；周兰娟获评江苏省民政系统先进工作者。

【智慧养老】 2019年，全区民政系统运用“互联网+”推进养老服务建设，建立吴中区智慧养老大数据中心，实现养老服务的大数据管理功能，在全区养老机构中推广使用智慧安全用电监管系统。年内，吴中区入选国家第三批智慧健康养老应用示范基地。吴中高新技术产业开发区（长桥街道）、木渎镇、临湖镇、光福镇入选智慧健康养老示范镇（街道），入选数量占全省的三分之二。

【居家养老】 2019年，全面提升居家养老服务质量，制订出台居家养老服务清单，明确居家养老服务10个类别。实现居家养老援助服务资格审批、服务派单、服务质量监管、工时统计、资金结算“五位一体”的闭环式管理模式。全年为26户符合条件的困难老年人家庭实施无障碍设施改造。

【日间照料中心】 2019年，区民政局拓展和优化日间照料中心的服务内容，制订老年人日间照料中心免费服务项目清单、服务标准、服务流程，明确老年人日间照料中心管理人员的配备。推动日间照料中心社会化运营，全年完成社区日间照料中心社会化运营21家。

【城乡低保】 2019年7月始，全区低保标准由每月945元提高至995元，同步提升其他救助标准。依托居民家庭经济状况核对平台，通过入户调查、邻里走访、民主评议、公开公示等手段，及时将不符合条件低保对象清理退出社会救助保障范围。全年受理新申请核对1215户3489人，检出不符合低保申请条件的对象67户165人，检出率为2.4%，节约财政资金约53.7万元。

【重大疾病救助政策】 2019年，各镇（街道）通过购买商业保险服务的方式，减轻困难群众的医疗费用负担。制定重大疾病救助政策，对患有25种重大疾病的低保家庭成员、低保边缘对象按实际住院天数给予每天100元的补助，每12个自然月最高补助90天。重大疾病救助政策涵盖全区70%的困难人群，全年累计对962名救助对象实施专项补助，发放住院补贴350万元。

2019年9月，吴中首家社区嵌入式养老机构——慧享福长者照护之家改建完成并投用

区民政局　供稿

【慈善事业】 2019年，吴中区慈善总会（基金会）围绕慈善济困、助学、助医、公益、环保、扶贫等八个类别，组织开展慈善事业项目13个，救助支出644.59万元，惠及困难群众和学生4.05万人。年内，新成立“女王跑·关爱女性健康基金”“朱秀源爱心基金”“万丽助老助困爱心基金”“苏信吴中助老爱心基金”“特伯助学爱心基金”等5个冠名基金，扶持慈善事业发展。全区33个慈善冠名基金活动踊跃，分别开展助学、助老、公益、环保等丰富多彩的慈善活动。

【城乡社区差异化治理】 2019年，吴中区创建江苏省现代社区治理实验区，以“自治法治德治融合推动多元化样态的城乡社区精准治理”为主题，推动城乡社区差异化治理。在全区努力打造互融共通、差异共存的“三治四型五化”社区，持续促进社区家园品质提升，满足城乡社区居民多元个性需求。

【基层政权建设】 2019年，区民政局继续加强基层政权建设。依法组织开展村（居）委会改选、补选工作。建立村（居）两委干部联审机制，联合多个行政管理部门对全区186个村（社区）两委班子成员进行违纪违法、前科劣迹情况筛查，清理出14人。规范村（居）务公开工作，对全区4个软弱后进村村务公开情况进行督查指导。开展优秀村规民约、居民公约征集评选工作，择优选出10篇评选结果，在"吴中民政"微信公众号分期宣传展示。

【规范社工人才工作】 2019年，区民政局制定《吴中区社区工作者薪酬管理实施细则（草案）》，推进社区工作者职业化建设，落实"三岗十八级"工作性津贴。召开城市社区全科社区工作者推进会，加快社区工作者全科化步伐，实现全区城市社区全科社区工作者服务模式全覆盖，农村社区全科社区工作者覆盖率超过50%。全年新增持证社区工作者初级81人、中级11人，全区有持证社区工作者658人。

【社会组织培育】 2019年，区级投入500万元经费，开展第四届精准化公益创投、社区服务社会化活动，继续加强社会组织培育。启动百件民生微实事项目，实施精准帮扶、社区共治、拥军优属、为老助残等6大类41个项目。通过"社会组织+"来做精社会治理中的"绣花活"，形成政府与社会组织点面互补的叠加效应。建立精准帮扶联盟，搭建"政府+企业+社会组织+爱心人士"平台，创新多方参与扶贫帮困模式，帮助困难群众连接生活、就业、就学、医疗资源。

【社会组织监管】 2019年初，区民政局组织开展上年度全区社会组织的年检、等级评估及双随机抽查。年检应参检社会组织533家，实参检社会组织485家，参检率为90.99%，6家社会组织获评3A社会组织，"双随机"抽查社会组织30家。年内，开展对行业协会商会自查自纠、社会服务机构自查自纠、内部资料性出版物自查自纠等的社会组织的监督管理。针对吴中区梅花拳研究会超业务范围经营行为，进行现场检查并开具行政提醒书。

【界线管理】 2019年，区民政局依法加强行政区域边界界线管理，提高界限管理水平。全年承办、参加各类平安边界联席会议10余次，适时与苏州姑苏、相城、吴江、高新区、工业园区、昆山等周边县市商讨区域边界问题。做好界桩、界碑设立和维护工作。全年开展界限实地踏勘5次，未发生因为界线问题产生的重大矛盾和纠纷。

【地名工作】 2019年，区民政局继续做好地名审批、地名普查与地名管理工作。优化地名审批流程，实行一周两次网上地名初审，在金庭镇、郭巷街道率先推行标准地名设置，由民政部门扎口管理，统一进行政府采购与更换。全年完成吴中区地名命名审批76件，其中，道路命名、注销、调整45件，桥梁命名9件，住宅楼盘命名22件。完成新建社区命名审批1件，处理地名投诉及咨询46件。年内，开展苏州市吴中区地名《图录典志》编撰工作。配合苏州市完成《标准地名志》第一部分（政区、居民类地名）词目表、《标准地名词典》第二至八部分词条释文编纂工作。印刷出版《苏州市吴中区政区图（2019版）》，审核完成13个镇、街道的标准地名图。启动《吴中区标准地名志》编纂工作。

【婚姻收养登记】 2019年，婚姻登记坚持"一杜绝、四严禁、五不办"原则，在原有"一站式"服务管理平台基础上，创新建立自助拍照系统，实现婚姻登记全程免费。全年办结各类涉婚事项7763件，其中办理结婚登记3783对、离婚登记2375对、补领婚姻证1593件、收养登记12件。继续开展婚姻调解服务，全年调解208对，调解成功139对，成功率达66.82%。年内，每季度组织举办婚姻家庭讲座1次。

【殡葬管理】 2019年清明节期间，吴中区接待祭扫群众323万余人次，车辆45万余辆。其中清明节三天，接待祭扫群众122万余人次，车辆16.4万余辆。开展违规建设殡葬设施排查整治，全区8710个超标墓穴全部整改完成，对5处违规存放骨灰设施场所的负责人进行约谈。规范殡葬中介机构行为，对36家（18家有证、18家无证）殡葬中介机构进行排查，引导个人和符合条件的无照中介办理证照。继续推进殡葬综合改革，试点推行生命晶石葬。

【福彩事业】 2019年，全区福彩事业总体保持安全、稳定、健康的发展态势。全年累计销售福彩3.4亿元，比上年减少9478万元，降幅为22%。其中：电脑票销售2.34亿元，比上年减少1.02亿元，降幅为30%；即开票销售4957万元，比上年增加1343万元，增幅为37%；中福在线销售5670万元，比上年减少586万元，降幅为9%。超额完成苏州市2019年下达福彩任务目标的162%、奋斗目标的138%，为本地筹措公益金3100多万元。

（严宗强）

社会保障

【概况】 2019年，苏州市吴中区人力资源和社会保障局（简称“区人社局”）持续推进全民参保登记和社会保障工作，全区参加企业养老保险48.22万人、职工医疗保险59.1万人、失业保险47.17万人、工伤保险39.96万人、生育保险46.99万人。社会保险基金累计结余303.44亿元，保持平稳运行。

【社保工作】 2019年，按时向14.77万各类人员足额发放养老金39.39亿元，企业退休人员平均养老金每月2925.6元，被征地置换城保退休人员平均养老金每月1545.40元，城乡居民平均养老金每月542元。全年向8.03万人次参保人员发放实时救助金2105.99万元，向2076名重度、中度失能人员支付长护险待遇861.70万元，向286名参保人员发放专项救助金131.05万元，向1.59万名重、大病参保患者发放补助金8351.58万元。继续开展工伤预防项目，推进建筑工程等行业纳入工伤保险范围。落实社保降费举措，全年累计为企业减负10.9亿元。对区内384家定点医药机构开展现场稽查，查处违规定点医疗机构45家，扣款61.73万元。对29家少报、漏报缴费基数的单位开展稽核审计，补缴社保507.85万元，收缴率为100%。

【退管工作】 2019年，全区纳入社会化管理的退休人员有19.47万人，社会化管理率为98.6%。区人社局以唱响“冬送温暖、夏送清凉、春秋旅游、重阳祝寿”四季歌为主题，组织开展各类走访慰问活动，走访慰问退休人员50893人次，发放慰问金及活动经费463.57万元；组织87056名退休人员免费进行健康体检。年内，成功举办“新时代·心人社”吴中区人社系统文艺展演。 （范 莉）

表20-1 2019年失业、工伤、生育、医疗保险情况

项目	单位	失业保险	工伤保险	生育保险	医疗保险
1. 年末参加保险单位数	个	41070	41429	41160	41166
2. 年末参加保险职工人数	人	399571	471713	469886	475657
3. 年内保险基金总收入	万元	21834.65	9725	16281	222995
#利息收入	万元	2151.2	1542	19	15212
4. 年内保险基金总支出	万元	28050.49	13990	15243	146143
5. 年内领取保险金人数	人	12734	2187	15238	4152179

（出自：区统计局）

表20-2 2019年养老保险情况

项目	单位	合计	全民企业	集体企业	外资及港澳台资企业	其他
1. 年末参加保险单位数	个	40827	—	—	—	—
2. 年末参加保险人数	人	482167	11667	9107	126846	334547
3. 年内保险基金收入总额	万元	695580	—	—	—	—
4. 年内退休养老金支出总额	万元	317417	9073	17769	5370	285205

（出自：区统计局）

退役军人事务

【概 况】 2019年2月15日，苏州市吴中区退役军人事务局（简称“区退役军人事务局”）举行挂牌仪式并正式办公。原隶属区民政局的事业单位吴中区军队离休退休干部休养所、吴中区烈士陵园完成隶属关系转隶，由区退役军人事务局管理；4月30日，成立吴中区退役军人事务工作领导小组，由区委书记唐晓东任组长，区委副书记、区长陈嵘任第一副组长，相关区领导任副组长，区有关部门主要领导任组员，为开展退役军人事务工作提供组织保证。5月13日，建立吴中区退役军人服务中心，核定事业编制10人，属公益一类事业单位；5月底，全区196个退役军人服务中心（站）全部建立，实现全区、镇（街道）及村（社区）三级全覆盖，镇（街道）党（工）委相继成立退役军人事务领导小组，落实退役军人事务工作的分管领导和专职人员，从组织上确保退役军人事务“五有”建设标准的开展。9月30日，区四套班子领导和全区各界代表在区烈士陵园参加烈士公祭活动，缅怀革命先烈，弘扬革命烈士精神。

【优待抚恤】 2019年，区、镇（街道）两级加强对优待抚恤工作的管理，及时掌握了解优抚对象的基本情况。按照自然增长机制和物价变化，及时调整优抚标准，按时发放各类抚恤、优待、补助经费。全年发放优抚经费5131.03万元，其中抚恤补助经费3255.26万元、优待经费1875.77万元。

【退役安置】 2019年，做好退役军人接收安置工作，安置率100%，包含自主就业退役士兵、符合政府安排工作条件退役士兵、营职及以下计划分配军队转业干部、自主择业军队转业干部、复员干部。发放2019年度秋、冬季退役士兵自主就业一次性经济补助经费2161.78万元。组织开展退役士兵职业技能培训和专场招聘会，有序推进部分退役士兵社会保险的接续工作。推进退役军人信息采集工作，完成率99%。年内，为全区19444名退役军人发放由江苏省人民政府、国家退役军人事务部监制的“光荣之家”铜牌。

【双拥共建】 2019年，调整吴中区双拥工作领导小组成员单位，对全区94个机关、镇（街道）、企（事）业单位和12个常驻部（分）队的双拥结对、共建工作做出调整。八一建军节前夕，区委、区政府领导带队走访慰问驻苏、驻吴部队，发放慰问金（品）128万元；全年下拨资金134万元，推进“拥军实事工程”建设。相继对16名荣立三等功的现役军人的家属、18名自主择业军队转业干部及2189名优抚对象发放慰问金83.47万余元。建立困难退役军人“一本账”制度，投入22万元，照顾帮扶118人。通过送祝福、送温暖、办实事等拥军优属活动，让双拥共建工作呈现新的气象。

【权益维护】 2019年，区退役军人事务局依法维护退役军人的合法权益，推进军队稳定和社会和谐。组织开展省退役军人事务厅部署的"四大活动""退役军人矛盾化解年"等工作，加强与省、市上级机关沟通、联系和对接，及时化解个案和群体性矛盾问题。强化退役军人事务属地管理，对重点人员实行"五包"，做到守地有责、守土负责、守土尽责。借助司法力量，通过聘请律师顾问和第三方调解机构，提高运用法治思维和意识的能力，落实相关政策，化解矛盾，切实做好退役军人维权工作。年内，接待来访人员358人次，处理来信来访157件。

【"最美退役军人"推选活动】 2019年9月，区退役军人事务局组织首届"吴中最美退役军人"推选活动。通过推荐评选，毛春宝、谢子龙等10名退役军人当选首届"吴中最美退役军人"。通过他们讲好退役军人故事，培育时代新人、弘扬时代新风，增强广大退役军人的荣誉感、获得感、归属感。（张　剑）

住房保障

【概况】 2019年，苏州市吴中区住房和城乡建设局（简称"区住房城乡建设局"）继续构建多层次住房保障体系，推进棚户区（危旧房）改造工程建设，全年新开工棚改安置房9978套，基本建成2706套，超额完成苏州市政府下达的住房保障建设任务。

2019年11月，光福镇福瑞花园竣工投用　　区住房城乡建设局　供稿

【住房扩面工作】 2019年，区住房城乡建设局采用"租、售、补"相结合的方式，扩大住房保障覆盖面。审核通过73户符合条件的家庭享受廉租住房保障；向中低收入家庭发放租金补贴690户（次）98.95万元；组织32户经济适用房申购家庭参加摇号，基本实现应保尽保。全年办理经济适用房产权处置40户，补差金额695.89万元，适时调整4个保障性住房小区经济适用房上市交易指导价。

【公房管理】 2019年，区住房城乡建设局加强公房管理和维修，提高公房使用效率。完成全年租金收入3307.9万元。做好直管公房维修养护管理工作，全年组织维修公房223户（次），维修保障性住房843户（次），完成木渎雀梅花园解危安置房室内装修工程，解危安置毛弄6户住户，住户居住条件得到改善；完成甪直老街三官弄3号古宅修缮工程等7个项目的审计工作。（戎　昳）

住房公积金管理

【概况】 2019年，继续全面落实住房公积金制度保障，扩面净增缴存职工2.79万人，比上年增长34.13%；年末缴存人数规模23.37万人，年末月应缴存金额2.83亿元，全年实现区廉租住房建设补充资金4148万元。苏州市住房公积金中心吴中分中心（简称"吴中公积金"）获苏州市住房公积金中心本年度管理工作考核第一。

【提升优化服务】 2019年，吴中公积金推出住房公积金年度职工电子对账单服务，职工可以直接通过"吴中公积金"手机App、苏州市住房公积金网上个人业务系统查询、下载、打印本人的对账单；通过业务培训、志愿者活动和服务网点宣传，推广“苏州公积金”App使用方法，职工在App办理离职和退休提取11701笔，占同类提取总笔数的64%；从环境营造、服务规范、现场管理、沟通交流等多方面全面入手，聘请专业老师精心设计“改变、改善、提升、固化”四个环节，对办事人员进行专题培训，提升服务能力和效率。

【扩面工作】 2019年，吴中区将住房公积金扩面工作列入区委年度综合考核范畴，对镇（街道）高质量发展考核指标实行差异化考核打分，有效发挥区、镇两级扩面工作平台作用。吴中公积金主动对接镇（街道）和社保中心，共同分析辖区住房公积金制度覆盖面不平衡、不充分的原因，找寻推进精准扩面的主攻方向。年末，全区静态、动态覆盖面分别达到66%、62%，比上年末分别提高8个、5个百分点。继续推动小微企业缴存住房公积金扩面，在精准比对数据基础上，梳理确定扩面目标对象，组织人员分批向14个镇（街道）1467家达到20人的小企业编号发送开户缴存办理通知书，向6013家达到5人的微小企业逐一寄送《依法为职工缴存住房公积金是用人单位的法定义务致企业法定代表人的公开信》，提高小微企业法人缴存住房公积金的法律意识。

【落实利企便民举措】 2019年，吴中公积金采用多种方法，落实利企便民举措。全区办理住房公积金柜面提取18197笔，还贷委托提取81.5万笔，贷款申请审批2250笔。组织举办中低收入家庭购买保障房住房公积金贷款贴息服务专场，为12户家庭补贴贷款利息1.86万元；督促房企规范办理贷款房源备案准入，现场踏勘备案楼盘30个，让更多职工享受住房公积金贷款低息优惠；为150家企业按阶段性降低缴存比例5%办理开户，为企业减负400多万元；为3673家缴存单位提供网厅操作CA证书贴费25.99万元；辅导70家拟上市企业规范缴存，出具缴存证明65份。

（沈逸平）

表20–3　2019年吴中区住房公积金归集使用情况

单位：万元

项目	类别	金额	项目	类别	金额
归集和提取	年初余额	530057.44	归集和提取	年末余额	624714.12
	本年归集额	324474.96	贷款	年初余额	475904.58
	年度结息转本金	7858.99		本年发放额	109895.34
	跨区净转入	1647.67		本年回收额	62606.58
	本年提取额	231465.95		年末余额	523193.34

（出自：吴中公积金）

居民生活

【概况】 城镇居民人均可支配收入70573.2元，比上年增长8.2%；城镇居民人均生活消费支出39836.5元，比上年增长5.9%；城镇居民人均住房建筑面积49平方米。年末金融机构存款余额2603.66亿元，其中居民存款余额976.71亿元，比上年增长15.5%；年末金融机构贷款余额2673.16亿元，比上年增长3%。

表20-4 2019年城镇居民家庭基本情况

项目	单位	2019年	2018年
一、调查户数	户	140	140
二、家庭人口数	人	591.0	590.0
平均每户人口数	人	4.2	4.2
三、就业类型	人	340	330
①雇主	人	2	2
②公职人员	人	4	3
③事业单位人员	人	20	20
④国有企业雇主	人	8	9
⑤其他雇员	人	271	262
⑥农业自营	人	7	10
⑦非农自营	人	28	24
户均家庭就业人口数	人	2.4	2.4
平均每一就业者负担人数	人	1.7	1.8
四、平均每户住房建筑面积	平方米	205.8	207.1
人均家庭住房建筑面积	平方米	49	49.3
五、住房房屋来源	户	140	140
租赁公房	户	2	1
自建房屋	户	73	75
商品房	户	34	33
拆迁安置房	户	31	31
六、住宅建筑式样	户	140	140
单栋住宅(单栋楼房)	户	78	78
四居室及以上单元房	户	12	12
三居室单元房	户	32	31
二居室单元房	户	15	15
平房及其他	户	3	4
七、饮水情况	户	140	140
自来水	户	140	140
井水和泉水	户	—	—
八、住房卫生设备	户	140	140
使用水冲式厕所的户数	户	140	140
使用旱厕的户数	户	—	—
无厕所的户数	户	—	—
九、洗澡设施情况	户	140	140
统一供热水	户	2	2
家庭自装热水器	户	138	138
其他	户	—	—

续表

项目	单位	2019 年	2018 年
十、取暖设备状况	户	140	140
自行供暖	户	140	140
无取暖设备	户	—	—
十一、炊用能源状况	户	140	140
罐装液化石油气	户	62	62
管道液化石油气	户	—	—
管道煤气	户	—	—
管道天然气	户	76	76
电	户	2	2
十二、每百户居民家庭通用设备使用情况			
1. 固定电话	部	49	61
2. 移动电话	部	326	324
3. 使用互联网	条	261	255
十三、每百户居民家庭耐用消费品拥有量			
家用汽车	辆	102	99
摩托车	辆	4	4
助力车	辆	139	132
洗衣机	台	106	106
电冰箱（柜）	台	116	118
彩色电视机	台	222	219
计算机	台	104	106
空气净化器	台	11	10
吸尘器	台	31	29
照相机	架	31	37
微波炉	台	94	92
空调	台	306	309
中高档乐器	件	11	13
热水器	台	123	122
健身器材	套	14	14
移动电话	部	326	324
电话机	部	49	61
消毒碗柜	台	—	—
排油烟机	台	104	104
洗碗机	台	2	1

（出自：区统计局）

表20–5　2019年城镇居民家庭全年食品人均消费量

项目	单位	2019年	2018年	项目	单位	2019年	2018年
一、粮食消费量	千克	83.3	88.8	2. 虾、贝、蟹类	千克	6.9	5.6
1. 谷物消费量	千克	76.4	83.1	3. 藻类	千克	0.3	0.3
2. 薯类消费量	千克	0.6	0.5	4. 其他	千克	0.7	0.6
3. 豆类消费量	千克	6.3	5.2	七、蛋类及蛋制品	千克	8.4	8
二、油脂消费量	千克	8.5	8.7	1. 鲜蛋	千克	7.9	7.2
# 植物油	千克	8.4	8.6	2. 蛋制品	千克	0.5	0.8
三、蔬菜及菜制品消费量	千克	97.4	92.1	八、奶和奶制品	千克	10.6	11
1. 鲜菜	千克	93.5	88.4	1. 鲜奶	千克	7.1	7.4
2. 干菜及菜制品	千克	1.3	1.3	2. 酸奶	千克	2.5	2
3. 鲜菌	千克	2.4	2.1	3. 奶粉	千克	0.5	0.6
4. 干菌及菌制品	千克	0.2	0.3	4. 其他奶制品	千克	0.5	1
四、肉类	千克	26	28.4	九、干鲜瓜果类	千克	38.2	42.3
1. 猪肉	千克	19.8	22.4	1. 鲜瓜果	千克	35.1	38.5
2. 牛肉	千克	2.3	2.2	2. 瓜果制品	千克	0.9	0.9
3. 羊肉	千克	0.7	0.7	3. 坚果类	千克	2.2	2.9
4. 其他肉类及制品	千克	3.2	3.1	十、糖果糕点类	千克	4.6	5.5
五、禽类	千克	12.7	12	1. 食糖	千克	0.7	0.9
1. 鸡	千克	7.8	7.8	2. 糖果	千克	0.4	0.5
2. 鸭	千克	0.9	0.9	3. 糕点	千克	3.2	3.8
3. 鹅	千克	1.4	1.2	4. 其他糖果糕点	千克	0.3	0.3
4. 其他禽类及制品	千克	2.6	2.1	十一、饮料	千克	0.4	0.3
六、水产品	千克	22.4	20.4	十二、烟叶消费量	千克	26.4	28.7
1. 鱼类	千克	14.5	13.9	十三、酒	千克	4	3.9

（出自：区统计局）

编辑：王明生

苏州太湖国家旅游度假区

【概况】 苏州太湖国家旅游度假区（简称“度假区”）是1992年经国务院批准建立的全国首批12个国家级旅游度假区之一，位于苏州古城西南15千米处，东起胥口镇，南倚石公山麓，西邻太湖，北傍穹窿山麓，陆地面积为171平方千米。下辖西山农业园区（金庭镇）、光福镇和香山街道，22个村民委员会、12个社区居委会。年末户籍人口为11.6万人。2019年，实现公共财政预算收入8.73亿元，比上年增长11.5%；完成地区生产总值79亿元，比上年增长2.6%；新增市场主体2424户，新增注册资本33.9亿元；完成全社会固定资产投资24.5亿元，37个区级以上重点项目完成投资31.66亿元，超出年度计划的3.6%。经济指标稳中向好，发展动能持续增强。

【转型升级】 华正工业、安洁无线科技开工，科技产业园社会资本购地投资新兴产业实现零的突破；商务办公项目“视源”达到入驻条件，“龙文”“青客”主体建筑完工；引进新批内外资工业项目33个、在谈46个，2019年新招引项目实现税收1亿元，比上年增长19.2%。国企改革取得实效，完善以市场需求为导向的经营管理模式，旅业公司实现营收3.47亿元，比上年增长28%，城投公司通过AA主体评级；全年化解政府债务本息25.3亿元，完成年度化债任务。

【旅游载体】 全域旅游融合推进。启动金庭明月湾古村五星级乡村旅游示范点创建，落地泷泮科技项目；验收通过光福4A景区复核，升级香雪海景区软硬件，落成开放顾野王纪念馆。配套系统日臻完善。太美逸郡酒店、新天地悦家、西湾桂花里等酒店民宿建成营业，魔菇未来营研学项目启动；金庭废弃矿坑旅游综合体项目完成一期规划设计要点区级审定及商务谈判，南峰五星级酒店进入内装阶段；光福漫山岛首期分散式酒店试运营。

【会议会展】 年内，举办中国建筑学年会等各类会议超1000场，覆盖50万人次，其中1000人以上16场。万丽万豪酒店总营收1.18亿元，比上年增长14.7%；国际会议中心（香山酒店）总营收8000万元，其中会议收入1100万元；太美香谷里酒店实现营收4500万元，创历史新高。

【体旅融合】 举办2019年中国足协全国女足锦标赛、太湖蓝半程马拉松等体育赛事60场，带动酒店直接营收超3000万元，度假区获“江苏省体育健康小镇”称号。太湖足球运动中心获批“中国足协男足青训中心”，成为上海上港、大连一方、南通支云等足球俱乐部的首选训练基地，全年举办各类赛事57场，集训活动超百场，参加球队超200支。

【“三农”工作】 美丽乡村建设持续推进，年内建成美丽村庄1个、康居村庄44个，涉及辖区16个行政村45个自然村，惠及居民5200多户。发力富民增收，两镇一街道镇村历史欠缴租金收缴率突破95%，村级集体经营性资产超2亿元，村均稳定收入521万元；农民参与农村合作经济实现全覆盖，全年现金分红总额1170万元，比上年增长6.9%。

【生态文明】 加大生态涵养力度，金庭镇纳入苏州市生态涵养发展实验区；推进环太湖“加减法”工作，实施“三优三保”58公顷、占补平衡93.33公顷、增减挂钩2.67公顷，完成重点地块清零255户、企业4家、清苗93公顷；专项整治“散乱污”87家，善人桥国考断面水质稳定达标，推进太湖水环境“五位一体”综合管理，得到全国人大常委会执法检查组肯定。开展农村人居环境整治，疏浚整治河道50条22.5千米，14千米环太湖配套污水管网投入运行，全年新增绿地面积约16万平方米。

【城乡建设】 改善城乡环境，金庭、光福通过国家卫生镇复审验收，光福镇获“2019年智慧健康养老示范乡镇”称号。香山慧境商务中心完工；金庭绿光休闲农场提升改造项目竣工，国家级现代农业星创天地建设通过省级验收；光福东崦湖商贸综合体完成土建及景观绿化，苏作红木展示馆土建主体工程和外幕墙竣工。优化交通路网，姚舍路北延、天镜南路南延、渔帆路（孙武路至蒯祥路段）实现通车，金庭阴横山连接线项目启动，光福环太湖支线（潭冲路

2019年12月12日，苏州太美逸郡酒店开业 度假区 供稿

段）完成改造。

【民生事业】 实施民生项目。安置房建设方面，香山街道孙武花园一期1008套完成分房、760套建成交付，孙武花园二期18.5万平方米926套开工建设并封顶；光福镇福瑞花园14.5万平方米824套完成分房，福惠花园15万平方米938套开工建设。教育工作方面，香山街道蒯祥幼儿园、香山中学二期建成投用；金庭镇连续18年获区中考质量综合评估一等奖，九年一贯制学校完成方案编制和规划公示；光福镇香雪海小学附属幼儿园完成规划方案审定。医疗卫生方面，金庭镇精神康复驿站投入使用，光福镇人民医院与苏大儿童医院等多家三甲医院建立医联合作。交通及供水方面，香山街道社区巴士高峰21号线、582路开通；推进金庭镇区域供水配套工程，32千米区域供水主管网建设完成；光福镇冲山半岛区域供水切换完成。

【社会稳定】 社会大局和谐安定，建立安全生产领办挂钩责任制，发现隐患4309项，整改3917项，通过苏州市安全生产巡查；健全信访调处机制，受理信访件130件，满意率为100%；推进扫黑除恶，完成“两个清零”任务，区联动中心工单办结率为98%；开展“331”专项整治，推进市场监管、司法公正，提升群众安全感、获得感、幸福感。

（顾　滔）

苏州吴中经济技术开发区

【概况】 苏州吴中经济技术开发区（简称“开发区”）位于苏州城南，东枕京杭大运河，南连吴江区，西含石湖风景区。规划面积152.23平方千米，下辖城南、越溪、郭巷、横泾、太湖5个街道办事处，33个涉农社区，29个城市社区；年末总人口65.1万人，其中户籍人口20万人。2019年，实现地区生产总值460亿元，比上年增长7.4%；完成一般公共预算收入74.6亿元，比上年增长9.4%；完成工业总产值992.8亿元，比上年增长4.8%；实现新兴产业产值499.6亿元，比上年增长1.3%；实现服务业增加值203.4亿元，比上年增长9.1%；完成全社会固定资产投资（不含房地产）72.9亿元，比上年增长3.2%；工业投资31.2亿元；进出口总额42.2亿美元，其中出口额26.9亿美元。年内，在全省开发区综合考评中位列第20，获“江苏省级智慧园区”“江苏‘两业’融合发展试点地区”称号。

【招商引资】 2019年，完成注册外资及港澳台资1.9亿美元；到账外资及港澳台资2.0亿美元，比上年增长81.6%；完成注册内资298.3亿元。59个区级以上重点项目，完成年度总投资134.2亿元。与上海复星医药（集团）股份有限公司等公司签约，立讯精密工业（苏州）有限公司、苏州浪潮智能科技有限公司、赛迪工业和信息化研究院集团（苏州）有限公司等项目投入运营，苏州东瑞制药有限公司、麦格威饰件科技（苏州）有限公司等15个制造业项目开工。举办苏州吴中（德国）产业投资恳谈会、吴中太湖新城营商环境（上海）推介会、2019苏州吴中汽车关键零部件新生态产业峰会、第二届智能传感技术国际论坛等招商推介活动。

【转型升级】 2019年，出台《苏州吴中经济技术开发区关于推进高质量发展的若干政策意见（试行）》，举办“吴中开发区减税降费政策宣讲会”等10场政策宣贯活动。启动存量更新工作，出台《吴中经济技术开发区关于进一步加强存量工业用地管理促进高质量发展的实施意见》和《吴中经济技术开发区关于进一步加强存量工业用地管理促进高质量发展的政策意见（试行）》，推进33个项目更新改造，世真铸造（苏州）有限公司等项目开工建设，19个项目进入报建、过户阶段。工业企业大数据平台正式上线，为开发区经济社会发展决策提供数据保障。建立开发区政务综合管理平台，25个招商预审项目进入并行预审，16个项目纳入信用承诺制审批管理。苏州（太湖）软件产业园管理委员会、苏州吴中太湖软件产业园发展有限公司、苏州吴中生物医药产业园管理委员会、苏州吴中生物医药产业园发展有限公司正式设立。苏州（太湖）软件产业园获评省级软件产业园。吴中综合保税区完成区域规划调整，获批增值税一般纳税人资格试点。东太湖科技金融城获评省创业投资综合服务基地。吴中化工园区完成规划面积调整和城南片区综合整治。苏州吴中融玥投资管理有限公司获评省创业投资示范企业。注重企业创新能力培育，苏州地贝电器科技有限公司通过马德里商标国际注册，苏州竞立制氢设备有限公司承担国家重点研发计划，苏州华电电气股份有限公司获"国家科学技术进步"二等奖，苏州电器科学研究院股份有限公司成为国内首个国家能源海洋核动力技术检测基地，苏州氢洁电源科技有限公司、科沃斯商用机器人有限公司、航天工程装备（苏州）有限公司获"省科学技术奖"，苏州优德通力电气有限公司入围"企业知识产权战略推进计划"。新认定高新技术企业129家，新增省级民营科技企业38家，2家入选省"众创空间"。推进人才强区，1人入选国家重大人才引进（培育）工程，2人入选省"双创计划"人才，1个团队入选"姑苏重大创新团队"，7人入选"姑苏领军人才"。

【城乡一体】 2019年，成立太湖新城建设发展工作领导小组，健全规划管理、招商服务等高质量发展体系，360剧场、新经济科创联合总部湾、富景悠方商业等项目签约入驻。试点管廊竣工验收，逸林商务广场完成主体结构施工，地下空间通过国家绿色施工科技示范工程验收，能源中心完成土建施工，吴郡幼儿园建成开园，核心区功能性、配套性设施加快完善。编制调整郭巷北部片区等6个区域控制性详细规划。完成拆迁1287户122万平方米，清零项目43个，腾退空间约66.67公顷，澄湖路中小学、汤堡安置小区、文溪花园五期等地块全面实现清零。完成出让经营性用地11宗（面积53.63公顷），成交总价175.6亿元，房地产市场保持平稳运行。石湖东路跨运河桥建成通车，完成东吴南路、枫津路、碧波街、白云街改造，南湖路高架部分通车。推进城南城市更新，完成南石湖花园、德敏花园小区改造，红庄、商贸城等区域环境面貌提升。实施郭巷北部老旧小区改造，姜家新村、塘南新村等安置小区居住环境提升。开展违建别墅问题清查整治，拆除各类违法建筑约11万平方米。推进越溪文旅小镇建设，完成"旺山红"茶叶标志注册，打造整体品牌。加快完善横泾南部片区农旅融合发展规划，与同程旅游开展农旅融合项目合作，东林渡获"苏州市特色田园乡村精品示范村"称号，打造乡村振兴开发区样板。

【民生保障】 2019年，开发区11个建筑面积118万平方米（1.08万套）的安置房项目开工建设，姜家二期多层完成交付，新办安置房产证721本，办证率为86%。吴淞江实小及附属幼儿园等6所学校启用，横泾中学改扩建工程、吴郡小学等5所学校开工建设。太湖新城教师薪酬体系市场化改革取得突破。完成16个社区老年人日间照料中心建设，启动城南卫生院建设，郭巷尹东卫生服务分中心、独墅湖卫生服务站建成投用，尹山湖医院获评"省基层儿科重点孵化"单位。推进越溪文体中心建设，实施郭巷文体中心改建。澹台湖景区法治文化园获评"省首批大运河法治文化品牌"项目，举办2019苏州湾国际马拉松赛、"环太湖"国际竞走多日赛等大型体育赛事。

【社会治理】 2019年，完成中央、省、市、区环保交办问题整改113件，深化“263”专项行动，整治“散乱污”企业513家。完成32家挥发性有机物企业专项整治，新建成大气监测点4个，完成黑臭河道整治任务，推进苏申外港（郭巷段）和镬底潭沿线“两违”整治、九里湖土地综合整治，完成“大棚房”问题专项治理，生态环境日益优化。推进扫黑除恶专项斗争，破获九类案件62起，打处嫌疑人133人，提升群众安全感、满意度。开展安全生产大排查大整治，完成区内近100家危化企业、涉粉涉爆企业、涉氨制冷企业排查整治，排查安全生产问题隐患2万多处。完成叉车安全专项整治工作，健全长效管理机制。推进“331”专项整治和餐饮服务行业综合治理，群租房隐患整改率为85.9%，“三合一”场所隐患整改率为96.5%。

（吴燕姣）

江苏省吴中高新技术产业开发区（筹）

【概况】 江苏省吴中高新技术产业开发区（筹）（简称“吴中高新区”）位于苏州古城南部，区域面积15.3平方千米，下辖20个社区，包括13个城市社区、7个涉农社区，常住人口21.4万人，其中户籍人口7.6万人。吴中高新区前身为吴中区城区，由原长桥、苏苑、龙西3个街道合并成立，于2012年3月筹备组建，2013年9月28日挂牌。2015年11月12日，江苏省吴中高新技术开发区正式获省政府批准筹建。

吴中高新区是吴中区政治、经济、文化和社会活动中心，3条轨交交织运行，高架快速路环伺四周，东有澹台湖、西有石湖，运河文化带贯穿全域，交通十分便捷，区位优势明显，自然环境优越。2019年，完成地区生产总值143亿元，比上年增长6.5%；全口径财政收入32.2亿元，比上年增长9.8%；一般公共预算收入17.9亿元，比上年增长9%；全社会固定资产投资17亿元，比上年增长31%；服务业增加值108.8亿元，比上年增长6.5%；规模以上工业总产值85.5亿元，新兴技术产业产值77.8亿元，高新技术产业产值76亿元；实际利用外资2000万美元。

【产业发展】 贯彻新发展理念，坚持发展第一要务，聚焦主导产业，围绕“两大十字轴”加快产业布局，狠抓招商引智，加速产业升级。创新政策有力引领。实施创新驱动政策及科技园运营评价办法，20个优质项目兑现扶持奖励超1500万元。10个吴中区创客大赛获奖项目中有6个落户吴中高新区，以赛代评、“人才+项目”一体引育迸发新活力。获批高新技术企业34家，全年入选省级人才项目3个、姑苏领军人才项目4个、区级人才项目40个，创新创业要素不断集聚。产业质态持续提升。小优智能、云科工业技术研究院等24个项目签约落地，九龙珠品牌管理公司新三板上市，京东新宁、润达医疗等45个上市企业及科技研发、文化创意项目深入洽谈，高新创投注资千万扶持优质企业，“平台+政策+资本+服务”全要素招商模式成效初显，主导产业引育路径明晰。平台合作频添成果。中农大有机循环研究院关于长三角地区城乡有机废弃物处理利用试点示范建议获国务院领导批示和国家发改委认可，吴中高新区一站式科技服务中心建成投用，中国科协绿色开源平台落户中科院吴中双创基地。

【城市建设】 坚持“城市更新”主线，加速提升城市功能品质，突出规划引领、空间腾退，聚焦重点项目建设，按下打造“核中之核”的“快进键”。城市空间有力腾退。立足存量挖潜，加快低效土地腾退，全年完成签约510户，苏蠡路40号公寓房、原苏苑街道地块等4个遗留地块清零，月浜村、梅巷里两个地块实现当年启动当年清零。15个地块清场交地，城市发展空间进一步拓宽。城市规划持续优化。中心城区控规优化修编，高品质完善城市顶层设计，细化“两大十字轴”规划布局，美化

范蠡公园　　焦青　摄

提升东吴北路—宝带路“黄金十字轴”，探索性研究新家片区苏蠡路—石湖西路“产业十字轴”，“产城融合”迈出新步伐。城市配套逐步完善。25个区级重点项目建设完成投资30.85亿元，石湖澜庭安置房、科技服务中心、苏州银行等项目加快建设，中国汇融总部大楼奠基开工。东苑新村、盘蠡新村2个老新村完成改造，石湖西路景观绿化、范蠡公园改造等12个工程完工，轨交3号线通车运营，轨交站点周边、宝带路、东吴北路等重要道路节点改造升级，提升城市品质。

【社会治理】 围绕“环境提升年”主题，突出专项整治与长效管理相结合，优化城市综合环境，提升城市治理水平。巩固安全基础，排查“9+1”场所火灾隐患1717处，整改到位率为91%，消防隐患有效压降，永诚国际市级火灾隐患督办成功销号。创新安全治理举措，试点智能消火栓“互联网+消防”智慧平台、电气火灾及烟感监测报警系统。开展扫黑除恶、安全生产等专项整治，安全稳定的发展环境得到巩固。深化网格联动，升级“机关包网格”督察机制，运用“吹哨报到”处置双银星座、月苑街等区域安全隐患问题；全年接处工单4万余件，办结率94%；“网格+安监”全面压实安全监管责任。长桥街道获评2016—2018年度省级文明单位，市监分局获评全国优秀市场监管所。提升城市形象。紧盯“十乱”顽疾常态化开展“静态提标、动态治乱”，推进“831”环境综合整治提升专项行动，8个专班齐抓共管，市容面貌整治一新，交通秩序重拳整顿，80余个重要节点改造初显成效，环境治理与景观打造有机结合，城市形象不断提升。攻坚蓝天、碧水、净土三大保卫战，实现建设管理一体化推进排水达标区建设，综合施策落实扬尘管控，提升空气质量优良率，中央环保督察3个问题全部整改到位。

【民生实事】 坚持以人民为中心，聚焦民生实事、难事，打通服务群众“最后一公里”。民生实事落地见效，吴中实验小学、蠡墅小学、科文中心建成投用，并启动与苏外的合作办学，长桥中心小学、长桥中学科创特色教育获3项全国大奖。长桥人民医院创建全区首家省级社区医院，医养融合展示馆完成建设，“家庭医生”上门巡诊5.7万次，健康体检4342人次。新建4个日间照料中心；“居家福”养老服务惠及1137名老人，获评国家级智慧养老示范街道。社区服务普惠均衡，突出创新、规范“双轴”驱动，优化社区服务，深化“三社联动”，完成10个社会化社区服务项目。首届“善美高新”公益创投落地15个项目，外引内育9个社会组织，社区服务项目化、清单化、专业化水平不断提高。20个社区全部成立物业管理委员会，实现辖区物业协调监管全覆盖。全省首创“和谐微实事”社区参与式治理试点，14个民主评选实事项目全部落实。文体活动日益丰富。举办庆祝新中国成立70周年系列活动，举办首届文体嘉年华，科文中心“五戏连台”精彩不断，300余场“幸福高新”系列文化惠民活动贯穿全年。首届全民运动会吸引52支队伍1600余名运动员参加，群众文体事业欣欣向荣。

【深化改革】 坚持开放创新再出发，优化营商环境，推动体制机制创新，推进社会治理现代化，实现经济社会高质量发展。实施农村股权固化。在7个涉农社区开展股份合作社股权固化工作，推动集体资金参与创投基金和项目建设，实现集体总资产47亿元，总收入6亿元，村均稳定收入4500万元。做大做强国资公司。支持国资公司通过资产并表、增资扩股等方式优化资产结构，扩大公司规模，解决发展瓶颈。开展行政执法改革。挂牌综合行政执法局，承接部分区级行政处罚权，整合行政执法各项职能，解决“看得见摸不着”“管得着看不见”的问题。试点食品综合整治。运用“企业云大数据+7部门专班”的工作机制，开展食品行业综合整治工作，累计检查整改问题19189项，整治餐饮单位693户，初步实现“问题找准、隐患清零”的整治目标。（章　航）

编辑：高　燕

镇（区）·街道

木渎镇

【概况】 木渎镇位于苏州城西，太湖之滨，灵岩山麓，总面积74.59平方千米（含穹窿山）。截至2019年底，全镇户籍人口10.71万人，常住人口23.3万人。木渎镇是一个具有2500多年历史的中国历史文化名镇和中国园林古镇，是苏州市城乡一体化先导区和"强镇扩权"试点单位，是吴中区工业、商贸、文化、教育、旅游、交通重镇，素有石雕之乡、书法之乡、民间艺术之乡、园林之乡、花木之乡之称，享有"吴中第一镇"的美誉。2019年，木渎镇获"第三批智慧健康养老示范街道（乡镇）""2016—2018年度江苏省文明乡镇""2019年度十佳历史文化传承小镇"等称号。

【经济发展】 2019年，在《人民日报》公布的《2019全国综合实力千强镇》中，木渎镇名列第57位。实现地区生产总值191亿元，比上年增长6.5%；完成全社会固定资产投资15亿元，比上年增长36.4%；全口径财政收入45.62亿元，比上年增长5.06%；公共财政预算收入27.16亿元，比上年增长8.86%。

表22-1　2019年木渎镇基本情况

项目	数值
总面积	74.59平方千米（含穹窿山）
耕地面积	389.53公顷
年末户籍人口	107116人
村委会	9个
居委会	16个
工业总产值	1760000万元
地区生产总值	1910000万元
全口径财政收入	456197万元
公共财政预算收入	271563万元
粮食总产量	—
水果产量	70吨
水产品产量	—
内资企业	22082家
外资及港澳台资企业	165家
新增注册外资及港澳台资	15457万美元
年内到账外资及港澳台资	8278万美元
个体工商户	19922户
中小学校	10所
医院（卫生院）	12所

（出自：区统计局、木渎镇）

表22-2　2019年各村基本情况

村名	年末户籍人口（人）	集体经济总收入（万元）
灵岩村	4495	3346.47
姑苏村	6268	5072.96
尧峰村	4513	3596.64
西跨塘村	5303	4889.55
天平村	5853	11519.33
金山村	4850	4128.39
五峰村	6143	2940.32
善人桥村	4793	2082.61
天池村	6871	1833.94

（出自：区统计局、木渎镇）

【集体经济】 2019年，完成镇、村两级集体总收入9.16亿元，稳定收入7.97亿元，分别比上年增长6.9%和7%。其中村级稳定收入4.31亿元，比上年增长5.1%。深化“美丽乡村”建设，打造14个三星级康居村庄，推进天池村北竹坞特色田园乡村建设。推进集体项目建设，尧峰村、西跨塘村等旧改项目开工建设，藏书特色小镇项目启动。村集体抱团发展项目取得进展，西跨塘村、穹窿社区、接驾社区共同投建的“邻里中心”项目申报工作启动。

【转型升级】 2019年，坚持项目引领、创新驱动，推动产业调优升级。完善镇领导领办挂钩机制，实行项目动态公示制度，推进重点项目。全年区级重点项目开工建设41个，实际完成投资44亿元。推进智慧工园招商工作，全年新签约瑞典迈康尼、东莞爱康电子等4个项目，总投资17亿元。三姆森光电、奥普特视觉项目落地，总投资5亿元。创域智能等4个旧改项目基本竣工，新增载体15.8万平方米。苏州绿的谐波传动科技有限公司获中国国际机器人展金手指奖、机器人行业维科杯优秀产品奖，承担1项国家研发项目。御景广场综合体等项目相继开业，凯马广场引进红旗、沃尔沃等优质品牌，商贸产业层次不断提升。《木渎全域旅游规划》编写工作进入详细规划阶段，严家花园夜游等文旅融合项目登台，形成文旅融合产业新热点。

【城乡一体】 2019年，打造城镇发展新貌。推进基础设施更新改造，全年完成木东路、珠江路等11条道路的升级工程，推进消防特勤中队、巨塔花园卫生服务中心等8个项目，城市面貌不断提升。玉景花园二期、雀梅花园二期及吾丰花园二期等安置房项目快速推进，张泾浜、姑竹等地块开工建设，全年完成不动产证网签超3000本。推进市镇居民危旧公房解危工程，完成7幢危房鉴定，完成对灵岩新村共计26幢房屋的综合改造。

【社会事业】 开展“木渎好人”“最美家庭”等各类文明评选活动。推进木渎镇新时代文明实践体系建设，木渎镇新时代文明实践所初步建成，25个村（社区）新时代文明实践站挂牌成立，多个实践基地有序推进。举办环太湖国际竞走多日赛木渎站比赛、第二届微电影季、门球友谊赛等各类文体活动、书场演出超70场，全镇文体事业蓬勃发展。推进“互联网+政务服务”体系建设，以服务企业群众需求为导向，推行政务服务“一类事项、一窗通办”，提升政务服务质量和水平。

【社会治理】 2019年，完善社会治理体系。贯彻扁平化管理要求，坚持资源向基层一线倾斜的导向，将原木渎镇市镇办事处职能分解落实到13个市镇社区，在穹窿、接驾2个社区新增社区社会治安综合治理中心，社会治理管理网格不断完善。建设集法律咨询、法律服务等职能为一体的公共法律服务平台，开展“法律七进”等各类普法活动超百场，落实村（社区）及“12348”（法律援助热线）法律顾问每月值班制度，法治环境进一步优化。推进“扫黑除恶”专项斗争,全面铲除徐某某等违法势力。落实信访事项解决和重点人员管控,完成庆祝新中国成立70周年等重大活动的安保维稳任务。

【民生保障】 2019年,筑牢民生事业基石。发展教育事业,完成3所外来随迁子女学校撤并,石码头学校新建、实验中学育英楼改建等项目完成并启用,实验小学幼儿园新建工程竣工,全年共计发放民办幼儿园扶持资金超600万元。推进老龄事业,巨塔卫生服务中心项目稳步推进,香溪社区等6个助餐点辐射区域进一步扩大,全年累计发放居家养老服务补贴165万元。完善“健康”体系,2019年木渎镇获“2018年江苏省健康镇”称号。实施积极的就业政策,举办就业援助月、创业大讲堂等活动。加大对残疾人等困难、重点群体的帮扶力度,推进双拥优抚,全年为低保户、重残等群体发放救助、优抚资金超2000万元。

【穹窿山风景管理区】 穹窿山风景管理区位于苏州西郊,南临浩渺太湖,230省道、沪宁高速、苏嘉杭高速、绕城高速均可直达景区。景区总面积10.5平方千米,下辖穹窿、接驾2个社区居委会。境内穹窿山海拔341.7米,被誉为“吴中之巅”。穹窿山为国家森林公园、国家5A级景区、全国科普教育基地,茅蓬坞属江苏省自然保护区。2016年11月,穹窿山风景管理区由木渎镇代管,机构不变。2019年,全年接待游客133.84万人次,比上年增长1.04%;实现旅游综合收入6139.82万元,比上年增长1.03%。

【《木渎镇志》全国范围内首发】 2019年12月11—13日,第四届全国名镇论坛暨第四批中国名镇志丛书出版座谈会在湖南湘西土家族苗族自治州吉首市举行,《木渎镇志》在全国范围内首发并入选中国名镇志文化工程。编纂工作始于2015年10月,2018年10月通过终审,2019年通过中国名镇志专家委员会验收,其间数易其稿。全书上溯事物发端,下限至2017年12月。采用述、记、传、图、表,横排门类,纵写史实。概述总摄全书,大事记纵贯古今,古今故事适当延伸。共立11个类目,前置序、照片、地图、凡例、概述,后设基本镇情、吴中第一名山——穹窿山、园林古镇、古镇保护、旅游、经济强镇等。

【重大活动】 2019年1月,苏州市中西医结合医院(苏州市木渎人民医院)引进广东医科大学附属深圳第六医院疼痛医学团队。合作项目包括人才培养、科技创新、科普教育等,依托于这个团队,立足于中西医结合医院,进一步完善中西医结合体系。5月10日,木渎镇举行“服务群众 警保联动”启动仪式。吴中交警大队木渎中队与平安产险苏州分公司共同签订“警保联动”协议,标志着“警保联动”快处快赔新模式落地木渎。 (王雅静)

角直镇

【概况】 角直镇位于苏州城东南25千米,北靠吴淞江,南临澄湖,西接工业园区,东衔昆山。总面积120.81平方千米(包含澄湖水域面积45平方千米),下辖16个行政村和2个社区居委会。截至2019年底,户籍人口7.03万人,常住人口18.17万人。苏沪高速、绕城高速、角直大道、东方大道等道路穿镇而过,区位优越、交通便捷。角直镇是一座具有2500多年历史的水乡古镇,文化底蕴深厚,被费孝通称为“神州水乡第一镇”。镇内人文景观景点众多,有国家级重点文物保护单位——保圣寺古物馆罗汉塑像和首批国家级非物质文化遗产——角直水乡妇女服饰。先后获评苏州澄湖国际慢城、全国重点镇、全国宜居小镇、首批中国特色小镇、国家园林城镇、中国历史文化名镇、国家4A级旅游风景区、全国环境优美镇、全国首家通过ISO14001环境管

2019年6月20日，角直古镇夜景照明设计获“亚洲照明设计奖”　　角直镇　供稿

理体系认证的乡镇、江苏省百强乡镇、外向型经济明星镇、江苏省卫生镇、江苏人居环境范例奖及全国特色景观旅游名镇等。2019年，通过江苏省经济发达镇行政管理体制改革验收，获“2019年度十佳乡村特色旅游小镇”称号。

【经济发展】 2019年，坚持稳中求进总基调，积极应对宏观经济形势新情况、新变化和减税降费形势带来的影响，全力保障主要指标逆势向上、稳健增长、质效提升。实现地区生产总值117.96亿元，比上年增长6.3%；完成固定资产投资22.62亿元，比上年增长75.9%；全口径财政收入28.67亿元，比上年增长

表22-3　2019年角直镇基本情况

项目	数值
总面积	120.81平方千米
耕地面积	7991.4公顷
年末户籍人口	70285人
村委会	16个
居委会	2个
工业总产值	2451476万元
地区生产总值	1179623万元
全口径财政收入	286743万元
公共财政预算收入	163668万元
粮食总产量	5328吨
水果产量	520吨
水产品产量	13101吨
内资企业	7019家
外资及港澳台资企业	256家
新增注册外资及港澳台资	18329万美元
年内到账外资及港澳台资	8084万美元
个体工商户	14825户
中小学校	7所
医院（卫生院）	12所

（出自：区统计局、角直镇）

表22-4 2019年各村基本情况

村名	年末户籍人口(人)	集体经济总收入(万元)
淞南村	4743	3831
淞港村	3311	3243
淞浦村	2965	3144
澄北村	2811	1741
澄湖村	3683	1292
澄东村	4019	799
甫南村	4074	1758
甫港村	4146	2113
甫田村	2955	1872
江湾村	3079	475
前港村	2543	851
三马村	3735	992
湖浜村	2839	960
澄墩村	3025	688
长巨村	4372	1555
瑶盛村	2954	685

(出自:区统计局、甪直镇)

8.26%;公共财政预算收入16.37亿元,比上年增长14.11%。全年实现工业总产值245.15亿元,比上年增长6.21%。其中,规模以上工业总产值165.71亿元,比上年增长3.28%。完成注册外资及港澳台资18329万美元,到账外资及港澳台资8084万美元,进出口总额50793万美元。全镇总资产115.17亿元;镇、村集体经济总收入6.21亿元,比上年增长5.2%;村均稳定收入1630万元,比上年增长5.2%;农民人均纯收入3.96万元,比上年增长6%。

【转型升级】 2019年,坚定转型升级步伐,先进制造积蓄新动能。结合高质量发展导向开展产业量质持续提升行动,推动重点工业项目梯次推进、中小科创企业转型创新,华甫建材、贵翔精密等项目投产,竑宇金属、悦凯体育等项目建成竣工,天脉导热、悦盛塑胶等项目加快建设,凯博易控、俐玛科技等项目实现开工,第一工园、兰生智能等工业地产建设招商并进,60多家企业意向签约进驻。储备在谈内外资项目40多个,签约聚阳环保、肯美特、世纪汇泽、阿诗特等一批优质项目,共计25亿余元。完成第四次全国经普工作,推动工业企业分级评价体系,做好重点企业"一企一策"服务,新增省"双创人才"1人,"姑苏领军""海鸥计划"等市、区高层次人才19人。新增省高新技术企业37家,申报省民营科技企业25家,新增产学研项目20个,凯博易控获评人力资源社会保障部"最具成长潜力留学生人员创业企业",和成卫浴、永基精密通过工信部两化融合管理体系评定,好特斯作为"一带一路"合作企业案例在央视《新闻直播间》栏目播出,威斯东山等3家企业分别通过省级工程技术研究中心和省级企业技术中心认定,新业电子等3家企业入库市"瞪羚计划"。

【行政管理体制改革】 2019年,抓住省级经济发达镇行政管理体制改革历史性机遇,按照"四个步骤"节点推进各项工作,"一办七局"(甪直镇党政办、甪直镇组织人事和社会保障局、甪直镇经济发展局、甪直镇财政和资产管理局、甪直镇建设局、甪直镇政法和社会事业局、甪直镇综合行政执法局、甪直镇行政审批局)机构调整、硬件建设、人员配备、工作运转等各方面理顺并衔接到位。其中,"两个前台"(甪直镇综合行政执法局、甪直镇行政审批局)创新运转,承接511项行政执法权限和189个区级机关下放(授权)的权力事项。创新推出全生命周期、主题套餐办、跨层级代办等机制,梳理下放各村(社区)130个自然人事项,形成"1+18"[1个甪直镇+18个下辖村(社区)]的镇村联动服务网络。截至2019年底,办结各类事项4.03万件,办结率为99.21%，满意度为99.97%，办理时限平均缩减5.7天。探索推进信用积分管理法、“清单式”管理法等举措，全年办结各类案件959件，改革工作实现平稳运行，承接国家贫困县机构编制业务培训班等一系列活动，完成省级经济发达镇行政管理体制改革验收。

【城乡一体】 2019年，坚定统筹一体发展，城乡建设呈现新面貌。实施“三优三保”（土地复垦）三年计划，梳理排定2019至2020两年127个点位57.33公顷土地复垦任务。其中2019年完成120个地块38.67公顷，可形成建设用地指标19.07公顷。城市更新步伐加快，全年完成民房拆迁481户、点位清障52户、回购企业9家，攻坚清零甫澄路改造等点位27处，腾退土地73.33公顷，完成肖家桥北等3幅13.05公顷三产用地上市挂拍，实现土地出让金19.6亿元。城市形态脉络日益清晰，配合苏同黎快速化改造、星塘街南延、南湖路东延等重点交通工程，建成通车6条区域“微循环”道路，完成甫澄路等主干道景观绿化提升和专业管护，甪直镇获批市级美丽镇村建设先进单位，甫澄中路成为全区唯一申报并通过验收的市级示范路。位于重点城市片区的旭辉、南山、路劲、保利等居住地产建设销售态势良好，销售商品房将近3000套，销售金额超58亿元。乡村振兴逐步成型起势，完成183.33公顷标准化池塘改造，完成5处“大棚房”问题点位整改。完成19个美丽乡村的建设收尾，启动实施新一批34个美丽乡村，瑶盛村入选“全国乡村治理示范村”名单和市级“十佳最美乡村”，瑶盛村东浜、湖浜村田肚浜分别被列为省级传统村落、省级特色田园乡村试点，澄东村被评为省级健康示范村，澄墩村获评市级农村人居环境整治示范村。

【民生保障】 2019年，坚持民生优先，加大民生投入，抓好民生实事，切实保障和改善民生。推进就业服务工作，组织开展“春风行动”“民营企业招聘周”“高校毕业生专场”等活动58场，提供就业岗位近10000个、公益性岗位70多个，就业技能培训近400人，援助城镇失业人员250人，应届高校毕业生就业率为99%，困难家庭高校毕业生就业率实现100%。登记接收2019年度秋季退役士兵28名，举办甪直镇首次退役军人招聘专场。扩大社保参保覆盖面，全年净增1895人。落实资金社会化发放，全年共发放低保、低边、特困救助资金430余万元，贫困学生助学金34万余元，各类优抚对象抚恤补助278万元，全镇60周岁及以上老人慰问金1725万元。

【实事工程】 2019年，美丽乡村、生态环境、农民安居、教育提升、社会保障、交通建设等十大民生实事工程按时有序推进。按照“精致化”导向加强重点项目的全过程管理，推进区、镇两级120多个重点项目。其中，34个区级重点项目完成年度投资43.48亿元，比上年增长11%；重点项目提前开工率、投资结构都有稳步提升。集中交付黄溇、陶浜近1000套安置房，改造完成鸿运家园等3个老旧小区基础配套，东苑新村老旧小区改造列入省级宜居示范居住区项目。甪直实验小学扩建、甪直高级中学扩建、车坊幼儿园新建、陶浜幼儿园新建等4个教育项目竣工投用。

【社会事业】 2019年，公共服务不断完善。开展“平安放心路”创建工作，农村道路“好路率”在90%以上，获评苏州市“四好农村路”示范镇。陶浜路、汇凯路、经三路等6条道路完成建设，产业路、长虹南路、虹港路等道路建设稳步推进。开展老旧小区提升改造，鸿运家园等3个小区的基础设施综合改造竣工完成，娱苑新村等4个小区的综合改造开工。老年关爱之家、“居家福”养老服务站、日间照料中心、助餐点有效运作，新增老年人日间照料中心5处。组织全镇志愿者参加交通路口执勤、景区、护学岗、医疗服务、巡湖护湖等志愿服务累计1万多人次。甪直高级中学通过省四星级评估；2019年甫里中学中考成绩再创历史新高，其中申英豪同学以699分的成绩排名吴中区第一（除培东班）。叶圣陶实验小学教师金雪芳获评全国模范教师。加大对民办幼儿园财政租金减免和财政补贴力度，对符合条件的2所民办幼儿园、8家学前儿童看护点发放补助资金104.87万元。

【社会治理】 2019年，推进扫黑除恶专项斗争，开展非法金融活动专项治理、打击整治黄赌违法犯罪“百日行动”等专项工作。落实“意识防”专项行动，在全镇范围内开展电信网络诈骗防范宣传。新增“吴中好人”3人，开展“甪直榜样”评选活动。深化社会稳定风险评估和社会矛盾排查预警机制，强化矛盾纠纷化解，全镇信访形势平稳可控，连续四年保持进京非访零登记记录。瑶盛村获评全国乡村治理示范村。抓好安全生产工作，成立16个行业领域安全生产专业委员会，购置泡沫水罐消防车1辆及灭火救援器材；新建淞港、淞南、澄湖、江湾4个卫星消防站；连续6年组织各村（社区）、重点单位微型消防站比武竞赛活动并在区级微型消防站竞赛中取得团体第一名的优异成绩；为全镇18个村（社区）77名网格员统一配备监管执法服装，加强村级监管队伍规范化、正规化管理。研究制定“9+1”场所“二十化”标准，创新推动“331”“263”专项行动向“1531”综合整治融合延伸，排查治理各类问题隐患近5200条，整改率为95%。推进扫黑除恶专项斗争，保障新中国成立70周年大庆、十九届四中全会等重要活动期间的平安稳定，连续获评“平安吴中”“法治吴中”先进集体。

【重大活动】 2019年2月22日，甪直镇与苏州风景园林投资发展集团有限公司签订战略协议，就共同合作推进甪直古镇历史街区保护、乡村振兴等项目达成共识。3月30日，2019苏州澄湖国际慢城油菜花节暨慢城健步走活动在甪直镇澄湖国际慢城举办。8月17日，天时爱飞跳伞俱乐部在苏州澄湖航空飞行营地开业，这是江苏省首个高空跳伞项目落户甪直。12月16日，甪直热电厂锅炉全部熄火关停，标志着甪直工业企业彻底告别燃煤。（朱燕君）

胥口镇

【概况】 胥口镇位于苏州城西10千米的太湖之滨，相传因伍

表22-5 2019年胥口镇基本情况

项目	数值
总面积	37.8 平方千米
耕地面积	611.33 公顷
年末户籍人口	35205 人
村委会	6 个
居委会	2 个
工业总产值	2622000 万元
地区生产总值	1252200 万元
全口径财政收入	209244 万元
公共财政预算收入	124910 万元
粮食总产量	644 吨
水果产量	547 吨
水产品产量	—
内资企业	5996 家
外资及港澳台资企业	135 家
新增注册外资及港澳台资	11519 万美元
年内到账外资及港澳台资	8510 万美元
个体工商户	8320 户
中小学校	4 所
医院（卫生院）	1 所

（出自：区统计局、胥口镇）

表22-6 2019年各村基本情况

村名	年末户籍人口（人）	集体经济总收入（万元）
东欣村	4976	2493
新峰村	5066	3188
箭泾村	5811	3700
采香泾村	4145	2247
合丰村	3564	2174
马舍村	6163	2098

（出自：区统计局、胥口镇）

子胥开凿胥江入太湖之口而得名，东接木渎灵岩山，南依太湖，西连太湖国家旅游度假区，北靠穹窿山，太湖岸线8千米，总面积37.8平方千米，下辖6个行政村、2个社区居委会。截至2019年底，户籍人口3.52万人，常住人口13.51万人。胥口镇历史悠久、文化底蕴深厚，传统产业一支笔（吴门书画）、一把刀（香山古建）、一根藤（藤艺制品）“三个一”远近闻名。境内现存一箭河、古胥江运河、胥王庙、采香泾、春秋古城墙等历史遗迹。先后被文化部命名为“中国书画之乡”“中国文化（美术）产业示范基地”，“香山帮传统建筑营造技艺”被列入首批国家级非物质文化遗产和《人类非物质文化遗产代表作名录》。2019年，推进“党建名镇、工业重镇、宜居新镇、文化强镇”建设，经济社会保持健康稳定发展态势。

【经济发展】 2019年，实现地区生产总值125.22亿元，比上年增长6.1%；完成全社会固定资产投资12.96亿元；全口径财政收入20.92亿元，比上年增长3.43%；公共财政预算收入12.49亿元，比上年增长8.93%。实现工业总产值262.2亿元，比上年增长4.03%。其中，规模以上工业产值225.71亿元，占工业总产值的86.08%。推进15个区级重点项目建设，完成年度投资16.58亿元。积极应对中美贸易摩擦，完成进出口总额9.42亿美元。加快现代服务业高质量发展，实现服务业增加值50.3亿元，比上年增长4.67%。实现文化产业产值18.18亿元，比上年增长3.3%。生态农业发展势头良好，胥江农业园探索旱地育苗新技术，完成46.66公顷高标准农田新一轮水稻种植。农业品牌效应逐步彰显，“苏俚香”大米获“江苏好大米”金奖，胥口现代农业公司获“苏州市高标准蔬菜生产示范基地”称号。

【集体经济】 2019年，实现集体经营性资产18.62亿元，比上年增长7.4%；村均可支配收入1694万元，比上年增长9.2%。成立胥口镇村级集体资产集中经营管理办公室，村级财务第三方代理记账实现“全覆盖”，将村级收支统一核算并入集体资金监管系统扎口管理，完成13个合作社的质量提升工作，集体资产资源出租交易229笔5476万元，交易额比上年增长18.06%。惠民工业园二期项目完成方案论证，新峰村、采香泾村“一村二楼宇”项目完成立项审批和规划选址，合丰村投资3495万元收购宝业机电1.8万平方米工业厂房。

【转型升级】 2019年，加大企业转型升级扶持力度，出台《胥口镇关于创新转型发展的政策意见（试行）》，鼓励企业以科技创新推动转型升级，完成技改投入4.49亿元，新增高新技术企业45家、市级以上工程技术研究中心11家，实现高新技术产业产值83.5亿元，新兴产业产值94.98亿元。培育自主知识产权，申报各类专利1900多件，斯莱克获国际供应商金奖，斯莱克、飞华铝业获中国专利优秀奖。加大招商引资力度，以招商引资突破带动产业结构优化，重点跟踪洽谈优力克流体控制、琼派瑞特电子科技、日本川鹏塑料科技等30多个内外资项目。与德国沃柏模塑科技、泰斯特测控科技等签订投资协议。新广益电子、康丽达精密电子、精锐精密机械等6个供地项目加速推进。对接“放管服”改革，营造良好营商环境。推进人才优先发展战略，修订《胥口镇关于进一步推进人才优先发展的若干措施（试行）》，启动新峰人才公寓项目，承办"智汇吴中"创客大赛行业赛。天烨机械、瑞得恩光能等5家企业入选第二批吴中区企业人才工作联络站，获评江苏省"双创计划"科技副总1名、苏州市新时代科技报国人物1名、姑苏科技创新创业领军人才1名、其他各类人才85名。推进工业企业资源集约利用，清理整治异地经营企业。加快落后产能淘汰，完成152家"散乱污"企业（作坊）整治。推进土地节约集约利用，处置腾退低效用地。

【城乡一体】 2019年，完成《苏州市吴中区胥口镇控制性详细规划调整（2019）》，完善孙武路沿线城市设计。围绕"两河一路"启动市镇区路网完善、停车改善、公共交通优化统筹规划，成立市镇发展区，启用便民服务中心大楼，设立一箭河社区。胥江两岸生态环境整治和健身步道一期工程基本完工，"胥江运河风光带"形态初显。第二农贸市场加快建设，消防站、环境卫生管理站及垃圾中转站投入使用，胥定桥、胥江大桥等6座桥梁整治提升工程逐步启动。道路交通更加完善，长安路完成改建，吉祥路西延建成通车，石中路改建完成主体工程，东丽路、上供路、皋峰路等改建扩建加紧实施，获评苏州市"四好农村路"示范镇。公共交通更加便捷，轨交5号线胥口段车站主体结构完成，新增公交669路，优化调整508路。人防、电力、供水、燃气、通信等基础设施不断完善。推进拆迁安置工作，全年完成征拆468户，清零地块14个，创历年新高。开工建设吉祥一村二期、子胥花苑二期安置房，采香三村安置房交付使用。"三优三保"复垦腾出建设用地指标12.53公顷，产生空间指标10公顷。开展市容环境专项整治，加强闲置土地、地下管网、道路绿化管理和违章搭建管控，严厉打击偷倒垃圾、违规运输渣土、违法违规用地等行为。开展违建别墅自查自纠，整治完成大棚房2处2.17公顷。推进垃圾分类减量，拓展市级垃圾分类小区9个、垃圾"四分类"小区7个。

【民生保障】 2019年，累计发放低保、助残、优抚等各类补助经费972万元，养老金3757万元，社保扩面净增1568人，新增公积金缴存4565人。完善城乡居民（农村）医疗保险工作，参保率和资金征缴率均为100%。落实"稳就业"措施，开展职业技能培训7场次，面向本地劳动力新增就业岗位705个，开发公益性岗位51个，失业人员实现再就业1633人，帮助困难群体实现就业304人。推进3个老年人日间照料中心的社会化运营，提供居家养老服务957人，实现全科社工全覆盖，箭泾村设立慈善工作站。开展征兵工作，完成12名兵员征集，大学生比例为100%，获"江苏省基层武装工作先进单位"称号。加强退役军人服务保障，退役军人服务站实现镇村全覆盖，吴楚集团获评首批省级优秀"退役军人之家"。

【实事工程】 2019年，推进镇政府十项重点实事工程：继续做大做强集体经济，规划建设惠民工业园二期；完成污水处理厂尾水提标改造；完成公交候车亭港湾式改造；开工建设智慧水利；建设完成胥口镇消防站；开工建设胥口镇应急指挥中心；开工建设吉祥一村（二期）安置房；新建改建东丽路、上供路、皋峰路等道路；完成上沿山环境综合整治提升工程；完成采香一村、二村拆迁安置小区提升改造工程。

【社会事业】 教育资源扩容升级，第二中学、第三小学及附属幼儿园开工建设。吸纳积分入学学生450名，为1~3年级学生提供课后延时服务，新增学前儿童看护点1处。胥口中学中考成绩优异，被木渎高级中学录取41人，被四星以上重点中学录取113人，加入木渎高级中学培东教育集团。中心小学成为全国教师实践研修基地及全国融合教育发展论坛实践研修基地，获评江苏省文明校园。实验小学获评全国青少年校园足球特色学校、苏州市艺术教育特色学校，乒乓特色成效显著，在省市比赛中屡获佳绩。落实医疗卫生公共服务，推进家庭医生签约服务和“一院一品”建设，呼吸内科加入江苏省特色科室呼吸领域孵化中心项目和苏大附二院呼吸专科医联体。优化计生关怀服务，开展孕前优生、科学育儿、“两癌”筛查、特扶对象帮扶等“亲情化”服务。文体活动日益丰富，开展“我们的节日”、惠民书场、公益电影、文化讲座等文化惠民活动。整合书协、美协、作协等7个协会骨干力量，成立胥口镇文联，提升本土文艺创作水平。举办苏州市首届中国象棋甲级联赛、胥口镇第二届篮球赛、第七届全民阅读节、第十三届端午民俗文化节、庆祝新中国成立70周年廉政书画展等各类文体活动。《太湖春秋》中国书画之乡——胥口书画作品展亮相江苏省美术馆，擦亮“中国书画之乡”金字招牌。深化文明城市长效管理，推进新时代文明实践中心所（站）建设，2人入选“吴中好人”。评选100名胥口镇第四届身边好人。“胥乡缘”“锐力先锋”“同欣圆”“同心益家”等优秀志愿团队日益壮大，服务多样丰富。子胥社区获“江苏省文明社区”称号；东欣村、箭泾村成功创建江苏省健康示范村；新峰村通过省级卫生村复检，成功创建苏州市健康示范村；水利站成功创建苏州市健康示范单位；环卫所获评苏州市“市容环卫杯”创先争优先进单位。

【党建名镇】 2019年，推进“党建名镇”“胥江先锋”等品牌建设，“1+7+X”（新建1个乡镇层面党群服务中心——胥江先锋党群服务中心为一级服务核，升级7个农村（社区）党群服务中心为二级服务链，鼓励市镇单位和有条件的“两新”组织新建改建党群服务中心X个为三级服务网）党群一刻钟服务圈启用，“两新”联盟启动实体化运作，举办“跟党创业、跟党奋斗、跟党圆梦”主题活动。实施书记领办项目“胥江先锋”党员综合素质提升“四心”工程。严格选任、学习、考核“三位一体”管理机制，强化村（社区）带头人队伍建设。全面启动“胥江先锋”优秀年轻干部综合能力提升工程，开办第二期先锋班，进行集中培训、“双向”挂职。

【重大活动】 8月20日，联东U谷·苏州胥口科技智汇产业园奠基仪式举行。项目位于胥口镇工业核心区，紧邻中环西线及东山、西山两大绕城高速出入口，占地13.67公顷，规划建设为容积率2.0的高标准厂房，总建筑面积29万平方米。12月14日，为献礼新中国成立70周年，《太湖春秋》中国书画之乡——胥口书画作品展在江苏省美术馆开展，省、市、区、镇相关领导以及书画名家200余人

2019年12月14日，《太湖春秋》中国书画之乡——胥口书画作品展在江苏省美术馆开展
胥口镇　供稿

参加开幕活动。本次画展以30米长卷——《太湖春秋》为主要展览作品，辅以30多幅精选书画作品，展示胥口镇各方面发展的生动实践。（徐三妹）

东山镇

【概况】 东山镇位于吴中区西南部，是太湖东南岸的一座半岛，与临湖镇接壤，总面积96.5平方千米，下辖12个行政村和1个社区居委会，三山岛和余山岛属东山镇管辖。截至2019年底，户籍人口5.36万人，常住人口5.59万人。全镇盛产花果、茶叶、水产、蔬菜、太湖大闸蟹等特色农产品，是洞庭（山）碧螺春茶的原产地域之一。东山镇历史悠久、人文荟萃、古迹众多，境内拥有陆巷古村、雕花楼、紫金庵、启园、三山岛、雨花胜境等名胜古迹，是国家级太湖风景名胜区十三景区之一，也是国家5A级旅游景区。东山镇先后被命名为中国历史文化名镇、全国环境优美镇、国家卫生镇、中国商旅文产业发展示范镇等。2019年，东山镇获“2016—2018年度江苏省文明乡镇”称号。

表22-7 2019年东山镇基本情况

项目	数值
总面积	96.5 平方千米
耕地面积	342.27 公顷
年末户籍人口	53602 人
村委会	12 个
居委会	1 个
工业总产值	1008762 万元
地区生产总值	379576 万元
全口径财政收入	50481 万元
公共财政预算收入	30550 万元
粮食总产量	53 吨
水果产量	8606 吨
水产品产量	3137 吨
内资企业	1253 家
外资及港澳台资企业	8 家
新增注册外资及港澳台资	300 万美元
年内到账外资及港澳台资	89 万美元
个体工商户	4689 户
中小学校	4 所
医院（卫生院）	1 所

（出自：区统计局、东山镇）

表22-8 2019年各村基本情况

村名	年末户籍人口（人）	集体经济总收入（万元）
陆巷村	5161	770
杨湾村	3764	579
三山村	847	1400
莫厘村	4877	579
碧螺村	5202	544
太湖村	2765	727
双湾村	4168	1151
新潦村	4910	696
潦里村	5197	768
渡桥村	3647	611
吴巷村	3468	517
渡口村	3445	632

（出自：区统计局、东山镇）

【经济发展】 2019年，实现地区生产总值37.96亿元，比上年增长6.96%；完成固定资产投资6.21亿元，比上年增长3.5%；全口径财政收入5.05亿元；公共财政预算收入3.06亿元，比上年增长8.36%；完成服务业增加值15.8亿元。全年实现工业总产值100.88亿元，其中，规模以上工业总产值85.6亿元、新兴产业产值69.7亿元。东山精密入围2019年中国民营企业500强和苏州民营企业50强。扶持优质中小企业发展，获批增信基金3052万元。沓泽智能成功申报东吴技能人才公共实训基地。

【集体经济】 2019年，整合农村“三资”、集体资金监管等平台并进行全程监控，完成镇、村两级资产交易113笔，比上年增加36%，农村集体“三资”管理日益规范。开展农村集体资产拖欠租金“清零”行动，清缴欠租286.35万元。全年村级集体总资产增至12.13亿元，村均集体稳定收入520万元；农民人均纯收入增至4.03万元，比上年增长4.5%。

【转型升级】 2019年，实施千企升级创新转型行动计划，完成工业技改投入1.9亿元。全年实现高新技术产业产值69.5亿元，新增高新技术企业5家，新增发明专利33件，获评东吴科技企业家2人。完成区级以上重点技改项目1个，实现投资1.4亿元。新增金融机构1家。提升工业企业资源集约利用水平，关停、淘汰落后产能企业12家，回购低效企业2家，腾退低效用地8.07公顷。加强与跨境电商企业利朗达合作，扩展东山电商园“互联网+”阵地，建立健全物联集聚平台。依托电商产业园平台，全年网销大闸蟹、枇杷、杨梅、碧螺春茶等农产品超2亿元。其中网销枇杷127.5万千克，占总产量的31%。紧抓双十一、双十二商机，特色产品网销2300万元。

【城乡一体】 2019年，推进城乡一体化融合发展，推进美丽乡村建设，完成2018年31个自然村建设，推进2019年15个自然村建设任务。深入推进特色田园乡村建设，杨湾村西巷通过市级第一批特色田园乡村项目验收，三山村通过区级高标准田园小综合体验收。实施人居环境整治，开展“净美家园迎国庆”专项行动，共组织活动36次、发动800余人次，农村环境得到提升。东山镇、三山村和杨湾村分别获评苏州市人居环境整治工作示范镇、示范村，陆巷村获评苏州市十佳最美乡村。开展爱国卫生月活动，整治违法交通行为1052起，清理河道淤积、道路垃圾近2000吨，通过国家卫生镇复审。推进“厕所革命”，安装公厕粘捕式灭虫灯18套。改造提升垃圾压缩中转站，更换50吨卧式压缩机1台，新增除臭喷淋1套，环卫保障硬实力得到提升。新建道路4条，修缮提升道路4条，强化公路管理养护，养护修补路面6000平方米，更换道路设施部件1万余件，全镇道路交通网络日益畅通。

【生态建设】 2019年，对标苏州生态涵养发展实验区各项要求，打赢太湖保护“三大战役”，完成666.67公顷东、西大圩池塘标准化改造，保留涵养区域266.67公顷，完成2200公顷传统池塘退养整治，打造太湖及岸边带3千米缓冲区绿色涵养屏障；完成内湖及通湖河道杂船整治3319条。做好环太湖“加减法”，实施土地“占补平衡”项目30.51公顷、“三优三保”项目4.98公顷，完成大棚房整治2处。完成新改建污水主管网和控源截污管网10.9千米，建设小型水质自动监测站4个。强化太湖“五位一体”综合管理，全年出动1.9万人次，打捞水草、蓝藻1.8万吨；深入推进河长制，累计完成巡河2000余次，完成“两违”整改35处、疑似黑臭河道整治9条。强化大气污染源头管控，完成天然气锅炉低氮改造2家、挥发性有机物综合治理2家，开展大气专项执法检查85次。推进土壤污染管控修复，完成2家加油站地下储油罐防渗改造工作，完成17家重点单位危废隐患排查和整改工作。

【民生保障】 2019年，统筹推进社会救助各项工作，全年发放低保及各类救助补助金1388万元，新增日间照料中心3家，新增社保开户85家、住房公积金开户66家。挂牌退役军人服务站14个，实现镇、村两级全覆盖，为退役军人提供报到、落户、培训、招聘一站式服务。发挥劳资纠纷协调职能，调解纠纷125件，追回工资723万元。开展就业援助行动，举办招聘专场2期，提供岗位1216个，达成就业意向284人次；开展技能培训3期，参训人数128人。完成东山中心小学幼儿园主体建设、东山中学硬件提升等重点工程，投资500万元推进中小学校校园校舍提升工程。完成吴中区中医医院消防改造工程，新建完成三山岛卫生室；吴中区中医医院新增高清内窥镜影像系统、三维治疗仪、五分类血球仪等医疗设备；推进医联体建设，与苏大附一院、市中医医院、市中西医结合医院相关科室加强合作，全面提升医疗服务水平。

【社会治理】 2019年，构建“一张网”大格局，将“331”专项整治、安全生产、建房管理、环境保护、人民调解等工作纳入网格化社会综合治理联动平台，实现全镇社会治理全覆盖、无死角，共办结工单8119件，办结率为98%。扫黑除恶专项斗争成效明显，政治生态和社会生态同步优化，签订专项斗争责任书36份、承诺书162份，开展法治宣传活动42场，发送扫黑除恶及防诈骗短信近500万条，发放宣传折页、读本等近3万份，全方位、多角度推动扫黑除恶工作入脑入心。开展“意识防”反诈骗宣传专项行动，推进“天穹”计划。做好基层矛盾纠纷排查化解工作，贴近群众解决诉求，全年共接待人民群众来访205批300余人，办理群众来信共155件，调解成功率为93%。落实党政领导包案责任制，加强全镇各部门协调配合，全年共化解各重点工作领域突出问题78件。推进安全风险分级管控和隐患排查治理双重性预防工作机制，全镇17家规模以上企业完成机制建立并通过验收。

【实事工程】 三山岛区域供水项目：新改扩建三山岛连接东山本岛的供水管网和设置直饮水点，提升岛内自来水出水水质，保证岛内稳定、安全供水。美丽乡村及农村污水管网建设项目：建成15个美丽乡村，新改扩建4个自然村生活污水管网，不断改善农村面貌。智慧校园建设及学校燃气升级改造项目：对东山中心小学、莫厘中学和东山中学进行智慧校园建设，增设平板电脑教室、建设无线校园和创客实验室，完善学校硬件设备；对东山中心小学进行“瓶改管”，保障学校燃气安全。教育惠民项目：推动教育配套设施建设，启用中心小学新幼儿园，扩大招生能力，满足社会、家长对优质学前教育的需求。课后延时服务升级项目：对两所小学课后延时服务从1至3年级，扩大到1至6年级，解决家长“接娃难”问题。

入湖河道综合整治项目：对鸡山港、石鹤港（定向河）、直港、顺堤河4条通湖河道实施清淤及建设生态驳岸，提升河道水岸质量，确保入湖水质达标。街面综合整治工程：对流动摊贩、广告牌、店外店、乱搭乱建、车辆乱停乱放等行为进行综合整治，改善镇区环境面貌。

社会治理技防建设项目：增设红外监控、智能人脸网络摄像机、云台等，提升全镇治安管理水平。新时代文明实践站、所建设项目：以镇文体中心、村（社区）综合文化服务中心等为载体，建成东山镇新时代文明实践所、文明实践站，常态化开展新时代文明实践活动，打通服务群众的“最后一公里”。就业创业培训项目：开展就业援助行动，举办用工招聘专场，开展技能培训和创业培训，提升全镇就业率。文物古建修缮项目：对翁家祠堂、陆巷明清古道（沙岭至纪革村栓落子段）、陆巷村桃树里、惠安堂等文物古建进行修缮，维护好古镇古村古街风貌。

【重大活动】 2019年9月5日，东山镇第一家新时代文明实践站——双湾村新时代文明实践站揭牌成立。12月1日，第二十届中国绿色食品博览会暨第十三届中国国际有机食品博览会在郑州举行，苏州市东山御封茶厂的“御封”牌洞庭山碧螺春茶获第二十届中国绿色食品博览会金奖。12月7日，中国智慧农业教学联盟暨江苏现代农业校企（园区）合作联盟2019年年会在苏州农业职业技术学院召开，苏州农业职业技术学院与东山镇人民政府签约共建东山学院。（周华星）

临湖镇

【概况】临湖镇地处苏州城西南，因东、西两侧濒临太湖而得名，总面积55.6平方千米，拥有23千米湖岸线，辖12个行政村和2个社区居委会。截至2019年底，户籍人口4.60万人，常住人口11.16万人。交通优势明显，1小时可到达周边机场，规划中的轨交4号线支线可通往临湖。先后获“国家卫生镇”“江苏省生态文明建设示范乡镇”“江苏省特色景观旅游名镇”“江苏省和谐社区示范镇”“江苏省羊毛衫名镇”等称号。2019年，光福镇入选智慧健康养老示范街道（乡镇）。

表22–9　2019年临湖镇基本情况

项目	数值
总面积	55.6平方千米
耕地面积	1568.27公顷
年末户籍人口	46015人
村委会	12个
居委会	2个
工业总产值	1344000万元
地区生产总值	745000万元
全口径财政收入	104798万元
公共财政预算收入	66952万元
粮食总产量	6611吨
水果产量	874.8吨
水产品产量	333.3吨
内资企业	3574家
外资及港澳台资企业	36家
新增注册外资及港澳台资	582万美元
年内到账外资及港澳台资	84万美元
个体工商户	7399户
中小学校	4所
医院（卫生院）	2所

（出自：区统计局、临湖镇）

表22–10　2019年各村基本情况

村名	年末户籍人口（人）	集体经济总收入（万元）
前塘村	4101	1116
牛桥村	5402	1620
灵湖村	3575	1150
采莲村	3806	2311
石塘村	2965	277
石舍村	2616	1688
陆舍村	2550	536
湖桥村	5434	3624
浦庄村	3885	1041
石庄村	2535	772
界路村	3091	1047
东吴村	3186	1051

（出自：区统计局、临湖镇）

【经济发展】2019年，在《人民日报》发布的2019年度全国综合实力千强镇中列414位。全镇实现地区生产总值74.5亿元，比上年增长5.8%；完成全社会固定资产投资9.87亿元；全口径财政收入10.48亿元；公共财政预算收入6.7亿元，比上年增长8.78%；实现工业总产值134.4亿元，比上年增长4.19%。推进农村集体产权制度改革，启动农村集体资产集中经营管理、村级财务第三方代理记账，清缴欠租950万元，村级总资产39.7亿元。出台《临湖镇强化农村集体“三资”管理制度》《临湖镇工程项目建设监督管理实施意见》《临湖镇限额以下工程项目管理暂行办法》等制度，实现审计监督全覆盖，完成政府投资工程审计项目135个，核减率为17.02%。

【转型升级】 2019年，设立4亿元苏州市临湖乡村振兴发展基金，引导社会资本流向临湖，推动“产业+金融”双轮驱动。出台《临湖镇协税护税工作办法》，拓宽税源渠道，提高税收征管效益。三基铸造入选工信部“高档数控机床与基础制造装备”科技重大专项，凯尔博精密机械入选2019年度省级“小巨人”企业。米果环保设备、明东电器等28家企业完成高新技术企业培育入库，新增亿特隆科技、佳荣通讯等高新技术企业18家。新增宝树堂谢惠强等东吴杰出匠师2名、亿特隆科技蔡芳等东吴科技企业家3名、苏州微宏生物丁春国等东吴科技创新创业高层次人才2名。

【城乡一体】 2019年，完成浦庄、牛桥等5个行政村15个自然村美丽乡村建设，黄墅村通过省级特色田园乡村验收。获评市美丽乡村建设先进集体。开展美丽城镇建设三年行动，推动配套设施完善、环境整治提升等11个项目落地见效，基础设施短板得到补足。获市美丽城镇建设“建制镇、被撤并镇”双优胜奖。完善农村人居环境镇村领导干部分片包村制度，累计清理垃圾2300余吨，清理乱堆乱放1200处、乱涂乱画850处，整治及美化绿化1450处。石舍村、灵湖村、界路村、东吴村获评市农村人居环境整治工作示范村。

【民生保障】 2019年，落实“稳就业”举措，新增就业岗位817个，开展各类城乡劳动者培训超1000人次，发放失业人员失业金210余万元。城镇登记失业率控制在2%以内。超额完成社会保险扩面任务，新增参保1900余人，住房公积金缴存人数新增超1300人，完成3.32亿元城镇养老保险补缴任务。“一户一档”标准化建设完成率为100%，发放各类救助和补助资金544万元、残联保障金93万元。养老服务体系更加完善，发放尊老金127万元，老年人意外险惠及人数近4000人，“居家福”社会化服务惠及580户，新增灵湖、石舍等5家社会化运营日间照料中心。开展双拥工作，成立退役军人服务站，完成退伍军人信息系统录入，发放各类优抚抚恤金563万元。

【实事工程】 2019年，完成涉及石庄村、采莲村、灵湖村、前塘村等9个自然村农村污水管网建设及设施提标改造，新增雨污水管网20.82千米，农村生活污水收集处理能力提升。新建道场浜、南城头等防洪闸站4座，石舍、东吴等溢流坝2座，苏东运河临湖段护岸10.25千米，防洪排涝能力加强。完成3座小型自动水质监测站和1座大气自动监测站建设，实时监控能力提高。浦沙路、重才路、莲湖路改造工程加速推进，木东路、临创路整体环境水平提升，高标准养护城乡道路94.52千米，新增停车位657个。完成临湖镇三年公交规划修编，消除渡村路、前塘路、银藏路等路段公交盲区，补盲10千米，交通出行更便捷。实施浦庄农贸市场改造提升工程。优化照明系统管理，完成主次干道9967套路灯排查。推进“厕所革命”，改建湖桥、陆舍等农村公厕10座。推进垃圾分类，建成太湖缘、禾盛花园等市级垃圾分类小区10个，四分类小区5个，公共区域垃圾分类设施点位21个，农村餐厨垃圾分类实现全覆盖。

【社会事业】 2019年，完善教育设施，推进临湖第一中心小学扩建、临湖第一中学体育馆建设项目，临湖第一中心小学附属幼儿园、临湖实验小学附属幼儿园完成规划。推进随迁子女积分入学，积分入学率在85%以上。开展卫生与健康行动，开展健康、急救知识培训22次，推进家庭医生签约服务，完成“两癌”筛查超3000人次。获评江苏省健康镇。采莲村、灵湖村、石舍村等3个行政村完成市级健康村建设，五韵酒店等2家单位完成市健康单位创建。加大文体惠民力度，举办“长马杯”象棋赛、老年书画班、“银海杯”乒乓球团体赛等活动。

【重大活动】 2019年3月22日，临湖镇人民政府、上海市长宁区旅游协会主办的“太湖原乡，优游临湖”2019苏州临湖全域旅游产品推介会在上海中山公园举行。10月23日，临湖镇举办首届“江南味稻”丰收节，活动包含拾稻穗、收割水稻、敲稻谷脱粒等，吸引家庭参与其中。11月9日，第二届太湖论“稻”农业绿色发展专家论坛在临湖镇举办。中国工程院院士张福锁以“农业绿色发展”为主题介绍改革开放40多年来中国农业发展取得的成就及农业绿色发展三步走策略，到场专家们分别从多角度多方面针对农业绿色发展做演讲。　（吴清清）

光福镇

【概况】 光福镇地处苏州西郊、太湖之滨，距古城区21.5千米，下辖7个行政村、3个社区居委会。截至2019年底，户籍人口4.79万人，常住人口4.81万人。全镇总面积61.56平方千米，其中山林面积约24平方千米，太湖水域面积约160平方千米，湖岸线约32千米，全镇生态红线区域保护面积为48.17平方千米。光福素有“湖光山色·洞天福地”之美誉，生态资源优越，自然风光秀美，人文积淀丰厚。光福景区为国务院公布的太湖风景名胜区十三个景区之一，现为国家4A级旅游景区。光福镇有梅文化、渔文化、工艺文化、宗教文化、红色文化等人文资源。花卉苗木种植经营和手工艺雕刻为光福的两大传统特色产业。光福核雕被

表22-11　2019年光福镇基本情况

项目	数值
总面积	61.56平方千米
耕地面积	1657.33公顷
年末户籍人口	47928人
村委会	7个
居委会	3个
工业总产值	482241万元
地区生产总值	350507万元
全口径财政收入	34288万元
公共财政预算收入	19101万元
粮食总产量	648吨
水果产量	187.9吨
水产品产量	6655吨
内资企业	1431家
外资及港澳台资企业	17家
新增注册外资及港澳台资	—
年内到账外资及港澳台资	—
个体工商户	4937户
中小学校	3所
医院（卫生院）	1所

（出自：区统计局、光福镇）

表22-12　2019年各村基本情况

村名	年末户籍人口（人）	集体经济总收入（万元）
福利村	8052	1534
邓尉村	3511	642
香雪村	7996	1162
冲山村	3042	484
府巷村	5805	745
迂里村	8855	1102
太湖渔港村	4906	645

（出自：区统计局、光福镇）

列入国家级非物质文化遗产保护名录，光福玉雕、红木雕、佛雕被列入省级非物质文化遗产保护名录。先后获“全国环境优美镇”“国家卫生镇”“中国花木之乡”“中国工艺雕刻之乡”等称号。2019年，光福镇入选第七批中国历史文化名镇名村名单。

【经济发展】 2019年，实现地区生产总值35.05亿元，比上年增长3.9%；完成全社会固定资产投资3.99亿元，比上年增长4.1%；全口径财政收入3.43亿元；公共财政预算收入1.91亿元。加大招商引资力量，构建“清”上加“亲”的新型政商交往模式，落实“一企一策”服务企业方案。鼓励企业进行技改升级，以科技创新引领高质量发展，安洁科技、华正工业等多家高新技术企业投入近1亿元更新设备、升级技术，引进宋磊等姑苏创新创业领军人才，加快发明专利成果转化，提升企业核心竞争力，全镇有效发明专利拥有量达90件；做好不二工机厂房扩建及新能源汽车配套产品产线增加等服务；总投资1.2亿元的东崦湖商贸综合体土建完工，与九旺永利商业签订整租合作意向书，与幸福蓝海影院签订合同；总投资1.2亿元的苏作红木展示馆土建主体工程和外幕墙工作完工，与书香世家酒店集团完成签约。

【集体经济】 2019年，集体经济发展壮大。围绕“盘活存量、抱团发展、一村一品”三个方面，梳理和挖掘山水生态、绿化苗木、红色旅游等特色资源、优质资产。实施集体资产集中经营，提升“三资”管理质量效益，规范集体资产租金收缴，全面开展农村集体资产拖欠租金“清零”行动。凡涉农村集体资产交易的资产，全部通过资产交易平台进行线上交易。2019年审核交易资产460笔，交易年租金1635万元，比上年增长4.3%。推进“e阳光”村务公开行动，“村务卡”实现全覆盖，提高村级资产透明度。对租金清欠工作实行周报制，及时跟踪推进情况。2019年，全年镇、村两级应收租金3661万元，实际到账租金2863万元，租金收缴率为78.2%。截至2019年底，共收到往年欠款811万元，欠款收缴率为70.2%。以成立资产管理集中经营办公室为契机，结合“331”等专项整治行动，梳理资产资源，实现低效闲置资产提档升级和村级集体经济发展水平整体提高。探索土地节约集约利用方式，做好发展“加减法”，实现生态环境保护和集体经济收益双赢，完成6个地块10.13公顷“三优三保”和游湖32.2公顷“占补平衡”项目入库。2019年，实现村级总资产4.4亿元，净资产3.2亿元，村均稳定收入695万元；农民人均纯收入40310元，比上年增长4.05%。

【文旅产业】 2019年，统筹环太湖生态文旅带资源，打造太湖“最美湖岸线”，助推环太湖“四好农村”路高质量发展，服务乡村振兴发展战略，助力乡村经济建设和农文旅产业的深度融合。《全域旅游规划方案》进入中期评审阶段，设计研发《光福日历》等系列文创产品；光福4A景区复核通过验收，香雪海景区软硬件全面升级，邓尉山景观提升工作完成，顾野王纪念馆落成开放；冲山文旅项目逐步推进，漫山岛首期分散式酒店建成，6家民宿通过备案登记。借助苏州文旅集团等企业力量，整合山水人文等旅游资源，放大环太湖周边精品民宿引领效应；结合太湖渔港村31.33公顷地块经济作物种植，打造现代农业观光旅游新阵地。

【生态环境】 2019年，按照区委环太湖生态文旅带的决策部署，加大环境整治力度。打好污染防治攻坚战，打赢蓝天、碧水、净土保卫战，改善生态环境质量，做好上级督察反馈问题整改。完成中央、省环保督察项目3个，完成翠屏山庄农家乐突出环境问题等督办项目11个；完成银矿路、田里珠路等52家“散乱污”企业和108个“回头看”反馈问题整改任务。完成“绿盾2019”自然保护地监督检查行动，核查破坏生态环境的283处遥感监测点位和51处道路问题。以保护水资源、防治水污染、改善水环境、修复水生态为主要任务，做好善人桥国考断面稳定达标工作，实施重点河流湖泊综合整治，采样监测断面沿线重要点位水质748次，排查工业企业300次。推行“河长制”，实施太湖水环境“五位一体”综合管理，各级河（湖）长累计巡河2500次，完成区重要河湖“一事一办”工作清单任务4项，完成冲山北塘亭子等25个河湖“两违”点位整治任务；打捞水草漂浮物17000吨、蓝藻11600吨，收割芦苇80.93公顷；完成太湖片区近700条杂船整治和297.33公顷养殖池塘退养及标准化改造；完成河道疏浚33条，建设木光运河、浒光运河生态河道9.6千米，新开河道2.85千米，加强水系沟通，提高水体自净能力。镇村环境焕发新颜。坚持绿色发展和“两山”理论，开展农村人居环境整治，梅园社区获“苏州市农村人居环境整治示范村”称号。践行乡村振兴战略，推进邓尉、香雪等6个行政村26个自然村美丽乡村建设，开展镇容村貌环境整治，拆除违章建筑42处面积1.5万平方米，清理乱堆放85处；“垃圾分类就是新时尚”观念渐入人心，福韵花园等3个小区698户家庭垃圾分类工作持续推进，餐厨垃圾处理设备有效运转，全年共处理1000吨；再生资源分类转运场市场化运营，处置园林绿化垃圾、大件垃圾900吨。推进农村“厕所革命”，投入21.7万元，实施2个公厕改造提升。

【拆迁安置】 2019年，推进征地拆迁工作，全年完成农户签约197户，完成福坤路、福湖东路、科福污水厂等6个地块清零和50.33公顷苗木清理，拆除旧房166户，腾出空地6.67公顷。完成福瑞、福润花园871套安置房分房工作，解决140户无房户安置问题；实施福溪花园B区、C区环境提升改造，新增绿化600平方米。

【实事工程】 投入1350万元完成宝泉路、藏福西路等道路改造工程，提升道路通行能力。公交653路开通，消除窑上、铜坑公共交通盲区。新党校、老年大学落成启用，功能布局提档升级。拓展教育场地资源，完成苏州香雪海小学附属幼儿园项目前期手续办理。完成木光运河沿线2千米电缆通道敷设、环太湖沿线2千米弱电线路入地工程，投入550万元完成老镇区道路铺装改造工程。完成太湖片区区域供水切换，惠及250户家庭。投入1.37亿元实施镇区雨污水自来水管网二期改造、太湖集镇区控源截污及24个自然村农村生活污水治理等工程。便民服务中心软硬件全面优化，“最多跑一次”改革实现率和满意度双提升。

【社会事业】 2019年，加大民生保障投入，优化公共服务供给，统筹各项社会事业。推进稳就业政策，开展专题招聘、技能培训14次；推进居民社会养老保险全覆盖，发放征地养老金7116万元；落实社会救助政策，发放各类救助金、抚恤补助金等1295万元。完成秋季招生工作，2019年中考再创佳绩；严厉打击校外培训机构非法办学，落实课后延时服务工作，满足实际需求、回应社会关切；“健康光福”纵深推进，完善养老服务设施，完成区首家区域性养老服务中心改造，光福镇被工信部、民政部和卫生健康委评为第三批智慧健康养老示范乡镇；国家卫生镇复审工作通过验收；提升医联体内涵，镇人民医院先后与苏大附属儿童医院等多家三级医院建立医联合作关系，“健康光福”疾病免费筛查成效明显，家庭医生签约服务机制不断完善，共惠及5万人次。

【社会治理】 2019年，围绕“一年治标、两年治根、三年治本”总体目标，推进扫黑除恶专项斗争。营造浓厚宣传氛围，设置宣传广告700处，发放宣传单页7万份，投放短信53万条；强化线索摸排，收集线索10条，配合上级扫黑办核查线索17条、列管涉恶重点人员7人；凝心聚力攻案件，破获刑事九类案件15起，追缴涉恶资产29.4万元，努力营造平安和谐稳定的社会环境。落实安全生产责任制，开展安全生产大整治，实施重点领域大排查、隐患大整治843家次；推进企业标准化创建，累计完成小微企业标准化创建227家、二级标准化企业创建3家、三级标准化企业创建22家。"331"整治火灾隐患专项行动增容扩面、成效明显，建成居民小区和出租房电动自行车集中充电点106个，建筑面积4200平方米，整改隐患电动自行车1100辆次；集中拆除泡沫夹心板、改装铁栅栏面积15000平方米；强化森林防火基础设施与队伍建设，常态化做好值班值守，应急能力提升；通过"平安乡宴"信息化平台保障农村集体就餐人数20万人次，守护人民群众"舌尖上的安全"。开展平安光福建设，强化社会治安防控体系，依法打击各类犯罪，破获刑事案件65起。推进"意识防"反诈宣传专项行动，集中宣传500余场，网络推送典型案例、防范知识40次，覆盖5万余人，增强群众防范意识。建立重大矛盾纠纷预警机制，开展"三化解一防范"专项行动和"人民调解进网格"工作，全年调解矛盾纠纷1100余起，涉及当事人2500余人、金额280万元，成功化解一批信访积案，全镇信访形势总体平稳。完善网格化联动机制建设，社会治理精细化水平提高，全年镇联动中心共接报工单9283件，有效立案9169件，办结8987件，结案率为98.02%。

精神文明续写新篇。举办"阅读悦美·书香小镇"光福镇阅读节系列活动、第二届香雪海诗会光福分会场活动；启动全区首个镇级新时代文明实践活动，举办"善情·志愿"第三届公益文化节和第二届"善行玖玖"公益徒步穿越活动；举办首届职工运动会，丰富职工业余文化生活；何建金获"中国好人"称号，光福镇获第一批"苏州市民族团结进步创建示范基地"称号，福利村获"2016—2018年度江苏省文明村"称号。

【重大活动】 2019年1月23日，苏州香雪海第二十三届太湖梅花节暨第十八届"太湖之春"旅游月活动在香雪海景区开幕。7月1日，新四军太湖游击队纪念馆经过升级改造后恢复开放，献礼建党98周年、新中国成立70周年。8月30日，"渔乡光福·醉美太湖"2019第十五届中国（苏州）太湖开捕节启幕。9月19日，举行2019年光福镇全民阅读节表彰活动暨顾野王纪念馆落成仪式。11月12日，吴中区首家区域性养老服务中心在光福镇挂牌成立。（黄玉兰　李　明）

金庭镇

【概况】 金庭镇地处苏州太湖东南部，距苏州古城区45千米，辖境包括中国内湖第一大岛——西山岛及周围20多个太湖小岛，总面积84.22平方千米，其中西山岛面积79.82平方千米。2013年，实行"区政合一"管理体制，副处级建制，下辖11个行政村和1个社区居委会。截至2019年底，户籍人口4.56万人，常住人口4.39万人。西山岛又称洞庭西山，盛产柑橘、青梅、杨梅、枇杷、银杏、板栗等花果。自古是旅游胜地，古人归纳出西山十景——消夏渔歌、毛公积雪、玄阳稻浪、甪里梨云、西湖夕照、鸡笼梅雪、龙渚归帆、缥缈晴岚、林屋晚烟、石公秋月等。金庭镇有现存历史文化古迹100多处。其中，中国传统村落7处，省、市级文物保护单位29处，市级控制保护古村落7个，市级控制保护古建筑18处。另有明清建筑120多幢，面积约4万平方米。明月湾古村、东村古村为中国历史文化名村。金庭镇先后获"国家风景名胜区""国家现代农业示范园区""国家森林公园""国家地质公园""全国环境优美乡镇""全国卫生乡镇""全国小城镇综合改革试点""江苏省历史文化名镇""国家4A级景区"称号。2019年，金庭镇获

表22–13　2019年金庭镇基本情况

项目	数值
总面积	84.22平方千米
耕地面积	836.4公顷
年末户籍人口	45556人
村委会	11个
居委会	1个
工业总产值	90546万元
地区生产总值	249317万元
全口径财政收入	14004万元
公共财政预算收入	8394万元
粮食总产量	1299吨
水果产量	12440吨
水产品产量	641.4吨
内资企业	831家
外资及港澳台资企业	27家
新增注册外资及港澳台资	18536万美元
年内到账外资及港澳台资	20万美元
个体工商户	3633户
中小学校	2所
医院（卫生院）	1所

（出自：区统计局、金庭镇）

表22–14　2019年各村基本情况

村名	年末户籍人口（人）	集体经济总收入（万元）
元山村	3751	511
蒋东村	3946	1058
庭山村	3726	609
林屋村	4508	870
秉常村	4290	646
石公村	3214	565
东蔡村	3214	441
缥缈村	3097	576
衙甪里村	3810	483
堂里村	2956	680
东村村	3766	555

（出自：区统计局、金庭镇）

“2016—2018年度江苏省文明乡镇”称号。

【经济发展】 2019年，实现地区生产总值24.93亿元，比上年增长6%；完成全社会固定资产投资5.02亿元，比上年增长12.4%；公共财政预算收入8394万元，比上年增长3.47%。实现旅游景点入园人数105万人次，综合收入7102万元。推进重点服务业项目建设，完成新批内资企业139家，注册内资7.31亿元。实现集体经营性总资产11.11亿元、集体稳定性收入6899万元，比上年分别增长9.43%、4.68%。推进脱贫攻坚战，10个经济相对薄弱村完成脱贫任务，实现全镇脱贫全覆盖，村均稳定收入均超250万元，农民人均纯收入26573元，比上年增长6.2%，农民股金分红收入不断增加。

【转型升级】 参见农业—苏州吴中西山国家现代农业示范园区—农业转型升级。

【旅游服务】 2019年，推进全域旅游建设，优化“两带三区一半岛”（两带即环岛生态文旅观光带、矿坑遗址生态修复景观带，三区即北部特色景观文化旅游区、南部湖岸田园乡村度假区、商贸旅游配套服务区，一半岛即石公半岛）空间产业布局，石公半岛环境整治工程先试先行、重点突出，沿路沿线环境秩序得到改善，半岛水域内杂船清理到位，完成明月湾至石公山沿湖挡墙及景观修复工程。推进旅游服务质量提升工程，深化“智慧旅游”“厕所革命”等软硬件标准化提升，完成缥缈峰观光道路修缮及标识牌提升工程，创建明月湾古村五星级乡村旅游示范点，“石公秋月”获评五大吴中区打卡场景优秀项目，2名导游获“吴中区景区十大金牌讲解员”称号。加快乡村旅游发展，提升民宿规范化集聚化水平，新增持证民宿37家，入围苏州十大精品民宿2家，获评全区十佳民宿3家。举办第23届太湖梅花节、茶文化旅游节、枇杷杨梅采摘节等旅游节庆活动。

【城乡一体】 2019年，深化“263”专项行动，整治“散乱污”企业12家。强化农村人居环境整治，清运垃圾1200吨，清理河道86条，清洁沟渠3千米，村容村貌提升，林屋村、秉常村获评市农村人居环境整治工作示范村。推进美丽乡村建设，基本完成38个自然村美丽乡村工程建设，甪里、堂里、植里、东西蔡等传统村落保护项目基本完工。严格土地管理，深化“大棚房”专项整治，获“苏州市土地执法模范乡镇”称号。

【生态文明】 2019年，金庭镇被纳入苏州生态涵养发展实验区，强化山水林田湖草岛的系统保护与修复，高水平排定并实施生态保育、生态治理、民生保障、产业发展等四类重点生态涵养项目46个，生态涵养能力提升。贯彻环太湖“加减法”，土地综合整治三年行动持续深化，完成57.6公顷“占补平衡”土地整治复垦项目和20公顷“三优三保”拆旧复垦项目，打好“建设减法”和“效益加法”组合拳，获评区“三优三保”工作先进单位。加强太湖水环境保护，深化“五位一体”综合管理，打捞水草蓝藻30948吨，收割太湖芦苇120公顷，落实“河（湖）长制”，整改河长交办单27起，完成河道清淤12条，强化水源地保护，连续12年实现太湖安全度夏。完成67公顷太湖围网拆除和太湖沿岸3千米范围内56.6公顷养殖池塘高标准改造、295.4公顷池塘退出养殖，完成河湖“两违”整治，清理环太湖及通湖河道杂船517条，22户有证渔民自愿退出捕捞作业。

【民生保障】 2019年，完善社会保障体系，做好城乡医疗保险工作和镇级医疗救助补助工作。落实“稳就业”措施，新增就业岗位647个，开发公益性岗位27个，帮助166名本地失业人员实现稳定就业。提升残疾人服务，完成1个镇级残疾人之家和4个村级残疾人之家建设。精准兜牢保障底线，低保标准调高至每月995元，发放走访慰问、各类生活及救助补贴超2100万元。完善养老服务体系，完成2个村级老年人日间照料中心建设，实现6个日间照料中心社会化运营，居家养老持续扩面，享受人数近1700人。

【社会事业】 2019年，教育事业再上新台阶。教学质量继续保持全区第一方阵，连续第18年获区中考质量综合评估优质一等奖，九年一贯制学校新建项目加快办理前期手续，全民教育取得新实效，建成省级标准化居民学校12所，新增1个江苏省教育服务“三农”高水平基地。完善健康管理体系。推进金庭医院消防改造工程、血透室建设，体检中心、镇级精神康复驿站建成投用。金庭镇、石公村分别通过国家卫生镇、全国卫生村复审工作，堂里村、秉常村获评省级健康村，文体中心获评省级健康单位。地名管理进一步规范，做好12条道路命名申报，更新设置路牌400余块。精神文明建设再上新台阶。推进新时代文明实践所建设，12个村级实践站挂牌成立，金庭镇、秉常村分获2016—2018年度江苏省文明乡镇、文明村。公共文体事业蓬勃发展。举办广场舞、书画、评弹等群众性文体活动328场，惠及群众36万人次，成功创建4个村级综合性文化服务中心，举办太湖国际越野挑战赛，完成45千米省级登山健身步道建设。深化传统文化传承保护，完成堂里古码头、明月湾瞻乐堂等8处古建筑修复工程，1人获区第二届“东吴杰出匠师”称号，2人获“东吴匠师新秀”称号。《金庭名镇志》通过市级评审，全镇首部村志《石公村志》出版发行。

【实事工程】 加强农业基础设施建设，开工建设森林防火通道13千米、蓄水池27座，东河社区金铎丘陵山区项目通过市级验收，推进绿光农场二期改造提升工程建设。加强道路基础建设，完成1.2千米元山路改建，开工建设阴山、横山连接线工程，东园公路等镇区道路改建项目加快实施。推进区域供水配套工程，建成主管网32千米，推进天然气管网建设，完成6.1千米管道铺设，提高人民群众生活质量。

【重大活动】 2019年1月18日，第23届苏州太湖西山梅花节在林屋洞景区开幕。开幕式上，金庭镇与贵州省德江县稳坪镇签约文化旅游合作项目。5月30日，金庭镇与苏州泷泮生物科技有限公司举行"苏州金庭泷泮生物科技园"项目签约仪式。12月27日，金庭镇蒋东村"尊老爱老"便民服务活动暨蒋东村日间照料中心揭牌仪式在蒋东村前湾老年活动室举行。

（周永芳）

长桥街道

【概况】 长桥街道位于苏州古城南部，是吴中区的政治、经济、文化和社会活动中心。总面积15.3平方千米，下辖20个社区，包括13个城市社区、7个涉农社区。截至2019年底，户籍人口7.83万人，常住人口21.4万人。2016年3月31日，吴中高新区挂牌成立，与长桥街道实行"区政合一"新体制。长桥街道历史悠久，文化底蕴深厚，是吴文化的发源地，拥有京杭大运河、宝带桥、五龙桥等著名物质文化遗产和澹台灭明、商圣范蠡等精神文化瑰宝。区位优势明显，交通便捷，3条轨交交织运行，高架快速路环伺四周，东有澹台湖、西有石湖，运河文化带贯穿全域。2019年，实现地区生产总值143亿元，比上年增长6.5%；完成全社会固定资产投资21.3亿元，比上年增长64.1%；全口径财政收入32.25亿元，比上年增长9.8%；公共财政预算收入17.97亿元，比上年增长6.11%；服务业增加值108.8亿元，比上年增长6.5%；规模以上工业总产值85.5亿元，新兴技术产业产值77.8亿元，高新技术产业产值76亿元；实际利用外资及港澳台资2000万美元。

（章　航）

［详见度假区·开发区·高新区—江苏省吴中高新技术产业开发区（筹）］

郭巷街道

【概况】 郭巷街道，隶属吴中经济技术开发区，东临独墅湖、南接吴江区、西衔京杭大运河、北连苏州工业园区，素有"姑苏南大门"的美誉。街道总面积54平方千米，下辖21个社区，其中农村社区11个、城市社区10个。截至2019年底，户籍人口6.88万人，常住人口22.35万人。现有58处楼盘，其中：安置楼盘23处，建筑面积255万平方米；商业楼盘35处，建筑面积近803万平方米。辖区交通便利，苏嘉杭与绕城高速交会，东环路贯穿南北，东方大道辐射东西，轨交2号线、3号线横贯全境，中环快速南线（尹山湖隧道）、独墅湖第二隧道动工开建，现代化立体交通体系逐步成型。

【经济发展】 2018年，实现地区生产总值69.65亿元，比上年增长10%；完成全社会固定资产投资2.14亿元；实现工业总产值97.29亿元，比上年增长5.2%；完成工业销售收入96.52亿元，比上年增长9.53%。截至2019年底，实有个体工商户9968户，实有内资企业8348家，实有外资及港澳台资企业197家。

【集体经济】 2019年，街道、社区两级集体总资产57万平方米，资产总额16.4亿元，实现集体收入9100万元，农民人均可支配收入5.1万元，比上年增长7.8%。推进社区集体经济抱团发展,苏州三力佳商业管理有限公司提升资产管理水平和出租收益率,苏州吾嘉商业管理有限公司拓展绿化管理等优质项目。2019年,完成双浜9幢公寓房改造、姜庄水乡邻里建设,新增资产7.66万平方米,推动尹东公共服务中心、尹东水乡邻里2个项目开工建设。全年完成集体资产交易316笔,交易租金总额5658万元,增长率达到7%。尹山湖城市商业广场等6个项目成功招租,实增租金3201万元。

【城乡一体】 郭巷街道地处吴中区"一核一轴一带"布局的"一核重点、一轴节点",推进城市化建设。2019年,累计完成各类签约397户,完成尹西、汤堡、尹东安置房建设用地等21个地块清零,保障经济发展和民生建设,国泰社区成为郭巷街道第二个清零的社区。按照"公平、公开、公正"的原则,以压降零安置户为目标,累计完成尹东八村二区、三区,尹东九村B区、C区,汤堡高层,姜家高层等共计851户1217套10.626万平方米的安置分房工作。

【实事工程】 创新建设一站式党群驿站,在"7×12"的基础上,填补夜间服务空白,投放6类自助机器,实现24小时自助服务,新添4个党群驿站,以"党建+互联网"思维,构建"线上+线下"服务大网。尹山湖医院二期开工建设,尹东社区卫生服务中心启用,独墅湖社区卫生服务站完成搬迁更新,"一体两翼多站"卫生服务体系初步形成;吴淞江实验小学、独墅湖实验小学附属幼儿园、吴淞江实验小学锦湖幼儿园建成投入使用,新增学位1262个,落实流动人口随迁子女积分入学478人,提高辖区教育资源供给。浮桥自建区改造等20个实事项目完工,提升居民获得感、幸福感。

【民生保障】 落实就业惠民政策,组织开展"春风行动""益家宜岗"就业援助、女职工、高校毕业生、退伍军人等多场招聘会,提供就业岗位2900余个,达成就业意向400余人;开展各类技能提升、创业培训17期,培训人数680余人;净增扩面参保1553人,公积金扩面新增开户6100余人。完善养老服务体系,新建墅浦等5个老年人日间照料中心,在国泰等7个日间照料中心试点社会化运营,发放尊老金46.3万元。开展精准帮扶,发放低保、低保边缘及五保补助金共计约350万元,惠及57户困难家庭;商会、企业结对贫困学生32名,共计发放助学金7万余元。发放各类双拥慰问金400余万元,完成21个社区民兵营规范化建设和环尹山湖360°国防教育主题公园一期建设。开展"我们的节日"暨"一季一节"群众文化活动,全年组织各类活动2000余场,覆盖居民10万余人次;在涉农社区建设"农家书屋"的基础上,深化与吴中区图书馆联动合作力度,开设湖景花园社区24小时图书馆和常青藤社区的图书网上投递系统。

【公共安全】 2019年,紧绷安全生产之弦。全年完成"331"专项整治,"九小场所"及企业安全隐患整改85%,完成群租房整改88%;事前处罚企业6家,处罚金额22.5万元;完成小微企业标准化创建61家;查处非法加油车20辆,涉及非法油品4.16万升;持续开展"五违必治"工作,拆除违建9.16万平方米。全年,派出所共接报各类警情32800起,破获各类案件461起;共立涉黑涉恶案件13起,破案13起,破案率为100%;抓获"网上三逃"人员90人。交警中队纠处各类交通违法行为58625起,处理交通事故11006起。推进网格化联动机制建设,共接报区联动中心工单28949件,街道巡查发现工单803件,办结率为99.31%,信访接待来访人员312批369人,协调处理各类群体性突发事件21起。街道、社区两级共接待法律援助,处理鉴定、公证、咨询等2480余次。

【生态环境】 坚持贯彻落实

"绿水青山就是金山银山"的理念，全年共接环保投诉932件，比上年减少27.1%。完成排水达标区建设116个，完成尹五河等4条河道的清淤。落实4个中央环保"回头看"信访件和区10个督办问题的销号。取缔散乱污企业193家，拆解河道杂船30条，完成140余公顷拆迁、闲置地块复绿工作。推进街道生活垃圾分类减量工作，上报塘南新村北区等31个小区为市级垃圾分类小区，尹山吉熙苑等10个小区为垃圾四分类小区，全年共处理环卫垃圾17.1万吨。

【重大活动】 2019年4月13日，双湾锦园、清禾社区集中揭牌成立。8月1日，郭巷街道综合行政执法局揭牌成立。区委副书记、区长陈嵘和开发区综合执法局、郭巷街道主要领导出席揭牌仪式。9月26日，郭巷街道"奋进新时代、聚焦新郭巷"主题摄影展在本色美术馆开幕。此次展览以"奋进新时代、聚焦新郭巷"为主题，共有70幅摄影作品展出。（沈雯君）

横泾街道

【概况】 横泾街道位于苏州城南部，南临东太湖，北依尧峰山，总面积52.23平方千米，下辖5个行政村、4个社区居委会。截至2019年底，户籍人口3.36万人，常住人口6.96万人。区位优势明显，生态环境优美，产业特色鲜明，物产资源丰富，是吴中区"生态文旅带"的重要一环是吴中经济技术开发区"一核、一廊、一圈、一区"和规划建设中的苏州吴中太湖新城的重要组成部分。北部区域为二、三产业集聚区，中部区域为集镇商贸服务区，南部为田园风光休闲区，盛产太湖大闸蟹、茶叶、瓜果、水八仙、富硒大米等农产品，形成精密加工、机械制造、电子产品、针织服饰、研发和"互联网+"等产业格局。2019年，横泾街道实施乡村振兴战略，打造"农旅融合示范区、社会治理模范区、城乡一体先导区"。

【经济发展】 2019年，实现地区生产总值38.18亿元，完成固定资产投资3.82亿元，全口径财政收入8.13亿元，实现工业总产值84.72亿元。全年新增注册项目200个，新增注册资本7.5亿元，总投资约15亿元，15家企业注册资本超千万元。制定实施《横泾街道农民合作社治理提升全街道推进国家试点工作实施意见》，推进街道农民合作社质量提升，规范评定15家，清理注销4家。完成滨湖大厦产权转让，腾退工业厂房2.4万平方米。组建成立街道农村集体资产集中经营管理办公室，对22家集体单位资产、资源实施统一经营管理；制定实施《关于进一步加强农村集体三资管理的实施细则》；做好农村资产资源线上交易工作，全年完成各类租赁交易299笔，交易总额2032万元，比上年增长10.1%，收益率为21%。2019年，街道、村两级集体经济总收入1.7亿元，比上年增长8.2%；集体总资产18.0亿元，比上年增长6.9%；村均稳定收入613万元，比上年增长6.9%。

【农旅融合】 2019年，与同程旅游达成战略合作协议，与太湖新城开展深度合作，农旅融合步伐加快。完成7个康居村庄建设任务；东林渡特色田园乡村通过苏州市田园办验收，获评苏州市特色田园乡村（精品示范村）；义金烧酒坊完成企业入驻。开展城乡环境综合提升行动，新路村获评苏州市农村人居环境整治工作示范村，陈家浜被列为全区农村人居环境现场会参观点。推进大棚和散坟清理整治，累计淘汰大棚1185个、清理散坟967个，集约利用土地40余公顷。推进186.67公顷高标准农田建设；完成8.86公顷标准化池塘改造，完成池塘退养整治19.53公顷；全年种植水稻面积386.4公顷，农业机械化作业率在95%以上，年产优质大米200余万千克。水稻仓储加工中心投入使用，举办第三届水稻开镰节，"太湖横泾"地产大米品牌效应进一步放大,在第四届“江苏好大米”评鉴推介会上获特等奖。

【社会治理】 联动中心全年受理有效案件14726件,办结14553件,结案率为98.82%,位于全区前列。累计检查企业1480家次,完成安全隐患整改近3000处。开展“331”专项行动,排查出各类隐患962条,整改到位825条,合规化改造率为85%;关停无证餐饮店41家。打造“2+N”市场化集宿模式,“梦工厂”生活空间被列为市级试点项目。开展扫黑除恶,排摸出涉黑涉恶线索18条。组建成立综合行政执法局。新建大气监测站点1个,完成2家挥发性有机物(VOCs)企业专项治理。推进“河长制”改革,5处“两违”问题整改销号;完成11条苏东运河支流清淤工作和6条生态河道建设;完成太湖围网拆除任务并通过市级验收;清理各类杂船782条,回收捕捞证54本;完成27家企业雨污合流整治和三个区域5.85千米的生活污水接管;推进33个排水达标区点位建设。7件中央、省、市、区环保督察信访件全部完成;85家企业和2个区域板块涉及的“散乱污”问题整治到位。4个住宅小区实现垃圾四分类,新建日处理10吨的餐厨垃圾处理中心和1处大件垃圾分拣场。

【民生事业】 7个重点拆迁任务清零4个,完成率为90.48%;7个一般拆迁任务清零6个,完成率为96.97%。拆迁成效列开发区第一。完成84户宅基地建房、109户平房修缮和10户国有土地危房修缮审批工作。完成794套6.72万平方米安置房分房工作。全年共发现并纠正各类违法建设89起,拆除违建1979平方米。实施镇区道路改造二期工程和尧太河路南延危桥改造工程;实施老旧住宅小区天然气工程、尧南花苑智能化改造和新思家园三期外部环境提升工程。完成尧南幼儿园改建工程和横泾中学过渡篮球场工程,横泾推进中学扩建工程一期建设。援助失业人员稳定就业164人,零就业家庭动态清零,城保扩面完成率列全区第一。新建新湖、泾苑2个日间照料中心。成立退役军人服务站,为民服务中心正式投入使用。70户贫困家庭实现稳定脱贫,全年发放各类社会救助资金约306万元。全年举办各类文体活动30余场次。新路村、上林村、尧南社区被评为省文明村(社区)。

【重大活动】 2019年6月14日,街道与同程旅游在开发区管委会签署“横泾农旅”战略合作协议,实现“市场对接”“顶层运营”等发展思路的落地。9月3日,街道召开村(社区)集体资产集中经营交接会议。移交后,村(社区)集体资产将由街道集中经营办统一经营管理,资产所有权、收益权仍属于村(社区)集体经济组织全体成员所有。10月15日,第一批规划建立的10个三级网格党群服务站——“笃学堂”建立完成。

(张晓莉)

越溪街道

【概况】 越溪街道位于吴中区西南部,东至友新高架,西至尧峰山,南临东太湖,北坐上方山,是吴中经济技术开发区区域中心、吴中区越溪城市副中心所在地。总面积约22.9平方千米,下辖10个社区居委会、2个行政村。截至2019年底,户籍人口4.08万人,常住人口11.47万人。2019年12月,越溪街道获“2019年度江苏省科普教育基地”称号。

【经济发展】 2019年,实现地区生产总值95.7亿元;完成全社会固定资产投资3.22亿元,比上年增长15%;公共财政预算收入1.25亿元;实现工业总产值55.9亿元。街道、村两级集体总资产22.72亿元,集体总收入2.26亿元,集体稳定收入1.86亿元,其中街道稳定收入10628万元、村级稳定收入7935万元。引进外资及港澳台资项目8个,总投资0.73亿美元;内资106个,总投资42.27亿元。成立社区集体资产集中经营管理办公室。全域旅游纵深发展，完成“旺山红”茶叶品牌标识，对现有游客服务中心进行综合改造，推出10条旅游线路，全年游客接待量110万人次，旺山村入选“中国乡村旅游发展示范案例”，张桥特色田园乡村画眉泉文化展示园项目完工并交付使用。

【城乡一体】 2019年，立足建设高质量城市副中心定位，推进城乡一体化建设。全年清零地块2个、旧镇改造项目1个，完成区级任务（153户）的96.73%，共计签约148户，其中农户144户、企业4户；完成开发区农户拆迁任务（132户）的44.70%，共计签约59户，其中农户51户、企业8户；计划外珠村社区绕城（南）签约10户，木林社区签约3户。安置房办证同步推进，完成安置房回购106户95套，办理不动产权证99套，完成全年任务的165%。配合做好文溪三期、四期、五期安置房建设。

【民生保障】 2019年，社保参保人数净增1400人，社保扩面完成全年任务的175%；公积金扩面缴存人数净增2034人；引进培养专业技术人才135人；调处各类案件271件。加大困难群体救助力度，累计发放社会救助金150.27万元，援助失业人员完成再就业159人，本地贫困家庭大学毕业生就业率为100%。完善养老服务体系，完成溪上、吴山、溪韵3个老年人日间照料中心建设；“居家福”全年服务700余人，提供服务1.34万次。推行“互联网+政务服务”工作体系，规范硬件设施和人员配备，梳理政务服务事项，推行“全科社工”服务。

【实事工程】 2019年，抓好重点项目和实事项目建设，发挥项目带动作用。滨溪水乡邻里中心开工建设；商业及办公工程（外来务工人员子弟学校）完成拍地，形成初步方案；0.42千米越城西路西延改造完成并通车；越旺集团大楼完成选址和初步方案；1800平方米综合行政执法局办公楼加快建设。张桥美丽乡村三期通过验收、四期基本完工，特色田园乡村画眉泉文化展示园项目完工并交付使用。

【社会事业】 2019年，优化教育资源配置，排查校外培训机构，均衡教育质量，保障校园安全。加快郎江小学及附属幼儿园（越溪实小东校区）建设。提升基本医疗服务能力，越溪卫生院加大设备投入，引入优质医疗资源，保障居民健康需求。优化社区教育，街道社区教育中心获“江苏省标准化社区教育中心”称号，各社区（村）居民学校实现创建达标全覆盖。夯实科学文明，选树道德模范、身边好人，1人获“苏州时代新人”称号，2人获“吴中好人”称号。

【重大活动】 2019年3月23日，越溪街道党工委与泰隆银行苏州吴中支行党支部进行“党建溪动力”惠民母基金项目签约，首期成立金额10万元，基金主要用于服务越溪辖区基层党组织党建惠民项目，是吴中区首个党建基金。3月26日，越溪卫生院举行“苏州市吴中人民医院儿科、皮肤科越溪分部”揭牌仪式。6月6日，吴中区首个村级慈善工作站在越溪街道龙翔社区揭牌成立。9月19日，中国国际电视台CGTN大型直播节目《全景中国》走进越溪旺山。

（许志兰）

城南街道

【概况】 城南街道位于苏州南大门，东邻苏嘉杭高速，西至友新高架，北接吴中城区，南与吴江接壤，总面积17.8平方千米，下辖15个社区居委会，共18个自然村和68个居民小区。截至2019年底，户籍人口5.3万人，外来人口12.93万人。苏州吴中汽车客运站直达上海、郑州等外省市和苏州各镇、区及街道，市区公交方便快捷，轻轨2号线和4号线在辖区中心交叉通过，并设立首末站点，交通四通八达。

【经济发展】 2019年,把项目建设作为经济发展的主抓手,立足中心城市核的区位优势,实现地区生产总值97.89亿元,比上年增长15.16%;完成固定资产投资10.06亿元,比上年增长414.4%;实现工业总产值304.32亿元。在全区率先转变资产管理模式,成立社区集体资产集中经营管理办公室,抱团发展壮大集体资产。全年实现集体经济总收入1.9亿元,街道、村两级集体经济总资产18.97亿元,净资产6.96亿元。

【城乡一体】 2019年,作为区"中心城市核"的组成部分,街道盘活存量用地,释放发展空间。聚焦拆迁安置主业,全年完成314户民房、44家企业、28家店面的拆迁,实现澹台湖景区、澄湖路中小学、朱家上、邵昂工业园等6个重点项目、3个一般项目的清零,跃进河南侧、罗盛里等重点地块进入收尾阶段,全年重点任务民房签约率为80%、企业签约率为93.1%、店面签约率为100%。兴昂花园一期完成交房,推进二期和宝南花园近2400套安置房建设,启动南石湖花园三、四期建设。

【民生保障】 教育医疗资源愈加完善,邵昂小学及幼儿园投入使用,无证幼儿园实现全面关闭,城南卫生服务中心、小石城卫生服务站加快建设;社会服务更加优质,7个日间照料中心投入使用,中心厨房为辖区600多名老年人提供送餐服务,龙南、东湖社区居家养老服务站为509户老人提供居家养老援助。全年走访慰问困难群众774户,发放各类补助、慰问金560余万元,惠及近千名老年人、残疾人;接收流动人口积分入学、入医、入户申请2200余人,共享发展成果。

【实事工程】 聚焦重点项目建设,海星生活广场投入使用,龙湖天街项目加快建设,宝韵生活广场销售招商顺利,补齐街道北部片区商业短板;区级重点工业项目宝仁科技产业园开工建设;完成宏基工具、创佳电子等4个存量更新项目的报批手续,总投资4.4亿元,推动存量空间资源从粗放低效向紧凑高效转变。聚焦城市形象提升,石湖东路跨运河桥建成通车,东吴南路、枫津路、碧波街、白云街改造完成,南湖路高架部分通车;吴中博物馆建设装修进入尾声;投资3200万元完成南石湖花园、德敏花园2个老旧小区改造,小区面貌提升;投资500万元对田上江路升级改造;投资1200万元完成京杭大运河沿线亮化、绿化改造工程。

【社会治理】 2019年,成立综合行政执法局,启用联动中心、便民服务中心,提升综合治理能力。平安建设常抓不懈,推进"331"专项行动,完成三类突出火灾隐患整改3995处,清理"九小场所"1576家,拆除6个涉农社区及商贸城违建14万平方米,整顿群租人员3.6万人;开工建设城南消防站,消防安全得到强化;深挖细排涉黑涉恶线索,九类案件破案8起,打处28人,全年违法犯罪类警情比上年下降25.42%,盗窃类警情比上年下降42.8%,治安得到提升。安全生产稳中向好,检查企业1385家次,整改安全隐患1617处,立案行政处罚企业22家,处罚67.7万元。开展"散乱污"专项整治,全年完成119家"散乱污"企业整治,开展三威地块、S227边沿区域综合整治。投资1200万元对碧波河、田朗港、金家村河、黄泥浜总长6700米的4条河道进行清淤,投资1600万元对钱家花园、吴中小商品市场开展雨污管网改造,投资2000万元开展西塘河沿线综合整治,水域环境改善;开展大气污染专项整治和扬尘治理,空气质量水平得到优化。

【重大活动】 2019年8月23日,吴中区全区村(社区)集体资产集中经营管理工作推进会在城南街道召开。全区首个社区集体资产集中经营管理办公室在此次推进会上成立。10月14日,城南街道宝带桥—澹台湖景区法治文化园被江苏省司

法厅、江苏省法治宣传教育工作领导小组办公室命名为首批“大运河（江苏段）法治文化品牌项目”。　（朱　娟　陆嘉昊）

香山街道

【概况】　香山街道位于吴中区西部、苏州太湖国家旅游度假区的核心区域，东靠胥口镇，西南临太湖，北与光福镇交界，总面积26平方千米，下辖8个社区居委会和2个社区居委会筹备组、4个行政村。截至2019年底，户籍人口2.47万人，常住人口3.5万人。香山街道因吴王阖闾于此种香而得名，明故宫的设计建设者蒯祥所代表的苏派古建“香山帮”闻名海内外。辖区内拥有31.42千米太湖湖岸线，1个国家5A级景点、1个国家湿地公园、全国内湖第一桥太湖大桥、渔洋山风景区和1个国家级摄影创作基地、首个中国商旅文产业发展示范村以及蒯祥园、孙武演兵场等。

【经济发展】　2019年，实现地区生产总值21.01亿元，比上年增长4.37%；完成全社会固定资产投入16.35亿元，比上年增长8.27%；全口径财政收入7.70亿元，比上年增长64.52%；公共财政预算收入4.91亿元，比上年增长42.49%；实现工业总产值3.89亿元，工业销售收入3.81亿元；工商新注册企业151家，注册资金12.81亿元。完善资产台账管理，做好舟山等集体经济组织的已拆迁、损坏集体资产及债权的处置工作。探索村（社区）集体资产集中经营管理，研究制定《香山街道村（社区）集体资产集中经营管理工作实施细则》，提高村（社区）集体资产的运营质量和效益。推进农村集体资产拖欠租金“清零”行动，2019年应收租金875万元，收回租金803万元，租金收缴率为92%。

【转型升级】　2019年，实施人才工作计划，推进人才队伍建设步伐。组织申报企业高层次人才（博士、硕士）3名、高技能人才（校企合作）100名，引进培养专业技术人才31人、紧缺高层次人才3人、高技能人才100人。街道团工委联合兄弟单位组建“青年手艺人协会”、“核新青年”联盟等，加强典型挖掘、典型培育和典型宣传。6名选手在江苏省首届乡土人才传统技艺技能大赛中分获前三。3名核雕艺人获评第六届苏州民间工艺家。周建明获评江苏省乡土人才“三带”名人、“东吴杰出匠师”，15人被评为江苏省乡土人才“三带”新秀，2人获评“东吴匠师新秀”。组织青年核雕艺人参加2019中国永清核雕艺术节暨第三届核雕技艺大赛。

【文化旅游】　2019年，按照全区打造环太湖“生态文旅产业带”的总体要求，深挖香山特色生态文化资源，依托舟山核雕村、长沙农家乐等成熟旅游载体，引领带动服务产业规模质量全面提升。全年接待旅游人数251.9万人次，旅游收入37.17亿元，服务业增加值约18.35亿元。成立香山街道文联，7个文艺协会共同揭开香山文艺发展新篇章。苏州核雕艺术馆获“苏州水乡特色建筑”“首批苏州市干部教育培训现场教学基地”“江苏省B级创业孵化基地”等称号。

【城乡一体】　2019年，推进重点拆迁项目。完成区级重点签约1户，度假区重点签约2户，镇级重点签约69户，预拆迁2户，完成工业企业签约5家，完成第三小学规划区、下蒋“三优三保”、姚舍商业、郁舍中央商贸区、大风车西北等5个地块的清零工作。同时对街道23个保留村庄统筹规划，全面推进美丽乡村建设。舟山村窑头（浜头）被纳入第三批市级特色田园乡村建设候选试点。开展农村人居环境清洁行动35次，清理生活和建筑垃圾1500余吨。

推进生态红线与生态红利的动态转换。完成“三优三保”22.54公顷、“占补平衡”2.89公顷、“增减挂钩”2.08公顷。违章建筑得到遏制，拆除违建

28起505平方米。完成15个卫片图斑点整改工作，土地管理进一步加强。

【生态文明】 2019年，倡导绿色发展理念，推进生态文明建设。深化“263”专项行动，完成“散乱污”企业(作坊)整改10家，整改率为100%。落实扬尘治理管控，与辖区建设工地施工方签订环保承诺书26份。开展生态屏障建设、绿美乡村创建生态环境修复工程，完成新增造林1公顷，清理河塘沟渠21条，栽种补种绿化面积5410平方米。推进“河长制”改革工作和太湖水环境保护工作，全年打捞蓝藻1128吨、水草1278吨。完成“大棚房”问题专项清理、太湖“两违”专项整治、杂船清理整治等工作任务。推进生活垃圾分类试点工作，覆盖率为60%，新增餐厨垃圾分类收运项目，无害化处理率为98%。

【民生保障】 2019年，抓好安置小区和商业小区“两类”社区管理工作，提升智慧化管理水平，发挥香山文体中心和各社区的配套公建房功能和作用，完成水桥花园社区、渔帆社区日间照料中心建设和2户老年人无障碍设施改造。全年发放各类救助补助金、优抚金、失地补偿金等超1582万元。443户老人享受居家养老上门服务。计生关怀进万家累计走访6383户超1.8万人次。走访救助困难人群326人，发放慰问品、慰问金57.4万元。突出文体惠民，开展书场、数字(露天)电影等各类文体活动，全年共计放映电影252场。整合老干部队伍资源，组建“银发生辉”志愿服务队，组织开展矛盾纠纷调解、困难群体帮扶、青少年教育等各类志愿活动。累计建立居民健康档案25201份，建档率为94.1%；家医服务签约数16439户，签约率为61.4%。开展生活垃圾分类工作，新增市级垃圾分类小区7个，新增垃圾分类行政村2个。

【实事工程】 蒯祥幼儿园启用，香山中学扩建项目施工完成，度假区中心区第四幼儿园(暂命名)和香山街道社区卫生服务中心新建工程开工建设。新建300吨蓄水池1个，新建消防管道2.3千米。

【社会治理】 2019年，香山联动中心有效立案工单13122件，办结12395件，办结率为94.5%。排查整改“三合一”场所103家，整改率为100%。推进人民调解进网格，发放村民联系卡3222本，走访居民1.4万户次，收集解决各类意见诉求675条。加大动物防疫、公墓管理、道路交通、森林防火等工作力度，提升群众生活质量。

【重大活动】 2019年9月19—20日，2019首届“舟山核雕”线上雕刻大赛在香山街道苏州核雕艺术馆举办，网上虚拟核雕艺术馆发布。12月，舟山实验小学获“江苏省‘十三五’第四批科学教育综合示范学校”称号。 (范华明)

太湖街道

【概况】 太湖新城(太湖街道)位于苏州南部，南临太湖水，背靠七子山，是苏州“一核四城”城市发展战略的重要组成部分。2013年11月，苏州太湖新城吴中管委会成立。2018年11月，太湖街道挂牌成立，与苏州太湖新城吴中管委会实行“区政合一”管理体制，下设融湾、颐湾2个社区居委会。行政区域面积25.9平方千米，其中陆地面积16.8平方千米。东、南至吴中区行政区域边界，与吴江区松陵镇隔太湖相望；西至苏旺路，与横泾街道相接；北至沪常高速公路，与越溪街道接壤。2019年，太湖新城(太湖街道)围绕瞄准“代表苏州未来城市建设的最高水平”和“打造国内领先的生态型创新创业湖区”两大目标，布局优化各类功能配套设施，提升科研、文教、卫生、商业、金融、交通等城市功能定位，加快优质产业导入，增强区域竞争力和影响力，提升太湖新城的“核心”地位。太湖新城（太湖街道）先后获评国家级智慧试点城市、地下综合管廊试点城市、省级建筑节能和绿色建筑示范区。

【机构改革】 按照“区政合一”管理新模式，组建领导班子队伍，充实人员配备，完成内设科室架构，制定实施20多项规章制度，内部权责进一步清晰。综合执法局、人武部、派出所、工会、共青团、妇联、科协等机构相继挂牌成立，各项工作稳步开展。

【项目建设】 2019年，全年13个区级重点项目完成投资58亿元。综合管廊二期工程累计完成管廊约19千米，完成总投资18.5亿元，市政道路新建成5.3千米，在建1.5千米。推进融创、正荣、金融街、逸林商务广场项目等高层建筑建设，完善城市形态和城市功能。完善提升并落实太湖新城规划建设管理体系，出台绿色施工、扬尘管理、安全文明施工管理等办法。

【招商引资】 2019年，组织举办2019年上海营商推介会，参与北京、杭州、深圳等地举办的5场招商推介会。全年完成土地上市20.51公顷，土地收益65.6亿元。新经济科创联合总部湾、金融街商办君悦酒店、富景商业JW酒店等多个项目签约入驻，歌林小镇西区商业体12月底开业，360剧场项目加快推进。领导挂钩走访110多家企业收集意见建议，营商环境提升。

【城市管理】 2019年，完成辖区范围内生产生活污水雨污分流全覆盖排查整改。完成东抢港水生态治理500米示范段建设，6处水质自动检测站投入运行，完成3家重点行业企业VOCs污染治理。开展“惊蛰行动”“安全生产大排查大整治”“331”“263”等专项整治行动，发现安全环保隐患5400余项，整改率为96%；关停搬迁企业40余家，完成51家散乱污企业整治销号；群租房及“三合一”场所252家整改到位；拆除旺山工业园50多家工贸企业的消防违章搭建，累计8900余平方米。实现环卫保洁市场化全覆盖，环卫保洁、城市管理综合排名在全区名列前茅，文明城市创建测评全区排名前三。“一张网格全覆盖”基本实现，建立完善不稳定因素领导包案制度，妥善处理房地产项目、企业、工地等引发的不稳定因素，社会大局保持和谐稳定。

【社会事业】 2019年，街道为民服务中心、融湾颐湾社区便民服务中心建成投用，社区卫生服务中心获批成立；与新苏师范合作办学的吴郡幼儿园建成投用；湾东幼儿园开工建设。举办苏州湾国际马拉松比赛、国际帆船邀请赛、国际田联竞走多日赛等国际性比赛，配合开展世界无车日绿色骑行活动、广场健身舞大赛、庆祝新中国成立70周年文艺会演等群众性活动。

【重大活动】 2019年5月15日，“智汇苏州湾　无限太湖城——吴中太湖新城营商环境（上海）推介会”在上海举办。5月25日，邀请上海爱乐乐团举办“乐享苏州湾，无限太湖城”音乐会。10月，天鹅湖公园获得澳大利亚AILA2019年度国家风景园林奖。10月26—27日，第三届苏州湾杯冠军帆船邀请赛在太湖新城东太湖大堤公园举办。

（陆　菲）

林　场

【概况】 东吴国家森林公园管理中心（吴中区林场）场部位于苏州城西灵岩山南麓，东接木渎镇，西连苗木之乡藏书办事处，南临胥口镇，北倚灵岩山风景名胜区。主要职责是开展国有林地管理、森林防火、国有生态公益林经营保护、病虫害测报防治等工作。截至2019年底，吴中区林场辖国有林地

945.8公顷，主要分布在吴中区木渎、横泾、光福、越溪、香山等5个乡镇（街道）和苏州高新区的枫桥、东渚2个街道。其中，林业用地930公顷，占国有林地面积的98.33%，国家级及省级生态公益林面积886.67公顷；活立木总蓄积51553立方米，其中乔木林蓄积51553立方米，占比100%。

2019年4月20日，林场森林抚育工作人员将珍稀树种紫楠苗放归山林种植
林场　供稿

【林业管理】 2019年，推进林业生态工程。执行国家重点公益林生态红线保护管理办法，确保公益林面积只增不减。完成《东吴国家森林公园总体规划》编写，并按相关要求上报改变森林公园经营范围的申请。继续推进珍稀品种紫楠的扩繁和山林放归，年内共培育紫楠苗10000株，放归山林4000株。编印《市级古树名木识别特点介绍》图册，全面更新辖区内古树名木标识标牌，增设二维码标识。结合森林抚育和林相改造，推进“三化”工程，在七子山林区种植榉树10亩，播种观赏草花4.8千米。结合兔子坞林下党建基地提档升级，种植观花树木3亩、珍稀紫楠5亩、观赏绿灌5亩，沿途播种观赏草花2400余平方米。利用生物科技定期、定点对多种林业有害生物进行跟踪测报，提前预防；分别在省级自然保护区茅蓬点和七子山释放赤眼蜂卡1800张，在兔子坞、塘村苗地和自然保护区茅蓬点投放管氏肿腿蜂1000管，分别可防治松毛虫、天牛等在内的400多种农林害虫；做到对生态零污染零威胁，实现可持续生态防治。探索林下中药种植模式，在塘村苗木基地种植太子参3亩，在穹窿山大平场种植白及1亩、黄精2亩。积极探索培育苏州地区林地果蔬品种，精细化管理灵岩山猕猴桃园，增植枇杷、香椿，嫁接改良果石榴125株。

【森林防火】 2019年，通过强化森林防火综合防控体系建设，实现连续16个防火年度无较大森林火灾目标。严格落实24小时值班值守和森林防火责任制，明确共管林区防火责任范围，消除管理盲区。加强森林防火基础设施建设，完成灵岩山兔子坞防火通道路面硬化工程；细化森林防火应急预案，完善集预防、报警、扑救等于一体的消防体系；在地形复杂、火情易发的林区，组织定点的实地消防出水演练，提高森林防火的应急防控能力。通过以赛代练和多方联合消防演习，提升森林消防扑救队员防控技能水平，积极备战参与区、市级森林消防技能比武竞赛，9月取得区级比武竞赛第一名，11月取得市级比武竞赛团体三等奖。加强林政巡查主动作为，对林地范围内的既有散坟进行全面摸排登记，填补以往散坟信息空白。加强林地日常巡查，及时发现上报并按要求制止违规占用林地行为；积极与相关部门沟通明确生态红线边界范围。完善森林消防扑救中队管理汇编，调整队员收入结构，增加日常考勤及请销假考核；制订护林员队伍管理实施细则（试行），明确护林员职责范围。加强森林防火宣传教育，对七子山林区、“灵天线”要道等重点防火区域和游客密集区域强化宣传教育，调整更新防火宣传牌十余块。

【寒山岭摩崖石刻四周森林景观提升工程】　2019年，在寒山摩崖石刻保护与环境整治工程小组的领导下，按照市区相关部门要求，分期开展寒山岭摩崖石刻保护环境整治工程（一期）水溪清淤、环境整治项目，完成标底编制和财政标底评审，经政府采购公开招标确定施工单位，目前清淤工程已完工。结合摩崖石刻文化保护，提升寒山岭摩崖石刻四周森林景观，已对寒山岭地块约500亩的马尾松林、针阔混交林、栎类林开展一般抚育，林窗处种植桂花50余株，林下播种草花约1000平方米。

【民生保障】　2019年，坚持改善民生，推进职工切身利益维护、基础设施改造、解决好历史遗留问题等各项工作，保持林场发展稳定大局。完成工资调标，社保基数、基础信息上报，养老保险改革。突出服务意识，关怀退休职工，完善低保救助、党员关爱基金和困难帮扶机制，并按照文件要求及时调整退休职工相关待遇，保障退休职工利益。帮助困难劳模申请慰问金5000元；累计为55名退休职工报销医药费4.5万元；七一和年终慰问走访退休人员累计44人次，发放实物及慰问金5.46万元；重阳节和年终分别为190名退休职工发放福利两次，共计7.6万元；为“事改企”人员（39人）发放关爱帮扶金46.29万元。　（张　猛）

编辑：任海令

附　录

重要文献

当好高质量发展“优等生”
绘就新时代最美太湖画卷
为高水平全面建成小康社会努力奋斗

——在中共吴中区委四届十一次全体（扩大）会议上的讲话

2019 年 12 月 28 日

吴中区委书记　唐晓东

同志们：

这次全会的主要任务是，以习近平新时代中国特色社会主义思想为指导，全面贯彻党的十九大和十九届二中、三中、四中全会以及中央经济工作会议精神，深化落实习近平总书记对江苏工作系列重要讲话指示精神，对标对表省委十三届七次全会、市委十二届九次全会要求，总结回顾今年工作，研究部署明年任务，动员全区上下进一步统一思想、坚定信心，攻坚克难、开拓创新，为决胜高水平全面建成小康社会，奋力当好高质量发展“优等生”、绘就新时代最美太湖画卷而务实工作。受区委常委会委托，现在我向全会作报告。

坚持稳中求进总基调
经济社会发展迈上新台阶

今年以来，在上级党委、政府的正确领导下，全区上下坚持以习近平新时代中国特色社会主义思想为指导，把总书记系列重要讲话精神作为统领一切工作的总纲，扎实推进“不忘初心、牢记使命”主题教育，突出高质量发展总导向，坚持稳中求进工作总基调，全面做好“六个年”工作，高质量发展取得新进步。全年（预计，下同）完成地区生产总值1176亿元，增长6%；一般公共预算收入175.6亿元，增长9.3%；全社会固定资产投资554.6亿元，增长14%；社会消费品零售总额466.8亿元，增长5.8%；城镇居民人均可支配收入增至7.04万元，增长8%。在《人民日报》公布的2019年中小城市高质量发展评价中，吴中区位列全国综合实力百强区第9、绿色发展百强区第9、科技创新百强区第10。

我们始终坚持不忘初心、牢记使命，增强了“党要管党、从严治党”的政治自觉。全面加强区委常委会自身建设，坚持以党的政治建设为统领，始终把制度建设贯穿其中，统筹抓好理论学习、管党治党、党风廉政、意识形态等方面工作，进一步提高区委“抓大事、议难事、谋全局、抓落实”的能力和水平，获评全省六个县以上理论学习中心组示范点之一。持续加大习近平新时代中国特色社会主义思想学习宣传，引导广大党员干部不断增强“四个意识”、坚定“四个自信”、做到“两个维护”，让旗帜鲜明讲政治成为全区党员干部的自觉认识和一致行动，确保中央和省、市决策部署在吴中落地生根、开花结果。系统抓好“不忘初心、牢记使命”主题教育，组织全区各级领导班子集中学习近1600次，形成调研报告500余篇，大力推进8个专项整治行动，解决了一批老百姓关心的热点、难点、痛点问题。深入落实意识形态工作责任制，牢牢掌握意识形态工作领导权、管理权、话语权、主动权。强化文明城市长效管理，健全完善“1357+X”新时代文明实践体系，加强实践所、站、点建设，区融媒体中心加快筹建。圆满完成全区机构改革工作。纵深构建“核轴带”党建格局，大力建设环太湖“海棠花红”先锋阵地群，苏州乡村振兴学堂入选江苏省首批党性教育基地，郭巷街道“一站式”党群驿站做法得到上级充分肯定。推进区委常委会抓基层党建“一号工程”，制定出台“县乡共管”系列文件，加强村（社区）带头人队伍建设，选树命名10名“担当作为”村（社区）书记。支持纪检监察体制改革，区监委向度假区、开发区派出监察工委，加强对区属国有企业的派驻监督。一体化推进巡视巡察问题整改工作，开展3轮区委巡察暨对村（社区）专项巡察工作，区委常委会全年听取和研究巡视巡察工作8次。深入落实监督首要职责，推进“阳光扶贫+”监管系统、污染防治综合监管平台、地方政府隐性债务综合监管系统建设。抓好形式主义、官僚主义集中整治，细化落实“基层减负年”工作措施，持续开展“清风行动”专项督查。运用监督执纪“四种形态”处理708人次，查处各类违纪违法案件230件，风清气正、干事创业的政治生态不断巩固。

我们始终坚持实业兴区、项目引领，巩固了“稳中有进、进中向好”的良好局面。持续优化“一核一轴一带”生产力布局，机器人与智能制造、生物医疗及大健康两大主导产业产值分别突破500亿元、100亿元。完成规上工业总产值1565亿元，新兴产业产值占比达59.1%。实现工业投资71亿元，增长12%，新增智能车间12个、省级“上云”企业150家，成功举办2019“智造中国”峰会。大力开展重点项目“百日攻坚”行动，247个区级重点项目完成投资343.3亿元，增长3.6%，121个计划新开工项目全部开工。先后赴美国、德国、北京、上海、深圳等地开展招商活动，举行两次重大项目集中开工开业，复星医药、浪潮智能、立讯精密、凯博易控、安洁科技无线充电等一批优质项目签约落户、开工建设、竣工投产，引进3000万元以上产业项目（不含房地产）384个，总投资268亿元，其中10亿元以上项目5个。完成进出口总额80亿美元。其中出口53.6亿美元。新设立外商及港澳台商投资企业47家；新增注册外资及港澳台资16亿美元，增长128%；实际使用外资3.8亿美元，增长2%。8家企业纳入科创板后备库，“太湖旅游”等3家企业挂牌新三板，吴中集团、东山精密入围2019中国民营企业500强，吴中科技创业园获评国家级优秀科技企业孵化器，东太湖科技金融城获评省创业投资综合服务基地。推动先进制造业和现代服务业深度融合，实现服务业增加值604.5亿元，增长6.9%。吴中综保区获批开展企业增值税一般纳税人资格试点，面积优化调整获国务院批复，释放2平方千米产业发展空间。新建高标准农田4000亩，完成标准化池塘改造1.7万亩，苏州现代农产品物流园建设有序推进，太湖现代农业示范园入选国家农村产业融合发展示范园创建名单，获评“2018年度全国县域数字农业农村发展水平评价先进县”。

我们始终坚持深化改革、创新驱动，营造了“开放包容、充满活力”的发展氛围。集成推进全国农民合作社质量提升整县推进等年度10个方面40项改革任务，深入推进工业企业资源集约利用综合评价，农村集体产权制度改革入选全国改革试点经验典型，甪直镇顺利通过江苏省第二批经济发达镇行政管理体制改革验收。出台《关于促进吴中区科技创新高质量发展政策措施意见》等一系列政策文件，大力实施高企培育“一号工程”，新增省高企培育入库企业386家，有效高新技术企业总数超600家。全社会研发经费占地区生产总值比重持续提升。科沃斯、赛腾精密入选第二批苏州市自主品牌大企业和领军企业先进技术研究院建设企业名单，新增各类省级研发中心21家、市级研发中心60家，入榜省级创新型百强企业3家，入库国家级科技型中小企业超500家。全区企业主导或参与国家、行业标准制修订19项，万人有效发明专利拥有量达到47件，斯莱克获国际供应商金奖，飞华铝业等3家企业入选中国专利奖。绿的谐波获工信部专精特新小巨人企业认定，竞立制氢入选国家重点研发计划，三基铸造获评工信部科技重大专项，电科院成为国内首个国家能源海洋核动力技术检测基地，中农大有机循环研究院关于长三角地区城乡有机废弃物处理利用试点示范建议获国务院领导批示和国家发改委认可。成功举办2019东吴双创峰会，东吴创新服务中心基本建成，区级人才公寓启动建设。国家高层次人才特殊支持计划、“省级六大高峰人才”实现零的突破，新增省“双创计划”6人、姑苏创新创业领军人才（团队）项目21个。全面落实减税降费政策，创新设立“东吴贷”、东吴创新创业引导基金，完善中小企业贷款增信基金、转贷基金管理办法。大力推进“一窗受理、一站审批”，企业开办、不动产登记、工业项目施工许可实现“1330”常态化，获评省级营商环境评价先进区、省级金融生态优秀区。

我们始终坚持生态优先、绿色发展，擦亮了“山水苏州·人文吴中”的金字招牌。全力打好污染防治攻坚战，持续深化“263”专项行动，逐项销号中央、省环保督察及“回头看”，长江经济带生态环境反馈问题整改任务，整治河湖“两违”点位191个，开展化工产业安全环保整治提升专项行动，七子山生活垃圾焚烧发电提标改造项目第一阶段建成投用。完成苏州生态涵养发展实验区规划编制，举行规划新闻发布会，高标准推进涵养区建设。全面完成2.7万亩太湖围网拆除，创新水环境质量考核区域补偿机制，深入落实“河（湖）长制”“断面长制”，国、省考断面水质均值全部达标，饮用水水源地水质达标率为100%。金庭等3家污水处理厂尾水提标全面竣工，木渎新城污水处理厂二期等项目稳步推进，新改建污水管网73千米，完成农村生活污水治理项目50个，24条黑臭和疑似黑臭水体全部完成治理，水污染防治工作获全国人大常委会执法检查组充分肯定。统筹推进大气治理，治理挥发性有机物企业55家，提标“一企一策”

废气改造项目28个。继续做好土壤污染防治工作。纵深推进环太湖“加减法”，腾出土地指标4273.9亩，新增耕地4174亩。大力实施“焕新工程”，完成低效用地再开发2726亩。持续深化“眼底江南·心上吴中”品牌，统筹推进大运河文化带建设，蔡少渔旧宅、冯桂芬故居等9处古建筑入选省、市文保单位，成功举办“环太湖”国际竞走多日赛暨太湖蓝马拉松、中国家庭帆船赛（苏州站）、穹窿山世界女子围棋锦标赛等重大赛事，东山镇创成全国商旅文融合发展示范镇，吴中获评首批省级全域旅游示范区、省级文物安全综合管理实验区。

我们始终坚持城乡协调、富民惠民，兑现了“共建共享、发展为民”的庄严承诺。民生投入占一般公共预算支出比重超77%。持续推进社保扩面，做好困难群体保障，实施就业优先战略，新增就业岗位1.93万个，城镇登记失业率控制在2%以内。启用吴淞江实验小学等13所学校，新增学位1.2万个，完成无证幼儿园清理整顿，中高考成绩再创新高，成立木渎高级中学教育集团，甪直高级中学通过省四星级高中评估。加快吴中人民医院新院区等医疗机构建设，养老机构护理型床位占比76.01%，增幅全市第一，新建日间照料中心39家，获评全省首个全国智慧健康养老示范基地。全科社工服务实现社区全覆盖。深化新一轮吴中区城乡协调规划编制，完成第三次国土调查。东环南延、南湖路一期高架快速路、蠡墅立交及3座跨运河桥等建成通车，苏同黎公路、独墅湖二通道、南湖路东延等加速推进，轨交3号线开通运营，获评省级“四好农村路”示范区。京杭大运河堤防加固工程进展顺利，苏东河整治工程全面完成。继续扩大住房公积金覆盖面。新开工安置房264.7万平方米1.57万套，竣工交付65.1万平方米4226套，解危老旧建筑1.1万平方米。经营性用地上市有序推进，房地产市场平稳运行。深入推进垃圾分类，建成“四分类”小区110个，公共区域垃圾分类设施覆盖率达100%。全面开展村（社区）集体资产集中经营管理，建成村级集体资金监管平台，村级第三方代理记账实现全覆盖，清缴欠租3.4亿元，镇村集体总资产达471.5亿元，村均稳定收入1362万元，31个集体经济相对薄弱村全面脱贫。建成市级康居村特色村2个、市级三星级康居乡村88个，临湖镇黄墅村被命名为首批江苏省特色田园乡村。全面实施“七五”普法，积极推进镇域（街道）综合行政执法改革，完成14个镇（街道）综合行政执法局设置。完成“大棚房”问题专项清理，开展违建别墅清查整治专项行动，违规建设殡葬设施排查整治工作全面完成。接受苏州市安全生产巡查，“331”专项行动持续推进，排查整改“9+1”场所1.4万余家，安全生产事故数、亡人数实现“双下降”。扫黑除恶专项斗争纵深推进，涉黑涉恶案件全部清零，社会治理“一张网”建设不断深化，“天穹”计划扎实推进，人民调解进网格全面推开，社会大局保持平安稳定，甪直镇瑶盛村入选“全国乡村治理示范村”候选名单。区人大常委会、政协围绕中心积极履职，统战工作机制不断完善，工青妇等群团改革深入推进，党群一体化建设不断加强，退役军人服务中心（站）实现区、镇、村三级全覆盖，党管武装、信访、东西部结对帮扶、南北挂钩等工作取得新成绩，发展合力进一步增强。这些成绩的取得，既是全区上下不懈奋斗的结果，也与社会各界的鼎力支持密不可分。在此我代表区委，对大家的辛勤付出表示衷心的感谢和崇高的敬意！

在肯定成绩的同时，我们也清醒地看到，发展中还存在不少困难和不足，主要是经济下行压力持续加大，个别指标完成情况低于预期目标；投资结构不尽合理，房地产投资占比较大，大项目好项目储备不足，创新能力有待进一步增强，新旧动能需要加快转换；地方财政增收难度加大，政府隐性债务化解面临较大压力；推进治理体系和治理能力现代化任重道远，优质公共服务供给对照人民群众对美好生活的需求还有一定差距；党员干部推进高质量发展的专业化水平还需进一步提高。对此，我们必须高度重视，久久为功，找准症结，理清思路，完善制度，认真加以解决。

深入贯彻四中全会精神
着力彰显吴中新担当新作为

党的十九届四中全会是在新中国成立70周年之际、在“两个一百年”奋斗目标历史交汇点上召开的一次具有开创性、里程碑意义的重要会议。全会系统总结了我国国家制度和国家治理体系的发展成就和显著优势，审议通过了《中共中央关于坚持和完善中国特色社会主义制度、推进国家治理体系和治理能力现代化若干重大问题的决定》。《决定》擘画了宏伟蓝图、指明了前进方向，是开拓“中国之治”的总动员、总部署。

要深刻学习领会。原原本本、原汁原味认真学习十九届四中全会公报原文，准确把握报告提出的新理念、新思想、新战略，进一步深化对中国特色社会主义制度和国家治理体系科学内涵、本质特征和显著优势的认识，深化对坚持和完善中国特色社会主义制度、推进国家治理体系和治理能力现代化总体要求和总体目标任务的认识，切实把思想和行动统一到党的十九届四中全会精神上来。

要抓好宣传贯彻。立足吴中实际，精心组织好各种形式的学习研讨、专题培训、宣传宣讲，推动学习贯彻覆盖到全区各级党组织和全体党员，确保全会精神入心入脑、落地生根。要把制度自信教育贯穿国民教育全过程，分层分类，有针对性做好干部群众特别是青少年的中国特色社会主义制度宣传教育，讲好中国制度的吴中故事，在推进国家治理体系和治理能力现代化的伟大实践中，积极贡献吴中智慧、提供吴中样本。

要坚定制度自信。始终坚定中国特色社会主义制度自信，不断提升系统治理、依法治理、综合治理、源头治理的能力和水平，把制度优势更好转化为治理效能。切实强化制度意识，特别是领导干部要带头维护制度权威，做制度执行的表率。充分发挥制度指引方向、规范行为、提高效率、维护稳定、防范化解风险的重要作用，鼓励基层大胆创新、大胆探索。

学习好、领会好、贯彻好党的十九届四中全会精神，最关键的落脚点是要学以致用、指导实践、推动工作。习近平总书记指出，“苏州天堂之美，在于太湖美”。今年10月，省委常委、市委书记蓝绍敏调研吴中时提出，“吴中要做优山水生态产业质态城乡形态，当好新时代高质量发展‘优等生’，绘出新时代最美太湖画卷”。“太湖之美、吴中最美”，蓝书记对吴中未来发展的殷切期盼，是对习近平总书记“苏州天堂之美，在于太湖美”更深层次的理解和诠释，指明了吴中下一步努力的方向和工作的目标。“涵养最优山水生态”，就是要秉持“太湖之美、吴中最美”的定位，发挥山水生态、古镇古村、吴地文化等资源优势，充分与生态、健康、美丽牢牢绑定，与时尚、潮流、创意深度接轨，打造践行“两山”理论的标杆典范；“构建最优产业质态”，就是要在产业体系、创新能力、企业活力、特色品牌上全面争优，不仅要具备在苏州大市范围竞争的“硬实力”，更要具备立足长三角、放眼全中国的“真功夫”，成为苏州景色最优美的创业圣地、颜值最亮丽的“南部硅滩”；“打造最优城乡形态”，就是要对标苏州“现代国际大都市、美丽宜居新天堂”的城市定位，以“国际范”的理念来加强规划，用“大都市”的标准来建设管理，推动城市与乡村和谐相融、历史文化和现代文明交相辉映，实现城市让生活更美好，乡村让城市更向往。

立足新起点，我们要有更高的站位、更宽的视野、更实的举措，跳出吴中看吴中、立足苏州看吴中，在服务长三角乃至服务全国中发展吴中。

我们要把握大势，在“变”

与“不变”中坚定信心，砥砺前行。从国际看，当今世界正经历百年未有之大变局，强权政治、霸权主义愈演愈烈，多边自由贸易受到严重冲击。尽管中美第一阶段经贸协议文本达成一致，协议有利于两国加强经贸领域的合作，但中美战略博弈的长期性复杂性艰巨性仍然存在，美国全面遏制中国的战略没有改变，我们必须保持清醒认识。从国内看，我国正处在转变发展方式、优化经济结构、转换增长动力的关键期，结构性、体制性、周期性问题相互交织，“三期叠加”影响持续深化，经济下行压力加大，但经济稳中向好、长期向好的基本趋势没有变。我们要把思想认识统一到中央对国际国内经济形势的分析判断上来，坚持新发展理念，强化辩证思维，化压力为动力，咬定青山不放松，以自身发展的确定性对冲外部的不确定性，一步一个脚印朝既定发展目标阔步前行。

我们要抢抓机遇，在“竞”与“合”中精准发力，敢于争先。“一带一路”倡议、长江经济带的加快推进，为我们扩大开放创造了有利条件。中央提出“推动形成优势互补高质量发展的区域经济布局”要求，长三角一体化上升为国家战略，长三角生态绿色一体化发展示范区、江苏自贸区苏州片区建设，为我们融入长三角协同发展提供了更强赋能。苏州致力打造国际化大都市和长三角世界级城市群的重要中心城市，亲邻上海建设姊妹城，为我们全面融入苏州城区同城发展按下了“快进键”。要进一步破除小富即安、小进即满的观念束缚，立起敢争第一、勇创唯一的志向气魄，以开放融合的姿态借势借力把握共性机遇，以精益求精的追求用足用好放大吴中个性机遇，下好先手棋、掌控主动权、抢占制高点，交好新时代高质量发展的吴中答卷。

我们要正视不足，在“忧”与“优”中迎难而上，奋勇赶超。苏州“十个板块、十全十美”的冲锋号已经吹响，对照兄弟板块的龙腾虎跃，吴中怎么办？就是要亮出虎胆虎气，强化问题导向，从创新驱动、空间优化、有效投资等方面着手，勇解瓶颈之“忧”，争创发展之“优”。着力破解好有苏州最好的山水、最深厚的人文，但资源优势还没有转化为发展胜势的问题，拓展“绿水青山就是金山银山”的转换通道。着力破解好位于苏州市区中心，但却没有与之匹配的现代化城市品质的问题，让吴中城乡更有质感更有温度。着力破解好三次产业实现“国字号”发展平台全覆盖，但产业样样有一点，样样一点点的问题，走出富有吴中特色的现代产业发展之路。吴中要实现“忧”到“优”的转变，“忧患”的“忧”左边是个“心”，“优秀”的“优”左边是个“人”，从“忧”到“优”，关键是人有担当、用心干事，善于谋划、保持定力。具体要做到三个坚定不移。

坚定不移优化“一个布局”，紧扣一盘棋、高质量，更大力度彰显吴中影响力。“一个布局”即中心城市核、先进制造轴、生态文旅带“一核一轴一带”生产力布局。实践证明，“一核一轴一带”生产力布局创新解答了生态红线硬约束背景下，吴中高质量发展在空间上如何布局、在方向上如何发力、在功能上如何联动等问题，是功能区布局的系统思考，是新发展理念在吴中的生动实践。要立足高起点，紧扣高质量，高水平编制“十四五”规划，进一步优化“一核一轴一带”生产力布局，推动各板块加快实现“物理组合”向“化学融合”嬗变，真正形成攥起来是一只硬拳头，伸开来各有所长的全区一盘棋整体联动，力争在“十四五”期间，实现两大主导产业产值、上市企业数、高新技术企业数“三个翻番”，争当深度融入长三角一体化发展的先行军。

坚定不移筑牢“两大高地”，紧扣立标杆、创示范，更大力度提升吴中能见度。“两大高地”即生态高地、文化高地。吴中是吴文化的重要发祥地，拥有五分之三的太湖水域、五分之四的太湖峰峦。如果说秀美的山水是吴中的底色，那么厚重的文化则是吴中的灵魂。要自觉把“为太湖增添更多美丽色彩”作为行动指南，以苏州生态涵养发展实验区建设为突破口，统筹山水林田湖草系统治理，纵深推进环太湖“加减法”，厚植生态底色，使“太湖之美、吴中最美”成为吴中最亮丽的品牌。以古镇、古村、古建筑、文化遗产保护和大运河文化带建设为重点，把传统文化体验与文化产业发展相结合，让“眼底江南·心上吴中”成为吴中最鲜明的地域标识。坚持把生态高地、文化高地建设贯穿高质量发展全过程，绘好“绿水青山就是金山银山”的吴中样本。

坚定不移守好“三条底线”，紧扣固根基、补短板，更大力度谱写吴中和谐曲。“三条底线”即民生底线、安全底线、稳定底线。民生连着民心、安全重于泰山、稳定第一责任。坚决贯彻以人民为中心的发展思想，从解决群众最关心最直接最现实的利益问题入手，打好三大攻坚战，全力做好普惠性、基础性、兜底性民生工作，不断满足多样化的民生需求。牢固树立“生命至上、安全第一”理念，健全完善“党政同责、一岗双责、齐抓共管、失职追究”的安全生产责任体系，压实属地管理责任、部门监管责任和企业主体责任，提升全民安全意识和安全技能，让安全发展成为全社会的行动自觉。坚决扛起保一方平安的政治责任，学习推广新时代“枫桥经验”，正确处理好维权与维稳、人防与技防、统一领导和属地负责的关系，确保社会大局和谐稳定，不断提升人民群众的获得感、幸福感和安全感。

当好高质量发展“优等生”
绘就新时代最美太湖画卷

2020年是高水平全面建成小康社会和“十三五”规划收官之年，也是实现第一个百年奋斗目标的决胜之年。12月10日至12日，中央经济工作会议召开，提出要重点抓好“坚定不移贯彻新发展理念、坚决打好三大攻坚战、确保民生特别是困难群众基本生活得到有效保障和改善、继续实施积极的财政政策和稳健的货币政策、着力推动高质量发展、深化经济体制改革”等6个方面工作。12月23日至24日，省委十三届七次全会召开，提出要从“加快构建先进制造业体系、扎实保障和改善民生、有力推进生态文明建设”等5个方面入手，推动“强富美高”新江苏建设不断取得新成果。12月27日，市委十二届九次全会召开，提出要重点把握好体现“强富美高”走在前列的新气象、体现高点定位挑战极限的精气神、体现对标找差创新实干的真追求、体现三大攻坚守牢底线的硬杠杠“四个原则”，重点做好“稳增长要有硬举措、扩大开放要有大动作、产业升级要有新突破”等8个方面，推动高质量发展走在时代前列。

中央和省、市委的一系列决策部署，既为我们做好各项工作指明了方向，也更加坚定了我们当好高质量发展“优等生”，绘出新时代最美太湖画卷的信心决心。做好新一年经济社会发展各项工作，全区上下要：坚持以习近平新时代中国特色社会主义思想为指导，全面贯彻党的十九大和十九届二中、三中、四中全会精神，坚决贯彻党的基本理论、基本路线、基本方略，增强“四个意识”、坚定“四个自信”、做到“两个维护”，紧扣“强富美高”总目标，突出高质量发展总导向，坚持稳中求进工作总基调，坚持新发展理念，坚持以供给侧结构性改革为主线，坚持以改革开放为动力，深入贯彻中央、省、市各项决策部署，坚决打赢三大攻坚战，切实做好“六稳”工作，保持经济运行在合理区间，围绕“五优五美”，奋力当好高质量发展“优等生”，绘就新时代最美太湖画卷，确保高水平全面建成小康社会和“十三五”规划圆满收官，为开启现代化建设新征程打下坚实基础。

主要预期目标为：地区生产总值增长6%左右；一般公共预算收入增长5%左右；全社会固定资产投资持续稳定增长，投资结构进一步优化，质量效益进一步提升；居民人均可支配收入增速高于地区生产总值增幅；完成节能减排目标任务。围绕上述要求，我们要坚持目标导向、问题导向、结果导向相结合，高点定位、系统谋划，面上统筹、点上突破，全力做到“五优五美”。

一是突出绿色发展，把握优生态主基调，彰显“山水之美”。深入践行“绿水青山就是金山银山”理念，不断做美生态发展的“绿色”，努力把生态资源转化为发展资本、生态优势转化为竞争优势。加大生态涵养力度。以高水平建设苏州生态涵养发展实验区为引领，建立全要素生态质量监测评价体系，统筹山水林田湖草系统保护与修复。全面实施年度生态文明建设重点项目，疏浚整治河道144条121.8千米，建设生态河道18条26千米，完成东山镇三山岛区域供水以及角直新区等4家污水厂尾水提标工程，新改建污水管网70千米。强化生态红线区域长效监管，推进环太湖岸线生态湿地带建设，进一步做好绿化造林、森林抚育、生态多样性保护等工作，加快塑造“开窗见景、推门见绿”的空间形态，不断彰显“太湖之美、吴中最美”的品牌质感。突出环境问题治理。坚持方向不变、力度不减，坚决打好污染防治攻坚战。着力巩固环保督察反馈问题整改成效，深入开展“263”专项行动、“散乱污”专项整治，推动生态环境质量持续好转。全面落实打赢蓝天保卫战三年行动计划，精准管控治理机动车辆、企业废气、工地扬尘、餐饮油烟等各类涉气污染源，推进煤炭总量控制，确保完成PM2.5年均浓度降幅、空气质量优良天数比例年度目标任务。严格落实“河（湖）长制”“断面长制”，系统推进控源截污、清淤疏浚、生态修复、活水保质，加强太湖水环境“五位一体”综合管理，确保瓜泾口北等断面水质长期稳定达标。全面完成河湖“两违”整治任务，巩固提升黑臭河道整治成果，打造水清岸绿景美的整体水环境。深化农业面源污染管控，加快农药化肥减量增效示范区建设，确保太湖一级保护区内农药化肥施用量逐步压减。加强土壤污染防治，改善土壤环境质量，保障土壤环境安全。强化环境机制建设。围绕“产业准入、区域准入”两个关键，实行最严格的环境准入制度。抓住节能降耗、治污减排两大重点，强化环境质量和污染总量双控管理，做好规划环评与项目环评联动工作，健全环评违法责任追究机制，从源头上防控环境污染和生态破坏。推进领导干部自然资源资产离任审计，健全差异化考评体系，落实损害生态环境终身追责制度。深化水环境质量考核区域补偿、生态补偿等环境价格机制，形成正向引导与反向倒逼。进一步落实网格化环境监管体系，提升环境执法监管水平，加强环境执法与刑事司法衔接联动，提升环境治理能力，完善环境治理体系。

二是突出项目为王，把握优产业主方向，彰显“质效之美”。坚持质量第一、效益优先，以高端项目为支撑，以精准招商为路径，加快构建主导产业清晰、比较优势明显、集聚效应突出的现代产业体系，不断提升实业兴区的“含金量”。抢占产业发展的制高点。深化以功能区布局集聚发展要素，坚持精准定位、重点突破，聚力打造机器人与智能制造、生物医疗及大健康两大主导产业。加快推进吴淞江科技产业园、木渎智慧工园、角直智能制造产业园等5个百亿级智能制造产业集聚区建设，实质性推进生物医药产业园、苏州（太湖）软件产业园发展，着力打造产业特色明显、规模优势领先、核心技术超前、系统配套完善的“产业高原”。把握科技和产业发展趋势，前瞻布局新一代信息技术、高端装备制造、新能源、新材料等战略性新兴产业，赢得产业升级的先机和主动。加快发展工业互联网和物联网，新增150家上云企业。积极推动检验检测、研发设计、信息服务等生产性服务业集聚发展，不断提高现代服务业发展的层次水平，努力实现现代服务业与先进制造业深度融合，让产业发展既有活力更有实力。把握精准招商的突破口。用好国家战略叠加优势，立足产业基础和目标定位，紧紧围绕两大主导产业，加强资源整合共享能力，进一步建链、补链、强链、延链。紧盯国内外500强、行业50强上榜企业以及上市公司、“隐形冠军”“小巨人”等企业，编制《吴中区精准招商目录》，精细梳理、精密对接、精准发力，推动优质项目加快集聚。确保新引进优质产业项目总投资不低于300亿元，总投资10亿元以上产业项目不少于6个，总投资2亿美元以上外资及港澳台资项目取得新突破。完成新增注册外资及港澳台资7.1亿美元，实际使用外资及港澳台资5亿美元，增长32%，战略性新兴产业实际使用外资及港澳台资占比不低于50%，不断推动产业链向中高端攀升。牢固树立“一盘棋”思想，推进“智慧招商”信息管理系统建设，统筹招商信息，规范招商流程，建立共享机制，推动资本、政策、用地等要素多板块协同，提升全区资源协调招商能力。推进“双招双引”工作机制，实现招商招才一体化并进。进一步优化招商组织体系，主要领导带头招商、专业队伍高效招商、条块联动合力招商，跑出新一轮高质量招商加速度，以项目的“百花齐放”，换来全区发展的“春色满园”。抓好项目建设的关键处。狠抓项目有效投入，紧盯重点工业投资项目和已通过招商预审会办的项目，加快签约项目落地转化。结合“十四五”规划编制，系统谋划、积极对接，让更多重点项目纳入省市总盘子。全力推进236个总投资1404亿元的区级重点项目建设，确保汇川技术三期、经纬轨道交通设备等91个项目前三季度全部开工，药明康德等46个产业项目年内建成投产。做好规上企业智能化程度测评，分级开展智能工厂改造，鼓励市场主体加大工业投入力度，促进工业投资占固定资产投资比重持续提高。强化“亩产论英雄”理念，运用好工业企业资源集约利用综合评价成果，实施差别化政策，引导资源要素向高效益、高产出、高技术、高成长性企业集聚。深入实施建设用地“焕新工程”，消化批而未供、供而未用、低效用地再开发土地6000亩。

三是突出创新引领，把握优动能主引擎，彰显“融合之美”。创新是引领发展的第一动力，是动能转换的核心要义。坚持系统集成、协同高效，纵深推进创新驱动发展战略，在好生态中涵养新经济、培育新动能，着力打造苏州“南部硅滩”、创业圣地，让科技创新成为吴中高质量发展的动力来源。强化企业创新主体地位。大力实施“攀登计划”，建立科技型中小微企业、高新技术企业、瞪羚企业、独角兽企业培育库，完善高新技术企业梯度发展推进机制，有效高新技术企业总量达790家。支持大中型工业企业和规模以上高新技术企业建设研发平台、工程中心，支持企业参与行业标准制定。实施知识产权强区战略，万人有效发明专利拥有量增至50件。以培育百亿级龙头企业为重点，鼓励拥有核心自主知识产权的骨干企业做大做强，打造吴中产业“高峰”。壮大资本市场“吴中板块”，新增2家上市企业、2家新三板挂牌企业，科创板实现零的突破。着力构建“亲”“清”新型政商关系，建立民营企业家月度沙龙、微信群联系和企业信息直报制度，推动民营经济高质量发展。营造优良创新生态系统。切实把握创新规律，推动创新链、产业链、人才链、资金链深度融合。持续做优“科技+平台”，加强与高校院所战略合作，发挥好赛迪研究院、高端智能制造协同创新中心等大院大所作用，加快苏州国际智能制造创新中心等创新创业载体建设，推进科技成果产业化、项目化。持续做优“科技+人才”，深化科技体制综合改革，不断优化人才结构，推进东吴高层次人才计划，完善科技企业家举荐机制，加大人才安居保障力度，建设青年友好型城市。持续做优“科技+服务”，实体化运营东吴创新服务中心，引育一批技术转移转化的专业机构、队伍和平台。大力推进大众创业、万众创新，加快发展数字经济、平台经济等新业态新模式，支持创新产品推广应用。深化“放管服”改革，营造一流营商环境。持续做优“科技+金融”，支持优质金融资源在吴中集聚，引育天使基金、种子基金，强化宽容失败的创新资本支持，建立宽容失败的创新绩效评价，营造宽容失败的创新社会环境，打造充满活力、更具竞争力的创新创业生态。持续开展非法集资、互联网金融等专项整治，稳妥推进P2P行业出清。构筑创新开放发展格局。主动抓好“一带一路”、长江经济带、长三角一体化、自贸区等重大机遇，全面融入G60科创走廊，加快构建多点支撑、多层并进的协同创新平台，积极参与长三角城市群创新网络建设，推动区域创新一体化。充分发挥毗邻园区的“地利之优”，更好地复制嫁接苏州自贸区“溢出效益”，深化吴中综保区企业增值税一般纳税人资格试点，积极应对中美经贸摩擦新变化，加强“一带一路”沿线国家和地区的经贸合作、文化往来，推动外贸进出口稳步增长、结构持续优化。进一步坚定文化自信，大力推进“文化+”，持续办好苏作文创峰会，承接好第五届中法文化论坛，全面推动国家全域旅游示范区创建，做优环太湖会议、体育、研学、度假“四大经济”，塑造“眼底江南·心上吴中”品牌魅力，增强城市吸引力和显示度。

四是突出城乡一体，把握优品质主内涵，彰显“协调之美”。进一步强化城乡统筹，以高质量发展引领高品质生活，加快建设有温度、有内涵、颜值更高、气质更佳的宜居宜业幸福城市。以“大视野”优化城乡功能布局。对标苏州“现代国际大都市、美丽幸福新天堂”目标定位，突出规划前瞻引领，加快推进“多规合一”，启动编制区国土空间规划，完成镇村布局规划，优化控制性详细规划，加快建立统一衔接、分级管理的空间规划体系。深入实施主体功能区规划，加速融入苏州主城，围绕基础设施建设、产业发展、公共服务、毗邻地区等重点，实现协调发展、互补发展和创新发展。坚持把吴地文化作为区域特色的精神内核，围绕山湖水系，精心保护历史风貌和传统空间肌理，协同推进生态环境改造、历史文脉传承、现代城市建设、城市精神塑造，持续推进大运河文化带等十大重点文化项目建设，开放运营吴中博物馆，打造文脉厚重、形神兼备的人文吴中。以“绣花功”加强城市建设管理。加强城市立体式开发，统筹推动地下综合管廊和海绵城市建设。瞄准“苏州未来城市建设的最高水平”和“国内领先的生态型创新创业湖区”两大目标，加强顶层设计，集聚最优资源，凝聚整体合力，高水平推进太湖新城建设，打造产城融合新高地。持续推进中心城区“城市双修”和“城市更新”，开展老旧小区改造。新开工建设安置房6000套，竣工交付7500套，确保安置房建设三年行动计划圆满收官。坚持“房住不炒”定位，落实稳地价、稳房价、稳预期要求，组织好经营性用地上市，保持房地产市场平稳健康发展。完善“一环四射一联”快速路网体系，建成通车尹山湖立交，贯通苏同黎公路高架主线，加速推进南湖路东延、独墅湖二通道、长江路南延等工程。启用苏州现代农产品物流园新市场，配合做好七子山生活垃圾焚烧发电提标改造二期项目建设，加快推进垃圾分类体系建设。更加注重在细微处下功夫、见成效，在破解城市治理难点上持续用力，把“绣花功夫”做精做细。以“高品质”实施乡村振兴战略。深入推进国家级农村产业融合发展示范园区建设，加快发展特色产业、休闲农业、乡村旅游、农村电商等新业态新模式，延伸农业产业链、价值链，推动一二三产业深度融合、协调发展。新增高标准农田6000亩，建成稳产保供生猪养殖基地，做好太湖大闸蟹养殖营销，提升洞庭山碧螺春、吴中大米等地理标志品牌价值。抓好国家级农民合作社质量提升整区推进，加快培育新型经营主体和新型职业农民，深入推进村级集体资产集中经营管理，强化“四个一”帮扶举措，巩固薄弱村脱贫成果。加强美丽乡村、特色田园乡村建设，加大农村人居环境整治力度，探索建立“红黑榜”监督评价机制，提升农村环境长效管理水平，健全自治、法治、德治相结合的乡村治理体系，培育文明乡风。

五是突出民生导向，把握优服务主旋律，彰显“幸福之美”。把人民对美好生活的向往作为奋斗目标，努力在发展中进一步提高保障和改善民生水平，让人民群众有更多获得感、幸福感、安全感。围绕均衡优质，办好民生实事。坚持问题导向，全面推进年度实事项目建设。启用东山中心小学附属幼儿园等6所学校，推进苏苑高级中学等12所学校新改扩建，启动独墅湖中学等13所学校建设，持续推进城镇小区配套幼儿园和学前儿童看护点治理，进一步规范校外培训机构。加快吴中人民医院新院区、太湖新城医院等医疗卫生机构及区域性养老服务中心、日间照料中心建设，每千名老人拥有养老床位数达45张。开展长三角卫生健康协作，优化跨省异地就医门诊费用直接结算。继续抓好稳就业工作，着力做好高校毕业生等重点群体就业工作，新增就业岗位1.7万个，城镇登记失业率控制在3%。扎实做好社会保障扩面提标，发挥社会救助兜底保障作用，扩大提高重疾险保障对象范围和标准。提升城市文明，涵养人文精神。大力弘扬社会主义核心价值观，全面推进社会公德、职业道德、家庭美德、个人品德建设，持续开展“道德模范”“身边好人”选树活动，打造公民道德建设高地。按照专项行动实现难点突破、督查考核实现压力传导、联动协作实现共建共享的“三实现”模式，加快短板弱项攻坚，深化文明城市建设，以城乡联动、上下联合、部门联结、干群联手强化长效管理，确保顺利通过全国文明城市三年复评大考。全面提升新时代文明实践中心、所、站、点建设水平，深化运用新时代文明实践志愿服务云平台，不断壮大文明实践资源库，建立群众“点单”、中心（所、站）“派单”、志愿团队“接单”的供需模式，不断提升志愿服务的活跃度和影响力。加强学校思想政治理论课建设，注重未成年人思想道德培育，扣好人生第一粒扣子。加快推进区融媒体中心建设，加强互联网建设和管理，营造清朗网络空间。加强镇、街道文联组织建设，激励广大文艺工作者多出精品力作。创新社会治理，展现吴中之治。以做实“两网一线”为工作主线，打造共建共治共享的社会治理格局。深入推进“天穹计划”“意识防”，增强社会治安防控的整体性、协同性、精准性。扎实推进基层整合审批服务执法力量，制度化坚持“网格吹哨、街镇报到”“街镇吹哨、部门报到”，持续完善网格化联动机制。不断提升“人民调解进网格”质效，实现矛盾纠纷消除在一线、化解在基层、解决在萌芽状态。总结推广郭巷“一站式”党群驿站经验做法，畅通服务群众最后一公里。坚持边打边建，固化成功经验做法，建立健全涉黑涉恶线索排摸、基层基础建设等长效机制，确保扫黑除恶专项斗争取得压倒性胜利。强化平安吴中、法治吴中建设，全面推进依法治区，做好“七五”普法考核验收工作，推进现代公共法律服务体系建设。加强信访维稳、森林防火、消防救援、食品药品安全管理。牢固树立安全发展理念，严格落实安全生产责任制，认真开展安全生产专项整治和安全生产巡查整改，完善应急管理和防灾减灾体系，确保社会发展和谐稳定。积极引导人民群众和社会组织参与社会治理，创成省级现代社区治理创新实验区。

聚焦管党治党主业主责
营造干事创业火红氛围

全面加强党的领导，以“永远在路上”的执着和“没有完成时”的韧劲，积极担当，主动作为，不松劲、不停歇，推进全面从严治党向纵深发展。

一要围绕“讲政治”和“守规矩”，做到绝对忠诚。政治建设是党的根本性建设，是党的建设的纲和魂。全区上下要在学懂弄通做实习近平新时代中国特色社会主义思想上下更大功夫，增强“四个意识”、坚定“四个自信”、做到“两个维护”，在政治立场、政治方向、政治原则、政治道路上始终同以习近平同志为核心的党中央保持高度一致。严守政治纪律和政治规矩，对党忠诚、为党分忧、为党担责、为党尽责，加强党性锤炼，站稳政治立场，大是大非旗帜鲜明，风浪考验无所畏惧，关键时刻毫不含糊，时刻保持政治敏锐性和政治鉴别力。完善党委（党组）中心组学习制度，不断加强对意识形态的组织领导，加大正面宣传引导和阵地管理力度，深化落实意识形态工作责任制，牢牢掌握意识形态工作领导权。认真贯彻落实《关于新形势下党内政治生活的若干准则》，增强党内政治生活的政治性、时代性、原则性、战斗性，发展积极健康的党内政治文化。

二要围绕“敢担当”和“专业化”，打造过硬团队。坚持好干部标准，把好用人导向“方向盘”，用好评价标准“指挥棒”，加大干部跨条线、跨领域交流力度，努力造就一支忠诚干净担当的高素质干部队伍。要按照“工作项目化、项目目标化、目标节点化、节点责任化”要求，加大工作推进力度，对确定的目标任务，一抓到底，敢于担当。要超越自我，激情燃烧、创新实干，做就做最好、比就比领先、争就争第一。要勤学善谋，强化知识更新，提升专业素养，主动对表、经常对标，学懂弄通中央、省、市要求，善于从战略全局和工作大局中把握工作方向，努力成为讲政治、懂经济、善治理的“行家里手”。深入实施鼓励激励、容错纠错、能上能下“三项机制”，注重案例积累，推动“有强度”的激励手段和“有底线”的包容举措落到实处，使敢于担当、奋发有为蔚然成风。

三要围绕“组织力”和“服务性”，夯实基层基础。党的基层组织是党的全部工作和战斗力的基础。要改进工作方式，城市党建着眼于“大”，健全完善街道“大工委”、社区“大党委”工作机制，加快建设“片区式”区域性党群阵地；农村党建着眼于“小”，积极探索党建引领“小村化”治理模式，实现政治功能和服务功能全面提升，使每个基层党组织都成为推动发展、服务群众、凝聚人心、促进和谐的坚强战斗堡垒。选好配强基层组织带头人，进一步健全村（社区）书记区级备案管理制度，落实“县乡共管”要求。加大村级后备力量培养力度，定期组织培训，强化实践锻炼，确保村（社区）党组织书记后备来源充足。各级领导干部要牢记全心全意为人民服务的宗旨，坚持群众观点，站稳群众立场，大力推行“一线工作法”，确保领导在一线指挥、情况在一线了解、矛盾在一线处理、问题在一线解决、工作在一线推进。特别是在当前经济下行压力加大、社会治理任务繁重的情况下，各级干部不能当甩手掌柜、大而化之，要扑下身子抓落实，干一件、成一件，以实绩论英雄、以日常见精神，抓重点、打基础、利长远，牢牢挑起组织和人民赋予的担子。

四要围绕“零容忍”和“全覆盖”，严格正风肃纪。始终把巡视巡察反馈意见整改作为重大政治任务，持续做好中央、省市巡视巡察整改“后半篇”文章，层层压实“两个责任”。严格执行中央八项规定精神，瞄准“四风”老问题、剑指“四风”新动向，深入开展作风建设特别是形式主义、官僚主义集中整治。坚持把纪律和规矩挺在前面，进一步强化党员干部的纪律意识、规矩意识，用好监督执纪“四种形态”，做到强化监督有态度、执纪问责有力度、“治病救人”有温度。进一步持续深化纪检监察体制改革，完善“1234日常监督联动体系”运作流程和保障制度，严肃查处群众身边“四风”和腐败问题，巩固发展反腐败斗争压倒性胜利，注重发挥反面典型警示教育作用，深化标本兼治，推进源头治理，一体推进“不敢腐、不能腐、不想腐”，持续营造吴中风清气正的政治生态。

五要围绕“一盘棋”和“聚人心”，汇聚发展合力。区委常委会将进一步加强自身建设，充分发挥总揽全局、协调各方的作用，不断提高常委会组织领导和科学决策水平。支持和保证人大及其常委会依法行使各项职权，区镇两级全面实施民生实事项目人大代表票决，进一步推动人大社会建设委员会实体化运作，依法规范镇、街道人大工作。充分发挥政协政治协商、民主监督、参政议政职能作用。巩固和发展爱国统一战线，加快党外代表人士队伍建设，做好新的社会阶层人士统战工作。全面落实党外知识分子、新阶层人士、民族、宗教、侨务等政策。坚持吴中党群共建、党群一体化品牌特色，充分发挥群团组织的桥梁纽带作用，增强群团组织政治性、先进性、群众性。深入开展双拥共建和军民融合发展，巩固军政军民团结，做好退役军人权益保障工作，最大程度凝聚各方智慧和力量，形成团结一心、共促发展的生动局面。

同志们，梦想引领未来，使命呼唤担当。幸福是奋斗出来的，让我们更加紧密地团结在以习近平同志为核心的党中央周围，始终高举习近平新时代中国特色社会主义思想伟大旗帜，团结带领全区广大党员和干部群众，以“今天再晚也是早，明天再早也是晚”的工作激情，解放思想，凝心聚力，振奋精神，开拓创新，当好高质量发展“优等生”，绘就新时代最美太湖画卷，再创一个激情燃烧、干事创业的火红年代，为高水平全面建成小康社会，书写新时代“强富美高”新江苏的吴中篇章努力奋斗！

政府工作报告

——2020年1月4日在苏州市吴中区第四届人民代表大会第四次会议上的讲话

吴中区委副书记、区长 陈 嵘

各位代表：

现在，我代表区人民政府，向大会作工作报告，请予审议，并请区政协委员和其他列席人员提出意见。

二〇一九年工作情况

2019年是新中国成立70周年，是决胜全面建成小康社会的关键之年。过去的一年，我们在上级党委、政府和区委的正确领导下，在区人大及其常委会和区政协的监督支持下，认真学习贯彻习近平新时代中国特色社会主义思想，坚持稳中求进总基调，自觉践行新发展理念，按照高质量发展要求，以供给侧结构性改革为主线，全力抓好“六稳”工作，统筹优化“一核一轴一带”生产力布局，全面落实“六个年”工作部署，较好地完成了区四届人大三次会议确定的主要目标任务，经济社会保持健康稳定发展态势。全年预计实现地区生产总值1176亿元，增长6%；一般公共预算收入175.6亿元，增长9.3%；全社会固定资产投资554.6亿元，增长14%；社会消费品零售总额466.8亿元，增长5.8%；城镇居民人均可支配收入增至7.04万元，增长8%。在《人民日报》公布的2019年中小城市高质量发展评价中，吴中区位列全国综合实力百强区第九、绿色发展百强区第九。一年来，我们主要做了以下工作。

一、坚持稳中求进，在应对挑战中增添了实体经济动力

工业经济总体平稳。实现规上工业总产值1565亿元，增幅高于全市平均水平。其中，新兴产业产值占比59.1%，列全市第二位。两大主导产业加速集聚，机器人与智能制造产业产值首次突破500亿元，生物医疗及大健康产业产值超100亿元。实现工业投资71亿元，增长12%；实施智能化改造项目110个，新增智能车间12个。成功举办2019“智造中国”峰会，苏州华电获评国家科学技术进步奖二等奖，绿的谐波被认定为国家专精特新小巨人企业，竞立制氢入选国家重点研发计划，三基铸造获评工信部科技重大专项。吴中集团、东山精密入围2019中国民营企业500强。工业企业资源集约利用水平不断提升，8003家参评企业实现亩均税收19.9万元，高于全市平均水平。其中，A类企业实现亩均税收59.3万元，列全市第三位。完成节能降耗目标，规上工业单位产值能耗下降5.2%。“两化融合”深入推进，建成市级工业互联网平台3个，新增省级“上云”企业150家、工业互联网发展示范企业63家。

现代服务业稳步推进。以检验检测、商务服务、信息技术服务为主导的生产性服务业发展态势良好，检验检测实现营业收入10亿元，增长20%，规模列全市第一。圆满承办国际开源技术与产业生态创新中国峰会，电科院成为国内首个国家能源海洋核动力技术检测基地，建研院获评中国建设工程质量检测AAA级信用机构。开发区入选首批省级“两业”深入融合试点单位。外贸结构不断优化，完成进出口总额80亿美元，一般贸易进出口额占比达67%。深化服务贸易创新发展试点稳步推进，实现服务贸易进出口额4亿美元。新增省级电子商务示范单位6家，实现跨境电商出口额3.1亿元，增长10%。楼宇经济加快发展，再添市级总部企业2家。实现旅游总收入379亿元，增长5.6%；获评首批省级全域旅游示范区。成功举办太湖文化旅游节，太美逸郡等一批精品酒店相继开业，新备案民宿71家，东山镇创成全国商旅文融合发展示范镇，“太湖旅游”挂牌新三板。

特色农业提档升级。新建高标准农田4000亩，永久划定水稻生产功能区2.6万亩，完成养殖池塘标准化改造1.7万亩。太湖现代农业示范园入选国家农村产业融合发展示范园创建名单。农民合作社质量提升整区推进国家级试点深入开展，新增国家级示范社2家。农村集体产权制度改革入选全国改革试点经验典型。推进苏州现代农产品物流园建设。创成“智慧农业”等示范基地6个，获评全国县域数字农业农村发展先进区。成功举办碧螺春茶文化节、太湖论“稻”等特色农产品推介活动，洞庭山碧螺春产区获评中国特色农产品优势区，吴中大米、江南味稻等品牌逐步打响。

二、坚持稳中见新，在厚积成势中激发了产业发展潜力

发展后劲持续增强。247个区级重点项目完成投资343.3亿元，增长3.6%。举行两次重大项目集中开工开业，121个计划新开工项目全部开工，48个产业项目竣工投产。先后组织美国、德国、北京、上海、深圳等地招商活动，引进3000万元以上产业项目（不含房地产）384个，总投资268亿元，其中10亿元以上项目5个。复星医药、浪潮智能等一批科技创新型、规模集约型项目进驻落户，立讯精密实现当年签约投产。新增规上工业企业108家，增量列全市前列。新设立外商及港澳台商投资企业47家；新增注册外资及港澳台资16亿美元，增长128%；实际利用外资及港澳台资3.8亿美元，增长2%。“省级六大高峰人才”实现零的突破。新增省“双创计划”6人、姑苏创新创业领军人才项目21个、姑苏天使计划项目15个。成功举办2019东吴双创峰会，建立

省级产业人才培训基地1家、博士后创新实践基地2家、人才工作联络站32个，再添高层次人才、高技能人才4473人。狠抓职业技能建设，一批吴中选手在世界技能大赛、全国创业创新大赛，以及省、市级技能大赛中取得佳绩。

创新动能加快形成。全社会研究与试验发展经费支出占地区生产总值比重达3.2%，列2019年度中国科技创新百强区第十位。创新主体优势持续彰显，新增省高企培育入库企业386家，有效高新技术企业总数超600家。入库国家级科技型中小企业超500家、省级民营科技企业184家，入榜省级创新型百强企业3家，8个项目获省级重点专项支持。科沃斯、赛腾精密入选第二批苏州市自主品牌大企业和领军企业先进技术研究院建设企业名单。区域创新能力有效提升，新增各类省级研发中心21家、市级研发中心60家，入选市级以上科技项目总量首次突破1000件。开发区在国家级综合考评中排名跃升至第47位，获评省智慧园区。高新区在省级创新驱动发展综合评价中提升至第28位。吴中科技创业园获评国家级优秀科技企业孵化器，东太湖科技金融城获评省创业投资综合服务基地。知识产权保护环境继续优化，万人有效发明专利拥有量达47件。斯莱克获国际供应商创新金奖，飞华铝业等3家企业入选中国专利奖。新增国家标准、行业标准19项，苏州市质量奖8个。

营商环境不断优化。全面落实减税降费政策，为企业减负40.99亿元。新注册私营企业近1.1万户，注册资金451.7亿元。金融支持实体经济能力不断提升，金融机构存贷款余额分别增长13.8%、8%。8家企业纳入科创板后备库，金控集团、太湖城投获信用等级AA评级。创新设立“东吴贷”、东吴创新创业引导基金，完善中小企业贷款增信基金管理办法，支持实体经济贷款余额达680亿元，获评省级金融生态优秀区。纵深推进环太湖“加减法”，腾出各类土地指标4273.9亩。大力实施“焕新工程”，完成低效用地再开发2726亩。商事制度改革继续深化，企业注册全程电子化登记率达57%。深入开展“双随机一公开”不定项抽查，持续完善市场监管信息平台建设，跨部门信息采集、证照联动监管、失信联合惩戒不断深化。吴中综合保税区获批开展企业增值税一般纳税人资格试点。甪直镇通过省经济发达镇行政管理体制改革评估验收。全面推行行政审批综合窗口服务，全年受理审批、服务类事项43.2万件，办结率为99.8%。企业开办、不动产登记、工业项目施工许可实现“1330”常态化，获评省级营商环境评价先进区。

三、坚持稳中提质，在克难奋进中彰显了绿水青山魅力

生态环境持续向好。编制并发布《苏州生态涵养发展实验区规划》。推进沿太湖生态湿地带、生态公益林抚育修复等25个生态保育和治理项目。全力打好污染防治攻坚战，逐项落实中央、省环保督察及“回头看”、长江经济带生态环境反馈问题整改任务，全面完成2.7万亩太湖围网拆除和太湖沿岸三千米范围内6万亩养殖池塘整治改造，销号了一批环境信访问题。认真开展违建别墅问题清查整治专项行动，全面完成“大棚房”问题专项清理，整治河湖“两违”点位192个。持续深化“263”专项行动，整治“散乱污”企业1209家。深入开展化工产业安全环保整治提升专项行动，关停、整改提升化工企业26家。高标准办理人代会关于进一步加强黑臭水体整治的议案，24条黑臭和疑似黑臭水体全部完成治理，全区城乡黑臭水体基本消除。连续12年实现太湖安全度夏，饮用水水源地水质达标率为100%，水污染防治工作获全国人大常委会执法检查组充分肯定。河（湖）长制改革持续深化，实施镇（街道）水环境质量考核区域补偿，9个国考、省考断面水质全部达标。清理环太湖及通湖河道杂船7397条。统筹推进大气治

理，35蒸吨以下燃煤锅炉全部淘汰，新启用空气质量监测站点13个，治理挥发性有机物企业55家，秸秆综合利用率保持在99%以上。

城市功能持续完善。完成第三次全区国土调查，编制城市双修规划。高质量做好大运河文化带（吴中段）城市设计，宝带桥获评江苏最美运河地标。东环快速路南延高架主线、南湖路一期高架主线、蠡墅立交及三座跨运河桥建成通车，阴横山连接线、中山路二期开工建设，苏同黎公路快速化改造、独墅湖二通道、南湖路东延等加速推进。京杭大运河堤防加固工程进展顺利，苏东河整治工程全面完成，新改建防洪闸31座、排涝站14座、防洪挡墙3.5千米。“城中村”拆迁、重点地块“清零”有力推进，完成征拆3300户212.9万平方米，“清零”项目98个，腾退空间6280.8亩。新开工安置房264.7万平方米15694套，竣工交付65.1万平方米4226套。解危老旧建筑1.1万平方米47幢。做好经营性用地上市工作，房地产市场保持平稳运行。太湖新城地下空间通过住建部绿色施工科技示范工程验收。建成公交首末站、场站、候车亭90个，新辟优化公交线路38条。新布设公共自行车4600辆、站点60个。新改建公共厕所53座、燃气管网30千米、污水管网73千米，人防、电力、通信等设施不断完善。智能化城市管理步伐加快，建成区智慧停车综合管理平台，改造智能化车位1337个。深入推进垃圾分类，建成“四分类”小区110个，公共区域垃圾分类设施覆盖率达100%。建成违法建设管理平台，拆除违章建筑8.93万平方米，规范户外广告、店招店牌设置。

乡村振兴持续推进。农村人居环境整治成效获省政府通报表扬。甪直镇瑶盛村入选全国乡村治理示范村候选名单。临湖镇黄墅村被命名为首批省特色田园乡村。甪直镇湖浜村田肚浜、香山街道舟山村窑头分别入选第三批省、市特色田园乡村试点。建成市级康居特色乡村2个、市级三星级康居乡村88个。农村生活污水治理高质量推进，3家污水处理厂尾水提标工程竣工，完成农村生活污水治理项目50个。设立“绿色银行”，新增绿化60万平方米，抚育森林1.2万亩。“吴韵匠心”农路品牌入选省首批农村公路“一区一特色”创建成果，获评“四好农村路”省级示范区。充分发挥苏州乡村振兴学堂作用，加大对农民合作社、家庭农场等新型经营主体的培育力度，新增市级共享农庄7个、田园小综合体6个。建成村级集体资金监管平台，清缴欠租3.4亿元，村级财务第三方代理记账实现全覆盖。推进村（社区）集体资产集中经营管理，全区村级集体总资产达185亿元，村均集体稳定性收入达1362万元，31个集体经济相对薄弱村全部脱贫。

四、坚持稳中增效，在改善民生中释放了美好生活活力

民生保障取得新发展。全面落实“稳就业”措施，新增就业岗位1.93万个，城镇登记失业率控制在2%以内，零就业家庭实现动态清零。持续推进社保扩面，新增参保职工2.25万人。住房公积金缴存人数净增2.8万人。精准兜牢保障底线，低保标准调高至每月995元，发放各类生活、救助补贴超6800万元。健康体系日益完善，启动吴中人民医院新院区等医疗机构建设，预防接种门诊标准化率达100%。创成省级社区医院、基层特色科室各1个。扩大国家慢性病综合防控示范区成果，筛查心脑血管等慢性病目标人群15万人次，糖尿病、高血压患者等特殊人群门诊用药报销比例不断提高。退役军人服务中心（站）实现区、镇、村三级全覆盖。养老服务提档升级，光福镇区域性养老服务中心完成改造，木渎镇区域性养老服务中心启动建设，新增日间照料中心39家，获评全省首个国家智慧健康养老示范区，4个镇（街道）入选国家智慧健康养老示范镇。在全省率先启用“一站式”婚姻登记管理平台。国家殡葬综合改革试点稳步推进。

文教事业迈上新台阶。教

育资源扩容提质，启用吴淞江实验小学等13所学校，新增学位1.2万个，招聘教师984人。清零无证幼儿园，校外培训机构整治持续推进。教育品牌不断做优，再添省级优质幼儿园2所、特色职业学校1所，成立木渎高级中学教育集团，甪直高级中学通过省四星级高中现场评估。中高考成绩再创新高。圆满完成全国“六艺”演出保障任务，《苏扇工坊》等一批教学成果获嘉奖。公共文化服务体系不断健全，保利大剧院等公共文化中心各场馆完成演出活动超千场，惠及群众130万人次，吴中高新区科文中心建成开放，建成村（社区）综合性文化服务中心34家。广泛开展庆祝新中国成立70周年主题活动，圆满举办苏作文创峰会、“诗意大运河”全国油画作品展等江南文化艺术节系列活动。做强“环太湖”国际竞走多日赛暨“太湖蓝”马拉松、“穹窿山兵圣杯”世界女子围棋锦标赛等品牌活动。太湖足球运动中心投入运营，新增省级体育服务单位3家。新增省、市文保单位9处，创成省级文物安全综合管理实验区。举办首届东吴文学奖系列活动，《木渎镇志》等5部地方志出版发行，区档案馆通过省级5A级数字档案馆评估。文明城市长效管理机制不断健全，“礼让斑马线 · 文明吴中行”等倡议深入人心，新时代文明实践中心服务体系不断完善，1人入选“中国好人”。

治理能力实现新提升。扫黑除恶专项斗争纵深推进，涉黑涉恶案件全部清零，盗窃、两抢警情同比分别下降57.4%和53.3%。在全市率先开展“意识防”反诈骗宣传专项行动。天穹计划扎实推进，数字门牌应用不断拓展，社会治安防控体系更加完善。社会治理“一张网”建设持续推进，“吹哨报到”机制作用显著发挥。人民调解进网格全面推开，更加注重贴近群众解决诉求，纠纷调解成功率达99%。安全稳定风险评估预警、联合研判、防控协同能力持续提升，圆满完成大庆安保任务。全面实施“七五”普法规划，澹台湖景区法治文化园获评省首批大运河法治文化品牌项目，新增全国模范司法所长1人。“331”专项行动持续推进，排查整改“9+1”场所1.8万余家，高新区永城国际、木渎姑苏小区、胥口三洋集宿楼等安全隐患单位顺利销号，一批历史遗留问题得到妥善解决。深化交通大整治大提升行动，严厉打击超载超限运输违法行为。贯彻落实各级安全生产专项整治部署，配合市第五安全生产巡查组开展进驻巡查，狠抓安全隐患排查治理，开展安全风险分级管控和隐患排查双重预防机制建设，58处挂牌督办重点隐患整改到位，安全生产事故数、亡人数实现“双下降”。全面做好非洲猪瘟排查防控，应急管理、信访、食品药品监管、粮食保供、价格调控、农药集中配送、气象服务、森林防火得到进一步加强，红十字、民族宗教、国防动员、双拥、外事等工作扎实开展。南北挂钩、东西部扶贫协作取得新进展。

一年来，在推动经济社会发展的同时，我们切实加强政府自身建设，不断提高政府服务效能。始终把学习贯彻习近平新时代中国特色社会主义思想作为首要政治任务，扎实开展“不忘初心、牢记使命”主题教育活动，统筹推进学习教育、调查研究、检视问题、整改落实四项重点措施，教育引导党员干部切实增强“四个意识”、坚定“四个自信”、做到“两个维护”。我们坚持把高质量发展、新发展理念贯彻到全区经济社会各个方面，牢固树立“今天再晚也是早、明天再早也是晚”工作理念，抓重点、补短板、强弱项、扬优势，各项工作既行稳致远、又奋力突破。我们恪守为民之责，紧扣群众最关心最直接最现实的利益问题，深入开展“六个一”基层走访活动，以“村村到”搭起“连心桥”，办好19项区级民生实事项目，民生投入占一般公共预算支出比重达79.3%，努力把人民群众对美好生活的向往变成生动的现实。我们狠抓为企服务，聚焦企业转型升级、对外贸易中的痛点和难点，落实挂钩联系重点企业制度，深入开展企业走访调研，出台了一批推动企业高质量发展的政策意见，下达各类企业扶持资金8.62亿元，与企业携手并进、共渡难关。我们全面依法履职，完成政府机构改革任务，落实法治政府建设各项制度，坚持严格规范公正文明执法，扎实推进政务公开，主动接受区人大及其常委会依法监督、政协民主监督，广泛接受社会监督，高质量办理市、区两级人大代表议案建议162件、政协委员提案193件。我们切实加强作风建设，严格执行中央八项规定精神以及省、市、区委各项规定，深入开展形式主义、官僚主义集中整治，落实“基层减负年”要求，大力精简各类会议、文件。加强审计监督，完成政府投资工程审计项目超3700个，节约政府资金26.2亿元。持续压减一般性支出，完成债务化解年度目标。严格公车管理，常态化开展办公用房清理整顿。狠抓重点领域反腐倡廉工作，政府系统党风廉政建设得到进一步强化。

各位代表，一年来政府工作取得的成绩来之不易，这得益于上级党委、政府和区委的正确领导，得益于全体人大代表和政协委员的监督支持，得益于各地、各部门、各企事业单位和广大干部群众的齐心奋斗，也得益于广大老同志、社会各界的关心厚爱。在此，我谨代表区人民政府，向辛勤工作在各个领域的全区人民，向区人大代表、政协委员，向各民主党派、工商联、无党派人士、垂直管理单位和工会、共青团、妇联等人民团体，向驻吴人民解放军和武警官兵、公安政法干警，向离退休老同志和关心、支持、参与吴中建设发展的各界人士，致以崇高的敬意和衷心的感谢！

在看到成绩的同时，我们也清醒地认识到，对标当好新时代高质量发展“优等生”要求，当前经济社会发展和政府工作仍然存在不少问题，主要是：经济下行压力依然较大，产业结构仍待调优，防范各种经济风险的任务十分繁重；创新发展还不够快，产业招商仍待加强，有效投资还需扩大；优质公共服务供给与群众需求还有差距；环境保护、节能减排、安全生产任务艰巨；转变政府职能、提升治理能力、提高政府工作人员素质水平还需下更大力气。对此，我们将高度重视，积极采取有效措施，全力加以解决。

二〇二〇年工作目标和任务

2020年是我区高水平全面建成小康社会的决胜之年，也是“十三五”规划收官之年，做好今年工作意义重大。

今年政府工作总的指导思想是：以习近平新时代中国特色社会主义思想为指导，全面贯彻党的十九大和十九届二中、三中、四中全会精神，按照中央和省、市、区委各项决策部署，紧扣“强富美高”总目标，坚持稳中求进工作总基调，坚持新发展理念，坚持高质量发展，坚持以供给侧结构性改革为主线，坚决打赢三大攻坚战，切实做好“六稳”工作，统筹推进稳增长、促改革、调结构、惠民生、防风险、保稳定，落实“五优五美”要求，奋力当好新时代高质量发展“优等生”，绘出新时代最美太湖画卷，确保高水平全面建成小康社会和“十三五”规划圆满收官，为开启现代化建设新征程打下坚实基础。

2020年全区经济社会发展的主要预期目标为：地区生产总值增长6%左右；一般公共预算收入增长5%左右；全社会固定资产投资持续稳定增长，投资结构进一步优化，质量效益进一步提升；工业投资增长20%；城镇登记失业率控制在3%以内；居民人均可支配收入增幅高于地区生产总值增幅；完成节能减排目标任务。围绕上述目标任务和区委四届十一次全体（扩大）会议的部署，我们将聚焦五个“优”，着重做好以下工作。

一、发展质效“创优”，在培育增长动力上实现新突破

坚持规模、质量联动，扩大有效投资。突出项目引领，实施一批基础性、战略性、支撑性重

点项目，用优质增量增强发展后劲。发挥236个区级重点项目支撑带动作用，确保汇川技术三期、经纬轨道交通设备等91个项目三季度前全部开工，敏喆机电、启洋电机等46个重点产业项目年内建成投产。确保完成工业投资85亿元，力争高技术制造业投资占比达到40%。编制《吴中区精准招商目录》，办好苏州吴中太湖经贸合作洽谈会等招商引资活动，确保新引进优质产业项目总投资不低于300亿元。其中，总投资10亿元以上项目不少于6个，总投资2亿美元以上外资及港澳台资项目取得突破。战略性新兴产业投资额达到60亿元，占实际利用外资及港澳台资总额比重不低于50%。推动欧康维视、日耀科技等签约项目加快落地，支持有条件的外资及港澳台资企业设立地区总部和功能性机构。精准聚焦公共服务和基础设施等领域，加快实施一批“补短板”项目。制定招商引资激励考核措施，完善项目招引绩效评估与跟踪考核，加速集聚一批层次更高、质量更优、效益更好的产业项目，有效增添经济发展后劲。

坚持集成、特色联动，优化产业布局。抓牢苏州开放创新合作热力图发布契机，进一步发挥“一核一轴一带”产业规模集聚效应，增强产业发展承载力。坚持项目按需落地，集中精力打造5个百亿级智能制造产业集聚区，壮大机器人与智能制造、生物医疗及大健康两大主导产业。支持开发区加快产城融合步伐，以复星生物医药、汇川研发中心等项目为突破，更加注重产业强链补链，推动产业链向高端延伸。支持度假区以生态为基础、文化为核心、旅游为载体，做强会展经济、文化体育、休闲度假品牌，让服务业唱大戏，文化旅游打头阵。支持高新区深化“大院大所”合作，推动“一区三园”联动，提升对优质资源的承载能力。推动木渎智慧工园、角直模具产业园、胥口科技智汇园、临湖装备科技产业园进一步优化空间产业布局。支持东山、金庭按照生态涵养发展实验区规划，做强现代特色农业和服务业，在好风景的地方打造新业态、发展新经济、培育新动能。

坚持多元、高效联动，集聚高端要素。全面落实《优化营商环境条例》，营造机会均等、权责对等、规则平等的发展环境。深化“放管服”改革，在全区推广企业投资项目信用承诺制，扩大“并行预审”适用范围，深化工程项目审批制度改革。建立涉审中介机构信用评价机制，构建服务更高效的政务环境。放大“东吴贷”等金融产品杠杆效应，引导更多资金投向实体企业、中小微企业，力争实体经济贷款余额增长10%。深化土地资源“加减法”，做好制造业土地要素支持保障，消化批而未供、供而未用、低效用地再开发土地6000亩。继续加大征拆地块清零力度，攻坚度假区科技产业园、角直淞浦工业园等重点地块，保障产业发展空间。强化人才支撑作用，深入实施“东吴人才”计划，继续办好东吴双创峰会，加快建设区级人才公寓，引育高层次人才1000人、高技能人才2500人。

二、产业结构“调优”，在推动转型升级上实现新突破

坚持集约、互融并重，提升产业层次。坚持“亩产论英雄”导向，加大工业企业资源集约利用综合评价结果应用力度，坚决淘汰低端、落后产能，以存量提档促产业转型。优化提升信息技术服务、研发设计、知识产权服务、现代供应链管理，推进生产性服务业与先进制造业深度融合。实施120个智能化改造项目，新增15家省两化融合贯标企业、150家“上云”企业，促进“互联网+先进制造业”融合发展。实现规上工业总产值1600亿元，新兴产业产值占规上工业总产值比重达到59.5%。新增一批生产性服务业领军企业、总部企业，实现生产性服务业增加值增长8%。优化出口结构，提高一般贸易比重，创成3个市级以上出口品牌。拓展“境贸通”平台功能。积极对接第三届中国国际进口博览会，

探索进口贸易发展新模式。办好太湖文化旅游节、运河戏剧节等活动，丰富太湖旅游总入口功能，推动“文化+”“旅游+”多产业融合发展。

坚持自主、带动并重，强化创新驱动。围绕创新政策落实和创新型企业培育，确保有效高新技术企业总量达到790家。强化企业创新主体地位，鼓励规模以上高新技术企业设立研发机构，有研发活动的规上企业数占比提高到50%，新增10家省级企业技术中心。做强创新载体，实体化运营东吴创新服务中心，力争投入1亿元以上的地标性创新载体实现新突破。发挥赛迪研究院、苏州智能制造研究院等平台载体作用，推进国际智能制造中心等项目建设，促进创新要素与生产要素深度融合。更好发挥科技镇长团优势，加强与高校院所战略合作，探索建立环太湖流域国家有机废弃物资源化循环利用示范区。深入实施知识产权强区战略，万人发明专利拥有量达到50件。支持企业参与国际、国家行业标准制定，再添8个苏州市质量奖。

坚持服务、引导并重，助力企业发展。认真落实减税降费政策，加快清理和规范涉企行政性收费，切实减轻企业负担。坚持“用户思维、客户体验”，完善重点企业挂钩制度，建立民营企业家月度沙龙、微信群联系和民营企业信息直报制度，让企业家诉求“听得到、看得到、办得到”。支持龙头企业做大做强、特色企业做精做优，新增一批入库税收超亿元企业，产值超百亿级企业实现零的突破。进一步加大上市企业培育力度，力争2家企业上市，壮大资本市场“吴中板块”。加快国有资本运作步伐，进一步整合经营性资产，增强国有企业市场竞争力。加强重点外贸企业监测预警，增强外贸企业抗风险能力。实施市场多元化战略，深化吴中综合保税区企业增值税一般纳税人资格试点，支持企业提高“一带一路”沿线国家和地区市场贸易比重。鼓励企业开展海外并购，支持企业通过境外投资高科技项目，增强企业核心竞争力。积极做好企业用工服务，实施职业技能提升培训计划，推动产业结构由劳动密集型向技术密集型转型。

三、功能品质“提优”，在打造城乡形态上实现新突破

坚持涵养、修复融合，改善生态环境。更加注重山水林田湖草系统保护与综合治理，初步建立苏州生态涵养发展实验区。探索建立全要素生态质量监测评价体系，实施好24个总投资9亿元的生态保育、生态治理项目，打造践行“两山”理论的吴中样本，让“太湖之美、吴中最美”成为最亮品牌。深入实施太湖“五位一体”精细化管理，强化太湖蓝藻监测预警防控，确保饮用水水源地水质达标率保持100%。严格落实河（湖）长制，疏浚整治河道144条121.8千米，建设生态河道18条26千米，开展河道水质监测和综合评估，巩固提升黑臭河道整治成果。加大国考、省考断面整治力度，确保断面水质长期稳定达标。提升污水处理能力，推进木渎新城污水处理厂二期建设，完成角直新区等4家污水厂尾水提标工程，新改建污水管网70千米。全面完成排水达标区建设。加强涉气污染源排查，重点抓好机动车尾气、工业废气和工地扬尘等治理，力争PM2.5年均浓度降幅、空气质量优良天数比率“双达标”。做好重点地块土壤修复治理，持续改善土壤环境质量。巩固提升各级环保督察交办问题整改成效。全面完成河湖“两违”和太湖水域管理有关问题整治。常态化开展“散乱污”企业（作坊）整治。认真落实化工园区“一园一策”、化工企业“一企一策”，全力提升化工行业监管水平。

坚持科学、精细融合，提升城市品质。在苏州“现代国际大都市、美丽幸福新天堂”定位框架下，中心城区加速融入苏州主城，实现协调发展、创新发展。启动编制区国土空间规划，完成镇村布局规划，以更加主动姿态在规划中展现吴中

特色。全面落实稳地价、稳房价、稳预期的长效管理调控机制，做好经营性用地上市，促进房地产市场平稳健康发展。扎实推进国家级智慧城市和地下综合管廊试点，投用太湖新城能源中心，推动金融街商业、富景悠方、橙天嘉禾等项目建设，打造国内领先的生态型创新创业湖区。扎实开展城市更新和老旧小区改造，新开工安置房6000套，竣工交付安置房7500套。完善“一环四射一联”快速路网体系，建成通车尹山湖立交，贯通苏同黎公路高架主线，加速推进南湖路东延、独墅湖二通道、长江路南延等工程，开工新家桥、尹山大桥改扩建项目。推进大运河加固工程，完成南城区防洪除涝、环太湖水闸改建等水利工程，新改建防洪闸26座、排涝站17座。完善城市公共服务设施，启用苏州现代农产品物流园新市场。建成公交场站候车亭34个，新增公厕17座、停车泊位6500个。统筹实施绿化景观、地下管线、人防设施、城市夜景照明等工程。以更高标准强化城市治理，严厉打击违法建设行为。完善垃圾分类体系，全面实施生活垃圾“四分类”。启动建筑垃圾终端处置项目。统筹推进文明城市长效管理，不断提升市民文明素质、城市文明程度。

坚持示范、长效融合，打造田园乡村。立足改善农村人居环境，做好省、市特色田园乡村试点，建设99个美丽乡村，创成3个省生态文明示范村。完成三山岛区域供水工程。高水平管护“四好农村路”。提升农村生活污水管网接户率，抓好污水处理等公共设施正常运转，确保太湖一级保护区农村村庄生活污水治理率达到100%。加强长效管理，建立农村人居环境“红黑榜”监督评价机制。大力发展现代农业，创建国家农村产业融合发展示范园。划定落实永久基本农田储备区，有序推进永久基本农田核实、补划，新增高标准农田6000亩。加快建设生猪保供基地。深化农药化肥减量增效示范区建设，确保太湖一级保护区内农药用量逐步压减。壮大新型农业经营主体，发挥苏州农业职业技术学院东山学院优势，培育一批新型职业农民。继续开展渔民自愿退捕，严厉打击非法捕捞行为。完善集体“三资”管理考核办法，做好市、区两级农村产权交易平台融合。进一步巩固提升集体经济相对薄弱村脱贫成果。

四、民生福祉“筑优”，在顺应群众期盼上实现新突破

坚持普惠、精准协同，织密保障网络。继续抓好“稳就业”工作，新增1.7万个就业岗位，确保本地户籍高校毕业生就业率达到95%。全力推进社会保障扩面、提标，持续扩大住房公积金覆盖面。开展长三角卫生健康协作，优化跨省异地就医门诊费用直接结算。完善退役军人服务保障体系，落实优抚安置政策。更好发挥社会救助兜底保障作用，统筹救助资源，推进救助主体社会化、多元化。持续深化阳光扶贫走访，优化重疾险等救助政策，提升困难群众精准救助水平。加大养老服务供给，建设2个区域性养老服务中心和15个日间照料中心，新增护理型床位200张。深化国家殡葬综合改革试点，加快节地生态殡葬设施建设。

坚持均衡、优质协同，改善公共服务。提高教育资源供给水平，启用东山中心小学附属幼儿园等6所学校，推进苏苑高级中学等12所学校新改扩建，启动独墅湖中学等13所学校建设。坚持“五育”并举，根据中高考新模式，深化教育教学改革，不断提高教育质量。支持民办教育健康发展，加快推进教育集团化办学，深化职业教育“产教融合”，新增市级特色学校5所。持续推进城镇小区配套幼儿园和学前儿童看护点治理，加大普惠性幼儿园建设力度，创成省、市优质幼儿园5所。拓展学校课后延时服务，进一步规范校外培训机构。扎实推进健康中国行动，完善现代医院管理制度。加快吴中人民医院新院区、太湖新城医院等医疗卫生机构建设。健全分级诊疗制度体系，做强基层卫生人才队伍和医疗服务品牌，提升儿童医疗卫生服务水平，新增2家省级中医药特色社区服务中心。推进社会心理服务体系建设试点。优化文体设施布局，开放吴中区博物馆，推进孙子兵法博物馆建设，实现基层综合性文化服务中心全覆盖。精心雕琢大运河文化带（吴中段），打造集观光、文化、健身等功能为一体的大运河吴中名片。继续办好苏作文创峰会。扩大“书香吴中”“文化云”品牌影响力，优化一批文体服务场馆开放时间，做优十分钟体育休闲生活圈。

坚持防控、处置协同，夯实治理基础。牢固树立安全发展理念，坚决落实安全生产责任制，严格落实安全生产专项整治、反馈问题整改等各项工作，进一步加强防灾减灾、城市安全等工作，加快建设应急管理综合应用平台，推动安全生产形势平稳向好。深化平安吴中创建，纵深推进扫黑除恶专项斗争，持续开展“意识防”反诈骗宣传专项行动，严厉打击“套路贷”等非法金融活动，切实增强群众安全感。继续实施天穹计划，提高社会治理智能化、专业化水平。扩大“吴地法韵”公共法律服务品牌影响力，创成全省“七五”普法先进区。完善网格化联动机制，深化诉调对接吴中模式，着力化解信访突出问题，确保社会大局平安稳定。深化“三社联动”，打造“古樟议事”品牌，推进省级现代社区治理创新实验区试点。进一步规范物业管理，促进物业服务行业健康有序发展。加强食品药品安全监管，创建省级食品安全示范城市。加强国防动员和民兵预备役建设，做好双拥优抚安置。充分调动社会各方面参与发展的积极性，支持民主党派更好发挥参政议政作用。切实做好森林防火、防汛防台、气象服务、对口帮扶等工作。

五、服务效能“争优”，在加强自身建设上实现新突破

坚持开放、务实导向，提振干事激情。高质量编制“十四五”规划。更加主动融入“一带一路”、长江经济带、长三角区域一体化发展等重大机遇，充分发挥毗邻园区的地利之优，主动承接苏州自贸区溢出效益。创新开放理念，强化开放要素整合，拓展双向开放空间，在开放再出发征程上站得更高、走得更远。深入推进学习型政府建设，提升政府工作人员专业素养和干事能力。不断优化工作方法，有效增进政府政策和市场机制的契合度、与百姓期盼的匹配度。强化问题导向和目标管理，全面落实“工作项目化、项目目标化、目标节点化、节点责任化”要求，对区委确定的重点工作、重点任务，以钉钉子精神，一件一件抓落实、一项一项求突破。用好用活鼓励激励、能上能下、容错纠错“三项机制”，形成狠抓落实、务实担当、创新求进的良好氛围。

坚持法治、为民导向，打造有为政府。全面落实法治政府建设情况报告制度，加强重大行政决策事项目录化管理及重大行政决策风险评估，完善规范性文件法治审核和备案制度。深入推进综合行政执法体制改革，强化重点领域执法监管。认真做好行政复议、应诉工作。主动接受区人大及其常委会工作监督，认真落实其决议决定和重大事项报告制度。自觉接受区政协民主监督。高度重视代表建议、政协提案办理工作，提高办成率、确保满意率。牢固树立以人民为中心的发展思想，切实坚守初心、担当使命，全心全意为群众做好事、办实事、解难事，深化基层走访调研，高标准实施区人代会确定的新一轮民生实事项目，高质量办好政府公共服务热线、领导信箱诉求。加强重点领域政府信息公开，保障群众的知情权、参与权、监督权。

坚持廉洁、清正导向，全面从严治政。切实把严守政治纪律和政治规矩放在首位，严格落实党风廉政建设责任制，认真履行“一岗双责”，完善重点领域风险防控机制。坚决贯彻落实中央八项规定精神以及省、市、区委各项规定，紧盯“四风”

问题新表现，持续开展形式主义、官僚主义集中整治，不断深化作风建设。牢固树立过紧日子意识，全面推进预算绩效管理改革，加强三公经费管理，继续压缩一般性支出，增强财政资金使用的精准度和实效度。扎实推进审计监督全覆盖，增强审计监督绩效。坚持用制度管权、管事、管人，强化政府内部权力制约，坚决查处不正之风和腐败问题，营造风清气正的良好政治生态。

各位代表，风来潮起，自当扬帆破浪；任重道远，更须策马加鞭。让我们更加紧密团结在以习近平同志为核心的党中央周围，在上级党委、政府和区委的正确领导下，紧紧团结和依靠全区人民，提振精神、克难奋进，只争朝夕、不负韶华，为当好新时代高质量发展“优等生”、决胜全面建成小康社会奋斗担当、奋勇前进！

媒体聚焦

苏州吴中区：当好高质量发展的“优等生”

10年前，苏州吴中区临湖镇灵湖村是脱贫帮扶重点村，该村面积4.3平方千米，拥有3.6千米太湖湖岸线，80%辖区面积在沿太湖1千米生态保护区内。当时，34岁的沈卫东刚接任村党总支书记，面对的困难很多：村级收入渠道单一，每年收入仅100万元左右，村级固定资产少、村级负债多、生态保护任务重……

近年来，灵湖村发挥生态森林资源优势，兴办文化旅游产业，先后开发10多个富民项目，形成“美丽经济”产业链……灵湖村发生蝶变：2015年脱贫“摘帽”，2017年村级稳定收入870万元，今年有望突破1300万元。

在11月17日吴中区举办的以“同心追梦说初心”为主题的初心故事分享会上，沈卫东分享了一个“初心故事”：1999年3月，他在部队入党时，老班长问他为什么要入党，他回答：“建设家乡，服务群众。”如今还在坚持“初心”的他感动现场很多人。

通过先进典型分享初心故事，围绕“三优三态”高质量发展目标，鼓励党员干部做好新时代高质量发展的“优等生”，这是吴中区在“不忘初心、牢记使命”主题教育期间的一些具体举措。

“目前，吴中区正抓紧建设‘生态涵养发展实验区’，为生态环境敏感地区高质量发展作出有益探索。”苏州吴中区委书记唐晓东说。近年来，吴中区积极践行“两山”重要思想，切实把生态优先作为推动高质量发展的重要抓手、创造高品质生活的重要内容，努力把生态优势转化为发展优势，在有风景的地方发展新经济。

涵养最优山水生态

几年前，吴中区木渎镇天平村是远近闻名的富村，每当夜幕降临，这里的商业街灯红酒绿，人山人海。“大街上花花绿绿，孩子们晚上都不敢出门。”天平村党委书记钱建华说。腰包鼓了，老百姓凝聚力却不强，街区如何转型也成为他的“烦心事”。

2011年，天平村正式决定腾退低端低效商业体。5年后，王森西点学校入驻，这家专门培训烘焙技能的学校，每年有1万名年轻人来此求学。商业体腾退带来的负面效应，老百姓租金收入骤降，很多人开始抱怨。当时还是村委会主任的钱建华顶着压力坚持，“肯定会有阵痛，如果转型不成功，所有责任我来承担。”

今年，吴中区把村（社区）带头人队伍建设作为基层党建工作“一号工程”。6月，钱建华参加吴中区组织的“新时代·新接力”乡村振兴后备人才学习成长营。通过学习，他更加坚定此前“做大特色，做强文化”的选择。今年，“王森特色文化街区”完成村租金收入2200万元，商业街顺利完成转型。

山水人文是吴中的根。据了解，吴中区生态红线区域占全区面积的87.1%，是江苏全省生态红线区域最大的区（县）。自2001年撤市建区以来，吴中区坚持“生态立区”，每年将预算内可用财力的10%用于太湖治理，目前已累计投入超150亿元。

此外，吴中区具有深沉厚重的人文底蕴，被称为“苏作工艺”发源地。光福镇是“中国工艺雕刻之乡”，这里汇聚了各种门类的青年手工艺人，出生于“明仕阁”红木世家的“85后”青年史志晔就是其中之一。2018年3月，在团吴中区委支持下，史志晔创办了青年手艺人协会。

两年来，他们与“国大师”们一起参加国内外文化交流，牵头承办了长三角友好城市青年手工匠人发展大会，并经常组织大伙儿参观新四军太湖游击队纪念馆等红色教育基地“寻找初心”，然后创作写生。前不久，在光福镇指导下，协会还成立了党支部，不少青年手艺人主动递交入党申请书……

构建最优产业质态

2017年，34岁的褚文强放弃在英国“钱多活少”的工作，加盟苏州汇川技术有限公司。他希望突破关键技术，做出有世界竞争力的产品。他遇到第一个“最难啃的骨头”是高速降噪，这是业内公认的技术难题。他带着团队每天工作近15小时，两周内完成百余个方案计算，最终顺利通过噪音考核。

在褚文强看来，吴中区引进人才的“保姆式”服务，帮助他们解决了后顾之忧，“除了帮助申请人才计划、提供安家补贴，还帮我解决了孩子就近入学问题，让我有更多时间专注研发。”

如今，汇川技术公司陆续引进400多名高层次人才。今年5月，该公司还荣获江苏省科学技术奖一等奖。

这些年来，吴中区加快集聚高端创新要素，着力引进培育一批孵化器、加速器、初创企业，营造一流创新生态。

2013年，青年企业家刘斌创办的苏驼通信公司落户吴中区胥口镇，他享受了政府提供的优惠租金，“一年节约100多万元，省下来全用于研发”。

随着5G实现大规模商用，刘斌看中了5G光模块的巨大市场潜力。当得知中科院半导体所正在研究该技术，胥口镇政府的负责人专程陪着刘斌到北京拜访，最终两家顺利签约。有了“技术撑腰”，苏驼通信公司也得到政府“东吴贷”等金融产品的支持。

“东吴贷”是吴中区同江苏省信用再担保机构和27家银行，共同推出的科技人才企业信贷风险补偿型金融产品，授信额度总额10亿元，重点支持中小微型科技企业。

这样的金融产品在吴中区还有很多，而这都是吴中区坚持“问需于企、问计于企、送策于企”的具体举措。在主题教育活动中，吴中区组织“当好高质量发展‘优等生’”大讨论，鼓励青年干部拿出“真本事”解决企业人才的“烦心事”，让企业安心投资、顺心办事、舒心创业，通过全面优化区域发展生态，全力全速推动企业高质量发展。

打造最优城乡形态

30岁的黄翠翠发现城市社区也能有“大作为”。她从河海大学社会学专业硕士毕业后，到一家社会组织工作。2018年5月，苏州吴中高新区社会创新发展中心成立，她担任负责人。作为社会创新发展的枢纽型组织，该中心的目标是解决社区社会治理难题。

吴中高新区位于吴中中心城区，对优质资源要素承载能力不足，导致部分社区公共服务滞后，城乡社区居民多元化、专业化和个性化服务难以满足。2018年，该中心投入100万元，根据百姓需求，对外征集了10个项目。随着成熟社会组织的入驻，服务效果逐渐显现。

从今年开始，该中心瞄准“内生型社会组织”，“社区里有一些公益人士，他们分布散，但作为社区一分子，他们的服务能力可持续性强。如果好好培育，将来会越来越专业。”黄翠翠说。今年他们对外征集15个项目，其中有6个属于“内生型社会组织”。

如今，他们深入学习贯彻党的十九届四中全会精神，走出一条“三建共建”（党建、群建、社建）引领“三社互动”（社区、社会组织、社工）的基层社会治理新路子，进一步画好最大同心圆，提升了治理现代化水平。

2017年，吴中区成立社会综合治理联动中心，将整个吴中区分成893个网格，选聘325

个网格巡察员。老百姓的任何举报，都能立即响应。今年上半年，该中心共受理工单447042件，办结率为98.43%，群众满意度为98.36%。

除了解决历史旧账中积累的“疑难杂症”，吴中区也关注着快速发展带来的“成长烦恼”。目前，国内规模最大、结构最复杂的地下空间在太湖新城“诞生”。总共44千米的地下综合管廊内，集中铺设了电力、排水、燃气等市政管线，所有管线都是统一规划、建设、管理。尽管造价达1千米1亿元，但仅节约土地一项，就远超综合管廊的建设投资。

苏州的冬日有些寒冷，但由吴中区委组织部、团委等部门组织的“青年干部特训营”却异常火热，活动帮助青年干部更好地学深悟透新思想，启发创新思维，激励他们为“再创一个激情燃烧、干事创业的火红年代”展现青春作为。

（《中国青年报》，2019年12月23日）

科技农旅融合发展　江苏吴中走出农村产业融合新路径

推进农村一二三产业融合发展，是深化农业供给侧结构性改革、推动乡村产业振兴的重要途径。近年来，我国农村产业融合发展加快，“农业+”多业态融合明显。在苏州吴中区，通过因地制宜创新探索，当地农村产业链、价值链、生态链不断转型升级，走出了一条农村产业融合、农民增收的“吴中路径”。

20人种6000亩地

科技融合升级农村产业链

8月15日下午，在吴中区临湖镇，40岁的罗明超驱车来到了“高标准农田区”，从一旁机房里取出无人机，利索地灌药水、调机位、按下遥控按钮，无人机便自动按照规定线路开始喷洒。

2018年，临湖镇联合环太湖七个农业村，组建了镇级农业合作社联合社，整合土地6700多亩，积极培育新型职业农民开展精细化、规模化种植。探索实行了“1+4”模式，即1个种田能手、3个农机手+1个无人机手，以老带新推动产业发展。原来在企业工作的罗明超随即加入其中。“现在农民早不是以前的面朝黄土背朝天了。”罗明超说。现在从插秧、施肥、收割到最后烘干变为成品大米，都实现了全程机械化。20个本地职业农民可以种植6000亩高标准农田。

特别是1100多亩的核心区农田，更是“智慧种植”。农田里安装了智能监控、小型气象站、土壤传感器、智能阀门等设备。气象站可实时监测空气污染、雨量、温度等数据。埋于地下的土壤传感器，可提供土壤温湿度、pH值等。农田里39个灌溉站布置了监控及智能电器柜，可实现远程操作。“智慧农业大大节约了人力成本，实现了集约化、规模化经营。”临湖镇党委副书记仉勇说。在苏州吴中这样的经济发达地区，传统农业规模并不大，“样样有一点，样样一点点”的发展瓶颈日益突出。为此他们依靠科技力量实现了农业规模化。

在种好“一粒米”的基础上，临湖镇以农业为基础，全力打造一二三产业融合的“苏州太湖现代农业示范园”。该镇成立了农产品销售、农业旅游、建设发展等公司。针对全镇大米、水产等特色农产品组建专业团队，注册了“江南味稻”“吴小米”等品牌，加快发展特色农产品深加工。同时，临湖镇将农业体验作为农文旅发展的品牌，引入稻田画、自然农法种植基地，开设苏州乡村振兴学堂等，努力打造“太湖农业体验小镇”。目前，临湖镇已形成了农业、农村旅游体验、民宿等业态的融合发展，2018年全镇农民人均纯收入达3.5万元。今年6月，太湖现代农业示范园成为苏州首家获批的“国家农村产业融合发展示范园”创建单位。

近年来，吴中区大力提升农业科技支撑，激发农业高质量发展内生动力，2018年全区粮油全程机械化率达到86.7%，建立了4个物联网技术应用示范区，认定市级“智慧农业”示范基地2家。市级以上农业龙头企业资产总额17.8亿元，年产值82亿元。

小村庄变身“网络农场”

文旅融合拓展价值链

在临湖以农业为基础探索发展产业融合的同时，在吴中区角直镇，文旅融合成为当地农民增收的新途径。

在该镇瑶盛耕趣农乐园，56岁的村民金凤英正在一间民宿的庭院里擦拭桌子。白色遮阳棚上爬满青藤、原木的餐桌、脚边各种花草和一旁被风吹得微微晃动的秋千，恬淡的田园气息让人身心舒畅。在这个农乐园里，总计有11幢经过精心修葺改造的农家小楼。此外还有200多亩农产品体验采摘区及140亩适合露营、拓展的滨湖区。而一年多前，这里只是一个名为“上星其”的偏僻小村，只有11户村民。

2018年，角直镇决定从满足城市休闲旅游的需求出发，深化探索农旅融合。上星其村成为试点，当地政府和专业公司合作，建起了农乐园。作为11户原住村民之一，金凤英和丈夫第一个签字同意，出租了自家三层小楼，相关部门每年支付7万元租金，并免费进行修葺改造，打造成民宿。同时，金凤英告别了田埂上的农活，成了农乐园里民宿的后勤人员。金凤英说，之前在家务农一年收入两三万元，现在除了每年固定7万元租金，每月在民宿工作还能赚3000多元。“这里的工作肯定要比种田省力，老房子也翻新了，挺好的。”

而在附近另一处名为“飞角农旅”的农乐园，也是将原地块13户民居房改造作为农旅民宿及配套设施，开出了集创意农业、农事体验于一体的田园综合体。与众不同的是，这里还有30余亩现实版“开心农场”。农场被划分为一块块100平方米左右的小农田，用户可在网上认领，通过物联网技术进行“远程种植”。

通过田埂上的摄像头，用户在网络另一端就可以实时看到自己租赁的农田，手机上点击浇水，现场会启动自动喷灌，按下施肥、除草等按钮可以网上派工，会有工人进行操作。农田丰收后，可以到现场采摘也可以要求把果蔬快递到家。而服务“开心农场”的工人，就来自当地农村。“这样他们既可以每年获得出租房子的收益，还可以通过干农活来赚工资。”飞角农旅负责人邵华说。

近年来，吴中区依托优美的自然环境积极探索农文旅融合，构建了产业融合、全域联动的大旅游发展格局。全区形成了三山岛、柳舍、旺山等多个民宿聚集区，2018年底民宿总数达到800余家，客房超过5000间，床位过万。2018年吴中区组织申报“全国休闲农业与乡村旅游星级示范”项目1个，休闲观光农业精品村3个，“主题创意农园”1个，市级田园小综合体示范基地10个，全年休闲观光农业收入超6.4亿元。

蟹塘成“小镇绿肺”

生态涵养优化生态链

“绿水青山就是金山银山”，在大力发展农村一二三产业融合的同时，吴中区也积极推进农业与生态的融合。

8月22日下午，在吴中区牛桥村，潘百元正驾驶小船在自家蟹塘里巡查，不远处是烟波浩渺的太湖。他养殖太湖蟹已有10多年，原本在太湖里有10多亩围网。2018年5月，为改善太湖水环境，吴中区实施了太湖围网拆除，130多天后2.7万亩、1805本养殖证100%签约完成。潘百元这样的蟹农便上岸养殖塘蟹，政府则给予相关帮扶，帮助其对蟹塘进行生态改造。潘百元说，现在家里的蟹塘设置了尾水净化处理区，通过排水渠道、生态吸附网膜、植物净化系统，构建了三级净化系统，实现了进排水分离。如今，这些传统池塘都被打造成了生态养殖基地。池塘尾水处理后可达到Ⅲ类水标准，池塘变为了乡村新氧源，乡镇新绿肺。

2018年开始，吴中区在东山、金庭及部分太湖水域规划建设285平方千米的生态涵养发展实验区，实施生态要素“山水林田湖草”一体化保护与修复，通过实施生态涵养、系统治理来打通各生态要素循环联系，不断提升太湖生态环境。同时，积极鼓励环太湖地区大力推进禁建区内土地复垦、生态修复、高标准农田建设等，腾出建设用地指标。通过以建设“减法”换生态“加法”、效益“加法”，推动环太湖地区内生发展。

“月月有花、季季有果、天天有鱼虾，这是吴中区的真实写照，吴中区农业的特点是‘小而特，少而精’。”吴中区相关负责人表示，在推进乡村振兴战略过程中，吴中区坚持优先发展农业农村的理念，坚持科技引领做大做强传统农业。在此基础上因地制宜，积极探索融合新业态，同时坚持生态优先，推动现代农业向多功能、绿色化、可持续方向发展。“这样逐步放大一二三产业融合发展的乘数效应，打通从‘绿水青山’到‘金山银山’的转化渠道，最终实现农民增收，这是乡村振兴的核心任务和根本落脚点。”

（新华社App，2019年8月27日）

“太湖之心”全力迈向“国家湾区”

12月15日，《苏州生态涵养发展实验区规划》重磅发布。根据《规划》，苏州市吴中区东山、金庭两镇及周边太湖水域被划定为实验区建设主体范围，总面积约285平方千米。其中，陆域面积168.6平方千米，水域面积116.4平方千米。

太湖洞庭东、西山，有着“太湖之心”的美誉，随着这个历时一年多编制的《规划》正式落地，一项彰显苏州“雄心”的重大布局也终于揭开面纱：到2035年，实验区将打造成为体现生态文明的“太湖典范”和国家绿色经济示范区、长三角休闲交往中心、中国外交会议重要基地，“太湖之心”将在更大的保护中，朝着新经济集聚区的“国家湾区”全力迈进。

先行先试

为长三角生态涵养积累经验

太湖的生态屏障地位，再一次上升到新的高度。

本月初，中共中央、国务院印发《长江三角洲区域一体化发展规划纲要》，强调“把保护和修复生态环境摆在重要位置，保护好长三角可持续发展生命线”，要求一市三省积极践行“两山”重要思想，打造长三角生态优先绿色发展样板区。

建设绿色美丽长三角，太湖不可缺位，苏州不可缺位。翻开长三角地图可以清晰看到，太湖犹如一颗碧绿的钻石，镶嵌在长三角腹地，是名副其实的长三角“生态绿心”。同时，太湖也是苏锡常地区的水源保护地、江南水乡文化的核心。对于地处苏浙沪两省一市交界、拥有太湖四分之三以上的水域面积的苏州来说，守护好太湖，无疑是守护长三角可持续发展生命线的关键。

实际上，苏州多年来一直坚持“守着太湖八分水，做足太湖十分美”。仅以吴中区为例，从建区以来，这里每年将预算内可用财力的10%左右用于太湖生态治理，截至2018年底，已累计投入约130亿元。“近年来，我们更是从严管控生态红线，对太湖强化湿地保护、芦苇收割管理、蓝藻打捞水草养护、沿岸水体保洁、饮用水水源地保护‘五位一体’综合长效管理。”苏州市吴中生态环境局副局长杨飞镛介绍。特别是近两年来，苏州大力整治太湖网围，并对沿太湖3千米池塘养殖全面标准化改造和退渔还湿、退渔还种整治，让一湖碧水长清。

一体化进程加快，让太湖的保护和发展，不再是苏州一家的事。“建设绿色美丽长三角，需要先行先试，还要系统推进。长三角区域内各地应各自承担起相应的责任和义务，不仅在生态方面环境上形成共治，更要匹配长三角区域的生态资源，打破行政边界，在功能体系布局上实现统筹安排。”《规划》主要制定者、中国城市规划设计研究院副总规划师邓东说。实验区的建设，就是在苏州市域范围内，先行探索一种打破行政边界，破除限制绿色发展的体制机制壁垒的模式，将来为长三角生态涵养形成可复制可推广的经验。

抢抓机遇

“太湖之心”发展困局加速破题

苏州天堂之美在于太湖美，这在实验区划定的主体区域，体现得尤为明显。

——285平方千米内，不仅拥有太湖国家级风景名胜区、三山岛国家级湿地公园、西山国家级森林公园，还拥有国家级历史文化名镇1个、省级历史文化名镇1个、国家级历史文化名村5个。此外，这里季季有果、月月有花、天天有鱼虾，碧螺春、枇杷、杨梅、太湖三白、太湖大闸蟹等丰富的物产，令人心驰神往。

这里的发展短板同样突出：虽然每年有大量游客涌入这里，但业态层次仍然比较低，优美的山水环境，目前还未转化成高价值的生态度假和旅游产品；古镇古村、苏工苏作等文化遗产，尚未转化成文化品牌、产品和影响力；独特的物产，三白、茶果等高端绿色农产品价值还未突显；“生态绿心、太湖之心”的区域价值，并未产生与之相匹配的影响力。

在规划组专家看来，这里的发展还面临“政策性”制约。实验区各类管辖主体叠加，有环保部门划定的生态红线，有自然资源部门划定的永久基本农田，还有水利部太湖管理局管辖的太湖水域，不同类别，不同层级的规划、条例，对同一空间的管控要求不同，空间管制分区及管制边界相互嵌套。

“保护的约束，让这里成为苏州经济最为薄弱的区域之一，基础设施建设水平和公共服务能力和区外差距较大。而且从苏州现行的生态补偿机制来看，原两镇年生态补偿资金总额约为7000万元，实验区内村庄大部分为经济相对薄弱村，保护要求高，补偿缺口大，经济发展的‘死扣’很难解开。”邓东说。

“太湖的区域生态文化环境在国内独一无二，这是苏州实验区的特色和优势，但目前的发展现状表明，原有的保护机制和模式必须打破，试验区的建设是一个机遇，将加速发展困局的破题。”苏州生态涵养发展实验区专家委员会成员、北京大学深圳研究生院副院长曾辉表示。

统筹布局

四大路径助力“国家湾区”建设

建设生态涵养发展实验区，弄清“生态涵养”概念是关键。在国家生态环境保护专家委员会委员、苏州生态涵养发展实验区专家委员会成员胡保林看来，“生态涵养”区别于“生态保护”，在生态保护的基础上还包含对人类利用自然环境的科学管理。

“概括来说，生态涵养区是落实中央生态文明发展理念，以促进富民就业为核心目标，以加强生态保护、生态修复和生态建设为基本要务，以探索发展生态友好型产业、在生态优良的地方培育‘新经济’为主要职能的特殊政策区。”胡保林说。

那么具体到苏州，这个特殊政策区该如何布局？规划给出明确答案：将通过“保山水、惠民生、促转型、创机制”四大路径，并通过建立林木覆盖率、水体能见度、PM2.5年均浓度、居民人均收入增长率、绿色优质农产品比重等21项指标体系，全面推动实验区建设。

一项项具体项目支撑起四

大路径的推进。在治理生态环境方面，实验区规划10类50个项目，比如将在全域大力清退太湖围网和养殖池塘；改善民生服务方面，通过7类22个项目，补足教育、医疗、养老等社区公共服务设施；促进产业转型方面涉及5类25个项目，比如结合生态文化优势，利用长三角一体化契机，承载国家级会议、对外交往中心等新经济功能，发掘如东山宾馆、金庭矿坑修复综合开发项目等发展庄园外交、休闲外交、旅游综合体的潜力；在共建合作机制上，既要理清管控体系，明确各保护空间边界和保护要求，实现“多规合一”，又要建立差异化考核机制、深化生态补偿机制，让政策叠加形成合力。

“项目的落地将得到强有力的财政支撑。市财政通过对实验区乡镇予以定额补助，对农用地、生态红线区域进行补偿，提高实验区项目市级补助比例等方式，从推进生态高水平保护、促进产业高质量发展、提升公共服务和民生保障水平、探索新型财政支持和考评体系等。”苏州市副市长王翔表示。

路线图排定，时间表也愈加清晰。根据《规划》，到2020年，初步建立生态涵养发展实验区；到2025年，基本建成生态涵养发展实验区；到2035年，全面建成生态涵养发展实验区，届时，这个面向世界的“国家湾区”将以怎样的面貌呈现出来？令人期待。

（《新华日报》，2019年12月20日）

文件选编

关于深入推进社会治理“一张网”建设的指导意见

吴委发〔2019〕1号印发

各镇、街道（场）党（工）委、政府（办事处），区级机关各部门，度假区、开发区、高新区党工委、管委会及所辖各部门，农业园区、太湖新城：

根据省委办公厅、省政府办公厅《关于创新网格化社会治理机制的意见》（苏办发〔2017〕57号）精神，按照我区社会治理“一张网”体系建设要求，为进一步做实做强基础网格，充分发挥网格化管理在基层社会治理中的基础性作用，全力打造“吴中联动升级版”，现就深入推进社会治理“一张网”建设提出如下指导意见：

一、指导思想

深刻领会和准确把握十九大精神的思想精髓和核心要义，以习近平新时代中国特色社会主义思想为引领，根据中央、省、市关于创新社会治理的决策部署，坚持以“网络+网格”的联动机制为基础，以“互联网+大数据”的信息化手段为支撑，最大限度地整合和利用基层社会治理各类资源，夯实网格基层基础，充分发挥网格在党建服务、信息采集、便民服务、矛盾化解、隐患排查、治安防范、人口管理、法治宣传、心理疏导等方面的作用，不断提升社会治理社会化、法治化、智能化、专业化水平。

二、基本原则

1.坚持党建引领。将深入推进社会治理“一张网”建设与加强基层组织建设相结合、与加强基层服务管理相结合、与党员干部“六个一”大走访常态化制度化相结合，把支部建在网格上，使党建嵌入城乡发展最基本单元、服务落实到社会治理最基层一线，充分发挥党组织在网格化社会治理中的引领作用和战斗堡垒作用。

2.坚持条块结合。进一步厘清区、镇（区、街道）、村（社区）和网格四级权责，坚持条块结合、以块为主。各镇（区、街道）要发挥“块”的作用，科学统筹、有效下沉基层社会治理各类资源，实现职能关口前移、重心下移、资源下沉、权力下放。区各有关部门要发挥“条”的作用，梳理网格内的事项责任清单，做好业务培训指导、监督考评等工作。

3.坚持数据共享。以区社会治理大数据平台为依托，以“打通链路、一网覆盖”为基本思路，规范“人、地、事、物、组织”信息采集标准，统一数据存储。通过运用大数据技术、信息化手段，并联挖掘重大热点难点问题和安全隐患。建立信息数据共享、部门联动、综合研判、应急处置于一体的信息化工作体系，及时排除、预警、化解、处置各类风险隐患。

4.坚持因地制宜。各地各部门要主动服务大局，对照工作要求，根据自身实际，因地制宜确定社会治理“一张网”建设的目标、任务、方法、步骤等，既要防止出现“一刀切”，又要避免各自为战、推诿扯皮。

三、工作目标

通过深入推进社会治理“一张网”建设，运用系统化思维，推动职能、资源、力量等社会治理要素的科学统筹、有机整合和有效下沉，将网格打造成采集信息、发现风险的第一感知触角，化解矛盾、消除隐患的第一前沿阵地，便民利民、解决问题的第一服务窗口，群众自治、多元参与的第一共治平台，从而促进吴中长治久安、人民安居乐业。

四、工作任务

1. 优化调整网格。根据省委办公厅、省政府办公厅《关于创新网格化社会治理机制的意见》文件要求，城市社区以居民小区、楼栋等为基本单位，农村以自然村落、村民小组或一定数量住户为基本单位（原则上按照常住200—300户，人数控制在1500人以内），统一划分设置基层社会治理综合网格（即三级网格），做到不留空白、不留盲区。人口密集区域可根据实际情况，适当放宽户数条件。城乡社区内相对独立的行政中心、各类园区、商务楼宇、商圈市场、学校、林场、医疗卫生机构及企事业单位等，应建立专属网格。各镇（区、街道）要结合各地实际，根据人口适度规模、服务管理方便、资源配置有效、功能相对齐全的原则，重新梳理基层社会治理综合网格，把其中不符合规定要求、不利于管理和工作开展的网格，及时作出合理调整。（责任单位：各镇、区、街道。完成时间：2019年2月底。）

2. 夯实网格力量。各镇（区、街道）要强化属地责任，以党建为统领，整合巡查、服务、管理、执法等资源，按照基层社会治理网格"一长四员"要求，进一步夯实网格力量。网格长原则上由村（社区）"两委"班子成员担任，专属网格的网格长根据具体情况配备，网格长负责统筹协调网格内指导员、协管员、参与员、巡查员等各类基础力量，在网格内开展党建服务、信息采集、便民服务、矛盾化解、隐患排查等工作。网格指导员作为条线专业力量，由镇（区、街道）干部和社区民警担任，一人可兼任多个网格。协管员是村（社区）各类协辅力量。参与员是各类社会力量。巡查员是隶属于区联动中心的专职巡查人员，负责网格内各类信息、问题采集上报、巡查走访等。（责任单位：各镇、区、街道。完成时间：2019年2月底。）

3. 建立考核奖惩机制。各镇（区、街道）要将网格化社会治理工作纳入对村（社区）、职能部门绩效考核的重要内容。根据各网格成员工作职责，分类制定网格长、指导员、协管员的考评细则、奖惩办法和责任追究制度，将考评结果与人员的薪资报酬和职务晋升挂钩，参与员以正向激励为主，探索建立积分管理制度，不参与考核。（责任单位：各镇、区、街道，区联动中心。完成时间：2019年5月底。）

4. 组建全科巡查队伍。各镇（区、街道）要统筹安全生产管理员、环保监管员、消防文员、户口协管员等力量，组建全科巡查队伍，会同区巡查员共同开展网格内党建工作动态、企业安全生产、环境保护、消防、人口管理、治安防控、社情民意采集、基础信息排查等综合巡查工作，更加聚焦发现社会治理深层次矛盾和隐患。按照"一员多能"的要求，通过邀请专家进行专业帮带和巡查队员"老带新"业务交流等方式，不断提升队伍综合巡查能力。（责任单位：各镇、区、街道，区联动中心。完成时间：2019年3月底。）

5. 组建综合执法队伍。以镇域综合执法改革试点获批为契机，各镇（区、街道）全面启动以相对集中行政处罚权为主要内容的综合执法改革工作，加快整合现有承担监管职能的人员、区级部门派驻机构的人员、未设派驻机构的区级部门下派的执法人员，组建由镇（区、街道）党（工）委、政府（办事处）统一领导的综合执法队伍。区级相关部门应对其充分授权并进行业务指导，形成综合管理、综合执法、综合服务的工作格局。（责任单位：区委组织部，区人社局、编办、法制办，各镇、区、街道。完成时间：2019年3月底。）

6. 打通信息壁垒。区联动中心要加快完善社会治理全要素网格信息采集平台各项模块功能，建立集房屋、人口、党的组织、企业、社会组织、便民网点等基础信息、动态信息及社情民意等资料信息于一体的信息平台，实现信息“一次采集、多方共享”。建立信息安全等级保护制度，逐级签订信息保密协议。按照“应融尽融”原则，区级各有关部门要积极对上争取，通过“全网融合、接口互联互通、定期拷贝”等方式，主动与全要素网格信息采集平台实时对接，将信息资源充分融合到基层社会治理“一张网”，实现信息数据的“一张网”，为构建全区网格化社会治理大数据中心打下坚实基础。（牵头单位：区联动中心。责任单位：区级各有关部门。完成时间：2019年6月底。）

五、工作要求

（一）统一思想，深化认识。深入推进社会治理“一张网”建设，是我区加强和创新社会治理的一项重大决策，也是落实省委、省政府高质量发展考核的重要举措。各地各部门要充分认识社会治理“一张网”建设的必要性和重要性，在思想上、行动上与区委、区政府保持一致，自觉抓好工作推进。各镇（区、街道）党委、政府主要领导，要亲自负责社会治理“一张网”建设，分管领导要按照分工具体狠抓落实。区各职能部门要切实履行职能、提高站位，主动对接社会治理“一张网”建设，积极落实各项工作措施和要求，真正形成行之有效、常态互补的条块联动新格局。

（二）明确责任，密切配合。区委政法委要发挥牵头抓总作用，整体推进全区社会治理“一张网”建设。区联动中心要尽快出台社会治理“一张网”建设各项配套的实施细则，确保社会治理“一张网”建设有章可循。区委组织部要强化党建引领，将支部建在网格上，发挥组织优势，选聘优秀干部担任网格长。区编办、区法制办和相关职能部门要加强对镇（街道）综合执法改革工作的指导。民政部门要积极推进群众自治、社会组织参与和民生服务，推动更多社会力量参与网格化社会治理。综治、公安、规划、民政、司法、人社、住建、市容市政、交运、水利水务、卫计、市场监督、环保、安监、消防、国土、文体、旅游、民宗、信访、教育、农业等条线部门要主动将力量、信息融入网格，强化行业主管责任，认真制定纳入网格化管理的事项责任清单（具体可参照附件），明确信息采集要求和工作标准，加强工作指导和业务培训。各镇（区、街道）要加快统筹基层社会治理各类资源，积极开展全要素信息采集等，推进全科巡查队伍和综合执法队伍建设，确保社会治理“一张网”建设有序推进。

（三）强化保障，扎实推进。“按照责权利相统一、人财事相配套”的原则，建立社会治理“一张网”建设配合保障机制，实现基层社会治理规范化、制度化、长效化推进。区镇两级财政要加强对社会治理“一张网”建设的经费保障。各镇（区、街道）要积极为全科巡查队伍、综合执法队伍、网格“一长四员”、村（社区）联动工作站标准化建设等落实相应保障措施，提高工作人员的积极性。各地各部门要切实做好宣传发动，加强对各级领导干部、全体参与人员开展专题教育活动，把社会治理“一张网”建设的意义讲透、目标讲明、任务讲清、实效讲全，形成广泛共识，凝聚整体合力。

附件：略

关于促进吴中区科技创新高质量发展政策措施意见

吴政规字〔2019〕2号印发

为深入学习贯彻习近平新时代中国特色社会主义思想和党的十九大精神，落实国家和省、市创新驱动发展战略决策部署和相关要求，推动我区科技创新高质量发展，特制定如下意见。

一、培育高新技术企业，推动高新产业发展

1.对新认定的省（市）高新技术培育入库企业，每家补助5万元。对新认定的高新技术企业，每家补助15万元。

2.对新认定的市级高成长创新型培育入库企业，按市级下达补助经费一定比例予以支持。对新认定的江苏省创新型领军企业，每家补助20万元。对新认定的省、市级瞪羚入库企业，每家补助5万元。

3.对新认定的省科技企业上市培育计划入库企业、省农业科技型企业和省民营科技企业，分别给予10万元、8万元和1万元的资金补助。

二、引导企业加大创新投入，打造以企业为主体的科技创新体系

4.对新认定的国家、省级、市级的重点实验室、公共技术服务平台、工程技术研究中心，按认定层级分别给予200万元、50万元、20万元的资金补助。对新认定的省企业院士工作站，每家补助50万元。

5.对新认定的省新型研发机构，每家补助200万元。对新认定的市级新型研发机构，每家补助100万元。已获区财政建设专项支持的按就高原则不重复享受。

6.对获得市企业研发机构绩效补助的项目承担单位，按市级下达补助经费1∶0.5的比例给予资金补助。

7.企业年度研发费用稳定增长，且年投入在100万元以上的，对入库企业每家补助2万元，对研发投入增幅排前30家的企业每家补助10万元。支持企业实施重点研发攻关计划，对年度研发费用总量达5000万元的，给予100万元资金补助；超过5000万元的部分，每超1000万元，给予10万元资金补助。同一企业年度研发费用补助最高不超过500万元。上述研发费用奖励按就高原则，不重复享受。

8.对获得国家、省、市科技创新类奖项的企业，分别给予10万元、8万元和5万元的资金奖励。

三、推动科技创新服务，加速创新要素聚集

9.对新认定的国家级科技企业孵化器，每家补助100万元。对新认定的省级科技企业孵化器，每家补助50万元。对通过市级及以上绩效考核的科技企业孵化器，按上级补助经费1∶1的比例予以资金补助。

10.对新认定的市级以上众创空间，或通过市级绩效考核的，按上级补助经费一定比例，给予最高50万元的资金补助。

11.对获得市科技贷款贴息项目的，按贴息补助1∶0.5的比例给予最高30万元的支持；人才企业、高新技术企业获得上述项目的，比例提高至1∶1，最高不超过50万元。

12.实施年度技术合同备案企业入库补助。对新入库的企业，年登记成交额超过100万元的，每家补助5万元。对已入库企业，按技术合同年登记成交额的总量和增幅，给予最高100万元的资金补助。对获得市级补助的技术转移机构，按市级补助经费1∶1的比例，给予最高50万元的资金补助。

13.承办由区科技局发布的各类产学研活动，给予承办单位每场最高不超过30万元的资金补助。承办区内重大产学研对接活动、组织区内科技型企业赴国内外与知名大学、科研院所、企业开展科技合作交流等标志性活动的，根据相关资质及活动成效给予承办单位每年最高50万元的资金补助。

14.对与国外知名高校、科研院所、企业开展跨国联合研发、技术转移转化的，根据其实际成效，给予最高500万元且不超过项目实际投入50%的资金补助。

15.对新认定的国家级、省级、市级农业科技园（星创天地），分别给予30万元、20万元、10万元的资金补助。

16.对企业承担国家级科技专项，每家给予30万元资金补助；对企业承担省级科技专项，每家给予20万元资金补助；入库企业承担市区重点科技专项，每家给予10万元资金补助。对重大产业化示范引领项目，给予最高1000万元且不超过项目实际投入50%的资金补助。

17.对科技创新载体引进高新技术企业和高科技人才企业的，根据实际成效，实行企业房租补助和科技创新载体建设运营补助。对科技创新载体给予每家最高1000万元且不超过建设运营实际投入50%的资金补助。实施科技载体引才房租补助，新认定高层次人才企业入驻专业载体，给予每家最高300万元、不超过其实际支付租金50%的资金补助，对同一企业补助期限不超过三年。

18.对高新技术企业、外国专家、科技企业家、院士工作站、工程技术研究中心、重大产业化先导项目等区级认定入库的示范项目，按3万元/个先行补助。对当年度获得市级及以上引智基地、外国专家工作室，按上级补助经费1∶1的比例予以资金补助。对上级有明确支持要求的项目，按上级要求进行支持。对引进的重大科技创新载体和实施的重点科技项目，实行一事一议，另行安排专项支持。

四、附则

19.区科技局负责科技奖励等内容的形式性审查，制定具体方案。区财政局对科技经费拨款程序进行审查，下达科技经费。

20.本意见由区科技局、区财政局负责解释。

21.本意见自2019年1月1日起实施，有效期至2020年12月31日。

关于促进吴中区工业经济高质量发展若干政策措施意见

吴政规字〔2019〕3号印发

为深入学习贯彻习近平新时代中国特色社会主义思想和党的十九大精神，落实中央、省、市各项决策部署，培育工业经济发展新动能，加快打造现代产业体系，推动促进我区工业经济高质量发展，特制定如下意见。

一、促进产业转型升级

1.加快引进新兴产业重大项目。对技术设备投资不低于3000万元的战略性新兴产业重大项目，给予其不超过项目设备投资额8%的奖励，单个企业奖励最高不超过300万元。

2.促进关键技术成果转化。推进战略性新兴产业领域重大技术装备、重要共性关键技术项目产业化，对新兴产业类企业给予其不超过项目实际新增设备投资额8%的奖励，单个企业的奖励最高不超过100万元。对获得国家级或者省级首台（套）重大装备及关键部件、软件“首版次”创新产品认定的企业，分别给予最高不超过100万元和50万元奖励。

3.鼓励企业做大做强。对上年度销售收入首次超过50亿元和100亿元的工业企业分别给予100万元和200万元奖励。

4.做强区域产业链。鼓励企业区内采购，本区重点骨干企业采购区内企业生产的产品用于生产制造环节，且向单个企业年采购额超过1000万元，给予其不超过年采购总额2%的补助，每家企业最高补贴不超过200万元。

5.推动中小企业专精特新发展。对拥有核心自主知识产权、在细分行业名列前茅的专精特新企业，按照其在自动化、信息化、网络化、智能化方面的设备投入总额（含硬件和软件）给予不超过10%的补助，单个企业补助最高不超过100万元。对于已获认定的国家单项冠军、江苏省专精特新“小巨人”企业、江苏省专精特新产品和苏州市专精特新示范企业分别奖励100万元、50万元、20万元和10万元。

6.支持企业技术改造。对符合国家产业结构调整指导目录、企业经济指标良好、设备投资额在300万元以上的工业企业技术改造项目，给予其不超过技术设备实际投资额5%的奖励，最高不超过100万元。

二、加快工业互联网发展

7.培育壮大软件产业。对上年度营业收入超过500万元且近三年年均营业收入增长率超过15%的软件和信息技术服务企业，给予其当年度软件和信息技术服务业务收入较上一年度新增部分不超过5%的奖励。

8.促进工业软件发展。支持鼓励龙头制造企业、软件和信息技术服务企业大力发展工业软件，对于上年度新增工业软件业务收入超过2000万元且增幅超过15%的企业，按每新增2000万元给予10万元奖励，单个企业奖励最高不超过100万元。对被国家、省、市征集为工业互联网App典型应用案例的企业，分别奖励20万元、10万元、5万元。

9.支持企业研发上云。对使用区内企业建设运营的软件研发云平台服务套餐的企业给予云券补贴，单个企业云券补贴额度最高不超过200万元。

10.推进两化深度融合。对获得两化融合国家、省、市级示范认定的企业，分别奖励50万元、30万元和10万元；获得国家、省、市级两化融合试点认定的企业，分别奖励20万元、10万元和5万元；对通过工信部两化融合管理体系贯标评定的企业奖励20万元。对成功创建星级上云企业，按三星、四星、五星三个等级分别奖励5万元、10万元、20万元。对获得省级、市级工业互联网标杆工厂、示范企业认定的分别奖励30万元、10万元，对获市级工业互联网典型应用的企业奖励5万元。

三、优化产业支撑体系

11.推进企业创新载体建设。经认定的国家、省、市级企业技术中心和工业设计中心，分别奖励200万元、100万元和10万元。经认定的国家、省、市级的重点软件及工业互联网技术中心分别奖励100万元、50万元、10万元。

12.完善企业服务体系。对面向工业企业提供研发生产协同、一体化经营和精细化管理等智能制造专项技术诊断服务并提出实施方案的服务商给予补贴。经认定的国家和省级中小企业公共服务平台（含技术平台）、软件及工业互联网公共技术服务平台，按认定层级分别奖励50万元和30万元。

13.加强企业诚信体系建设。引导和推动规上工业企业建立健全信用管理制度，通过国家、省、市信用管理示范企业认定的，分别给予20万元、10万元和5万元奖励。

四、提升绿色发展水平

14.鼓励企业绿色改造升级。对企业应用节能新技术开展节能技术改造，年环比节能量在100吨标煤以上的，根据实际节能量按500元/吨标煤给予补贴。合同能源管理项目根据第三方审定的节能量按500元/吨标煤给予补贴。鼓励节能和循环经济新技术、新产品产业化、规模化推广，项目达产后按照当年销售收入的5%给予补助，单项补助资金最高不超过100万元。企业开展能源审计的，按照实际产生费用的50%给予补贴。经认定的三星级、四星级、五星级“能效之星”企业，分别奖励5万元、10万元和15万元。

15.支持资源循环利用。对废弃物再利用、资源化、减量化的循环利用项目，按照技术和设备投资额的8%给予补贴，单个项目最高不超过100万元。对通过清洁生产审核验收的企业给予每家奖励3万元。对获得国家、省级绿色工厂或绿色供应链称号的企业，分别奖励100万元和50万元。

五、附则

16.对于已经依据区政府的其他政策措施获得过资金奖励的企业，本意见不再重复给予资金奖励。

17.本意见由区工信局、区财政局负责解释。

18.本意见自2019年1月1日起实施，有效期至2020年12月31日。

关于促进吴中区商务经济高质量发展政策措施意见

吴政规字〔2019〕4号印发

为深入学习贯彻习近平新时代中国特色社会主义思想和党的十九大精神，积极有效拓市场、促消费、调结构、稳增长，高质量推进我区开放型经济和商贸流通业发展，全面提升商务经济发展水平，特制定如下意见。

一、推动对外贸易转型发展

1.推动外贸稳中提质。按照高质量发展要求对重点外贸企业进行综合测评，每年优选30家分三档给予奖励。第一档5家，每家奖励50万元人民币；第二档10家，每家奖励30万元人民币；第三档15家，每家奖励15万元人民币。

2.强化出口品牌建设。对当年新获省级、市级出口品牌（名牌）的企业，分别给予每个品牌一次性奖励15万元人民币、10万元人民币。

3.支持外贸转型基地建设。鼓励区内外贸转型升级基地积极开拓市场，对开展由商务部门委托举办市场开拓活动的基地，给予必要的经费补助，全年补助额度最高不超过20万元人民币。

4.扶持出口信用统保平台。对当年加入区级搭建的中小企业出口信用统保平台的企业（上年度出口额300万~1000万美元），实行保费全额补贴。

5.加强公平贸易救济。企业参加国际贸易纠纷的应诉、抗辩等进出口公平贸易活动或由于受到进口商品侵害而提出调查申请并被商务部立案的，给予律师费20%的资金扶持，同一案件扶持总额不超过50万元人民币。

6.支持服务贸易发展。对当年在苏州市服务贸易企业直报系统中新注册并完成数据上报的企业，每家给予1万元人民币奖励。对当年新认定的市级服务贸易创新发展试点园区、公共服务平台，每家给予10万元人民币奖励。对当年新认定的市级服务贸易创新发展重点企业，每家给予5万元人民币奖励。

7.加快发展服务外包。对商务部服务外包信息管理系统中通过审核的企业，其当年离岸执行额按市外汇管理局认可的离岸外包业务收汇额，每1万美元奖励300元人民币；其当年在岸执行额，每1万美元奖励

100元人民币。同一企业离岸执行额和在岸执行额奖励从高不重复享受，每家最高不超过80万元人民币。

二、促进利用外资及港澳台资提质增效

8.加大外资及港澳台资龙头项目引进力度。着力引进世界500强企业（不含房地产）、外商及港澳台商投资企业总部、功能性机构和外资研发中心，对新引进的世界500强企业，在开工后给予企业一次性奖励100万元人民币。对省商务厅认定的省级跨国公司地区总部和功能性机构，给予一次性奖励50万元人民币。对经省商务厅会同相关部门认定的外资及港澳台资研发中心，给予一次性奖励50万元人民币。

9.加快招引培育优质外资及港澳台资项目。符合我区产业发展导向，年度实际到账外资及港澳台资1000万美元及以上的外资及港澳台资产业项目（不含房地产），按照实际到账外资及港澳台资金额，每100万美元奖励1万元人民币，其中战略性新兴产业项目每100万美元奖励2万元人民币。单个项目累计奖励不超过100万元人民币。

10.鼓励外资及港澳台资企业做大做强。对符合我区产业发展导向、当年营业收入3亿元以上且增幅超过30%的外资及港澳台资企业给予奖励。其中：当年营业收入3亿~5亿元（含5亿元）人民币的，给予企业20万元人民币奖励；5亿~10亿元（含10亿元）人民币的，给予企业30万元人民币奖励；超过10亿元人民币的，给予企业40万元人民币奖励。

三、加快“走出去”发展步伐

11.鼓励和支持企业境外并购。通过并购，引进国际先进技术，提升核心竞争力。对境外并购中方协议投资额在500万~1000万（含1000万）美元的企业，补贴30万元人民币；中方协议投资额在1000万美元以上的企业，补贴50万元人民币。

12.支持“一带一路”沿线投资项目。对当年开业且中方协议投资额在50万~200万（含200万）美元的企业，给予一次性补贴5万元人民币；对当年开业且中方协议投资额在200万美元以上的企业，给予一次性补贴10万元人民币。对开展“一带一路”沿线投资相关培训活动费用给予支持。

13.鼓励企业开展对外工程承包。对当年完成的对外承包工程营业额100万美元以上的企业给予一次性补贴。其中：营业额在100万~500万（含500万）美元的，补贴20万元人民币；营业额在500万美元以上的，补贴30万元人民币。

14.支持开展投资促进活动。鼓励区内单位加大国内外投资和市场开拓力度，对参加各级商务部门组织开展的国内外投资、促进市场开拓等系列商贸活动的单位，给予适当经费补助。

四、推进商贸流通健康发展

15.促进社会消费稳定增长。对当年零售额1亿~10亿元（含10亿元）人民币的“限上”批发和零售企业，年零售额增幅达到10%（含10%）的，给予5万元人民币奖励，增幅超过20%的，每递增1%再增加奖励1万元人民币（累计奖励金额最高不超过20万元人民币）；对当年零售额10亿元人民币以上的“限上”批发和零售企业，年零售额实现正增长且增幅在7%（含7%）以内的，给予10万元人民币奖励，增幅超过7%的，每递增1%再增加奖励1万元人民币（累计奖励金额最高不超过30万元人民币）。对当年营业额达到2000万元（含2000万元）人民币且年营业额增幅达到10%以上（含10%）的“限上”住宿和餐饮业企业，给予10万元人民币奖励。

16.推进商贸业做优做强。推进大型商业、特色商业、社区商业的提升发展。当年新开设且已营业的建筑面积达3万平方米以上大型商贸企业，一次性补助30万元人民币。鼓励开展特色（著名）商业街、商旅文发展示范单位、社区商业示范社区的创建活动，对获得以上国家级、省级、市级荣誉称号的创建单位分别一次性奖励50万元、30万元、10万元人民币。

对新建且已营业的建筑面积达5000平方米以上邻里中心模式的社区商业中心，给予30万元人民币一次性奖励。

17.支持老字号传承创新。对新获国家级、省级、市级老字号称号的企业，分别一次性奖励50万元、30万元、10万元人民币。鼓励老字号企业开展新产品研发，按实际研发费用的50%给予补贴，最高不超过10万元人民币。

五、提升电子商务发展水平

18.提升电商交易规模。企业年度网上交易额每实现1000万元人民币（大宗商品生产资料电商平台每实现5000万元人民币），给予2万元人民币奖励；企业销售本地农副产品和特色手工艺品网上交易额达200万元（含200万元）人民币及以上，每100万元给予2万元人民币奖励；电子商务代运营企业年度服务费收入达500万元（含500万元）人民币及以上，每100万元给予2万元人民币奖励。单个项目奖励最高不超过30万元人民币。

19.支持电商载体建设。对建筑面积超1万平方米、运营半年以上且入驻企业50家以上的新建电子商务园区，给予50万元人民币一次性奖励。对运营半年以上、年度网销业绩达500万元人民币且交易用户超300家的新建电子商务交易平台，按平台建设软硬件投入的20%给予一次性补助，最高不超过50万元人民币。

20.推动跨境电商发展。对运营一年以上，为区内企业免费提供网上推送物流、通关等信息服务的跨境电商综合服务平台，给予年运营费用50%的补贴，最高不超过80万元人民币。在“境贸通”平台注册备案且年度跨境电商交易额达到1000万元人民币的企业，按当年度海关实际放行的包裹数量给予每个包裹2元人民币的物流补贴，最高不超过50万元人民币。支持跨境电商园区或跨境电商企业设立展示交易中心（体验中心），使用面积超过200平方米，按当年度租赁和设备投入费用的20%给予一次性补助，最高不超过30万元人民币。

21.鼓励电商品牌创建。对新获得商务部门认定的国家级、省级、市级电子商务荣誉称号单位，分别一次性奖励30万、20万、10万元人民币。

六、附则

22.对于已经依据区政府的其他政策措施获得过资金奖励的企业，本意见不再重复给予资金奖励。

23.本意见由区商务局、区财政局负责解释。

24.本意见自2019年1月1日起实施，有效期至2020年12月31日。

关于加快现代服务业高质量发展的政策意见

吴政规字〔2019〕5号印发

为积极融入长三角一体化发展等国家战略，进一步提升吴中区现代服务业高质量发展水平，努力打造“服务高地”，推动检验检测、软件和信息技术服务、研发设计、现代物流等生产性服务业向专业化和价值链高端攀升发展，制定如下政策意见。

一、推动生产性服务业做大规模

1.支持成长性企业加速成长。列入区服务业统计库中的检验检测、软件和信息技术服务、研发设计等鼓励类领域的生产性服务业企业，上年度主营业务收入不低于2000万元，且连续3年主营业务收入年均增速超30%（含），经认定后，一次性奖励每家企业20万元，每年支持成长性企业总数不超过10家。本意见执行期间，同一企业只享受一次。

2.支持工业企业主辅分离。多渠道培育发展生产性服务业，鼓励工业企业将企业内部的信息技术服务、研发设计等非核心业务从主业中分离出来。对分离出来、设立独立法人且在统计上按第三产业进行核算的生产性服务业企业，年主营业务收入首次达到1000万元、3000万元、5000万元和1亿元，且至少服务5家制造业企业的，经认定后，分别一次性奖励10万元、20万元、30万元和50万元。

二、促进检验检测产业加快发展

3.支持检验检测产业拉长产业链。对新引进（区外引进或新成立，下同）吴中区开展认证业务，经认定实缴注册资本达到1000万元（含1000万元）以上的认证机构，给予50万元的一次性奖励。对新引进以租房形式落户的列入世界500强或中国500强，且经认定实缴注册资本达5000万元（含5000万元）以上的认证机构，按500元/平方米/年补贴3年租金（补贴金额最高不超过300万元/年）。

4.支持检验检测企业提质增效。对通过检验检测资质（CMA）或国家实验室认可（CNAS）资质，且上年度检验检测服务收入首超3000万元、5000万元、1亿元、3亿元的检验检测企业或机构，分别给予10万元、20万元、40万元、100万元的一次性奖励。对新获批或新入驻的国家级检验检测中心，一次性奖励100万元。

三、助推现代物流业发展

5.支持物流企业上规模。对上年度主营业务收入首超1亿元、3亿元、5亿元的物流企业，分别给予20万元、40万元、80万元的一次性奖励。

6.支持物流企业提档升级。对新评定为3A、4A、5A的物流企业分别一次性奖励20万元、30万元和50万元；对新入围省级、国家级物流示范园区的物流园，分别一次性奖励50万元和100万元。

四、推动商务楼宇产城融合发展

7.支持商务楼宇提升发展。对上年度每平方米（按商务面积计算，下同）经济贡献（全口径，下同）首超3000元、5000元、8000元、1万元的楼宇（房地产企业除外），给予运营方20万元、30万元、50万元、80万元的一次性奖励。新引进且投入运营的金融创投、信息服务、科技研发、商务服务、检验检测等鼓励类生产性服务业企业，企业年度经济贡献达到1000万元以上（含），每引进一家一次性奖励楼宇运营方10万元。

8.支持商务楼宇提升服务环境。对确需实施基础设施完善提升的商务楼宇，进行包括外立面、公共部位、电梯、消防及安防、车库及停车系统、节能环保、信息化及智能系统、公共展示平台等整体硬件改造，经第三方审计投资额在500万元以上（项目工期原则为两年内），且上年度每平方米经济贡献超1000元的（房地产企业除外），对投资主体给予项目投资额的10%补助，单个项目补助标准最高不超过100万元。

9.支持打造功能型商务楼宇。楼宇商务面积5000平方米以上，入驻率达到70%以上（已出租商务办公面积/可出租商务办公面积），生产性服务业企业的同行业聚集度（同行业企业数量占比）达到60%以上，且上年度每平方米经济贡献超800元的（房地产企业除外），经认定同时符合以上3个条件的，给予楼宇运营方20万元的一次性奖励。

10.支持商务楼宇信息员队伍建设。对指定专人负责信息数据统计，且定期维护、更新楼宇信息数据的楼宇运营方给予3000元/年补助，专项用于鼓励楼宇信息员。

五、促进总部经济培育发展（金融服务业总部企业除外）

11.落户奖励。对2012年后在我区注册设立或引进，且经认定为区级总部企业，实缴注册资本5000万元以上的，按照实缴资本的1%予以补助；实缴注册资本2亿元以上的，按照实缴资本的2%予以补助；实缴注册资本5亿元以上的，按照实缴资本的3%予以补助。补助资金分5年兑现，每年20%，单户最高补助总额不超过3000万元。对于未享受过增资补助的本地现有区级总部企业，增资部分首次超过5000万元，增量部分分类参照享受补助。

对2012年后在我区注册设立或引进，且经认定为区级总部企业的，其本部租用自用办公房（不包括附属和配套用房，下同），按年度租金30%标准，连续补助3年，最高补助面积综合性总部不超过1000平方米，职能型总部不超过500平方米；其本部新建或购置自用办公房产，按租房补贴的同等标准给予补助；办公用房补助最高累计不超过500万元。办公用房补贴资金只能用于总部企业购置、建设或租用办公用房。经认定的本地现有总部企业，实缴注册资本首次增资超过5000万元的，按增资后需新增的办公用房参照享受补助政策。租房补助由区、镇两级按财政体制共同承担。

12.贡献奖励。对2018年1月1日之后引进并经认定的区级总部企业，按其上年度对区级经济贡献30%的标准给予一次性奖励，最高不超过500万元。对存量总部企业，按不超过其上年度对区级经济贡献增量部分30%的标准给予奖励，每年最高不超过500万元。奖励资金由区、镇两级财政按财政体制共同承担。

13.认定奖励。对新入选的市级总部企业，一次性奖励10万元。

六、支持服务业品牌和项目建设

14.支持争创服务业集聚区。对新入选的省级生产性服务业集聚示范区，给予50万元的一次性奖励；对新入选的市级现代服务业集聚区，给予20万元的一次性奖励。

15.支持创新示范项目。对新入选省互联网平台经济“百千万”工程重点企业、生产性服务业百企升级引领工程的领军企业，分别给予20万元的一次性奖励；对新入选市级平台经济示范企业、平台特色基地、创新示范企业的，分别给予20万元、10万元、10万元的奖励。对新获评中国服务业企业500强的企业给予100万元的一次性奖励。

16.支持服务业平台。服务业引导资金向生产性服务业平台类项目倾斜，经评审认定，对平台实际投入按10%进行补助，最高补助金额不超过200万元。

七、附则

本意见中涉及的政策与我区其他同类奖励政策不重复享受。

对重大企业或项目除享受上述扶持政策外，可以进行一事一议。

本意见由区发改委、财政局共同负责解释。

本意见自2019年1月1日起施行，有效期至2021年12月31日。

关于促进吴中区知识产权高质量发展若干政策的意见

吴政规字〔2019〕6号印发

为深入学习贯彻习近平新时代中国特色社会主义思想和党的十九大精神，落实中央、省、市各项决策部署，充分发挥知识产权在经济社会发展中的支撑作用，不断提高我区知识产权的创造、运用、保护、管理和服务能力，推进专利、商标、标准等政策集成和服务融合，特制定如下意见。

一、鼓励知识产权创造

1.提升专利创造质量。企事业单位申请的国内发明专利授权后每件分别奖励10000元。个人申请的国内发明专利授权后每件分别奖励5000元。企事业单位年发明专利授权量超过100件、50件、30件的分别奖励10万元、5万元、3万元。发明专利年费按当年度实际缴纳的费用予以全额奖励。

2.加强海外专利布局。经专利代理机构代理的通过专利合作条约（PCT）申请的专利，进入外国国家（地区）公布阶段后，每件奖励2万元。国（境）外授权的专利，每件奖励3万元。同一专利在不同国家（地区）获得授权累计奖励不超过12万元。

3.支持高价值专利培育。对获得中国专利金奖、银奖、优秀奖的专利权人分别奖励50万元、20万元、10万元。获得江苏省专利金奖、优秀奖、发明人奖的分别奖励20万元、10万元、10万元。获得苏州市专利奖一等奖、二等奖的分别奖励10万元、5万元。

4.大力培育商标品牌。鼓励申报地理标志商标、证明商标和集体商标，对新获准注册此类商标的单位奖励20万元。鼓励企业境外注册商标，境外注册商标以马德里国际注册的，每件商标每三个国家奖励5000元（1~3个国家均给予5000元奖励，从第4个国家开始，每满3个国家给予5000元奖励）。单一国注册的每件商标每个国家奖励3000元。（每户企业年度奖励不超过10万元）

5.鼓励企业主导和参与制定标准。对主导国际标准制定的单位，给予每项100万元奖励；对参与国际标准制定的单位，给予每项60万元奖励。对主导国家标准制定的单位，给予每项50万元奖励；对参与国家标准制定的单位，按照起草单位排名，第二至第五位分别给予每项30万元、20万元、10万元、5万元奖励；对主导行业标准制定的单位，给予每项20万元奖励；对参与行业标准制定的单位，按照起草单位排名，第二至第五位分别给予每项12万元、8万元、4万元、2万元的奖励；对主导地方标准制定的单位，给予每项20万元奖励；对参与地方标准制定的单位，按照起草单位排名，第二至第五位分别给予每项12万元、8万元、4万元、2万元奖励。所有标准修订项目的奖励额度均按相应标准制定项目的60%进行。

6.加快培育团体标准。对已在全国团体标准信息平台正式发布并实施一年以上、对团体标准实施良好行为评价且评价结果为通过的，并经区市场监管局认可的团体标准，给予每项20万元的奖励。

7.鼓励企业创新质量管理方法。对获得省质量奖的企业奖励100万元；对获得市质量奖的企业奖励10万元；对获得苏州市市长质量奖的企业奖励100万元。鼓励企业推进质量诚信体系建设，对获得质量信用AAA等级的企业一次性奖励50万元，对获得质量信用AA等级的企业一次性奖励20万元。突出发展检验检测产业，对当年度通过CMA资质认定的企业或机构一次性奖励10万元。

二、促进知识产权运用

8.深化知识产权金融服务。鼓励企业以专利作为主要质押物开展融资，对完成专利权质押登记的，按专利质押所获得的银行贷款实际支付利息及相关评估费用的50%给予补贴，同一企业每年最高补贴10万元，累计不超过30万元。鼓励企业购买知识产权保险产品，对获得上级知识产权保险补贴的，按上级补助经费1∶1的比例予以资金补助，同一企业每年最多补贴5万元，累计不超过15万元。

9.鼓励企业实施专利导航。对区内战略性新兴产业企业和自主品牌企业开展专利导航工作并获上级导航计划项目、预警项目立项的，按上级补助经费1∶1的比例予以资金补助。

10.推进知识产权运营服务体系建设。对区内企事业单位积极开展专利权收储、许可、投资、产业化等运营工作并获上级运营项目支持的，按上级奖补经费1∶1的比例予以资金补助。

11.鼓励和支持企业采用国际标准或国外先进标准。对执行国家标准、行业标准，并获批《采用国际标准产品标志证书》的企业，给予每项1万元奖励；对执行企业标准，获批《采用国际标准产品标志证书》的企业，给予每项2万元奖励。

12.积极开展标准化试点示范。加强对各行业、各领域标准化试点示范工作的开展，推动全社会运用标准化方式组织生产、经营、管理和服务。对通过考核验收，且考核结果为优秀的国家级、省级标准化试点示范，分别奖励20万元、10万元。

三、强化知识产权保护

13.加大驰名商标保护力度。对新认定"中国驰名商标"（行政认定）的企业设立保护基金100万元。

14.加大知识产权维权力度。通过司法途径处理专利纠纷并获得胜诉或在和解撤诉中获益的企事业单位，按照纠纷案件中相关支出费用的50%给予补贴（相关费用包括律师费或代理费、诉讼费、公证费、查档费等合理支出）。单一当事人当年度最高补贴30万元。

四、完善知识产权管理

15.推进知识产权强企建设。对获评国家知识产权示范、优势企业的分别奖励50万元、20万元。

16.发挥试点示范引领作用。对新获批的国家知识产权示范、试点园区，分别奖励30万元、20万元。对新获批的省知识产权示范、试点园区，分别奖励20万元、10万元。对新获评的国家、省、市知识产权教育试点（示范）学校，分别奖励20万元、10万元、5万元。

17.推进知识产权贯标工作。支持企业贯彻实施《企业知识产权管理规范》（GB/T29490—2013），对新通过国标认证的企业奖励4万元，对新通过省绩效评价的企业奖励2万元（认证奖励和绩效评价按就高原则，不重复享受）。支持企业商标贯标工作，对新通过商标贯标工作验收的企业奖励3万元。

18.加强标准化技术组织建设。推动企业深入参与国内外标准化活动，对承担国际专业标准化技术委员会秘书处工作的单位，给予每项100万元奖励；对承担国际专业标准化分技术委员会秘书处工作的单位，给予每项50万元奖励；对承担国际专业标准化工作组召集人的单位，给予每项30万元奖励。对承担全国专业标准化技术委员会秘书处工作的单位，给予每项50万元奖励；对承担全国专业标准化分技术委员会秘书处工作的单位，给予每项30万元奖励；对承担全国专业标准化工作组（组长单位或牵头单位）工作的单位，给予每项20万元奖励；对承担地方专业标准化技术委员会秘书处工作的单位，给予每项10万元奖励。

19.提高知识产权管理能力和服务水平。为推动全区知识产权工作提质增效，设立区知识产权高质量发展专项资金，每年视情况安排部分经费，用于知识产权宣传、平台建设、统计分析、维权援助、高价值专利培育、知识产权评议等工作。

五、加强人才培养和宣传引导

20.壮大知识产权人才队伍。企事业单位员工在区内缴纳社保满一年，获评全国知识产权领军人才的奖励10万元；通过国家专利代理师资格考试的奖励5000元；获评江苏省知识产权领军、骨干人才的分别奖励5万元、1万元；获评知识产权专业高级、中级工程师职称的分别奖励5000元、1000元；获评姑苏知识产权领军、重点、青年拔尖人才的，按《市政府关于印发姑苏知识产权人才计划实施细则（试行）的通知》（苏府〔2017〕154号）文件精神执行，区级承担经费参照上级资金渠道列支。加强商标专业人才队伍建设。对企业注册地在吴中区，当年度取得品牌管理专业人才证书的商标专业人才，给予个人一次性奖励2000元。对担任国际专业标准化技术组织主席（或副主席）所在的工作单位，给予30万元奖励；对担任国际专业标准化技术组织注册专家所在的工作单位，给予20万元奖励。

六、加快培育和发展知识产权服务业

21.加快优质知识产权服务机构培育。对在我区注册的知识产权服务机构获评国家级知识产权品牌服务机构的奖励10万元。对在我区注册的专利代理机构辅导区内企业首次获得发明专利授权，奖励2000元；辅导区内企业年发明专利授权超100件、50件的，分别奖励8万元、3万元。

22.鼓励参与、承办重大标准化活动。推动企业积极参与国际、国内的重大标准化活动，开展标准化对外合作与交流，积极承办重大的国际、国内标准化活动和项目。对承办国际、国内重大标准化活动的单位，奖励10万元。

23.加快标准化服务机构的培育。大力发展具有标准化与产业融合研究、国际标准化指导、标准实施效果评价、标准研制等功能的标准化服务机构。对在我区注册的标准化服务机构，服务我区企业主导国际、国家标准制定并发布实施或通过标准化试点考核优秀的，奖励20万元。

七、附则

24.设立区知识产权高质量发展专项资金，每年安排专项资金3500万元，专项用于落实本意见有关扶持政策。区知识产权高质量发展专项资金列入年度部门预算，由区市场监督管理局、区财政局负责管理。

25.对于已经依据区政府的其他政策措施获得过资金奖励的项目，本意见不再重复给予资金奖励。符合本政策多条规定的同一项目、同一事项，按就高不叠加原则予以支持。

26.本意见由吴中区人民政府负责解释，区市场监督管理局、区财政局承担具体的解释工作。

27.本意见自发布之日起30日后施行，有效期至2020年12月31日。文件施行前本年度相关知识产权政策参照本意见执行。

关于促进吴中区金融业高质量发展若干政策的意见

吴政规字〔2019〕8号印发

为深入贯彻习近平新时代中国特色社会主义思想和党的十九大精神，落实中央、省、市各项决策部署，进一步优化全区金融业发展环境，提升金融服务实体水平，实现金融与地方经济社会发展良性互动，结合吴中区实际，制定如下意见。

一、加快优质金融机构集聚

鼓励国家金融监管部门批准的银行、保险、证券等优质金融机构落户吴中，支持经地方金融监督管理部门依法批准设立的地方金融企业合规发展。

1.鼓励持牌金融机构设立。对区内新设立的具有独立法人资格的金融机构给予开办费奖励，按实收资本的1%给予奖励，最高不超过300万元。

2.支持地方金融企业合规发展。对区内新设实收资本1亿元以上的融资性担保（再担保）公司、融资租赁、商业保理等具有独立法人资格的地方金融企业，给予50万元开办费奖励。

3.吸引金融机构业务总部落户。对区内新设的金融机构业务总部、地区总部、直接隶属总部的营运中心等给予开办费奖励50万元。

二、加大资本市场扶持力度

区内在上海证券交易所、深圳证券交易所、境外主要交易场所、全国股转中心（以下称“新三板”）上市挂牌的企业，经区地方金融监督管理局备案，给予如下政策扶持。

4.企业上市培育奖励。企业因上市或挂牌产生的地方经济贡献按70%给予奖励。该奖励在企业成功上市挂牌后予以兑现，由区镇两级按财政体制共同承担。

5.企业上市挂牌奖励。对企业在境内A股直接上市的，奖励600万元［镇（区）承担300万元］。以借壳方式间接上市的，上市后一次性奖励100万元；对企业在境外直接上市的奖励500万元［镇（区）承担200万元］；将上市公司注册地迁至本区内，比照直接上市企业享受奖励政策。对本区挂牌“新三板”企业，奖励150万元［镇（区）承担50万元］。“新三板”转“主板”成功后给予补足600万元奖励［镇（区）承担300万元］。

6.科创板上市奖励。区内成功实现科创板上市的奖励600万元［镇（区）承担300万元］。实现首年内登陆科创板的企业追加奖励50万元，保荐券商给予50万元奖励。

三、鼓励企业多元化融资

7.再融资奖励。本地上市公司通过定向增发、优先股、发行可转换债券等方式进行再融资的，且投资在吴中区内的，按实际到位募集资金额每5000万元奖励10万元，年度上限不超过300万元。本地新三板挂牌企业通过定向增发、可转债等方式再融资，且投资在吴中区内的，实际到位募集资金500万元（含）以上的，给予5万元奖励。

8.并购贴息。区内企业因实施并购向商业银行申请一年期（含）以上的贷款，按照票面贷款利率的30%给予贴息。对单个企业的年度贴息总额不超过50万元，每笔贷款贴息的时限不超过三年。

9.发债奖励。区内企业通过发行专项债券、项目收益债、“双创债”、“绿色债”等债券进行债券融资的，按照发行票面利率的30%给予贴息，累计补贴金额每家最高不超过300万元。支持区内企业发行“双创债”、“绿色债”、可转债等债券的证券公司，每一单奖励5万元，奖励上限50万元。

四、金融支持实体经济发展

引导金融机构加大对实体企业的支持力度，建立金融机构考核与实体企业信贷投放挂钩的激励机制。

10.调整银行业金融机构综合考评体系，设立金融贡献奖，奖励在服务实体经济、支持小微企业融资、提升金融服务等方面做出突出贡献的单位，设立“一等奖”“二等奖”“三等奖”，各3名；设立金融支持实体经济奖，按照实体经济和小微企业贷款两项总得分进行考评，设立“一等奖”“二等奖”“三等奖”，各2名。

11.设立金融创新奖，对填补吴中区金融业或产品空白、为全区金融业发展及全区重点项目建设、重点产业发展做出重要贡献的相关单位，给予奖励10万元。

12.设立资本市场贡献奖，对吴中区资本市场建设做出突出贡献的单位，授予荣誉。

13.支持对吴中区金融业发展、金融环境建设及经济社会发展具有重大促进作用的其他事项。

五、附则

14.设立区金融业发展专项资金，每年安排专项资金不少于3000万元，专项用于落实本意见有关扶持政策。区金融业发展专项资金，纳入财政预算，由区地方金融监督管理局、财政局负责管理和使用。

15.符合条件的企业和机构在申请相关政策时，如吴中区有本意见之外的其他同类政策的，按“就高、不重复享受”的原则执行。

16.当事人以不正当手段骗取政策奖励资金的，依法追究其法律责任。

17.本意见由吴中区人民政府负责解释，区地方金融监督管理局、财政局承担具体的解释工作。

18.本意见自发布之日起30日后施行，有效期至2020年12月31日。文件施行前本年度相关金融业政策参照本意见执行。

关于促进创业投资高质量发展的实施意见

吴政发〔2020〕8号印发

为进一步促进创业投资服务创新驱动发展战略，为科技创新提供持续推动力，根据国家、省、市关于推动创新创业的文件精神，结合吴中的实际，现就促进我区创业投资高质量发展提出如下意见：

一、指导思想

坚持以习近平新时代中国特色社会主义思想为指导，全面贯彻党的十九大和十九届二中、三中全会精神，坚持新发展理念，强化统筹协调，充分发挥财政资金的引导带动作用，以及市场在配置创新资源中的决定性作用，有序引导有条件的社会资本进入创业投资领域，加大对机器人与智能制造、生物医疗及大健康主导产业以及战略性新兴产业、先导产业的投资力度，着力提升区内国资投资发展活力，进一步优化行业发展的政策和营商环境，促进创新链和资金链有机结合，为实业兴区和创新发展构建良好的投资服务生态体系。

二、工作举措

（一）加强对政府投资基金的统筹协调

建立政府投资基金发展的统筹协调机制，对各类基金的功能定位、区域布局及行业发展中的重大问题进行协调。加强创业投资和产业发展及政策监管之间的协调联动机制。对创业投资、天使投资与类金融机构实施差异化管理，在工商注册变更、银行托管等方面，出台更便捷的政策措施。【责任单位：区发改委、区财政局、区金融监管局、区行政审批局会同各镇（区）政府（管委会）】

（二）建立稳定的政府引导基金持续投入机制

逐步增加对创业投资引导基金、天使投资引导基金等的财政投入，进一步发挥财政资金的杠杆放大作用，在风险可控的前提下，引导带动各类社会资金开展创业投资，积极探索区域财政资金、国资收益和社会资金多渠道并举的滚动投入机制。【责任单位：区发改委、区财政局、区国资办、相关业务主管部门】

（三）建立完善国资创业投资企业市场化运作机制

切实按照创业投资行业特点，建立相应的国资管理和考核办法。持续完善国有创业投资企业法人治理结构，探索市场化选聘具有专业化视野、拥有丰富经验的管理团队。探索开展国有创业投资企业市场化运作试点，实施有效的管理人员约束和激励机制。将投资效益与管理人员的约束和激励相结合，探索跟投、评估、事前约定股权退出等创新。鼓励具备条件的国有创业投资企业开展混合所有制试点。建立创新容错机制，对改革创新与科技投资未能实现预期目标，但依照国家、省、市有关决策规定实施，且勤勉尽责未谋取私利的，不作负面评价，并依法免除相关责任。【责任单位：区国资办、区发改委】

（四）加强创业投资与各类金融机构的联动

推动银行、保险、券商、各类基金、担保公司以及其他专业科技金融机构之间的联动衔接，形成全方位一体化的金融服务生态，积极开展投、贷、保联动等创新模式，充分发挥区转贷基金、增信基金、科贷通等功能作用，鼓励和支持相关科技金融产品创新，加大对创业投资企业参股中小科技企业的金融支持力度。鼓励银行业金融机构与创业投资企业合作,积极探索投贷联动业务。【责任单位:区金融监管局、区发改委、区财政局、区工信局、区科技局】

(五)鼓励重点产业领域并购

结合我区重点发展的产业领域转型升级实际需求,鼓励开展产业并购投资,推动各类产业并购基金充分发挥功能作用。支持区内银行业金融机构积极稳妥开展并购贷款业务。【责任单位:区发改委、区工信局、区科技局、区国资办、区商务局、区金融监管局】

(六)有序推动创业投资引进来和走出去

主动对接、联动长三角区域及国内外各类科创基金,在政府引导基金参股子基金注册和投资方面,实施更加灵活的政策。鼓励符合条件的创业投资企业赴港澳台及境外进行投资、积极招引国内及境外知名创业投资和私募股权投资企业入户,在企业落户注册、变更等方面给予快捷的服务,并按政策规定给予入户奖励。【责任单位:区发改委、区金融监管局、区行政审批局、区国资办】

(七)加快推进创业投资服务平台建设

推动创业投资助力区域产业发展,在资金链和产业链对接融合上形成合力。加快推进"创投吴中"服务平台建设,建立创业投资企业和项目资源库,加强工作对接服务,打通资金和产业项目的信息通道。鼓励创业投资企业投资区内企业,以及撮合产业链项目的对接合作和引入,对服务平台和创业投资企业按实际贡献给予一定的经费补贴和奖励。【责任单位:区发改委、区财政局、区科技局、区工信局、区金控集团和相关镇(区)】

(八)做好创业投资企业备案管理工作

对符合国家发改委等十部委印发的《创业投资企业管理办法》规定的,可按照相关规定向发展改革部门申请备案。经过备案并符合条件的创业投资企业,享受国家和本区税收、人才落户等支持政策,同时接受备案管理部门的监督。【责任单位:区发改委、区财政局、区税务局和有关部门】

(九)加强创业投资企业信用环境建设

进一步建立健全创业投资企业、创业投资有限公司、从业人员信用记录,实现创业投资领域信用信息全覆盖,推动创业投资领域信用信息纳入本区公共信用信息平台和全国信用信息共享平台,依法依规在"信用中国"网络和企业信用信息公示系统公示相关信息,配合上级有关部门,加快建立创业投资领域严重失信名单制度,按照有关法律法规和政策规定,实施守信联合激励和失信联合惩戒。推动信用信息在政府引导基金评审、相关优惠政策申请审核等环节中的运用。【责任单位:区发改委和区信用体系建设领导小组成员单位】

(十)加强创业投资行业自律和中介服务

针对本区创业投资企业的规模,在区金融行业联合会中增设创业投资行业界别组,搭建系统服务平台,做好行业发展和管理相关工作。加强行业界别组在政策对接、会员服务、信息咨询、数据统计、行业发展报告、人才培训等方面的能力建设。进一步加强中介服务机构在法律、财务、咨询、评估、托管、担保等方面的重要作用,支持中介服务机构为创业投资企业提供尽职调查、形势分析、项目评估、技术经纪、信息服务、财务及法律咨询等服务,支持有关部门通过政府购买服务等方式,聘请专业中介机构提供创业投资企业相关的审计、咨询、事中事后管理等各类服务,逐步健全中介机构服务体系建设。【责任单位:区金融监管局、区民政局、区发改委、区财政局】

三、奖励政策

(一)落户注册奖励

奖励对象为经备案的创业投资企业,和经区投融资服务企业商事注册会商机制同意落户的私募股权投资企业。创业投资企业以实缴注册资金3000万元为奖励起点；私募股权基金以实缴注册基金1亿元为奖励起点。

实缴注册资金3000万元~3亿元按1‰，3亿~5亿元按1.2‰，5亿~10亿元按1.5‰，10亿元以上按2‰，最高500万元，分五年兑现。奖励的具体受益对象、管理人可以选择具体落户基金或落户基金的管理公司或其员工持股平台（管理团队）。

（二）地方贡献奖励

奖励对象同上。

企业按地方经济贡献前两年给予70%的奖励，后三年给予60%的奖励，个人按地方经济贡献的80%给予奖励。

（三）项目投资奖励

区内注册且经备案的创业投资和私募股权投资企业将募集资金投资于区内企业的，按实投资金的5‰给予奖励。

区外创业投资和私募股权投资企业投资区内企业的，按实投资金的3‰给予奖励。

上述均以实投资金300万元为起点实施奖励。

（四）招商引资奖励

创业投资和私募股权投资企业将被投项目、区外上市公司募投项目和其他优质产业项目引入吴中区落户，按项目投资额的5‰给予奖励，并自引入项目形成地方经济贡献五年内，按年度地方经济贡献的50%给予创业投资和私募股权投资企业奖励。

区内专业金融招商服务平台招引优质创业投资和私募股权投资企业落户我区，并提供全程服务，按经核实的实缴资金的1.8‰给予奖励。

四、有关事项

设立区创业投资高质量发展专项资金，所涉区级奖补资金在创业投资高质量发展专项资金中列支。涉及地方经济贡献奖励的，资金由区、镇两级按财政体制共同承担。奖励政策由区发改委、财政局负责解释。本意见自发布之日起施行，文件施行前本自然年度内相关工作参照本办法执行，有效期至2021年12月31日。

东吴教育人才计划实施细则（2019—2021）

吴政办〔2019〕89号印发

为贯彻落实苏州市委、市政府《关于进一步推进人才优先发展的若干措施》（苏委发〔2016〕28号）、《姑苏教育人才计划实施细则》（苏委办发〔2017〕77号）及吴中区委《关于贯彻落实苏州市委、市政府关于进一步推进人才优先发展若干措施的实施意见》（吴委发〔2017〕5号）精神，深入推进人才兴教战略，提升吴中区教育水平，结合我区实际，制定本实施细则。

第一章　总　则

第一条　东吴教育人才计划分为人才引进和分层培养两大类。

第二条　东吴教育人才计划由区人才工作领导小组办公室（简称“区人才办”）会同区教育局组织实施。力争在3年内引进20名左右教育特聘人才，分层次培养8名左右东吴教育名家和东吴教育领军人才、60名左右东吴教育青年拔尖人才、6个左右东吴教育突出贡献团队（个人）。

第二章　人才引进

第三条　根据我区教育事业发展和人才队伍建设需要，着力面向全国，从苏州大市以外引进一批师德高尚、具有较高教育教学理论水平或较强创新实践能力的特聘人才。重点引进具有较大发展潜力，教科研能力较强，富有创新精神的中青年教育人才，为其创造良好的工作条件和平台，最大限度地发挥引进人才的聪明才智和引领作用。

第四条　特聘人才分A、B、C三类，需符合以下认定标准或参评条件之一：

（一）A类特聘人才采取直接认定制，认定标准如下：

1. 国家教学成果特等奖核心成员；

2. 国家万人计划教学名师；

3. 教育部最高层次人才培养工程培养对象；

4. 省级高层次人才培养项目第一层次培养对象。

（二）B类特聘人才采取认定与评审相结合的办法，认定标准与参评条件如下：

1. 国家教学成果一等奖核心成员、省教学成果特等奖核心成员（不设特等奖的一等奖核心成员）（直接认定）；

2. 全国教育科学研究成果奖一等奖核心成员（直接认定）；

3. 省级高层次人才培养项目第二层次培养对象（直接认定）；

4. 省级教育系统最高层次培养对象（直接认定）；

5. 省级以上名师工作室（或同级别）领衔者，且教育教学实绩得到同行高度认可（需评审）；

6. 正高职称或具有博士学历、副高以上职称的急需引进的紧缺专业人才（需评审）。

（三）C类特聘人才采取认定与评审相结合的办法，认定标准与参评条件如下：

1. 国家教学成果二等奖核心成员、省教学成果一等奖核心成员（不设特等奖的二等奖核心成员）（直接认定）；

2. 全国教育科学研究成果奖二等奖核心成员、省教育科学研究成果奖一等奖核心成员（直接认定）；

3. 省特级教师（直接认定）；

4. 正高职称或具有博士学历、副高以上职称的专业人才（需评审）；

5. 省级高层次人才培养项目第三层次培养对象，年龄一般不超过四十五周岁（需评审）；

6. 四十五周岁以下的省教学名师、省职业教育领军人才，地级市名教师、名校长（需评审）；

7. 四十周岁以下的地市级学科带头人或全国教学基本功大赛获奖者、省教育厅青蓝工程等培养对象（需评审）；

8. 三十五周岁以下的县级学科带头人，省级青年教师教学基本功大赛获奖者（需评审）；

9. 三十五周岁以下的博士（需评审）；

10. 具有某方面特殊才能的专业技术人员，如学科奥赛教练、职业技能大赛金牌教练，取得2项专利以上的“双师型”教师等（需评审）。

第五条　引进特聘人才所需编制，在我区事业总编内统筹解决。引进人才经人社部门核准，在原核定岗位外，设置特设岗位，不受岗位总量、最高等级和结构比例限制。

第六条　不纳入编制管理的特聘人才，可采用“一人一议”的协议年薪工资，经主管部门审核、区人才办认定、报区政府批准后，纳入用人单位部门预算，协议年薪工资不计入单位绩效工资总量。

第七条　特聘人才引进程序：

（一）直接予以认定的特聘人才

1. 用人单位考察。由用人单位组织单位内外专家对拟引进的特聘人才进行考察，重点考察其专业方向、研究兴趣、影响力、知名度和发展潜力、学科建设契合度等。经考察拟引进的，形成综合材料报区教育局。

2. 主管单位审核。区教育局根据用人单位提供的报告及相关资料进行初审，组织初审合格人员体检、政审，面向社会公示无异议后报区人才办复核认定。

3. 落实相关待遇。区人才办将复核认定结果反馈区教育局，由区人社局、区委编办按照特聘人才有关政策，协助办理录用、调动等手续，到岗后启动相关奖励政策。

（二）需招聘考核的特聘人才

1. 用人单位根据编制和岗位情况报送人才引进需求计划。

2. 面向社会发布人才引进

需求计划，组织人才引进公开招聘。按照公开招聘程序，对候选人才进行专业考核和面试。

3. 经政审、体检、公示后，报区人才办复核认定，由区人社局、区委编办协助办理录用、调动等手续，到岗后启动相关奖励政策。

第八条　A类、B类、C类特聘人才分别给予250万元、150万元、50万元安家补贴，以首次评审认定类别为准，自认定后五年内完成购房手续后（原则上以取得吴中区范围内不动产权所有证或购房合同及发票为凭证），当年度拨付总额50%，剩余部分分两年经考核合格后等额拨付，考核不合格的不予拨付。特聘人才购买自住住房申请住房公积金贷款的，不受缴存时间限制，可按公积金缴存基数计算可贷额度，特聘人才贷款额度可放宽至最高限额的1.5倍。

对引进录用到岗的特聘人才，优先提供培训考察、高端研学机会；经转评为江苏省、苏州市相应“名师”后，每学年经考核合格，还可享受吴中区相应“名师”奖励。配偶、子女户口可随迁至吴中区，子女入学可享受吴中区居民待遇。

各类特聘人才的服务期五年，如未满服务期离职的，取消认定资格，并全额退还已兑现的安家补贴及其他相应奖励。

第三章　分层培养

第九条　实施教育人才分层培养计划，分为东吴教育名家、东吴教育领军人才、东吴教育青年拔尖人才、东吴教育突出贡献团队（个人）四个层次，青年拔尖人才和突出贡献团队（个人）每年组织一次申报，其余每两年组织一次申报。引进的教育特聘人才全职到岗满两年后，可申报相应层次的培养计划。

第十条　人才培养坚持公开、公平、公正，遵循鼓励创新、激发活力、宁缺毋滥的原则。

第十一条　东吴教育人才分层培养计划各层次申报对象的基本资格和条件如下：

（一）东吴教育名家

东吴教育名家分学科类和管理类两类，须从事教育教学工作满二十年（或担任校长满十年），拥有崇高教育理想和抱负，具有深厚教育教学功底（管理）和卓越的教科研能力，取得十分显著的业绩，形成特色鲜明的教育教学思想和理论，在市内外产生重大影响。具体条件如下：

1. 具有正高级教师职称，或获评江苏省特级教师、苏州市教育领军人才、地市级以上名教师（名校长）称号；

2. 教育教学或办学业绩突出，得到学生、教师、家长、社会高度认同，满意度在85%以上，近五年年度考核合格且至少一次为优秀；

3. 发挥示范引领作用，在引领和指导团队方面做出显著贡献，或主动参与薄弱学校（农村学校）建设且实绩突出；

4. 获得江苏省教学成果奖（教育科学研究成果奖）一等奖，或国家教学成果奖二等奖以上，或主持一项省级规划、教研、职业教育教学改革课题研究并结题；有教育教学思想并出版学术（管理）专著，学术价值和推广价值得到认可或主编、参编经全国中小学教材委员会审定通过的教科书。

申报管理类人才，须为正职校长，在符合以上1、2、3条件的基础上，还须同时具备以下条件：

1. 在提高学校办学水平、培养青年教师、加强科学管理、引进人才等方面经验丰富，业绩突出，被同类学校推崇，具有一定美誉度；

2. 任校长前，获评所任教学科的优秀骨干教师，并为同行公认；

3. 担任校长后，仍从事本学科教学工作，每周任课时数达到本学科专任教师课时数的1/3，或每年听课在40节以上。

（二）东吴教育领军人才

申报对象须从事教育教学工作满十五年，具有较深厚的教育教学功底或较强教科研能力，取得良好业绩，形成一定教学特色和教学风格，在学科教学、课题研究、青年教师培养或教育教学管理中发挥一定示范作用。具体条件如下：

1. 具有高级教师职称，同时获得苏州市青年拔尖人才、地市级名教师（名校长）以上荣誉；

2. 教育教学业绩突出，得到学生、家长、社会高度认同，满意度在85%以上，近五年年度考核合格且至少一次为优秀；

3. 发挥学科示范作用，积极承担指导青年教师任务，做出显著贡献或主动参与薄弱学校（农村学校）建设，实绩突出；

4. 获得地市级以上教学成果奖（教育科学研究成果奖），或作为核心成员参与省级规划、教研、职业教育教学改革课题研究并结题；在省级以上刊物发表反映自己教育教学思想或教学（教育管理）研究成果的学术论文，具有学术价值与推广价值。

（三）东吴教育青年拔尖人才

申报对象须从事教育教学工作满十年，具有扎实的教育教学功底、良好的教育教学能力和学科水平，为学科发展和学校（单位）发展作出积极贡献。具体条件如下：

1. 具有中级教师职称，获得区级学科带头人以上“名师”称号；

2. 具有五年以上班主任任职经历，教育教学业绩较好，得到学生、同事认同，近五年年度考核合格且至少一次为优秀；

3. 教学功底扎实，在地市级以上教师教学基本功、优质课、专业素养等竞赛、评比中获奖；获得区级学科带头人称号以来，开设过至少三节区级以上公开课（教研人员承担至少五次区级以上公开课、专题讲座）并获得好评；

4. 教科研能力强，近五年来，在地市级以上教育教学刊物独立发表教育教学研究论文三篇以上（教研人员五篇以上），其中至少有一篇（教研人员两篇以上）在省级以上刊物发表，论文学术水平较高且具有指导性和应用性。

（四）东吴教育突出贡献团队（个人）

申报对象须忠诚于党和人民的教育事业，全面贯彻党的教育方针，政治坚定，师德高尚，业务精湛，关爱学生，教育教学或学校管理成绩突出、成效显著，对本区域教育事业的发展作出突出贡献并产生重大影响，学生、教师、家长、社会满意度高。

东吴教育突出贡献团队（个人）的评选坚持质量导向和注重实绩的原则，申报当年度应具备如下条件之一：

1. 具有突出的教改成果，围绕教育教学改革开展的科学研究成果获国家级表彰奖励，在区域范围推广并产生良好效果；

2. 具有突出的教育教学实绩，在高考、中考中任教学科或所带班级、所在学校成绩突出、影响重大，或在拔尖创新人才培养方面取得重大突破；

3. 具有突出的办学成效，所带学校办学定位准确、理念先进、管理科学、特色鲜明，在学校管理、内涵建设、教育改革、教学质量、人才培养、教师发展等方面取得创造性成果，办学经验得到社会充分肯定。

第十二条 申报培养计划的教育名家一般不超过五十五周岁，教育领军人才一般不超过五十周岁，青年拔尖人才一般不超过四十周岁，东吴教育突出贡献团队（个人）不限年龄。

第十三条 对列入东吴教育名家、东吴教育领军人才、东吴教育青年拔尖人才相应层次培养计划的，分别给予10万元、6万元、3万元的资助，评审当年度拨付总额的50%，剩余部分分两年经考核合格后等额拨付，考核不合格的不予拨付；获评东吴教育突出贡献团队（个人）的，给予10万元的一次性奖励。

第十四条 东吴教育名家、东吴教育领军人才、东吴教育青年拔尖人才、东吴教育突出贡献团队（个人）的推荐评审按照公开公正、择优资助的原则，由区教育局牵头组织实施，按照单位推荐、资格审查、民意测评、专家评审、集体研究、审核公示等程序进行，公示无异议的，发文确认后拨付奖励和资助。公示有异议的，由区教育局会同相关部门进行核查并提出处理意见。

第四章 考核和管理

第十五条 用人单位按照相关事业单位聘用合同、政策法规，与正式录用的引进特聘人才签订聘用合同，明确双方的责任和权利义务。用人单位应认真做好日常管理与服务工作，搭建发展平台，落实配套政策，对获评的各类教育人才实行严格的目标管理。教育人才须按照双方约定，履行义务，最大限度发挥示范作用。

第十六条 区教育部门要督促和指导用人单位做好考核工作，考核结果与拨付经费挂钩。教育人才在考核期内经查实有下列情形之一的，用人单位应与其解除聘用合同，取消其相关待遇和资助，追缴资助资金并按规定追究相关法律责任。

（一）在聘期内到岗工作时间严重不足的；

（二）未能履行岗位职责、完成既定工作目标与任务的；

（三）有弄虚作假行为的；

（四）有学术不端行为或违反学术道德规范的；

（五）出现违法、违纪行为或严重违反师德师风，造成恶劣影响的；

（六）当年年度考核不合格或连续两年基本合格的。

第十七条 本细则所涉及的奖励资金（除第六条协议年薪工资外）由区人才开发资金全额负担。

第十八条 引进的特聘人才仅认定一次，安家补贴以认定时的类别为最终标准。同一对象，获得上一级或上一层次教育人才称号的，或者已享受其他区级人才资助计划的，按照区本级内就高不重复的原则执行。

第五章 附 则

第十九条 民办学校享受同等待遇。

第二十条 本细则由区教育局负责解释，自2019年1月起实施。

表彰和奖励

关于表彰2018年度吴中区区级机关绩效管理优胜单位的决定

吴委发〔2019〕5号印发

各镇、街道（场）党（工）委、政府（办事处），区级机关各部门，度假区、开发区、高新区党工委、管委会及所辖各部门，农业园区、太湖新城：

2018年，全区上下全面学习贯彻习近平新时代中国特色社会主义思想、党的十九大精神和习近平总书记对江苏工作系列重要指示精神，不断加强机关高效履职、依法行政、创新创优能力建设和提升机关综合服务水平，在打造为民、务实、清廉的服务型机关等方面发挥了积极作用，取得了良好成效。根据2018年度区级机关部门绩效管理工作考核结果，经研究，决定对区委政法委等18个绩效管理优胜单位予以通报表彰。

希望受到表彰的单位珍惜荣誉，再接再厉，继续发挥模范带头作用。区级机关各部门全体干部职工要以先进为榜样，保持奋发向上、争先创优的精神风貌，奋力谱写“优生态、惠民生、兴产城、善治理”高质量发展新篇章，以优异成绩向新中国成立70周年献礼！

附件

2018年度吴中区区级机关绩效管理优胜单位名单（共18个）

区委政法委

区委宣传部

区检察院　区委农办

区委统战部　区法院

区司法局　区科技局

区教育局　区经信局

区联动中心　区信访局

区安监局　区卫计局

区金融办　区税务局

吴中公安分局

吴中消防救援大队

中共苏州市吴中区委员会

苏州市吴中区人民政府

2019年2月2日

关于对2018年度为全区经济社会发展作出突出贡献的单位和个人给予表彰的决定

吴委发〔2019〕6号印发

各镇、街道（场）党（工）委、政府（办事处），区级机关各部门，度假区、开发区、高新区党工委、管委会及所辖各部门，农业园区、太湖新城：

2018年，全区上下全面学习贯彻习近平新时代中国特色社会主义思想、党的十九大精神和习近平总书记对江苏工作系列重要指示精神，持续优化"三大布局"、转换"三大动力"、打好"三大战役"，全区经济社会继续保持平稳健康发展态势。在此过程中，涌现出了一大批先进单位和先进个人。为表彰先进、树立典型，经研究，决定对在2018年度科技创新、工业转型等12个方面作出突出贡献的单位和个人予以表彰。

希望受表彰的先进单位和个人立足新起点，再创新业绩，全区上下要学习先进、成为先进、赶超先进，不忘初心、牢记使命、抢抓机遇、迎难而上，以"六个年"为抓手，认真做好"六个稳"工作，为实现"优生态、惠民生、兴产城、善治理"工作目标担当奋斗。

附件：

吴中区2018年度综合表彰名单

一、杰出贡献

1. 吴中区2018年度实体经济"百强"

惠氏制药有限公司

江苏吴中集团有限公司

苏州维信电子有限公司

科沃斯机器人股份有限公司

苏州东瑞制药有限公司

苏州健生源医药连锁有限公司

琦伟（苏州）纺织有限公司

苏州汇川技术有限公司

AW（苏州）汽车零部件有限公司

江苏吴中实业股份有限公司

柳道万和（苏州）热流道系统有限公司

远纺织染（苏州）有限公司

苏州安洁科技股份有限公司

苏州市烟草公司吴中分公司

汤始建华建材（苏州）有限公司

伟创力电脑（苏州）有限公司

苏州斯莱克精密设备股份有限公司

日立电线（苏州）有限公司

光大环保能源（苏州）有限公司

苏州赛腾精密电子股份有限公司

苏州嘉盛集团有限公司

苏州绕城高速公路有限公司

苏州市万祥电器成套有限公司

三洋能源（苏州）有限公司

苏州中晟环境修复股份有限公司

苏州市新吴城集团有限公司

苏州华成集团有限公司

适新科技（苏州）有限公司

苏州国发创业投资有限公司

苏州诶茵诶美容仪器设备有限公司

苏州金螳螂幕墙有限公司

苏州市吴中区燃气有限公司

苏州天烨集团有限公司

苏州林华医疗器械销售有限公司

苏州佳值电子工业有限公司

苏州九天文化发展有限公司

永旺永乐（江苏）物业服务有限公司

苏州海星汽车销售服务有限公司

苏州新大陆精密科技有限公司

苏州不二工机有限公司

苏州利星汽车服务有限公司

苏州天山新材料技术有限公司

亚东工业（苏州）有限公司

苏州天马医药集团天吉生物制药有限公司

苏州华造建筑设计有限公司

嘉彰科技（苏州）有限公司

苏州石川制铁有限公司

苏州常隆雷克萨斯汽车销售服务有限公司

苏州汇德电气制造有限公司

苏州市味知香食品股份有限公司

苏州上景实业投资有限公司

苏州市南环桥市场发展股份有限公司

苏州朗高电机有限公司

苏州市建筑科学研究院集团公司

悦虎电路（苏州）有限公司

迎新科技（中国）有限公司

苏州瑞红电子化学品有限公司

俐马（苏州）织染有限公司

东丽塑料科技（苏州）有限公司

苏州鹏龙东昌汽车销售服务有限公司

苏州园林营造产业股份有限公司

苏州硕诺尔自动化设备有限公司

苏州东山精密制造股份有限公司

麦德美乐思科技（苏州）有限公司

苏州歌林小镇投资有限公司

重村钢模机械工业（苏州）有限公司

天隆电脑配件（苏州）有限公司

可祺时装（苏州）有限公司

江苏德邦物流有限公司

苏州国宇碳纤维科技有限公司

苏州新业电子股份有限公司

苏州华电电气股份有限公司

苏州宏通医疗器械有限公司

苏州安派建材有限公司

苏州思美特表面材料科技有限公司

苏州飞华铝制工业有限公司

江苏迈信林航空科技股份有限公司

苏州昆仑绿建木结构科技股份有限公司

藤兴工业有限公司

苏州创峰光电科技有限公司

泰信电机（苏州）有限公司

苏州新智机电工业有限公司

添可电器有限公司

苏州国兴汽车服务有限公司

苏州药明康德新药开发股份有限公司

禾海（苏州）新型建材有限公司

苏州茂特斯自动化设备有限公司

苏州风神汽车销售服务有限公司

苏州顺龙建设集团有限公司

苏州市智诚光学科技有限公司

苏州博克企业集团有限公司

又进无尘科技（苏州）有限公司

科文特亚表面处理技术（苏州）有限公司

苏州瑞可达连接系统股份有限公司

苏州凯尔博精密机械有限公司

第一汽车（苏州）服务贸易有限公司

蔻诗曼嘉化妆品（苏州）有限公司

新兴精密电子（苏州）有限公司

苏州易奇家建筑劳务有限公司

苏州瑞延电子科技有限公司

2. 苏州市2018年度工业企业“亩产英雄百强”企业

德马泰克物流系统（苏州）有限公司

苏州市华瑞热控制技术有限公司

惠氏制药有限公司

苏州益邦电子材料有限公司

适新科技（苏州）有限公司

苏州市万祥电器成套有限公司

柳道万和（苏州）热流道系统有限公司

蔻诗曼嘉化妆品（苏州）有

限公司

苏州赛腾精密电子股份有限公司

二、科技创新

1. 吴中区2018年度地标型科技（专利）企业

科沃斯机器人股份有限公司

苏州汇川技术有限公司

苏州斯莱克精密设备股份有限公司

苏州东山精密制造股份有限公司

苏州安洁科技股份有限公司

苏州赛腾精密电子股份有限公司

苏州电器科学研究院股份有限公司

苏州市建筑科学研究院集团股份有限公司

苏州晶瑞化学股份有限公司

江苏吴中实业股份有限公司

2. 苏州市2018年度独角兽培育企业

苏州绿的谐波传动科技股份有限公司

江苏盖睿健康科技有限公司

苏州安靠电源有限公司

3. 吴中区2018年度高成长科技（专利）企业

苏州药明康德新药开发股份有限公司

苏州金螳螂幕墙有限公司

苏州德创测控科技有限公司

凯博易控驱动（苏州）股份有限公司

苏州杰锐思自动化设备有限公司

苏州韩博厨房电器科技有限公司

苏州雷格特智能设备股份有限公司

苏州红荔汽车零部件有限公司

苏州肯美特设备集成有限公司

苏州好特斯模具有限公司

4. 吴中区2018年度潜力型科技（专利）企业

苏州华电电气股份有限公司

苏州威斯东山电子技术有限公司

苏州昆仑绿建木结构科技股份有限公司

江苏迈信林航空科技股份有限公司

苏州市万祥电器成套有限公司

苏州新智机电工业有限公司

苏州飞华铝制工业有限公司

苏州先锋物流装备科技有限公司

苏州瑞得恩光能科技有限公司

苏州中晟环境修复股份有限公司

5. 吴中区2018年度优秀科技服务平台

江苏集萃智能传感技术研究所有限公司

中农新科（苏州）有机循环研究院有限公司

苏州协同创新智能制造装备有限公司

苏州智能制造研究院有限公司

苏州市吴中科技创业园管理有限公司

第1工园（江苏吴中高科创业投资有限公司）

三、工业转型

1. 吴中区2018年度制造业转型升级先进企业

（1）智能化改造提升示范单位：

伟创力电脑（苏州）有限公司

苏州新智机电工业有限公司

苏州华之杰电讯股份有限公司

苏州维信电子有限公司

配伟奥精密金属部件（苏州）有限公司

江苏吴中实业股份有限公司

苏州瑞可达连接系统股份有限公司

（2）创新能力提升示范单位：

科沃斯机器人股份有限公司

江苏迈信林航空科技股份有限公司

苏州苏驼通信科技股份有限公司

苏州凯尔博精密机械有限公司

苏州晶瑞化学股份有限公司

苏州威斯东山电子技术有限公司

（3）民营企业壮大示范单位：

苏州东山精密制造股份有限公司

苏州汇川技术有限公司

苏州兴瑞贵金属材料有限

公司

苏州安洁科技股份有限公司

苏州赛腾精密电子股份有限公司

苏州市万祥电器成套有限公司

（4）专精特新发展示范单位：

苏州天山新材料技术有限公司

苏州精濑光电有限公司

苏州东瑞制药有限公司

航天工程装备（苏州）有限公司

苏州竞立制氢设备有限公司

（5）信息化建设示范单位：

浪潮金融信息技术有限公司

信音电子（中国）股份有限公司

苏州宇邦新型材料有限公司

苏州斯莱克精密设备股份有限公司

（6）平台载体建设示范单位：

苏州电器科学研究院股份有限公司

中认英泰检测技术有限公司

苏州药明康德新药开发股份有限公司

苏州协同创新智能制造装备有限公司

2. 吴中区2018年度节能减排先进企业

苏州精濑光电有限公司

苏州伟创电气设备技术有限公司

南方雄狮创建集团股份有限公司

苏州韩博厨房电器科技有限公司

苏州市和好塑业有限公司

苏州市江远热电有限责任公司

适新科技（苏州）有限公司

AW（苏州）汽车零部件有限公司

远纺织染（苏州）有限公司

苏州市和源环保科技有限公司

四、金融服务

1. 吴中区2018年度信贷进步奖

（1）一等奖：民生银行吴中支行　建设银行吴中支行

（2）二等奖：上海银行吴中支行　宁波银行（吴中、东吴）支行

（3）三等奖：中国银行吴中支行　吴江农商行吴中支行

2. 吴中区2018年度中小企业信贷奖

（1）一等奖：苏州银行苏州分行　浦发银行吴中支行

（2）二等奖：工商银行吴中支行　南京银行吴中支行

（3）三等奖：农业银行吴中支行　泰隆银行吴中支行

3. 吴中区2018年度金融创新奖

苏州吴中珠江村镇银行

农业银行吴中支行

建设银行吴中支行

五、行业引领

1. 吴中区2018年度优秀总部企业

江苏吴中集团有限公司

科沃斯机器人股份有限公司

江苏吴中实业股份有限公司

苏州安洁科技股份有限公司

苏州斯莱克精密设备股份有限公司

苏州赛腾精密电子股份有限公司

苏州嘉盛建设工程有限公司

苏州国发创业投资控股有限公司

苏州天烨集团有限公司

江苏德邦物流有限公司

2. 吴中区2018年度优秀房地产企业

旭辉控股（集团）有限公司

苏南阳光城置业（苏州）有限公司

龙湖地产有限公司

北京首都开发股份有限公司苏州城市公司

路劲地产集团有限公司苏州公司

苏州融拓置业有限公司

保利（苏州）置业有限公司

正荣地产苏沪区域公司

北京中铁诺德房地产开发有限公司

中海发展（苏州）有限公司

建发房地产集团有限公司

苏州南山新吴房地产开发有限公司

苏州万科企业有限公司

苏州天地源房地产开发有限公司

新城控股苏州区域公司

3. 吴中区2018年度优秀建筑物管企业

苏州嘉盛建设工程有限公司

江苏吴中建设集团有限公司

南方雄狮创建集团股份有限公司

苏州金螳螂幕墙有限公司

苏州香山古建园林工程有限公司

北京建工集团有限责任公司

苏州昆仑绿建木结构科技股份有限公司

苏州园林营造产业股份有限公司

永旺永乐（江苏）物业服务有限公司

南京仁恒物业管理有限公司苏州分公司

4. 吴中区2018年度优秀对外贸易企业

伟创力电脑（苏州）有限公司

苏州维信电子有限公司

科沃斯机器人股份有限公司

苏州东山精密制造股份有限公司

苏州万丽织造有限公司

5. 吴中区2018年度优秀文体旅游企业

苏州苏豪实业发展有限公司

苏州新启成传媒股份有限公司

苏州盛风文化创意发展有限公司

江苏联纵传媒股份有限公司

苏州立行体育产业有限公司

苏州太湖旅游发展集团有限公司

苏州太湖旅业发展有限公司

苏州澹台湖大酒店有限公司

苏州皇家金煦酒店有限公司

苏州春秋国际旅行社有限公司

6. 吴中区2018年度优秀商贸流通企业

永旺梦乐城（苏州）商业管理有限公司

苏州正阳资产管理有限公司（木渎大运城购物中心）

苏州红星美凯龙世博家居广场有限公司

苏州市合景悠方商业管理有限公司（苏州悠方购物中心）

苏州华成集团有限公司

苏州利星汽车服务有限公司

优玖（苏州）信息科技有限公司

苏州小灵猫信息科技有限公司

苏州吴中白金汉爵大酒店有限公司

苏州石湖金陵花园酒店有限公司

六、品牌质量

1. 吴中区2018年度标准化工作示范单位

（1）主导国家标准制定：

苏州电器科学研究院股份有限公司

苏州竞立制氢设备有限公司

亚东工业（苏州）有限公司

（2）国家高端装备制造业标准化试点：

苏州环球科技股份有限公司

（3）苏作红木技艺传承——团体标准制定：

苏州市吴中区光福苏福红木工艺厂

吴中区光福明仕阁古典家具厂

2. 吴中区2018年度获评江苏省质量标杆企业

科沃斯机器人股份有限公司

3. 吴中区2018年度获评苏州市名牌产品的企业

浪潮金融信息技术有限公司

苏州东瑞制药有限公司

苏州华电电气股份有限公司

苏州市凌云工艺扇厂

苏州市味知香食品股份有限公司

苏州市吴中区洞庭山天然泉水厂

苏州天马医药集团天吉生物制药有限公司

苏州迅威光电科技有限公司

吴中区光福明仕阁古典家具厂

江苏盖睿健康科技有限公司

七、质效提升

1. 吴中区2018年度财政贡献先进单位

甪直镇　开发区　临湖镇

2. 吴中区2018年度投融资管理先进单位

（1）镇（区）：吴中高新区　度假区

（2）区属公司：苏州市吴中国裕资产经营有限公司

苏州市吴中城市建设投资发展有限公司

3.吴中区2018年度国有经济发展先进单位

苏州太湖旅游发展集团有限公司

苏州市吴中金融控股有限公司

江苏省吴中经济技术发展总公司

苏州太湖科技产业园有限公司

苏州市吴中城区建设发展有限公司

八、产业促进

1.吴中区2018年度招商引资先进单位

开发区 胥口镇 木渎镇

度假区 吴中高新区

甪直镇

2.吴中区2018年度有效投入先进单位

甪直镇 开发区 胥口镇

3.吴中区2018年度服务业发展先进单位

开发区 胥口镇 木渎镇

吴中高新区 甪直镇

度假区

4.吴中区2018年度生态文明建设先进单位

胥口镇 香山街道

吴中高新区 区环保局

区水利局 区经信局

5.吴中区2018年度资本市场“吴中板块”建设先进单位、个人

(1)先进单位:

东吴证券木渎中心营业部

开发区 吴中高新区

(2)先进个人:

钱东奇 陶 巍 孙加山

黄邓华

九、专项攻坚

1.吴中区2018年度“三场硬仗”工作先进单位、先进个人

(1)先进单位:

木渎镇 甪直镇 东山镇

临湖镇 光福镇 金庭镇

郭巷街道 横泾街道

越溪街道 区财政局

区司法局

区市容市政管理局

区农业局 区环保局

吴中公安分局

吴中国土分局

吴中规划分局

苏州市吴中农业发展集团有限公司

农产品物流园项目建设推进工作现场指挥部办公室

省太湖渔管办

南环桥市场

(2)先进个人:

沈稼兴 郭增林 陈 强

莫文贤 赵建明 莫斌峰

沙国栋 冯 贤 石 堃

陈志明 王晓兰 王琴芳

顾 瑾 陈 俊 姚玮韬

李 刚 赵惠荣 周德坤

杨忠星 夏春华 李林敏

吴越崎 朱红妹 黄永志

沈春华 徐永俊 陈 江

宋 炜 蒋兆林 叶新红

黄继山 王汉中 范 夏

王东海 李文来 潘金荣

马菊明 林 园

2.吴中区2018年度污染防治攻坚战工作先进单位

甪直镇 光福镇

横泾街道 木渎镇

区交通运输局

区市容市政管理局

3.吴中区2018年度“331”专项行动先进单位

临湖镇 木渎镇 胥口镇

吴中公安分局木渎派出所

度假区消防救援大队

区安监局

4.吴中区2018年度“三优三保”工作先进单位

金庭镇 临湖镇 光福镇

5.吴中区2018年度“拆迁清零”工作先进单位

吴中高新区 甪直镇 郭巷街道 城南街道 光福镇

6.吴中区2018年度“平安稳定”先进单位和先进个人

(1)先进单位:

横泾街道 香山街道

甪直镇 胥口镇

光福镇 区信访局

区联动中心

吴中公安分局

吴中消防救援大队

度假区公安分局

区市场监督管理局

区金融办 开发区

吴中高新区

(2)先进个人:

吴婉瑾 任 娟 刘 芳

吴 斌 朱 婷 刘 民

潘 玮 朱 喆 李良华

凌 峰 邹国良 沈 杰

十、乡村振兴

1. 吴中区2018年度农村集体经济发展先进单位

（1）年度村级收支盈余超千万元（前十名）：

长桥街道龙桥社区

木渎镇姑苏村

长桥街道先锋社区

木渎镇金山村

木渎镇西跨塘村

木渎镇灵岩村

木渎镇尧峰村

角直镇甫里村

木渎镇香溪社区

木渎镇天池村

（2）农村集体"三资"管理先进单位：

光福镇　城南街道

区资管办

木渎镇香溪社区

角直镇甫南村

（3）第五轮集体经济相对薄弱村帮扶转化先进单位：

区财政局

吴中国土分局

木渎镇

长桥街道蠡墅社区

开发区商会

东山镇陆巷村

东山镇太湖村

东山镇双湾村

光福镇府巷村

临湖镇石塘村

2. 吴中区2018年度现代农业发展先进单位

角直镇　临湖镇

区农业局　区粮食局

苏州西山国家现代农业示范园区有限责任公司

苏州市吴中农业发展集团有限公司

苏州东山电商产业园

苏州乡村振兴学堂

金庭镇秉常村

苏州东山茶厂股份有限公司

苏州市湖嘉生态农业有限公司

苏州临湖农业专业合作社联合社

苏州市乡韵太湖鹅有限公司

苏州金记食品有限公司

苏州市吴中苏州湾现代农业有限公司

3. 吴中区2018年度农村合作经济改革与发展先进单位

临湖镇　长桥街道

木渎集团　角直集团

木渎镇西跨塘村

木渎镇灵岩村

角直镇甫田村

越溪街道旺山村

角直镇车坊江湾农产品专业合作社

金庭镇青承农耕农产品专业合作社

4. 吴中区2018年度美丽镇村建设先进单位

木渎镇　角直镇

胥口镇　光福镇

越溪街道　区委农办

吴中国土分局

角直镇瑶盛村

临湖镇灵湖村

光福镇梅园社区

十一、人才集聚

1. 吴中区2018年度高技能人才标兵（获省级以上荣誉）

钟锦德　王吉松　周建明

施跃文　薛林根　蔡叶昭

丁燕平

2. 吴中区2018年度高层次人才（团队）标兵

钟列平　胡德霖　安　旭

杨豪放　褚文强　刘壮志

贾鑫明　冀群升团队

秦炜炜

十二、精神文明

1. 吴中区2018年度社会主义精神文明建设新人

退伍不褪色，髓缘显大爱——孔毓琦（区委老干部局）

舍己救人好青年——方琪（东山镇）

用脚丈量生命的"赤脚医生"——朱凤英（角直镇）

爱心司机，温暖全城——陈钧（区交运局）

千里救人，捐献造血干细胞的"90后"——宋凯轩［度假区、西山农业园区（金庭镇）］

坚守匠心，逐梦前行的红木"刀郎"——钟锦德（光福镇）

身残志坚，用针线绣出美丽人生——顾建珍（胥口镇）

真诚助人，英雄无悔——谢子龙（区民政局）

二十余年如一日照顾卧床婆婆的好儿媳——程惠英（横泾街道）

技惊世界赛场，书写青春华章——蔡叶昭（越溪街道）

2. 吴中区2018年度社会主义精神文明建设新事

“Yue少年成长计划”构筑未成年人立体化健康成长环境（区委宣传部）

开展“双十”评选表彰，见证25年发展历程（开发区）

苏州工匠园开园，集聚吴文化传承新动能（吴中高新区）

大学生微电影记录精彩新木渎（木渎镇）

传承宣卷文化，弘扬角直榜样（角直镇）

传承山浪好家风，弘扬东山正能量（东山镇）

苏州市乡村振兴学堂成立（临湖镇）

香雪海全国新春诗会诗话太湖、情咏吴中（光福镇）

WeDo青少年交响乐团成立（区公文中心）

看见吴中公益基金会帮助130多名贫困角膜症患者重见光明（江苏吴中集团有限公司）

3. 吴中区2018年度“吴中好人”

斩断“毒网”的缉毒英雄——霍立志（度假区）

不忘初心，服务基层的电影放映员——杭雪林（吴中高新区）

服务老人的贴心“好囡”——曹美萍［西山农业园区（金庭镇）］

3600秒托举起城市管理的担当——范志平（木渎镇）

不离不弃，坚守爱情——柳亚民（木渎镇）

平凡的生活，简单的幸福——支培花（角直镇）

跑在代办路上的热心老人——唐志诚（角直镇）

23个小时爱的守护——姬爱华（胥口镇）

孱弱之躯扛起一家重担——施林生（胥口镇）

不忘初心，坚守岗位至生命最后一刻的好书记——郭永刚（东山镇）

四年坚守，只为夏日的那一口清凉——柳倩楠（东山镇）

十年守诺，手足情深——翁雪俭（临湖镇）

精益求精传承苏工，一腔热忱弘扬国学——谢惠强（临湖镇）

用行动诠释“孝”之真谛的80后女孩——陈薇（临湖镇）

爱心助农的孝顺儿媳——周单单（光福镇）

慈善助学十三年，用爱心点燃希望——杨建林（郭巷街道）

社会公益事业的行家里手——李越（郭巷街道）

临危不惧，见义勇为城管队员体现爱民情怀——李清（横泾街道）

久病床前的孝子——金水土（横泾街道）

贤妻慈母，天地可鉴继母心——钟志荣（横泾街道）

82岁老人的一首打油诗，温暖一季文明祭扫——戈仁发（越溪街道）

身残志坚，带头为残疾人谋出路的企业家——柳春华（城南街道）

用爱谱写动人乐章的“饼哥”——李涛（香山街道）

坚持十年青少年普法之路的检察官——任娟（区检察院）

哪里需要去哪里，始终坚守教育一线——张靖峰（区教育局）

坚守在民族教育第一线的“金爸爸”——金晓明（区教育局）

公交司机秒变“消防员”——贺华春（区交运局）

致力健康事业，普及传统武术——杨云弟（区文体局）

小岗位，大服务——钱伟东（吴中公安分局）

永怀感恩之心，慈善回馈社会——吴伊人（区档案局）

守护绿荫一方，十四载如一日——朱阿二（林场）

中共苏州市吴中区委员会
苏州市吴中区人民政府
2019年2月2日

关于2018年度“平安吴中”和“法治吴中”建设先进集体、先进个人的通报

吴委发〔2019〕9号印发

各镇、街道（场）党（工）委、政府（办事处），区级机关各部门，度假区、开发区、高新区党工委、管委会及所辖各部门，农业园区、太湖新城：

2018年，全区各级政法部门在区委、区政府的正确领导下，全面贯彻落实党的十九大精神和习近平新时代中国特色社会主义思想，围绕中心、服务大局，深入推进“平安吴中”“法治吴中”和过硬队伍建设，着力营造安全的政治环境、稳定的社会环境、公正的法治环境和优质的服务环境，为全区经济社会高质量发展作出了积极贡献。在此过程中，涌现了一大批先进集体和先进个人。为进一步树立典型、对标先进，经区委、区政府研究，决定授予高新区（长桥街道）等20个镇（区、街道）、单位为“平安吴中”建设先进集体，潘林等20名同志为“平安吴中”建设先进个人；决定授予高新区（长桥街道）等20个镇（区、街道）、单位为“法治吴中”建设先进集体，沈征学等20名同志为“法治吴中”建设先进个人。

希望先进集体和先进个人立足新起点、争创新优势，再接再厉、再创佳绩。各地、各部门要以先进为榜样，紧紧围绕区委、区政府中心工作，以“六个年”为抓手，不忘初心、牢记使命，开拓创新、锐意进取，推动“平安吴中”“法治吴中”建设迈上新台阶，为实现“优生态、惠民生、兴产城、善治理”目标作出新的更大贡献。

附件1

2018年度全区“平安吴中”建设先进集体和先进个人名单

一、“平安吴中”建设先进集体（20个）

高新区（长桥街道）
横泾街道　越溪街道
城南街道　香山街道
角直镇　胥口镇
东山镇　临湖镇
光福镇　区委政法委
区法院　区检察院
区联动中心　区卫健委
区应急管理局　区信访局
吴中公安分局
度假区公安分局
吴中消防救援大队

二、“平安吴中”建设先进个人（20名）

潘　林　蒋春荣　林　佳
顾静芳　唐　顺　刘薇洁
许翼翼　赵广寅　叶震华
朱雪强　朱明亮　张芸瑞
徐子伟　万　方　蒋建文
冯宝前　支西星　蒋国宏
庄燕青　吾建刚

附件2

2018年度全区“法治吴中”建设先进集体和先进个人名单

一、“法治吴中”建设先进集体（20个）

高新区（长桥街道）
西山农业园区（金庭镇）
郭巷街道　横泾街道
城南街道　香山街道
木渎镇　角直镇
胥口镇　临湖镇
区纪委（监委）
区法院　区检察院
区联动中心
区地方金融监督管理局
区司法局
区市场监管局

吴中公安分局
度假区公安分局
区律师协会

二、“法治吴中”建设先进个人（20名）

沈征学 徐华东 肖爱国 孙 斌 徐华军 周建忠 徐远志 李 莉 郭宇飞 周淑瑾 范金元 褚 剑 姚建海 姚伟平 范方华 杨云弟 翁淑茹 欧阳振婷 刘远昌 陆费红

中共苏州市吴中区委员会
苏州市吴中区人民政府
2019年3月2日

关于2018年度人民武装工作先进单位和先进个人的通报

吴委发〔2019〕10号印发

各镇、街道（场）党（工）委、政府（办事处）及所属人武部，区级机关各部门，度假区、开发区、高新区党工委、管委会及所属人武部，农业园区、太湖新城：

2018年，全区人民武装工作深入学习贯彻习近平新时代中国特色社会主义思想和党的十九大精神，紧紧围绕“根植吴文化、建设新吴中”主题导向，圆满完成了上级赋予的各项任务，有力推进了全区国防后备力量建设与经济社会建设的协调发展。为鼓励先进，树立典型，决定对下列先进单位和个人予以通报。

一、武装工作先进单位（7个）

开发区、高新区、木渎镇、光福镇、越溪街道、横泾街道、香山街道

二、党管武装好书记（5人）

姚东、陆建明、徐学明、邹文明、顾文明

三、武委会好主任（10人）

张剑清、徐敏、姜昊、朱华平、华利民、陆为民、龚艳、丁晓娟、唐峥嵘、陆治平

四、优秀专武干部（16人）

谢祥伦、徐晓三、李小龙、王强、钱军、陈凯、钱方明、王强、徐全福、刘大俊、张宏兵、顾康伟、翁冬华、孙伟、沈晓明、古光明

五、先进民兵营（13个）

高新区龙桥社区民兵营
木渎镇市镇办事处民兵营
角直镇甫里社区民兵营
胥口镇新峰村民兵营
东山镇吴巷村民兵营
临湖镇陆舍村民兵营
光福镇府巷村民兵营
金庭镇东河社区民兵营
郭巷街道姜家社区民兵营
城南街道龙南社区民兵营
越溪街道吴山社区民兵营
横泾街道泾苑社区民兵营
香山街道长沙社区民兵营

六、先进应急分队（5个）

度假区民兵应急分队
开发区民兵应急分队
木渎镇民兵应急分队
角直镇民兵应急分队
香山街道民兵应急分队

希望以上单位和个人谦虚谨慎、戒骄戒躁、再接再厉，为推动全区人民武装工作再上新台阶作出新的更大贡献。

中共苏州市吴中区委员会
苏州市吴中区人民政府
苏州市吴中区人民武装部
2019年3月4日

关于表彰2019年吴中区“优秀共产党员”“优秀党务工作者”“先进基层党组织”和命名“‘担当作为’村（社区）党组织书记”的决定

吴委发〔2019〕30号印发

各镇、街道（场）党（工）委，区级机关各部门，度假区、开发区、高新区党工委及所辖各部门，农业园区、太湖新城：

近年来，全区各级党组织和广大党员干部认真学习贯彻习近平新时代中国特色社会主义思想和党的十九大精神，在推进经济社会高质量发展进程中，锐意进取，开拓奋进，涌现出了一批干事创业、改革创新的先进典型，为优化“三大布局”、转换“三大动力”、打好“三大战役”提供了坚强的组织保证。

为树立典型、鼓励先进，弘扬正气、振奋精神，激励广大党员干部见贤思齐、奋发有为，撸起袖子加油干，凝聚成创新创业的强大合力，在建党98周年之际，经区委常委会会议研究，决定表彰裘铁雷等20名同志为区优秀共产党员，薛刚刚等20名同志为区优秀党务工作者，苏州太湖国家旅游度假区太湖科技产业园党总支等20个党组织为区先进基层党组织，命名沈文昌等10名同志为“担当作为”村（社区）党组织书记。

希望受表彰和命名的先进集体和个人以此为新的起点，立足本职岗位，牢记使命担当，再创新的业绩。全区各级党组织和广大党员干部要结合即将开展的“不忘初心、牢记使命”主题教育，守初心、担使命，找差距、抓落实，带头履职尽责，带头担当作为，始终保持蓬勃向上、昂扬奋发的精气神，为实现“优生态、惠民生、兴产城、善治理”工作目标、决胜高水平全面建成小康社会担当奋斗。

附件

2019年吴中区“优秀共产党员”“优秀党务工作者”“先进基层党组织”和“‘担当作为’村（社区）党组织书记”名单

一、优秀共产党员名单

裘铁雷　吴中经济技术开发区综合执法局环保科科长

沈许琴　吴中高新区（长桥街道）苑北社区党委副书记

王祖兴　木渎镇政法和社会管理办公室副主任

陆雪忠　角直农业开发公司副经理

陆新宇　胥口镇司法所所长

李浩宇　东山镇农林服务中心副主任

叶文红　苏州太湖现代农业发展有限公司党支部书记、董事长

何建金　光福财政分局党支部书记、局长

凌云芳　苏州西山国家现代农业示范园区有限责任公司党支部、董事长

李炜巍　郭巷街道清禾社区党支部副书记

沈珍华　横泾街道尧南社区党委书记、居委会主任

张友志　江苏迈信林航空科技股份有限公司董事长

周春尧　香山街道环境卫生管理所党支部书记、所长

张春晓　区发改委劳动人事科科长

刘　伟　区教育局人事科科长

周翔飞　区公路管理处副主任、路政大队副大队长

葛海兵　区市场监管局度

假区分局金庭所副所长

黄 鹏 吴中公安分局法制大队四级警长

周 宏 区人民法院行政庭副庭长

施 凯 苏州吴中供水有限公司党总支书记、总经理

二、优秀党务工作者名单

薛刚刚 香山派出所党支部副书记、教导员

王晓东 江苏盖睿健康科技有限公司党支部书记、研发总经理

赵月芳 木渎古镇党总支副书记、管委会副主任

张秀美 日立电线(苏州)有限公司党支部副书记、妇联主席、工会副主席

沈跃华 东山镇吴巷村党总支书记

俞 遐 临湖镇界路村党委副书记、村委会委员

王稼美 苏州金庭旅游集团有限公司党总支副书记、总经理

陆庆芳 横泾街道新路村党总支书记

吴文桥 越溪街道组织人事科科长

成祝琴 城南街道碧波社区党总支书记、主任

赵成军 苏州汇川技术有限公司党总支书记、行政保障部经理、安全管理部经理

张明霞 香山街道舟山花园社区党支部书记、居委会主任

王小丽 林场组织干事、办公室副主任

林 园 区社保中心党支部纪检委员、副主任

田梦雨 区农业农村局党委办办事员、局妇联副主席

濮伟勤 吴中人民医院党委办主任、监察室主任

张琴芬 区级机关事务管理中心行政中心管委会党支部书记、管委会副主任

马菊芬 吴中区图书馆党支部书记、馆长

陈玲勤 苏州市吴中国裕公司行政党支部书记、总经理助理、党群工作部部长

顾志锋 江苏中吴置业有限公司党支部书记、副总经理

三、先进基层党组织名单

苏州太湖国家旅游度假区太湖科技产业园党总支

吴中经济技术开发区招商局党支部

苏州市吴中城区建设发展有限公司党支部

角直镇淞港村党总支

光福人民医院党支部

金庭镇蒋东村党委

郭巷街道湖景花园社区党支部

越溪街道溪上社区党委

城南街道东湖社区党总支

区发改委胥口粮食管理所党支部

区工信局墙改党支部

区住建局质安党支部

区临湖水利水务管理服务站党支部

区卫健委疾病预防控制中心党支部

区市场监管局城区分局党支部

吴中公安分局南区派出所党总支

吴中资源规划分局度假区党支部

区人民检察院党总支

区税务局党委

苏州澹台湖大酒店有限公司党支部

四、“担当作为”村(社区)党组织书记名单

沈文昌 吴中高新区(长桥街道)龙桥社区党委书记

许春华 木渎镇香溪社区党委书记

陆雷刚 角直镇澄湖村党总支书记

沈谷明 胥口镇新峰村党委书记

夏伏荣 东山镇渡口村党总支书记

惠 忠 光福镇府巷村党委书记

沈建兴 郭巷街道独墅湖社区党委书记

李林敏 横泾街道新湖村党支部书记

钱志林 城南街道红庄社区党委书记

高 峰 香山街道舟山村党委书记

中共苏州市吴中区委员会

2019年6月30日

关于给予2016—2018年连续三年年度考核优秀的公务员记三等功的决定

吴委发〔2019〕33号印发

各镇、街道（场）党（工）委、政府（办事处），区级机关各部门，度假区、开发区、高新区党工委、管委会及所辖各部门，农业园区、太湖新城：

为树立典型、表彰先进，建设一支信念坚定、为民服务、勤政务实、敢于担当、清正廉洁的高素质专业化公务员队伍，激励广大公务员立足本职、爱岗敬业、建功奉献，按照《苏州市公务员考核实施细则》《关于做好2018年度市管领导班子、领导干部和公务员年度考核工作的通知》等有关文件精神，对王君等39名同志2016—2018年连续三年考核被确定为优秀等次的公务员记三等功。

希望受奖励的同志戒骄戒躁、再接再厉、不断进取、再创佳绩。全区公务员要向先进看齐，向优秀学习，以更加饱满的热情和更加昂扬的姿态，进一步解放思想、务实创新、勇于担当、恪尽职守、勤政廉洁，以实际行动为实现全区“优生态、惠民生、兴产城、善治理”工作目标而努力奋斗。

表23-1 记三等功人员名单

序号	姓名	职务
1	王　君	区监委委员、区纪委监委第一纪检监察室主任
2	姜春燕	区人民法院审委会原专职委员
3	谢心阳	区人民法院审委会委员、立案庭庭长
4	李跃辉	区人民法院执行局副局长
5	王长栋	区人民法院执行局审判员
6	张海明	区人民法院办公室车辆管理工作负责人
7	袁　佳	区人民检察院党组成员、检委会专职委员
8	牛丹丹	区人民检察院办公室副主任
9	王江红	区人大常委会人事代表联络工委主任科员
10	刘明侠	原区档案局保管利用科科长
11	陆　一	区政府办公室副主任
12	马亮明	区委政法委办公室主任
13	李加见	原区发展和改革局党委办公室主任
14	张国丽	原区经济和信息化局组织人事科副科长
15	顾进方	区财政局副局长、党组成员
16	褚　剑	区财政局行政综合科科长
17	仲维佳	区劳动监察大队直属执法中队副中队长
18	唐远花	原区委农村工作办公室人秘科科长

续表

序号	姓名	职务
19	陆华兵	原区农业局林业站站长、农产品质量监督科副科长（兼）
20	焦　峰	区商务局市场秩序科科长
21	李生平	原区环境保护局水污染防治科科长
22	贺　亮	原区环境保护局办公室副主任
23	李　平	区环境监察大队副大队长
24	罗茂法	区应急管理局副局长、党组成员
25	张　欢	原区安全生产和监督管理局办公室主任
26	顾乃华	区市场监督管理局城区分局科员
27	石意中	区市场监督管理局法制科科长
28	杨激心	区市场监督管理局食品生产与流通监管科科长
29	葛海兵	区市场监督管理局度假区分局金庭所副所长
30	李　恺	区市场监督管理局餐饮服务监管科科长
31	姚晓明	区供销合作社合作事业科科长
32	顾　怡	长桥街道文体中心主任
33	熊诗友	郭巷街道办事处主任科员
34	王　岳	度假区党工委委员、管委会副主任
35	柳亚民	木渎镇政法和社会管理办公室主任
36	李祺春	角直镇组织人事和社会保障局副局长
37	席时超	东山镇宣传干事
38	刘国庆	光福镇纪检干事
39	徐　芳	原苏州市国土资源局吴中分局城区中心所科员

中共苏州市吴中区委员会

苏州市吴中区人民政府

2019年8月8日

编辑：洪　蕾

索 引

说 明

一、本索引采用内容分析法编制，按索引款目首字的汉语拼音字母（同音字按声调）顺序排列，同音同调的按第二字母的音序排列，依次类推。

二、索引款目后的数字表示内容所在的页码，数字后的a、b、c分别表示页码的左、中、右栏，表格用（表）注明。

三、空一字起排的款目为上一主题的“附见”。

四、大事记、附录等未做索引。

五、为便于读者检索，在苏州吴中的企事业和在吴中发生的事件名称前的“苏州”“吴中”四字，除非产生歧义，均已省略。

C

D

E

F

G

H

I

J

K

L

M

N

P

Q

R

S

T

W

X

Y

Z